Schatzkammer Salzbergwerk

Stadt*archiv* Heilbronn

Quellen und Forschungen zur Geschichte der Stadt Heilbronn

Im Auftrag der Stadt Heilbronn
herausgegeben von Christhard Schrenk

8

Schatzkammer Salzbergwerk

1997
Stadtarchiv Heilbronn

Christhard Schrenk

Schatzkammer Salzbergwerk

Kulturgüter überdauern in Heilbronn und Kochendorf
den Zweiten Weltkrieg

1997
Stadtarchiv Heilbronn

Vorderer Einband: Siehe Bildteil, Abb. 21, 28, 35
Vorsatzblätter vorn und hinten: Karten der Einlagerer

© Stadtarchiv Heilbronn 1997

Textverarbeitung: Stadtarchiv Heilbronn
Druck und buchbinderische Verabeitung:
Wilhelm Röck, Graphische Betriebe, Weinsberg
Das Werk, einschließlich aller Abbildungen, ist urheberrechtlich geschützt. Jede Verwertung außerhalb der Grenzen des Urheberrechtsgesetzes ist ohne Zustimmung des Stadtarchivs Heilbronn unzulässig und strafbar. Das gilt insbesondere für Vervielfältigungen, Übersetzungen, Mikroverfilmungen und die Einspeicherung und Bearbeitung in elektronischen Systemen.
ISBN 3-928990-61-6

Inhaltsverzeichnis

Geleitwort des Oberbürgermeisters 9
Vorwort 11

1. **Die Ausgangslage** 14

   a) Das Erkenntnisinteresse 14
   b) Zur Literatur 15
   c) Die Quellen 20
   d) Die Nationalsozialisten und die Kunst 22
   e) Die Saline Friedrichshall-Kochendorf 24
   f) Das Salzwerk Heilbronn 25
   g) Die Fusion 26

2. **Die Einlagerungen in Heilbronn und Kochendorf** 28

   a) Der Kommissar für den Archivschutz 28
   b) Die Württembergische Archivdirektion Stuttgart und
      Kochendorf 32
   c) Der Stuttgarter Landeskonservator und Kochendorf 34
   d) Der Generaldirektor der Oberrheinischen Museen
      und Heilbronn 38
   e) Einlagerung in Kochendorf 40
   f) Einlagerung in Heilbronn 47

3. **Kunstraub und Kunstschutz** 54

   a) Die Siegermächte und die Kunst 54
   b) Die Kunstschutzidee 55
   c) James J. Rorimer 57

4. **Kriegsende (März und April 1945)** 60

   a) Das Salzwerk Heilbronn 60
   b) Erste Eindrücke und Aktionen 62
   c) Das Salzbergwerk Kochendorf 67
   d) Erste Eindrücke und Aktionen 68

5. **Erste Nachkriegszeit (Mai bis August 1945)** 71

   a) In Heilbronn wird das Wasser abgeschöpft 71
   b) Rorimer besichtigt das Heilbronner Salzbergwerk 72
   c) Ein erster Überblick über die Schätze in Heilbronn 73
   d) Ein erster Überblick über die Schätze in Kochendorf 77
   e) Erste Auslagerungen 83

6. **Die Arbeit des Kunstschutzstabes
   (September 1945 bis Juni 1946)** 84

   a) Personalia 84
   b) Organisatorisches 89
   c) Die beiden Wiesbadener Sendungen 93
   d) Weitere Rückgaben von illegalem Kulturgut 94
   e) Rückgabe von deutschen Gütern 97
   f) Die Salzbergwerke Heilbronn und Kochendorf 101
   g) Befruchtung des Heilbronner Kulturlebens 103
   h) Die Heilbronner Kunstausstellungen 105

7. **Die Arbeit der Verlagerungs-Verwaltung (September 1946
   bis Dezember 1947)** 109

   a) Der Übergang 109
   b) Organisatorisches 110
   c) Das Verfahren 112
   d) Die Gebühren 115
   e) Die Auslagerung 117
   f) Der Erhaltungszustand 119

8. **Beispiele** 122

   a) Hauptstaatsarchiv Stuttgart und Staatsarchiv Ludwigsburg
      (ab 24. Juli 1942) 122
   b) Das Cotta-Archiv (ab 24. Oktober 1942) 125
   c) Evangelische Kilianskirche Heilbronn (Anfang 1943) 126
   d) Universität Tübingen (ab 21. Februar 1943) 130
   e) Kirchengemeinden Esslingen, Schwäbisch Hall, Schwieberdingen
      und Winnenden (ab 29. Juni 1943) 133
   f) Museum der Stadt Ulm (11. September 1943) 136
   g) Mannheim (ab 30. September 1943) 137
   h) Staatsarchiv Wiesbaden (ab 14. Dezember 1943) 142
   i) Hessisches Staatsarchiv Darmstadt (ab 19. Februar 1944) 146
   j) Köln (ab 24. März 1944) 148
   k) Staatsarchiv Düsseldorf (ab 26. März 1944) 149
   l) Nicht-staatliche Archive aus Schleswig-Holstein
      (ab Ende April 1944) 151
   m) Die Straßburger Münsterfenster (16. November 1944) 154
   n) O. S. 156

9. **Weitere Aspekte** 158

   a) Was geschah mit dem Heilbronner Kulturgut? 158
   b) Industrie unter Tage 165
      1. Zur Vorgeschichte 165

  2. Kochendorf 168
  3. Heilbronn 173
 c) Kunst für die Jahrtausende: das Kochendorfer Salzrelief 180

10. Zusammenfassung 183

11. Anhang 189

 I. Gutachten 189
  a) 18. September 1942 (Prof. Bräuhäuser, Stuttgart,
   über Kochendorf) 189
  b) 1. August 1942 (Dr. Schmidt, Stuttgart, über Kochendorf) 190
  c) 5. Februar 1944 (Dr. Hirschfeld, Koblenz,
   über Kochendorf) 192
 II. Einlagerungslisten von Institutionen oder Privatpersonen 194
  a) Maschinen der Karl Schmidt GmbH, Neckarsulm 195
  b) Gemälde der Städtischen Kunsthalle Mannheim 197
  c) Bücher und Handschriften des Scheffelbundes Karlsruhe .. 201
  d) Akten des Kirchspielarchivs Büsum 204
  e) Kirchliche Kunstgegenstände aus Schwäbisch Hall 206
  f) Privatgüter von O. S. 208
 III. Weitere Materialien 213
  a) Werke bei der ersten Ausstellung »Geretteter deutscher
   Kunstbesitz« vom 2. bis 4. Februar 1946 in Heilbronn 214
  b) Werke bei der zweiten Ausstellung »Geretteter deutscher
   Kunstbesitz« vom 16. bis 24. März 1946 in Heilbronn 218
  c) Bericht über die dritte Ausstellung »Geretteter deutscher
   Kunstbesitz« vom 26. April bis 2. Mai 1946 in Heilbronn .. 222
 IV. Kartei der institutionellen Einlagerer 223

Verzeichnis der verwendeten Abkürzungen 329

Verzeichnis der zitierten Quellen 332

Verzeichnis der zitierten Literatur 338

Bildteil 343

Register 377

Geleitwort des Oberbürgermeisters

Schatzkammer Salzbergwerk – das ist ein geheimnisvoller Buchtitel. Natürlich hat jedes Bergwerk mit Schätzen zu tun, nämlich mit Bodenschätzen. Und damit kann man jedes Bergwerk in gewisser Weise als Schatzkammer bezeichnen. Das gilt natürlich auch z. B. für das Heilbronner Salzbergwerk, insbesondere, weil das Salz in der wirtschaftlichen Entwicklung der Stadt Heilbronn in den letzten 100 Jahren eine wichtige Rolle gespielt und deutliche Akzente gesetzt hat.

Als im Jahre 1879 im Heilbronner Raum in 200 m Tiefe Salz erbohrt wurde, stellte es sich schnell heraus, daß man auf ein ausgedehntes Steinsalzlager mit enormer Mächtigkeit gestoßen war. Deshalb begann rasch ein Wettlauf verschiedener Interessenten um die Nutzungsrechte. Für die Stadt Heilbronn engagierte sich dabei der örtliche Industrielle Theodor Lichtenberger. Dessen tatkräftigem Einsatz ist es zu verdanken, daß die Kommune als Sieger aus diesem Rennen hervorging. Bald nach dieser für Heilbronn wichtigen Weichenstellung bildete sich die Salzwerk Heilbronn AG. Diese kaufte von der Stadtverwaltung deren Rechte und beteiligte sie im Gegenzug am Gewinn. Seit langer Zeit hält die Stadt Heilbronn auch bedeutende Aktienanteile an der Salzwerk Heilbronn AG, die 1971 in der Südwestdeutsche Salzwerke AG aufging.

Alle diese Fakten sind mir beim Buchtitel »Schatzkammer Salzbergwerk« in den Sinn gekommen. Und doch geht es in der vorliegenden Publikation um etwas ganz anderes. Der Untertitel verrät: »Kulturgüter überdauern in Heilbronn und Kochendorf den Zweiten Weltkrieg«. Tatsächlich haben die riesigen leeren Abbaukammern in den beiden Salzbergwerken für enorme Mengen von Kulturgütern als Zufluchtsort gedient.

Die unersetzlichen Materialien wurden hier ab 1942 wegen der immer größer werdenden Luftkriegsgefahr des Zweiten Weltkriegs deponiert. Dabei handelt es sich zunächst um Archiv- und Bibliotheksmaterial sowie um Skulpturen, Gemälde und sonstige Kunstgegenstände. Darüber hinaus brachten aber auch Industriebetriebe technische Unterlagen und sogar Rohstoffe, Produkte und Maschinen in Sicherheit. Diesem Beispiel folgten zahlreiche Privatleute, die hier ihren wertvollsten Besitz einlagerten. Schließlich fanden auch noch Lebensmittel und Medikamente in den beiden Salzbergwerken Zuflucht.

Dieses wertvolle Material kam schwerpunktmäßig aus Württemberg und Baden, aber auch aus dem Elsaß, dem Rheinland, Schleswig-Holstein und Italien. Nach dem Ende des Zweiten Weltkriegs wurde es – zunächst – unter amerikanische Kontrolle gestellt, nach illegalem Besitz untersucht und anschließend an die rechtmäßigen Eigentümer zurückgegeben.

Alle diese bemerkenswerten Fakten werden im vorliegenden Buch erstmals systematisch untersucht und umfassend dargestellt. Damit wird nicht nur ein spannendes, sondern auch ein ruhmreiches Kapitel sowohl der Geistes- als auch der Industriegeschichte aufgeschlagen. Deshalb wünsche ich der Publikation zahlreiche interessierte Leser und danke allen, die sich um sein Erscheinen verdient gemacht haben.

Dr. Manfred Weinmann

Vorwort

Die vorliegende Arbeit stellt einen erstmals unternommenen Versuch dar. Gegenstand der Untersuchung ist ein ungewöhnlicher Zeitabschnitt in der Geschichte der Salzbergwerke Heilbronn und Friedrichshall-Kochendorf. Diese boten im Zweiten Weltkrieg zahlreichen Kunstwerken und Kulturgütern Schutz gegen Luftangriffe. Dieses Faktum wird zwar in der Literatur kaum erwähnt, ist der örtlichen Bevölkerung aber trotzdem wohlbekannt.

Ein halbes Jahrhundert nach dem Geschehen wird nun dieses spannende und doch nahezu unerforschte Stück Geschichte beleuchtet. Hier wird Zeitgeschichte am konkreten Beispiel ungewöhnlich klar faßbar und anschaulich. Außerdem handelt es sich um ein Thema mit sehr aktuellen Bezügen. Man denke etwa an die gegenwärtige Diskussion um den Verbleib von Kulturgütern, welche die Sowjetunion nach dem Zweiten Weltkrieg in den besetzten Gebieten beschlagnahmt hat. Diesem Komplex war z. B. Anfang 1995 in den USA ein dreitägiges internationales Symposium gewidmet, über welches die New York Times ausführlich berichtete und ein großes Foto von den Kunsteinlagerungen im Heilbronner Salzbergwerk 1945 veröffentlichte[1]. Eine weitere Besonderheit der luftschutzbedingten Einlagerung von Kulturgütern in den beiden genannten Salzbergwerken ist die Tatsache, daß daran Personen, Institutionen, Firmen und Behörden von Schleswig-Holstein bis Italien beteiligt waren. Es handelte sich also nicht um ein lokales oder regionales Geschehen, sondern um einen kulturgeschichtlichen Vorgang mit internationaler Dimension.

Eine solche Forschungsarbeit kann nur entstehen, wenn viele Menschen dazu ihren Teil beitragen. Sie alle seien hier dankbar erwähnt:

Arnold, Dr. Volker (Heide)	Buchs, Maren (Heilbronn)
Bechstein, Hans Dieter (Heilbronn)	Bürger, Harald (Wilster)
Becker, Dr. Rolf (Stuttgart)	Caroli, Michael (Mannheim)
Bellinger, Otto (Heilbronn)	Czymmek, Dr. Götz (Köln)
Berger-Fix, Dr. Andrea (Ludwigsburg)	Dahl, Tobias (Köln)
Blind, Kurt (Heilbronn)	Dangel-Reese, Gerhard (Freiburg)
Blind, Margarete (Heilbronn)	Deeters, Dr. Joachim (Köln)
Bräunche, Dr. Ernst Otto (Karlsruhe)	Dietz, Egon (Mannheim)
Braunn, Wilfried (Stuttgart)	Duus, Karl-Heinz (Kiel)
Breuning, Dr. Willi (Ludwigshafen)	Eckl, Liselotte (Karlsruhe)
Bröning, Irmgard (Darmstadt)	Ehmer, Dr. Hermann (Stuttgart)
Brüning, Dr. Rainer (Ludwigsburg)	Ettlinger, Harry L. (Lake Hiawatha, USA)

---
[1] BLUMENTHAL, Revelations, S. C 11 und C 14; vgl. auch AKINSCHA; KOSLOW, Schatzsuche, S. 12.

Fahrer, Walter (Heilbronn)
Farmer, Walter D. (Cincinnati, USA)
Fey, Renate (Neumünster)
Fischer, Dr. Bernhard (Marbach a. N.)
Fischer, Martin (Ratzeburg)
Föll, Werner (Heilbronn)
Ford, Dorothy M. (Grand Rapids, USA)
Frey, Achim (Heilbronn)
Friedrich, Dr. Sven (Bayreuth)
Geisler, Annette (Heilbronn)
Gerhards, Wolfgang (Schwäbisch Hall)
Goer, Dr. Uli (Stuttgart)
Göhner, Gisela (Schwieberdingen)
Göhres, Dr. Annette (Kiel)
Griesinger, Annemarie (Heilbronn)
Griesinger, Hans (Heilbronn)
Haase, Christa (Heilbronn)
Haase, Dr. Günther (Hamburg)
Hantsch, Lothar (Bad Friedrichshall)
Hanusch, Ute (Potsdam)
Hardy, Karolee (Grand Rapids, USA)
Hartmann, Wilfried (Heilbronn)
Hedwig, Dr. Andreas (Wiesbaden)
Heinrich, Adolf (Heilbronn)
Hellenkemper, Prof. Dr. Hansgerd (Köln)
Herrmann, Dr. Klaus-Jürgen (Schwäbisch Gmünd)
Hess, Fritz (Heilbronn)
Hirschmann, Walter (Heilbronn)
Hoepke, Dr. Klaus-Peter (Karlsruhe)
Hollstein, Albert (Offenau)
Holsten, Dr. Siegmar (Karlsruhe)
Höser, Verena (Stuttgart)
Hubert, Dr. Hans W. (Florenz, Italien)
Janker, Dr. Stephan (Rottenburg)
Jehle, Mathäus (Heilbronn)
Jensen, Dr. Jürgen (Kiel)
Johannes, Silke (Krefeld)
Kimmerle, Barbara (Heilbronn)
Klemm, Douglas (Grand Rapids, USA)
Koch, Peter (Heilbronn)
Körner, Erika (Heilbronn)
Kreiskott, Prof. Dr. Horst (Wachenheim)
Krusemarck, Angela (Heilbronn)
Kühn, Brigitte (Ulm)
Kurz, Heinz (Heilbronn)
Lev, Inge (Stuttgart)
Liesenberg, Georg (Burg auf Fehmarn)
Looz-Corswarem, Dr. Clemens Graf von (Düsseldorf)
Lück, Dr. Dieter (Düsseldorf)
Machniki, Monika (Biberach a.d. Riß)
Mariotte, Jean-Yves (Straßburg, Frankreich)
Matz, Madeline F. (Washington, D.C., USA)
Meinzer, Dr. Lothar (Ludwigshafen)
Meisenburg, Hans-Joachim (Gröbenzell)
Merker, Barbara (Potsdam)
Meyer, Brün (Freiburg)
Mezger, Renetta (Heilbronn)
Mezger, Willi (Heilbronn)
Möller, Ruth (Glückstadt)
Müller, Herta (Meiningen)
Munz, Ralph (Heilbronn)
Naasner, Dr. Walter (Potsdam)
Nicholas, Lynn H. (Washington, D.C., USA)
Ott, Dr. Ulrich (Marbach a. N.)
Pauten, Albert (Leck)
Pretli, Franz (Heidelberg)
Prey, Dr. Wolf-Dietrich (Berlin)
Pützstück, Dr. Lothar (Köln)
Radtke, Christian (Schleswig)
Rebentisch, Prof. Dr. Dieter (Frankfurt a. M.)
Retzbach, Helene (Stuppach)
Rittenauer, Hannelore (Heilbronn)

Rohwer, Prof. Dr. Jürgen (Weinstadt)
Rorimer, Katherine S. (New York, USA)
Schäfer, Prof. Dr. Volker (Tübingen)
Scheffler, Walter (Marbach a. N.)
Schenke, Kerstin (Koblenz)
Schleipp, Dietrich (Stuttgart)
Schlösser, Dr. Susanne (Heilbronn)
Schmidt-Glassner, Helga (Stuttgart)
Schmitz, Heinz (Heilbronn)
Schneider, Dr. Konrad (Frankfurt a. M.)
Schneider, Wolfgang (Ludwigsburg)
Schoen, Sven (Schleswig)
Schreiner, Thomas (Karlsruhe)
Schickle, Fritz (Heilbronn)
Schwarzmaier, Prof. Dr. Hansmartin (Karlsruhe)
Schwensen, Dr. Broder (Flensburg)
Snyder, Clifford L. (Washington, D.C., USA)
Sonnenstuhl-Fekete, Iris (Esslingen a. N.)
Specker, Prof. Dr. Hans Eugen (Ulm)
Spitschan, Sigrid (Heilbronn)
Sporbeck-Bölling, Gudrun (Köln)
Stamm, Dr. Gerhard (Karlsruhe)
Steinke, Regine (Berlin)
Stratmann-Döhler, Dr. Rosemarie (Karlsruhe)
Strauß, Christoph (Heidelberg)
Talmon, Werner (Heilbronn)
Tidow, Klaus (Neumünster)
Tripps, Dr. Johannes (Florenz, Italien)
Tripps, Prof. Dr. Manfred (Heilbronn)
Ueck, Almut (Husum)
Warth, Dr. Manfred (Stuttgart)
Weber, Traude (Heilbronn)
Weckbach, Hubert (Heilbronn)
Wegener, Gertrud (Heilbronn)
Weidelener, Franziska (Bad Buchau)
Weig, Gebhard (Ulm)
Weinstock, Cornelia (Heilbronn)
Wiemann, Dr. Elsbeth (Stuttgart)
Witzmann, Regina (Ludwigsburg)
Wolf, Dr. Jürgen Rainer (Darmstadt)
Zoremba, Dieter (Blomberg)

Die vorliegende Arbeit hat manche Freizeitstunde in Anspruch genommen. Daß sie folglich ohne das Wohlwollen der eigenen Familie nicht möglich gewesen wäre, sei ebenfalls dankbar erwähnt. Die Publikation ist deshalb meiner Frau, Brigitte Schrenk, gewidmet.

Heilbronn, im November 1996　　　　　　　　　　Dr. Christhard Schrenk

1. Die Ausgangslage

a) Das Erkenntnisinteresse

Immer wieder wird dem Stadtarchiv Heilbronn die Frage nach den Kunsteinlagerungen im örtlichen und im Kochendorfer Salzbergwerk während des Zweiten Weltkriegs gestellt. Gerüchteweise hält sich die Information, daß ungeheure Mengen von Kunst- und Kulturgut damals dort gewesen sein müssen. Als Beispiel wird gerne auf die Buntglasfenster des Straßburger Münsters und auf Teile des Hochaltars der Heilbronner Kilianskirche verwiesen. Sehr viele Fragen sind aber bislang offen. Warum z. B. wurden gerade die Bergwerke in Heilbronn und Bad Friedrichshall-Kochendorf genutzt? Welches Material wurde dorthin verbracht? Wer waren die Eigentümer bzw. Besitzer? Wann wurde eingelagert? Warum wurden ausgerechnet die Heilbronner Archivmaterialien nicht dort in Sicherheit gebracht? Wieviel wurde insgesamt gesichert? Wann und wie wurde das Material nach dem Zweiten Weltkrieg an die Eigentümer zurückgegeben? Wer waren die handelnden Personen? Wie liefen die Ein- und die Auslagerungen technisch ab? Wie war der Erhaltungszustand nach dem Krieg bzw. gab es Schäden oder Verluste zu beklagen?

Bei der vorliegenden Untersuchung geht es also um eine qualitative und quantitative Untersuchung der Kunsteinlagerungen in den Salzbergwerken Heilbronn und Kochendorf im Zweiten Weltkrieg und um die Klärung der Abläufe. Nicht beabsichtigt ist dagegen eine erschöpfende Behandlung des Themenkomplexes »Kunstraub und Kunstschutz der Zeit des Nationalsozialismus« in seiner Gesamtheit. Denn es wird bewußt ein regionalgeschichtlicher Ansatz im Rahmen einer konkreten Untersuchung vor Ort verfolgt.

Die Begriffe »Einlagerung« und »Auslagerung« werden dabei aus der Sicht der Bergwerke verwendet. »Einlagerung« bedeutet also das Verbringen ins Bergwerk, »Auslagerung« das Herausholen. Diese Definition ist wichtig, weil aus Sicht der Eigentümer von Kulturgütern die »Auslagerung« genau das Gegenteil besagt, nämlich das Verbringen z. B. in ein Bergwerk.

Bei den einlagernden Institutionen wurden jeweils die zum Zeitpunkt des Geschehens gültigen Bezeichnungen bzw. Namen beibehalten. Folglich läuft z. B. die Stuttgarter »Bibliothek für Zeitgeschichte« unter »Weltkriegsbücherei«. Dagegen wurden – einer durchaus gebräuchlichen Vorgehensweise folgend – die Dienstgrade der amerikanischen Offiziere ins Deutsche übersetzt.

b) Zur Literatur[1]

Lokalgeschichtliche Literatur über die Kunsteinlagerungen im Heilbronner und im Kochendorfer Salzwerk ist kaum vorhanden. Lediglich sind in den 50er und 60er Jahren einige Zeitungsartikel und auch ein kleiner Aufsatz darüber erschienen. Offenbar als erster beschäftigte sich Werner Gauss bereits Ende 1949 mit diesem Thema. Er plante[2] einen Feuilleton-Beitrag für mehrere westdeutsche Zeitungen. Leider ist nicht bekannt, ob bzw. wo dieser Artikel veröffentlicht wurde. Im Jahre 1951 titelte die Heilbronner Stimme: »Die Schatzkammer im Salzbergwerk«[3]. Dabei wurde u. a. mitgeteilt, daß über 13 000 Kisten mit Kulturgütern, aber auch mit wichtigen Arzneimitteln dort eingelagert gewesen seien, und erzählt, wie der amerikanische Kunstschutzoffizier James J. Rorimer Heilbronn und die beiden Bergwerke Mitte April 1945 vorgefunden hat. 1965 veröffentlichte die Heilbronner Stimme einen Artikel unter der Überschrift »Unsere Salzbergwerke waren zwei große Luftschutzkeller für Kunstwerke«. Der Untertitel führte aus: »Gleich nach dem Einmarsch stellten die Amerikaner die eingelagerten Kunstschätze sicher. Auch die Stuppacher Madonna fand Schutz im Unterland«[4]. Ebenfalls 1965 berichteten die Stuttgarter Nachrichten unter der Überschrift »Größte Kunstsammlungen der Welt in Bergwerkstollen« über das Thema »Unersetzliche Werte wurden in Heilbronn und Kochendorf über den Krieg hinweg gerettet«[5]. Der Inhalt dieses Artikels entspricht ungefähr demjenigen in der Heilbronner Stimme von 1951. Zeitlich zwischen diesen Zeitungsbeiträgen hatte Wilhelm Steinhilber in einem kleinen Aufsatz für die heimatgeschichtliche Beilage »Schwaben und Franken« der Heilbronner Stimme seine Erkenntnisse über »Die Straßburger Münsterfenster im Salzwerk Heilbronn« dargestellt[6]. Hier teilt Steinhilber Einzelheiten darüber mit, auf welche Weise diese wertvollen Buntglasfenster nach einer jahrelangen Odyssee schließlich im November 1944 im Heilbronner Salzbergwerk angekommen und dort eingelagert worden sind. Außerdem erfährt der Leser, wie die Fenster nach dem Zweiten Weltkrieg ausgelagert, im September 1945 nach Straßburg zurücktransportiert und im November 1945 dort feierlich den Franzosen übergeben worden sind.

---

[1] Die einschlägige Literatur wird hier nur exemplarisch und schlaglichtartig beleuchtet. Die besprochenen Buch-Publikationen enthalten ausführliche Literaturverzeichnisse, auf welche ausdrücklich verwiesen wird.
[2] HStA Stuttgart, E 61 Bü 498: Anfrage von Werner Gauss vom 4. Dezember 1949 beim Hauptstaatsarchiv Stuttgart. Desgl. z. B. HessStA Darmstadt, Dienstregistratur I T 3: Anfrage von Werner Gauss vom 4. Dezember 1949 beim Staatsarchiv Darmstadt.
[3] Schatzkammer, S. 7.
[4] Unsere Salzbergwerke, S. 10.
[5] Größte Kunstsammlung, S. 12.
[6] STEINHILBER, Straßburger Münsterfenster.

Auch das Heilbronner Salzwerk selbst hält die Erinnerung an dieses interessante Kapitel der eigenen Geschichte wach. Sowohl in einer 1982 erschienenen Ausgabe der Mitarbeiterzeitschrift »Südwestsalz«[7], als auch in der Festschrift des Jahres 1983 »100 Jahre Salz aus Heilbronn«[8] wurde auf dieses Thema eingegangen. Damit intensiv befaßt hatte sich in erster Linie Bergassessor Wilhelm Wegener (1932–1994). Als Vorstandsmitglied der Südwestdeutsche Salzwerke AG hatte er verschiedentlich vor öffentlichen und nicht-öffentlichen Auditorien über die Kunsteinlagerungen im Heilbronner und im Kochendorfer Salzbergwerk gesprochen, z. B. am 29. September 1988 im Heilbronner Schießhaus im Rahmen der Mitgliederversammlung der »Freunde von Kunst und Kultur im Bergbau«. Leider hat sein früher Tod verhindert, daß er über dieses Thema noch hat ausführlich arbeiten und publizieren können[9].

Wenn man die Heilbronner Stadtchronik zu Rate zieht, erhält man ebenfalls interessante Hinweise. In Band V (1939–1945) ist nachzulesen, daß am 22. November 1944 zwei Wagenladungen mit 73 Kisten in Richtung Heilbronn transportiert worden sind. Darin hatten sich die mittelalterlichen Glasfenster des Straßburger Münsters befunden, welche im hiesigen Bergwerk Schutz vor Zerstörung fanden[10]. Auch Band VI (1945–1951) enthält einige Informationen über das Thema »Kunsteinlagerungen« im Heilbronner und im Kochendorfer Salzbergwerk. So wird für den 2. Februar 1946 berichtet, daß die Volkshochschule an diesem Tage mit einer Ausstellung »Südwestdeutsche Kunst des 15. Jahrhunderts – Malerei und Skulptur aus dem schwäbisch-oberrheinischen Raum« wiedereröffnet worden ist. Innerhalb von drei Tagen sahen dabei über 2000 Besucher in der Gutenbergstraße 30 Kunstwerke, welche durch Einlagerungen in den örtlichen Salzbergwerken über den Zweiten Weltkrieg gerettet worden waren. Es war dies die erste von insgesamt zehn geplanten Ausstellungen im Rahmen der Reihe »Geretteter deutscher Kunstbesitz«[11].

Von großer Wichtigkeit für die Kenntnis über die Kunsteinlagerungen im Zweiten Weltkrieg und damit auch für die vorliegende Arbeit ist die 1950 in New York erschienene Monographie von James J. Rorimer und Gilbert Rabin »Survival. The Salvage and Protection of Art in War«. Den Titel dieses spannenden Buches könnte man mit »Überleben. Die Bergung und Bewahrung von Kunstwerken im Krieg« übersetzen[12]. James J. Rorimer hatte als einer der sogenannten Kunstschutzoffiziere der amerikanischen Armee fungiert. Diese waren (zunächst) für die Rettung von künstlerisch und kulturell wertvollen

---

[7] Südwestsalz, S. 8–9.
[8] 100 Jahre Salz, S. 60–64.
[9] StadtA Heilbronn, ZS P 6929.
[10] Dieser Chronikband ist noch nicht im Druck erschienen, er liegt als Manuskript vor.
[11] RENZ, Chronik VI, S. 75.
[12] Es wurde bereits 1951 in der Heilbronner Stimme in Form einer ausführlichen Besprechung den Lesern des Blattes vorgestellt. (Schatzkammer, S. 7.)

Objekten während des Vormarschs der englischen und amerikanischen Truppen gegen Ende des Zweiten Weltkrieges verantwortlich. Rorimer und Rabin stellen die Normandie-Invasion (1944) an den Beginn ihrer Publikation. Rorimer beschreibt danach seine Funktion als Kunstschutzoffizier in Paris und seinen zunehmenden Kenntnisstand über die Kunstraubaktionen der Nationalsozialisten im Dritten Reich. Das 4. Kapitel dieses Buches ist mit »Art Underground«, also »Kunst unter Tage« überschrieben. Dort schildert Rorimer ausführlich seine Erlebnisse und Erfahrungen im Heilbronner und im Kochendorfer Salzbergwerk in den Tagen und Wochen unmittelbar nach der Machtübernahme durch die Amerikaner. Dieser Teil des Buches ist eine ganz wesentliche Informationsquelle über die entsprechenden Vorgänge. Dabei wird klar, daß Rorimer in Heilbronn zusammen mit dem amerikanischen Stadtkommandanten, Harry M. Montgomery, dem wiedereingesetzten Oberbürgermeister Emil Beutinger und dem Salzwerkchef, Dr. Hanns Bauer, eine zentrale Rolle für die Sicherung der Kunstwerke in den Salzbergwerken gespielt hat. In weiteren Kapiteln befassen sich Rorimer und Rabin mit Rosenberg und Göring und der Rückführung der Kunstwerke.

Eine der jüngsten Monographien, die auf den Kunstraub der Nationalsozialisten und die Sicherstellung der Werke durch die Alliierten eingeht und dabei auch Heilbronn sowie Kochendorf erwähnt, stammt aus der Feder von Lynn H. Nicholas. Der Titel der 1994 in New York erschienenen Originalausgabe lautet »The Rape of Europa«. Sie ist in München 1995 in einer Übersetzung von Irene Bisang und Karin Tschumper und unter dem Titel »Der Raub der Europa. Das Schicksal europäischer Kunstwerke im Dritten Reich« auf den deutschsprachigen Markt gekommen. Die Autorin beschreibt in ihrer Veröffentlichung zunächst die nationalsozialistische Auffassung von Kunst und den Umgang des Dritten Reiches mit Kunst, bevor sie die Kunst-Beutezüge der Nazi-Machthaber in ganz Europa darstellt und schließlich auf die »Schatzsuche« der Alliierten im zerstörten Deutschland eingeht. Am Ende des instruktiven und mit sehr gründlicher Kenntnis insbesondere der amerikanischen Quellen gearbeiteten Publikation skizziert die Autorin einzelne Fälle von Kunstrückgaben bis in die Gegenwart hinein. Ein ausführliches Literaturverzeichnis gibt einen guten Überblick über die einschlägigen Publikationen.

Wenn man sich im Bereich der in Deutschland erschienenen Literatur zum Thema Kunstraub der Nationalsozialisten und Rettung dieser Werke nach dem Zweiten Weltkrieg informieren will, stößt man nur auf relativ wenige Spezialuntersuchungen. In der zweiten Hälfte der 40er Jahre, als das Thema aktuell war, ist darüber deutscherseits nicht viel publiziert worden. Die Gründe können vielfältiger Natur sein. Vielleicht erzeugte die ungeheure Dimension des Kunstraubes Scham, vielleicht spielten aber einfach ganz andere, tagesaktuelle und zukunftsorientierte Themen in dieser Zeit eine wichtigere Rolle. Unbestreitbar ist jedenfalls, daß spätestens zehn Jahre nach Kriegsende das öffentliche Interesse an diesem Thema erlahmte, selbst wenn spektakuläre Einzelfälle bis in die Gegenwart dann und wann Aufsehen erregten, wie z. B.

die Wiederauffindung des Quedlinburger Domschatzes[13]. So ist im Hinblick auf das Heilbronner bzw. das Kochendorfer Bergwerk lediglich insbesondere von zwei Monographien zu berichten, die 1989 bzw. 1991 erschienen sind. Zunächst veröffentlichte Cay Friemuth ein Buch mit dem Titel »Die geraubte Kunst. Der dramatische Wettlauf um die Rettung der Kulturschätze nach dem Zweiten Weltkrieg, Bergung und Restitution europäischen Kulturgutes 1939– 1948«[14]. Einleitend schildert der Autor die Kunstraubaktionen der Nationalsozialisten sowie die Entstehung der Institution der Kunstschutzoffiziere und deren Arbeit. Dann konzentriert sich sein Blick auf die englische Besatzungszone. Wesentlich mit Hilfe des von ihm erstmals veröffentlichten Tagebuchs des britischen Kunstschutzoffiziers Rollo Charles zeichnet der Autor ein eindrucksvoll farbiges Bild des damaligen Geschehens.

Günther Haase[15] legt seiner 1991 erschienenen Dokumentation »Kunstraub und Kunstschutz« einen anderen zeitlichen und räumlichen Schwerpunkt zugrunde. Er berichtet zunächst über kriegerische Kunstraubaktionen im Verlauf von zwei Jahrtausenden, um sich dann ausführlich der Kunst»sammel«aktionen zuzuwenden, die mit den Namen Hitler, Göring, Goebbels, Rosenberg usw. verbunden sind. Dabei geht der Autor detailliert zuerst auf die Erwerbungen und dann auf den Raub von Kunst in zahlreichen europäischen Ländern während des Zweiten Weltkrieges ein. Danach bespricht er wichtige Auslagerungsorte und schneidet das Thema der Kunstrückführungen nach dem Zweiten Weltkrieg an.

In allen drei Publikationen – Nicholas, Friemuth und Haase – werden die Salzbergwerke von Heilbronn und Kochendorf erwähnt. Bezüglich Heilbronn bzw. Kochendorf beruhen sie wiederum wesentlich auf der Veröffentlichung von Rorimer und Rabin[16] und schöpfen nicht oder bestenfalls kaum aus Originalquellen. Haase berichtet: »Im Salzbergwerk Heilbronn lagerten 830 Bilder, 147 Skulpturen sowie über 4000 Kisten mit Büchern, die aus den Museen Karlsruhe, Mannheim und Stuttgart stammten[17]«. Über Kochendorf sagt der Autor nichts Näheres aus. Ob die Zahlenangaben stimmen, wird in der folgenden Untersuchung zu überprüfen sein. Zumindest die örtliche Zeitungsberichterstattung des Jahres 1951 geht jedoch von wesentlich mehr Kulturgütern aus. Damals war von über 13 000 Kisten die Rede. Auf jeden Fall stuft Haase Heilbronn als weniger wichtigen Einlagerungsort ein.

---

[13] NICHOLAS, Raub, S. 581–583; WERMUSCH, Kunstraub, S. 256–283.
[14] FRIEMUTH, Geraubte Kunst.
[15] HAASE, Kunstraub.
[16] RORIMER; RABIN, Survival.
[17] HAASE, Kunstraub, S. 231. Haase folgt damit ROXAN; WANSTALL, Kunstraub, S. 191: »Im Salzbergwerk Heilbronn stellte man 830 Bilder, 147 Skulpturen, 295 Antiquitäten und 4610 Bücherkisten aus dem Besitz der Museen von Karlsruhe, Mannheim und Stuttgart unter, die alle durch Bomben sehr gelitten hatten.« Weiter heißt es (S. 191 f.): »Ins Salzbergwerk Kochendorf verlagerte man 534 Bilder, 52 Skulpturen, 1092 Antiquitäten und 3600 Bücherkisten aus den Museen von Stuttgart, Köln und Heidelberg.«

Friemuth schreibt: »In dem ausgedehnten Tunnelsystem des Bergwerks Heilbronn-Weinsberg sind neben einer Flugzeug- und einer Giftgasfabrik auch Kunst- und Bibliotheksgut aus Metz und aus dem Elsaß eingelagert, darunter drei erst im September 1944 aus ihrem südfranzösischen Depot geraubte Kisten mit den Fenstern des Straßburger Münsters, außerdem die Bibliothek des deutschen Kunsthistorischen Instituts Florenz sowie Bestände der Mannheimer und der Karlsruher Kunsthalle. Nicht weit davon, in der Kochendorfmine am Neckar, haben die Bilder der Staatsgalerie Stuttgart, die Stuttgarter Weltkriegsbücherei sowie Kunstwerke aus den Museen von Ulm, Heidelberg und Köln Zuflucht gefunden[18]«. Friemuth gibt also einige Informationen über das Einlagerungsgut, auch wenn er es nicht quantifiziert. Der Hinweis auf Weinsberg führt jedoch in die Irre. Nachzuprüfen ist auch die Information von einer Flugzeug- und Giftgasfabrik im Heilbronner Bergwerk[19].

Nicholas schreibt bezüglich Heilbronn an zwei verschiedenen Stellen kurz über die Straßburger Münsterfenster[20] u. a. folgendes: »Rorimer, der sich nun bei der Siebten Armee und damit etwas mehr westlich befand, berichtete von der Entdeckung eines Verstecks in der Kochendorfmine bei Heilbronn nördlich von Stuttgart (...).

Heilbronn, das Depot für die Bestände der Museen und Bibliotheken im Elsaß und in Heidelberg, stand unter Wasser, noch lagen in den schwelenden Gebäuden Leichen, manchmal flammte ein Brand wieder auf, und die Stadt war gerammelt voll polnischer und russischer Deportierter sowie verängstigter Einwohnerinnen und Einwohner. Weil Rorimer weder technische noch sonstige Unterstützung erhielt, mußte er das Bergwerk vorerst Militärwachposten und deutschen Minenangestellten noch unklarer politischer Haltung überlassen.«[21]

Daß diese Ausführungen inhaltlich natürlich stark verkürzt sind, liegt auf der Hand. Für den Kenner der Heilbronner Geschichte sofort als falsch erkennbar ist die Behauptung, daß die Stadt »gerammelt voll« mit polnischen und russischen Deportierten und verängstigten Einheimischen gewesen sei. Das Gegenteil war der Fall: Die fast völlig zerstörte Heilbronner Innenstadt war kaum noch bevölkert.

Betrachtet man die einschlägige salinengeschichtliche Literatur, so spielt dort das Thema »Kunsteinlagerungen im Zweiten Weltkrieg« keine große Rolle[22].

Abgesehen von den erwähnten Spezialuntersuchungen zum Thema Kunst bzw. Kunstraub vor und nach 1945 lassen sich bei genauer Recherche noch in

---

[18] FRIEMUTH, Geraubte Kunst, S. 38.
[19] Vgl. Abschnitt 9 b.
[20] NICHOLAS, Raub, S. 433 und S. 537.
[21] NICHOLAS, Raub, S. 443.
[22] Weder die zahlreichen Schriften von Walter Carlé (vgl. die Aufstellung von CARLÉ, Geschichte, S. VI–VII), noch z. B. die große Arbeit von Rainer Slotta (SLOTTA, Technische Denkmäler) gehen darauf ein. SIMON, Salz, S. 325 bzw. 383, erwähnt die Situation kurz.

19

verschiedenen anderen Publikationen Hinweise auf die Einlagerung von Kunst- und Kulturgütern im Zweiten Weltkrieg in Heilbronn und Kochendorf finden. Es handelt sich dabei meistens um Arbeiten zur Geschichte von einzelnen Museen, Archiven und Bibliotheken, die im Zweiten Weltkrieg zu den Einlagerern in Heilbronn und Kochendorf zählten. In der Summe betrachtet, eröffnen sie viele interessante Aspekte.

c) Die Quellen

Die beschriebene Beschäftigung mit der Literatur, die selbstverständlich keinerlei Anspruch auf Vollständigkeit erhebt[23], kann natürlich nur der Ausgangspunkt einer tiefergehend angelegten Auseinandersetzung mit dem Thema der Kunsteinlagerungen im Heilbronner und im Kochendorfer Salzbergwerk im Zweiten Weltkrieg sein. Intensive Quellenstudien müssen hinzutreten.

Zunächst kommt für eine Recherche die Südwestdeutsche Salzwerke AG in Frage, die heute die beiden Bergwerke betreibt. Während die Kochendorfer Aktenbestände bis zur Fusion im Jahre 1967 an das Staatsarchiv Ludwigsburg abgegeben wurden, befanden sich die entprechenden Heilbronner Firmenunterlagen noch bis 1996 am Ort. Dort waren einige Details zum Thema »Kunsteinlagerung« im Zweiten Weltkrieg zu finden, obwohl sich die erhalten gebliebenen Akten fast ausschließlich mit der Salzproduktion als dem eigentlichen Geschäftsziel befassen. Große Teile der Altregistratur des Heilbronner Salzwerkes wurden 1996 als Bestand in das Heilbronner Stadtarchiv übernommen.

Die zweite wichtige Anlaufstelle ist das Stadtarchiv Heilbronn. Dort finden sich zwar keine Akten über die Einlagerungen bis zum Kriegsende, wohl aber einige Archivalien über die Bergung der Kulturgüter nach dem Zweiten Weltkrieg. Einschlägig ist hierbei insbesondere der das Salzwerk betreffende Schriftverkehr zwischen Oberbürgermeister Beutinger, dem Salzwerk und der örtlichen amerikanischen Militärregierung[24]. Einen besonderen Glücksfall stellt ein Typoskript dar, über welches das Stadtarchiv Heilbronn verfügt. Es trägt den Titel »Monuments, Fine Arts & Archives. Heilbronn-Kochendorf Salt-Mines. September 1945–June 1946«. Dabei handelt es sich um einen maschinenschriftlichen Bericht des Kunstschutzoffiziers Dale V. Ford über seine Arbeit. Dieser zeichnete von September 1945 bis Juni 1946 für die Bergung der Kulturgüter in den Salzbergwerken Heilbronn und Kochendorf verantwortlich. Der Text umfaßt 45 (englischsprachige) Schreibmaschinenseiten, 24 Fotos und 3 Skizzen. Zeitlich schließt dieses Typoskript direkt an den Zeit-

---

[23] Die derzeit aktuellste Literaturliste zu diesem Thema findet sich bei NICHOLAS, Raub, S. 611–618.

[24] StadtA Heilbronn, VR Abgabe 28/89, Ord 1.

raum an, über welchen Rorimer und Rabin in ihrer Veröffentlichung »Survival« berichten.

Das Hauptstaatsarchiv Stuttgart bietet einschlägige Quellen einerseits im Bestand E 61 (Württembergische Archivdirektion). Hier geht es u. a. um die Stuttgarter Aktivitäten zum Schutz von Archivalien in ganz Württemberg im Zweiten Weltkrieg und speziell um die Auslagerungen des Hauptstaatsarchivs Stuttgart und des Staatsarchivs Ludwigsburg. Anderseits verfügt das Hauptstaatsarchiv Stuttgart über Mikrofiche-Kopien der US-amerikanischen OMGUS-Akten[25]. Besonders ergiebig sind z. B. die darin enthaltenen Monatsberichte der Kunstschutzoffiziere über ihre Arbeit[26] und eine Geschichte der amerikanischen Kunstschutz-Sektion bis zum 30. Juni 1946[27]. Außerdem enthalten die OMGUS-Akten z. B. genaue Listen der in Heilbronn bzw. Kochendorf eingelagerten Güter einiger Kölner Museen (insbesondere Wallraf-Richartz)[28], der Kunsthalle Mannheim[29], der Kunsthalle Karlsruhe[30] sowie von ca. 240 Stuttgarter Privatpersonen[31].

Eine geradezu ideale Ergänzung und Fortsetzung der OMGUS-Akten stellt der im Staatsarchiv Ludwigsburg verwahrte Bestand EL 402 (Oberfinanzdirektion Stuttgart) mit den Akten des Heilbronner Amts für Vermögenskontrolle dar. Denn Teil dieses Amtes war die Verlagerungs-Verwaltung in den Salzbergwerken Heilbronn und Kochendorf, welche nach dem Abzug des amerikanischen Kunstschutzstabes ab September 1946 die Rückführung der Einlagerungsgüter nach dem Zweiten Weltkrieg organisierte. Folglich finden sich in diesem Bestand sehr viele wesentliche Unterlagen über die Auslagerung und Rückführung der Kulturgüter nach dem Zweiten Weltkrieg[32]. Dagegen gibt der Bestand F 147 (Salinenamt Friedrichshall mit Clemenshall) trotz seiner Laufzeit von 1742 bis 1967 keinen Aufschluß zum vorliegenden Thema[33].

Das Landeskirchliche Archiv Stuttgart bietet insbesondere in der Altregistratur (Ortsakten und Nr. 437 – Christliche Kunstwerke, Christlicher Kunstverein) wesentliche Aufschlüsse über die Kunstauslagerungen von Gotteshäusern aus dem Bereich der Evangelischen Landeskirche.

Auf das Land Baden bezogen, verwahrt das Generallandesarchiv Karlsruhe Akten, die sich mit der luftschutzbedingten Sicherung von Kulturgut in die

---

[25] Akten der Militärregierung für Deutschland in der US-Zone.
[26] HStA Stuttgart, RG 260 OMGUS 3/438-1/11 (2 fiches).
[27] HStA Stuttgart, RG 260 OMGUS 3/408-3/1 (1 fiche).
[28] HStA Stuttgart, RG 260 OMGWB 12/90-1/5 (2 fiches).
[29] HStA Stuttgart, RG 260 OMGWB 12/90-1/3 (5 fiches).
[30] HStA Stuttgart, RG 260 OMGWB 12/89-3/13 (6 fiches).
[31] HStA Stuttgart, RG 260 OMGWB 12/90-1/6 (3 fiches).
[32] Der Bestand war zum Zeitpunkt der Recherchen des Verfassers noch unverzeichnet. Dank des kollegial-freundlichen Entgegenkommens des Staatsarchivs Ludwigsburg konnte er trotzdem eingesehen werden.
[33] Freundliche Auskunft von Herrn Wolfgang Schneider, Staatsarchiv Ludwigsburg, am 17. Mai 1995.

beiden Bergwerke befassen. Für Schleswig-Holstein übernimmt diese Rolle das Landesarchiv Schleswig-Holstein in Schleswig.

Im Bundesarchiv Koblenz und in den Abteilungen Potsdam finden sich in den Beständen zu verschiedenen Reichsministerien (insbesondere in R 7 – Reichswirtschaftsministerium) einzelne Hinweise auf die Kulturguteinlagerungen in den Bergwerken Heilbronn und Kochendorf und zahlreiche Informationen über die ebenfalls nach dort vorgenommene Verlagerung von Rüstungsindustrie.

Weitere wichtige Quellen zu den Kulturgütern im Heilbronner und im Kochendorfer Salzbergwerk liegen in Washington. Zunächst sind hier – neben zahlreichen Akten zum Thema Kunstraub und Kunstschutz im allgemeinen und den Originalen der OMGUS-Akten – die Berichte der MFA & A-Offiziere aus den Jahren 1944 und 1945 zu nennen[34]. Außerdem finden sich dort eindrucksvolle Fotos[35].

Ebenfalls wichtig sind die Archives of American Art (Washington, D. C.). Hier wird ein Teil des Nachlasses von James J. Rorimer aufbewahrt.

Abgesehen von diesen größeren und inhaltlich übergreifenden Archivbeständen befinden sich noch zahlreiche einschlägige Akten im Besitz der ehemaligen Einlagerer. Dies ergab eine umfangreiche Befragungsaktion bei (fast) allen einlagernden Institutionen und Firmen. Dabei fiel auf, daß die erstgenannten im allgemeinen über eine signifikant bessere Quellenüberlieferung verfügen als die letztgenannten. Diese Quellen beleuchten meist aber jeweils nur Einzelbeispiele, die in ihrer Gesamtheit jedoch das Bild bereichern.

Schließlich sind die Befragungen von allen Personen zu nennen, die an der Kunstschutzaktion maßgeblich beteiligt und zum Zeitpunkt der Recherchen des Verfassers noch am Leben waren. Auf diese Weise ließ sich das aus den Originalquellen gewonnene Bild abrunden.

Damit sind die wichtigsten Quellen und einige einschlägige Werke der Literatur kurz skizziert, die für eine Untersuchung der Kunsteinlagerungen in den Salzbergwerken Heilbronn und Kochendorf zur Verfügung stehen.

d) Die Nationalsozialisten und die Kunst

Wenn es um das Thema »Kunst in der Zeit des Nationalsozialismus« geht, wird meist an das Stichwort »Entartete Kunst«[36] gedacht, also an das Vorhaben der Machthaber, Deutschland von zeitgenössischen Kunstwerken zu »säubern«, die nicht in deren Vorstellungswelt paßten[37]. Weniger im öffentlichen Bewußtsein verankert ist dagegen die Tatsache, daß Hitler in Linz ein großes Museum einrichten wollte, welches möglichst viele Spitzenwerke der

---

[34] NA Washington, Record Group 216, box 328.
[35] NA Washington, Record Group 407.
[36] Vgl. dazu z. B. BARRON, Entartete Kunst.
[37] Zu Kulturverständnis und Kunstpolitik im Dritten Reich vgl. z. B. BACKES, Hitler.

europäischen Kunst (insbesondere Galerie, Münzkabinett, Waffensammlung) besitzen und damit Weltgeltung erlangen sollte[38]. Die Beschaffung der Kunstwerke erfolgte auf verschiedenen Wegen. Viele wurden über den Kunsthandel gekauft und – zu welchem Preis auch immer – bezahlt. Viele wurden jedoch auch beschlagnahmt, wenn z. B. die Besitzer Juden (etwa die Familie Rothschild) oder aus Deutschland geflohen waren und Kunstgegenstände zurückgelassen hatten. Entsprechendes galt für das sogenannte »Feindvermögen«. In großem Stil beschlagnahmte der 1940 geschaffene »Einsatzstab Reichsleiter Rosenberg« (ERR) Kunstgegenstände in den von deutschen Truppen besetzten Gebieten. Basis dafür war z. B. ein »Führererlaß« vom 1. März 1942[39], der folgendermaßen lautet:

»Juden, Freimaurer und die mit ihnen verbündeten weltanschaulichen Gegner des Nationalsozialismus sind die Urheber des jetzigen gegen das Reich gerichteten Krieges. Die planmäßige geistige Bekämpfung dieser Mächte ist eine kriegsnotwendige Aufgabe.
Ich habe daher den Reichsleiter Alfred Rosenberg beauftragt, diese Aufgabe im Einvernehmen mit dem Chef des Oberkommandos der Wehrmacht durchzuführen. Sein Einsatzstab für die besetzten Gebiete hat das Recht, Bibliotheken, Archive, Logen und sonstige weltanschauliche und kulturelle Einrichtungen aller Art nach entsprechendem Material zu durchforschen und dieses für die weltanschaulichen Aufgaben der NSDAP. und die späteren wissenschaftlichen Forschungsarbeiten der Hohen Schule beschlagnahmen zu lassen. Der gleichen Regelung unterliegen Kulturgüter, die im Besitz oder Eigentum von Juden, herrenlos oder nicht einwandfrei zu klärender Herkunft sind. Die Durchführungsbestimmungen über die Zusammenarbeit mit der Wehrmacht erlässt der Chef des Oberkommandos der Wehrmacht im Einvernehmen mit dem Reichsleiter Rosenberg.
Die notwendigen Massnahmen innerhalb der in deutscher Verwaltung befindlichen Ostgebiete trifft Reichsleiter Rosenberg in seiner Eigenschaft als Reichsminister für die besetzten Ostgebiete.

gez. Adolf Hitler

Führerhauptquartier, den 1. März 1942«

Der ERR betätigte sich zunächst schwerpunktmäßig in Frankreich, bald aber in allen militärisch besetzten Gebieten.

Bereits im Mai 1941 hatte Hitler entschieden, daß seine Gemäldesammlung bis zum Ende des Krieges im Luftschutzkeller des Münchener Führerbaus einzulagern sei[40], sehr viel Material wurde aber auch in das Stift Kremsmünster gebracht. Zahlreiche Kunstgüter waren außerdem in den Schlössern Neuschwanstein, Herrenchiemsee, Kogel (bei St. Georgen) und Weisenegg sowie im Kloster Buxheim (bei Memmingen) untergebracht worden. Nachdem

---

[38] Bezüglich der Literatur sei beispielhaft nochmals verwiesen auf HAASE, Kunstraub; FRIEMUTH, Geraubte Kunst und NICHOLAS, Raub.
[39] BA Berlin-Zehlendorf, NS 8/260 fol. 110.
[40] HAASE, Kunstraub, S. 209.

die Luftangriffe auf deutsche Ziele immer bedrohlicher wurden, mußten andere Aufbewahrungsorte gesucht werden.

Die Archivare gehörten zu den ersten in Deutschland, welche die besondere Eignung von Salz- und Kalibergwerken für die Auslagerung von Kulturgut erkannt hatten. Kunsteinlagerungen in Salzbergwerken erfolgten im allgemeinen erst ab Mitte 1944. Als zentrales Lager für Hitlers Kunstsammlung wurde das Salzbergwerk in Altaussee eingerichtet.

e) Die Saline Friedrichshall-Kochendorf[41]

Im Jahre 1816 wurde in Friedrichshall Steinsalz erbohrt. Die Produktion begann 1818, nachdem zuvor ein Siedehaus mit Vorwärm- und Siedepfanne, ein Solevorratsbehälter und ein Trockenraum errichtet worden waren. Ein etwa gleichzeitig unternommener erster Versuch, Salz auch bergmännisch abzubauen, schlug fehl. Unabhängig davon konnte die Saline ihre Produktion bis 1822 auf 170000 Zentner steigern, was einen danach lange nicht mehr erreichten Rekord darstellte. Allerdings bereitete die Sicherung des Brennstoffnachschubes große Probleme. 1848 erfolgte die Vereinigung der Saline Clemenshall in Offenau mit derjenigen in Friedrichshall. 1854 bis 1859 gelang in Friedrichshall das Abteufen eines Schachtes zum bergmännischen Salzabbau, danach begann der Steinsalzabbau. In den 80er Jahren wurden in der Saline jährlich etwa 270000 Zentner Salz gesotten, im Bergwerk 1,3 Millionen Zentner gefördert. Das Produkt kam insbesondere als Industriesalz auf den Markt.

1895 stürzte das Bergwerk ein. Bereits 1896 begann die Abteufung des Schachtes von Kochendorf als zweites Salzbergwerk. Er erhielt den Namen »König Wilhelm II.« und wurde 1899 in Betrieb genommen. Bis 1922 stieg die Produktion auf den Jahreshöchststand von 336000 t. Nach einem Rückgang vor und während des Zweiten Weltkrieges wurden um 1970 wieder etwa 1 Million Tonnen Steinsalz pro Jahr gefördert.

1965 schlossen sich die baden-württembergischen Salinen zur Südwestdeutsche Salz AG zusammen, der folglich auch das Kochendorfer Bergwerk angehört. Diese legte 1969 die Pfannensaline von Bad Friedrichshall still, nachdem sie zuvor ein technisch moderneres Salzraffinadewerk auf dem Betriebsgelände in Kochendorf errichtet hatte.

---

[41] SIMON, Salz, S. 302–328.

f) Das Salzwerk Heilbronn

Das Heilbronner Steinsalzlager gehört geologisch zum mittleren Muschelkalk. Das Grubenfeld des Salzwerkes erstreckt sich nach Norden, Osten und Süden je 2 km, nach Westen 10 km[42].

1879 wurde im Heilbronner Raum (Neckargartach) in ca. 200 m Tiefe Steinsalz erbohrt. Bald entwickelte sich ein Wettlauf um die Mutungsrechte, welchen die Stadt Heilbronn gewann – insbesondere auch wegen des tatkräftigen Einsatzes des örtlichen Industriellen Theodor Lichtenberger. Sie verkaufte ihre Rechte an die Salzwerk Heilbronn AG, welche sich 1883 konstituierte. Dabei wurde vereinbart, die Stadt Heilbronn am Reingewinn zu beteiligen. Außerdem sollte das gesamte Werk 99 Jahre nach Gründung der Gesellschaft kostenlos der Stadt zufallen. Der Bau des Schachtes begann 1884, das erste Salz konnte 1885 gefördert werden. Nach 10 Jahren wurden bereits 100 000 t pro Jahr produziert, im Ersten Weltkrieg sogar 300 000 t. Das Salz wurde gemahlen und zum Teil auch zu Siedesalz verarbeitet. Abnehmer war insbesondere die Industrie. 1911 begann das Salzwerk Heilbronn zusätzlich mit der Herstellung von Hüttensalz. 1930 wurde die Stadt Heilbronn Hauptaktionärin des Unternehmens mit mehr als 50% des Aktienkapitals[43].

Bis zum Zweiten Weltkrieg waren ungefähr 1,5 qkm des Salzgebietes abgebaut. Allerdings konnten wegen Verunreinigungen nur ca. 18 bis 22 m der etwa 40 m mächtigen Schicht genutzt werden. Diese Verunreinigungen – Anhydrit und Salzton – verhindern, daß das in der Grube gewonnene Steinsalz direkt als Industrie- oder Speisesalz verwendet werden kann. Es muß zuvor aufbereitet werden. Dies geschah in Heilbronn vor dem Zweiten Weltkrieg mit drei verschiedenen Verfahren: Steinsalzmühle, Saline und Schmelzhütte. Beim ersten Verfahren wurde das Steinsalz in mehreren Durchgängen in Zerkleinerungsmaschinen gebrochen. Dabei sprang das weichere Steinsalz nach den Kristallflächen. So konnten die härteren Ton- und Anhydritteile aussortiert werden, während das Salz und der weichere Steinton in das Fertigprodukt gelangten. Auf diese Weise stellte das Heilbronner Salzwerk vor dem Zweiten Weltkrieg ca. 1200 t Industriesalz pro Tag her, dessen NaCl-Gehalt je nach Korngröße zwischen 91% und 97% betrug. Beim zweiten Verfahren (Saline) entstanden täglich etwa 150 t Siedesalz mit einem Chlornatriumgehalt von ca. 99,2%. Dies wurde vorwiegend als Speisesalz verkauft. Hergestellt wurde es, indem man die Abgänge der Steinsalzmühle in Lösebehältern zu Sole verarbeitete und dann in offenen Pfannen eindampfte. Beim dritten Verfahren (Schmelzhütte) wurde das Fördergut bei etwa 900 °C geschmolzen. Aufgrund des höheren Schmelzpunktes setzten sich Anhydrit und Salzton im Schmelzbassin am Boden ab, während das flüssige, reine Salz chargenweise aus dem Ofen abgezogen werden konnte. Das Salzwerk Heilbronn erzeugte

---

[42] StadtA Heilbronn, Salzwerk Heilbronn 97: Bericht über den Betriebszustand und einen etwaigen Wiederaufbau des Salzwerkes Heilbronn vom 7. Juni 1945.
[43] SIMON, Salz, S. 373–382.

nach dieser Methode pro Tag etwa 150 t Salz mit einem Chlornatriumgehalt von 97 %. Das Hüttensalz wurde als Speisesalz und als Industriesalz für besondere Zwecke verkauft[44].

Im Jahre 1944 hatte das Heilbronner Salzwerk ca. 300000 t gefördert, die höchste Jahresmenge betrug 380000 t. So entstanden im Laufe der Jahre Abbaukammern von 100 m Länge, 15 m Breite und ca. 18 m Höhe, getrennt durch 10 m starke Sicherheitspfeiler, wobei jeder fünfte Pfeiler sogar eine Dicke von 25 m aufweist[45].

Bis zum Kriegsende wurde Steinsalz gefördert, während die Saline und die Hütte Ende 1944 wegen Kohlemangels stillgelegt werden mußten. Erst im April 1945, während eines sehr heftigen Bodenkampfes zwischen amerikanischen und deutschen Truppen, wurde das Salzwerk von Kriegshandlungen betroffen und stark beschädigt. Trotzdem konnte bereits im September 1945 wieder Steinsalz gefördert und im Mai 1946 der Hüttenbetrieb erneut aufgenommen werden. Nach einer schwierigen Phase in der unmittelbaren Nachkriegszeit stieg die Produktion ständig an, 1968 wurden 1,15 Millionen Tonnen gefördert[46].

g) Die Fusion

Die Südwestdeutsche Salz AG (Salinen Bad Rappenau, Jagstfeld/Bad Friedrichshall und Bad Dürrheim) und die Salzwerk Heilbronn AG stellten im wesentlichen die gleichen Produkte her. Um diese als Reaktion auf den sich verschärfenden europäischen Konzentrationsprozeß gemeinsam vermarkten zu können, wurden über den Zwischenschritt der Südwestsalz-Vertriebs-GmbH (1970) die beiden Aktiengesellschaften im Jahre 1971 zur Südwestdeutsche Salzwerke AG mit Sitz in Heilbronn verschmolzen. Dies war jedoch nur möglich, weil die Stadt Heilbronn zuvor gegen eine finanzielle Entschädigung auf ihr 1982 wirksam werdendes Rückfallrecht am Salzwerk Heilbronn verzichtet hatte. Die beiden Bergwerke produzierten anfangs der 70er Jahre etwa 2,5 Millionen Tonnen, zu Beginn der 80er Jahre 2,5 bis 3,4 Millionen Tonnen Salz pro Jahr. Auf Heilbronn entfielen dabei zunächst etwa 60 %. Dieser Anteil erhöhte sich auf 80 %. Eine solche Produktionssteigerung war insbesondere deshalb möglich geworden, weil 1971/1972 auf dem Gelände des Heilbronner Salzwerkes ein zweiter Schacht abgeteuft worden war. 1984 erhielten die beiden Bergwerke eine untertägige Verbindung, so daß die insgesamt drei Schächte nun jeweils für beide zur Verfügung standen.

---

[44] StadtA Heilbronn, Salzwerk Heilbronn 97: Bericht über den Betriebszustand und einen etwaigen Wiederaufbau des Salzwerkes Heilbronn vom 7. Juni 1945.
[45] StadtA Heilbronn, Salzwerk Heilbronn 97: Bericht über Bergbau und Steinbruchsaufnahme vom 25. November 1945. Simon (SIMON, Salz, S. 382) spricht für 1943 von einem »Rekordergebnis mit 480000 t«.
[46] SIMON, Salz, S. 383–385.

Anfangs der 90er Jahre lag die Jahresproduktion etwa bei 3 Millionen Tonnen. Knapp 80% wurden als Industriesalz verkauft und gelangten überwiegend auf dem Schiffsweg zu den Kunden. Gewerbe- und Auftausalze nahmen etwa 20% ein, sie wurden hauptsächlich per Bahn verfrachtet. Siedesalz hielt nur noch einen Anteil von 2%, dessen Transport erfolgte per Lastkraftwagen.

Um die beim Salzabbau entstandenen Hohlräume geologisch zu sichern und um sich ein weiteres wirtschaftliches Standbein zu schaffen, werden seit der zweiten Hälfte der 80er Jahre in Heilbronn und seit Anfang der 90er Jahre in Kochendorf die Abbaukammern mit Deponiegut und Salzverarbeitungsrückständen verfüllt. Umweltgutachten zufolge ist damit ein wesentlich geringeres ökologisches Risiko verbunden als mit der oberirdischen Lagerung dieser Schadstoffe auf einer Deponie[47].

Im Jahre 1994 wurde die Salzförderung in Kochendorf eingestellt, nachdem sie immer weiter zurückgegangen war. Dafür erhielt das Deponiegeschäft ein ständig größeres Gewicht. 1995 wurde in Kochendorf außerdem eine moderne Siedesalzanlage in Betrieb genommen. Um auf dem europäischen Markt bestehen zu können, war kurz zuvor die Südsalz GmbH gegründet worden. Deren Gesellschafter sind die Bayerische Berg-, Hütten- und Salzwerke AG (München) sowie die Südwestdeutsche Salzwerke AG (Heilbronn). In der Südsalz GmbH gingen auf das Salzbergwerk Berchtesgaden, die Salinen Bad Reichenhall und Kochendorf sowie die Vertriebsgesellschaften Bad Reichenhaller Salz und Südwestsalz Vertriebs GmbH Bad Friedrichshall. An der Südwestdeutsche Salzwerke AG hielten die Stadt Heilbronn und das Land Baden-Württemberg anfänglich je 45% der Anteile, der Rest befindet sich in der Hand von Kleinaktionären. In Kochendorf ist ein Besucherbergwerk eingerichtet worden, das einen gerne genutzten touristischen Anziehungspunkt darstellt[48].

---

[47] SIMON, Salz, S. 385–390.
[48] StadtA Heilbronn, ZS W 927.

2. Die Einlagerungen in Heilbronn und Kochendorf

a) Der Kommissar für den Archivschutz

In deutschen Archivkreisen hat man sich schon vor Beginn des Zweiten Weltkrieges Gedanken über die Sicherung von Archivalien im Krisen- oder gar Kriegsfalle gemacht[1]. Als Maßnahmen wurden ein Feuerschutzanstrich an den Gebäuden, die Umlagerung ausgewählter Aktengruppen in sichere Gewölbe und die Flüchtung einzelner, besonders wertvoller Stücke in Betracht gezogen[2]. Insbesondere Banktresore waren als sicher geglaubter Aufbewahrungsort beliebt. So hat z. B. das Frankfurter Museum für Kunsthandwerk in der Stahlkammer der Dresdner Bank in Heilbronn zwei Pakete mit Kunstgegenständen deponiert[3]. Mit Ausbruch des Krieges wurden zunächst Archivalien aus den besonders gefährdet erscheinenden Westgebieten herausgeholt. Der anfängliche militärische Erfolg der deutschen Truppen schadete jedoch dem Bewußtsein für die Notwendigkeit von Archivschutzmaßnahmen. Auf der anderen Seite ergab sich für die damals Verantwortlichen die Möglichkeit einer einheitlichen Archivpolitik in den besetzten Ländern. Diese Situation nutzte der Generaldirektor der Preußischen Staatsarchive, Dr. Ernst Zipfel, der in Personalunion auch dem Reichsarchiv in Potsdam vorstand. Er ließ sich am 22. Mai 1940 vom Reichsinnenministerium zum Kommissar für den Archivschutz (K.f.d.A.)[4] ernennen. Sein Aufgabenfeld war zunächst auf das »westliche Operationsgebiet« beschränkt.

Die Archivschutzmaßnahmen erhielten einen wesentlichen Impuls, als am 5. Mai 1942 Martin Bormann als Leiter der Parteikanzlei der NSDAP im Auftrag von Adolf Hitler folgendes Rundschreiben an die Gauleiter richtete[5]:
»*Betrifft: Schutz der Kulturwerte*
Hoechst bedauerlicherweise sind bei verschiedenen schweren Bombenangriffen auf deutsche Städte unersetzliche Kulturwerte (Ölgemälde, Stiche, Möbel, wertvolle Akten und Bücher, Noten, Architektur-Zeichnungen usw., usw.) verbrannt.

Damit dergleichen Verluste nicht wieder eintreten, haben die Gauleiter dafür Sorge zu tragen, daß sämtliche Kulturwerte ihrer Gaue bomben- und brandsicher untergebracht werden. Der Führer macht die Gauleiter, wie ich im Auftrag mitteile, voll für die notwendigen Maßnahmen verantwortlich.

---

[1] Zu den Sicherungsmaßnahmen der nichtstaatlichen Archive in der Rheinprovinz vgl. WILKES, Rheinprovinz. Einen straffen Überblick über den Archiv(gut)schutz in der ersten Hälfte des 20. Jahrhunderts gibt HERRMANN, Archiv(gut)schutz.
[2] ROHR, Archivschutzmaßnahmen, Sp. 106.
[3] StadtA Frankfurt am Main, Kulturamt, 448, Bll. 245–247.
[4] ROHR, Archivschutzmaßnahmen, Sp. 108.
[5] BA Berlin-Zehlendorf, NS 6/337 fol. 126.

Sollten irgendwelche Schwierigkeiten auftreten, ist umgehend zu berichten.«
Dieses Rundschreiben verlieh den auf verschiedenen Ebenen bereits vorangetriebenen Maßnahmen zum Kulturgutschutz deutlich mehr Gewicht, besonders als dann der Reichsverkehrsminister seine nachgeordneten Behörden anwies, für solche Zwecke vordringlich Fahrkapazitäten bereitzustellen[6].

Am 23. Juli 1942 wurde Dr. Zipfel durch Erlaß des Reichsinnenministers die zentrale fachliche Lenkung der Luftschutzmaßnahmen für alle Archive im gesamten Reichsgebiet übertragen[7].

Aufgrund des Kriegsverlaufes war bis Anfang 1942 der Horror der Archivare vor einer Aktenverlagerung und den damit verbundenen Gefahren für den Ordnungs- und Erhaltungszustand größer als die Angst vor Kriegsverlusten. Als dann Luftangriffe auf deutsche Städte häufiger wurden, änderte sich die Meinung der Archivare über das Flüchten von Akten. Gerade der Tausendbomberangriff auf Köln am 31. Mai 1942 zeigte eine große Wirkung bzw. bildete einen tiefen psychologischen Einschnitt[8]. Doch auch noch Mitte 1942 wurden Archivalienverlagerungen eher als die Ausnahme betrachtet und insbesondere bauliche Verbesserungen an den Archivgebäuden (Löscheinrichtungen, Splitterschutzwände, Zumauerung von Fenstern usw.) als ausreichend angesehen. Leitgedanke war aber, daß die Erhaltung der Archivalien auf jeden Fall Vorrang haben sollte vor der Möglichkeit der augenblicklichen Benutzbarkeit[9].

Um über die aktuellen Entwicklungen und Erfahrungen aller Archive im gesamten Reichsgebiet immer unterrichtet zu sein, entfaltete Dr. Zipfel eine erstaunlich breite Reisetätigkeit und sammelte über eine umfassende Korrespondenz Daten und Informationen in einer zentralen Kartei[10]. Sämtliche staatlichen und auch kommunalen Archive waren angewiesen, ihm eingehende Berichte über die Archivsituation vor Ort zukommen zu lassen[11].

Mit der weiteren Intensivierung des Luftkrieges änderte sich auch die Haltung des Kommissars für den Archivschutz zur Möglichkeit von Flüchtungen. Am 15. März 1943 formulierte er, daß der beste Schutz für Archivgut im Verbringen an Ausweichstellen liege[12]. Im Herbst 1943 definierte Zipfel, daß mindestens 50% des jeweiligen Gesamtbestandes auszulagern seien, eine Steigerung auf 75% bis 80% bezeichnete er als wünschenswert. In der von Zipfel geführten zentralen Kartei wurden nun auch die Archivalienauslagerungen protokolliert.

---

[6] BA Potsdam, R 1506/286 fol. 49.
[7] Sehr kritisch mit der Archivpolitik im Dienste der Machthaber des Dritten Reiches und besonders mit der Rolle von Dr. Zipfel setzt sich auseinander ROTH, Hilfstruppen.
[8] HELLENKEMPER, Gedächtnisverlust, S. 11.
[9] ROHR, Archivschutzmaßnahmen, Sp. 110. Eine entsprechende Anweisung von Dr. Zipfel an das Hauptstaatsarchiv Stuttgart datiert vom 1. Mai 1942 (HStA Stuttgart, E 61 Bü 493 |120).
[10] ROHR, Archivschutzmaßnahmen, Sp. 110 und Sp. 112.
[11] HStA Stuttgart, E 61 Bü 493 |152.
[12] ROHR, Archivschutzmaßnahmen, Sp. 111.

Inzwischen war die Notwendigkeit der Herausnahme von Archivgut aus den bedrohten Städten allgemein anerkannt. Dabei sollte speziell auch der Sicherung der Findbücher höchste Aufmerksamkeit gewidmet werden – in diesem Bereich wurden z. B. Versuche mit der Fotokopiertechnik unternommen. Ein weiterer Grundsatz war die dezentrale Lagerung des geflüchteten Archivgutes (z. B. in isoliert stehenden Gebäuden, wie Schlösser, Klöster, Gutshäuser, Türme, Behörden kleiner Ortschaften usw.)[13]. Bevorzugt wurden außerdem Felsenstollen, Felsenkeller großer Brauereien und Bergwerke[14]. Nach den Erfahrungen aus dem Ersten Weltkrieg waren besonders Salz- und Kalibergwerke geeignet[15]. Bei diesen spielten u. a. Staßfurt[16], Grasleben und auch Kochendorf[17] eine wichtige Rolle.

Unter dem Blickwinkel der Dezentralisierung entwickelte sich die Festung Ehrenbreitstein bei Koblenz[18] zum Problemfall. Sie diente schon vor dem Krieg dem Staatsarchiv Koblenz als Lagerraum. Insbesondere im 2. Halbjahr 1942 hatten zahlreiche weitere Staatsarchive (z. B. Düsseldorf und Wiesbaden), Stadtarchive (z. B. Köln) und Museen (z. B. ebenfalls aus Köln) in diese militärisch nicht genutzte Anlage Materialien ausgelagert. Dr. Zipfel drängte bei diesen Institutionen nun auf eine Verbringung an geschütztere Orte und verwies etwa im Oktober 1943 z. B. die Staatsarchive Wiesbaden, Darmstadt und Düsseldorf auf das Salzbergwerk in Kochendorf[19]. Rheinischer Kunstbesitz gelangte im Mai 1944 vom Ehrenbreitstein nach Kochendorf[20], das Staatsarchiv Hamburg verlagerte im August 1944 von dort nach Grasleben[21].

Im Dezember 1943 formulierte Dr. Zipfel, daß u. a. die Erfahrungen in Hannover gezeigt hätten, daß man sich auf die Vorhersage von Bausachverständigen bezüglich der Standfestigkeit von Archivgebäuden nicht verlassen dürfe. In zukünftigen Katastrophenfällen könne ein Archivleiter nur noch dann stichhaltig entlastet werden, wenn er den Nachweis möglichst umfangreicher und rechtzeitiger Flüchtungen erbringen kann[22].

Im Januar 1944 gelang Dr. Zipfel ein wesentlicher politischer Schritt. Im Reichsinnenministerium wurde unter seiner Leitung eine Unterabteilung für

---

[13] HStA Stuttgart, E 61 Bü 493 |152.
[14] ROHR, Archivschutzmaßnahmen, Sp. 113; LEYH, Bibliotheken, S. 10.
[15] LEYH, Bibliotheken, S. 10.
[16] ROHR, Archivschutzmaßnahmen, Sp. 113.
[17] ROHR, Archivschutzmaßnahmen, Sp. 120.
[18] Zum Ehrenbreitstein vgl. SCHMIDT, Lageberichte.
[19] Schreiben des Hessischen Hauptstaatsarchivs Wiesbaden vom 1. Juni 1995 und des Hessischen Staatsarchivs Darmstadt vom 13. Juni 1995 an den Verfasser; NHStA Düsseldorf, Altregistratur BR 2094/301 (Bl. 43).
[20] StA Ludwigsburg, EL 402 Heilbronn lfd. Nr. 238, Einlagerungsverzeichnisse für Kochendorf: Aufstellung über Bergungsgüter im Steinsalzbergwerk Kochendorf und Beilage zum Schreiben des Römisch-Germanischen Museums Köln vom 4. August 1995 an den Verfasser.
[21] ECKARDT, Staatssiegel, S. 25.
[22] HHStA Wiesbaden, Abt. 404 Nr. 1242.

Archiv- und Schriftgutwesen eingerichtet. Dies bedeutete eine schon recht weitgehende fachliche Lenkung des gesamten deutschen Archivwesens[23], wie sie vorher und nachher nie dagewesen ist. Diese Kompetenz wurde im Juli 1944 zu einer generellen Weisungsbefugnis in fachlichen und wissenschaftlichen Angelegenheiten gegenüber allen Reichs- und Reichsgauarchiven erweitert[24]. Nach dem Zweiten Weltkrieg hat man eine solch zentrale Machtstellung innerhalb des Archivwesens nicht mehr zugelassen, speziell für die Flüchtung von Archivalien im Dschungel der Zuständigkeiten und in der schwierigen Kriegssituation war sie wohl kein Nachteil. Inzwischen verfolgte Dr. Zipfel das Ziel der gänzlichen Räumung möglichst aller Archiv-Magazine, auch in mittleren und kleineren Orten. Außerdem erreichte er es, daß der Schutz der Archive als kriegsnotwendige Aufgabe anerkannt wurde[25]. Auf der anderen Seite erwuchsen ihm aber neu massive Probleme. Seit Ende 1943/Anfang 1944 waren in immer stärkerem Maße Salz- und Kalibergwerke für die unterirdische Verlagerung von Rüstungsindustrie herangezogen worden. Insbesondere in den norddeutschen Gruben entstand eine Konkurrenzsituation zwischen der Inanspruchnahme als Bergungsort für Archive und als Verlagerungsstelle für Rüstungsindustrie. Vehement setzte sich Dr. Zipfel im Februar 1944 gegen das Ansinnen des Reichswirtschaftsministers zur Wehr, bereits mit Archivalien belegte Bergwerke wieder räumen und alles Material in das Salzbergwerk Heilbronn verbringen zu lassen. Ein Kompromiß wurde schließlich dahingehend gefunden, daß Umlagerungen innerhalb der Bergwerke erfolgten, die für alle Beteiligten zu einem befriedigenden Ergebnis führten. Im Februar 1944 waren beispielsweise im Salzbergwerk Bernburg-Wintershall von den Stadtarchiven Lübeck, Bremen und Rostock zusammen 5000 qm, im Kaliwerk Staßfurt z. B. vom Geheimen Staatsarchiv Preußischer Kulturbesitz, Reichsarchiv Potsdam und vom Geheimen und Hauptarchiv Schwerin 4600 qm belegt[26]. Im Oktober/November 1944 wurden die Gauleiter in ihrer Eigenschaft als Reichsverteidigungskommissare durch Erlasse des Reichsinnenministeriums angewiesen, die Archive bei ihren Auslagerungen durch die Bereitstellung von Bergungsräumen, Transportmitteln und Arbeitskräften zu unterstützen[27]. Noch zu Beginn des Jahres 1945 wurden demgemäß Archivalien ausgelagert.

---

[23] ROHR, Archivschutzmaßnahmen, Sp. 114; ROTH, Hilfstruppen, S. 1.
[24] ROHR, Archivschutzmaßnahmen, Sp. 115.
[25] ROHR, Archivschutzmaßnahmen, Sp. 116.
[26] BA Potsdam, R 7/1173 fol. 255-260.
[27] ROHR, Archivschutzmaßnahmen, Sp. 118.

b) Die Württembergische Archivdirektion Stuttgart und Kochendorf

Entsprechend der Funktion des Kommissars für den Archivschutz hatten die Staatsarchive in ihrem jeweiligen Sprengel ihrerseits die kleineren nichtstaatlichen Archive bezüglich Luftschutzmaßnahmen zu beraten und zu betreuen[28]. In jedem Land wurde ein staatlicher Archivdirektor zum »Luftschutzbeauftragten« für sämtliche Archive bestellt. Für den Bereich der Württembergischen Archivdirektion war dies am 11. Mai 1943 deren Leiter, Staatsarchivdirektor Dr. Hermann Haering[29]. Ähnlich wie Dr. Zipfel entfaltete auch Dr. Haering eine rege Reisetätigkeit. Beinahe rastlos besuchte er zahlreiche Archive im Land und verhandelte mit Fachkollegen und Oberbürgermeistern, z. B. in Ulm, Heilbronn, Esslingen und Reutlingen[30]. Er beriet, gab Tips und sprach Ermahnungen aus. Er suchte in seinem gesamten Einflußgebiet nach möglichen Auslagerungsstätten, die zunächst für die Bestände der Staatsarchive, dann aber auch für die vielen anderen Archive zur Verfügung standen. Er befand sich außerdem im intensiven Briefkontakt mit Archivaren, Heimatpflegern und Lokalpolitikern, um die Auslagerung von Archivalien voranzutreiben[31].

Möglicherweise war Dr. Haering der erste einflußreiche Archivleiter überhaupt, der ernsthaft die Idee der Einlagerung von Archivalien in Salzbergwerken in Erwägung zog und dann auch konsequent umsetzte[32]. Während Dr. Zipfel erstmals am 2. September 1942 auf diese Möglichkeit hingewiesen hat[33], hatte Dr. Haering zu diesem Zeitpunkt bereits gehandelt und ab dem 24. Juli 1942 Bestände aus dem Staatsarchiv Ludwigsburg und dem Hauptstaatsarchiv Stuttgart in die Saline Friedrichshall-Kochendorf bringen lassen[34]. Er reagierte damit auf den Großangriff auf Köln am 31. Mai 1942, welcher – wie bereits erwähnt – in Deutschland eine tiefe psychologische Wirkung hinterlassen hat[35]. Die Berliner Museen beispielsweise begannen erst im Juni 1944

---

[28] HStA Stuttgart, E 61 Bü 493 |127.
[29] HStA Stuttgart, E 61 Bü 495 |28. Diese Bestellung erfolgte durch Ministerpräsident Christian Mergenthaler. Die Württembergische Archivdirektion war dem Staatsministerium unmittelbar unterstellt (HStA Stuttgart, E 61 Bü 496: Schreiben der Württ. Archivdirektion vom 4. Februar 1944 an den Innenminister, Stuttgart). Zum gesamten Themenkomplex vgl. HOCHSTUHL, Kriegsende.
[30] HStA Stuttgart, E 61 Bü 493 |184.
[31] HStA Stuttgart, E 61 Bü 493.
[32] HStA Stuttgart, E 61 Bü 496: Schreiben der Württembergischen Archivdirektion vom 4. Februar 1944 an den Innenminister (Stuttgart).
[33] ROHR, Archivschutzmaßnahmen, Sp. 113; HStA Stuttgart, E 61 Bü 493 |169.
[34] HStA Stuttgart, E 61 Bü 493 |146, |147 und |164.
[35] HStA Stuttgart, E 61 Bü 496: Schreiben der Württembergischen Archivdirektion vom 4. Februar 1944 an den Innenminister (Stuttgart).

mit dem Einlagern von Kunstgegenständen in (Salz-)Bergwerke. Die Transporte wurden bis in die letzten Kriegstage fortgesetzt[36].

Die Vorteile der Salzbergwerke im allgemeinen lagen auf der Hand. Für sie sprach die absolute Bombensicherheit tief unter der Erde, die Trockenheit, die Sauberkeit und nicht zuletzt das enorme Fassungsvermögen[37]. Außerdem blieben die Temperatur und die Luftfeuchtigkeit konstant[38], und es bestand keine Gefahr, daß das Einlagerungsgut durch plötzliche Witterungsumschwünge Schaden nehmen könnte. Intensive Untersuchungen hatten außerdem gezeigt, daß Gemälde und andere Objekte weder durch die Luftfeuchtigkeit, noch durch die ständige Einwirkung des Salzes beeinträchtigt wurden. Es stellte sich heraus, daß dünne Salzschichten auf den Gegenständen keinen Schaden anrichteten und auch leicht entfernt werden konnten. Eisen jedoch war vom Rost bedroht. Dieses Problem ließ sich aber dadurch beherrschen, daß man solches dick mit Öl oder Fett einrieb[39].

Für Kochendorf sprachen aber noch weitere Gründe. Dessen Leiter, Dr. Ernst Baur, war der Kunsteinlagerungsidee gegenüber sehr aufgeschlossen. Es handelte sich außerdem um ein staatliches Bergwerk, auf welches der Staat relativ direkt zugreifen konnte – im Gegensatz z. B. zum Heilbronner Salzbergwerk, das als Aktiengesellschaft arbeitete. Beide wiesen jedoch einen direkten Eisenbahnanschluß auf, was ebenfalls als Vorteil zählte.

Natürlich mußten diese für Salzbergwerke im allgemeinen geltenden Vorteile am speziellen Beispiel Kochendorf verifiziert werden. Es war klar, daß Luftangriffe das 200 Meter unter Tage lagernde Material nicht direkt gefährden konnten. Es bestand aber offenbar die Sorge, daß z. B. bei einer Beschädigung des Schachtfutters durch Bombenangriffe Wasser in die Grube eindringen könnte. Der Kochendorfer Obersteiger Walter Hütter nahm dazu Stellung. Natürlich konnte er diese Gefahr nicht absolut ausschließen, er hielt sie aber für höchst unwahrscheinlich. Er formulierte: »*Es befindet sich im Schacht in ca. 100 m Tiefe eine wasserführende Schicht, der Zellendolomit des Muschelkalks. Es müsste hier schon in dieser Tiefe der starke eiserne Ausbau des Schachtes von der Bombe getroffen werden, wenn ausgerechnet an dieser Stelle eine Beschädigung der Schachtwandung stattfinden sollte. Nach den allgemeinen Gesetzen des freien Falles ist dies jedoch sonst ausgeschlossen, denn eine abgeworfene Bombe fällt ja niemals senkrecht, sondern stets in einer Kurve nach unten. Sie wird auch hier innerhalb des Schachtes, der noch von oben bis unten mit einzelnen Querhölzern ausgebaut ist, vorher aufschlagen und entweder zur Explosion in einer nicht wasserführenden Schicht kommen, oder durch das Aufschlagen aus ihrer Bahn abgelenkt werden und von hier aus senkrecht nach unten fallen, ohne die Schachtwandung zu berühren. Es dürfte aus-*

---

[36] Kühnel-Kunze, Berliner Museen, S. 27 und 36 f.
[37] Rohr, Archivschutzmaßnahmen, Sp. 113.
[38] Das Salzbergwerk Heilbronn wies 62% Luftfeuchtigkeit und 14–16 °C Temperatur auf (StadtA Mannheim, Hauptregistratur, Archivalien-Zugang 1955–1964, Nr. 983: Bericht von Dr. Passarge und Dr. Böhm vom 23. Februar 1944).
[39] Rorimer; Rabin, Survival, S. 137–138.

serdem für einen Flieger von vornherein recht schwierig sein, einen Schacht von 5 m Durchmesser aus der Luft zu treffen, es würden dies schon mehr Zufallstreffer sein.«[40]

Um alle Zweifel auszuräumen, ließ sich Dr. Haering von Professor Dr. Manfred Bräuhäuser, dem Direktor des Geologisch-Mineralogischen Institut der Technischen Hochschule Stuttgart, ein Gutachten über die Eignung des Kochendorfer Salzbergwerks fertigen. Die Stellungnahme datiert vom 18. September 1942 und äußert sich zu verschiedenen geäußerten Vorbehalten. Professor Bräuhäuser erklärte, daß eine Gefährdung durch Nässe oder Luftfeuchtigkeit ebenso vollkommen ausgeschlossen werden könne wie eine Gefährdung durch Gase (insbesondere Chlor) oder durch einen Wassereinbruch. Er kam zu dem Ergebnis, daß die Stollen des Salzbergwerkes Kochendorf als Bergungsraum wegen der hier stets gleichmäßig warmen, guten, trockenen Luft und wegen des Fehlens schädlicher Gase ebenso einzigartig und vorzüglich geeignet, wie sie durch ihre Lage, tief unter Tag, ganz sicher vor Gefährdung durch Luftangriffe seien[41]. Diese Einschätzung teilte auch der Konservator der Kunstdenkmäler im Berliner Reichsministerium für Wissenschaft, Erziehung und Volksbildung, Ministerialdirigent D. Dr. Robert Hiecke. Dieser formulierte bezüglich Kochendorf, daß »nach den neuesten Feststellungen von spezial-sachkundiger Seite die klimatischen Bedingungen dort geradezu als ideal anzusehen sind, wie kaum an einer anderen der ganz wenigen, für die Bergung überhaupt zur Verfügung stehenden Stätten«[42].

c) Der Stuttgarter Landeskonservator und Kochendorf

Neben Dr. Baur als Direktor der Saline Friedrichshall und Dr. Haering als Chef der Württembergischen Archivdirektion spielte Landeskonservator Dr. Richard Schmidt als Leiter des Württembergischen Landesamts für Denkmalpflege eine zentrale Rolle beim Einlagern von Kulturgut in Kochendorf[43]. Zwar hatte Dr. Haering im Juli 1942 als erster dort eingelagert, Dr. Schmidt zögerte aber nicht lange und zog sehr schnell nach. Selbstverständlich haben sich die beiden Herren persönlich gekannt, und sie standen in häufigem Schriftwechsel[44]. Darüber hinaus waren sie auch insofern direkte Kollegen, als Archivdirektor Dr. Haering zugleich die Funktion des Landespflegers für Schriftdenkmale beim Württembergischen Landesamt für Denkmalpflege versah[45].

---

[40] StA Ludwigsburg, EL 402 Heilbronn lfd. Nr. 238, Negativ verlaufene Anfragen: Schreiben von Obersteiger Hütter vom 1. März 1944 an das Staatsarchiv Koblenz.
[41] Vgl. Abschnitt 11. I a.
[42] StA Ludwigsburg, EL 402 Heilbronn lfd. Nr. 238, Negativ verlaufene Anfragen: Schreiben von Ministerialdirigent D. Dr. Hiecke vom 4. Mai 1944 an Oberbergrat Dr. Baur.
[43] Vgl. SCHMIDT, Bericht, S. 130.
[44] Vgl. z. B. HStA Stuttgart, E 61 Bü 493 und 496.
[45] HStA Stuttgart, E 61 Bü 496: Schreiben der Württembergischen Archivdirektion vom 15. September 1944 an das Staatsministerium.

Bereits am 1. August 1942 sandte Dr. Schmidt ein Schreiben bezüglich »Luftschutzmaßnahmen für Kunstwerke« an den ihm direkt vorgeordneten Kultminister[46]. Er habe inzwischen das Salzbergwerk Kochendorf besichtigt und festgestellt, daß es absolut bombensicher, vollständig trocken und mit abschließbaren Türen versehen sei. Dr. Schmidt empfahl die Grube in erster Linie zur Unterbringung von Materialien aus Papier (z. B. Akten, Bücher, Zeitungen, Pläne, Bestände der Kupferstichsammlung), aus Edelmetall (z. B. Bestände der Kunstkammer, des Münzkabinetts, Zinnsammlung, Porzellane usw.) und eventuell auch für Gegenstände aus der Naturaliensammlung. Ob sich die extreme Trockenheit für auf Holz gemalte Bilder oder farbig gefaßte Holzfiguren eignete, wollte er erst durch einen Versuch klären. Dr. Schmidt stellte fest, daß unter Tage fast unbegrenzt Raum zur Unterbringung von Kunstgütern zur Verfügung stehe, daß aber nur ein einziger Aufzugsschacht vorhanden sei, welcher wiederum nur eine lichte Breite von 75 cm und eine Höhe und Tiefe von je 2 m besitze. Deshalb wünschte – nach der Aussage des Landeskonservators – die Bergwerksleitung, daß die unter Tage zu lagernden Kulturgüter in verschlossenen Kisten geladen werden, wie das auch die Württembergische Archivdirektion getan habe.

Diesen Bericht des Landeskonservators leitete das Württembergische Innenministerium am 4. August 1942 an die Direktoren des Schloßmuseums, des Altertumsmuseums, der Naturaliensammlung und der Landesbibliothek zur Kenntnisnahme weiter. Es stellte anheim, bei weiteren Flüchtungen die Saline Kochendorf zu benützen, und ersuchte um einen Bericht, ob nicht Materialien aus gefährdeten Bergungsorten in die Saline verbracht werden sollten. Auf der Grundlage dieser Information lagerte z. B. die Württembergische Landesbibliothek Stuttgart im Herbst 1942 etwa 30 Tonnen Zeitungen nach Kochendorf aus[47], auch die anderen Institutionen folgten diesem Beispiel.

Einem Schreiben von Dr. Haering an Dr. Schmidt vom 10. Oktober 1942 ist zu entnehmen, daß der Württembergische Kultminister inzwischen die ihm unterstellten Behörden angewiesen hatte, sich wegen der Einlagerung von Kulturgut in der Saline Kochendorf prinzipiell vorab mit Dr. Schmidt in Verbindung zu setzen. Künftig ließ sogar die dem Ministerpräsidenten unterstellte Württembergische Archivdirektion ihren Kontakt zur Salinenverwaltung über Dr. Schmidt laufen[48].

Schon längst hatte Dr. Schmidt seine Bemühungen auch in Richtung kirchliche Kunstschätze ausgedehnt. Einen höchst engagierten Partner fand er in Stadtpfarrer (Kirchenrat) Georg Kopp von der Stuttgarter Gänsheidekirche, dem Vorsitzenden des Christlichen Kunstvereins und zugleich nebenamtlichen Berater des Oberkirchenrats auf dem Gebiet der christlichen Kunst[49].

---
[46] Vgl. Abschnitt 11. I b.
[47] Schreiben der Württembergischen Landesbibliothek Stuttgart vom 30. Juni 1995 an den Verfasser.
[48] HStA Stuttgart, E 61 Bü 493 |192 und |193a.
[49] LKA Stuttgart, Altregistratur 437 |94.

Den Aktivitäten beider Männer verhalf auf kirchenpolitischer Ebene Oberkirchenrat Dr. Gerhard Schauffler zur Umsetzung. Bereits am 19. Mai 1942 forderte Dr. Schauffler aufgrund der Erfahrungen in Rostock und Lübeck und eines Hinweises des Reichsministers für die Kirchlichen Angelegenheiten vom 28. April[50] alle Dekanate auf, verstärkte Luftschutzmaßnahmen für Kunst- und Kulturwerke zu ergreifen. In Abstimmung mit Dr. Schmidt empfahl er das Wegbringen der beweglichen und die Backsteinummauerung der unbeweglichen Kunstwerke[51]. Wenige Tage später – am 18. Mai – ging Georg Kopp noch einen Schritt weiter und machte sich für den Abtransport der Altäre in den Kirchen in Mühlhausen a. N., Winnenden, Besigheim, Heilbronn, Schwaigern und Schwäbisch Hall stark, weil diese in der als besonders luftkriegsgefährdet geltenden Neckarregion standen[52]. In Übereinstimmung mit Dr. Schmidt setzte Dr. Schauffler diese Empfehlung augenblicklich um und wies am nächsten Tag die entsprechenden Pfarrämter an, die jeweiligen Altäre »in tunlichster Bälde« aus den Kirchen zu bergen. Konkret sollte zunächst ein sicherer Aufbewahrungsort ausfindig gemacht und mit Dr. Schmidt abgestimmt werden. Das Landesamt für Denkmalpflege sollte den Transport fachmännisch begleiten. Bezüglich der entstehenden Kosten stellte Dr. Schauffler eine Beihilfe des Evangelischen Oberkirchenrates in Aussicht[53]. Wohl spätestens im Laufe des Jahres 1943[54] sind schließlich beispielsweise folgende Kunstwerke aus evangelischen Kirchen des Landes nach Kochendorf gebracht worden: der Hochaltar der Kirche St. Michael in Schwäbisch Hall, drei große Altarfiguren der Kirche in Schwieberdingen, der St.-Jakobs-Altar der Schloßkirche in Winnenden, Teile des Hochaltars der Kilianskirche Heilbronn, 14 Transportkisten mit Glasfenstern aus dem Chor der Esslinger Stadtkirche, mehrere Altäre der evangelischen Kirchengemeinde Stuttgart-Mühlhausen und der alte Kruzifixus aus der Matthäuskirche in Stuttgart[55]. Außerdem wurde eine Kiste mit Esslinger Kirchenbüchern von 1565 bis 1805 in Kochendorf deponiert[56].

Ende August 1942 gab der Reichsminister für die kirchlichen Angelegenheiten Anweisungen zum Luftschutz für kirchliche Denkmale von allgemeiner nationaler Bedeutung heraus, nachdem er schon vorher dieses Thema immer wieder angesprochen hatte. Diese gingen u. a. über die »Deutsche Evangelische Kirche« an die einzelnen Landeskirchen. Vorgeschlagene Hauptmaß-

---

[50] LKA Stuttgart, Altregistratur 437 |9.
[51] LKA Stuttgart, Altregistratur 437 |12.
[52] LKA Stuttgart, Altregistratur 437 |13.
[53] Für Heilbronn vgl. LKA Stuttgart, Altregistratur Ortsakten Kirchengemeinde Heilbronn |54.
[54] Vgl. Abschnitte 8 c und 8 e.
[55] LKA Stuttgart, Altregistratur 437 |118.
[56] LKA Stuttgart, Altregistratur 437 |100.

nahme war das Entfernen von Gegenständen aus Holz und aus anderem brennbaren Material, insbesondere der Kirchenbänke[57].

Im Oktober bat der Evangelische Oberkirchenrat der Württembergischen Landeskirche den Landeskonservator Dr. Schmidt um eine Aufstellung aller evangelischen Kirchen des Landes, welche als Denkmale von allgemeiner nationaler Bedeutung anzusehen sind[58]. Dr. Schmidt ordnete in diese höchste Kategorie das Münster in Ulm, die Herrgottskapelle in Creglingen und die Frauenkirche in Esslingen ein. Ebenfalls nationale Bedeutung maß er den Stiftskirchen in Stuttgart, Tübingen, Herrenberg und Öhringen, den Stadtpfarrkirchen in Freudenstadt, Weilheim/Teck, Markgröningen, Sindelfingen, Schwaigern, Weinsberg und Weikersheim, den Klosterkirchen Alpirsbach und Maulbronn sowie der Heilbronner Kilianskirche, der Haller Michaelskirche, der Marbacher Alexanderkirche, der Ulmer Dreifaltigkeitskirche und der Esslinger Dionysiuskirche zu[59].

Nachdem im Herbst 1942 Dr. Schmidt zur Schlüsselfigur bezüglich aller staatlich-württembergischen Kulturguteinlagerungen in Kochendorf geworden war, dehnte im Mai 1943 die Saline von sich aus Schmidts Kompetenz noch wesentlich aus. Die Nachfrage nach Bergungsraum für Kulturgüter hatte inzwischen sowohl von staatlicher als auch von privater Seite stark zugenommen. Um eine ordnungsgemäße Einlagerung sicherstellen zu können, trat Dr. Baur am 5. Mai schriftlich an Dr. Schmidt mit der Bitte heran, alle Anträge auf Verlagerung von Kulturgut zu prüfen und zu entscheiden. Mit Schreiben vom 13. Mai 1943 erklärte letzterer sich damit einverstanden. Fortan kam ihm eine weitgehende Entscheidungsbefugnis über die Einlagerungsmöglichkeiten in der Saline Kochendorf zu. Der Landeskonservator prüfte, ob die zu bergenden Güter überhaupt für die Einlagerung geeignet waren. Wenn er einen Antrag positiv entschieden hatte, klärte er mit Obersteiger Hütter den Termin des Eintreffens der Güter ab. Außerdem kontrollierte er regelmäßig deren Erhaltungszustand unter Tage[60].

Nicht immer stieß Dr. Schmidt mit seinem Rat, gefährdete Kunstwerke auszulagern, auf offene Ohren. So hatte er im April 1944 der Kirchengemeinde Creglingen empfohlen, wenigstens den berühmten Riemenschneider-Altar an einen sicheren Bergungsort zu bringen. Doch die Gemeinde weigerte sich.

---

[57] LKA Stuttgart, Altregistratur Generalia 436 XII: Erlaß des Reichsministers für die kirchlichen Angelegenheiten vom 24. August 1942 bzw. Abschrift vom 2. September 1942.

[58] LKA Stuttgart, Altregistratur Generalia 436 XII: Schreiben des Evangelischen Oberkirchenrats Stuttgart vom 26. Oktober 1942 an das Württembergische Landesamt für Denkmalpflege Stuttgart.

[59] LKA Stuttgart, Altregistratur Generalia 436 XII: Schreiben des Württembergischen Landesamtes für Denkmalpflege vom 27. Oktober 1942 an den Evangelischen Oberkirchenrat Stuttgart.

[60] StA Ludwigsburg, EL 402 Heilbronn lfd. Nr. 238, Negativ verlaufene Anfragen: Schreiben der Staatlichen Saline Friedrichshall vom 4. Mai 1943 an die Bauabteilung des Finanzministeriums Stuttgart und Schreiben von Dr. Schmidt vom 13. Mai 1943 an die Saline Kochendorf.

Sie hatte großes Glück, daß die Herrgottskapelle und ihre Kunstschätze trotz mehrmaligen Artilleriebeschusses des Ortes zwischen dem 7. und 12. April 1945 unversehrt blieb[61].

Seitens der katholischen Kirche engagierte sich Prälat Dr. Erich Endrich für die Auslagerung von Kunstschätzen. Er stand als Vorstand des Kunstvereins der Diözese Rottenburg auch mit Landeskonservator Dr. Schmidt in Verbindung. Es ist jedoch unklar, warum trotzdem praktisch keine kirchlichen Schätze aus dem katholischen Bereich in das Heilbronner bzw. Kochendorfer Salzbergwerk eingelagert worden sind[62]. Möglicherweise zogen viele Kirchengemeinden – insbesondere im südwürttembergischen Raum – andere in der Nähe befindliche Auslagerungsmöglichkeiten vor[63].

d) Der Generaldirektor der Oberrheinischen Museen und Heilbronn

Eine vergleichbare Rolle wie Dr. Schmidt und Dr. Baur für die Einlagerung von Kunst- und Kulturgütern in Kochendorf spielten Dr. Kurt Martin und Regierungsrat Otto Schlafke bzw. Dr. Hanns Bauer für Heilbronn. Schlafke war der Chef des Heilbronner Salzwerkes, Dr. Bauer sein Stellvertreter[64]. Dr. Martin, Direktor der Karlsruher Kunsthalle, versah ab 1940 das Amt der zu diesem Zeitpunkt neu gebildeten Generaldirektion der Oberrheinischen Museen mit Dienstsitz in Straßburg. Von dort aus wurden die elsässischen Museumsbestände betreut und geborgen[65]. James J. Rorimer, der erste nach dem Zweiten Weltkrieg für das Operationsgebiet der 7. Armee in Süddeutschland zuständige Kunstschutzoffizier, bescheinigte Dr. Martin, in der Zeit des Nationalsozialismus in erster Linie als Kunstexperte und nicht als parteipolitisch denkender Mensch[66] gehandelt und sich unermüdlich um die Sicherung von elsässischem Kulturgut bemüht zu haben[67]. Auf diese Weise wurden etwa 12 000 Kunstobjekte aus Frankreich, Holland, Österreich usw. zusammengetragen[68].

Generaldirektor Dr. Martin war einerseits dem badischen Ministerium des Kultus und Unterrichts unterstellt. Über diese Schiene setzte er seine Vorstel-

---

[61] Ehmer, Creglingen, S. 156 (Anm. 82).
[62] Schreiben des Diözesanarchivs der Diözese Rottenburg-Stuttgart vom 29. August 1995 an den Verfasser.
[63] Schreiben von Franziska Weidelener vom 3. Juli 1996 an den Verfasser.
[64] StadtA Heilbronn, Salzwerk Heilbronn 102: Eidesstattliche Erklärung vom 12. Mai 1948.
[65] Vgl. dazu Schulze-Battmann, Martin.
[66] Dr. Martin war nicht NSDAP-Mitglied (Werner, Karlsruhe 1945, S. 253).
[67] Rorimer; Rabin, Survival, S. 145–147.
[68] StA Ludwigsburg, EL 402 Heilbronn lfd. Nr. 238, Reports: Special Report of the Collecting Point-Repository at the Heilbronn and Kochendorf Salt-Mines vom 15. Februar 1946.

lungen zu Luftschutzmaßnahmen durch. Anfang 1941 sah er bauliche Maßnahmen und die Vermehrung des bei Luftalarm zur Verfügung stehenden Hilfspersonals als vordringlich an[69]. Bald wurden aber z. B. auch Auslagerungen in das Neue Schloß Baden-Baden und das Schloß Langenstein durchgeführt[70]. Auf der Suche nach weiteren, noch sichereren Einlagerungsmöglichkeiten stieß er wohl in der ersten Jahreshälfte 1943 auf das Heilbronner Salzbergwerk. Vielleicht hat ihn das Vorbild seines Stuttgarter Kollegen Dr. Schmidt dazu angeregt, welcher zu diesem Zeitpunkt bereits die Staatliche Saline Friedrichshall-Kochendorf nutzte. Besonders energisch verfolgt wurde diese Idee der Einlagerung in Heilbronn aber offenbar erst nach dem schweren Angriff auf Mannheim in der Nacht vom 5. auf den 6. September 1943.

Auf jeden Fall teilte Dr. Martin dem Kieler Landesarchivpfleger in einem Schreiben vom 23. Juni 1944 mit, daß er wohl der erste gewesen sei, der mit der Direktion des Salzwerks Heilbronn wegen der Bergung von Kunst- und Kulturgut Verbindung aufgenommen habe. Durch ihn hätten dort das Generallandesarchiv Karlsruhe, das Landesmuseum Karlsruhe und die Kunstsammlungen der Stadt Mannheim Aufnahme gefunden[71]. Gleiches gilt auch für die Kunsthalle Karlsruhe und das Augustinermuseum Freiburg[72]. Ebenso scheinen persönliche Verbindungen zwischen Dr. Martin und Kiel zu Einlagerungen zahlreicher Archive aus Schleswig-Holstein in Heilbronn geführt zu haben[73]. Entsprechendes läßt sich für Krefeld erschließen, dessen Kaiser Wilhelm Museum Gemälde und Plastiken nach Kochendorf in Sicherheit brachte[74].

Dr. Martin hat sich wegen der Bergungsfrage recht häufig im Heilbronner Salzbergwerk aufgehalten, erstmals nachweisbar am 29. Dezember 1943[75].

---

[69] GLA Karlsruhe 235/40320: Schreiben des Badischen Landesmuseums Karlsruhe vom 10. Februar 1941 an das Ministerium des Kultus und des Unterrichts Karlsruhe.

[70] GLA Karlsruhe 235/40320: Schreiben des Badischen Ministeriums des Kultus und des Unterrichts vom 18. August 1943 an die Direktion des Landesmuseums in Karlsruhe.

[71] StadtA Mannheim, Wissenschaftliche Stadtbibliothek, Archivalien-Zugang 21/1968, Nr. 40: Schreiben der Generaldirektion der Oberrheinischen Museen vom 23. Juni 1944 an den Landesarchivpfleger in Kiel.

[72] FORD, Monuments, S. 18.

[73] StadtA Mannheim, Wissenschaftliche Stadtbibliothek, Archivalien-Zugang 21/1968, Nr. 40: Schreiben der Generaldirektion der Oberrheinischen Museen vom 23. Juni 1944 an den Landesarchivpfleger in Kiel.

[74] Schreiben des Museums Krefeld an Dr. Martin (»Lieber Herr Martin«) vom 14. Februar 1946 (Beilage zum Schreiben des Kaiser Wilhelm Museums Krefeld vom 6. September 1995 an den Verfasser).

[75] StadtA Heilbronn, Salzwerk Heilbronn 319: Besuche wegen Einlagerung. Der Besuch von Dr. Martin am 29. Dezember 1943 ist das erste dort überhaupt erfaßte Datum. Es ist also möglich, daß Dr. Martin schon vorher das Heilbronner Salzwerk besucht hat.

e) Einlagerung in Kochendorf

Die systematische Einlagerung von Kunst- und Kulturgütern begann in Kochendorf im Juli 1942. Damit dürfte – wie bereits dargestellt – Kochendorf das erste Bergwerk in Deutschland sein, das planmäßig für die Bergung von Kulturgut genutzt wurde. Die Vorreiterrolle hatte die Württembergische Archivdirektion Stuttgart gespielt. Ihr Leiter, Staatsarchivdirektor Dr. Hermann Haering, hatte seine Verhandlungen mit Bergwerksleiter Dr.-Ing. Ernst Baur am 18. Juli beendet[76]. Der erste Transport von 121 Kisten mit Archivalien aus dem Hauptstaatsarchiv Stuttgart und dem Staatsarchiv Ludwigsburg traf mit zwei Lastwagen am 24. Juli in Kochendorf ein[77]. Bald folgten weitere Institutionen, insbesondere aus Stuttgart. Im Herbst 1942 begannen die Württembergische Naturaliensammlung[78], die Württembergische Landesbibliothek[79] und das Cotta-Verlags-Archiv[80] (jeweils Stuttgart) mit der Einlagerung in Kochendorf. Im Dezember handelte die Stuttgarter Weltkriegsbücherei[81]. Im Januar 1943 fing das Stuttgarter Linden-Museum mit umfangreichen Einlagerungen an[82], im Februar folgte die Universität Tübingen (Handschriften und Inkunabeln aus der Bibliothek, Universitätsarchiv)[83], im März verbrachten ca. 240 Stuttgarter Privatpersonen im Rahmen eines von der Stadt Stuttgart organisierten Sammeltransports etwa 2000 Ölgemälde und andere Wertgegenstände in Kochendorf in Sicherheit[84]. Im zweiten Quartal 1943 begannen auszulagern der Deutsche Scheffelbund Karlsruhe u. a. Handschriften und Erstausgaben[85], das Schiller-Nationalmuseum Marbach a. N. u. a. fast 100 000 Handschriften[86], das Stuttgarter Reichsamt für Bodenforschung zahlreiche

---

[76] HStA Stuttgart, E 61 Bü 493 |146.
[77] HStA Stuttgart, E 61 Bü 493 |147; vgl. Abschnitte 2 b und 8 a.
[78] ADAM, Württembergische Naturaliensammlung, S. 82.
[79] Schreiben der Württembergischen Landesbibliothek Stuttgart vom 30. Juni 1995 an den Verfasser.
[80] HStA Stuttgart, E 61 Bü 493 |197.
[81] ROHWER, Weltkriegsbücherei, S. 19.
[82] StA Ludwigsburg, EL 402 Heilbronn lfd. Nr. 238, Einlagerungsverzeichnisse für Kochendorf: Aufstellung über Bergungsgüter im Steinsalzbergwerk Kochendorf.
[83] LEYH, Bibliotheken, S. 189; vgl. Abschnitt 8 d.
[84] StA Ludwigsburg, EL 402 Heilbronn lfd. Nr. 238, Einlagerungsverzeichnisse für Kochendorf: Aufstellung über Bergungsgüter im Steinsalzbergwerk Kochendorf; BA Potsdam, R 7/1208 fol. 60; HStA Stuttgart, RG 260 OMGWB 12/90-1/6 (3 fiches).
[85] Geschäftsbericht des Scheffelbundes vom 27. März 1943; StA Ludwigsburg, EL 402 Heilbronn lfd. Nr. 309: Report of Property Transactions vom 7. Juni 1946.
[86] StA Ludwigsburg, EL 402 Heilbronn lfd. Nr. 238, Negativ verlaufene Anfragen: Schreiben von Dr. Schmidt vom 13. Mai 1943 an die Saline Kochendorf-Friedrichshall; EL 402 Heilbronn lfd. Nr. 309: Report of Property Transactions vom 25. März 1947; KOSCHLIG-WIEM, Schiller-Nationalmuseum, S. 158.

geologische Karten[87] und die Württembergische Staatsgalerie Stuttgart Gemälde und graphische Mappen[88]. Zwischen Juni und November lieferten die evangelischen Kirchengemeinden Esslingen[89], Winnenden[90], Schwäbisch Hall[91] und Schwieberdingen[92] ihre wertvollsten Altarfiguren, Glasfenster usw. nach Kochendorf, nachdem die Figuren des Hochaltars der Heilbronner Kilianskirche wohl schon Anfang 1943 eingelagert worden waren[93]. Im Juli brachte das Braith-Mali-Museum (Biberach a. d. Riß) Gemälde[94], das Museum der Stadt Ulm folgte diesem Beispiel im September mit Gemälden und Kunstgegenständen[95]. Ab August verbrachten die Stadtarchive Frankfurt a. M.[96] und Schwäbisch Gmünd[97] unersetzliche Archivalien nach Kochendorf. Ebenfalls ab August transportierte die Hauptmessungsabteilung des Württembergischen Innenministeriums Stuttgart Meßinstrumente und Kartenmaterial in den Schacht[98], im Oktober und November 1943 die Daimler-Benz AG (Stuttgart) zahlreiche Zeichnungen[99]. Die Technische Hochschule Stuttgart begann im Dezember, u. a. Bibliotheksgut nach Kochendorf zu befördern[100]. Schließlich sicherte hier im Dezember noch das Staatsarchiv Wiesba-

---

[87] StA Ludwigsburg, EL 402 Heilbronn lfd. Nr. 238, Negativ verlaufene Anfragen: Schreiben der Staatlichen Saline Friedrichshall vom 17. Mai 1943 an das Württembergische Landesamt für Denkmalpflege; El 402 Heilbronn lfd. Nr. 238, Einlagerungsverzeichnisse für Kochendorf: Aufstellung über Karten und Erläuterungen im Bergwerk Kochendorf.

[88] StA Ludwigsburg, EL 402 Heilbronn lfd. Nr. 309: Report of Property Transactions vom 16. Oktober 1947.

[89] StA Ludwigsburg, EL 402 Heilbronn lfd. Nr. 238, Einlagerungsverzeichnisse für Kochendorf: Aufstellung über Bergungsgüter im Steinsalzbergwerk Kochendorf; StadtA Esslingen, Hauptregistratur 9320 g: Schreiben der Evangelischen Gesamtkirchengemeinde Esslingen vom 12. Oktober 1944 an den Oberbürgermeister von Esslingen und Schreiben der Staatlichen Saline Friedrichshall vom 21. November 1944 an den Oberbürgermeister von Esslingen.

[90] LKA Stuttgart, A 126/298 – Winnenden: Chronik der Ereignisse der Kirchengemeinde Winnenden 1939–1945, S. 3–4.

[91] StA Ludwigsburg, EL 402 Heilbronn lfd. Nr. 309: Report of Property Transactions vom 18. März 1947.

[92] StA Ludwigsburg, EL 402 Heilbronn lfd. Nr. 309: Report of Property Transactions vom 11. Juni 1947.

[93] LKA Stuttgart, Altregistratur Ortsakten Kirchengemeinde Heilbronn |73 und |271 A/2.

[94] Schreiben des Braith-Mali-Museums vom 20. September 1995 an den Verfasser.

[95] StadtA Ulm, B 322/20 Nr. 16: Bericht über die Bergung von Museumsgut in der Saline Friedrichshall-Kochendorf vom 11. September 1943.

[96] Schreiben des Instituts für Stadtgeschichte Frankfurt a. M. vom 30. Mai und vom 26. Juni 1995 an den Verfasser.

[97] Schreiben des Stadtarchivs Schwäbisch Gmünd vom 19. Mai 1995 an den Verfasser.

[98] StA Ludwigsburg, EL 402 Heilbronn lfd. Nr. 238, Einlagerungsverzeichnisse für Kochendorf: Aufstellung über Bergungsgüter im Steinsalzbergwerk Kochendorf.

[99] StA Ludwigsburg, EL 402 Heilbronn lfd. Nr. 238, Einlagerungsverzeichnisse für Kochendorf: Aufstellung über Bergungsgüter im Steinsalzbergwerk Kochendorf.

[100] StA Ludwigsburg, EL 402 Heilbronn lfd. Nr. 238, Einlagerungsverzeichnisse für Kochendorf: Aufstellung über Bergungsgüter im Steinsalzbergwerk Kochendorf.

den z. B. Urkunden, Akten und Repertorien[101]. Im Januar 1944 startete das Württembergische Staatstheater Stuttgart mit der Bergung von Kostümen, Masken, Schuhen und Stoffen in Kochendorf[102]. Von Januar bis April 1944 lagerte die Firma C. F. Boehringer & Söhne GmbH (Mannheim-Waldhof) größere Mengen Chinin und Chinarinde ein[103]. Ebenfalls von Januar bis April 1944[104] brachte die Universitätsbibliothek Heidelberg etwa 25 Eisenbahnwaggons mit Büchern nach Kochendorf[105]. Der Heidelberger Paläontologe und Geologieprofessor Dr. Florian Heller (1905–1978) hatte angesichts der steigenden Luftkriegsgefahr auf die abgebauten Salzlager als geeignete Lagerorte aufmerksam gemacht. Die Heidelberger Transporte wurden im allgemeinen so abgewickelt, daß jeweils von Montag bis Donnerstag die zu verlagernden Bestände ausgesucht und von Hilfskräften der Universität in die Einfahrt Ost gebracht wurden. Jeweils am Freitag wurden die Bücherstapel per Lkw zur Eilgüterhalle des Bahnhofs transportiert und in einen dort bereitgestellten Waggon verladen. Dieser verließ Heidelberg mit dem Personenzug um 16.35 Uhr. Häufige Fliegeralarme erschwerten oft die Arbeit. Am Samstag reisten dann einige Angehörige der Universitätsbibliothek nach Kochendorf. Die Männer luden über Tage aus, die Frauen lagerten unter Tage ein. Den Transport in den Schacht nach unter Tage und dort mit der Grubenbahn besorgten Angehörige der Saline[106]. Das Geologische Institut der Universität Heidelberg schickte ebenfalls wertvolles Material nach Kochendorf[107]. Auf diese Weise gelangte auch der Homo Heidelbergensis in die Saline[108].

Im Februar 1944 kamen aufgrund eines »Führerauftrags«[109] in Kochendorf weitere Kulturgüter an. Es handelte sich um drei Eisenbahnwaggons mit Büchern, Akten und Lichtbildern des deutschen Kunsthistorischen Instituts in Florenz. Aufgrund der militärischen Lage[110] war am 19. Januar der Abtransport des Institutsbesitzes u. a. in das Salzbergwerk Heilbronn bzw. Kochen-

---

[101] HHStA Wiesbaden, Abt. 404 Nr. 1253: Schreiben des Staatsarchivs Wiesbaden vom 31. Dezember 1943 an den Generaldirektor der Staatsarchive, Berlin.
[102] StA Ludwigsburg, EL 402 Heilbronn lfd. Nr. 238, Einlagerungsverzeichnisse für Kochendorf: Aufstellung über Bergungsgüter im Steinsalzbergwerk Kochendorf.
[103] StA Ludwigsburg, EL 402 Heilbronn lfd. Nr. 238, Einlagerungsverzeichnisse für Kochendorf: Aufstellung über Bergungsgüter im Steinsalzbergwerk Kochendorf. Chinin wurde aus Chinarinde gewonnen und gegen Malaria sowie allgemein zur Fiebersenkung eingesetzt (Schreiben von Professor Dr. Horst Kreiskott, Wachenheim, vom 17. August 1995 an den Verfasser).
[104] StA Ludwigsburg, EL 402 Heilbronn lfd. Nr. 238, Einlagerungsverzeichnisse für Kochendorf: Aufstellung über Bergungsgüter im Steinsalzbergwerk Kochendorf.
[105] BA Potsdam, R 7/1208 fol. 61.
[106] GRAMLICH, Auslagerung, S. 6.
[107] BA Potsdam, R 7/1208 fol. 61.
[108] StadtA Mannheim, Wissenschaftliche Stadtbibliothek, Archivalien-Zugang 21/1968, Nr. 40: Schreiben der Universitätsbibliothek Heidelberg vom 1. Mai 1944.
[109] BA Potsdam, R 7/1208 fol. 61.
[110] Zur allgemeinen Lage in Florenz bzw. der Kunstschutzsituation vgl. HARTT, Florentine Art; TUTAEV, Florenz; GOLDBRUNNER, Bibliothek; KLINKHAMMER, Kunstschätze.

dorf angeordnet worden. Der Transport erfolgte militärisch eskortiert als Vorzugstransport per Eisenbahn[111]. Das Material war vom 22. bis 25. Februar unterwegs[112], es wurde am 26. und 27. Februar in die Grube verbracht[113].

Im Februar und März schickte das Hessische Staatsarchiv Darmstadt Urkunden, Verträge usw. nach Kochendorf[114], von Februar bis April lieferte die Hessische Landesbibliothek Darmstadt u. a. zahlreiche wertvolle Bücher an[115]. Ab März kamen von der Badischen Landesbibliothek Karlsruhe[116] und von der Bibliothek der Technischen Hochschule Darmstadt[117] Bücher. Im April sandten das Staatsarchiv Düsseldorf und die Landes- und Stadtbibliothek Düsseldorf Akten bzw. ebenfalls Bücher[118].

Ende April 1944 trafen in Kochendorf irrtümlich etwa 15 Tonnen Donarit-Sprengstoff und 30 000 Zünder ein. Deren Lagerung hatte die Bergwerksleitung zuvor abgelehnt, weil ihr »von der Reichsregierung eine andere kriegswichtige Aufgabe« gestellt worden war. Das Material wurde nach wenigen Monaten wieder abtransportiert[119].

Eine letzte große Einlagerungsaktion kam ab Ende März bis Anfang Mai 1944 zustande. Sie war von Ministerialdirigent D. Dr. Robert Hiecke als dem Konservator der Kunstdenkmäler im Berliner Reichsministerium für Wissenschaft, Erziehung und Volksbildung organisiert worden. Er hatte erreicht, daß der Reichswirtschaftsminister die erforderliche Menge von Kraftstoff bewilligte, um rheinischen Kunstbesitz vom inzwischen als gefährdet geltenden Ehrenbreitstein[120] nach Kochendorf zu transportieren. Betroffen waren aus Köln u. a. das Historische Archiv, das Kunstgewerbemuseum, das Rautenstrauch-Joest-Museum, die Universitätsbibliothek und die Römisch-Germanische Abteilung des Wallraf-Richartz-Museums[121].

---

[111] TUTAEV, Florenz, S. 144.
[112] Schreiben des Kunsthistorischen Instituts in Florenz vom 9. September 1995 an den Verfasser.
[113] StA Ludwigsburg, EL 402 Heilbronn lfd. Nr. 238, Einlagerungsverzeichnisse für Kochendorf: Aufstellung über Bergungsgüter im Steinsalzbergwerk Kochendorf.
[114] StA Ludwigsburg, EL 402 Heilbronn lfd. Nr. 309: Report of Property Transactions vom 13. Oktober 1947.
[115] StA Ludwigsburg, EL 402 Heilbronn lfd. Nr. 238, Einlagerungsverzeichnisse für Kochendorf: Aufstellung über Bergungsgüter im Steinsalzbergwerk Kochendorf.
[116] GLA Karlsruhe 235/6761: Schreiben der Badischen Landesbibliothek Karlsruhe vom 29. März 1944 an den Minister des Kultus und Unterrichts.
[117] StA Ludwigsburg, EL 402 Heilbronn lfd. Nr. 238, Einlagerungsverzeichnisse für Kochendorf: Aufstellung über Bergungsgüter im Steinsalzbergwerk Kochendorf.
[118] StA Ludwigsburg, EL 402 Heilbronn lfd. Nr. 238, Einlagerungsverzeichnisse für Kochendorf: Aufstellung über Bergungsgüter im Steinsalzbergwerk Kochendorf.
[119] StA Ludwigsburg, EL 402 Heilbronn lfd. Nr. 238, Negativ verlaufene Anfragen: Korrespondenz zwischen der Sprengstoff-Verkaufs-Gesellschaft m.b.H. (Zweigniederlassung Berlin) vom 23. Juni bis 1. Juli 1944 mit der Staatlichen Saline Friedrichshall.
[120] Vgl. Abschnitt 2 a.
[121] Schreiben mit Beilagen des Römisch-Germanischen Museums Köln vom 4. August 1995 an den Verfasser; vgl. Abschnitt 8 j.

Ab Mai waren in Kochendorf Kulturguteinlagerungen nicht mehr gestattet, weil die nun für dort vorgesehene Verlagerung von Industrie[122] die gesamte Transportkapazität des Schachtes in Anspruch nahm[123]. Das zum Teil noch auf dem Transportweg befindliche Kölner Kulturgut mußte in Bronnbach zwischengelagert werden, es gelangte dann aber in den folgenden Monaten doch noch in die Grube[124]. Eine Zwischenlagerung im Siedehaus Jagstfeld wurde für Bücher der Badischen Landesbibliothek Karlsruhe[125] und für die erst im August eingetroffenen Materialien aus Venedig (insbesondere des dortigen Deutschen Instituts) organisiert[126]. Sie wurden aber bis Kriegsende nicht mehr in die Grube verbracht[127], sondern verblieben dort bis Anfang 1946[128].

Alle weiteren Anträge auf Einlagerung von Kunst- und Kulturgütern wurden abschlägig beschieden, sogar wenn es sich um Institutionen handelte, die bereits Material in die Grube verbracht hatten. Dieser Einlagerungsstopp für Kulturgüter wurde tatsächlich weitestgehend durchgesetzt. Als kleine Ausnahme ist die evangelische Kirchengemeinde Esslingen zu nennen, für die im Herbst 1944 eine Kiste Kirchenbücher nach unter Tage gebracht wurde[129]. Anfang bzw. im Frühjahr 1945 trafen in Kochendorf noch 123 kg Codein[130] in 3 Kisten ein, welche die Firma C. F. Boehringer & Söhne GmbH (Mannheim-Waldhof) einlagern ließ.

Auch schon vor dem Mai 1944 verliefen aber nicht alle Verhandlungen bezüglich Einlagerungsmöglichkeiten erfolgreich. Im April 1943 scheiterten entsprechende Gespräche mit der Landesbildstelle Württemberg. Diese wollte mit Rücksicht auf ihren laufenden Betrieb im Abstand von drei bis vier Wochen jeweils einige Negative austauschen. Dieses Ansinnen stand jedoch der Maßgabe entgegen, daß mit Rücksicht auf die in der Grube geborgenen Mate-

---

[122] Vgl. Abschnitt 9 b.
[123] Vgl. dazu StadtA Mannheim, Wissenschaftliche Stadtbibliothek, Archivalien-Zugang 21/1968, Nr. 40: Schreiben der Universitätsbibliothek Heidelberg vom 1. Mai 1944.
[124] Schreiben mit Beilagen des Römisch-Germanischen Museums Köln vom 4. August 1995 an den Verfasser; vgl. Abschnitt 8 j.
[125] WERNER, Karlsruhe 1945, S. 257.
[126] StA Ludwigsburg, EL 402 Heilbronn lfd. Nr. 238, Heilbronn Büro und Verschiedenes: Brief Report on the Heilbronn and Kochendorf Salt Mines vom 7. August 1946.
[127] StA Ludwigsburg, EL 402 Heilbronn lfd. Nr. 238, Berichte an MFA & A: MFA & A Collecting Point Report for the Month of November vom 30. November 1945.
[128] HStA Stuttgart, RG 260 OMGUS 3/438-1/11 (2 of 2): MFA & A Collecting Point Report for the Month of March vom 28. März 1946; MFA & A Collecting Point Report for the Month of April vom 30. April 1946; vgl. Abschnitt 6 d.
[129] StadtA Esslingen, Hauptregistratur 9320 g: Schreiben der Evangelischen Gesamtkirchengemeinde Eßlingen vom 12. Oktober 1944 an den Oberbürgermeister der Stadt Eßlingen.
[130] Codein wird aus dem Schlafmohn gewonnen und bei Schmerzen sowie Reizhusten eingesetzt (Bundesanzeiger Jg. 43 [1991], S. 4210).

rialien die Einlagerungsräume möglichst selten betreten werden sollten. Die Landesbildstelle konnte also nicht in Kochendorf einlagern, weil dort nur eine Aufbewahrung auf längere Zeit vorgesehen war[131].

Im November 1943 fragte die Hut- und Mützenfabrik Alfred Valet (Stuttgart-Bad Cannstatt) in Kochendorf nach, ob ihr trockene Räume für die Lagerung von Textilwaren überlassen werden könnten. Dieses Ansinnen wurde abgelehnt, weil die Grubenräume der Bergung von Kulturgut vorbehalten waren[132].

Seit Oktober 1943 stand die Saline in Verhandlungen mit Wehrwirtschaftsführer Günther Quandt[133] (Berlin/Potsdam), der seine Sammlung von Gemälden (15. bis 17. Jahrhundert und Impressionisten) und Plastiken in Kochendorf einlagern wollte. Die Aktion verzögerte sich aber wegen der Luftkriegssituation in Berlin monatelang. Als Quandt schließlich im Juli 1944 die vorgeschriebenen Kisten und die notwendigen Möbelwagen erhalten hatte, war es zu spät. Wegen der inzwischen erfolgten Aufnahme von Rüstungsindustrie war eine Bergung von Kulturgütern in Kochendorf nicht mehr möglich[134]. Aus dem gleichen Grund scheiterte auch die bereits vereinbarte Aufnahme von Kunstwerken aus dem Museum Folkwang in Essen[135]. Ebenso kam das Staatsarchiv Koblenz nicht zum Zuge[136].

Bevor Kunst- oder Kulturgüter eingelagert werden konnten, mußte der Eigentümer dafür sorgen, daß die Fläche unter Tage planiert und schienenartig mit Bohlen oder Rosten belegt wurden[137], damit das Einlagerungsgut nicht direkt auf dem salzstaubbedeckten Boden stand. Die Eigentümer beauftragten mit dem Herrichten des Einlagerplatzes im allgemeinen in der Nähe ansässige

---

[131] StA Ludwigsburg, EL 402 Heilbronn lfd. Nr. 238, Negativ verlaufene Anfragen: Korrespondenz zwischen der Landesbildstelle Württemberg und der Staatlichen Saline Friedrichshall vom 7. bzw. 12. April 1943.

[132] StA Ludwigsburg, EL 402 Heilbronn lfd. Nr. 238, Negativ verlaufene Anfragen: Korrespondenz vom November 1943 zwischen der Firma Alfred Valet und der Staatlichen Saline Kochendorf.

[133] 1881–1954, Industrieller; Schöpfer der »Quandt-Gruppe«. Seine 1929 von ihm geschiedene Frau Magda geb. Ritschel heiratete 1931 Joseph Goebbels. Adolf Hitler war Trauzeuge (WISTRICH, Wer war wer, S. 91).

[134] StA Ludwigsburg, EL 402 Heilbronn lfd. Nr. 238, Negativ verlaufene Anfragen: Korrespondenz zwischen Günther Quandt und der Staatlichen Saline Friedrichshall vom 25. Oktober 1943 bis zum 1. August 1944.

[135] StA Ludwigsburg, EL 402 Heilbronn lfd. Nr. 238, Negativ verlaufene Anfragen: Korrespondenz zwischen dem Museum Folkwang und der Staatlichen Saline Friedrichshall vom 25. April bis 15. Mai 1944.

[136] StA Ludwigsburg, EL 402 Heilbronn lfd. Nr. 238, Negativ verlaufene Anfragen: Korrespondenz zwischen dem Staatsarchiv Koblenz und der Staatlichen Saline Friedrichshall vom 25. Februar bis zum 29. April 1944.

[137] StadtA Mannheim, Wissenschaftliche Stadtbibliothek, Archivalien-Zugang 21/1968, Nr. 40: Schreiben der Universitätsbibliothek Heidelberg vom 1. Mai 1944.

Firmen[138], oder sie brachten eigene Bautrupps mit[139]. Die Einlagerung mußte – wie dargestellt – von Landeskonservator Dr. Schmidt genehmigt und dann terminlich genau abgestimmt werden[140]. Der Antransport der Materialien erfolgte per Lkw oder per Bahn, je nach Verfügbarkeit der Verkehrsmittel. Meist zogen die Einlagerer den Lkw vor[141]. Als Rückfracht diente z. B. im Falle von Mannheim Heilbronner[142] und von Frankfurt a. M.[143] Kochendorfer Salz. Wenn es möglich war, reiste jeweils mindestens ein Vetreter des Eigentümers mit und überwachte die Aktion[144].

Der Transport des Einlagerungsgutes nach unter Tage konnte immer erst nach Schichtschluß der Bergwerke bzw. am Wochenende durchgeführt werden.

Die Kunst- und Kulturgüter mußten mit Blick auf den schwierigen Transport in den Schacht in möglichst stabilen Holzkisten verpackt sein[145], wobei jede Kiste »unverwüstlich« mindestens mit dem Namen des Eigentümers gekennzeichnet sein mußte. Die Beschaffung dieser Holzkisten bereitete oft große Schwierigkeiten. Daran sind teilweise auch Transporte gescheitert[146]. Diese Kisten durften maximal 2 m hoch, 2 m lang und 0,6 m breit sein, damit sie problemlos in die Grube eingebracht werden konnten[147]. Sie waren im allgemeinen jedoch deutlich kleiner. Das Stuttgarter Hauptstaatsarchiv verwendete solche mit den Maßen 84 cm Länge, 57 cm Breite und 43 cm Höhe[148], wobei die Aktenbündel ein Format von 35 cm Länge auf 25 cm Höhe aufwiesen[149]. Die Kisten des Staatsarchivs Wiesbaden waren 80 cm x 70 cm x 40 cm groß[150],

---

[138] Im Salzwerk Heilbronn war z. B. 1943 für diesen Zweck die Heilbronner Firma Koch & Mayer tätig (GLA Karlsruhe 450/1271: Auszugsweise Abschrift der Rechnung der Firma Koch & Mayer vom 31. Dezember 1943).

[139] In Heilbronn wurden die Mannheimer Lagerräume durch das Mannheimer Hochbauamt vorbereitet (StadtA Mannheim, Hauptregistratur, Archivalien-Zugang 1955–1964, Nr. 983: Bericht des Mannheimer Hochbauamts vom 15. Oktober 1943).

[140] Vgl. Abschnitt 2 c.

[141] WILKES, Rheinprovinz, Sp. 180.

[142] StadtA Mannheim, Hauptregistratur, Archivalien-Zugang 1955–1964, Nr. 983: Bericht des Mannheimer Hochbauamts vom 15. Oktober 1943; vgl. Abschnitte 2 f und 8 g.

[143] Mitteilung des Instituts für Stadtgeschichte Frankfurt a. M. vom 30. Mai 1995 an den Verfasser.

[144] StadtA Mannheim, Hauptregistratur, Archivalien-Zugang 1955–1964, Nr. 983: Bericht des Mannheimer Hochbauamts vom 15. Oktober 1943.

[145] HStA Stuttgart, E 61 Bü 493 |185.

[146] Z. B. der zweite Transport aus Wiesbaden (HHStA Wiesbaden Abt. 404 Nr. 1243: Schreiben des Staatsarchivs Wiesbaden vom 7. Juni 1944 an den Generaldirektor der Staatsarchive (Berlin); vgl. Abschnitt 8 h.

[147] StA Ludwigsburg, EL 402 Heilbronn lfd. Nr. 238, Negativ verlaufene Anfragen: Schreiben von Dr. Baur vom 15. März 1944 an Günther Quandt.

[148] HStA Stuttgart, E 61 Bü 493|146.

[149] HStA Stuttgart, E 61 Bü 493|164.

[150] HHStA Wiesbaden, Abt. 404 Nr. 1521: Übersicht über die aus den Ausweichstellen des Staatsarchivs nach Wiesbaden zurückzuführenden Arachivalien, Bücher und Aktentransporte vom Oktober 1945.

diejenigen des Cotta-Verlags-Archivs Stuttgart 104,5 cm x 61 cm x 32 cm[151], die der Schloßbücherei Mannheim 80 cm x 45 cm x 40 cm[152]. Die Universität Tübingen verwendete Kisten von 80 cm x 60 cm x 40 cm, die bepackt jeweils etwa 80 kg wogen[153]. Insgesamt variierten die Holzkisten in Heilbronn und Kochendorf von 30 cm x 30 cm x 30 cm bis zu 178 cm x 127 cm x 51 cm[154].

Was die Kosten betrifft, so wurde weder in Heilbronn noch in Kochendorf eine Lagerungsgebühr erhoben, weil es sich um die Verwahrung von Kunst- und Kulturgütern handelte[155]. Wenn zum Ausladen usw. Arbeitskräfte des Bergwerks oder andere Helfer benötigt wurden, war deren Überstundenlohn zu bezahlen[156].

In Kochendorf waren zu Ende des Zweiten Weltkriegs etwa 6400 qm mit Kultur- und Privatgütern belegt, zuzüglich etwa 2200 qm weitere Einlagerungen und die Flächen für die Rüstungsindustrie[157]. Das Material befand sich in Kisten, welche im allgemeinen wiederum relativ kompakt gestapelt waren. Auf diese Weise konnten auf 75 qm Fläche etwa 1000 lfd. m Akten untergebracht werden[158]. Betrachtet man auf dieser Basis die Fläche von 6400 qm, so ließe sich – wenn es sich ausschließlich um Akten handelte – daraus theoretisch die gewaltige Menge von 85 lfd. km in Kochendorf eingelagertes Material errechnen.

f) Einlagerung in Heilbronn

Die Einlagerung von Kunst- und Kulturgütern begann in Heilbronn deutlich später als in Kochendorf. Im August 1943 teilte das Heilbronner Salzwerk dem württembergischen Reichsstatthalter auf telefonische Anfrage mit, daß es zur Einlagerung von Kunstgegenständen grundsätzlich bereit sei. Die einzel-

---

[151] HStA Stuttgart, E 61 Bü 493: Bescheinigung vom 27. Oktober 1942.
[152] StadtA Mannheim, Hauptregistratur, Archivalien-Zugang 1955–1964, Nr. 983: Schreiben des Städtischen Schloßmuseums vom 15. Januar 1946 an die Militärregierung Heilbronn.
[153] UniA Tübingen, 167/26 fol. 7.
[154] StA Ludwigsburg, EL 402 Heilbronn lfd. Nr. 238, Reports: Special Report of the Collecting Point-Repository at the Heilbronn and Kochendorf Salt-Mines vom 15. Februar 1946.
[155] StadtA Heilbronn, VR Abgabe 28/89, Ord 1 |13.
[156] HHStA Wiesbaden, Abt. 404 Nr. 1253: Schreiben von Staatsarchivdirektor Dr. Hirschfeld (Staatsarchiv Koblenz) vom 5. Februar 1944 an den Oberpräsidenten der Rheinprovinz (Düsseldorf).
[157] StA Ludwigsburg, EL 402 Heilbronn lfd. Nr. 238, Einlagerungsverzeichnisse für Kochendorf: Aufstellung über Bergungsgüter im Steinsalzbergwerk Kochendorf.
[158] Schreiben des Hessischen Staatsarchivs Darmstadt vom 13. Juni 1995 an den Verfasser in Verbindung mit StA Ludwigsburg, EL 402 Heilbronn lfd. Nr. 238, Einlagerungsverzeichnisse für Kochendorf: Aufstellung über Bergungsgüter im Steinsalzbergwerk Kochendorf.

nen Stücke dürften jedoch nicht größer sein als 1,2 x 1,3 x 1,6 m, außerdem müsse Personal für den Transport in die Grube gestellt werden[159].

Als erster tatsächlicher Nutzer trat die Stadt Mannheim auf. Der Stollen im Salzbergwerk Heilbronn, welcher ihr zugeteilt worden war, wurde im September 1943 durch das Städtische Hochbauamt Mannheim ausgebaut, die entsprechenden Arbeiten waren am 1. Oktober 1943 abgeschlossen. Dabei mußten insbesondere der Boden planiert und mit Bohlen oder Rosten belegt[160] sowie eine Beleuchtung installiert werden. Nach der Fertigstellung wurde mit der Einlagerung umfangreicher Bestände z. B. der Schloßbücherei und des Schloßmuseums in Heilbronn begonnen. Der Transport erfolgte mit Lastwagen. Diese mußten um 14 Uhr am Salzwerk eintreffen und wurden von acht Angehörigen der Luftschutzpolizei Heilbronn entladen[161]. Die Verbringung der Kulturgüter nach unter Tage erfolgte jeweils ab 16 Uhr[162]. Allein für die Monate Oktober bis Dezember 1943 bezahlte Mannheim immerhin 1589 Arbeitsstunden für insgesamt 60 Angehörige des Heilbronner Luftschutz-Sanitätsdienstes[163]. Als Rückfracht wurde Speisesalz nach Mannheim transportiert[164].

Ebenfalls noch im Jahre 1943 begann das Badische Generallandesarchiv Karlsruhe, einen Lagerraum im Heilbronner Salzwerk herrichten zu lassen. Es beauftragte damit die Heilbronner Baufirma Koch & Mayer[165].

Am 3. Februar 1944 sprachen Vertreter des Heeresbeschaffungsamtes Erfurt im Heilbronner Salzwerk vor, um die Einlagerung größerer Mengen Textilien zu besprechen. Täglich sollten mindestens drei Wagen ausgeladen und unter Tage gebracht werden. Abgesehen von der Transportfrage scheiterte das Vor-

---

[159] StadtA Heilbronn, Salzwerk Heilbronn 319: Schreiben des Salzwerks Heilbronn vom 23. August 1943 an den Reichsstatthalter in Württemberg. Eine Einlagerung kam dann später tatsächlich zustande (vgl. Abschnitt 11. IV).

[160] StadtA Mannheim, Wissenschaftliche Stadtbibliothek, Archivalien-Zugang 21/1968, Nr. 40: Schreiben der Universitätsbibliothek Heidelberg vom 1. Mai 1944 an die Stadt Mannheim; vgl. Abschnitt 2 e.

[161] StadtA Mannheim, Hauptregistratur, Archivalien-Zugang 1955–1964 Nr. 983: Aktennotiz des Mannheimer Hochbauamtes vom 15. Oktober 1943.

[162] StadtA Mannheim, Hauptregistratur, Archivalien-Zugang 1955–1964, Nr. 983: Aktennotiz des Mannheimer Hochbauamts vom 15. Oktober 1943.

[163] StadtA Mannheim, Hauptregistratur, Archivalien-Zugang 1955–1964, Nr. 983: Rechnung des Heilbronner Polizeidirektors als örtlicher Luftschutzleiter vom 17. Januar 1944 an den Oberbürgermeister der Stadt Mannheim.

[164] StadtA Mannheim, Hauptregistratur, Archivalien-Zugang 1955–1964, Nr. 983: Bericht des Mannheimer Hochbauamts vom 15. Oktober 1943; vgl. Abschnitte 2 e und 8 g.

[165] Schreiben des Generallandesarchivs Karlsruhe vom 26. Mai 1995 an den Verfasser.

haben jedoch daran, daß Textilien im Bergwerk angegriffen werden, dort also nicht gelagert werden konnten[166].

Am 2. März 1944 verfügte der Reichsminister für Rüstung und Kriegsproduktion die Einlagerung von Archivalien aus Schleswig-Holstein in Heilbronn[167]. Für diesen Zweck wurde ein Raum beschlagnahmt. Eine erste Lieferung erfolgte wohl Ende April[168], eine zweite traf am 17. September 1944 in Heilbronn ein[169]. Für den Mai 1944 ist bekannt, daß sich Einlagerungsräume für das Badische Landesmuseum in Vorbereitung befanden. Da kurz zuvor die Aufnahme von Kulturgut in Kochendorf gestoppt worden war, verstärkte sich nun die Nachfrage nach Lagerraum in Heilbronn beträchtlich. Die Universitätsbibliothek Heidelberg einigte sich mit Schleswig-Holstein, mit der Stadt Mannheim und mit dem Badischen Landesmuseum auf die teilweise Übernahme der von diesen reservierten Lagerräumlichkeiten. Der erste Waggon nach Heilbronn hat Heidelberg schon vor dem 13. Mai verlassen[170]. Bald wurde auch noch die Landes- und Hochschulbibliothek Karlsruhe in Heilbronn mit aufgenommen[171].

Bei der Vorbereitung von weiteren Lagerplätzen unter Tage halfen Arbeitskräfte aus den Reihen der Heilbronner Luftschutzpolizei unter Hauptmann Hans Sohnemann tatkräftig mit. Es waren Mauern aufzuführen, der Boden zu planieren, Beleuchtungen anzubringen und Bohlen als Unterlage für die Kisten zu verlegen[172].

Im Sommer wurden aus der Heidelberger Universitätsbibliothek die Bestände des Handschriftengewölbes[173], des Inkunabelzimmers und der Papy-

---

[166] StadtA Heilbronn, Salzwerk Heilbronn 319: Aktennotiz über einen Besuch des Heeresbeschaffungsamts Erfurt am 3. Februar 1944. Gegen diese Aussage über eine schlechte Haltbarkeit von Textilien im Bergwerk spricht allerdings die Tatsache, daß das Württembergische Staatstheater Stuttgart in Kochendorf große Mengen von Kostümen eingelagert hat (StA Ludwigsburg, EL 402 Heilbronn lfd. Nr. 309: Report of Property Transactions vom 17. November 1947).

[167] LAS Schleswig, Abt. 304 Nr. 859: Schreiben des Reichsministers für Rüstung und Kriegsproduktion (Berlin) vom 2. März 1944 an die Rüstungsinspektion V (Stuttgart); vgl. Abschnitt 8 l.

[168] LAS Schleswig, Abt. 320.10 Nr. 4877: Schreiben der Archivberatungsstelle Kiel vom 1. April 1944 an den Landrat in Heide; vgl. Abschnitt 8 l.

[169] StadtA Kiel, Sicherung von Archivgut gegen Luftangriffe – Auslagerung: Verzeichnis der am 12. September 1944 nach Heilbronn (Salzbergwerk) verschickten Akten (undatiert).

[170] StadtA Mannheim, Wissenschaftliche Stadtbibliothek, Archivalien-Zugang 21/1968, Nr. 40: Schreiben der Universitätsbibliothek Heidelberg vom 13. Mai 1944 an die Schloßbücherei Mannheim.

[171] GLA Karlsruhe 235/40320: Schreiben des Badischen Landesmuseums vom 11. Mai bzw. 6. Juli 1944 an das Ministerium des Kultus und des Unterrichts, Straßburg.

[172] GRAMLICH, Auslagerung, S. 7.

[173] Nicht dabei waren die Manessesche Liederhandschrift, die Stiftungsurkunden der Universität und der Sachsenspiegel, die bereits bei Kriegsausbruch in die Universitätsbibliothek Erlangen bzw. im Sommer 1942 nach Nürnberg gebracht worden waren (SCHEUFFLER, Auslagerung, S. 3).

russammlung sowie des dortigen Universitätsarchivs nach Heilbronn transportiert. Diese Materialien waren bereits im Sommer/Herbst 1942 nach Schloß Zwingenberg a. N. gebracht worden[174], wo man sie wegen der steigenden Luftkriegsgefahr nun nicht mehr für sicher hielt[175]. Entsprechend wurde mit in Bödigheim verlagerten Archivalien verfahren[176].

Am 25. Mai 1944 schrieb das Salzwerk Heilbronn die Institutionen an, welche zu diesem Zeitpunkt bereits Kulturgüter eingelagert hatten bzw. Räume für diesen Zweck vorbereiteten, um die bis dato nur mündlich ausgehandelten Vertragsbedingungen schriftlich zu fixieren[177]. Es handelte sich dabei um fünf Hauptpunkte. Erstens wurde festgehalten, daß die Einlagerung der Gegenstände in den vom Salzwerk angewiesenen Grubenräumen zu erfolgen habe und daß eine Ausdehnung oder ein Wechsel der zur Verfügung gestellten Flächen der Zustimmung des Salzwerkes bedürfe. Zweitens wurde bestätigt, daß das Werk wegen der Kriegsbedingtheit der Einlagerung und des hohen volkswirtschaftlichen Wertes der Kulturgegenstände auf jegliche Vergütung für die Einlagerung verzichte. Drittens wurde klargestellt, daß der Transport des Einlagerungsgutes innerhalb und außerhalb der Werksanlagen, über und unter Tage ausschließlich auf Kosten und Gefahr der Einlagerer erfolge. Das Salzwerk stelle für die Einlagerung die Fördermaschine, die Förderkörbe und das Bedienungspersonal für die Einbringung kostenlos zur Verfügung. Das Salzwerk behalte sich jedoch vor, die Kosten der Auslagerung nach dem Kriege zu berechnen. Viertens übernehme das Salzwerk keinerlei Haftung für Abhandenkommen oder jegliche Art von Verderb bzw. Beschädigung der Einlagerungsgüter. Fünftens betonte das Salzwerk, daß diese Vereinbarung bis auf weiteres – längstens jedoch auf Kriegsdauer – geschlossen worden sei und daher von beiden Vertragspartnern jederzeit gekündigt werden könne.

Ab Mitte Juni machte sich die beginnende Industrieverlagerung im Heilbronner Salzwerk für die Kulturguteinlagerungen konkret negativ bemerkbar. Bislang hatte die Regel gegolten, daß montags bis freitags nach 16 Uhr, also mit dem Ende des Schichtbetriebes im Salzwerk, eingelagert werden konnte – wobei grundsätzlich ein Angehöriger der einlagernden Dienststelle dabei sein sollte. Dieser Spielraum wurde nun eingeengt. Außerdem wurde es immer schwieriger, Hilfskräfte zu bekommen. Der zum Teil dafür eingesetzte Heilbronner Sicherheits- und Hilfsdienst wurde durch die Anforderungen des Luftschutzes immer stärker beansprucht. Die Männer halfen bei der Kulturgutauslagerung gegen Extra-Bezahlung »und je eine Flasche Bier«, die der Vertreter der Einlagerungsinstitution jeweils dem Truppführer übergeben

---

[174] SCHEUFFLER, Auslagerung, S. 3.
[175] GRAMLICH, Auslagerung, S. 7.
[176] GRAMLICH, Auslagerung, S. 8.
[177] StadtA Mannheim, Wissenschaftliche Stadtbibliothek, Archivalien-Zugang 21/1968, Nr. 40: Schreiben der Salzwerk Heilbronn AG vom 25. Mai 1944 an die Städtische Schloßbücherei Mannheim.

sollte. Dabei wurde davon ausgegangen, daß acht Hilfskräfte 160 Kisten innerhalb 3 1/2 Stunden in die Grube bringen konnten[178].

In der Zwischenzeit nützten auch zunehmend mehr Industriebetriebe die Einlagerungsmöglichkeiten. Die Heilbronner Silberwarenfabrik Bruckmann brachte Geräte, Modelle, Bilder[179] und Silber[180], Baier & Schneider Bücherpapier[181]. Die Karosseriewerke Weinsberg lagerten insbesondere Staubsaug-Apparate, Fensterglas für Automobile usw.[182] ein. Die Robert Bosch GmbH sicherte Mitte 1944 u. a. Patentschriften und Zeichnungen in Heilbronn[183], im September die Stuttgarter Lackfabrik G. Siegle & Co GmbH Rizinusöl und Wollfett[184].

Ende September lieferte das Mannheimer Stadtarchiv 27 Kisten an[185]. Etwa gleichzeitig begann die Stadtverwaltung Ludwigshafen[186] mit der Einlagerung u. a. von Archivalien und von Akten aus dem Umfeld des Oberbürgermeisters[187]. Das Badische Generallandesarchiv lagerte offenbar im September/Oktober 1944 infolge der Räumung seines Straßburger Depots umfangreiches Archivmaterial in Heilbronn ein[188]. Anfang Oktober folgte die Stuttgarter Reichsbahndirektion mit Blaupausen von Lokomotiven und Wagen[189].

Mitte Oktober 1944 benannte die Reichsstelle »Chemie« das Salzwerk Heilbronn als Ort für die Einlagerung wichtiger Arzneimittel. Daraufhin ließ der Reichsminister für Rüstung und Kriegsproduktion prüfen, inwieweit dies die geplante Rüstungsfertigung beeinträchtigen könnte[190]. Ob die spätestens in der zweiten Oktoberhälfte erfolgte Anlieferung von Medikamenten und phar-

---

[178] StadtA Mannheim, Wissenschaftliche Stadtbibliothek, Archivalien-Zugang 21/1968, Nr. 40: Aktennotiz vom 28. Juni 1944.
[179] StA Ludwigsburg, EL 402 Heilbronn lfd. Nr. 238, Einlagerungsverzeichnisse für Heilbronn: Verlagerte Vermögenswerte im Salzwerk Heilbronn.
[180] StadtA Heilbronn, Salzwerk Heilbronn 95: Schreiben des Salzwerks Heilbronn vom 25. Januar 1945 an die Bauleitung der OT.
[181] StA Ludwigsburg, EL 402 Heilbronn lfd. Nr. 309: Report of Property Transactions vom 3. Februar 1947.
[182] StA Ludwigsburg, EL 402 Heilbronn lfd. Nr. 309: Report of Property Transactions vom 3. April 1947.
[183] Schreiben der Robert Bosch GmbH vom 14. Juni 1995 an den Verfasser.
[184] StA Ludwigsburg, EL 402 Heilbronn lfd. Nr. 309: Report of Property Transactions vom 6. März 1947.
[185] StadtA Mannheim, Wissenschaftliche Stadtbibliothek, Archivalien-Zugang 21/1968, Nr. 40: Aufstellung der Städtischen Schloßbücherei Mannheim über Transporte nach Heilbronn; vgl. Abschnitt 8 g.
[186] Der Kontakt mit Ludwigshafen war wohl dadurch zustande gekommen, daß die dortige I. G. Farben ein bedeutender Salzkunde in Heilbronn und umgekehrt das Salzwerk ein wichtiger Aktionär der I. G. Farben war (100 Jahre Salz, S. 57).
[187] StA Ludwigsburg, EL 402 Heilbronn lfd. Nr. 309: Report of Property Transactions vom 18. Juni 1946.
[188] Schreiben des Generallandesarchivs Karlsruhe vom 26. Mai 1995 an den Verfasser.
[189] StA Ludwigsburg, EL 402 Heilbronn lfd. Nr. 309: Report of Property Transactions vom 22. April 1946.
[190] BA Potsdam, R 7/1208 fol. 197.

mazeutischen Artikeln durch die Firma L. Knoll A.G. (Ludwigshafen) damit im Zusammenhang steht, ist unklar[191]. Es handelte sich dabei um Paracodin, Tannalbin, Bromural, Granugenol, Digipuratum und Cardiazol[192]. Diese Medikamente gehörten zu der sogenannten »Brand-Reserve«, die in beiden Bergwerken untergebracht war, »um dem kämpfenden Heer im äußersten Falle wichtige Arzneimittel zuführen zu können«[193].

Ende Oktober hörten die Einlagerungen der Stadt Mannheim auf, weil Transportkapazitäten fehlten[194]. Der letzte Transport erfolgte am 26. Oktober und umfaßte u. a. Materialien der Schloßbücherei und der Musikhochschule[195].

Die zeitlich späteste große Kulturgutlieferung kam aus Straßburg. Als im November die Wiedereinnahme der Stadt durch amerikanisch-französische Streitkräfte unmittelbar bevorstand, wurden per Lkw am 16. und am 21./22. November 73 Kisten mit mittelalterlichen Buntglasfenstern des Münsters nach Heilbronn gebracht[196].

Danach lassen sich aus den Schriftquellen keine größeren Kulturguteinlagerungen in Heilbronn mehr nachweisen. Hauptgrund ist auch hier – wie im Falle Kochendorf – die immer stärker werdende Inanspruchnahme des Schachtes für Industrieverlagerungen[197].

Am 6. Dezember nahm die Direktion des Heilbronner Salzwerkes aber noch Inventare des Badischen Landesmuseums Karlsruhe in drei Paketen zur Einlagerung entgegen[198]. Nach der am 4. Dezember erfolgten totalen Zerstörung der Stadt Heilbronn lagerte ein örtlicher Arzt im Bergwerk zehn Kisten mit Haushaltungs- und Gebrauchsgegenständen, Teppichen, Kleidern, Bü-

---

[191] StadtA Heilbronn, Salzwerk Heilbronn 319: Besuche wegen Einlagerung.
[192] StA Ludwigsburg, EL 402 Heilbronn lfd. Nr. 238, Einlagerungsverzeichnisse für Heilbronn: List of Storers Heilbronn Salt Mine vom 30. Mai 1945. Paracodin ist eine chemische Abwandlung des im Opium enthaltenen Alkaloids Codein (in erster Linie zur Hustenhemmung, aber auch mit schmerzstillender, suchterzeugender und euphorischer Wirkung); Tannalbin wirkt gegen Durchfallerkrankungen; Bromural ist ein leichtes Schlafmittel; Granugenol dient zur beschleunigten Wundheilung; Digipuratum steigert die Kontraktionskraft des Herzens; Cardiazol erregt das Atem- und Kreislaufzentrum (Schreiben von Professor Dr. Horst Kreiskott, Wachenheim, vom 17. August 1995 an den Verfasser).
[193] StadtA Heilbronn, Salzwerk Heilbronn 95: Schreiben des Salzwerks Heilbronn vom 25. Januar 1945 an die Bauleitung der OT in Heilbronn-Neckargartach.
[194] LEYH, Bibliotheken, S. 153.
[195] StadtA Mannheim, Wissenschaftliche Stadtbibliothek, Archivalien-Zugang 21/1968, Nr. 40: Aufstellung der Städtischen Schloßbücherei Mannheim über Transporte nach Heilbronn (undatiert).
[196] Vgl. Abschnitt 8 m.
[197] Vgl. Abschnitt 9 b.
[198] GLA Karlsruhe 235/40304: Schreiben des Badischen Landesmuseums vom 9. August 1945 an das Badische Ministerium des Kultus und Unterrichts.

chern usw. ein[199]. Am 15. Dezember brachte die Stuttgarter Reichsstatthalterei Gemälde in die Grube[200].

Zum Ende des Jahres 1944 war eine Fläche von etwa 6400 qm mit Kultur- und Privatgütern belegt[201], zufällig also genausoviel wie in Kochendorf. Wendet man für Heilbronn die gleiche Modellrechnung an wie für Kochendorf[202], so läßt sich daraus – theoretisch – ebenfalls die ungeheure Menge von ca. 85 lfd. km eingelagerte Akten errechnen.

---

[199] StadtA Heilbronn, Salzwerk Heilbronn 135: Schreiben des Einlagerers vom 9. September 1945 an die Direktion des Salzwerks Heilbronn.
[200] HStA Stuttgart, RG 260 OMGUS 3/438-1/11 (2 of 2): MFA & A Collecting Point Report for the Month of April vom 30. April 1946.
[201] StA Ludwigsburg, EL 402 Heilbronn lfd. Nr. 238, Einlagerungsverzeichnisse für Heilbronn: Verlagerte Vermögenswerte im Salzwerk Heilbronn.
[202] Vgl. Abschnitt 2 e.

3. Kunstraub und Kunstschutz

a) Die Siegermächte und die Kunst

Die rechtliche Grundlage für den Umgang mit deutschem Vermögen bildete in der amerikanischen Zone das Gesetz Nr. 52 »Blocking and Control of Property« vom 1. August 1945. In diesem Gesetz wurden das Vermögen des deutschen Staates, der NSDAP und weiterer Gruppen sowie widerrechtliche Erwerbungen beschlagnahmt bzw. unter Kontrolle gestellt. In der Praxis wurden Treuhänder eingesetzt, welche dieses Vermögen nach den Weisungen der amerikanischen Militärregierung verwalten mußten. Das galt auch für die Kunst- und Kulturgüter, welche den westlichen Mächten bei ihrem Vormarsch in die Hände fielen. Als die Amerikaner im April/Mai 1945 z. B. Richtung Bayern vorrückten, hatten die Deutschen ihre Kunstauslagerungsaktionen noch keineswegs abgeschlossen. Vieles befand sich noch in den genannten Schlössern Neuschwanstein, Herrenchiemsee und Kogel oder an anderen Stellen. Es wurde dort entdeckt und sichergestellt.

Aufgrund der amerikanischen Bemühungen erhielten nicht nur zahlreiche ausländische, sondern ebenso deutsche Institutionen ihre Schätze zurück. Daß dabei auch einzelne Unregelmäßigkeiten und Unterschlagungen vorgekommen sind, läßt sich nicht leugnen. Als spektakuläres Beispiel sei auf das wertvolle Samuhel-Evangeliar aus dem Quedlinburger Domschatz verwiesen[1]. Für Hamburg machte jüngst Eckardt[2] auf den spektakulären Diebstahl des IV. Hamburger Staatssiegels von 1304 aufmerksam. Dieses Siegel war in das Salzbergwerk Grasleben ausgelagert und beim Rücktransport im Dezember 1945 gestohlen worden. Es tauchte 1987 im Antiquitätenhandel wieder auf. Dem folgte ein für Hamburg negativ verlaufener juristischer Streit um die Herausgabe.

Trotzdem haben aber auf das Ganze gesehen die westlichen Alliierten die von ihnen aufgefundenen Kulturgüter an deren ursprünglichen Herkunftsort zurückgegeben. Aufsehen erregte jedoch die Tatsache, daß im November 1945 genau 202 hochrangige Gemälde aus den Berliner Museen unter dem Vorwand der besseren Lagerungs- und Pflegemöglichkeiten in die USA gebracht worden sind. Gegen diese Aktion hatten damals viele der in Deutschland arbeitenden Kunstschutzoffizire massiv protestiert. 1948 wurden dann alle diese Kunstwerke nach Deutschland zurücktransportiert[3].

---

[1] Nicholas, Raub, S. 581–583. Diese und weitere Kunstraubaktionen unter den Augen der Alliierten behandelt Wermusch, Kunstraub.
[2] Eckardt, Staatssiegel.
[3] Kühnel-Kunze, Berliner Museen, S. 102–105 und S. 111–122; Friemuth, Geraubte Kunst, S. 103–117; Haase, Kunstraub, S. 235–242; Nicholas, Raub, S. 505–534; Wermusch, Kunstraub, S. 319–322; vgl. Abschnitt 6 e.

Die Sowjetunion betrachtete dagegen ihre Kunst- und Kulturfunde als rechtmäßige Kriegsbeute, sozusagen als Reparationszahlung bzw. als Kompensation für die eigenen im Krieg erlittenen kulturellen Verluste[4]. Dies wird in einer 1995 erschienenen Publikation des Germanischen Nationalmuseums Nürnberg als »einer der größten Kunstdiebstähle in der Geschichte des 20. Jahrhunderts«[5] charakterisiert. Der Verbleib dieser Kunstwerke war über Jahrzehnte großenteils unklar. Erst mit der Perestroika-Politik Gorbatschows kam auch in diese Angelegenheit mehr Licht[6]. Zumindest im Bereich der Kunst denkt Rußland aber an Rückgabe auch ein halbes Jahrhundert nach Kriegsende nicht. Das jedenfalls hat am 5. Juli 1996 das russische Parlament beschlossen, indem es alle Kulturgüter, die im Zusammenhang mit dem Zweiten Weltkrieg in die Sowjetunion gebracht worden sind, grundsätzlich zum Eigentum Rußlands erklärt hat[7]. Georgien dagegen begann im Herbst 1996 mit der Rückgabe von Büchern.

b) Die Kunstschutzidee[8]

Die Wurzeln der amerikanischen Idee, Kunstschutzoffiziere zu installieren, reichen in das Jahr 1942 zurück. George Stout entwickelte angesichts fortschreitender Kriegsgefahren und -zerstörungen die Idee von einem »Roten Kreuz für die Kunst«. Er arbeitete als Bildrestaurator am Fogg Art Museum der Harvard-Universität, und ihm ist es letztlich zu verdanken, daß in den Wirren am Ende des Zweiten Weltkrieges zahllose Kunstwerke und Kulturschätze vor dem Untergang bewahrt werden konnten. Es gelang ihm, Paul J. Sachs, den einflußreichen Direktor seines Museums, auf seine Seite zu bringen. Sachs wiederum überzeugte die wichtigsten Vertreter der amerikanischen Kunstgeschichte und Archäologie sowie den New Yorker Erzbischof und den obersten amerikanischen Verfassungsrichter, Harlan F. Stone, von der Wichtigkeit dieser Idee. Stone wiederum gewann Ende 1942 den amerikanischen Präsidenten Roosevelt für den Gedanken, daß die amerikanische Regierung eine Organisation schaffen müsse, die einerseits Kunstwerke, Kulturschätze und Archive in Europa erhalten und andererseits Kunstgut, welches die Nationalsozialisten geraubt hatten, den ursprünglichen Eigentümern zurückgeben sollte. Gleichzeitig wurde begonnen, aus der Literatur und anderen Quellen insbesondere für zahlreiche europäische Länder Listen von schützenswerten Objekten und Gütern zusammenzustellen. Diese Informationen wurden dann in fast 800 Armeekarten übertragen, um später der »Kunstschutztruppe« vor Ort Orientierungshilfen geben zu können.

---

[4] HAASE, Kunstraub, S. 234–235.
[5] AKINSCHA; KOSLOW; TOUSSAINT, Operation Beutekunst, S. 53.
[6] Vgl. dazu z. B. AKINSCHA; KOSLOW, Schatzsuche.
[7] Beutekunst, S. 4.
[8] Dieser Abschnitt folgt wesentlich FRIEMUTH, Geraubte Kunst, S. 45–65.

Im August 1943 setzte der Präsident der Vereinigten Staaten eine »Kommission zum Schutz und zur Rettung künstlerischer und historischer Monumente in Europa« ein. Sie bestand im wesentlichen aus denjenigen Personen, die Paul J. Sachs für das Anliegen von George Stout hatte gewinnen können. Zum Vorsitzenden wurde Owen J. Roberts ernannt, der Nachfolger des inzwischen erkrankten Verfassungsrichters Stone. Diese Gruppe sollte später unter der Kurzbezeichnung »Roberts Commission« bekannt werden.

Zwischenzeitlich war bereits die Landung der anglo-amerikanischen Truppen in Sizilien erfolgt. Den Soldaten war zunächst ein einziger ziviler Kunstberater beigegeben worden. Er hatte jedoch alle Hände voll mit tagesaktuellen organisatorischen und verwaltenden Maßnahmen zu tun. Erst als er von amerikanischer und dann auch von britischer Seite Verstärkung bekam, wurde eine inhaltliche Arbeit möglich. Dafür war es aber zu diesem Zeitpunkt in vielen Fällen bereits zu spät. Aus den Erfahrungen in Sizilien bzw. Italien zogen die Amerikaner verschiedene Konsequenzen. Eine davon war, daß die Kunstsachverständigen einen militärischen Offiziersrang erhielten, um sich bei den Soldaten den nötigen Respekt verschaffen zu können.

Als sich die alliierten Streitkräfte auf die Landung in der Normandie vorzubereiten begannen, war klar, daß eine militärische Kunstschutzorganisation daran beteiligt sein würde. Als Mitwirkende kamen dabei nur Persönlichkeiten in Frage, die als Spezialisten ausgewiesen waren, die in keiner Verbindung zum Kunsthandel standen und die sich im militärischen Umfeld auch durchsetzen konnten. Dies war nicht zuletzt deshalb wichtig, weil es als durchaus ungewöhnlich galt, ja sogar zum Teil fast als »Beleidigung der militärischen Würde«[9] empfunden wurde, daß Soldaten alleine aufgrund ihres Kunstsachverstandes einen Offiziersrang erhielten.

So entstand die Organisation zum Schutz von Monuments, Fine Arts and Archives (MFA & A), welche der britische Architekturhistoriker Geoffrey Webb führte. Die Mitglieder waren Briten und Amerikaner. Zunächst handelte es sich um eine Gruppe von sechs Männern, die dann im September 1944 um vier Offiziere erweitert wurde. Jeder dieser zehn Kunstspezialisten hatte – entsprechend dem fortschreitenden Kriegsverlauf – eine immer größere Region zu überwachen und das dort befindliche Kunst- und Kulturgut zu sichern. Dabei verfügten diese Experten praktisch über keine Hilfsmittel. Selbst Schreibmaschine, Fotoapparat oder Fahrzeug fehlten. Es ist erstaunlich, wieviele Informationen z. B. über den Verbleib von Kunst- und Kulturgut alleine bis zum Jahresende 1944 unter diesen Bedingungen zusammengetragen werden konnten.

Die Kunstschutzoffiziere hatten in den von den Alliierten eroberten Gebieten Kunstschätze sicherzustellen und auf den rechtmäßigen Eigentümer hin zu überprüfen. Denn es handelte sich sowohl um Objekte, die von deutschen Machthabern entwendet worden waren, als auch um Materialien, welche die jeweiligen Eigentümer zum Schutz vor Kriegseinwirkungen selbst ausgela-

---

[9] »an affront to military dignity«; FORD, Monuments, S. 12.

gert hatten. Darüber hinaus mußten die Kunstschutzoffiziere die Rückgabe ihrer »Funde« organisieren.

Als sie ihre Arbeit aufnahmen, war jedoch noch nicht klar, welch enormen Umfang die Kunstraubaktionen der Nationalsozialisten angenommen hatten. Obwohl insbesondere die Amerikaner versucht hatten, sich entsprechende Informationen zu beschaffen, wurden sie doch sehr vom Ausmaß überrascht. Man kann sagen, daß die Kunstschutzoffiziere innerhalb nur einiger Monate eine der größten Herausforderungen bewältigen mußten, die sich in der Kunstgeschichte jemals gestellt hatte.

c) James J. Rorimer[10]

Eine Schlüsselrolle für die Kulturgüter in den Salzbergwerken Heilbronn und Kochendorf spielte unmittelbar nach dem Ende des Zweiten Weltkrieges James J. Rorimer. Dieser war am 7. September 1905 in Cleveland (Ohio) geboren worden[11]. Seine Eltern hatten während des Ersten Weltkriegs ihren deutsch klingenden Namen Rohrheimer in Rorimer geändert[12]. Er war Harvard-Absolvent[13], sprach außer Englisch noch Französisch, Deutsch, Italienisch und Spanisch[14]. Er hatte braune Augen und braune Haare sowie eine rötliche Gesichtsfarbe und war 1,70 cm groß[15]. Als er im Juni 1943 in die US-Army eintrat[16], war er bereits als Fachautor für Kunstgeschichte hervorgetreten, hatte häufig verschiedene europäische Länder besucht[17] und arbeitete als Kurator für Mittelalterliche Kunst im Metropolitan Museum of Art in New York City[18]. Nach dem Zweiten Weltkrieg stieg er zum Direktor dieses Hauses auf[19]. Im November 1943 wurde er zum Leutnant, im März 1945 zum Oberleutnant und im November 1945 zum Hauptmann befördert[20]. Sein Dienst in der US-Army endete am 31. Dezember 1945[21]. Er starb 1966[22].

Im Juli 1944 bekam Rorimer die Funktion eines Kunstschutzoffiziers übertragen[23]. In Paris hatte er als solcher zunächst die Aufgabe, Gebäude zu erhalten und diese und ihre Kunstsammlungen vor weiterem Mißbrauch zu schüt-

---

[10] Dieser Abschnitt folgt RORIMER; RABIN, Survival, S. 108–158.
[11] AAA Washington, James Rorimer Papers, reel 2800, p. 522.
[12] Schreiben von Mrs. James J. Rorimer vom 24. Oktober 1995 an den Verfasser.
[13] Sein Abschlußzeugnis befindet sich in den AAA Washington, James Rorimer Papers, reel 2800, p. 436.
[14] AAA Washington, James Rorimer Papers, reel 2800, p. 526.
[15] AAA Washington, James Rorimer Papers, reel 2800, p. 446.
[16] AAA Washington, James Rorimer Papers, reel 2800, p. 751.
[17] AAA Washington, James Rorimer Papers, reel 2800, p. 443.
[18] AAA Washington, James Rorimer Papers, reel 2800, p. 751.
[19] FRIEMUTH, Geraubte Kunst, S. 54, S. 108; HAASE, Kunstraub, S. 222.
[20] AAA Washington, James Rorimer Papers, reel 2800, p. 442.
[21] AAA Washington, James Rorimer Papers, reel 2800, p. 751.
[22] Schreiben von Mrs. James J. Rorimer vom 24. Oktober 1995 an den Verfasser.
[23] AAA Washington, James Rorimer Papers, reel 2800, p. 751.

zen. Dabei gelangte er – sozusagen nebenher – an Informationen über die Kunstsituation in Deutschland. Eine Französin, Rose Valland, hatte jahrelang im Musée du Jeu de Paume gearbeitet. Sie konnte während der deutschen Besatzung dort als Spitzel viele Informationen sammeln und wußte insbesondere z. B. über die Nazi-Kunstdepots in Neuschwanstein, Herrenchiemsee und Buxheim Bescheid. Dieses Wissen vertraute sie um Weihnachten 1944 Rorimer an. Außerdem wurde ihm langsam klar, daß die Deutschen sehr große Mengen von Kulturgütern in Bergwerken eingelagert bzw. versteckt hatten.

In den folgenden Wochen und Monaten wartete Rorimer ungeduldig darauf, nach Süddeutschland gehen zu können. Er verfolgte von Paris aus den Vormarsch der Truppen mit Spannung. Ende März 1945 überquerte die 7. Armee den Rhein und drang schnell nach Süddeutschland vor. Die deutsche Verteidigung hatte Anfang April eine Sperrlinie an Main, Tauber und Jagst errichtet. Heilbronn galt als Schlüsselstellung und wurde deshalb zehn Tage lang äußerst hart umkämpft. Als die Stadt am 12. April gefallen war, brach auch der Widerstand im Jagst- und Kochergebiet zusammen. Anschließend rückte die 7. Armee in Richtung Augsburg, Garmisch-Partenkirchen sowie Innsbruck vor und eroberte in wenigen Wochen u. a. genau diejenigen Regionen, über deren Bedeutung als Kunstsammelstelle Rorimer in Paris viele Details erfahren hatte.

Am 7. April befand sich Rorimer noch immer in Paris. An diesem Tage verbreitete sich die Nachricht, daß beim Truppenvormarsch im thüringischen Merkers-Kalibergwerk zufällig eine große Menge ausgelagerter Kunstschätze sowie Gold und Münzen gefunden worden seien. Diese Meldung und insbesondere die Zufälligkeit des Vorgangs elektrisierten Rorimer. Da die 7. Armee zu diesem Zeitpunkt keinen MFA & A-Offizier hatte, versuchte er, diese Position zu erhalten. Als der einzige verfügbare Museumsexperte wurde er am 14. April 1945 der 7. Armee zugeordnet[24]. Er erhielt den Befehl, sich zu deren Hauptquartier durchzuschlagen und ein Salzbergwerk zu untersuchen, das sich angeblich in der Nähe von Heilbronn befand. Er konnte allerdings in Paris weder in Erfahrung bringen, ob Heilbronn bereits eingenommen war, noch wo sich das Hauptquartier der 7. Armee zu diesem Zeitpunkt befand.

Rorimer fuhr mit dem Zug Richtung Osten und hörte unterwegs, daß das Hauptquartier bereits über den Rhein verlegt worden sei. Seine Fahrt allerdings endete auf einem Abstellgleis. Dann fand er eine Mitfahrgelegenheit auf einem Militärwagen nach Worms. Es war, wie Rorimer schreibt, »eine Alptraumfahrt durch ein vom Krieg verwüstetes Land«. In Worms erfuhr er, daß sich das Hauptquartier inzwischen in Darmstadt befand. Am nächsten Tag gelangte er dorthin und traf mit Oberstleutnant Joseph L. Canby einen tatkräftigen Offizier, den er bereits aus England kannte. Mit ihm zusammen legte er fest, was er als Kunstschutzoffizier in den nächsten Wochen als erstes zu tun habe. Canby vertrat die Meinung, daß die Sicherung von Kulturdenkmalen im Moment sinnlos sei. Die alliierten Luftstreitkräfte und beim Vor-

---

[24] AAA Washington, James Rorimer Papers, reel 2800, p. 442.

marsch auch die Bodentruppen hätten so große Schäden angerichtet, daß hier fürs erste kaum noch etwas zu retten sei. Statt dessen sollte Rorimer schnell versuchen, herauszufinden, wo die Deutschen die in der Zeit des Dritten Reiches erbeuteten Kunstschätze versteckt hatten.

Eine besonders wichtige Spur führte nach Heilbronn. Rorimer – vom 15. April bis 31. Dezember 1945 offiziell »Chef-Kunstschutzoffizier« der 7. Armee[25] – war nämlich in den Besitz von deutschen Schriftstücken gelangt. Diese sagten aus, daß Kunstwerke aus dem Elsaß dorthin transportiert worden seien, z. B. die Buntglasfenster aus dem Straßburger Münster.

Rorimer war klar, daß das Finden von möglichst spektakulären geraubten Kunstschätzen seine Arbeit in der Armee erleichtern würde. Aber auch wenn gestohlene Objekte mehr Aufsehen erregten als deutsches Kulturgut, so wollte er ausdrücklich auch die deutschen Werke schützen. Rorimer: »Staatsgrenzen sind keine Grenzen für den Wert, den Kunst für die Menschheit hat. Die Buntglasfenster des Straßburger Münsters wären immer meine erste Priorität gewesen, auch wenn sie den Deutschen gehört hätten.«[26]

In Darmstadt erörterte Rorimer mit einigen Stabsoffizieren, ob ein Durchkommen nach Heilbronn möglich sein könnte. Dann wurde entschieden, daß er sich auf den Weg machen sollte.

---

[25] RORIMER; RABIN, Survival, S. 278.
[26] RORIMER; RABIN, Survival, S. 137: »The value of works of art to civilization is not limited by national boundaries. The Strasbourg stained glass windows would have been my first priority even if they had been German-owned.«

4. Kriegsende (März und April 1945)

a) Das Salzwerk Heilbronn

Von den Zerstörungen des Zweiten Weltkrieges blieb das Salzwerk bis unmittelbar vor Kriegsende weitgehend verschont. Auch am 4. Dezember 1944 hatten weder der Schacht noch die Maschinenanlagen Treffer zu verzeichnen[1]. Bis zum Gründonnerstag (29. März) des Jahres 1945 konnte noch Salz gefördert werden. Während der anschließenden Feiertage ruhte die Arbeit[2].

Der Vorstand des Salzwerkes Heilbronn, Otto Schlafke, war am 26. März 1945 »wegen dringender Angelegenheiten des Deutschen Salzverbandes« verreist und hatte für die Zeit seiner Abwesenheit Direktor Dr. Bauer als Vertreter eingesetzt. Damit trug Dr. Bauer die volle Verantwortung für das Heilbronner Salzwerk[3]. Am 1. April 1945 (Ostersonntag) wurde er zur Firma C. H. Knorr, dem sogenannten Meldekopf, gerufen. Dort erhielt er besondere »Fahrpapiere« (»Kriegsbeorderung«) ausgehändigt. Am nächsten Tag, als die Amerikaner schon ganz dicht vor Heilbronn standen, erhielt Dr. Bauer wiederum vom Meldekopf bei Knorr telefonisch das Stichwort »Nero« durchgegeben. Dies war die Verschlüsselung für den Lähmungsbefehl. Inhaltlich bedeutete dieser Befehl, daß aus der Fördermaschine die Steuerwellen ausgebaut und mittels Pkw möglichst weit weggebracht werden sollten. Der Schacht wäre damit nicht mehr befahrbar gewesen. Während in der darauffolgenden Nacht die Heilbronner Brücken aufgrund eines entsprechenden Lähmungsbefehls gesprengt wurden, kam Dr. Bauer diesem Befehl für das Salzwerk Heilbronn nicht nach, obwohl er mittels der Kriegsbeorderung Heilbronn im Personenwagen problemlos hätte verlassen und damit auch sich selbst in Sicherheit bringen können. Statt dessen beließ er die Steuerwellen an ihrem Platz und blieb während des ganzen Kampfes um Heilbronn in der Nähe des Salzwerkes[4].

In dessen Verlauf, also in diesen ersten Apriltagen, ist das Salzwerk schwer in Mitleidenschaft gezogen worden. Etwa 55% wurden zerstört[5]. Im Schachtgebäude waren die Kaue (Wasch- und Umkleideräume) und der oberste Stock ausgebrannt, die technischen Büros blieben teilweise – bis auf eine starke Schädigung des Inventars – erhalten. Das Fördermaschinenhaus wies nur ei-

---

[1] STEINHILBER, Straßburger Münsterfenster, S. 2.
[2] 100 Jahre Salz, S. 60.
[3] StadtA Heilbronn, Salzwerk Heilbronn 102: Bescheinigung vom 26. März 1945.
[4] StadtA Heilbronn, Salzwerk Heilbronn 102: Schreiben von Dr. Bauer an die Spruchkammer vom 9. April 1947; Spruch der Spruchkammer vom 6. Mai 1947; Eidesstattliche Erklärung vom 17. September 1948.
[5] StA Ludwigsburg, EL 402 Heilbronn lfd. Nr. 322: Schreiben von Treuhänder Eduard Hilger vom 15. August 1947 an das Amt für Vermögenskontrolle Heilbronn; desgl.: StA Ludwigsburg, EL 402 Heilbronn lfd. Nr. 309: Property Record vom 25. Mai 1945.

nen geringen Gebäudeschaden auf, die große Fördermaschine war unversehrt geblieben, an der kleinen jedoch ein Zylinder durchschossen worden. Die Steinsalzmühle war dagegen völlig ausgebrannt und eingestürzt. Das Gebäude der Hafenpumpen wies nur leichte Beschädigungen auf, allerdings war die elektrische Schaltanlage zerstört worden. Verschiedene Schäden hatte außerdem die Eisenkonstruktion des Schachtgerüsts davongetragen, während die Seilrolle und Fahrgestelle intakt geblieben sind. Die Salinengebäude und die Hütte lagen großenteils in Trümmern, die maschinellen Einrichtungen konnten aber im wesentlichen noch benützt werden. Das Dach und die Holzböden des Kesselhauses waren abgebrannt, die Werkstättenbetriebe außer der Schreinerei und der Schweißerei noch betriebsfähig. Dagegen waren die Einrichtungen der elektrischen Zentrale vollkommen vernichtet, ebenso das Verwaltungsgebäude, die Kantine, die Sporthalle und die Garagen. Nur geringe Schäden entstanden am Pförtnerhaus. Zerstört wurde auch eine von drei Lokomotiven, außerdem brannten mehrere Werks-Wohnhäuser ab[6].

Unabhängig von der Kriegseinwirkung drang ständig Wasser in die Grube ein. Dieses mußte durch laufend arbeitende Pumpen entfernt werden[7]. Beim Abteufen des Schachtes war eine Wasserquelle angeschlagen worden, deren Zuflüsse pro Tag etwa 150 cbm betrugen[8]. Ab den letzten Monaten des Jahres 1944 vergrößerte sich der Wasserzufluß ständig. Die Ursache dafür hängt mit den damals begonnenen Vorbereitungen für die Verlagerung von Industrieproduktionen nach unter Tage zusammen[9]. Zu diesem Zweck wurde die Schachtausmauerung mehrfach durchbrochen und damit beschädigt, um Leitungen für Gebrauchs- und Abwasser sowie für Kies und Zement zu legen. Als noch schlimmer sollte es sich erweisen, daß die Kiesleitung verschiedentlich verstopft war. Es gelang zwar immer, diese Verstopfungen zu lösen. Aber die dann mit großer Wucht in der Leitung herabstürzende Kiessäule führte zu massiven Erschütterungen und bald auch zu Haarrissen an den Stollenmauern. Durch diese Risse trat anfangs wenig, ab der Novembermitte 1944 immer mehr Wasser aus. Bis Kriegsende hatte sich die zuvor übliche Wassermenge von etwa 150 cbm pro Tag auf ca. 250 cbm erhöht[10].

Am Ostermontag (2. April 1945) fuhren einige Grubenarbeiter in das Bergwerk ein. Sie sollten das Wasser abpumpen, das sich in den förderfreien Osterfeiertagen angesammelt hatte. Währenddessen erhielten sie telefonisch die Nachricht, daß die Amerikaner bereits kurz vor Heilbronn stünden und daß sie deshalb ausfahren und sich absetzen sollten. Die Pumpen sollten sie weiter-

---

[6] StadtA Heilbronn, Salzwerk Heilbronn 97: Bericht über den Betriebszustand Ende April 1945 und einen etwaigen Wiederaufbau des Salzwerkes Heilbronn vom 4. Mai 1945.
[7] FORD, Monuments, S. 38.
[8] StadtA Heilbronn, Salzwerk Heilbronn 97: Bericht über den Betriebszustand und einen etwaigen Wiederaufbau des Salzwerkes Heilbronn vom 7. Juni 1945.
[9] Vgl. Abschnitt 9b.
[10] StadtA Heilbronn, Salzwerk Heilbronn 97: Bericht vom November 1945.

laufen lassen. Auf diese Weise wollte man wenigstens noch so lange, bis irgendwann der Strom ausfallen würde, das eindringende Wasser beherrschen[11]. Was in den nächsten Tagen dort unten geschah, weiß niemand.

b) Erste Eindrücke und Aktionen

Am 12. April 1945 eroberten die Amerikaner nach langen und verlustreichen Kämpfen die Stadt Heilbronn. Einen Tag später setzte der amerikanische Stadtkommandant, Major Harry M. Montgomery, den ehemaligen Oberbürgermeister Professor Emil Beutinger wieder als Stadtoberhaupt ein. Im Innenstadtbereich waren – insbesondere durch den schweren Luftangriff vom 4. Dezember 1944 – 80% der Gebäude zerstört, fast alle öffentlichen Einrichtungen, Schulen, Brücken usw. lagen in Trümmern. Schwere Schäden wiesen auch die Netze für Wasser, Gas, Strom und Telefon auf. In jederlei Hinsicht herrschte Not[12].

Bereits am 14. April trafen aus Mannheim Hauptmann Leys A. France als Kunstschutzoffizier von der Mannheimer Militärregierung[13] und Dr. Ludwig Werner Böhm von der Schloßbücherei ein. Die beiden Männer wollten sich im Rahmen eines Ortstermins über den Zustand des Mannheimer Einlagerungsgutes im Heilbronner Salzwerk informieren. Da der Schacht nicht betreten werden konnte, war die Besichtigung des Bergungsraums nicht möglich. Hauptmann France brachte am Schachteingang »Off Limits«-Schilder an[14].

Spätestens am 16. April erreichte der amerikanische Kunstschutzoffizier James J. Rorimer Heilbronn. Über seine ersten Eindrücke am 16. April und danach[15] berichtet er folgendes[16]:

»Die Stadt war vom Gestank nicht beerdigter Leichen erfüllt. Im höchsten Turm der St. Kilianskirche hatten die Deutschen ihre Maschinengewehre in mit Beton verstärkten Nischen versteckt[17]. Er war genauso übel zugerichtet wie die meisten anderen der soliden Steingebäude, die einst Heilbronns Zierde gewesen waren.

---

[11] 100 Jahre Salz, S. 60.
[12] SCHRENK, Zerstörung, S. 13.
[13] North Baden Regional Military Government (Schreiben des Stadtarchivs Mannheim vom 28. Februar 1996 an den Verfasser). Zu Hauptmann France vgl. auch Abschnitt 6a.
[14] StadtA Mannheim, Hauptregistratur, Archivalien-Zugang 1955–1964, Nr. 983: Bericht des Städtischen Schloßmuseums und der Städtischen Schloßbücherei Mannheim vom 26. April 1945.
[15] StA Ludwigsburg, EL 402 Heilbronn lfd. Nr. 309: Brief Report on the Heilbronn and Kochendorf Salt Mines vom 7. August 1946; vgl. auch lfd. Nr. 238, Einlagerungsverzeichnisse für Heilbronn: Art repositories at and near Heilbronn, vertraulicher Bericht von James J. Rorimer vom 18. April 1945.
[16] RORIMER; RABIN, Survival, S. 138–141. Übersetzung aus dem Englischen von Christa Ditton-Frey (Heilbronn).
[17] In diesem Punkt täuscht sich Rorimer.

Ich fand Major Harry Montgomery, den Leiter des Sonderkommandos der Militärregierung, in einem der wenigen nicht beschädigten Räumen im Postamt. Trotz der Tatsache, daß die militärischen und zivilen Aufgaben hier dringlicher waren als an jedem anderen Ort, an dem ich mich auf dem Kontinent aufgehalten hatte, war der Major an meiner Arbeit interessiert und unterstützte mich auf jede nur mögliche Weise. Wir sahen uns Karten des Heilbronner Salzbergwerks und eines anderen in Kochendorf an – letzteres war bei SHAEF aufgelistet als Kunstversteck von ziemlicher Wichtigkeit – und sprachen über die bedeutenden Schlösser in jener Region. Nach den neuesten Berichten waren die Schlösser und Kochendorf[18] *noch in Feindeshand. Auf einer detaillierten Karte von Heilbronn zeigte mir der Major eine Route, der ich folgen konnte, durch die mit Schutt angefüllten Straßen, wo die Pioniere gerade einen Weg freimachten. Er warnte mich davor, die Stadt in irgendeiner anderen Richtung zu verlassen als der, aus der ich hereingekommen war – nämlich von Norden. Wir kamen überein, daß ich mir vielleicht weitere Informationen vom neuernannten Bürgermeister der Stadt, Herrn Oberbürgermeister Beutinger, holen könnte. In den darauffolgenden Wochen lernte ich, dem Oberbürgermeister blind zu vertrauen. Er war ein aufrichtiger Gegner der Nazis und bemühte sich sehr, alles in seiner Macht stehende zu tun, um uns zu helfen. Aber obwohl er einmal ganz in der Nähe des Salzbergwerkes gewesen war, konnte er uns nichts darüber berichten, was sich dort vor kurzem abgespielt hatte. Mit Major Montgomerys Hinweisen gelang es meinem Fahrer und mir, den Weg durch die verwüsteten Gebiete zu finden bis wir auf die ›Salzstraße‹, den ›Salzwerkplatz‹ und schließlich auf die ›Salzgrundstraße‹ stießen. Leute liefen hin und her, gingen bei den umliegenden Häusern ein und aus, und ich sprach mehrere von ihnen an. Ich fand heraus, daß es russische und polnische ›Displaced Persons‹ waren, die in dem Bergwerk als Zwangsarbeiter gearbeitet hatten, aber aufgrund von Sprachschwierigkeiten konnte ich nichts Näheres erfahren. Sowohl deutsches als auch amerikanisches Kriegsmaterial lag überall in der Gegend herum. Einige Gebäude schwelten noch immer und brachen gelegentlich in Flammen aus. Ich fand einige Aufzeichnungen über das Bergwerk, aber das Hauptbürogebäude war vom Feuer fast ganz zerstört worden, und die Unterlagen darüber, was sich im Bergwerk befunden hatte, waren wahrscheinlich vollkommen den Flammen zum Opfer gefallen. Schließlich entdeckte ich einige aufgeregte, erschöpfte und verängstigte deutsche Frauen in einem der Häuser, welches zuvor als Pförtnerhaus und Wohngelegenheit für einige Bergwerksarbeiter gedient hatte. Sie sagten, daß es hier schreckliche Kämpfe gegeben habe, und ihre Aussage wurde einige Wochen später bestätigt, als deutsche Kriegsgefangene zwischen den Ruinen des Bürogebäudes 35 Leichen amerikanischer Soldaten ausgruben. Sie beantworteten meine Fragen über das Bergwerk ohne zu zögern. Viele Monate lang hatten die Deutschen die ihnen am wichtigsten erscheinenden Besitztümer im Auto oder Lastwagen zum Bergwerk gebracht und hatten sie am Fuß des Schachtes abgeladen. Diese Frauen behaupteten, daß es nur einen Schacht gab, durch den man in das Bergwerk hinein kommen konnte. Es fiel mir schwer, das zu glauben hinsichtlich der vorgelegten Statistiken über das Gebiet, in dem sich das Bergwerk befand. Die durchschnittliche Tiefe der Salzvorkom-*

---

[18] Kochendorf war bereits am 13. April eingenommen worden (RIEXINGER, Zweiter Weltkrieg, S. 467f.).

men war 600 Fuß[19] unter der Erdoberfläche. Der Abbau des Salzes hatte Lagerkapazitäten von 300 Fuß Länge, 50 Fuß Breite und durchschnittlich 70 Fuß Höhe freigegeben. Die Frauen hatten keine Ahnung davon, wieviele solcher Stellen es auf den zwei Stockwerken des Bergwerks gab, aber sie hatten schon Dutzende gesehen. Wir fanden später heraus, daß einige dieser Hallen, von denen man 16 für Lagerzwecke benutzt hatte, eine Höhe von 90 Fuß hatten. Die benutzte Stollengesamtfläche betrug annähernd 10 000 Quadratyards. Die tatsächliche Größe der Salzvorkommen war nur zum Teil durch Testbohrungen ermittelt worden, aber man schätzte, daß es in Heilbronn 20 Quadratmeilen von abbaufähigem Salz gab. Die Frauen behaupteten, daß die Bergwerksarbeiter die Instruktionen der Nazis, den Schacht zu zerstören, nicht befolgt hätten. Das deutsche Volk könnte ohne Salz nicht überleben. Die Hauptsorge dieser Frauen war das Eindringen des Neckarwassers in das Bergwerk. Es war notwendig, dieses Wasser täglich acht Stunden lang aus dem Werk herauszupumpen. Nun, da die Pumpen durch den Stromausfall nicht mehr arbeiteten, befürchteten sie, daß das Wasser nicht nur die im Bergwerk aufbewahrten Gegenstände beschädigen, sondern auch den Schacht und die Maschinen zerstören würde.

Ich fuhr zurück in die Stadt, schnappte mir den Oberbürgermeister und erklärte ihm im Jeep auf dem Weg zum Hauptquartier der Militärregierung die Lage. Herr Beutinger und Major Montgomery versicherten mich beide ihrer vollsten Unterstützung, aber im Augenblick konnte man nichts anderes tun als einen Wachposten am Bergwerkseingang aufzustellen, um eventuell mögliche Sabotageakte zu verhindern. Ich fuhr am nächsten Tag zurück nach Darmstadt und bat das Oberkommando um die Dienste eines qualifizierten Bergbauingenieurs. Mein Oberst sagte mir klipp und klar, daß das Salzbergwerk meine Angelegenheit sei und daß ich mir, so gut ich eben könne, selbst helfen müsse. Es sei kein Ingenieur zu haben und damit basta.

Leutnant Kuhn (der spätere Leiter der kunstgeschichtlichen Fakultät der Universität Harvard) traf sich mit mir in Darmstadt und bot mir an, mich nach Heilbronn zu begleiten für den Fall, daß er mir vielleicht helfen könne. Einige Tage später war ich mit Kuhn wieder in Heilbronn. Der Oberbürgermeister sandte Boten zu den Nachbarorten, um Dr. Hanns Bauer, den stellvertretenden Direktor der städtischen Salzwerke, und den Chefingenieur Wilhelm Giegerich zu holen. Sie bestätigten, daß der Strom ausgefallen war und das Eindringen des Wassers sehr ernst zu nehmen sei, obwohl sie hofften, daß immer noch genügend Zeit bliebe, einige der im Bergwerk eingelagerten Gegenstände zu retten. Das Wasser würde noch einige Zeit unter der oberen Begrenzung bleiben und falls es möglich wäre, den Dampfkessel umzubauen und mit den Förderkörben das Wasser aus den Stollen herauszuholen, könnte man die vorhandenen Wasserpumpen dann in Ordnung bringen. Das alles würde Zeit und Arbeitskräfte kosten. Sie schätzten, daß man 70 der früheren Bergwerksarbeiter brauchen würde, um Teile des zerstörten Werks wiederaufzubauen. Damals wußte ich noch nicht, daß sich Bauer in seinem Studium mit Martin Luther befaßt und auch eine Biographie über ihn geschrieben hatte oder daß sein Haus bald von fanatischen Nazianhängern dem Erdboden gleichgemacht werden würde, weil er mit der amerikanischen Armee zusammenar-

---

[19] Ein Fuß sind etwa 30 cm.

beitete. Obwohl er den Eindruck machte, ernsthaft über die im Salzbergwerk gelagerten Gegenstände besorgt zu sein, hatte ich keine Ahnung, wie weit man ihm vertrauen konnte.«

So weit die Schilderung des Kunstschutzoffiziers Rorimer. Während dieser seine große Aufgabe in Heilbronn noch vor sich hatte, konnte Montgomery sehr schnell eine erste Schutzaktion für Heilbronner Kulturgut durchführen. Er ließ – gemäß den Anweisungen an die vorrückenden amerikanischen Truppen – am Rathaus und an der Kilianskirche Plakate mit folgender Aufschrift anbringen: »Dies ist eine alte Kulturstätte, die vor jeder weiteren Beschädigung zu schützen ist.«[20] Angesichts der weitgehenden Zerstörung dieser Gebäude haben die beiden Schilder beim Leser wohl einen merkwürdigen Eindruck hinterlassen.

Für den 18. April gelang es dem amtierenden Vorstand des Salzwerkes, Dr. Hanns Bauer[21], von der amerikanischen Kommandantur eine Genehmigung zur Grubeninspektion zu bekommen. Zum gleichen Tag waren das Heilbronner und das Kochendorfer Salzwerk unter die Aufsicht von Major Montgomery gestellt worden. Dies geschah wohl auf Anregung von James J. Rorimer, der zwei Tage zuvor beim Heilbronner Salzwerk gewesen war[22].

Mit einem kleinen Boot fuhren einige Salzwerk-Mitarbeiter am Morgen dieses Tages von Neckargartach zum anderen Neckarufer hinüber. Dort wurden sie von zwei amerikanischen Posten der Security Police in Empfang genommen. Auf dem Weg zum Einstiegsschacht sahen sie, daß das Werk beim Kampf um Heilbronn schweren Schaden genommen hatte. Trotzdem gelang das schwierige Unterfangen, in die Grube einzusteigen. Die Hälfte der Gruppe blieb aus Sicherheitsgründen am Tageslicht, während die andere Hälfte – sechs Mann – zusammen mit den beiden Amerikanern 208 Meter in die Tiefe kletterten. Dies ging mit Hilfe von Leitern vor sich, die sieben Meter lang waren und von Podest zu Podest hinuntergestellt wurden. Der Abstieg dauerte 25 Minuten. Die Namen der wagemutigen Männer sind uns bekannt: Es waren dies der Betriebsleiter unter Tage Hermann Dietz, der Tagesbetriebsleiter Hermann Krack sowie die Bergleute bzw. Handwerker Alfred Feeser, Alfred Heyd, Gustav Spörer und Wilhelm Zimmermann[23]. Unten stand das Wasser bereits einen Meter hoch; es erstreckte sich etwa 50 Meter in Richtung Süden

---

[20] STEINHILBER, Amerikaner in Heilbronn, Teil I, S. 2. Das Vorhandensein von »Off Limits«-Schildern an Rathaus und Kilianskirche wird in amerikanischen Akten vom September 1945 bestätigt (StA Ludwigsburg, EL 402 Heilbronn lfd. Nr. 238, Berichte an MFA & A: Monthly Consolidated MFA & A Field Report, September 1945 vom 30. September 1945).

[21] Dr. Hanns Bauer (1902–1990) war seit 1930 Prokurist (Leiter der kaufmännischen Geschäfte) des Heilbronner Salzwerks (StadtA Heilbronn, Salzwerk Heilbronn 102: Schreiben von Dr. Hanns Bauer vom 9. April 1947 an die Spruchkammer Heilbronn).

[22] StA Ludwigsburg, El 402 Heilbronn lfd. Nr. 309: Brief Report on the Heilbronn and Kochendorf Salt Mines vom 7. August 1946, S. 1.

[23] 100 Jahre Salz, S. 62.

und 80 Meter in Richtung Osten[24]. Zum Glück waren die unter Tage lagernden Kunstgegenstände fast ausnahmslos weit genug vom Schacht entfernt oder in der 2. Sohle des Bergwerks deponiert worden. Sie waren verschont geblieben. Nur einzelne Bücherkisten und einige privat dort in Sicherheit gebrachte Güter waren in Mitleidenschaft gezogen oder zerstört worden, weil sie zu nahe an der tiefsten Stelle des Schachtes standen[25]. Vom Wasser erreicht waren aber schon die von der pharmazeutischen Industrie in den westlichen Abbaukammern untergebrachten Medikamente, während sich die von der chemischen Industrie eingelagerten Meßinstrumente und weitere Materialien in den noch trockenen östlichen Bereichen befanden[26].

Wenige Tage später[27] besuchten Leutnant Rorimer, Leutnant Kuhn und Dr. Bauer das Bergwerk. Auch sie wollten den Zustand unter Tage erkunden. Während sie noch über die Möglichkeit diskutierten, mit einer gefährlich zerbrechlich aussehenden Leiter hinunterzusteigen, kam ein junger amerikanischer GI in Begleitung eines Bergwerksangestellten aus dem Schacht herausgestiegen und erstattete Bericht[28].

Daraufhin entwickelten Rorimer, Kuhn und Dr. Bauer einen Plan, wie vorzugehen sei. Dabei waren sie sich einig, daß das ständig steigende Wasser gefährlicher war als eventuelle Sabotageakte. Folglich strebten sie als erstes an, das Wasser abzuleiten, danach waren die Kunstgegenstände zu bergen. Erst im dritten Schritt sollte dann die Salzförderung wieder beginnen. Auf jeden Fall wollten sie aber verhindern, daß irgendjemand außer einigen ausgewählten Bergarbeitern den Schacht betreten könnte[29].

Nun mußte also das Wasser so schnell wie möglich abgepumpt werden. Um das dafür notwendige Material zusammensammeln zu können, zimmerten sich die Bergleute unter Tage zuerst ein Floß[30]. Dafür verwendeten sie Balken, die dort unten lagen. Schnell stellte sich heraus, daß die elektrischen Pumpen nicht mehr funktionierten. Sie waren defekt, außerdem stand auch kein elektrischer Strom zur Verfügung.

Nachdem die Genehmigung der Militärregierung vorlag, konnte am 24. April mit knapp 80 Mann mit den Arbeiten zur Hebung des Wassers in größerem Stil begonnen werden. Die Leute waren in drei Gruppen eingeteilt, welche von Hermann Dietz (Schacht), Hermann Krack (Aufräumarbeiten) und

---

[24] StadtA Heilbronn, Salzwerk Heilbronn 97: Bericht von Dr. Bauer vom 19. April 1945. Rorimer; Rabin, Survival, S. 142, drehen die Zahlen um (90 yards to the south and 60 yards to the east).
[25] Ford, Monuments, S. 39.
[26] StadtA Heilbronn, Salzwerk Heilbronn 97: Bericht von Dr. Bauer vom 19. April 1945.
[27] Rorimer; Rabin, Survival, S. 141.
[28] Rorimer; Rabin, Survival, S. 142, berichten von einem Einstieg des jungen amerikanischen GI Pfc. Robert Seare, Co. B, 2826 Pioniere, zusammen mit einem Bergwerksangestellten.
[29] Rorimer; Rabin, Survival, S. 142–143.
[30] Ford, Monuments, S. 39.

Wilhelm Giegerich (Elektroarbeiten) geführt wurden[31]. Zunächst reparierten sie die Dampfkessel und den zugehörigen Schornstein, danach die Fördermaschine, die elektrische Zentrale, die Wasserpumpe und die Werkstätten. Im nächsten Schritt wurden neue Seile für die Schachtförderung aufgelegt und eine Holzrinne angefertigt, durch welche dann das Wasser in den Neckar ablaufen konnte[32]. Weil die Pumpen nicht mehr arbeiteten und die kleine Fördermaschine beschädigt war, mußte man das Wasser mit Hilfe der großen Fördermaschine aus der Grube holen. Auf beiden Körben wurden Eisenbassins von je 2 cbm Inhalt verankert und durch Untertauchen gefüllt. Über Tage wurden sie mittels Ablaßhahnen wieder geleert[33]. Am 30. April teilte Dr. Bauer dem Kunstschutzoffizier Rorimer mit, daß nun ein ausreichender Kohlevorrat vorhanden sei und daß die Dampfmaschine für den Aufzug und die Förderkörbe innerhalb von drei Tagen wieder betrieben werden könnten[34].

Tatsächlich gelang es, am 3. Mai alle vorbereitenden Maßnahmen zu beenden, wie dies Dr. Bauer vorhergesagt hatte. Nachdem Rorimer die Gewißheit erhalten hatte, daß das Wasserproblem in den Griff zu bekommen sein würde, verließ er für einige Wochen Heilbronn, um insbesondere in Bayern und Österreich zu arbeiten[35]. Die 7. Armee war zwischenzeitlich dort weit vorgedrungen. Er begab sich zu den Schlössern Neuschwanstein und Herrenchiemsee, wo sich riesige, von den Nationalsozialisten geraubte Kunstschätze befanden[36].

c) Das Salzbergwerk Kochendorf

Durch einen geheimen Eilbefehl vom 24. März 1945 erhielt die Staatliche Saline Kochendorf von der Bauabteilung des Finanzministeriums von Murrhardt aus auf Nachfrage die Anweisung, den Schacht im »Fall von Feindbedrohung« weder zu zerstören noch zu lähmen[37]. In den ersten Apriltagen wurde das Kochendorfer Bergwerk – wie das Heilbronner – aber durch heftige Kämpfe zwischen amerikanischen und deutschen Truppen schwer in Mitleidenschaft gezogen[38]. Die Besetzung durch die Amerikaner erfolgte am

---

[31] StadtA Heilbronn, Salzwerk Heilbronn 97: Technische Arbeiten zur Wiederinstandsetzung des Salzwerkes Heilbronn (undatiert).
[32] StadtA Heilbronn, VR Abgabe 28/89, Ord 1 |1.
[33] StadtA Heilbronn, Salzwerk Heilbronn 97: Bericht über die durch die Kriegsereignisse erfolgten Zerstörungen im Grubenbetrieb des Salzwerks Heilbronn und über die nächsten Arbeiten zur Wiederherstellung des Betriebes vom November 1945.
[34] RORIMER; RABIN, Survival, S. 143.
[35] RORIMER; RABIN, Survival, S. 143.
[36] HAASE, Kunstraub, S. 222.
[37] StadtA Heilbronn, Salzwerk Heilbronn 102: Geheimbefehl vom 24. März 1945.
[38] RIEXINGER, Zweiter Weltkrieg, S. 467 f.

13. April[39]. Wasser drang in Kochendorf – im Gegensatz zu Heilbronn – aber nicht ein. Bei der Saline waren im wesentlichen relativ leicht behebbare Gebäudeschäden entstanden und die Werkstätten vernichtet worden. Beim Steinsalzwerk wiesen dagegen die Schachtgebäude mit Förderturm erhebliche Beschädigungen auf. Die Aufbereitungsgebäude und die noch im Bau befindliche neue Salzmühle waren weitgehend zerstört. Auch die alte Mühle in Jagstfeld war vollständig ausgebrannt[40].

d) Erste Eindrücke und Aktionen

Auch das Bergwerk in Kochendorf gehörte zu Leutnant Rorimers Arbeitsfeld. Er hat hierüber ebenfalls einen Bericht hinterlassen. Der amerikanische Offizier soll deshalb nochmals selbst zu Wort kommen[41]:

»*Das Salzbergwerk in Kochendorf, fünf Meilen nördlich von Heilbronn, war ein sehr wichtiger Einlagerungsort. Ich kam am 20. April dorthin, nachdem die Gegend von deutschen Truppen gesäubert worden war. Eine Einsatzgruppe des Geheimdienstes war dort, um die sich unter Tage befindende bedeutende Fabrikanlage für Düsentriebwerke zu untersuchen, die in einer der Kammern des Bergwerks untergebracht war, bereit, in Betrieb genommen zu werden. Charles Lindbergh kam, in der Hoffnung, die Motoren zu sehen, aber die Aufzüge arbeiteten noch nicht, und so war es ihm unmöglich, in das Bergwerk hinabzugelangen*[42]. *Beim Frühstück unterhielten wir uns, und ich gewann den Eindruck, daß er einen größeren Überblick über die deutsche Luftkriegsrüstung hatte als die meisten anderen Fachleute. Seine bodenständige Art, schon am Anfang seiner Karriere sehr geschätzt, wirkte immer noch echt und natürlich. Als die Maschinen und der Schacht des Bergwerks in Betrieb genommen werden konn-*

---

[39] StA Ludwigsburg, EL 402 Heilbronn lfd. Nr. 238, Heilbronn Büro und Verschiedenes: undatierter Notizzettel.

[40] StadtA Heilbronn, Salzwerk Heilbronn 100: Bericht über die Beschädigungen der Werksanlage sowie den Wiederaufbau vom 8. Juni 1945.

[41] RORIMER; RABIN, Survival, S. 147; Übersetzung aus dem Englischen von Christa Ditton-Frey (Heilbronn).

[42] LINDBERGH schildert diesen Vorgang ebenfalls (Kriegstagebuch, S. 490). Sein Besuch in Kochendorf hat am 24. April stattgefunden. Am Tag zuvor war er nach Heilbronn gekommen. Darüber schreibt er (Kriegstagebuch, S. 489): »Wir fahren auf ungepflasterten Wegen querfeldein und über eine Pontonbrücke nach Heilbronn. Die Stadt ist schwer bombardiert und beschossen worden – schlimmer als München. In einigen Straßen stehen fast keine Häuser mehr – nur Schutt. Nur einige Gebäude in der Stadtmitte können bewohnt werden. Wir erhielten ein Quartier in einem unterirdischen deutschen Krankenhaus, einem kellerartigen Bau unter Geröllhaufen. Deutsche Schwestern wiesen uns in einen Raum mit fünfundzwanzig Betten – sonst schläft niemand hier. Ich gehe vor dem Schlafengehen noch eine halbe Stunde spazieren. Es besteht keine Gefahr, in der Stadt lebt fast niemand mehr, es gibt dafür einfach keinen Platz. Der Mond beleuchtet die Schutthaufen und umreißt die wenigen noch stehenden Mauern. Fensterhöhlen, verbogene Gitter, Bombentrichter, die Stille des Todes.

ten, bauten eigens dafür bestimmte Arbeiter sechs Düsentriebwerke unter der Überwachung der Alliierten zusammen. Die Kunstwerke und Kulturgegenstände waren vor Vandalismus sicher, da es immer noch unmöglich war, in die tieferen Stollen zu kommen. Als zusätzlichen Schutz stellte die 100. Infanteriedivision auf dem Gelände Wachposten auf. Dr.-Ing. Ernst Baur, der Direktor des Bergwerks, versicherte mir, daß die Kulturgüter, die er im Bergwerk für viele Institutionen eingelagert hatte, sicher seien bis in alle Ewigkeit. Die Räume zum Einlagern in Kochendorf waren, anders als jene in Heilbronn, ungefähr 35 Fuß über dem Grundwasser, und so bestand nicht die Gefahr, daß Wasser hereinsickern konnte. Dr. Baur stand unter dem Verdacht, Mitglied der NSDAP gewesen zu sein. Gerade vor meiner Ankunft hatte er Unterleutnant Nicholas T. Stalikas zwei Bücher mit Aufzeichnungen übergeben. Diese Bücher enthielten die Originale und damit auch die einzigen noch existierenden Bestandslisten der schätzungsweise 30 000 hier eingelagerten Kisten. Ich nahm mit der Einheit des Leutnants Kontakt auf, und man sagte mir, er sei auf Heimaturlaub. Ich wartete ungeduldig auf seine Rückkehr und machte mir dabei eine Menge unnützer Sorgen. Wir erhielten die Bücher ohne Schaden zurück. Für Major Montgomery gingen die Reparaturarbeiten an den unentbehrlichen Maschinen zu langsam voran, und er zog Herrn Dr. Hanns Bauer von Heilbronn noch hinzu, damit dieser die Aufsicht über beide Werke führen sollte. Herr Dr.-Ing. Ernst Baur schien in keiner nennenswerten Eile zu sein, die Kunstwerke aus dem Schacht herauszuholen, obwohl sich auch seine eigenen sowie seine Bücher darunter befanden. Er hatte schon einmal die Ansicht geäußert, daß die Amerikaner alle in Privatbesitz sich befindenden Kunstwerke konfiszieren würden, ganz egal, wie man diese erworben hatte. Wahrscheinlich ließ sich durch diese Vorstellung seine scheinbare Unfähigkeit, die Dinge voranzubringen, erklären. Als dann Herr Dr. Hanns Bauer verantwortlich war, waren viel eher Fortschritte zu erkennen.

Am 9. Juli stiegen John Nicholas Brown, Generalleutnant Clays Kulturberater, und Oberstleutnant Mason Haymmond vom U. S. Gruppenkontrollrat mit mir zusammen in das Kochendorfer Bergwerk hinunter. Wir schauten uns einiges an, was dort aufbewahrt worden war – das berühmte Gemälde Grünewalds, nämlich die ›Stuppacher Madonna‹, Dutzende von Ölgemälden aus Stuttgart und Möbel aus dem Ludwigsburger Schloß. Zumindest mußte man den Deutschen lassen, daß sie ausgezeich-

---

Donnerstag, 24. Mai
Frühstück im Gebäude der Militärregierung. Russische Kellnerinnen. Zwei amerikanische Offiziere sprechen über einen Deutschen, der Informationen besitzen soll, die sich für die Zukunft als nützlich erweisen könnten. ›Ich will ihn aus dem Camp herausholen. Er ist achtundsiebzig. Wenn wir ihn drinnen lassen, stirbt er uns am Ende noch.‹ Anscheinend gibt es nicht hinreichend Unterkünfte für alle deutschen Gefangenen in dem amerikanischen Konzentrationslager ... Einer der (amerikanischen) Offiziere sagt mir, daß die Gefangenen Tag und Nacht, bei Regen und Sonnenschein, im Freien sind und nur sehr wenig Verpflegung bekommen. ›Verdammt, sie haben es ja so gewollt, denk daran, wie sie ihre Gefangenen behandelt haben.‹«.

nete Arbeit geleistet hatten, was die Sicherung ihrer eigenen Schätze anging und auch jener Wertgegenstände, die sie während ihrer Besetzung im Ausland konfisziert hatten. Wir kamen überein, daß es wohl am besten sei, alles genau dort zu belassen, wo es war; hier war alles sicherer als in den Händen von Leuten, die nicht sachkundig waren.«

5. Erste Nachkriegszeit (Mai bis August 1945)

a) In Heilbronn wird das Wasser abgeschöpft

Nachdem Anfang Mai alle vorbereitenden Maßnahmen beendet waren, hoffte man, binnen zwei Wochen mit Hilfe der Förderkörbe so viel Wasser abschöpfen zu können, daß dann die im Bergwerk vorhandenen Pumpen wieder einsetzbar sein würden. Zur Ausführung dieser Arbeiten beantragten Oberbürgermeister Beutinger und der amtierende Salzwerkdirektor, Dr. Hanns Bauer, am 4. Mai gemeinsam bei der Militärregierung weitere Arbeitskräfte. Zwei Mann sollten unter Tage ständig das Füllen der Fördergefäße mit Wasser überwachen, vier weitere für die Aufrechterhaltung der Kesselfeuerung in der Nacht sorgen[1].

Am 4. Mai wurde mit der Wasserhebung begonnen[2]. Die Männer arbeiteten in Tag- und Nachtschicht[3]. Dabei wurde der Förderkorb mit dem Kasten bis ins Wasser hinuntergelassen. Dort füllte er sich. Beim Hochziehen strömte natürlich viel Wasser aus dem Förderkorb in den Schacht zurück, aber immerhin konnte im Kasten doch auch viel nach oben transportiert werden[4]. Oben ließ man dann das Wasser über die vorbereitete Holzrinne in den Hafen ablaufen.

Vom 4. bis zum 16. Mai wurden auf diese Weise ca. 8000 cbm Wasser aus dem Bergwerk herausgehoben[5]. Dadurch stand nun auch die unter Tage vorhandene Benzinmotor-Pumpe wieder im Trockenen. Sie war jedoch umgefallen gewesen und auf diese Weise zu Schaden gekommen, außerdem war ihr Fundament unterspült. Als sehr hilfreich erwies sich in dieser Situation ein Fund, den die Männer inzwischen gemacht hatten: Beim zurückgelassenen Besitz der I. G. Farben, welche sich während des Krieges im Bergwerk eingerichtet hatte, fanden sich Kabel, zwei Kreiselpumpen und eine Trafostation. Das Kabel reichte aus, um eine Verbindung von der alten Glashütte zur Trafostation herzustellen. Die von dort zum Schacht führende Stromleitung war noch in Ordnung und konnte benutzt werden. Nach der Arbeit von zwei Tagen und zwei Nächten konnten damit zwar die elektrischen Pumpen in Betrieb genommen werden. Doch der Versuch mißlang trotzdem. Erst nach zahlreichen weiteren Anläufen stellte sich der Erfolg ein. Nun war man wieder in der Lage, das Wasser mit Hilfe der Elektrizität nach oben zu pumpen. Die Gefahr der Vernichtung des Einlagerungsgutes durch Salzwasser war gebannt[6].

---

[1] StadtA Heilbronn, VR Abgabe 28/89, Ord 1 |1.
[2] StadtA Heilbronn, VR Abgabe 28/89, Ord 1 |1.
[3] 100 Jahre Salz, S. 62.
[4] RORIMER; RABIN, Survival, S. 143.
[5] StadtA Heilbronn, VR Abgabe 28/89, Ord 1 |3.
[6] 100 Jahre Salz, S. 62.

Aber schnell zeigten sich neue Probleme. So wurden die Stahlseile am Förderkorb durch das fortgesetzte Eintauchen in das Wasser rostig[7]. Außerdem waren die schachtnahen Pfeiler zum Teil stark beschädigt und unterwaschen worden. Beutinger und Dr. Bauer sahen Wiederherstellungsmaßnahmen gerade an dieser Stelle als vordringlich an, um wieder einen ordnungsgemäßen Betrieb der Fahrstühle zu erreichen. Deshalb beantragten sie am 16. Mai bei der Militärregierung, weitere Bergleute anstellen zu dürfen. Unter Tage sollten ab dem 21. Mai statt 20 nun 50 Mann arbeiten. Gleichzeitig teilten sie der Militärregierung mit, daß das gesamte Bergwerk einschließlich des Einlagerungsgutes ab dem 22. Mai besichtigt werden könne[8].

b) Rorimer besichtigt das Heilbronner Salzbergwerk

Am 27. Mai kehrte Rorimer von Bayern nach Heilbronn und zum Salzbergwerk zurück, um eine Besichtigung vor Ort durchzuführen. Natürlich war er aufs höchste gespannt, was ihn unter Tage erwarten würde. Zu seinem Bedauern hatte er vorab nicht sehr viele inhaltliche Details über die Kunsteinlagerungen zusammentragen können. Nun fuhr er also zusammen mit Major Montgomery in das Bergwerk ein. Rorimer berichtet darüber[9]:

»Wir kletterten auf den Förderturm und betraten eine etwa vier mal fünf Fuß große Plattform. Das Wasser war mittels eines Kastens, der in den Boden der Plattform eingelassen war, entfernt worden. Der Kasten war bis ins Wasser hinuntergelassen worden, und nach Verlassen des Schachtes strömte das Wasser heraus. Der Rest, der im Förderkorb blieb, floß langsam wieder in den Schacht zurück. Die Stahlseile waren durch dieses ständige Eintauchen so rostig, daß ich Angst hatte, sie könnten nachgeben. Trotz meiner Befürchtungen kamen wir sanft unten an. Ein Dutzend Männer arbeiteten in einem Raum, den man aus dem harten Salz herausgehauen hatte und dessen Farbenspektrum von kristallklar bis schwarz reichte. Wir wurden nachdrücklich ermahnt, uns vorsichtig vorwärts zu bewegen. Große Salzansammlungen waren vom Wasser weggespült worden, und wir mußten über lose gelegte Bretter gehen. Die leicht löslichen Pfeiler aus Salzgestein, die die Befestigungen am Fuße des Schachtes stützten, hatten sich aufgelöst, und neue Armierungen aus Holz und Backsteinen wurden gebaut, damit nicht alles zusammenstürzte. Die Fundamente der Pumpen hatten schon nachgegeben und wurden gerade erneuert, so daß das Wasser, welches mit einer Geschwindigkeit von 100 000 Gallonen[10] am Tag hereinströmte, wie in normalen Zeiten weggeschafft werden konnte. Man schätzte, daß sich schon drei Millionen Gallonen Wasser angesammelt hatten, bevor wir am 4. Mai mit dem Abpumpen begannen. Als wir vom Fuß des Schachtes weggingen, stürzten Teile der Salzwand eines dreißig Fuß

---

[7] RORIMER; RABIN, Survival, S. 143.
[8] StadtA Heilbronn, VR Abgabe 28/89, Ord 1 |3.
[9] RORIMER; RABIN, Survival, S. 143–144. Übersetzung aus dem Englischen von Christa Ditton-Frey (Heilbronn).
[10] Eine Gallone sind etwa 3,8 Liter.

langen Verbindungsstollens ein, als ob eine Planierraupe sie von hinten zusammenschieben würde. Danach hatte die Versicherung des Vorarbeiters, es bestünde nur geringe Gefahr, daß sich ein weiteres schweres Unglück ereignen könnte, wenig Bedeutung für uns.

Wir hasteten weiter zu den Lager- und Arbeitsräumen. Das Wasser hatte nur eine der untersten Ebenen erreicht. Vorräte der pharmazeutischen Industrie und dringend benötigte Medikamente fingen nun, da das Wasser entfernt worden war, gerade an zu trocknen. Obwohl die Feuchtigkeit in dem Raum, wo das Wasser hingekommen war, 75 Prozent betrug, lag sie überall sonst bei konstanten 65 Prozent. Kurz darauf verließen wir das Bergwerk; wir konnten nichts mehr tun, bis der Aufzug und die anderen Maschinen wieder intakt waren.«

Am gleichen Tag, also ebenfalls am 27. Mai 1945 und wohl als Reaktion auf die Besichtigung, hatte Montgomery das Salzwerk Heilbronn und die Saline Friedrichshall unter Vermögenskontrolle gestellt[11] und selbst die Funktion eines Treuhänders übernommen[12].

c) Ein erster Überblick über die Schätze in Heilbronn

Nachdem der Zugang zu den Kunstschätzen im Heilbronner Bergwerk gesichert war, bemühte sich Rorimer erneut darum, in den Besitz der Bestandslisten zu kommen. Tatsächlich waren während des Einlagerns genaue Verzeichnisse erstellt worden. Diese Listen waren aber in Heilbronn nicht greifbar. Allerdings hatte er inzwischen einen Hinweis auf Dr. Kurt Martin erhalten, den Direktor der Karlsruher Kunsthalle und Generaldirektor der Oberrheinischen Museen. Dieser hatte präzise Aufzeichnungen darüber gefertigt, was in Heilbronn eingelagert worden war. Dr. Martin hatte diese Listen bei Kriegsende mitgenommen und damit gerettet. Erst im September 1945 gelang es Rorimer, ihn in Bankholzen (Bodensee) ausfindig zu machen und die Informationen zu bekommen. Diese bildeten dann eine wesentliche Grundlage für die Arbeit von Leutnant Dale V. Ford und seinen Mitarbeitern, die ab September 1945 die Kunstschätze von den Bergwerken Heilbronn und Kochendorf nach Besitzern trennten und aufteilten[13].

Am 24. Mai 1945 entstand eine erste Liste[14] über die Heilbronner Einlagerungen. Sie enthielt die folgenden 25 Positionen:

---

[11] StA Ludwigsburg, EL 402 Heilbronn lfd. Nr. 309: Property Record vom 27. Mai 1945.
[12] StA Ludwigsburg, EL 402 Heilbronn lfd. Nr. 238, Heilbronn Büro und Verschiedenes: Schreiben von Headquarters Detachment E1C3 vom 7. Juni 1945 an Headquarters Seventh Army.
[13] RORIMER; RABIN, Survival, S. 145–146.
[14] StA Ludwigsburg, EL 402 Heilbronn lfd. Nr. 322: Liste der Einlagererfirmen vom 24. Mai 1945.

1. Badisches Generallandesarchiv, Karlsruhe, Nördl. Hildapromenade 2,
2. Staatliche Kunsthalle, Karlsruhe,
3. Städtische Schlossbücherei, Mannheim,
4. Generaldirektion der Oberrheinischen Museen, Strassburg i. E., z. Zt. Baden-Baden, Lichtentaler Allee 8 a,
5. Archivberatungsstelle Kiel, Kiel, Tirpitzstr. 132,
6. Universitäts-Bibliothek, Heidelberg,
7. Der Oberbürgermeister der Stadt Stuttgart[15], Stuttgart,
8. Der Oberbürgermeister der Stadt Ludwigshafen, Ludwigshafen a.Rh.,
9. Badische Landesbibliothek und Bibliothek der Technischen Hochschule, Karlsruhe,
10. Badisches Landesmuseum Karlsruhe, z. Zt. Neuhausen, Landkreis Pforzheim,
11. Württembergische Staatsgalerie, Stuttgart-O, Neckarstr. 32,
12. I. G. Farbenindustrie A.G., Ludwigshafen a. Rh.,
13. Reichsbahndirektion Stuttgart,
14. G. Siegle & Co. GmbH, Stuttgart 1, Postfach 276,
15. Kast & Ehinger GmbH, Chemische Fabriken, Stuttgart-Feuerbach,
16. Knoll A.G. Chemische Fabriken, Ludwigshafen a. Rh.,
17. C. F. Boehringer & Söhne GmbH, Fabrik chem. und pharmaz. Produkte, Mannheim-Waldhof, z. Zt. Ziegelhausen b. Heidelberg,
18. Gebrüder Röchling, Ludwigshafen a. Rh.,
19. Robert Bosch GmbH, Stuttgart, Militärstr. 4,
20. Gebrüder Spohn GmbH, Neckarsulm,
21. Karl Schmidt GmbH, Neckarsulm,
22. P. Bruckmann & Söhne, Heilbronn,
23. Baier & Schneider, Heilbronn,
24. Tengelmann, Heilbronn,
25. Belegschaftsmitglieder des Salzwerks Heilbronn.

Bis zum 30. Mai 1945 wurde dann vom Salzwerk eine detailliertere Liste[16] zusammengestellt. Dort sind, aufgeschlüsselt nach Lagerort im Bergwerk, die Einlagerer aufgeführt und die Inhalte summarisch skizziert[17]. Insgesamt handelte es sich um 15 000 bis 20 000 Kisten.

---

[15] Hierbei handelt es sich um einen von der Stadt Stuttgart organisierten Sammeltransport von Privateinlagerern.
[16] StadtA Heilbronn, VR Abgabe 28/89, Ord 1|4. Ein genauer chronologischer Bericht der Zeit vom 19. April bis zum 2. Mai 1945 findet sich im StadtA Heilbronn, Salzwerk Heilbronn 97: Technische Arbeiten zur Wiederherstellung des Salzwerkes Heilbronn (undatiert).
[17] Für die nachfolgende Aufzählung wurden die Einlagerer nach den Kategorien Kultur, Wissenschaft, Industrie und Sonstiges geordnet.

Eingelagert waren nach dieser Aufstellung:

A: Kulturelle bzw. wissenschaftliche Güter
- Heidelberg
    * Universitätsbibliothek: vgl. Karlsruhe und Straßburg

- Karlsruhe (vgl. auch Straßburg)
    * Badisches Landesmuseum, Badische Landesbibliothek, Bibliothek der Technischen Hochschule, Universitätsbibliothek Heidelberg: } ca. 1000 Kisten mit u. a. Büchern, Gemälden, Glasmalereien
    * Staatliche Kunsthalle: ca. 1100 Kisten mit Gemälden, Büchern, Kunstgegenständen, Handschriftensammlung u. a.
    * Badisches Generallandesarchiv: Archivalien Stadt- und Landgemeinden

- Kiel
    * Archivberatungsstelle: Archivalien von schleswig-holsteinischen Stadt- und Landgemeinden

- Ludwigshafen
    * Oberbürgermeister: einige Kisten mit unbekanntem Inhalt

- Mannheim
    * Stadt: Musikinstrumente und Theaterrequisiten in Kisten, Körben und Verschlägen

    * Schloßbücherei, Theater, Orchester, Museen u. a.: } ca. 800 Kisten mit Büchern, Bildern, Musikinstrumenten, Theaterrequisiten, Skulpturen, Antiquitäten

- Schwäbisch Hall
    * Gerhards Marionetten-Theater: ca. 40 Koffer, Kisten und Pakete mit mechanischen Puppen und Theaterrequisiten

- Straßburg
    * Generaldirektion der Oberrheinischen Museen, Universitätsbibliothek Heidelberg, Badische Landesbibliothek und Bibliothek der Technischen Hochschule Karlsruhe, Badisches Landesmuseum: } ca. 1300 Kisten mit Kirchenfenstern, Gemälden, Büchern, wahrscheinlich auch Antiquitäten, Handschriften und dgl.

75

- Stuttgart
    * Stadt Stuttgart und Württembergische Staatsgalerie: } u. a. Gemälde, Skulpturen und Bücher
    * Kunsthändler Hugo Borst[18]: Bilder und Skulpturen

B: Industrielle Güter
- Heilbronn
    * Baier & Schneider: unbedrucktes Papier in Ballen
    * P. Bruckmann & Söhne: Büro- und Betriebsmaterial
    * Salzwerk: Säcke und Betriebsmittel für den eigenen Bedarf; Betriebsmaterialien für den Eigenbedarf; Sprengmaterialien (13 000 kg Donarit 4; 32 000 Stück Sprengkapseln); leere Sprengstoffkisten

- Ludwigshafen
    * Gebrüder Röchling: 14 Kisten mit unbekanntem Inhalt (Bilder und Kunstwerke)
    * I. G. Farbenindustrie A.G.: »Revisions- und Planierungsabteilungen (Provisorien)« für die Bauabteilung
    * Knoll A.G., Chemische Fabriken: pharmazeutische Artikel
- Mannheim-Waldhof
    * C. F. Boehringer & Söhne GmbH, Chemische Fabriken: ca. 400 Kisten mit Chinin- und Strophantin-Präparaten; medizinisch-wissenschaftliche Bücher; vermutlich auch Apparate

- Neckarsulm
    * Karl Schmidt GmbH: Cylinderkolben für Brennstoffmotoren in verschiedenen Größen
    * Gebrüder Spohn GmbH: Säcke mit Seilen und Holzspindeln; kaschiertes Papier in Rollen

---

[18] Hugo Borst war nicht Kunsthändler, sondern Kunstsammler und Mäzen. Vermutlich hat er keine Skulpturen, sondern Bücher eingelagert. Sein »Künstlerhaus Sonnenhalde« wurde im Juli 1944 vollständig zerstört (Schreiben des Stadtarchivs Stuttgart vom 16. November 1995 an den Verfasser). Einige Kunstwerke, z. B. des Malers Reinhold Nägele, konnten geborgen und dann in Heilbronn eingelagert werden. Außerdem überstand Borsts bedeutende Büchersammlung (Erstausgaben und Rara) im Salzwerk Heilbronn den Krieg (ADOLPH, Borst, S. 21, 24, 25, 123). 1951 stiftete Borst als Freund der Stadt Heilbronn dem Heilbronner Stadtarchiv über 450 Bücher und Zeitschriften von Friedrich Naumann, Ernst Jäckh und Theodor Heuss.

- Stuttgart
    * Reichsbahndirektion: Zeichen-Schränke mit Zeichnungen der Reichseisenbahnwerkstätten Straßburg (für Elsaß-Lothringer Bahnen)
    * Robert Bosch GmbH: Patentschriften und Dokumente besonderer Art
    * G. Siegle & Co. GmbH, Kast & Ehinger GmbH (Feuerbach): } Fässer mit Ölen und Fetten (für die Lack- und Farbenfabrikation)
- Weinsberg
    * Karosseriewerke: Werkzeuge und Werkzeugmaschinen

C: Sonstige Güter
- Belegschaftsmitglieder des Salzwerks Heilbronn: } Wäsche, Kleider, Porzellan, Bücher und dgl. (»Eigentumsreserve«)
- Mitarbeiter der Firma Robert Bosch GmbH, der Stadt Stuttgart, der Archivberatungsstelle Kiel: Privatbesitz

d) Ein erster Überblick über die Schätze in Kochendorf

Nachdem für das Heilbronner Bergwerk bis zum 30. Mai 1945 eine erste Einlagerungsliste erstellt worden war, wurde bis 19. Juni 1945 nach den gleichen Kriterien eine solche für Kochendorf zusammengetragen, die letztgenannte war sogar zweisprachig angelegt[19]. Schnell stellte sich heraus, daß im grundwassersicheren Salzbergwerk Kochendorf ebenso viele Kulturgüter eingelagert worden waren wie in Heilbronn:

A: Kulturelle bzw. wissenschaftliche Güter
- Darmstadt
    * Hessische Landesbibliothek: große Anzahl unverpackter Bücher sowie einige Kisten und Koffer
    * Hessisches Staatsarchiv: ca. 40 Kisten, 5 Blechkästen und verschiedene Pakete mit Archivmaterial
    * Technische Hochschule: 1 Kiste mit Büchern, große Anzahl unverpackter Bücher

---

[19] StadtA Heilbronn, Salzwerk Heilbronn 100: Liste vom 19. Juni 1945.

- Düsseldorf
    * Landes- und Stadtbibliothek: 115 Kisten mit Büchern
    * Staatsarchiv: 85 Kisten und eine große Anzahl von Paketen mit Akten
- Esslingen
    * Evangelische Kirchengemeinde (Stadtkirche): 14 Kisten mit Glasfenstern, 1 Kiste mit Akten
- Frankfurt a. M.
    * Stadtarchiv: ca. 230 Kisten mit Archivmaterial; 32 Kisten mit Akten
- Florenz
    * Kunsthistorisches Institut: ca. 590 Kisten und mehrere Regale mit Büchern, Akten, Lichtbildern usw.
- Heidelberg
    * Universitätsbibliothek: 7 Waggons mit Büchern und Zeitschriften (unverpackt); ca. 1300 Kisten mit Büchern
- Heilbronn
    * Evangelische Gesamtkirchengemeinde (Kilianskirchengemeinde): 18 Kisten mit Stücken aus der Kilianskirche Heilbronn
- Karlsruhe
    * Technische Hochschule: 3 Kisten mit unbekanntem Inhalt, 75 Kisten mit Büchern
    * Technische Hochschule und Badische Landesbibliothek: ca. 510 Kisten mit Büchern
    * Deutscher Scheffelbund: 4 Kisten vermutlich mit Büchern
    * Flußbaulaboratorium: 2 Kisten mit unbekanntem Inhalt
    * Badische Landesbibliothek: 25 Kisten mit Büchern (vgl. auch Technische Hochschule)
    * Staatliche Kunsthalle: 58 Kisten vermutlich mit Büchern; 68 Kisten mit unbekanntem Inhalt
- Köln
    * Haus der Rheinischen Heimat: 10 Kisten mit Museumsgut
    * Kunstgewerbemuseum: ca. 140 Kisten mit Büchern
    * Museum für Naturkunde: 60 Kisten mit Museumsgut
    * Museum für Ostasiatische Kunst: 31 Kisten mit Museumsgut
    * Rautenstrauch-Joest-Museum: ca. 140 Kisten mit Museumsgut
    * Schnütgen-Museum: 4 Kisten mit Museumsgut
    * Stadtarchiv: eine große Anzahl Pakete und Kartons mit Akten
    * Universitätsbibliothek: ca. 280 Kisten mit Museumsgut
    * Wallraf-Richartz-Museum: ca. 110 Kisten mit Museumsgut

- Krefeld
  * Heimathaus des Niederrheins: ca. 70 Kisten mit Gemälden
- Ludwigsburg
  * Heimatmuseum: 1 Kiste mit Porzellan-Figuren
  * Schloß: 15 Kisten mit Einrichtungsgegenständen, wie Möbel, Porzellan; verschiedene unverpackte Möbelstücke und Bilder
- Marbach
  * Schiller-Nationalmuseum: ca. 70 Kisten mit Büchern und Handschriften; verpackte und unverpackte Bilder
- Saarbrücken
  * Altertumsmuseum: 40 Kisten mit Museumsgut
- Schnait
  * Silchermuseum: 1 Koffer mit unbekanntem Inhalt
- Schwäbisch Gmünd
  * Stadtarchiv: 123 Kisten mit Akten
- Schwäbisch Hall
  * Evangelische Gesamtkirchengemeinde: Altäre
- Schwieberdingen
  * Evangelische Kirchengemeinde: 3 Holzfiguren
- Stuppach
  * Katholische Kirchengemeinde: 1 Kiste mit der Stuppacher Madonna von Grünewald
- Stuttgart
  * Altertumsmuseum: 38 Gestelle, 13 Körbe, 45 Kisten mit Museumsgut
  * Württembergische Landesbibliothek: eine größere Anzahl größerer und kleinerer Kartons und Pakete mit Zeitungen und Zeitschriften; 12 Kisten mit Büchern
  * Württembergisches Landesgewerbemuseum: 61 Kisten mit Museumsgut
  * Landeskonservator Dr. Schmidt: religiöse Bilder und Figuren aus einer nicht bekannten Kirche
  * Linden-Museum: ca. 740 Kisten mit Museumsgut
  * Schloßmuseum: 21 Körbe mit Porzellan, 47 Kisten mit Museumsgut
  * Hauptstaatsarchiv: ca. 320 Kisten mit Archivmaterial; 21 Kisten mit Archivmaterial

* Württembergische Staatsgalerie:	große Zahl verpackter und zum Teil unverpackter Gemälde; 300 Kartons mit Kunstblättern, Zeichnungen und Stichen; größere Anzahl von Gemälden, in Kisten verpackt und unverpackt
* Württembergisches Staatstheater:	Theater-Garderobe
* Technische Hochschule:	größere Anzahl von Paketen und Kartons mit Büchern
* Weltkriegsbücherei:	118 Kisten mit Büchern; größere Anzahl von Pappschachteln mit Büchern; 58 Kisten mit Büchern; eine Anzahl Pakete und Zeitungen
* Württembergische Geologische Landesanstalt:	ca. 5000 geologische Übersichtskarten von Württemberg nebst Beschreibung
* Württembergische Naturaliensammlung:	58 Kisten mit Museumsgut; ca. 300 Kisten mit Museumsgut; 50 Kisten mit Museumsgut
* Württembergischer Malerinnen-Verein:	1 Paket mit unbekanntem Inhalt

– Tübingen
* Universitätsbibliothek:	ca. 340 Kisten mit Büchern

– Ulm
* Museum:	ca. 33 Kisten mit Gemälden und Kunstgegenständen

– Wiesbaden
* Staatsarchiv:	66 Kisten mit Archivmaterial

– Winnenden
* Evangelische Kirchengemeinde:	25 Holzfiguren; 2 Kisten mit Schnitzereien

B: Materialien von Behörden u. ä.
– Bad Friedrichshall
* Gemeinde:	2 Schränke und 3 Regale mit Grundbuchakten

– Köln
* Standesamt:	Akten, in Regalen sortiert

– Stuttgart
* Bergamt:	10 Rollen und 1 Paket mit Plänen
* Mädchen-Berufsschule:	4 Pakete mit unbekanntem Inhalt
* Oberlandesgericht:	1 Kiste und 10 Pakete mit Grundbuchakten

* Reichsstatthalterei: mehrere Teppiche;
35 Kisten mit Gläsern;
8 unverpackte Bilder
* Stadt: größere Anzahl von Gemälden, Kisten und Koffern;
größere Anzahl von Gemälden, Büchern sowie Privatgut
* Standesamt: 9 Kisten mit Urkunden;
weitere Urkunden
* Stadtmessungsamt: 1 Kiste und 2 Rollen (vermutlich Pläne)
* Stellvertretendes Generalkommando V AK: 1 Kiste mit unbekanntem Inhalt
* Württembergisches Innenministerium, Hauptmessungsabteilung: ca. 280 Körbe und Kisten mit Kartenmaterial, Meßinstrumenten, Stativen;
ca. 127 Papplagen mit Kupferplatten
* Württembergisches Kultministerium: 2 Kisten mit Akten

C: Industrielle Güter
- Bad Friedrichshall
  * Staatliche Saline: große Menge Leinen- und Jutesäcke;
  19 Kisten, Körbe und Töpfe mit Kantinengeschirr; 3 Kisten mit Musikinstrumenten der Werkskapelle; Geschäftspapiere
- Berlin
  * Deutsche Pyrotechnische Fabriken: 15 Kisten mit unbekanntem Inhalt
- Cleebronn
  * Deutsche Pyrotechnische Fabriken: ca. 75 000 kg Feuerwerkskörper
- Heilbronn
  * Reederei Schwaben: 3 Kisten mit unbekanntem Inhalt
- Mannheim
  * C. F. Boehringer & Söhne GmbH: ca. 600 Säcke mit Chinarinde;
  ca. 150 Kisten mit Chinin (?);
  ca. 160 Fässer mit Chinin (?);
  ca. 320 Blechbüchsen mit Chininum Sulfuricum;
  3 Kisten mit unbekanntem Inhalt
- Stuttgart
  * Cotta-Verlags-Archiv: 10 Kisten mit Büchern
  * Daimler-Benz AG: ca. 140 Blechkästen, 89 Kisten und 2 Papprollen mit Zeichnungen

D: Privatgüter und Sonstiges

- Bad Friedrichshall
    * Angehörige der Saline: Schränke, Kisten und Pakete mit Kleidern, Wäsche, Hausrat usw.; eine größere Anzahl Kisten, Koffer usw. mit Privatgut; einige Kisten, Koffer usw. mit Kleidern, Hausrat und Wäsche
    * Einwohner: Kisten, Koffer, Möbel usw. mit Privatgut
- Bonn
    * Professor Dr. Rudi Paret: 5 Kisten mit Büchern
- Köln
    * Georg Fahrbach[20]: 15 Kisten mit unbekanntem Inhalt
- Mannheim
    * Dr. Ernst Leopold Stahl: 59 Kisten mit Büchern
- Stuttgart
    * Professor Dr. Helmut Göring: 11 Kisten mit Büchern
    * Dr. W. Götz: 15 Gestelle mit Insektensammlung
    * Kurtz: 7 Kisten und Pakete mit unbekanntem Inhalt
    * Privatpersonen: größere Anzahl Gemälde, Kisten und Koffer; größere Anzahl von Gemälden, Büchern sowie Privatgut
    * Professor Maier-Leibnitz: 29 Kisten und Pakete mit Akten
    * Württembergisches Staatstheater (Angehörige): mehrere Kisten, Koffer und Pakete mit Privatgut
    * Otto Wennberg: 13 Kisten, 4 Pakete mit unbekanntem Inhalt
- ohne Ortsangabe
    * Privatpersonen: mehrere Kisten und Pakete mit unbekanntem Inhalt; größere Anzahl von Kisten, Koffern und Paketen mit Kleidungsstücken, Wäsche und Hausgeräten

---

[20] Kunsthandlung vom Neumarkt (HELLENKEMPER, Gedächtnisverlust, S. 14).

* Forschungsinstitut für   12 Kisten mit unbekanntem Inhalt
  Kraftfahrwesen und
  Flugzeugmotoren[21]:
* Dr. Wiederhold[22]:   23 Kisten mit unbekanntem
                             Inhalt

e) Erste Auslagerungen

Die Militärregierung hatte am 27. Mai 1945 die beiden Bergwerke unter Vermögenskontrolle gestellt, Major Montgomery die Funktion eines Treuhänders übernommen[23]. In dieser Eigenschaft war ihm auch die Verantwortung für die verlagerten Kunst-, Kultur-, Industrie- und Privatgüter sowie deren Rückführung zugewachsen. Tatsächlich ließ er einige Auslagerungen vornehmen. Mitte Juli wurden Medikamente der Firma C. F. Boehringer & Söhne GmbH (Mannheim) und im August Meßinstrumente der Hauptmessungsabteilung des Württembergischen Innenministeriums und Karten der Württembergischen Geologischen Landesanstalt aus den Bergwerken geholt[24]. Die Überprüfung und Rückführung der Kunst- und Kulturgüter nahm er jedoch nicht in Angriff. Dafür wurden Spezialisten benötigt, die ihm nicht zur Verfügung standen.

---

[21] Dieses Institut gehört zur Technischen Hochschule Stuttgart.
[22] Nach der Kölner Überlieferung handelte es sich insgesamt um 24 Kisten, die verschiedenen Eigentümern gehörten, neben Dr. Konrad Wiederhold z. B. auch dem Kölner Museumsdirektor Dr. Fritz Fremersdorf; vgl. Abschnitt 8 j (Köln).
[23] Vgl. Abschnitt 5 b.
[24] StA Ludwigsburg, EL 402 Heilbronn lfd. Nr. 238, Einlagerungsverzeichnisse für Kochendorf: Aufstellung über Bergungsgüter im Steinsalzbergwerk Kochendorf.

6. Die Arbeit des Kunstschutzstabes (September 1945 bis Juni 1946)

a) Personalia

Zum 1. September 1945 setzten die Amerikaner einen festen Kunstschutzstab für die Bergwerke Heilbronn und Kochendorf ein. Gleichzeitig nahm der 26jährige[1] Dale V. Ford als Spezialist für »Monuments, Fine Arts & Archives« seine Arbeit als Leiter dieses Stabes auf. Einen entsprechenden Befehl hatte das Heidelberger Hauptquartier der 7. Armee im August erteilt[2], weil derartig umfangreiche Kunst-, Kulturgut- und Industrieeinlagerungen wie in Heilbronn und Kochendorf nicht länger von der Zentrale aus betreut werden konnten[3]. Ford gehörte als Leutnant zur Stuttgarter MFA & A Section, die Oberst William W. Dawson als dem Direktor des Office of Military Government Württemberg-Baden unterstand und 1946 zur Economics Division, OMGWB, gehörte[4]. Chef der MFA & A Section war bis Ende 1945 Oberleutnant James J. Rorimer. Unter seiner Leitung agierten zunächst Oberleutnant Otmar Gyodny für Nordwürttemberg (Detachment E1C3) und Hauptmann Leys A. France (Detachment F1E2) im LKB Mannheim als Kunstschutzoffiziere. Ab Mitte Juli 1945 wurde Gyodny von Leutnant Robert A. Koch für Nordwürttemberg abgelöst. Im LKB Karlsruhe nahm Hauptmann William B. van Northwick seinen Dienst auf. Da France zusätzlich die Aufgaben eines »normalen« Offiziers wahrzunehmen hatte, wurde seine Zuständigkeit für den Kunstschutz im LKB Mannheim im Zusammenhang mit der Vereinigung von ganz Nordbaden zu einem Landesbezirk auf Northwick übertragen. Nach Rorimers Rückkehr in die USA zum Jahreswechsel 1945/46 übernahmen dessen Funktionen Koch für Württemberg und Northwick für Baden[5]. Die MFA & A Section beschäftigte 1946 zwei weitere Mitarbeiter im Offiziersrang: neben Leutnant Ford noch Mr. Julius Allen, der für die Library of Congress (Washington) arbeitete. Als Soldaten gehörten Gordon Chadwick,

---

[1] HStA Stuttgart, RG 260 OMGUS, 5/10-1/10 (1 of 5): Operations-Report vom 22. September 1945.
[2] FORD, Monuments, S. 25.
[3] StA Ludwigsburg, EL 402 Heilbronn lfd. Nr. 309: Brief Report on the Heilbronn and Kochendorf Salt Mines.
[4] OMGUS-Handbuch, S. 553. Für 1949 weist das OMGUS-Handbuch, S. 565, nach, daß die MFA & A Section zur Education and Cultural Relations Division, OMGWB, gehörte.
[5] HStA Stuttgart, RG 260 OMGUS 3/408-3/1 (1 fiche): History of OMGWB, B. Monuments, Fine Arts and Archives, as to 30 June 1946, written by OMGUS, Hist. Br. Eine Übersicht über Organisation und Personal des Detachment E-1, Regional MGO vom 19. September 1945 gibt das OMGUS-Handbuch, S. 464.

C. J. Ermatinger und Harry Ettlinger dazu[6]. Im April 1946 wurde Ford zum Oberleutnant befördert[7], Ende Mai kehrten Koch und Chadwick im Rahmen des amerikanischen Personalabbaus in die USA zurück[8], Ettlinger folgte am 27. Juni[9]. Nach dem Weggang von Koch übernahm Ford am 30. Mai dessen Funktion als Leiter der MFA & A Section, führte jedoch gleichzeitig seine Aufgabe in Heilbronn bzw. Kochendorf weiter. Da Ford ab diesem Zeitpunkt seinen Dienstsitz in Stuttgart hatte, war Ettlinger mit der Abwicklung der Heilbronner Geschäfte beauftragt[10].

Die Zuständigkeit der amerikanischen Kunstschutzoffiziere für Heilbronn und Kochendorf endete am 30. Juni[11]. Am 6. August 1946[12] ging Ford, der als »schmaler, rothaariger Mann«[13] geschildert wird, ebenfalls in die USA zurück. Ihm folgte erst im Januar 1947 Hauptmann Edith A. Standen als Leiterin und inzwischen einzige Mitarbeiterin der Stuttgarter MFA & A Section[14]. Ihre Stelle blieb nach ihrem Weggang am 30. August 1947[15] für einige Monate unbesetzt[16].

Dale V. Ford stammte aus Lowell (Michigan) und arbeitete vor seinem Militäreinsatz im Zweiten Weltkrieg im zivilen Leben als Möbel-Kunstzeichner und Kunstzeichenlehrer. Nach seiner Rückkehr in die USA wirkte er von 1946 bis 1952 als Präsident des Kendall College of Art and Design in Grand Rapids (Michigan), einem Zentrum der Möbelindustrie in den USA. Diese Phase seines Wirkens war geprägt von einem Anstieg der Studentenzahlen, einer Ausweitung des Lehrplanes und dem Neubau von Gebäuden. Dann

---

[6] Stand vor April 1946. HStA Stuttgart, RG 260 OMGUS 3/438-1/11 (1 of 2): Monthly Consolidated MFA & A Field Report, March 1946, vom 31. März 1946.

[7] HStA Stuttgart, RG 260 OMGUS 3/438-1/11 (2 of 2): Monthly Consolidated MFA & A Field Report, April 1946, vom 30. April 1946.

[8] HStA Stuttgart, RG 260 OMGUS 3/438-1/11 (2 of 2): Monthly Consolidated MFA & A Field Report, May 1946, vom 31. Mai 1946.

[9] HStA Stuttgart, RG 260 OMGUS 3/438-1/11 (2 of 2): Monthly Consolidated MFA & A Field Report, June 1946, vom 30. Juni 1946.

[10] StA Ludwigsburg, EL 402 Heilbronn lfd. Nr. 238, Heilbronn Büro und Verschiedenes: Bericht der Kriminalpolizei Heilbronn vom 7. Oktober 1946.

[11] HStA Stuttgart, RG 260 OMGUS 3/408-3/1 (1 fiche): History of OMGWB, B. Monuments, Fine Arts and Archives, as to 30 June 1946, written by OMGUS, Hist. Br.; Section III, 2.

[12] StA Ludwigsburg, EL 402 Heilbronn lfd. Nr. 309: Brief Report on the Heilbronn and Kochendorf Salt Mines, S. 4.

[13] Aussagen von Frau Annemarie Griesinger vom 9. August 1995 gegenüber dem Verfasser.

[14] HStA Stuttgart, RG 260 OMGUS 3/438-1/11 (2 fiches): Monthly Consolidated MFA & A Field Report (April, May, June, July 1946); RG 260 OMGUS 3/407-3/1 (1 fiche): One Year History (1 July 1946– 30 June 1947) Monuments, Fine Arts & Archives.

[15] HStA Stuttgart, RG 260 OMGWB 12/50-2/2 (1 of 4): MFA & A Section, Cultural Restitution.

[16] HStA Stuttgart, RG 260 OMGUS 3/408-1/9 (1 of 1): Quarterly History, Rest. Branch, vom 12. April 1948. Vgl. dazu auch OMGUS-Handbuch, S. 567.

wechselte er zur John Widdicomb Company ebenfalls in Grand Rapids[17]. Ford starb im Alter von 60 Jahren am 11. September 1979[18]. Als Unteroffizier stand ihm in seiner Heilbronner Zeit Harry L. Ettlinger zur Seite, Student in Newark (New Jersey). Ettlinger war am 26. Januar 1926 in Karlsruhe geboren. Die Familie (Eltern und drei Söhne jüdischen Glaubens) hatten am 25. September 1938 Deutschland verlassen. Im Jahr 1996 lebte er in New Jersey (USA)[19]. Ettlinger hatte zunächst bei James J. Rorimer gearbeitet und dort viel über Kunstschutz gelernt. Aufgrund dieses Wissens und seiner Deutschkenntnisse wurde er ab dem 12. Oktober 1945 Leutnant Ford nach Heilbronn zugeteilt[20]. Dabei war er 1945/46 u. a. für organisatorische Abläufe zuständig, wie z. B. das Beschaffen und Fahren von Lastwagen und anderen Transportmitteln[21].

Auch deutsche Sachverständige zählten zum Kunstschutzstab von Leutnant Ford. Sie waren als Zivilpersonal von der Militärregierung Heilbronn angestellt worden[22]. Bezahlt wurden sie aus der Heilbronner Stadtkasse[23]. Die deutschen Mitarbeiter mußten selbstverständlich eine saubere politische Vergangenheit nachweisen[24]. Eine Aktennotiz vom August 1947[25] beschreibt, welche Anforderungen an diese »technischen Assistenten« der MFA & A-Offiziere gestellt wurden. Voraussetzung waren gute Englischkenntnisse in Wort und Schrift mit Spezialwissen über kunstgeschichtliches Vokabular. Außerdem galten absolute Zuverlässigkeit und Vertrauenswürdigkeit als unabdingbar. Zusätzlich wurde ein Universitätsabschluß in Kunstgeschichte, möglichst mit Erfahrungen im Bereich Kunst, Museum oder Denkmalpflege, gewünscht. Die Beschäftigten mußten Informationen über entfremdetes Gut aller Art zusammentragen, deren Wichtigkeit beurteilen und darüber schrift-

---

[17] Schreiben des Kendall College of Art & Design (Grand Rapids, USA) vom 10. Juli 1995 an den Verfasser.
[18] Schreiben der Grand Rapids Public Library (Grand Rapids, USA) vom 6. Juli 1995 an den Verfasser (Grand Rapid Press vom 12. September 1979).
[19] Schreiben von Harry L. Ettlinger (Lake Hiawatha, USA) vom 17. September 1995 an den Verfasser.
[20] StA Ludwigsburg, EL 402 Heilbronn lfd. Nr. 238, Heilbronn Büro und Verschiedenes: Bericht von Leutnant Ford vom 12. Oktober 1945 an Montgomery.
[21] Hans-Joachim Meisenburg (Gröbenzell), Fragebogen vom 9. August 1995, Nr. 1 c.
[22] StA Ludwigsburg, EL 402 Heilbronn lfd. Nr. 309: Brief Report on the Heilbronn and Kochendorf Salt Mines, S. 2.
[23] StadtA Heilbronn, Stadtkasse: Gegenbuch 1945, S. 125, 127 usw.; StA Ludwigsburg, EL 402 lfd. Nr. 309: Schreiben der Verlagerungs-Verwaltung in den Salzbergwerken Heilbronn und Kochendorf vom 23. Oktober 1946 an das Amt für Vermögenskontrolle Heilbronn.
[24] HStA Stuttgart, RG 260 OMGUS 3/408-3/1 (1 fiche): History of OMGWB, B. Monuments, Fine Arts and Archives, as to 30 June 1946, written by OMGUS, Hist. Br.; Section II, 2.
[25] HStA Stuttgart, E 61 Bü 500: Aktennotiz »Requirements for Position of Technical Assistant to MFA & A officer« vom 21. August 1947. Es ist anzunehmen, daß entsprechende Anforderungen auch schon direkt nach Kriegsende Gültigkeit besaßen.

liche Berichte erstatten. Dazu waren kunstgeschichtliche Kenntnisse über alle Länder und Epochen ebenso notwendig wie Vertrautheit mit den internationalen Kunstmarkt-Preisen und natürlich auch ein gutes ästhetisches Beurteilungsvermögen. Außerdem mußten die deutschen Mitarbeiter des Kunstschutzstabes Protokolle über entfremdete Kulturgüter, alte Monumente, Kunsthändler, die Ausfuhr von Kunstwerken, Zugangsbücher von Museen und alle deutschen Aktivitäten im Bereich »Monuments, Fine Arts and Archives« erstellen. Diese Arbeit erforderte Kunsthandels-Sachverstand sowie die Fähigkeit, an Informationen zu gelangen und diese in klarer und logischer Form darzustellen. Die technischen Assistenten mußten außerdem die offiziellen Vertreter des Kultusministeriums so beraten, daß Anweisungen der Militärregierung im Bereich MFA & A auch durchgeführt wurden. Für diesen Zweck war Vertrautheit mit der deutschen Archiv- und Museumsorganisation notwendig und persönliche Bekanntschaft mit den handelnden Personen erwünscht. Unter diesen Gesichtspunkten hatte die Heilbronner Militärregierung[26] deutsche Sachverständige ausgewählt. Zum Stab von Ford gehörten der in Neckargemünd wohnhafte Kunsthistoriker Dr. Joachim Seeger (geb. 1903), welcher früher auf dem Gebiet der Kunst in Schleswig-Holstein und in der Mark Brandenburg tätig gewesen war und in Leizpig promoviert hatte[27]. Er war im Dezember 1945 zum Kunstschutzstab gestoßen[28]. Seit September 1945 mit dabei war der Kunsthistoriker Hans Reitberger (geb. 1922) aus Meimsheim. Ihn hatte der Heilbronner Bezirksschulrat Christian Leichtle empfohlen[29]. Als Dolmetscher, Übersetzer und Schreiber englischer Maschinentexte fungierte der in Heilbronn wohnhafte Kaufmann und Jurist Hans-Joachim Meisenburg[30] (geb. 1908). Er war im Juli in Heilbronn aus amerikanischer Kriegsgefangenschaft entlassen worden und hatte zum 1. September seine Stellung beim Kunstschutzstab angetreten[31]. Nachdem Mitte 1946 der amerikanische Kunstschutzstab abgezogen worden war, verließ bald auch Hans Reitberger Heilbronn, ebenso Dr. Seeger mit seiner Familie. Hans-Joachim Meisenburg blieb mit seiner Familie noch bis 1962 in der Stadt[32]. Sie alle

---

[26] Hans-Joachim Meisenburg (Gröbenzell), Fragebogen vom 9. August 1995, Nr. 1 a.
[27] StA Ludwigsburg, EL 402 Heilbronn lfd. Nr. 238, Berichte an MFA & A: MFA & A Collecting Point Report for the Month of December 1945 vom 31. Dezember 1945.
[28] StA Ludwigsburg, EL 402 Heilbronn lfd. Nr. 238, Verschiedenes: Wochenbericht vom 18. Dezember 1945.
[29] StA Ludwigsburg, EL 402 Heilbronn lfd. Nr. 238, Berichte an MFA & A: MFA & A Collecting Point Report for the Month of September 1945 vom 30. September 1945.
[30] Hans-Joachim Meisenburg (Gröbenzell), Fragebogen vom 9. August 1995, Nr. 1 c und d.
[31] StA Ludwigsburg, EL 402 Heilbronn lfd. Nr. 238, Heilbronn Büro und Verschiedenes: Bericht der Kriminalpolizei Heilbronn vom 7. Oktober 1946.
[32] Hans-Joachim Meisenburg (Gröbenzell), Fragebogen vom 9. August 1995, Nr. 3 c.

pflegten während ihrer Arbeit in den Salzwerken ein sehr gutes persönliches Verhältnis und blieben auch noch später untereinander in Kontakt[33].

Als Restaurator stand dem Kunstschutzstab der Kunstmaler Hanns Reeger aus Talheim zur Verfügung, um eventuelle Schäden zu beheben, die durch Feuchtigkeit oder Schimmel entstanden waren. Aufgrund der hervorragenden Lagerungsbedingungen unter Tage kam er jedoch nur ein einziges Mal zum Einsatz[34].

Außerdem wirkten bei der praktischen Durchführung der Auslagerungen Beschäftigte der Salzwerke mit. Für Heilbronn hatte Dr. Bauer alle Geschäfte seitens des Salzwerkes, welche sich im Zusammenhang mit den Einlagerungen ergaben, an Hermann Dietz übertragen[35]. Dieser fungierte als technischer Leiter des Untertagebetriebes und wurde zur allgemeinen Auskunftserteilung über die Einlagerungsverhältnisse unter Tage herangezogen. Er hatte während des Krieges die Einlagerungen ausgeführt und kannte die Objekte sowie deren Besitzer bzw. Beauftragte. Wenn eine Auslagerung aus dem Heilbronner Bergwerk genehmigt war, dann wurde Dietz darüber unterrichtet. Die technische Durchführung der Auslagerung war danach zwischen dem Eigentümer und Dietz zu vereinbaren. Rudolf Rietmaier war als Zimmermann unter Tage und Schachtrevisor »die rechte Hand« von Dietz. Er war persönlich an den Einlagerungen beteiligt gewesen und verfügte über hervorragende Kenntnisse bezüglich des Einlagerungsgutes und der Einlagerungsplätze. Er überwachte und leitete im Auftrag von Dietz die konkreten Auslagerungsarbeiten. Adolph Wacker besaß ebenfalls sehr gute Kenntnisse über die Einlagerungen. Er wurde von Fall zu Fall zur Unterstützung von Rietmaier herangezogen.

In Kochendorf sahen die Verhältnisse ähnlich aus. Steiger Otto-Heinz Peter, der technische Leiter des Untertagebetriebes, hatte die Einlagerungen durchgeführt und kannte deshalb sowohl die Besitzer der Kulturgüter als auch die Vertreter der unter Tage angesiedelten Firmen. Peter wurde über die erfolgte Genehmigung von Auslagerungsanträgen in Kenntnis gesetzt. Er organisierte dann die technische Durchführung. Ihm zur Seite standen die Bergmänner Heinz Martin und Hubert Mühlbeyer. Beide waren persönlich an den Einlagerungen beteiligt gewesen und besaßen hervorragende Kenntnisse über die Einzelobjekte und die Lagerplätze[36].

---

[33] Hans-Joachim Meisenburg (Gröbenzell), Fragebogen vom 9. August 1995, Nr. 5 k und 3 c.
[34] HStA Stuttgart, RG 260 OMGUS 5/10-1/10 (3 of 5): The Unique Problem of Fine Arts and Archives in Heilbronn; vgl. Abschnitt 7 f.
[35] StadtA Heilbronn, Salzwerk Heilbronn 135: Schreiben von Dr. Bauer vom 15. April 1947 an Dr. Wolf-Dietrich Prey.
[36] FORD, Monuments, S. 15-16. Genauere Informationen: StA Ludwigsburg, EL 402 Heilbronn lfd. Nr. 238, Heilbronn Büro und Verschiedenes: Aktennotiz der Verlagerungs-Verwaltung Heilbronn / Kochendorf über Personalangelegenheiten vom 19. September 1946.

b) Organisatorisches

Dem Stab von Leutnant Ford stand in Heilbronn auf dem Salzwerkgelände ein bescheidenes Büro in der Nähe des Schachtes zur Verfügung. Dieses wurde von einem kleinen Kohleofen beheizt, dessen Schornstein durch das Fenster ins Freie führte. Das Mobiliar bestand zunächst aus einem Pult, einem Tisch und vier Stühlen. Mitte Oktober 1945 wurde eine Feld-Telefonverbindung zwischen dem Büro und dem Wachposten installiert[37]. Ende desselben Monats wurde ein Safe zur Aufbewahrung wichtiger Korrespondenz und Museumsberichte aufgestellt[38]. Bald war das Büro voll von Schreibmaschinen, Pulten und Regalen, diese wiederum überfüllt mit Korrespondenz, Berichten, Nachschlagewerken usw. In diesem kleinen Raum wurde oft Besuch empfangen. Kunstschutzoffiziere gingen aus und ein, ebenso amerikanische Armeeangehörige und Zivilisten, Geistliche, Universitätsprofessoren, Museumsdirektoren, Künstler und Vertreter deutscher Firmen, welche Gegenstände eingelagert hatten[39]. Auf der Besucherliste standen neben vielen anderen z. B. Anfang Oktober 1945 Dr. Kurt Martin von der Kunsthalle Karlsruhe[40] und für die französische Regierung Rose Valland aus Paris[41], welche Ende 1944 entscheidende Hinweise über deutsche Kunstdepots an James J. Rorimer gegeben hatte.

Ford und seine Mitarbeiter pendelten ständig zwischen Heilbronn und Kochendorf hin und her[42]. Erst im November 1945 gelang es, auch in Kochendorf ein kleines Büro einzurichten und eine Telefonverbindung nach Heilbronn zu installieren[43].

Bezüglich ihrer inhaltlichen Aufgabe ging es für Leutnant Ford und seinen Stab zuerst darum, sich einen Überblick über das Einlagerungsgut zu verschaffen. Diese Arbeit wurde in Heilbronn im September, in Kochendorf im November erledigt[44]. Die Rückgabe der illegal erworbenen Kulturgüter begann gleichzeitig. Zu diesem Zweck wurden – unter Aufsicht von Harry L. Ettlinger[45] – alle in Heilbronn und Kochendorf eingelagerten Kunst- und Kul-

---

[37] StA Ludwigsburg, EL 402 Heilbronn lfd. Nr. 238, Berichte an MFA & A: Weekly MFA & A Report vom 18. Oktober 1945.
[38] StA Ludwigsburg, EL 402 Heilbronn lfd. Nr. 238, Berichte an MFA & A: Weekly MFA & A Specialist Report vom 29. Oktober 1945.
[39] FORD, Monuments, S. 15-16.
[40] StA Ludwigsburg, EL 402 Heilbronn lfd. Nr. 238, Berichte an MFA & A: Collecting Point Report for the Month of October vom 30. Oktober 1945.
[41] FORD, Monuments, S. 17; StA Ludwigsburg, EL 402 Heilbronn lfd. Nr. 238, Berichte an MFA & A: Weekly MFA & A Specialist Report vom 9. Oktober 1945.
[42] Hans-Joachim Meisenburg (Gröbenzell), Fragebogen vom 9. August 1995, Nr. 2 d.
[43] StA Ludwigsburg, EL 402 Heilbronn lfd. Nr. 238, Verschiedenes: Weekly MFA & A Specialist Report vom 6. November 1945.
[44] FORD, Monuments, S. 16.
[45] StA Ludwigsburg, EL 402 Heilbronn lfd. Nr. 238, Reports: Special Report of the Collecting Point-Repository at the Heilbronn and Kochendorf Salt-Mines vom 15. Februar 1946.

turgegenstände daraufhin untersucht, ob sie seit dem 1. Januar 1938 in den von Deutschen besetzten Ländern durch Plünderung oder Zwangskauf, also illegal, erworben worden waren. Für Gegenstände jüdischen Ursprungs galt der 1. Januar 1933 als Stichtag[46].

Möglich wurden all diese Untersuchungen, weil der Stab in den Bergwerken wichtige Akten über die vollzogenen Einlagerungen gefunden hatte. Von größter Bedeutung war ein Dokument, in welchem der »Treuhänder für Besitztümer der Feinde des Dritten Reiches« 12000 im Elsaß beschlagnahmte Gegenstände verzeichnet hatte[47]. Ebenso kam in Heilbronn eine Liste der Erwerbungen der Kunsthalle Karlsruhe zum Vorschein[48], in Kochendorf ein Verzeichnis des Stuttgarter Altertumsmuseums. Diese Aufstellungen wurden auch anderen Kunsteinlagerungsstellen zur Kenntnis gegeben. Umgekehrt erhielt Ford verschiedene Inhaltsverzeichnisse bzw. Kataloge und Erwerbungsdaten von anderen Museen, z. B. solcher in Mannheim, Köln[49], Krefeld und Stuttgart. Mit Hilfe dieses Materials wurden umfangreiche Listen mit Angaben über die Besitzernationen erstellt, welche wiederum als Grundlage für die Rückgabe dienten[50].

Diese Rückgabe selbst vollzog sich in vier Abschnitten. Zuerst – noch im September 1945[51] – wurden auf Befehl von General Dwight D. Eisenhower die Straßburger Münsterfenster zurücktransportiert[52]. Dies war eine Aktion mit hohem Symbolgehalt. Im zweiten Schritt bereitete der Heilbronner Stab für Oktober 1945 die sogenannte »erste Wiesbadener Sendung« vor, im März 1946 folgte die »zweite Wiesbadener Sendung«. In Wiesbaden befand sich der für Heilbronn und Kochendorf zuständige zentrale Sammelpunkt für die Rückführung von Kunstwerken an die rechtmäßigen Eigentümer[53]. Zwei weitere solcher »Collecting Points« bestanden in Marburg und München[54]. Die Salzwerke Heilbronn und Kochendorf selbst besaßen ihrerseits für das Gebiet von Württemberg-Baden eine Art Collecting Point-Funktion. Hier

---

[46] HStA Stuttgart, RG 260 OMGUS 5/10-1/10 (3 of 5): The Unique Problem of Fine Arts and Archives in Heilbronn.

[47] James J. Rorimer hatte es im September 1945 von Dr. Martin bekommen; vgl. Abschnitte 2 d und 5 c.

[48] HStA Stuttgart, RG 260 OMGWB 12/89-3/13 (6 fiches): List of Fine Arts and Pictures.

[49] Für das Wallraf-Richartz-Museum in Köln wurde im Juli/August 1945 von Otto H. Förster ein 27 Seiten umfassender Bericht über den Ausbau der Gemäldegalerie von 1933 bis 1944 gefertigt; (HStA Stuttgart, RG 260 OMGWB 12/90-1/5 (2 of 2): Der Ausbau der Gemäldegalerie des Wallraf-Richartz-Museums von 1933 bis 1944).

[50] FORD, Monuments, S. 16-17.

[51] StA Ludwigsburg EL 402 Heilbronn lfd. Nr. 238, Berichte an MFA & A: MFA & A Collecting Point Report for the Month of September vom 30. September 1945.

[52] Vgl. Abschnitt 8 m.

[53] Vgl. HERBST, Wiesbadener Collecting Point.

[54] FRIEMUTH, Geraubte Kunst, S. 104. Zum Münchner Collecting Point vgl. BÖHM, München.

wurden die entfremdeten Güter gesammelt und dann nach Wiesbaden geschickt[55].

Ford bezeichnete den Heilbronner und Kochendorfer Collecting Point im Februar 1946 als einen der größten in Deutschland[56]. Immerhin betrug in Heilbronn und in Kochendorf die Fläche für Kulturgüter, Privatbesitz und sonstige Einlagerungen etwa 6400[57] bzw. sogar 8600 qm[58], zusammen also fast 15 000 qm[59].

Während und nach der Abwicklung der »Wiesbadener Sendungen« wurden als dritter Schritt weitere illegale Stücke zurückgegeben[60], nachdem bereits zu Anfang des Jahres 1946 alle während des Zweiten Weltkrieges im Jagstfelder Siedehaus zwischengelagerten Güter in den Raum 7 B des Kochendorfer Bergwerks verbracht worden waren[61].

Parallel zur Auffindung und Rückgabe von illegalem Kulturgut befaßten sich Ford und seine Leute als viertes auch mit den von deutschen Stellen eingelagerten Materialien. Deren Rückführung kam etwa ab April 1946 richtig in Gang[62].

Während der gesamten Kunstauslagerungsaktion wurde seitens der Amerikaner immer auf Sicherheit geachtet. Dies bedeutete dabei einerseits die Sicherstellung der Kulturgüter, andererseits aber auch der Schutz vor Beschädigung oder Diebstahl. Tatsächlich ist es gelungen, Diebstähle weitgehend zu verhindern. Während vor dem Ende des Krieges sich täglich etwa 1000 Menschen unter Tage aufhielten, waren es nach dem Krieg nur etwa 100. Außerdem wurden – zumindest anfänglich – scharfe Sicherheitsmaßnahmen ergriffen. Amerikanisches Personal mußte sich strengen Kontrollen unterziehen, deutsches durfte nur unter amerikanischer Aufsicht einfahren. Die Verantwortlichen ließen Schlösser austauschen und Wachposten aufstellen. Da die Truppen aber sehr oft abgelöst wurden, funktionierte das Wachensystem nicht sehr gut. Es kam vor, daß die amerikanischen Soldaten schon wieder versetzt waren, noch bevor sie richtig über die Wichtigkeit ihrer Aufgabe aufgeklärt werden konnten. Im Lauf der Monate wurden die Sicherheitsvorschriften

---

[55] HStA Stuttgart, RG 260 OMGUS 3/438-1/11 (1 of 2): Monthly Consolidated MFA & A Field Report, March 1946, vom 31. März 1946; (2 of 2): MFA & A Collecting Point Report for the Month of March vom 28. März 1946.
[56] StA Ludwigsburg, EL 402 Heilbronn lfd. Nr. 238, Reports: Special Report of the Collecting Point-Repository at the Heilbronn and Kochendorf Salt-Mines vom 15. Februar 1946.
[57] StA Ludwigsburg, EL 402 Heilbronn lfd. Nr. 238, Einlagerungsverzeichnisse für Heilbronn: Verlagerte Vermögenswerte im Salzwerk Heilbronn.
[58] StA Ludwigsburg, EL 402 Heilbronn lfd. Nr. 238, Einlagerungsverzeichnisse für Kochendorf: Aufstellung über Bergungsgüter im Steinsalzbergwerk Kochendorf.
[59] Vgl. Abschnitte 2 e und 2 f.
[60] FORD, Monuments, S. 18.
[61] StA Ludwigsburg, EL 402 Heilbronn lfd. Nr. 238, Verschiedenes: Bericht von Leutnant Ford vom 5. Februar 1946 über Monuments, Fine Arts & Archives.
[62] FORD, Monuments, S. 25.

dann in dem Maße gelockert, in welchem der Anteil an illegalem Kulturgut zurückging. Ab Mitte Dezember 1945[63] übernahmen deutsche Posten die Wache, bis schließlich alles Wertvolle ausgelagert war. Abgesehen von den Minenarbeitern wurden aber immer alle Personen zweifach kontrolliert. Sie durften nur einfahren, wenn sie einen von Dale V. Ford unterschriebenen Ausweis besaßen[64].

Teile dieser Arbeit des Kunstschutzstabes wurden in einem Farbfilm festgehalten. Oberst Eugene P. Walters hatte einen Film über die Rothschild-Sammlung im Kloster Buxheim bei Memmingen gedreht, es fehlte aber ein überzeugendes Ende. Deshalb ließ er in Kochendorf Auflade- und Verpakkungsszenen aufnehmen[65]. Der Film ist insgesamt 18 Minuten lang und trägt den Titel »Military Government Picture in Colors of the Activities of Detachment G1E2 in Memmingen Bavaria Germany 1945«[66].

Außerdem entstanden zwei Serien von Fotografien. Am 11. Januar 1946 kam Koch zusammen mit der Fotografin Helga Glassner nach Heilbronn und Kochendorf. Sie lichtete u. a. Gemälde, Skulpturen und Original-Noten von Wolfgang Amadeus Mozart und Ludwig van Beethoven ab[67]. Dabei sind etwa zehn Fotos entstanden, welche von den Amerikanern mitsamt den Negativen und allen Rechten aufgekauft worden sind[68]. Am Nachmittag des 3. Mai 1946 fertigte P. F. C. Louis F. Meyer, U.S. Army Signal Corps Photographer, ebenfalls eine Serie von Fotos[69]. Leider sind die Aufnahmen von H. Glassner und von L. Meyer bislang nicht vollständig und auch nur in Reproduktionen greifbar[70].

Ford war sich über die Dimension der Aufgabe seines Stabes bewußt. Unter dem Strich bilanzierte er, daß ab 1943 in Heilbronn und Kochendorf wertvolles Kulturgut in einem solch großen Ausmaß zusammengetragen worden sei, wie das vorher wohl nur selten geschehen sei. Er zählte auf:

»*Tausende von Gemälden, Rembrandts, Renoirs und Grünewald bis zu einer Sammlung von Gemälden von sechs Jahre alten Kindern;*
Madonnen des 14. Jahrhunderts bis zu modernen Akten;

---

[63] StA Ludwigsburg, EL 402 Heilbronn lfd. Nr. 238, Verschiedenes: Bericht von Leutnant Ford vom 18. Dezember 1945 über Monuments, Fine Arts and Archives.

[64] HStA Stuttgart, RG 260 OMGUS 3/438-1/11 (2 of 2): MFA & A Collecting Point Report for the Month of March vom 28. März 1946.

[65] HStA Stuttgart, RG 260 OMGUS 3/438-1/11 (2 of 2): Monthly Consolidated MFA & A Field Report, June 1946, vom 30. Juni 1946.

[66] Das Bundesarchiv Filmarchiv verwahrt eine Schwarz-weiß-Kopie von diesem Film (Schreiben des Bundesarchivs Filmarchiv Berlin vom 18. September 1995 an den Verfasser). Das Stadtarchiv Heilbronn verfügt über eine Video-Kopie.

[67] StA Ludwigsburg, EL 402 Heilbronn lfd. Nr. 238, Verschiedenes: Bericht von Leutnant Ford vom 15. Januar 1946 über Monuments, Fine Arts and Archives.

[68] Telefonische Mitteilung von Frau Helga Schmidt-Glassner, Stuttgart, am 29. Juni 1995 gegenüber dem Verfasser.

[69] StA Ludwigsburg, EL 402 Heilbronn lfd. Nr. 238, Verschiedenes: Schreiben von Leutnant Dale V. Ford vom 6. Mai 1946.

[70] In den National Archives Washington konnten sie nur zum Teil aufgefunden werden.

Alte Manuskripte und u. a. im weiteren Verlauf Originalbriefe von Schiller bis zu Büchern, die von Leuten geschrieben waren, welche Hitler und Rosenberg hießen.

Vorhistorische Knochen und Felsstücke, entomologische und ethnografische Sammlungen, Einschiebegläser, Fotografien, Diapositive verschiedenster Sammlungen.

Ungefähr eine Million Bücher über sämtliche Materien, Kunstgegenstände aus Gold, Silber, Porzellan, Holz und anderen Metallen.

Wertvolle Musikinstrumente und Noten, geschrieben von den Größen der Musik.«[71]

c) Die beiden Wiesbadener Sendungen[72]

Die vom Kunstschutzstab gemachten Aktenfunde gaben Aufschluß darüber, was die Generaldirektion der Oberrheinischen Museen in den Salzbergwerken von Heilbronn und Kochendorf eingelagert hatte. Dazu gehörten insbesondere Materialien der Kunsthalle Karlsruhe, des Landesmuseums Karlsruhe, des Augustinermuseums Freiburg und die Straßburger Münsterfenster. Die weiteren Untersuchungen zeigten, daß von den Beständen der Direktion der Oberrheinischen Museen und der Kunsthalle Karlsruhe mehr als 150 Gemälde und fast 300 grafische Blätter illegal erworben worden waren[73]. Am 11. Oktober 1945 gingen davon 101 Gemälde in 29 Kisten auf vier Lastwagen an die Kunstsammelstelle Wiesbaden. Der mit bewaffneten Sicherheitskräften ausgerüstete Konvoi verließ Heilbronn um 11 Uhr und erreichte sein Ziel ohne Zwischenfälle um 17 Uhr[74].

Im Anschluß daran wurde begonnen, die zweite Wiesbadener Sendung vorzubereiten. Hierfür wurden insbesondere die Krefelder und die Kölner[75] Bestände durchsucht und dabei Gemälde von Auguste Renoir, Gustave Courbet, Claude Monet, Maurice Utrillo und anderen Meistern identifiziert, die 1941 in Frankreich erworben worden waren. Entsprechendes traf auf eine Sammlung (15 Kisten) von Marmor-Aufsätzen, Spiegeln, Vasen und Lampen zu, welche der Kölner Kunsthändler Georg Fahrbach in Frankreich gekauft

---

[71] FORD, Monuments, S. 23-24; Originaltext in englischer Sprache.
[72] FORD, Monuments, S. 18–24.
[73] Ein genaues Verzeichnis dieser Werke – z. B. aus dem ehemaligen Besitz von Siegfried Reiss – ist erhalten geblieben: HStA Stuttgart, RG 260 OMGWB 12/89-3/13 (3 of 6; 4 of 6).
[74] StA Ludwigsburg, EL 402 Heilbronn lfd. Nr. 238, Berichte an MFA & A: Weekly MFA & A Report vom 18. Oktober 1945.
[75] HStA Stuttgart, RG 260 OMGUS 3/438-1/11 (2 of 2): MFA & A Collecting Point Report for the Month of March vom 28. März 1946.

hatte[76]. Als gleichfalls unrechtmäßig wurde eine Kiste mit wertvollen Manuskripten und russischen Ikonen sowie Werke von Guido Reni, Jan Bruegel[77] und Peter Paul Rubens eingestuft.

All dies wurde ebenso Teil der zweiten Wiesbadener Sendung wie eine Sammlung von Barock-Skulpturen und schwäbischen Gemälden aus dem 19. Jahrhundert. Diese war zwar vom württembergischen Gaukulturwart, Dr. Georg Schmückle, rechtmäßig erworben worden, galt nach dem Zweiten Weltkrieg aber mehr oder weniger als unter Vermögenskontrolle stehend. Beigefügt wurden der zweiten Wiesbadener Sendung Gemälde, deren Eigentümer nicht ermittelt werden konnten, sowie die Porzellansammlung des Reichsstatthalters Murr, der ebenfalls hier eingelagert hatte. Später sollte sich herausstellen, daß diese Sammlung jedoch nicht der Reichsstatthalterei, sondern dem württembergischen Staatsministerium gehört hatte[78].

Obwohl der amerikanische Stab bei der ersten Sendung bereits Erfahrungen sammeln konnte, mußte er doch auch bei der zweiten mit beträchtlichen Problemen fertig werden. So dauerte es drei Wochen, bis das notwendige Verpackungsmaterial beschafft werden konnte und die Kunstgegenstände verpackt waren. Schließlich mußte Verpflegung für die Fahrer und die Wachen aus den örtlichen Lagern organisiert und der Transporttermin mit verschiedenen Stellen abgestimmt werden. Sodann waren Sicherheitsmaßnahmen, auch zum Schutz gegen Witterungseinflüsse, erforderlich. Trotz allem ging die zweite Wiesbadener Sendung am 22. März 1946 ab[79]. Sie umfaßte 162 Kisten, die auf zehn Lastwagen transportiert wurden[80].

d) Weitere Rückgabe von illegalem Kulturgut

Abgesehen von den beiden Wiesbadener Sendungen, gab Ford verschiedentlich auch illegal erworbene Kulturgüter direkt an die Eigentümer zurück. So ging im November 1945 ein Transport nach Straßburg. Er bestand aus sechs

---

[76] StA Ludwigsburg, EL 402 Heilbronn lfd. Nr. 238, Reports: Special Report of the Collecting Point-Repository at the Heilbronn und Kochendorf Salt-Mines vom 15. Februar 1946.

[77] Dabei handelte es sich um das Werk »Der Zehentgroschen«, StA Ludwigsburg, EL 402 Heilbronn lfd. Nr. 309: Report of Property Transactions vom 18. Juni 1947.

[78] StA Ludwigsburg, EL 402 Heilbronn lfd. Nr. 309: Schreiben des Staatsministeriums vom 10. Juli 1947 an das Finanzministerium.

[79] Ford, Monuments, S. 20-21; HStA Stuttgart, RG 260 OMGUS 3/438-1/11 (2 of 2): Monthly Consolidated MFA & A Field Report, March 1946, vom 31. März 1946.

[80] HStA Stuttgart, RG 260 OMGUS 3/438-1/11 (2 of 2): MFA & A Collecting Point Report for the Month of March vom 28. März 1946.

Kisten und enthielt z. B. das alte Archiv der Universität Straßburg und Archivalien aus dem 12. und 13. Jahrhundert[81].

Auch konfiszierte jüdische Kunstobjekte, welche in deutsche Sammlungen überführt worden waren, wurden entdeckt, z. B. in den Beständen des Landesmuseums Karlsruhe, der Kunsthalle Karlsruhe (Gemälde von Rubens) und der Universitätsbibliothek Heidelberg (Goldschmidt-Sammlung)[82].

In Heilbronn wurden in den Beständen des Landesmuseums Karlsruhe 45 Goldmünzen aus dem 15. Jahrhundert[83] gefunden, welche ursprünglich zur Münzsammlung der Pariser Nationalbibliothek gehört hatten. Sie wurden im Dezember 1945 dem Chef der französischen Kunstschutzoffiziere, Oberst Boucher, bei einem Besuch in Heilbronn ausgehändigt.

Dr. Seeger entdeckte Manuskripte des Schriftstellers Alfred Mombert[84], welche in die Handschriftenabteilung der Universitätsbibliothek Heidelberg wanderten, und mehr als 550 Bücher, die in der Zeit des Nationalsozialismus verboten und beschlagnahmt worden waren. Auch sie gingen unter der Überschrift »Separata« an die Universitätsbibliothek Heidelberg, weil die früheren Eigentümer nicht ermittelt werden konnten.

Im März und April 1946 wurden die Bücher, welche dem »Institut von Venedig« gehört hatten[85], und die Sammlung von Dr. Berger von Jagstfeld zunächst nach Kochendorf[86] gebracht und dann zur weiteren Untersuchung der

---

[81] FORD, Monuments, S. 21; HStA Stuttgart, RG 260 OMGUS 5/10-1/10 (3 of 5): The Unique Problem of Fine Arts and Archives in Heilbronn; StA Ludwigsburg, EL 402 Heilbronn lfd. Nr. 238, Reports: Special Report of the Collecting Point-Repository at the Heilbronn and Kochendorf Salt-Mines vom 15. Februar 1946.

[82] Victor Goldschmidt (1853–1933) lebte von 1887 bis 1933 als freier Wissenschaftler in Heidelberg (BERDESINSKI, Goldschmidt, S. 506). Er entstammte einer jüdischen Familie (RUUSKANEN, Heidelberger Bergfriedhof, S. 178). Aus den Resten seines Nachlasses erhielt die Heidelberger Universitätsbibliothek im Januar 1943 Kunstgegenstände und 275 Drucke. Nach dem Zweiten Weltkrieg forderten die rechtmäßigen Erben die Bücher zurück. Das Verfahren zog sich bis 1955 hin, weil nur noch schwer rekonstruierbar war, welche Titel im einzelnen ursprünglich zur Goldschmidt-Sammlung gehört hatten (Handbuch, S. 264).

[83] StA Ludwigsburg, EL 402 Heilbronn lfd. Nr. 238, Verschiedenes: Bericht von Leutnant Ford vom 4. Januar 1946 über Monuments, Fine Arts & Archives.

[84] Der jüdische Dichter Alfred Mombert (1872–1942) wurde 1940 deportiert. Seine Bibliothek wurde beschlagnahmt und 1942 an die Universitätsbibliothek Heidelberg verkauft. Nach dem Zweiten Weltkrieg ging sie an die rechtmäßigen Erben zurück. Diese veräußerten die Sammlung im Jahre 1950 an die Badische Landesbibliothek Karlsruhe (Handbuch, S. 264).

[85] HStA Stuttgart, RG 260 OMGUS 3/438-1/11 (2 of 2): MFA & A Collecting Point Report for the Month of March vom 28. März 1946; MFA & A Collecting Point Report for the Month of April vom 30. April 1946.

[86] StA Ludwigsburg, EL 402 Heilbronn lfd. Nr. 238, Reports: Special Report of the Collecting Point-Repository at the Heilbronn and Kochendorf Salt-Mines vom 15. Februar 1946.

Library of Congress-Mission (Frankfurt)[87] übergeben[88]. In diesem Zusammenhang stellte sich heraus, daß angeblich auch eine Richard-Wagner-Totenmaske bei diesem Material in Heilbronn gewesen ist, aber noch vor Kriegsende wohl zum Münchener Führerbau transportiert worden war[89].

Die in Kochendorf untergebrachte Stuttgarter Weltkriegsbücherei wurde im April 1946 in die USA abtransportiert und der Library of Congress einverleibt[90]. Grund dafür war deren militärisch klingender Name. Als das Mißverständnis geklärt war, kehrten die Bände im März 1949 zurück, der Name wurde in »Bibliothek für Zeitgeschichte« geändert[91].

Ebenfalls im April gingen die Blaupausen der französischen Eisenbahnen im Elsaß, welche die Reichsbahndirektion Stuttgart in Heilbronn eingelagert hatte[92], an Frankreich zurück.

Im Mai 1946 wurden ein Gemälde von Jan van Goyen und zwei Ludwigsburger Porzellanfiguren vom Heilbronner Salzbergwerk zum Collecting-Point München geschickt[93]. Anfang Juli 1946 wurde das Material des Kunsthistorischen Instituts Florenz nach Offenbach gebracht[94]. Von dort aus kam es im November 1946 nach Florenz zurück[95].

Um die illegalen Erwerbungen von den legalen Besitzungen unterscheiden zu können, mußten etwa 15 000 Kisten durchsucht werden. Die offen daliegenden Bücher, Archivalien und Kunstgegenstände wurden in weitere 5000 Kisten gepackt[96], so daß es sich insgesamt um 20 000 Kisten handelte. Der Stab arbeitete sich langsam, aber sicher durch die verschiedenen Einlagerungsräume. Er begann mit Karlsruhe und Mannheim im Heilbronner Bergwerk, untersuchte dann Köln (mit Krefeld) in Kochendorf und wandte sich schließlich den Institutionen Stuttgarts zu. Dazwischen wurden die kleineren Lager der anderen Städte geprüft.

---

[87] StA Ludwigsburg, EL 402 Heilbronn lfd. Nr. 238, Heilbronn Büro und Verschiedenes: Brief Report on the Administration of Stored Goods in the Saltmines vom 21. Oktober 1946.

[88] HStA Stuttgart, RG 260 OMGUS 3/438-1/11 (2 of 2): MFA & A Collecting Point Report for the Month of March vom 28. März 1946; MFA & A Collecting Point Report for the Month of April vom 30. April 1946.

[89] FORD, Monuments, S. 23. Ob dies stimmt bzw. um welche der vorhandenen Abgüsse es sich gehandelt hat, ließ sich trotz intensiver Nachforschungen nicht klären.

[90] HStA Stuttgart, RG 260 OMGUS 3/438-1/11 (2 of 2): MFA & A Collecting Point Report for the Month of April vom 30. April 1946.

[91] ROHWER, Weltkriegsbücherei, S. 23, 25.

[92] HStA Stuttgart, RG 260 OMGUS 3/438-1/11 (2 of 2): MFA & A Collecting Point Report for the Month of April vom 30. April 1946.

[93] HStA Stuttgart, RG 260 OMGUS 3/438-1/11 (2 of 2): Monthly Consolidated MFA & A Field Report, May 1946, vom 31. Mai 1946.

[94] StA Ludwigsburg, EL 402 Heilbronn lfd. Nr. 238, Einlagerungsverzeichnisse für Kochendorf: Aufstellung über Bergungsgüter im Steinsalzbergwerk Kochendorf.

[95] Schreiben des Kunsthistorischen Instituts in Florenz vom 9. September 1995 an den Verfasser.

[96] FORD, Monuments, S. 25.

Die Rückgaben von illegalem Kulturgut waren im wesentlichen im Juni 1946 abgeschlossen[97]. Insgesamt handelte es sich um etwa 220 Fälle[98]. Dies entsprach etwa 2% der eingelagerten Kunstwerke[99]. Der Heilbronner Kunstschutzstab hatte zu diesem Zeitpunkt seinen Auftrag erledigt und wurde abgezogen[100].

e) Rückgabe von deutschen Gütern

Die Rückgabe von deutschen Kulturgütern gehörte nicht zu den Kernaufgaben des Kunstschutzstabes. Trotzdem wurde er auch in diese Richtung aktiv. Die Initiative konnte dabei sowohl vom Kunstschutzstab, als auch von den Eigentümern ausgehen[101].

Der Antrag auf Auslagerung mußte beim Stuttgarter Kunstschutzoffizier gestellt werden, also bei Leutnant Koch bzw. ab Mai 1946 bei Oberleutnant Ford[102]. Ihm war insbesondere ein vollständiges und vom Eigentümer unterschriebenes Verzeichnis des Einlagerungsgutes beizugeben[103].

Bei den deutschen Gütern waren verschiedene Kategorien zu unterscheiden: die Kunst- und Haushaltsgegenstände hunderter privater Einlagerer, die Kulturgüter zahlreicher Archive, Museen usw. sowie industrielle Güter.

Als offenbar erste Aktion dieser Art, die Ford vornahm, lagerte er im September und November 1945 die technischen Zeichnungen der Stuttgarter Daimler-Benz AG aus[104]. Mit Blick auf den nahenden Winter betätigten sich Ford und sein Stab bei den deutschen Gütern ansonsten aber zuerst im Bereich der privaten Einlagerer. Bereits bis Mitte Oktober 1945 hatte der Kunstschutzstab die von zahlreichen Bergwerksangestellten eingelagerten persönlichen Besitztümer durchgesehen und einiges davon, insbesondere Winterklei-

---

[97] HStA Stuttgart, RG 260 OMGUS 3/408-3/1 (1 of 1): History of OMGWB, B. Monuments, Fine Arts and Archives, as to 30 June 1946, written by OMGUS, Hist. Br.; Section III, 2.
[98] HStA Stuttgart, RG 260 OMGUS 3/438-1/11 (2 of 2): Monthly Consolidated MFA & A Field Report, February 1946, vom 28. Februar 1946.
[99] HStA Stuttgart, RG 260 OMGUS 3/408-3/1 (1 of 1): History of OMGWB, B. Monuments, Fine Arts and Archives, as to 30 June 1946, written by OMGUS, Hist. Br.; Section III, 2.
[100] Vgl. Abschnitt 6 a.
[101] Hans-Joachim Meisenburg (Gröbenzell), Fragebogen vom 9. August 1995, Nr. 2 c.
[102] HHStA Wiesbaden, Abt. 404 Nr. 1253: Schreiben des Württembergischen Landesamtes für Denkmalpflege vom 15. Dezember 1945 an das Staatsarchiv Wiesbaden.
[103] StadtA Heilbronn, Salzwerk Heilbronn 135: Schreiben von Dr. Hanns Bauer vom 17. Oktober 1945 an Dr. Franz Pflüger.
[104] StA Ludwigsburg, EL 402 Heilbronn lfd. Nr. 238, Einlagerungsverzeichnisse für Kochendorf: Aufstellung über Bergungsgüter im Steinsalzbergwerk Kochendorf.

dung, zurückgegeben[105]. Diese Rückgaben waren im Januar 1946 abgeschlossen[106].

Parallel dazu wurden noch im September 1945 durch Presse und Rundfunk die 240 Stuttgarter Bürger, welche in Heilbronn bzw. Kochendorf eingelagert hatten, aufgefordert, sich zu melden[107] und ihre Ansprüche bis zum 10. Oktober beim Stuttgarter Oberbürgermeister geltend zu machen. Dabei hatten sie schriftlich mitzuteilen, welche Gegenstände eingelagert worden waren, auf wessen Namen die Einlagerung erfolgt war und wer jetzt Eigentumsansprüche auf die Gegenstände erhob[108].

Die Rückgabe allen Privatbesitzes – auch desjenigen der Stuttgarter Bürger – war im April 1946 abgeschlossen[109]. Sie geschah wohlkalkuliert. Die Menschen waren meist dringend auf ihr Hab und Gut angewiesen. Dessen rasche Aushändigung war psychologisch geschickt und steigerte das Ansehen der amerikanischen Regierung[110].

Wahrscheinlich aus einem vergleichbaren Grund waren bereits am 15. Oktober 1945[111] die etwa 20 Musikinstrumente der Werkskapelle[112] mitsamt Notenmaterial aus Kochendorf ausgelagert worden, welche die Staatliche Saline Friedrichshall im eigenen Bergwerk untergebracht hatte. Emil Beutinger nahm diese in seiner Eigenschaft als Landrat am 16. Oktober entgegen[113]. Relativ bald kamen in Heilbronn auch Teile des noch unter Tage befindlichen Eßgeschirrs der I. G. Farben wieder ans Tageslicht. Der Rest wurde im Juni 1946 an Mitarbeiter des Salzwerks und des Verlagerungsbetriebs der I. G. Farben verkauft[114]. Der Preis war sehr niedrig angesetzt, weil das Geschirr an der Unterseite Hakenkreuze trug[115].

Nachdem sich Leutnant Ford einen Überblick über die illegalen Kulturgüter verschafft und mit deren Überführung zum Collecting Point Wiesbaden begonnen hatte, ließ er auch die Rückführung der legalen Kulturmaterialien

---

[105] StA Ludwigsburg, EL 402 Heilbronn lfd. Nr. 238, Berichte an MFA & A: Weekly MFA & A Report vom 22. Oktober 1945.
[106] FORD, Monuments, S. 25.
[107] StA Ludwigsburg, EL 402 Heilbronn lfd. Nr. 238, Berichte an MFA & A: Monthly Consolidated MFA & A Field Report, September 1945, vom 30. September 1945.
[108] Verlagerte Kunstwerke, S. 2.
[109] FORD, Monuments, S. 25.
[110] HStA Stuttgart, RG 260 OMGUS 3/438-1/11 (2 of 2): Monthly Consolidated MFA & A Field Report, April 1946, vom 30. April 1946.
[111] StA Ludwigsburg, EL 402 Heilbronn lfd. Nr. 238, Einlagerungsverzeichnisse für Kochendorf: Aufstellung über Bergungsgüter im Steinsalzbergwerk Kochendorf.
[112] StA Ludwigsburg, EL 402 Heilbronn lfd. Nr. 238, Einlagerungsverzeichnisse für Kochendorf: Short Report vom 15. August 1945, S. 3.
[113] StA Ludwigsburg, EL 402 Heilbronn lfd. Nr. 238, Verschiedenes: Schreiben der Heilbronner Militärregierung vom 16. Oktober 1945 an den Landrat.
[114] StA Ludwigsburg, EL 402 Heilbronn lfd. Nr. 238, Korrespondenz mit Verlagerungsbetrieb der I. G. Farben: Schreiben der I. G. Farbenindustrie AG (Verlagerungsbetrieb Heilbronn) vom 21. Juni 1946 an Harry Ettlinger.
[115] Mitteilung von Frau Margarete Blind vom 28. August 1995 an den Verfasser.

an deutsche Institutionen anlaufen. Dabei wurde sehr genau überlegt, welche Kulturgüter zuerst ausgelagert werden sollten. Ähnlich, wie bei der Rückgabe der Straßburger Münsterfenster, begann man auch beim deutschen Kulturgut mit einer spektakulären Aktion: Am Samstag, dem 23. März 1946, wurde die berühmte Stuppacher Madonna von Grünewald an Pfarrer Paul Rueß (Stuppach) und Landrat Dr. Josef Brönner (Bad Mergentheim) zurückgegeben. Dabei handelte es sich um das wertvollste Einzelstück, das in den beiden Bergwerken eingelagert war. Am Vortag waren Leutnant Ford und Dr. Seeger in den Raum 7 B in Kochendorf eingefahren. Sie hatten das Gemälde sorgfältig geprüft und wieder verpackt. Es war nämlich geöffnet worden, bevor Ford und sein Stab im September 1945 ihre Arbeit aufgenommen hatten[116].

Diese spektakuläre Rückgabeaktion stand in direktem Zusammenhang mit einer internationalen Verstimmung zwischen Amerika und Deutschland. General Lucius D. Clay hatte sich die Zustimmung von Präsident Harry S. Truman dafür geholt, deutsche Kunstwerke in die USA bringen zu lassen. Die Kunstschutzoffiziere erfuhren davon erst Anfang November 1945, und zwar in Form eines militärischen Befehls zur Verschiffung von 202 Kunstwerken vom Wiesbadener Kunstsammelpunkt nach den USA[117]. Kurz darauf versammelten sie sich in Wiesbaden und brachten einen scharf formulierten Protest gegen diesen Befehl zu Papier. Zu den Mitunterzeichnern gehörte Dale V. Ford. Dieser Aufschrei der Kunstschutzoffiziere kam jedoch zu spät, um den Abtransport der Werke zu verhindern. Aber er hat wesentlich dazu beigetragen, daß diese wenige Jahre später vollzählig wieder nach Deutschland zurückgegeben wurden. Zunächst empfanden es jedoch viele Beobachter in Deutschland so, daß die Amerikaner die Gemälde einfach gestohlen hatten. Um diesem Eindruck entgegenzuwirken, wurde nun u. a. die Stuppacher Madonna frühzeitig und medienwirksam zurückgegeben[118].

Die Rückführung von Archivgut hatte in kleinerem Stil bereits im Februar damit begonnen, daß sieben Schachteln des Generallandesarchivs Karlsruhe aus dem Heilbronner Bergwerk zurückgingen[119]. Im April erhielten die Firma Boehringer (Mannheim) 380 Kisten mit medizinischen Büchern, das Mannheimer Nationaltheater 10 Kisten zurück, außerdem wurden die Kölner Standesamtsunterlagen in das Jagstfelder Hotel Bräuninger gebracht, damit im Rahmen der »Vatican-Mission« Todesfälle von DPs erforscht werden konnten[120]. Im April und Mai erfolgte die Rückführung der Heidelberger Universitätsbibliothek – insgesamt etwa 1300 Bücherschachteln und zusätz-

---

[116] HStA Stuttgart, RG 260 OMGUS 3/438-1/11 (2 of 2): MFA & A Collecting Point Report for the Month of March vom 28. März 1946.
[117] Vgl. Abschnitt 3 a.
[118] HStA Stuttgart, RG 260 OMGUS 3/438-1/11 (1 of 2): Monthly Consolidated MFA & A Field Report, March 1946, vom 31. März 1946.
[119] HStA Stuttgart, RG 260 OMGUS 3/438-1/11 (2 of 2): Archival Monthly Report, February, vom 28. Februar 1946.
[120] HStA Stuttgart, RG 260 OMGUS 3/438-1/11 (2 of 2): MFA & A Collecting Point Report for the Month of April vom 30. April 1946.

lich beinahe 300000 unverpackte Bände. Im Mai kamen die Altarfiguren der Heilbronner Kilianskirche nach Öhringen, wo sie bis zum Wiederaufbau der Kilianskirche aufbewahrt werden sollten. Ebenfalls im Mai gingen von Kochendorf an das Ludwigsburger Heimatmuseum und das Ludwigsburger Schloß 20 Kisten, 60 unverpackte Bilder und 12 Barock-Sessel, außerdem 260 Kisten mit Archivmaterial nach Frankfurt a. M. zurück. Die Kunsthalle Karlsruhe begann mit dem Abtransport ihrer Bestände (51 Kisten mit Gemälden und Büchern)[121]. Im Juni beendete die Stadt Mannheim die Rückführung ihrer 2050 Kisten, auch das Schloßmuseum Mannheim erhielt seine 120 Kisten, ebenso gingen Theatermaterialien nach Mannheim und Gerhards Marionetten nach Schwäbisch Hall. Das Innenministerium von Württemberg-Baden bekam sein Kartenmaterial und die Kupferplatten zurück und die Universitätsbibliothek Heidelberg den Rest ihrer Bestände.

Schließlich kam – nach illegalen, privaten und kulturellen Gütern – auch die Auslagerung und Rückführung des Besitzes verschiedener Industriebetriebe in Gang. Dabei besaßen Konstruktions- und Elektrofirmen Vorrang vor dem Bereich Maschinenbau[122]. Es handelte sich einerseits um Material, welches verschiedene Firmen zum Schutz vor Luftangriffen eingelagert hatten. Andererseits befanden sich in den Stollen Güter, welche im Zusammenhang mit den unter Tage geplanten Rüstungsindustrievorhaben dorthin verbracht worden waren. In Kochendorf war insbesondere die Heinkel-Flugzeugmotorenproduktion vertreten[123]. In Heilbronn war in erster Linie die I. G. Farben betroffen, deren Materialienrückführung über eine eigene Organisation abgewickelt wurde. Sie erfolgte durch die »I. G. Farbenindustrie AG in Liquidation«, konkret durch deren »Verlagerungsbetrieb Salzwerk Heilbronn«. Dieser hatte seinen Sitz zunächst im Neckargartacher Gasthaus »Zum Schiff« (Bökkinger Straße 61), später dann auf dem Betriebsgelände des Heilbronner Salzwerkes[124]. Vor Ort in Heilbronn verantwortlich zeichneten Dr. Erwin Rotter bzw. Karl Schneider als dessen ständiger Vertreter bzw. als Treuhänder[125]. Als deutsche Zivilangestellte wirkten z. B. im März 1946 Gretel Bauschert (vh. Blind), Sigrid Fay (vh. Spitschan), Georg Feil, Georg Fick, Georg Heil, Ludwig Hepp, Otto Jung, Hermann Krämer, Otto Kraft, Richard Wenzke und Richard Wolff mit[126]. Später, als die Mitarbeiterzahl schon erheblich reduziert

---

[121] HStA Stuttgart, RG 260 OMGUS 3/438-1/11 (2 of 2): Monthly Consolidated MFA & A Field Report, May 1946, vom 31. Mai 1946.
[122] StA Ludwigsburg, EL 402 Heilbronn lfd. Nr. 238, Verschiedenes: Status of industrial firms, Heilbronn and Kochendorf Salt Mines vom 15. Juni 1946.
[123] Vgl. Abschnitt 9 b.
[124] Aussage von Frau Margarete Blind am 28. August 1995 gegenüber dem Verfasser.
[125] StA Ludwigsburg, EL 402 Heilbronn lfd. Nr. 238, Korrespondenz mit Verlagerungsbetrieb der I. G. Farben: Bescheinigung vom 28. Januar 1946.
[126] StA Ludwigsburg, EL 402 Heilbronn lfd. Nr. 238, Korrespondenz mit Verlagerungsbetrieb der I. G. Farben: Zutrittsgenehmigung für das Salzwerk Heilbronn vom 12. März 1946.

war, stieß Marianne Müller (vh. Landauer) dazu. In der zentralen Abwicklungsstelle der I. G. Farben in Heidelberg war Dr. Wilhelm Hofeditz für Heilbronn verantwortlich[127].

f) Die Salzbergwerke Heilbronn und Kochendorf

Im Mai 1945 setzte die amerikanische Militärregierung den Leiter des Heilbronner Salzwerkes, Dr. Hanns Bauer, auch als kommissarischen Leiter der Staatlichen Saline Friedrichshall ein[128]. Dr. Hanns Bauer ersetzte damit den fast gleichnamigen Dr.-Ing. Ernst Baur, der zu diesem Zeitpunkt 68 Jahre alt war.

Die Wiederherstellung der Saline in Jagstfeld war wegen der relativ leichten Beschädigungen kein großes Problem. Da jedoch die zur Produktion von Siedesalz notwendige Kohle nicht beschafft werden konnte, fiel sie für die Salzgewinnung über Monate aus. Deshalb wurde die Reparatur des Kochendorfer Schachtgebäudes und des Förderturmes rasch vorangetrieben. Sie war am 8. Juni 1945 bereits weitgehend abgeschlossen. Ab diesem Zeitpunkt war eine Einfahrt wieder möglich. Zur Salzherstellung mußte jedoch zumindest ein Teil der neuen Mühle in Betrieb genommen werden[129]. Immerhin konnte die Salzförderung bereits am 11. Juni wieder anlaufen[130]. Zunächst wurden 200 t täglich produziert[131].

Das Salz war überall sehr gefragt, weil es für das Überleben bzw. den wirtschaftlichen Wiederaufbau Deutschlands überaus wichtig war[132]. Die Produktion war stets ausverkauft. Anfragen erhielt die Saline aus verschiedenen Besatzungszonen, es wurden auch Tauschgeschäfte (z. B. Salz gegen Bettfedern) angeboten[133].

---

[127] Auskunft von Frau Marianne Landauer am 8. August 1996 gegenüber dem Verfasser; vgl. auch StA Ludwigsburg, EL 402 Heilbronn lfd. Nr. 238, Korrespondenz mit Verlagerungsbetrieb der I. G. Farben: Schreiben von Dr. Wilhelm Hofeditz vom 27. Mai 1947 an die Verlagerungs-Verwaltung in den Salzbergwerken Heilbronn und Kochendorf.
[128] StadtA Heilbronn, Salzwerk Heilbronn 135: Schreiben von Dr. Hanns Bauer vom 22. Januar 1946 an Otto Schlafke und Salzwerk Heilbronn 100: Schreiben des Finanzministers Dr. Fritz Cahn-Granier vom 1. März 1946 an Dr. Hanns Bauer.
[129] StadtA Heilbronn, Salzwerk Heilbronn 100: Bericht über die Beschädigungen der Werksanlagen sowie deren Wiederaufbau vom 8. Juni 1945; StA Ludwigsburg, EL 402 Heilbronn lfd. Nr. 238, Heilbronn Büro und Verschiedenes: undatierter Notizzettel.
[130] StadtA Heilbronn, Salzwerk Heilbronn 102: Schreiben von Dr. Bauer vom 9. April 1947 an die Spruchkammer; StA Ludwigsburg, EL 402 Heilbronn lfd. Nr. 238, Heilbronn Büro und Verschiedenes: undatierter Notizzettel.
[131] StadtA Heilbronn, Salzwerk Heilbronn 100: Bericht über die Beschädigungen der Werksanlagen sowie den Wiederaufbau vom 8. Juni 1945.
[132] HStA Stuttgart, RG 260 OMGUS 5/10-1/10 (3 of 5): The Unique Problem of Fine Arts and Archives in Heilbronn.
[133] StadtA Heilbronn, Salzwerk Heilbronn 100: Aktennotiz über eine Besprechung am 29. November 1945 im Salzwerk Kochendorf.

In Heilbronn war die Wiederaufnahme der Salzproduktion ebenfalls ein vorrangiges Ziel. Aufgrund einer Genehmigung der amerikanischen Militärregierung von Ende April 1945 erteilte Emil Beutinger als Oberbürgermeister der Stadt Heilbronn dem Salzwerk am 4. September 1945 »in stets widerruflicher Weise« die »Erlaubnis zur Weiterführung des angemeldeten Betriebes«[134]. Die Produktion lief in den letzten Septembertagen an und erreichte in diesem Monat 495 t[135]. Als Ziel galt zunächst die Produktion von 200 t vorzerkleinertem Salz mit der Körnung 0-40 mm pro Tag, also ca. 6000 t pro Monat. Weil aber die Speisesalzherstellung wegen der starken Beschädigung bzw. Zerstörung der entsprechenden Anlage nicht möglich war, wurde anfänglich nur Industriesalz produziert. In Kochendorf konzentrierte man sich dagegen auf Speisesalz[136].

Am 26. April 1946 wurde Salzwerkdirektor Dr. Hanns Bauer gleichzeitig zum Treuhänder ernannt[137]. Er trat mit Wirkung vom 5. November 1946 von diesem Posten wieder zurück, sein Nachfolger wurde Eduard Hilger (Heilbronn)[138]. Die Vermögenskontrolle hatte aber eigentlich nicht der Salzproduktion, sondern den Einlagerungsgütern gegolten. Deshalb mußten das Heilbronner und das Kochendorfer Salzwerk ab Januar 1946 ihre regelmäßigen Finanzberichte nicht mehr der amerikanischen Vermögenskontrolle vorlegen[139]. Aus dem gleichen Grunde wurde Kochendorf am 6. Dezember 1946 aus der Vermögenskontrolle entlassen[140]. Die Vermögensübergabe auf das Unternehmen wurde am 31. Januar 1947 formal vollzogen[141]. Für Heilbronn erfolgte dieser Schritt erst am 23. August 1947, nachdem die Auslagerung der Güter abgeschlossen war. Treuhänder Hilger beendete seine Tätigkeit im September[142]. Die sogenannte »Blocking Control« blieb aber zunächst bestehen[143].

Die von der amerikanischen Militärregierung vorgesehene Kooperation zwischen Heilbronn und Friedrichshall hatte nicht sehr lange Bestand. Insbesondere in Kochendorf fürchteten die Mitarbeiter, in der Konkurrenz mit Heilbronn ins Hintertreffen zu geraten. Zwar warb Dr. Bauer um Vertrauen

---

[134] StadtA Heilbronn, Salzwerk Heilbronn 90: Erlaubnisschein vom 4. September 1945.
[135] StadtA Heilbronn, Salzwerk Heilbronn 100: Aktennotiz von Dr. Bauer vom 20. Februar 1946; StadtA Heilbronn, VR Abgabe 28/89, Ord 1 |21 und |25.
[136] StadtA Heilbronn, Salzwerk Heilbronn 97: Bericht vom 31. August 1945.
[137] StA Ludwigsburg, EL 402 Heilbronn lfd. Nr. 322: Appointment of Property Custodian vom 26. April 1946.
[138] StA Ludwigsburg, EL 402 Heilbronn lfd. Nr. 322: Report of Property Transactions vom 5. November 1946.
[139] StadtA Heilbronn, VR Abgabe 28/89, Ord 1 |19.
[140] StA Ludwigsburg, EL 402 Heilbronn lfd. Nr. 322: Schreiben des Amts für Vermögenskontrolle Heilbronn vom 2. Januar 1947 an das Finanzministerium.
[141] StA Ludwigsburg, EL 402 Heilbronn lfd. Nr. 322: Ser. Nr. XB-1520-1.
[142] StA Ludwigsburg, EL 402 Heilbronn lfd. Nr. 322: Report of Property Transactions vom 11. September 1947.
[143] StA Ludwigsburg, EL 402 Heilbronn lfd. Nr. 322: Schreiben der Salzwerk Heilbronn AG vom 4. Januar 1950 an das Finanzministerium.

und forderte, daß beide Werke in Zukunft eng verbunden ihre Interessen wahrnehmen müßten[144]. Doch damit war der Bergwerkschef seiner Zeit um viele Jahre voraus, denn zu einer Fusion sollte es erst 1971[145] kommen.

Mit Schreiben vom 27. Dezember 1945 kündigte dann auch die Staatliche Saline Friedrichshall den Gemeinschaftsvertrag mit Heilbronn[146]. Zu diesem Zeitpunkt war Dr. Bauer arbeitsunfähig, weil er am 7. November von einem Amerikaner versehentlich in den Bauch geschossen worden war[147] und sich nach etwa einmonatigem Lazarettaufenthalt für einige Wochen an den Bodensee zur Erholung begeben hatte[148].

Sofort nachdem die Verletzung von Dr. Bauer der amerikanischen Militärregierung bekanntgeworden war, beauftragte diese Oberbürgermeister Beutinger mit der vorübergehenden Leitung der Salzwerke Heilbronn und Kochendorf[149]. Beutinger selbst stürzte am 25. Dezember 1945 in Kochendorf eine Kellertreppe hinunter und zog sich verschiedene Verletzungen zu, die ihn ebenfalls für einige Zeit ans Bett fesselten[150].

Das Finanzministerium setzte im Januar 1946 Oberbergrat Peter Thuir, der 1933 von der NSDAP aus dieser Position entlassen worden war[151], wieder als Leiter der Staatlichen Saline Friedrichshall ein. Damit war gleichzeitig auch die entsprechende Beauftragung von Dr. Bauer durch die amerikanische Militärregierung beendet[152]. Die Amerikaner bestanden jedoch weiterhin darauf, daß die beiden Salzwerke ihren wöchentlichen Produktionsbericht gemeinsam vorlegten[153].

g) Befruchtung des Heilbronner Kulturlebens

Parallel zur Auslagerung des Kulturgutes übernahm der Stab – hauptsächlich in den letzten Monaten seiner Arbeitszeit – auch Aufgaben für die kulturelle

---

[144] StadtA Heilbronn, Salzwerk Heilbronn 100: Protokoll der Betriebsratssitzung am 6. September 1945.
[145] Vgl. Abschnitt 1 g.
[146] StadtA Heilbronn, Salzwerk Heilbronn 135: Schreiben von Oberbürgermeister Beutinger vom 30. Dezember 1945 an Dr. Bauer.
[147] StadtA Heilbronn, Salzwerk Heilbronn 135: Schreiben von Dr. Hanns Bauer an Ministerialrat Naumann vom 7. November 1945.
[148] StadtA Heilbronn, Salzwerk Heilbronn 135: Schreiben von Dr. Hanns Bauer vom 27. Februar 1946 an Dr. Franz Nast.
[149] StadtA Heilbronn, VR Abgabe 28/89, Ord 1 |20.
[150] StadtA Heilbronn, Salzwerk Heilbronn 135: Schreiben von Oberbürgermeister Beutinger vom 30. Dezember 1945 an Dr. Bauer.
[151] StA Ludwigsburg, EL 402 Heilbronn lfd. Nr. 238, Eigentum des Salzwerks: Schreiben von Oberbürgermeister Beutinger vom 17. Dezember 1945 an Harry Montgomery.
[152] StadtA Heilbronn, Salzwerk Heilbronn 135: Schreiben von Dr. Hanns Bauer vom 22. Januar 1946 an Otto Schlafke.
[153] StadtA Heilbronn, Salzwerk Heilbronn 100: Aktennotiz von Dr. Bauer vom 20. Februar 1946 .

Szene im Stadt- und Landkreis Heilbronn. So wurde Hans Reitberger Mitte Oktober 1945[154] zum Direktor des Heilbronner Stadtarchivs ernannt[155]. Auf diese Weise wurde seitens des amerikanischen Militärs mit dafür gesorgt, daß die vom Stadtarchiv Heilbronn ausgelagerten Archivalien und die Reste der Sammlungen des Historischen Museums wieder nach Heilbronn zurückkehrten. Außerdem erhielten städtische und kirchliche Stellen Anweisungen und Hilfestellungen zur Sicherung und Wiederherstellung der wenigen in der Stadt übriggebliebenen Kulturdenkmale[156]. Davon profitierten z. B. insbesondere die katholische St.-Peter-und-Paul-Kirche und die evangelische Kilianskirche[157]. So veranlaßten die Amerikaner die Heilbronner Stadtverwaltung, die bei den Angriffen im September bzw. Dezember 1944 leicht beschädigte Kanzel der Kilianskirche mit einer Holzverschalung zu umgeben und damit zu schützen[158].

Die Arbeit des Stabes führte auch zur Gründung einer Zwischenstufe des 1933 aufgelösten und 1950 wiedererstandenen Heilbronner Künstlerbundes. Da der Verkauf von Kunstwerken direkt nach dem Zweiten Weltkrieg generell verboten war[159], mußten sich alle Künstler überprüfen und registrieren lassen. Auch diese Aufgabe oblag Ford und seinen Mitarbeitern. Er führte im März 1946[160] in seinem Büro eine Zusammenkunft durch, erteilte allen »einwandfreien« Künstlern eine Lizenz und regte die Gründung einer Vereinigung aller Heilbronner Künstler an, die am 1. April[161] als Heilbronner Künstlergilde unter Führung von Studienrat Willus Brenner erfolgte[162]. Die Künstlergilde war räumlich auf den Stadt- und den Landkreis Heilbronn begrenzt[163] und ursprünglich als Preiskontrollinstanz unter den Künstlern gedacht. Bereits vom 8. bis 11. Juni 1946 zeigte die Künstlergilde zusammen mit der Volkshochschule eine Ausstellung im Haus »Gutenbergstraße 30«[164]. Beteiligt waren Hanns Reeger (Talheim), Wilhelm Schäffer, Albert Hammel, Bruno Grosse, Peter Jakob Schober (Billensbach), Hugo Stadelmaier, Carl Bertsch, Willus

---

[154] StA Ludwigsburg, EL 402 Heilbronn lfd. Nr. 238, Berichte an MFA & A: Weekly MFA & A Report vom 22. Oktober 1945.
[155] HStA Stuttgart, RG 260 OMGUS 5/10-1/10 (3 of 5): The Unique Problem of Fine Arts and Archives in Heilbronn.
[156] FORD, Monuments, S. 45.
[157] HStA Stuttgart, RG 260 OMGUS 5/10-1/10 (3 of 5): The Unique Problem of Fine Arts and Archives in Heilbronn.
[158] Vgl. Abschnitt 8 c.
[159] Gesetz Nr. 52 vom 1. August 1945; Art. II d.
[160] HStA Stuttgart, RG 260 OMGUS 3/438-1/11 (2 of 2): MFA & A Collecting Point Report for the Month of March vom 28. März 1946.
[161] StA Ludwigsburg, EL 402 Heilbronn lfd. Nr. 238, Heilbronn Büro und Verschiedenes: Bescheinigung vom 1. April 1946.
[162] FORD, Monuments, S. 45; HStA Stuttgart, RG 260 OMGUS 3/438-1/11 (2 of 2): MFA & A Collecting Point Report for the Month of April vom 30. April 1946.
[163] StA Ludwigsburg, EL 402 Heilbronn lfd. Nr. 238, Heilbronn Büro und Verschiedenes: Bescheinigung vom 1. April 1946.
[164] RENZ, Chronik VI, S. 106.

Brenner, Walter Freudenberger (Grantschen), Herbert Buhe und Richard Herda-Vogel[165]. Aus dieser relativ losen Vereinigung wurde am 9. März 1948 eine engere Verbindung unter gleichem Namen geformt. Diese wurde 1950 dem Künstlerbund als eigenständige Sparte eingegliedert[166].

h) Die Heilbronner Kunstausstellungen

Nachdem große Mengen von Kunstschätzen auf den rechtmäßigen Besitzer hin überprüft worden waren, gaben die drei Kunstsammelpunkte in Marburg, Wiesbaden und München die Erlaubnis, einwandfrei deutsches Kulturgut in Ausstellungen zu zeigen, nachdem dieses während der Kriegsjahre in Sicherheit gebracht worden und damit für die Öffentlichkeit unzugänglich gewesen war. So wurden im Haus der Kunst in München bekannte Meisterwerke aus der Alten Pinakothek präsentiert, in Marburg Kunstwerke aus nordwestdeutschen Sammlungen gezeigt und in Wiesbaden bedeutende Stücke von Berliner Museen zur Schau gestellt[167].

Diese Idee griff der Chef der amerikanischen Militärregierung in Heilbronn, Harry Montgomery, auf. Er regte an, daß der amerikanische Kunstschutzstab einige bekannte Meisterwerke, deren Besitzverhältnisse geklärt waren, für Ausstellungszwecke freigeben sollte. Der Kunstschutzstab setzte diese Anregung gerne in die Tat um. Aufgrund der massiven Kriegszerstörungen stand jedoch in Heilbronn dafür kein größerer Ausstellungsraum zur Verfügung. Deshalb entschieden sich die Organisatoren, mehrere kleine Präsentationen zu veranstalten und die Exponate nach thematischen oder historischen Grundsätzen auszuwählen. Partner des Kunstschutzstabes war dabei der Heilbronner Schulrat Christian Leichtle.

Die erste Ausstellung im Rahmen des Zyklus »Geretteter deutscher Kunstbesitz« fand vom 2. bis 4. Februar 1946 statt und wurde im Hause Gutenbergstraße 30 gezeigt. Damit wurde zugleich auch die Heilbronner Volkshochschule wiedereröffnet. Die Ausstellung stand unter der Überschrift »Südwestdeutsche Kunst des 15. Jahrhunderts«. Der Untertitel erklärte »Malerei und Skulptur aus dem schwäbisch-oberrheinischen Raum«. Eröffnet wurde die Schau von Major Mack W. Terry, dem Nachfolger von Montgomery als dem amerikanischen Stadtkommandanten. Er sagte u. a.: »Diese Ausstellung wurde geplant und durchgeführt, um dem kulturellen Leben in Heilbronn zu dienen, und es ist unsere Hoffnung, daß es gelungen ist. Wir haben alles Verständnis dafür, daß der Mensch nicht vom Brot allein leben kann. Wenn diese Ausstellung der Bevölkerung von Heilbronn Freude macht, dann dürfen Sie ähnliche Ausstellungen auch für die Zukunft erwarten.« Im Anschluß daran verlieh Schulrat Christian Leichtle der Freude und Dankbarkeit Ausdruck,

---

[165] Fischer, Ausstellung, S. 2.
[166] Binder; Maisak; Tripps, Künstlerbund, S. 10-12.
[167] Ford, Monuments, S. 42.

daß damit die Volkshochschule »mit ihrem alten ehrenvollen Namen wiedereröffnet« sei. Danach ergriff Leutnant Dale V. Ford das Wort. Er nützte die Gelegenheit, um den Auftrag seines Stabes und damit den Sinn der Kunstschutzidee zu erläutern. Seine Ausführungen gipfelten in folgender Aussage: »Es ist immer unser Prinzip gewesen, künstlerische und historische Wertgegenstände nicht als Kriegsentschädigung zu betrachten.« Zum Abschluß übergab Ministerialrat Heinrich Hassinger vom württemberg-badischen Kultministerium die wiedereröffnete Volkshochschule ihrem früheren Leiter Christian Leichtle[168].

An der Vorbereitung der Ausstellung waren die Zivilangestellten des Heilbronner Kunstschutzstabes wesentlich beteiligt[169]. Dabei wurde am 31. Januar und am 1. Februar auch in der Nacht gearbeitet. Aus diesem Anlaß beschaffte der Kunstschutzstab je sieben Essensrationen für Nachtarbeiter[170]. Die Schau wurde ständig von je zwei Angehörigen der amerikanischen Militärpolizei und der zivilen Polizei bewacht. Ein Restaurator inspizierte die Werke jeden Tag[171].

Die Ausstellung konnte am 2. und 4. Februar von 13 bis 20 Uhr, am 3. Februar von 10 bis 20 Uhr besichtigt werden. Bei einem Eintrittspreis von 1 Mark für Erwachsene und 50 Pfennigen für Jugendliche[172] machten davon über 2000 Personen Gebrauch[173]. Sie sahen 24 Kunstwerke, darunter drei Figuren aus dem Schrein des Hochaltars der Heilbronner Kilianskirche[174].

Bereits vom 16. bis 23. März folgte die zweite Ausstellung. Sie trug den Titel »Meisterbildnisse aus 4 Jahrhunderten«. Über 3000 zahlende Besucher kamen während der Öffnungszeiten täglich von 9 bis 21 Uhr in das Haus Gutenbergstraße 30, um die 37 Werke von Meistern wie Lukas Cranach d. Ä. und Rembrandt[175] zu sehen.

Die dritte Ausstellung zeigte vom 26. April bis zum 2. Mai 70 »Meisterwerke der Grafik«, insbesondere von Rembrandt, Peter Paul Rubens und Albrecht Dürer. 20 Blätter davon stammten aus Karlsruher Beständen[176].

---

[168] Ausstellung Süddeutscher Gotik, S. 9.
[169] StA Ludwigsburg, EL 402 Heilbronn lfd. Nr. 238, Verschiedenes: Bericht von Leutnant Ford vom 29. Januar 1946 über Monuments, Fine Arts and Archives.
[170] StA Ludwigsburg, EL 402 Heilbronn lfd. Nr. 238, Heilbronn Büro und Verschiedenes: Bescheinigung vom 30. Januar 1946.
[171] StA Ludwigsburg, EL 402 Heilbronn lfd. Nr. 238, Verschiedenes: Bericht von Leutnant Ford vom 5. Februar 1946 über Monuments, Fine Arts & Archives.
[172] Geretteter deutscher Kunstbesitz, S. 4.
[173] Ausstellung Süddeutscher Gotik, S. 9.
[174] Vgl. Abschnitt 11. III a.
[175] HStA Stuttgart, RG 260 OMGUS 3/438-1/11 (2 of 2): MFA & A Collecting Point Report for the Month of March, vom 28. März 1946; vgl. Abschnitt 11. III b. Nach Auskunft der Staatsgalerie Stuttgart handelt es sich jedoch nicht um Lukas Cranach d. Ä., sondern um Lukas Cranach d. J.
[176] StA Ludwigsburg, EL 402 Heilbronn lfd. Nr. 238, Laufende Pässe Heilbronn und Kochendorf: Quittung von Schulrat Leichtle vom 26. April 1946; vgl. Abschnitt 11. III c.

Nach diesem einleitenden Dreierzyklus alter Meister trat vom 8. bis 11. Juni die in Gründung befindliche Heilbronner Künstlergilde mit fast 40 Werken verschiedener Kunstrichtungen und Arbeitstechniken an die Öffentlichkeit[177].

Die fünfte Ausstellung widmete sich dem Thema »Moderne Zeichenkunst in Württemberg«. Dabei waren vom 29. bis zum 30. Juni[178] Werke von 25 Künstlern zu sehen, welche die Württembergische Staatsgalerie ausgewählt hatte[179]. Jugendlichen unter 18 Jahren wurde kein Zutritt gewährt[180].

Bei der sechsten Ausstellung (18. bis 25. August) betrachteten mehr als 1200 Besucher geretteten Kunstbesitz insbesondere aus Heilbronner Beständen. Hierbei war die Jugend wieder zugelassen, etwa 250 Interessierte waren bis zu 18 Jahren alt[181]. Von Plastiken verschiedener Jahrhunderte bis hin zu einem Landschaftsbild von Friedrich Salzer reichte die Bandbreite[182]. Die Schau wurde – wie alle vorhergehenden – in der Gutenbergstraße 30 gezeigt. Sie war täglich von 9 bis 20 Uhr geöffnet. Fortlaufend wurden Führungen angeboten[183].

Die siebte Ausstellung setzte das Thema »Geretteter Kunstbesitz aus Heilbronn« fort. Vom 6. bis zum 15. Oktober waren wieder täglich von 9 bis 20 Uhr Ölgemälde, Aquarelle, Zeichnungen, Holzschnitte, Radierungen und Plastiken zu sehen. Es handelte sich um Werke aus Gotik, Renaissance, Barock, Rokoko, Klassizismus und Romantik sowie des 19. und 20. Jahrhundert, z. B. von Auguste Rodin[184].

Die Heilbronner Künstlergilde gestaltete vom 1. bis zum 6. Januar 1947 mit Grafik, Keramik, Stoffen und Gemälden die achte Ausstellung[185]. Diese zog 1050 Besucher an.

Da die drei Ausstellungsräume als Notschulräume für die Mädchen-Oberschule benötigt wurden, konnten die Präsentationen nur während der Ferien stattfinden[186]. Deshalb schloß sich die neunte Ausstellung sofort vom 10. bis zum 12. Januar an. Sie zeigte »Christliche Kunst in Bildern« anhand von Fotos und Reproduktionen[187] aus dem Besitz von Christian Leichtle. Gezeigt wurden Wiedergaben von Meisterwerken deutscher, englischer, niederländischer,

---

[177] FISCHER, Ausstellung, S. 2; RENZ, Chronik VI, S. 106; vgl. Abschnitt 6 g.
[178] V. Kunstausstellung, S. 3.
[179] RENZ, Chronik VI, S. 110-111.
[180] Versammlungs-Kalender, S. 5.
[181] HStA Stuttgart, RG 260 OMGWB 12/88-3/3 (2 of 3): Wochenbericht vom 19. bis 25. August 1946 des Bezirksschulamtes an die Militärregierung.
[182] FISCHER, Kunstbesitz, S. 2.
[183] Volkshochschule, S. 3.
[184] Neue Ausstellung, S. 5.
[185] FISCHER, Gang, S. 5.
[186] HStA Stuttgart, RG 260 OMGWB 12/89-1/15 (4 of 5): Bericht der Volkshochschule Heilbronn über die 8. und 9. Kunstausstellung vom 17. Januar 1947.
[187] FISCHER, Kunst, S. 4.

französischer, spanischer, italienischer und slawischer Meister des 13. bis 16. Jahrhunderts[188].

Die zehnte Kunstausstellung vom 24. bis 31. August 1947 war dem Schaffen des Karlsruher Künstlers Professor Karl Hubbuch gewidmet. Gezeigt wurden Grafik, Aquarelle und politische Zeichnungen[189].

Die elfte und letzte Schau in dieser Reihe trug den Titel »Unser altes Heilbronn«. Vom 24. bis zum 30. März 1948 erinnerten Ölbilder, Aquarelle, Lithographien, Kupferstiche und Zeichnungen an das Heilbronn des 15. bis 19. Jahrhunderts[190].

Insgesamt war der Ausstellungszyklus ein großer Erfolg und ein bedeutender kultureller Akzent in der völlig zerstörten Stadt Heilbronn.

---

[188] HStA Stuttgart, RG 260 OMGWB 12/89-1/15 (4 of 5): Schreiben der Volkshochschule Heilbronn vom 21. Dezember 1946 an die Militärregierung.
[189] HStA Stuttgart, RG 260 OMGWB 12/89-1/13 (2 of 3): Schreiben der Volkshochschule Heilbronn vom 31. Juli 1947 an die Militärregierung.
[190] FISCHER, Heilbronn, S. 4.

7. Die Arbeit der Verlagerungs-Verwaltung (September 1946 bis Dezember 1947)

a) Der Übergang

Seit Mai 1946 hatte Ford seinen Dienstsitz als Leiter der MFA & A Section in Stuttgart, Ettlinger war mit der Abwicklung der Heilbronner Geschäfte betraut. Ettlinger kehrte am 27. Juni 1946 in die USA zurück[1]. In den beiden Tagen zuvor übergab Ettlinger im Auftrag von Oberleutnant Ford und in Übereinstimmung mit Major Mack W. Terry, dem amerikanischen Kommandanten im Stadt- und Landkreis Heilbronn, die Verwaltungsgeschäfte für beide Bergwerke an Hans-Joachim Meisenburg[2]. Dieser stand somit unter der Aufsicht der amerikanischen Militärregierung[3]. Am 3. August, also drei Tage vor seiner Rückkehr in die USA[4], übertrug Ford das in den Bergwerken noch verlagerte Vermögen auf die Property Control Branch, Finance Division, Office of Military Government Wuerttemberg-Baden. Der zuständige Offizier der Vermögenskontrolle im Heilbronner Bezirk war Hauptmann Spencer B. Meredith[5]. Künftig war nur noch dieser berechtigt, Pässe zum Einfahren in die Salzwerke auszustellen[6]. Bereits spätestens am 5. September 1946 war dann Robert M. Cromwell als amerikanischer Offizier für Vermögenskontrolle im Heilbronner Bezirk verantwortlich. Die Pässe mußten also nun von ihm unterschrieben sein[7].

In der Zeit, als die Verwaltungsgeschäfte von Meisenburg geführt wurden, gingen die Auslagerungen weiter. So verließen Kochendorf im Juli die Materialien des Kunsthistorischen Instituts Florenz[8], die Kisten des Staatsarchivs sowie der Landes- und Stadtbibliothek Düsseldorf[9], die Güter des Silcher-

---

[1] Vgl. Abschnitt 6 a.
[2] StA Ludwigsburg, EL 402 Heilbronn lfd. Nr. 238, Heilbronn Büro und Verschiedenes: Bericht der Kriminalpolizei Heilbronn vom 7. Oktober 1946.
[3] StA Ludwigsburg, EL 402 Heilbronn lfd. Nr. 238, Verschiedenes: Status of industrial firms, Heilbronn and Kochendorf Salt Mines vom 15. Juni 1946.
[4] Vgl. Abschnitt 6 a.
[5] StA Ludwigsburg, EL 402 Heilbronn lfd. Nr. 238, Heilbronn Büro und Verschiedenes: Bescheinigung vom 3. August 1946.
[6] StA Ludwigsburg, EL 402 Heilbronn lfd. Nr. 309: Besondere Wachvorschriften vom 12. August 1946.
[7] StA Ludwigsburg, EL 402 Heilbronn lfd. Nr. 238, Heilbronn Büro und Verschiedenes: Besondere Wachvorschriften vom 5. September 1946.
[8] StA Ludwigsburg, EL 402 Heilbronn lfd. Nr. 238, Einlagerungsverzeichnisse für Kochendorf: Aufstellung über Bergungsgüter im Steinsalzbergwerk Kochendorf.
[9] StA Ludwigsburg, EL 402 Heilbronn lfd. Nr. 238, Einlagerungsverzeichnisse für Kochendorf: Aufstellung über Bergungsgüter im Steinsalzbergwerk Kochendorf.

museums Schnait[10] und die Pläne des Bergamts Stuttgart[11]. Ebenfalls noch im Juli wurden die von der Archivberatungsstelle Kiel eingelagerten Materialien aus Schleswig-Holstein aus dem Heilbronner Salzbergwerk herausgebracht[12]. Ende Juli und insbesondere Anfang August folgte das Kölner Einlagerungsgut[13]. Alle diese Aktionen waren noch von der amerikanischen MFA & A Section genehmigt worden. Danach kam die Auslagerung zum Erliegen.

b) Organisatorisches

Nach dem Zweiten Weltkrieg installierte die amerikanische Militärregierung die Property Control. Der Stuttgarter Zentrale schuf ab November 1945 auf Kreisebene 29 Außenstellen. Diese gingen am 1. Juni 1946 förmlich in deutsche Verwaltung (Land Württemberg-Baden, Finanzministerium) über. Dabei wurden die amerikanischen Offiziere meist abgezogen, das deutsche Personal blieb häufig in seiner Position[14]. Auf diese Weise entstanden 29 Ämter für Vermögenskontrolle, die als Unterbehörden der Hauptabteilung VI »gesperrte Vermögen« dem Finanzministerium Württemberg-Baden zugeordnet waren. Am 20. Oktober wurde das noch in den Bergwerken Heilbronn und Kochendorf lagernde Vermögen formal von der amerikanischen Property Control dem Amt für Vermögenskontrolle übergeben[15].

Die Ämter für Vermögenskontrolle hatten zwei verschiedene Aufgabenschwerpunkte: die Rückerstattung von ehemaligem jüdischen Eigentum und die Kontrolle von belastetem Vermögen. Sie setzten für die nach dem Gesetz Nr. 52 unter Vermögenskontrolle stehenden Firmen jeweils einen Treuhänder ein, der als Verbindungsmann zwischen Amt und zu kontrollierender Firma fungierte. Die Ämter existierten im allgemeinen nur wenige Jahre und wurden aufgelöst, als sie ihre Aufgabe erledigt hatten. Im Jahre 1952 erhielt die Oberfinanzdirektion die Zuständigkeit für die Vermögenskontrolle[16].

In Heilbronn gingen die Aufgaben der Property Control Section of the Military Government am 1. Juni 1946 auf das Amt für Vermögenskontrolle (Wil-

---

[10] Heute: Weinstadt-Schnait; StA Ludwigsburg, EL 402 Heilbronn lfd. Nr. 238, Einlagerungsverzeichnisse für Kochendorf: Aufstellung über Bergungsgüter im Steinsalzbergwerk Kochendorf.
[11] StA Ludwigsburg, EL 402 Heilbronn lfd. Nr. 238, Einlagerungsverzeichnisse für Kochendorf: Aufstellung über Bergungsgüter im Steinsalzbergwerk Kochendorf.
[12] KKrA Neumünster, Schriftgut des Kirchenkreises: Schreiben der Landesregierung Schleswig-Holstein (Ministerium für Volksbildung Abt. Allgemeine Kulturpflege) vom 12. Juni 1947.
[13] StA Ludwigsburg, EL 402 Heilbronn lfd. Nr. 238, Einlagerungsverzeichnisse für Kochendorf: Aufstellung über Bergungsgüter im Steinsalzbergwerk Kochendorf.
[14] OMGUS-Handbuch, S. 550.
[15] StA Ludwigsburg, EL 402 Heilbronn lfd. Nr. 309: Sonderprüfung des Amtes für Vermögenskontrolle Heilbronn vom 9. April 1948.
[16] Freundliche Auskunft von Herrn Dr. Rainer Brüning, Staatsarchiv Ludwigsburg, am 24. Juli 1995.

helmstraße 11) über[17], welches von Karl Iwan geleitet wurde. Dieser bestellte mit Wirkung vom 10. September 1946 Dr. Prey zum Treuhänder für die kulturellen Vermögenswerte, die in den Salzbergwerken Heilbronn und Kochendorf eingelagert waren. Die Rückführung der Kulturgüter wurde also als Geschäftsziel einer fiktiven Firma angesehen, welche am 10. September 1946 den Namen Verlagerungs-Verwaltung in den Salzbergwerken Heilbronn und Kochendorf erhielt[18].

Der zum Treuhänder bestellte Jurist und Industriekaufmann Dr. Wolf-Dietrich Prey (geb. 1911) stammte aus Berlin. Nach seiner Entlassung aus amerikanischer Kriegsgefangenschaft kehrte er nicht sofort in seine Heimat zurück, weil er zu diesem Zeitpunkt keine Chance sah, dort eine adäquate Stellung zu finden. Auf der Suche nach einer zeitlich begrenzten Überbrückungstätigkeit kam er 1946 nach Heilbronn[19]. Er arbeitete ab dem 10. September 1946 als Treuhänder für die Kulturgüter in den Salzbergwerken Heilbronn und Kochendorf. Nachdem die Auslagerungen fast vollständig beendet waren, wurde er mit Wirkung vom 30. September 1947 von seiner Treuhänderschaft entbunden. Die Abwicklung seiner Geschäfte erstreckte sich jedoch noch bis zum 31. Dezember 1947[20]. Parallel zu seiner Arbeit in den Salzbergwerken fungierte Dr. Prey vom 22. August 1946 bis zum 15. August 1947 als Treuhänder für die Schuhfabrik Roth & Co. und die Schuhgroßhandlung Gebrüder Roth in Heilbronn. Mit Wirkung vom 5. Februar 1947 wurde er außerdem zum geschäftsführenden Treuhänder der Armaturenfabrik Schneider (Nordheim) bestellt. Diese Aufgabe war am 18. August 1948 beendet[21]. Im November 1948 verließ Dr. Prey die Stadt, um eine leitende Stellung bei den Farbwerken Hoechst zu übernehmen. Seit 1955 lebt er wieder in Berlin[22].

Eine personelle Kontinuität zwischen dem Kunstschutzstab und der Verlagerungs-Verwaltung gab es praktisch nicht. Als Dr. Prey seine Tätigkeit aufnahm, waren die beiden Amerikaner Ford und Ettlinger bereits in ihre Heimat zurückgekehrt, und auch die Kunstsachverständigen Dr. Seeger und Reitberger hatten ihre Arbeit beendet[23]. Die Mitarbeit von Meisenburg endete zum

---

[17] RENZ, Chronik VI, S. 104.
[18] StA Ludwigsburg, EL 402 Heilbronn lfd. Nr. 309: Bericht über die Sonderprüfung des Amts für Vermögenskontrolle Heilbronn vom 9. April 1948.
[19] Schreiben von Dr. Wolf-Dietrich Prey (Berlin) vom 10. September 1995 an den Verfasser.
[20] StA Ludwigsburg, EL 402 Heilbronn lfd. Nr. 309: Bericht über die Sonderprüfung des Amts für Vermögenskontrolle Heilbronn vom 9. April 1948.
[21] Dienstzeugnis des Amts für Vermögenskontrolle Heilbronn vom 31. August 1948 für Dr. Prey. Original im Besitz von Dr. Prey (Berlin), Kopie beim Stadtarchiv Heilbronn.
[22] Schreiben von Dr. Wolf-Dietrich Prey (Berlin) vom 15. August und vom 10. September 1995 an den Verfasser.
[23] StA Ludwigsburg, EL 402 Heilbronn lfd. Nr. 309: Bericht über verlagertes Gut in den Salzbergwerken Heilbronn und Kochendorf vom 21. Januar 1947.

22. Oktober²⁴. Am 9. Oktober 1946 stellte Dr. Prey als Stenotypistin und Kontoristin Annemarie Blinzinger ein. Sie wurde aufgrund ihrer deutschen und englischen Schreibmaschinenkenntnisse vom Arbeitsamt vermittelt. Ihre Aufgabe bestand zunächst in einer grundlegenden Ordnung der Akten, danach im Bearbeiten aller Auslagerungsanträge. Nachdem die Aufgaben der Verlagerungs-Verwaltung im wesentlichen abgewickelt waren, endete ihre Tätigkeit am 30. Juni 1947, sie wechselte dann zum Amt für Vermögenskontrolle über²⁵. Zeitweise arbeitete in der Verlagerungs-Verwaltung auch noch August Eichelmann als Buchhalter mit²⁶. Nach Bedarf standen Dr. Prey von den Salzwerken außerdem zwei Steiger, vier Vertrauensarbeiter sowie Förderpersonal zur Verfügung²⁷. Es handelte sich um dieselben Männer, die schon dem amerikanischen Kunstschutzstab tatkräftig geholfen hatten, also um Hermann Dietz, Rudolf Rietmaier und Adolph Wacker in Heilbronn sowie Otto-Heinz Peter, Heinz Martin und Hubert Mühlbeyer in Kochendorf²⁸. Diese haben den größten Teil der praktischen Arbeiten erledigt.

Die äußeren Bedingungen für die Arbeit von Dr. Prey waren sehr ungünstig. So hatte er z. B. große Schwierigkeiten wegen einer Schreibmaschine²⁹. Trotzdem erfüllte er seinen Auftrag geradlinig, effektiv und mit großer Einsatzfreude.

c) Das Verfahren

Mit dem Dienstantritt von Dr. Prey wurden alle früher genehmigten, aber noch nicht abgewickelten Rückführungen hinfällig³⁰. Während der ersten Monate seiner Tätigkeit mußte er alle ihn erreichenden Anträge auf Auslage-

---

[24] StA Ludwigsburg, EL 402 Heilbronn lfd. Nr. 238, Heilbronn Büro und Verschiedenes: Schreiben von Hans-Joachim Meisenburg vom 9. November 1946 an die Verlagerungs-Verwaltung in den Salzbergwerken Heilbronn und Kochendorf.

[25] Aussage von Frau Annemarie Griesinger, geb. Blinzinger, vom 9. August 1995 gegenüber dem Verfasser; Dienstzeugnis von Dr. Prey für Annemarie Blinzinger vom 1. Juli 1947 (Kopie im Stadtarchiv Heilbronn).

[26] StA Ludwigsburg, EL 402 Heilbronn lfd. Nr. 238, Heilbronn Büro und Verschiedenes: Brief Report on the Administration of the Stored Goods in the Saltmines vom 21. Oktober 1946.

[27] StA Ludwigsburg, EL 402 Heilbronn lfd. Nr. 309: Bericht über verlagertes Gut in den Salzbergwerken Heilbronn und Kochendorf vom 25. Januar 1947.

[28] StA Ludwigsburg, EL 402 Heilbronn lfd. Nr. 238, Heilbronn Büro und Verschiedenes: Aktennotiz der Verlagerungs-Verwaltung Heilbronn / Kochendorf über Personalangelegenheiten vom 19. September 1946, vgl. Abschnitt 6 a.

[29] StA Ludwigsburg, EL 402 Heilbronn lfd. Nr. 238, Korrespondenz mit Verlagerungsbetrieb der I. G. Farben: Schreiben von Dr. Wilhelm Hofeditz vom 27. Mai 1947 an die Verlagerungs-Verwaltung in den Salzbergwerken Heilbronn und Kochendorf.

[30] StadtA Mannheim, Hauptregistratur, Archivalien-Zugang 1955–1964, Nr. 983: Aktennotiz des Städtischen Schloßmuseums Mannheim vom 11. Dezember 1946 über Bergungen im Salzbergwerk Heilbronn.

rungen von der MFA & A Section genehmigen lassen. Da die für Heilbronn und Kochendorf zuständige Stelle in Stuttgart seit dem Weggang von Ford unbesetzt war, hatte er sich an die nächsthöhere Instanz zu wenden. Das war die MFA & A-Dienststelle für die gesamte amerikanische Besatzungszone (OMGUS) mit Dienstsitz in Berlin[31]. Im Januar 1947 wurde Edith A. Standen Nachfolgerin von Ford als Leiterin der Stuttgarter MFA & A Section[32]. Im Monat darauf regelten sie und Dr. Prey das Genehmigungsverfahren für Anträge auf Auslagerungen für Heilbronn und Kochendorf neu.

Grundlage war die Feststellung von Oberleutnant Ford in dessen Abschlußbericht, daß die Durchsuchung der verlagerten Güter nach unrechtmäßigem Besitz abgeschlossen sei. Daraus wurde abgeleitet, daß für die Genehmigung von Auslagerungsanträgen nicht mehr die Zustimmung der MFA & A einzuholen war. Unabhängig davon wurde im Falle von Kunstgegenständen von den Besitzern eine eidesstattliche Erklärung verlangt, daß sich bei den freizugebenden Besitztümern keine Güter befänden, die aus ehemals besetzten oder dem Reich angegliederten Gebieten stammten. Falls dies aber doch der Fall sein sollte, dann waren an Dr. Prey sämtliche Einzelheiten über die Erwerbung mitzuteilen, z. B. Art, Ort und Zeitpunkt der Erwerbung, Preis, Künstler, Titel usw.[33] Dieser unterrichtete die Stuttgarter MFA & A-Abteilung darüber, genehmigte aber auch in diesem Fall selbständig den Auslagerungsantrag[34]. Bei Archivgut wurde auf eine eidesstattliche Erklärung seitens der Antragsteller spätestens ab Februar 1947 verzichtet, weil davon ausgegangen wurde, daß dies kein Beutegut enthalten könne[35]. Dem Antrag auf Auslagerung war außerdem eine Erklärung des jeweils örtlichen Amts für Vermögenskontrolle beizufügen, ob das Vermögen der Kontrolle untersteht. Falls dies der Fall sein sollte, war eine Bescheinigung der zuständigen Spruchkam-

---

[31] StadtA Mannheim, Hauptregistratur, Archivalien-Zugang 1955–1964, Nr. 983: Aktennotiz des Städtischen Schloßmuseums Mannheim vom 11. Dezember 1946 über Bergungen im Salzbergwerk Heilbronn; OMGUS-Handbuch, S. 567.

[32] Vgl. Abschnitt 6 a.

[33] In der Zeit von September 1946 bis Februar 1947 gab es nur einen einzigen solchen Fall. Es handelte sich dabei um das Schiller-Nationalmuseum Marbach a. N., das in Paris gekaufte Manuskripte benannt hatte (StA Ludwigsburg, EL 402 Heilbronn lfd. Nr. 238, Heilbronn Büro und Verschiedenes: Bericht vom 21. Februar 1947 über Cultural Objects in the Salt Mines of Heilbronn and Kochendorf); GLA Karlsruhe, 450/1271: Schreiben von Hauptmann Standen vom 21. Februar 1947 an den Direktor des (General-)Landesarchivs Karlsruhe.

[34] StA Ludwigsburg, EL 402 Heilbronn lfd. Nr. 238, Heilbronn Büro und Verschiedenes: Schreiben von Dr. Prey vom 24. Februar 1947 an das Amt für Vermögenskontrolle Heilbronn; GLA Karlsruhe, 450/1271: Schreiben von Hauptmann Standen vom 21. Februar 1947 an den Direktor des (General-)Landesarchivs Karlsruhe.

[35] HessStA Darmstadt, Dienstregistratur I T 3: Schreiben der Verlagerungs-Verwaltung in den Salzbergwerken Heilbronn und Kochendorf vom 4. März 1947 an das Hessische Staatsarchiv Darmstadt.

mer vorzulegen, ob eine Beschlagnahme von Sachwerten denkbar wäre[36]. Schließlich war dem Antrag eine möglichst genaue Liste der freizugebenden Güter beizugeben. Das gesamte Material mußte zunächst je dreifach in deutscher und englischer Sprache[37], später fünffach in deutscher Sprache[38] an die Verlagerungs-Verwaltung in den Salzbergwerken Heilbronn-Kochendorf gesandt werden. Dr. Prey leitete die Anträge an das Heilbronner Amt für Vermögenskontrolle weiter und erhielt sie nach Prüfung zurück. Er konnte alle Anträge genehmigen, solange das Material innerhalb der amerikanischen Besatzungszone blieb. Diese Einschränkung betraf insbesondere Kulturgut mit Eigentümern in der französischen Besatzungszone[39]. Die Militärregierung nahm ansonsten eigentlich nur noch insofern Einfluß auf die Arbeit von Dr. Prey, als sie auf eine möglichst rasche Räumung der Bergwerke drängte[40].

In der Praxis ging Dr. Prey nach dem Prinzip »first come, first served« vor. Die Auslagerungsanträge wurden also in der Reihenfolge abgewickelt, in welcher sie eintrafen. Ausnahmen gab es bei sehr kleinen Beständen, die leicht ausgelagert werden konnten, oder bei dringend benötigtem Material[41]. Er wartete jedoch nicht passiv auf das Eintreffen von Auslagerungsanträgen, sondern forderte systematisch die Eigentümer per Postkarte mit klaren Worten zur raschen Rückholung der Materialien auf[42]. In Kochendorf war im Winter das Tempo der Auslagerungen allerdings von der Witterung abhängig, da die dortige Förderanlage für den Heraustransport z. B. von schweren Maschinen bei Frost wegen der hohen Gefahr für die Anlage und für das Personal nicht benutzt werden konnte. Nur in Kisten verpacktes Material konnte jederzeit ausgelagert werden, ebenso Gegenstände, für welche die Förderkörbe nicht ausgebaut zu werden brauchten[43]. Wenn ein Auslagerungsantrag ge-

---

[36] HessStA Darmstadt, Dienstregistratur I T 3: Schreiben der Verlagerungs-Verwaltung in den Salzbergwerken Heilbronn und Kochendorf vom 14. Februar 1947 an das Hessische Staatsarchiv Darmstadt.
[37] HStA Stuttgart, E 61 Bü 500 /52.
[38] HHStA Wiesbaden, Abt. 404 Nr. 1253: Schreiben der Verlagerungs-Verwaltung in den Salzbergwerken Heilbronn und Kochendorf vom 5. Februar 1947.
[39] StA Ludwigsburg, EL 402 Heilbronn lfd. Nr. 238, Heilbronn Büro und Verschiedenes: Bericht vom 21. Februar 1947 über Cultural Objects in the Salt Mines of Heilbronn and Kochendorf.
[40] StA Ludwigsburg, EL 402 Heilbronn lfd. Nr. 238, Heilbronn Büro und Verschiedenes: Bericht vom 21. Februar 1947 über Cultural Objects in the Salt Mines of Heilbronn and Kochendorf; GLA Karlsruhe, 450/1271: Schreiben von Hauptmann Standen vom 21. Februar 1947 an den Direktor des (General-)Landesarchivs Karlsruhe.
[41] StA Ludwigsburg, EL 402 Heilbronn lfd. Nr. 238, Heilbronn Büro und Verschiedenes: Bericht vom 21. Februar 1947 über Cultural Objects in the Salt Mines of Heilbronn and Kochendorf.
[42] Z. B. HessStA Darmstadt, Dienstregistratur I T 3: Schreiben der Verlagerungs-Verwaltung in den Salzbergwerken Heilbronn und Kochendorf vom 14. Februar 1947 an das Hessische Staatsarchiv Darmstadt.
[43] StA Ludwigsburg, EL 402 Heilbronn lfd. Nr. 309: Bericht über verlagertes Gut in den Salzbergwerken Heilbronn und Kochendorf vom 25. Januar 1947.

nehmigt war, mußte ein Termin zur Abholung des Materials vereinbart werden. Es konnte immer nur so viel Einlagerungsgut herauftransportiert werden, wie dies der laufende Betrieb des Salzwerkes zuließ. Der Treuhänder und die Bergwerksleitung wünschten, daß der Empfänger oder ein sachkundiger Vertreter[44] bei der Auslagerung anwesend war. Die notwendigen Arbeiten wurden von Salzwerkpersonal oder von Arbeitskräften des Eigentümers[45] vorgenommen[46]. Selbstverständlich hatten die Eigentümer den Rückerhalt ihrer Güter zu quittieren[47].

d) Die Gebühren

Bei der Einlagerung der Materialien im Zweiten Weltkrieg wurde zumindest im Salzbergwerk Heilbronn davon abgesehen, eine Mietgebühr zu erheben, weil es sich um Kunst- und Kulturgüter handelte[48]. Lediglich das Verbringen nach unter Tage wurde berechnet. Während der Zeit, als die Verantwortung der Auslagerung beim amerikanischen Kunstschutzstab lag, wurden ebenfalls nur Kosten in Rechnung gestellt, die für Arbeitskräfte und die Benutzung der Förderanlage beim Auslagern angefallen sind[49]. Weil für die in Kochendorf geborgenen und im Mai 1946 zurückgelangten Akten des Frankfurter Stadtarchivs keine Lagerungskosten erhoben worden waren, überwies die Stadt der »Gefolgschaftskasse« der Salinenbelegschaft am 5. Oktober 1946 RM 1000,– als freiwillige Spende[50].

Mit dem Übergang der Verantwortung auf das deutsche Amt für Vermögenskontrolle bzw. der Einrichtung der Verlagerungs-Verwaltung in den Salzbergwerken Heilbronn und Kochendorf bestimmte der District Property Control Officer Robert M. Cromwell, daß sich die Verlagerungs-Verwaltung selbst zu finanzieren habe. Kosten entstanden durch die Bewachung des Schachtes, die Untersuchung der eingelagerten Güter, Besichtigungen und durch Personalaufwendungen des Salzwerkes und der Verlagerungs-Verwal-

---

[44] HessStA Darmstadt, Dienstregistratur I T 3: Schreiben der Württembergischen Archivdirektion vom 17. April 1947 an das Hessische Staatsarchiv Darmstadt.
[45] HessStA Darmstadt, Dienstregistratur I T 3: Schreiben der Verlagerungs-Verwaltung in den Salzbergwerken Heilbronn und Kochendorf vom 6. Juni 1947 an das Hessische Staatsarchiv Darmstadt.
[46] StadtA Mannheim, Hauptregistratur, Archivalien-Zugang 1955–1964, Nr. 983.
[47] HessStA Darmstadt, Dienstregistratur I T 3: Schreiben der Verlagerungs-Verwaltung in den Salzbergwerken Heilbronn und Kochendorf vom 28. Juni 1947 an das Hessische Staatsarchiv Darmstadt.
[48] StadtA Heilbronn, VR Abgabe 28/89, Ord 1 |13; vgl. Abschnitt 2 e.
[49] NHStA Düsseldorf, Altregistratur BR 2094/301, Bl. 90.
[50] Schreiben des Instituts für Stadtgeschichte Frankfurt a. M. vom 30. Mai und vom 26. Juni 1995 an den Verfasser.

tung[51]. Noch im Oktober 1946 legte Dr. Prey dem Heilbronner Amt für Vermögenskontrolle einen Vorschlag zur Eigenfinanzierung der Verlagerungs-Verwaltung vor. Er ging dabei davon aus, daß mit den Lagergebühren kein Gewinn erzielt werden solle. Außerdem war klar, daß alle Eigentümer, deren Auslagerung bereits abgeschlossen war, die Zahlung ablehnen würden. Darüber hinaus lag es auf der Hand, daß mit fortschreitender Auslagerung der Kreis der Gebührenzahler immer kleiner würde, während sich die Bewachungskosten dagegen aber kaum reduzieren ließen, wenn die Gewähr für die Sicherheit bestehen bleiben solle. Dr. Prey sah es als notwendig an, rückwirkend ab 1. April 1945 – dem Monat der amerikanischen Besetzung – eine monatliche Quadratmetergebühr von RM 0,25 zu erheben. Auf diese Weise wollte er eine finanzielle Reserve für das in Zukunft sich ergebende Defizit schaffen. Das Amt für Vermögenskontrolle stimmte diesem Vorschlag zu[52], wobei festgelegt wurde, daß die Salzwerke Heilbronn bzw. Kochendorf RM 0,10 pro Quadratmeter davon als Unkostenerstattung erhalten sollten. Zwar gingen Ende Dezember 1946 die ersten Gelder ein[53], doch verschiedene Institutionen verweigerten die Begleichung der Rechnung, weil keine diesbezügliche Anordnung der Militärregierung vorlag. In dieser Situation ließ sich Dr. Prey vom Amt für Vermögenskontrolle ausdrücklich anweisen, die Pauschalgebühr in Höhe von RM 0,25 pro qm und Monat zu erheben und außerdem die Einlagerungsgüter so lange zurückhalten zu dürfen, bis die Rechnung bezahlt worden war[54].

Bei der Einrichtung der Verlagerungs-Verwaltung waren die Einlagerungsgüter als »nicht ertragbringend« betrachtet worden, da es sich lediglich um die Verwaltung und Rückgabe von eingelagerten Kulturgütern handelte. Weil aber die Einlagerer Gebühren bezahlen mußten, also Einnahmen erzielt wurden, forderte das Stuttgarter Finanzministerium im März 1947 das Heilbronner Amt für Vermögenskontrolle auf, das Objekt als »sonstig ertragbringend« einzustufen. Diese Änderung wurde am 6. Juni 1947 durchgeführt[55]. Als die Auslagerung und die Arbeit von Dr. Prey beendet waren, wurde das (Rest-)Vermögen wieder als »nicht ertragbringend« bezeichnet[56].

---

[51] GLA Karlsruhe, 450/1271: Schreiben der Verlagerungs-Verwaltung in den Salzbergwerken Heilbronn und Kochendorf vom 26. November 1946 an das Badische Generallandesarchiv Karlsruhe.

[52] StA Ludwigsburg, EL 402 Heilbronn lfd. Nr. 309: Schreiben der Verlagerungs-Verwaltung in den Salzbergwerken Heilbronn und Kochendorf vom 29. Oktober 1946 an das Amt für Vermögenskontrolle (Heilbronn).

[53] StA Ludwigsburg, EL 402 Heilbronn lfd. Nr. 309: Bericht über verlagertes Gut in den Salzbergwerken Heilbronn und Kochendorf vom 25. Januar 1947.

[54] StA Ludwigsburg, EL 402 Heilbronn lfd. Nr. 309: Schreiben der Verlagerungs-Verwaltung in den Salzbergwerken Heilbronn und Kochendorf vom 3. Januar 1946 an das Amt für Vermögenskontrolle (Heilbronn).

[55] StA Ludwigsburg, EL 402 Heilbronn lfd. Nr. 309: Report of Property Transactions vom 6. Juni 1947.

[56] StA Ludwigsburg, EL 402 Heilbronn lfd. Nr. 309: Report of Property Transactions vom 22. Mai 1948.

e) Die Auslagerung

Die ersten Auslagerungen unter der Regie von Dr. Prey galten den Beständen der Staatlichen Kunsthalle Karlsruhe, die ab dem 25. November 1946 (bis zum 26. Februar 1947) zurückgegeben wurden. Im Dezember erhielt das Museum der Stadt Ulm seine Kunstgegenstände zurück, ab Januar (bis April 1947) die Robert Bosch GmbH ihre Akten, Patentschriften und Industriematerialien. Ebenfalls noch im Januar gingen Wollfett und Rizinusöl an die Stuttgarter Firma G. Siegle & Co. GmbH ab. Die Badische Landesbibliothek Karlsruhe wurde von Februar bis April bedient, ebenso das Badische Generallandesarchiv Karlsruhe und die Technische Hochschule Karlsruhe sowie auch die Heilbronner Firma Eugen Weisser & Co. KG. Im Februar erhielten außerdem das Badische Landesmuseum Karlsruhe, das Stadtarchiv Schwäbisch Gmünd, die Evangelischen Kirchengemeinden Winnenden und Schwäbisch Hall sowie die Firmen Noleiko (Hamburg-Altona), Baier & Schneider (Heilbronn) und Bernhard Pfeifer & Söhne (Heilbronn) ihr Gut zurück. Im März folgten das Schiller-Nationalmuseum Marbach a. N., das Staatsarchiv Wiesbaden, das Hauptstaatsarchiv Stuttgart, das Staatsarchiv Ludwigsburg, das Staatsministerium Stuttgart, das Landesgewerbemuseum Stuttgart sowie die Firmen F. C. Weipert (Heilbronn), Karosseriewerke Drauz (Heilbronn) und die Karosseriewerke Weinsberg GmbH (Weinsberg). Im März begannen auch noch die Auslagerungen der Württembergischen Staatsgalerie Stuttgart und der Städtischen Musikhochschule Mannheim. Im April folgten insbesondere die Evangelische Gedächtniskirchengemeinde Stuttgart, der Deutsche Scheffelbund Karlsruhe und Teile des Besitzes der Stadtverwaltung Ludwigshafen. Im Zeitraum April/Mai lagerten die Siemens-Schuckertwerke AG (Stuttgart) und aus Mannheim die Städtische Kunsthalle und die Feststellungsbehörde aus. Im Mai schließlich waren aus Stuttgart die Württembergische Landesbibliothek, die Württembergische Naturaliensammlung, das Linden-Museum und die Technische Hochschule an der Reihe. Außerdem erhielt die Evangelische Kirchengemeinde Schwieberdingen ihre Kreuzigungsgruppe zurück. Im Juni wurden noch die Besitzungen des Württembergischen Landesmuseums Stuttgart sowie in Darmstadt der Technischen Hochschule, der Hessischen Landesbibliothek und des Schloßmuseums auf den Heimweg geschickt[57].

Im Mai war das Heilbronner, im Juni das Kochendorfer Bergwerk geräumt[58]. Die Einlagerungsgüter, deren Besitzer in der französischen Besatzungszone lebten, waren in den Heilbronner Bunker »Bruckmann« zusammengezogen worden. Sie wurden wohl am 19. Juni der Aufsicht der Stuttgarter MFA & A Section zurückunterstellt. Neben dem Eigentum von zwei Privatpersonen handelte es sich dabei um das Material der Stadt Ludwigshafen,

---

[57] Für die Einzelnachweise vgl. Abschnitt 11. IV.
[58] StA Ludwigsburg, EL 402 Heilbronn lfd. Nr. 309: Bericht über die Sonderprüfung des Amts für Vermögenskontrolle Heilbronn vom 9. April 1948.

der Universität Tübingen und des Altertumsmuseums Saarbrücken[59]. Das Tübinger Material verließ ab dem 10. November 1947 das Bergwerk, gelangte aber erst 1949 an seinen Bestimmungsort zurück[60].

Am 28. Mai 1947 war in Heilbronn die letzte offizielle Auslagerung erfolgt, am folgenden Tag führte Dr. Prey eine Schlußbesichtigung durch. Alle Lagerplätze waren vollständig leer, bis auf die Holzbohlen, mit denen die Kistenstapel gegen Feuchtigkeit von unten isoliert waren. Außerdem waren die für die Einlagerung eingebauten Wände und Türen noch da, ebenso einige elektrische Leitungen. Das Salzwerk vertrat den Standpunkt, daß alles, was zurückgeblieben war, in sein Eigentum übergegangen sei. Es betrachtete insbesondere das Holz als Gegenleistung für seine umfangreichen kostenlosen Aktivitäten während der Einlagerungszeit, z. B. für das Freimachen der Abbaukammern, für das Verlegen von Gleisen und für Transportarbeiten. Diese Auffassung wurde von allen Einlagerern mit Ausnahme des Generallandesarchivs Karlsruhe anerkannt[61]. Karlsruhe konnte nachweisen, daß es das Holz bei der Einlagerung tatsächlich bezahlt hatte[62]. Es wollte nun dieses Holz für die Aufrichtung des Daches eines Gebäudeteils verwenden, der im Krieg zerstört worden war[63]. Außerdem war das Archiv verärgert über die Tatsache, daß ohne vorherige Verabredung Miete verlangt worden war, was in keinem der anderen Depots geschehen sei[64]. Das Salzwerk machte dagegen geltend, mit allen Einlagerern verabredet zu haben, daß das Hilfsmaterial in das Eigentum des Salzwerkes übergehe. Darüber hinaus seien die Bohlen »ramponiert, vernagelt und zersägt«, also für eine Dachkonstruktion keinesfalls brauchbar. Schließlich wurde der Streit vor den Präsidenten des Landesbezirks Baden im Land Württemberg-Baden, Dr. Heinrich Köhler, getragen. Dieser teilte am 13. Juni 1947 dem Salzwerk mit, daß es nach seiner Ansicht die 100 Hölzer herauszugeben habe. Als Aufsichtsratsmitglied der Salzwerk AG regte er deshalb an, dem Wunsch des Generallandesarchivs zu entsprechen[65]. Dies geschah dann Anfang Juli 1947[66]. Der heute skurril anmutende Streit wirft ein helles Schlaglicht auf die Not und Materialknappheit der unmittelbaren Nachkriegszeit.

---

[59] StA Ludwigsburg, EL 402 Heilbronn lfd. Nr. 238, Heilbronn Büro und Verschiedenes: Bericht von Dr. Prey vom 19. Juni 1947 an Hauptmann Standen.

[60] Vgl. Abschnitt 8 d.

[61] StA Ludwigsburg, EL 402 Heilbronn lfd. Nr. 309: Bericht über die Beendigung der Auslagerungen aus dem Salzwerk Heilbronn vom 2. Juni 1947.

[62] GLA Karlsruhe 450/1271: Schreiben (mit Anlage) des Generallandesarchivs Karlsruhe vom 4. Juni 1947 an die Militärregierung Württemberg-Baden (Stuttgart).

[63] GLA Karlsruhe 450/1271: Schreiben des Generallandesarchivs Karlsruhe vom 26. April 1947 an die Verlagerungsverwaltung im Salzwerk Heilbronn.

[64] GLA Karlsruhe 450/1271: Schreiben des Generallandesarchivs Karlsruhe vom 26. August 1947 an Finanzminister Dr. Heinrich Köhler.

[65] GLA Karlsruhe 450/1271: Schreiben des Präsidenten des Landesbezirks Baden im Land Württemberg-Baden vom 13. Juni 1947 an die Direktion der Salzwerke Heilbronn AG.

[66] GLA Karlsruhe 450/1271: Schreiben des Generallandesarchivs Karlsruhe vom 4. Juli 1947 an den Finanzminister und Präsidenten Dr. Heinrich Köhler.

f) Der Erhaltungszustand

Der Erhaltungszustand der in beiden Salzbergwerken eingelagerten Kunstgegenstände war nahezu perfekt. So mußte von den Tausenden eingelagerter Gemälde nur ein einziges restauriert werden. Es handelte sich um das Werk »Duckride« des holländischen Malers Gael[67] aus dem 17. Jahrhundert, um welches sich der Restaurator, der Kunstmaler Hanns Reeger aus Talheim, annahm[68]. Auch das in Heilbronn eindringende Wasser verursachte keine Schäden an den Kunstschätzen. Lediglich einzelne Schachteln, die insbesondere Privatleute zu nahe an der tiefsten Stelle des Schachts untergebracht hatten, wurden später von Salz durchsetzt aufgefunden. Allerdings wurden 39 Kisten des Stadtarchivs Ludwigshafen von Salzwasser durchfeuchtet[69], nicht jedoch zerstört[70]. Sie waren sehr spät – im September/Oktober 1944 – eingelagert worden und hatten deshalb keinen guten Platz mehr gefunden. Außerdem klagte Berthold Cassedanne, der 1. Konzertmeister am Nationaltheater Mannheim, im Dezember 1947 darüber, daß eine Stradivari-Geige während der Auslagerung im Heilbronner Salzbergwerk gelitten habe[71]. In schlechtem Zustand befand sich auch das Material aus Venedig. Einige Kisten seien beraubt gewesen, Bücher hatten zum Teil auf dem Fußboden verstreut gelegen. Diese Güter waren jedoch bei ihrer Anlieferung im August 1944 weder in Heilbronn noch in Kochendorf eingelagert, sondern im Siedehaus Jagstfeld deponiert worden[72]. Bei den Kunstwerken des Braith-Mali-Museums in Biberach an der Riß wird sogar davon gesprochen, daß »alle restauriert« werden mußten, »weil sie Schaden gelitten haben«. Diese Werke sind aber nach der Auslagerung aus Kochendorf zunächst noch zwischengelagert und erst Anfang 1949 zurücktransportiert worden[73]. Wahrscheinlich sind diese Schäden erst nach dem Aufenthalt in Kochendorf entstanden.

Insgesamt waren also keine nennenswerten Kriegsschäden zu verzeichnen. Trotzdem waren auch Nachteile mit den Einlagerungen in Kochendorf und

---

[67] Es konnte leider nicht identifiziert werden, um welches Mitglied der Familie es sich handelte.
[68] HStA Stuttgart, RG 260 OMGUS 5/10-1/10 (3 of 5): The Unique Problem of Fine Arts and Archives in Heilbronn. Das Werk wurde am 9. November 1945 ausgelagert, Reeger gab es restauriert am 6. Dezember 1945 an Dale V. Ford zurück (StA Ludwigsburg, EL 402 Heilbronn lfd. Nr. 238, Laufende Pässe Heilbronn und Kochendorf: Bescheinigung vom 10. Dezember 1945 bzw. Verschiedenes: Notiz vom 9. November 1945 über Transfers of Paintings.
[69] HStA Stuttgart, RG 260 OMGUS 3/438-1/11 (2 of 2): Monthly Consolidated MFA & A Field Report vom 11. August 1947.
[70] Schreiben des Stadtarchivs Ludwigshafen vom 8. Juni 1995 an den Verfasser.
[71] StadtA Mannheim, Kulturamt, Archivalien-Zugang 9/1978, Nr. 320: Schreiben von Konzertmeister Berthold Cassedanne vom 14. Dezember 1947.
[72] StA Ludwigsburg, EL 402 Heilbronn lfd. Nr. 238, Berichte an MFA & A: MFA & A Collecting Point Report for the Month of November vom 30. November 1945.
[73] Schreiben des Braith-Mali-Museums (Biberach an der Riß) vom 20. September 1995 an den Verfasser.

insbesondere in Heilbronn verbunden. Denn die Amerikaner hatten die Güter bei Kriegsende dort sofort beschlagnahmt bzw. eine Sperre über sie verhängt. Die Rückführung der Materialien begann deshalb spät, dauerte lange und war zum Teil mit erheblichem bürokratischen Aufwand verbunden. Um die Dutzende kleiner Depots in Schlössern, Felskellern, Dorfkirchen usw. kümmerten sich die Amerikaner im Gegensatz zu den Bergwerken schon aus Personalmangel überhaupt nicht. Hier lief die Rückführung wesentlich schneller und einfacher ab – wenn das Material nicht im Krieg vernichtet worden war.

Geringe Verluste sind im Bergwerk Heilbronn durch Diebstahl aufgetreten. Verstärkt ab der Zeit um Weihnachten 1944 ist in den Quellen von Einbrüchen unter Tage die Rede. In der Nacht vom 23. auf 24. Dezember 1944 wurde z. B. ein Warenlager der Firma Tengelmann aufgebrochen und nach und nach ausgeraubt. Insbesondere handelte es sich um Wein, Spirituosen usw. Offenbar haben die Wachmannschaften diese Diebstähle nicht verhindert bzw. sogar beinahe organisiert[74].

Um die Jahreswende 1944/45 wurde der Lagerraum der Stadt Mannheim aufgebrochen, am 9. Januar 1945 wurde Entsprechendes für die Kunsthalle Karlsruhe entdeckt, Gleiches galt für die Firma Boehringer bzw. deren Chininvorräte[75]. Als nächstes wurden in der Nacht vom 17. auf 18. Januar 1945 alle Sprengstoffkisten aufgebrochen, sie konnten nicht mehr verschlossen werden, da keine intakten Schlösser aufzutreiben waren. Außerdem wurde die sogenannte »Brand-Reserve«, also wichtigste und unersetzbare Arzneimittel z. B. der Firma Knoll und der Firma Boehringer & Söhne, ebenso geplündert wie der Silbervorrat der Firma Bruckmann[76]. Dieser war Bruckmann nach der Umstellung auf Kriegsproduktion noch verblieben und ins Salzwerk gebracht worden.

Im März waren in Heilbronn fast alle Lagerräume aufgebrochen. Die Salzwerkdirektion informierte die Eigentümer. Besonders genau sind wir z. B. über den Einlagerungsraum der Stadt Mannheim unterrichtet. Ende Februar 1945 kam ein vom Oberbürgermeister der Stadt Mannheim beauftragter Handwerksmeister nach Heilbronn. Er versah den Lagerraum mit neuen Schlössern und nagelte die aufgebrochenen Kisten und Behälter zu. Es waren sehr viele Behälter geöffnet gewesen, einige Musikinstrumente – eingelagert von der Musikhochschule Mannheim – waren aus ihren Kästen herausgerissen und zum Teil beschädigt. Die großen Schließkörbe mit Theaterrequisiten und Garderobe waren aufgeschnitten, umgestülpt und durchwühlt. Zahlreiche

---

[74] In einem Bericht vom 28. Dezember 1944 wird festgehalten, daß ein »sog. Capo mittels Nachschlüssels oder Dietrichs [den Lagerraum] geöffnet [habe], die Beraubung also sozusagen in ›wohlorganisierter‹ Weise vor sich« gehe. StadtA Heilbronn, Salzwerk 95: Bericht von Hermann Dietz vom 28. Dezember 1944.

[75] StadtA Heilbronn, Salzwerk Heilbronn 95: Weiterer Bericht über die Einbrüche durch KZ-Sträflinge vom 10. Januar 1945.

[76] StadtA Heilbronn, Salzwerk Heilbronn 95: Schreiben des Salzwerks Heilbronn vom 25. Januar 1945 an die Bauleitung der OT in Heilbronn-Neckargartach.

Porzellan- und Terrakotta-Gegenstände, Zinnkrüge usw. des Schloßmuseums waren entwendet[77].

Auch der Raum der Stadt Stuttgart war durch mehrere Einbrüche in Mitleidenschaft gezogen worden. Die Behältnisse waren ausgeleert und die wertvollen Kunstgüter auf den Boden geworfen, Bilder entrahmt und zerschnitten worden. Allerdings sei die Einlagerung durch die Stadt Stuttgart »salopp und wenig verantwortungsvoll« erfolgt. In diesem Zusammenhang sind möglicherweise auch verschiedene Erinnerungsstücke, Pokale, Briefe und Luftpost-Ehrenzeichen des 1886 in Heilbronn geborenen Flugpioniers Hellmuth Hirth abhanden gekommen. Diese wurden – angeblich – 1945 im Heilbronner Salzbergwerk entwendet und kehrten 1965 in den Besitz der in Stuttgart ansässigen Familie Hirth zurück[78]. Denkbar wäre es aber ebenso, daß die Stücke aus dem Besitz von Hellmuth Hirth über die Aktivitäten des Hirth-Motorenwerks der Ernst Heinkel AG ins Kochendorfer Bergwerk eingelagert worden[79] und dort abhanden gekommen sind.

Natürlich stellt sich die Frage, wer vor Kriegsende die Diebstähle im Heilbronner Bergwerk verübt hat. Schon im März 1945, also noch vor Kriegsende, wird die Vermutung geäußert, daß es nicht die KZ-Häftlinge gewesen sein können, die dort unter Tage arbeiten mußten. Denn diese hätten an den Wachen vorbei die Lagerräume betreten müssen und wegen der ständigen Kontrollen auch kaum die Möglichkeit gehabt, die Beute ans Tageslicht hinaufzuschaffen. Außerdem wurden in den durchwühlten Lagerräumen Frühstückspapier und Schalen gekochter Eier gefunden, was die Gefangenen nicht zur Verfügung hatten.

Trotz der erwähnten einzelnen Diebstahls-, Verlust- oder Beschädigungsfälle haben sich die beiden Bergwerke, insgesamt gesehen, als hervorragende Einlagerungsplätze bewährt. Fast alle Einlagerer bestätigten bei der Rückgabe den ausgezeichneten Zustand ihrer Materialien. Als beispielhafter Beleg hierfür sei die Einschätzung der Hessischen Landesbibliothek Darmstadt angeführt. Deren Bücher kamen im Juni 1947 aus Kochendorf zurück, der Aufbewahrungsort wurde als vollkommen trocken und daher als optimal bezeichnet[80]. Auf jeden Fall war der Erhaltungszustand viel besser als z. B. in einigen Schlössern, wo Mäusefraß und Feuchtigkeit zu Problemen führten[81].

---

[77] StadtA Heilbronn, Salzwerk Heilbronn 95: Meldung von Hermann Dietz vom 10. März 1945 an die Direktion des Salzwerks Heilbronn.
[78] Fliegerehrenzeichen, S. 139; Pokale, S. 9.
[79] Vgl. Abschnitt 11. IV.
[80] Schreiben der Hessischen Landes- und Hochschulbibliothek Darmstadt vom 28. Juni 1995 an den Verfasser.
[81] LEYH, Bibliotheken, S. 121.

8. Beispiele

a) Hauptstaatsarchiv Stuttgart und Staatsarchiv Ludwigsburg (ab 24. Juli 1942)[1]

Offenbar früher als alle seine Kollegen hatte der Direktor der Württembergischen Archivdirektion, Dr. Hermann Haering, die besondere Eignung von Salzbergwerken als Auslagerungsort für Archivalien erkannt und dasjenige in Kochendorf ausgewählt. Am Freitag, dem 24. Juli 1942, schickte nach einigen Vorverhandlungen Dr. Ernst Baur als Vorstand der Staatlichen Saline Friedrichshall etwa um 8 Uhr morgens zwei Lastwagen zum Ludwigsburger Schloß. Es waren 139 Kisten[2] (84 cm lang, 57 cm breit, 43 cm hoch) mit Archivalien aus Stuttgart und Ludwigsburg abzuholen. Die beiden Fahrzeuge trafen um 10 Uhr ein und wurden von vier dafür bestellten Soldaten beladen. Um 14 Uhr kamen sie zum zweiten Mal, kurz nach 15 Uhr war der Abtransport abgeschlossen[3]. Bereits am 2. September trat Dr. Haering erneut mit dem Wunsch an Kochendorf heran, weitere Bestände dorthin in Sicherheit bringen zu dürfen. Allerdings bereitete ihm die Beschaffung von Kisten wegen der Holzknappheit große Probleme. Deshalb fragte er bei Dr. Baur an, ob das Salzwerk in der Lage sei, ganz einfache Holzregale für 500 lfd. Meter Akten in dem schon mit Stuttgarter bzw. Ludwigsburger Kisten belegten Stollen aufzuschlagen. Sie sollten Aktenbüschel von 35 cm Länge (Tiefe der Bretter) und 25 cm Höhe (Abstand der Bretter voneinander) aufnehmen. Die Akten sollten dann in Kisten transportiert und unter Tage wieder ausgepackt werden, damit die Kisten für weitere Transporte erneut verwendet werden könnten[4]. Dr. Baur stand dieser Idee positiv gegenüber und entwickelte sogar einen Vorschlag zur Einsparung von Holz und Zimmermannsarbeit. Er bot an, die schon in der Grube befindlichen Kisten zu verwenden und je drei von ihnen in einem Abstand von 2,25 m (halbe Länge eines Baubrettes) aufeinanderzusetzen. Die halben Baubretter könnte man – so schlug er vor – jeweils auf die seitlich sehr solide an den Kisten angebrachten Griffe auflegen. So entstünden mit sehr wenig Aufwand Regale mit jeweils drei Böden. Die Einkaufsscheine für das Bauholz müßten jedoch von der Archivdirektion geliefert werden[5]. Dr. Haering hatte sich aber inzwischen von seinen Mitarbeitern davon überzeugen lassen, daß eine kistenlose Lagerung von Akten unter Tage doch nicht angängig sei und eher in den oberirdischen Auslagerungspunkten erfolgen

---

[1] Vgl. dazu UHLAND, Zerstörung und Wiederaufbau, sowie HOCHSTUHL, Kriegsende; vgl. außerdem Abschnitt 2 b.
[2] HStA Stuttgart, E 61 Bü 493 |192.
[3] HStA Stuttgart, E 61 Bü 493 |146 und |147.
[4] HStA Stuttgart, E 61 Bü 493 |164.
[5] HStA Stuttgart, E 61 Bü 493: Schreiben von Dr. Baur vom 7. September 1942 an Dr. Haering.

könnte. Deshalb sandte er am 10. September Einkaufsscheine für 4 cbm Nadelschnittholz nach Kochendorf. Diese waren für den Erwerb von Bohlenunterlagen für weitere etwa 200 Kisten bestimmt, welche die Archivdirektion in absehbarer Zeit dorthin verbringen wollte[6]. Ein Transport mit wohl 121 Kisten[7] ist am 24. Oktober 1942 durchgeführt worden – per Bahn im gedeckten Güterwagen, weil ein Lastwagen nicht zu bekommen war[8]. Am 15. Mai 1943 gingen 56 und am 22. Mai weitere 26 Kisten[9] nach Kochendorf. Dieser Transport enthielt auch fünf Kisten des Staatsministeriums Stuttgart, drei des Cotta-Archivs Stuttgart sowie 13 Kisten und vier Pakete eines Stuttgarter Privatmannes[10]. Schließlich folgten am 12. April 1944 weitere 21 Kisten[11]. Insgesamt waren es aus Stuttgart 118 und aus Ludwigsburg 217 Kisten[12] mit jeweils 1,4 lfd. Meter Archivalien[13], insgesamt also etwa 470 lfd. Meter. Jede Kiste wog etwa 1,2 Zentner[14]. Das Hauptstaatsarchiv hatte darin insbesondere Akten betreffend die Grafen und Herzöge von Württemberg, den Württembergischen Geheimen Rat (18. Jahrhundert), die Reichsstädte Gmünd und Ulm, württembergische Klöster, außerdem die Lottersche Petschaftensammlung usw. geborgen, das Staatsarchiv Ludwigsburg Akten des Schwäbischen Kreises, der Grafschaft Hohenberg und des Kantons Kocher sowie ältere Rechnungen der württembergischen Amtsbezirke und Akten über die auswärtigen Besitzungen der württembergischen Herzöge[15].

Am 14. Juni 1944 konnte Dr. Haering an Generaldirektor Dr. Zipfel berichten, daß inzwischen 80% des Stuttgarter Bestandes an Ausweichstellen verbracht seien, wenn die zu diesem Zeitpunkt bereits gepackten Kisten und Büschel vollends abgefahren seien[16]. Eine Aufstellung vom 11. Juli 1945 zählt

---

[6] HStA Stuttgart, E 61 Bü 493 |174 und |177.
[7] HStA Stuttgart, E 61 Bü 493: Schreiben der Württembergischen Archivdirektion vom 10. Oktober 1942 an den Landeskonservator Dr. Schmidt.
[8] HStA Stuttgart, E 61 Bü 493: Schreiben der Württembergischen Archivdirektion vom 2. November 1942 an den Cotta-Verlag.
[9] HStA Stuttgart, E 61 Bü 495 |30 und |31.
[10] HStA Stuttgart, E 61 Bü 495 |31.
[11] HStA Stuttgart, E 61 Bü 494: Quittung vom 12. April 1944.
[12] Die Differenzen bei der Kistenanzahl lassen sich dadurch erklären, daß manchen Transporten auch z. T. nicht genau bezifferbare Anzahlen von Kisten anderer Eigentümer beigeschlossen waren.
[13] HStA Stuttgart, E 61 Bü 498: Schreiben des HStA Stuttgart vom 8. Dezember 1949 an Werner Gauss (Heilbronn).
[14] HStA Stuttgart, E 61 Bü 494: Schreiben der Württembergischen Archivdirektion vom 23. Januar 1947 an Fa. Andreas Christ, Heilbronn.
[15] HStA Stuttgart, E 61 Bü 494: Schreiben der Württembergischen Archivdirektion vom 1. November 1946 an das Amt für Vermögenskontrolle – Verlagerungs-Verwaltung in Heilbronn. Genaue Einlagerungslisten finden sich im HStA Stuttgart, E 61 Bü 497 und 498.
[16] HStA Stuttgart, E 61 Bü 496: Schreiben der Württembergischen Archivdirektion vom 14. Juni 1944 an den Generaldirektor der Staatsarchive.

außerhalb von Stuttgart ca. 30 Ausweichorte auf[17], am 2. Februar 1944 waren es erst 19 gewesen[18]. Diese Steigerung war eine beachtliche Leistung, zumal Dr. Haering, der als Teilnehmer des Ersten Weltkrieges den linken Unterarm verloren hatte[19], sich wie alle Kollegen mit größten Schwierigkeiten aller Art konfrontiert sah. Zunächst mangelte es an Geld, um die Transporte bezahlen zu können[20], dann waren kaum noch Transportmittel verfügbar, ebenso fehlte es am Packmaterial, an den Kisten, am Treibstoff, an Schreib-, Arbeits- und Ladekräften[21] und nicht zuletzt am Fachpersonal. So stand am 15. September 1944 dem 58jährigen Dr. Haering im höheren Archivdienst nur noch der 60jährige Staatsarchivrat Dr. jur. Karl Otto Müller zur Seite. Sie hatten die gesamte Verantwortung für die Staatsarchive Stuttgart und Ludwigsburg zu tragen. Vier weitere Stellen waren unbesetzt, weil Staatsarchivrat Dr. phil. Paul Härle (Ludwigsburg) im Herbst 1943 an der Ostfront und Staatsarchivassessor Dr. phil. Ulrich Bockshammer (Württembergische Archivdirektion) im Sommer 1941 ebenfalls an der Ostfront gefallen waren. Die beiden Staatsarchivräte vom Hauptstaatsarchiv Stuttgart, Dr. phil. Walter Grube und Dr. phil. Max Miller standen seit Beginn des Krieges bzw. seit März 1943 im Wehr- bzw. Sanitätsdienst[22].

Nachdem der Krieg zu Ende gegangen war, setzte sich Dr. Haering von Ludwigsburg aus am 11. Juli 1945 brieflich mit allen Auslagerungsstellen in Verbindung, um den Erhaltungszustand der Archivalien zu erfragen[23].

Zwei Wochen später antwortete Dr. Hanns Bauer für die Staatliche Saline Friedrichshall, daß das Einlagerungsgut keine Beeinträchtigung erfahren habe und sich in gutem Zustand befinde. Da das Werk jedoch unter der Überwachung durch die amerikanische Militärregierung stehe, sei der Zutritt nur mit besonderer Genehmigung und eine Rückführung in absehbarer Zeit wohl überhaupt nicht möglich[24]. Nachdem Dr. Haering am 16. Oktober 1945 auf Anordnung der Militärregierung aus dem Dienst entlassen worden war[25], be-

---

[17] HStA Stuttgart, E 61 Bü 496: Aufstellung der Ausweichstellen in der Amerikanischen und in der Französischen Zone (undatiert); HOCHSTUHL, Kriegsende, S. 6.
[18] HStA Stuttgart, E 61 Bü 496: Schreiben der Württembergischen Archivdirektion vom 4. Februar 1944 an den Innenminister (Stuttgart). Es enthält jeweils stichwortartig kurze Informationen zu den einzelnen Räumlichkeiten und der Menge der dort lagernden Materialien. Für Kochendorf sind 314 Kisten erwähnt.
[19] HStA Stuttgart, E 61 Bü 496: Schreiben der Württembergischen Archivdirektion vom 15. September 1944 an das Staatsministerium.
[20] HStA Stuttgart, E 61 Bü 493 |178.
[21] HStA Stuttgart, E 61 Bü 496: Schreiben der Württembergischen Archivdirektion vom 4. Februar 1944 an den Innenminister (Stuttgart).
[22] HStA Stuttgart, E 61 Bü 496: Schreiben der Württembergischen Archivdirektion vom 15. September 1944 an das Staatsministerium.
[23] HStA Stuttgart, E 61 Bü 496: Schreiben von Dr. Haering vom 11. Juli 1945 an alle Ausweichstellen.
[24] HStA Stuttgart, E 61 Bü 494: Schreiben der Staatlichen Saline Friedrichshall vom 26. Juli 1945 an die Württembergische Archivdirektion.
[25] HOCHSTUHL, Kriegsende, S. 13.

mühte sich Archivdirektor Dr. Karl Otto Müller um die Rückverlagerung der Archivalien. Er führte wohl Anfang August 1946 mit Hans-Joachim Meisenburg als letztem verbliebenen Mitarbeiter des inzwischen abgezogenen Heilbronner bzw. Kochendorfer Kunstschutzstabes eine Besprechung und stellte am 13. d. M. einen schriftlichen Antrag auf Freigabe bzw. Rückführung der Archivalien[26]. Kurz darauf war in Heilbronn die Verlagerungs-Verwaltung in den Salzbergwerken Heilbronn und Kochendorf ins Leben gerufen worden, die ab September 1946 die Auslagerung in der Hand hatte. Als deren Treuhänder verlangte Dr. Wolf-Dietrich Prey u. a. eine Genehmigung des zuständigen Amtes für Vermögenskontrolle zur Rückführung der Archivalien[27]. Diese lag im Dezember 1946 vor[28], am 20. Januar 1947 erteilte Dr. Prey die Auslagerungsgenehmigung[29].

Die Auslagerung der Stuttgarter und Ludwigsburger Kisten erfolgte am 14. und 15. März 1947. Gleichzeitig wurden fünf Kisten für das Stuttgarter Staatsministerium geborgen[30]. Der Rücktransport, den die Heilbronner Spedition Andreas Christ organisierte[31], erfolgte ebenfalls am 14./15. März. Damit war die Rückholung der Ludwigsburger Akten vollständig, der Stuttgarter Akten weitgehend abgeschlossen[32], nachdem zuvor beide Institutionen ihre massiven Raum- bzw. Platzprobleme in den Griff bekommen hatten.

Die Stuttgarter bzw. Ludwigsburger Auslagerungsaktion insgesamt kann nur als großer Erfolg gewertet werden, da die staatlichen Archive auf diese Weise mehr als 98% ihrer Bestände über den Krieg retten konnten[33].

b) Das Cotta-Archiv (ab 24. Oktober 1942)[34]

Beim Cotta-Archiv handelt es sich um das historische Verlagsarchiv der J. G. Cotta'schen Verlagsbuchhandlung, die im Jahre 1889 vom Kröner-Verlag übernommen wurde. Der Leiter des Cotta-Archivs im Kröner-Verlag, Dr. Herbert Schiller, gab am 16. Oktober 1939, also kurz nach Ausbruch des Zweiten Weltkrieges, zwei Kisten an das Württembergische Staatsministeri-

---

[26] HStA Stuttgart, E 61 Bü 500 |50.
[27] HStA Stuttgart, E 61 Bü 500 |52.
[28] HStA Stuttgart, E 61 Bü 500 |59.
[29] HStA Stuttgart, E 61 Bü 494: Schreiben von Dr. Prey vom 20. Januar 1947 an die Württembergische Archivdirektion.
[30] HStA Stuttgart, E 61 Bü 494: Quittung vom 22. März 1947.
[31] HStA Stuttgart, E 61 Bü 494: Schreiben der Spedition Andreas Christ (Heilbronn) vom 25. Januar 1947 an die Württembergische Archivdirektion.
[32] HStA Stuttgart, E 61 Bü 494: Liste der aus den Verlagerungsstellen in der amerikanischen Zone zurückgeführten Archivalien (Akten) des Hauptstaatsarchivs Stuttgart und des Staatsarchivs Ludwigsburg.
[33] MÜLLER, Bericht, S. 160.
[34] Soweit nicht anders angegeben, beruhen die Informationen auf einem Schreiben (mit Beilagen) des Schiller-Nationalmuseums Marbach vom 4. August 1995 an den Verfasser.

um. Sie wurden im dortigen Safe-Raum untergebracht. Dabei handelte es sich um zahlreiche Autographen, Briefe und Erstausgaben von Friedrich Schiller, Johann Wolfgang von Goethe sowie vielen anderen namhaften Dichtern und Gelehrten. Knapp drei Jahre später, am 22. Juli 1942, deponierte der Cotta-Verlag eine weitere Kiste in diesem Safe-Raum, auch hierbei handelte es sich wieder um zahlreiche Autographen und andere wertvolle Stücke. Am 10. Oktober 1942 teilte Dr. Hermann Haering als Chef der Württembergischen Archivdirektion dem Landeskonservator Dr. Richard Schmidt mit, daß sich Dr. Schiller »schon vor längerer Zeit« an ihn mit der Bitte gewandt habe, einige Kisten mit wertvollen Korrespondenzen und Autographen in Kochendorf einzulagern[35]. Nachdem Dr. Schmidt dieser Einlagerung zugestimmt hatte, gingen sieben Kisten (61 cm breit, 104,5 cm lang, 32 cm hoch)[36] mit Autographen und Büchern vom Verlag per Spedition zum Staatsarchiv Ludwigsburg. Dort wurden sie in Saal 7 zwischengelagert[37] und am Samstag, dem 24. Oktober, in einem gedeckten Güterwagen zusammen mit anderen Staatsarchivmaterialien nach Kochendorf verbracht[38]. Am 22. Mai 1943 wurden außerdem die drei im Safe-Raum des Staatsministeriums eingelagerten Kisten nach Kochendorf transportiert[39]. Über den Inhalt aller zehn Kisten existieren genaue Listen[40]. Die Rückführung erfolgte Mitte April 1946 zusammen mit dem Einlagerungsgut von etwa 240 Stuttgarter Privatpersonen[41].

c) Evangelische Kilianskirche Heilbronn (Anfang 1943)

Wenige Tage nach dem Ausbruch des Zweiten Weltkriegs beschäftigte sich der Verwaltungsausschuß der Evangelischen Gesamtkirchengemeinde Heilbronn mit dem Schutz des Hochaltars der Kilianskirche gegen Luftgefahr. Zuvor waren diesbezüglich Gespräche mit Dr. Richard Schmidt vom Landesamt für Denkmalpflege in Stuttgart geführt worden. Dabei wurde beschlossen, die Figuren des 1498 von Hans Seyfer vollendeten Hochaltars zu entfernen, in Kisten zu verpacken und an einen sicheren Ort zu verbringen. Der Rest des

---

[35] HStA Stuttgart, E 61 Bü 493 |192.
[36] HStA Stuttgart, E 61 Bü 493: Bescheinigung vom 27. Oktober 1942.
[37] HStA Stuttgart, E 61 Bü 493 |197.
[38] HStA Stuttgart, E 61 Bü 493: Schreiben der Württembergischen Archivdirektion vom 2. November 1942 an Dr. Schiller.
[39] HStA Stuttgart, E 61 Bü 495 |31.
[40] Für die drei Kisten, welche zunächst im Staatsministerium eingelagert waren, befinden sich die Listen im Cotta-Archiv im Deutschen Literaturarchiv Marbach, für die sieben über Ludwigsburg nach Kochendorf verbrachten Kisten im Hauptstaatsarchiv Stuttgart (HStA Stuttgart, E 61 Bü 493: Bescheinigung vom 27. Oktober 1942).
[41] Beilagen zum Schreiben des Schiller-Nationalmuseums Marbach vom 31. August 1995 an den Verfasser.

Altars sowie das Sakramentshäuschen und der Levitensitz[42] sollten mit Sperrholz verwahrt werden. Außerdem sollten künstlerisch wertvolle Teile der Glasfenster wegtransportiert werden. Mit der Durchführung dieser Maßnahmen wurde der Kunsthändler Ernst Dauer beauftragt[43]. Die Altarfiguren ließ Dekan D. Dr. Julius Rauscher im Untergeschoß der Heilbronner Friedenskirche[44] deponieren[45].

Am 19. Mai 1942 wies der Stuttgarter Oberkirchenrat Dr. Gerhard Schauffler das Evangelische Dekanat Heilbronn an, den Hochaltar der Kilianskirche an einen sicheren Platz wegzubringen. Da das Neckarland zwischen Stuttgart und Heilbronn als besonders gefährdet galt, hatte sich Dr. Schauffler in Abstimmung mit Landeskonservator Dr. Schmidt aufgrund der damals aktuellen Luftkriegserfahrungen in Rostock und Lübeck dazu entschlossen. Empfohlen wurde das Verbringen in eine möglichst abseits gelegene Dorfkirche[46]. Die bereits 1939 getroffenen Luftschutzmaßnahmen erachtete das Landesamt für Denkmalpflege nun nicht mehr als ausreichend. Auf Anordnung von Dr. Schmidt mußten die Holzverwahrungen wieder entfernt, die Seitenflügel des Altars abmontiert, die restlichen Figuren herausgenommen, Sakramentshäuschen und Levitensitz mit Backsteinen ummauert und die beiden seitlichen Altarflügel im Vorraum der Kirche unter dem Hauptturm durch eine Backsteinmauer gesichert werden[47]. Sämtliche Figuren des Altars wurden in fünf große, fünf mittlere und acht kleine Kisten verpackt. Die fünf Hauptfiguren befanden sich jeweils in einer der großen, die fünf Predella-Figuren in den mittelgroßen Kisten. Alle anderen Figuren des Gesprenges waren in den kleineren untergebracht – zum Teil mehrere Figuren in einer Kiste[48]. Diese Kisten wurden zusammen mit einigen Gemälden und Glasfenstern wohl Anfang 1943 in die Saline Kochendorf überführt[49]. Die Aufwendungen für alle diese Maßnahmen beliefen sich auf über RM 7850,–.

Mit Schreiben vom 6. November 1942 empfahl der Stuttgarter Oberkirchenrat dem Evangelischen Dekanat Heilbronn, in Erwägung zu ziehen, den Dachstuhl der Kilianskirche mit einem Feuerschutz-Anstrich imprägnieren zu lassen[50]. Die I. G. Farben stellte für diesen Zweck ein Spezial-Mittel namens

---

[42] Gemeint ist wohl die Sitznische der Geistlichkeit, die Sedilien-Nische (vgl. dazu BECHSTEIN, Kilianskirche, S. 90).
[43] Beilage zum Schreiben der Evangelischen Kirchenpflege Heilbronn vom 13. Mai 1996 an den Verfasser.
[44] Um 1900 hatte dort bereits das Stadtarchiv Heilbronn ein Aktendepot unterhalten (WECKBACH, Stadtarchiv, S. 83–84).
[45] LKA Stuttgart, Altregistratur Ortsakten Kirchengemeinde Heilbronn |73.
[46] LKA Stuttgart, Altregistratur Ortsakten Kirchengemeinde Heilbronn |54.
[47] LKA Stuttgart, Altregistratur Ortsakten Kirchengemeinde Heilbronn |73. Daß die beiden Altarflügel, geschützt durch eine Backsteinummauerung in der Erdgeschoßhalle des Hauptturmes der Kirche, den Zweiten Weltkrieg ohne Schaden überstanden haben, bestätigt auch ein Bericht in der Heilbronner Stimme vom 1. Juni 1946 (S. 5).
[48] LKA Stuttgart, Altregistratur Ortsakten Kirchengemeinde Heilbronn |271 A /2.
[49] LKA Stuttgart, Altregistratur Ortsakten Kirchengemeinde Heilbronn |73.
[50] LKA Stuttgart, Altregistratur Ortsakten Kirchengemeinde Heilbronn |67.

FM 1[51] her, das jedoch zu diesem Zeitpunkt bereits streng rationiert war. Nur insgesamt 20 Baudenkmäler in ganz Württemberg wurden für die Imprägnierung ausgewählt, darunter lediglich drei evangelische Kirchen: die Herrgottskapelle in Creglingen, die Stiftskirche in Tübingen und die Kilianskirche in Heilbronn[52].

Die feuerschützende Imprägnierung hat jedoch offenbar nicht entscheidend geholfen, denn am Sonntag, dem 10. September 1944, ist die Heilbronner Kilianskirche bei einem amerikanischen Fliegerangriff durch Brandbomben schwer beschädigt worden. »Das Chordach wurde durch Feuer ganz zerstört, das nördliche Seitenschiffdach gegen die Kaiserstraße stark beschädigt, ebenso das Dach über der Sakristei an der Kirchbrunnenstraße«, so berichtete Dekan D. Dr. Rauscher an den Evangelischen Oberkirchenrat nach Stuttgart. Um das noch vorhandene Netzgewölbe im Chor zu schützen, bat er um die rasche Erstellung eines Notdaches. Allerdings sah er keine Möglichkeit, das nötige Bauholz zu beschaffen, und fragte deshalb an, ob dieses in den der Evangelischen Landeskirche gehörenden Wäldern eingeschlagen werden könnte[53]. Bevor jedoch eine Entscheidung herbeigeführt wurde, ereilte die Kilianskirche ein neues Unglück. Am 12. Oktober wurden durch Bombenabwurf eines Einzelfliegers u.a. die Häuser an der Ecke der Fleiner Straße gegenüber der Kirche zerstört. Luftdruck und Sog fügten dem Gotteshaus weiteren schweren Schaden zu. Zum Beispiel entstand ein »ungeheurer Fensterschaden«[54], und die stehengelassene Bekrönung des Hochaltars, das Gesprenge, wurde stark beschädigt[55]. Wenige Tage später fiel dann die Entscheidung, daß Heilbronn die benötigten 1850 lfd. Meter Stangenholz (10 bis 16 cm stark) und 750 qm Schalbretter aus dem kirchlichen Revier Michelbach (Forstamt Comburg) bekommen werde[56]. Der Auftrag zur Herstellung des Holzes ging an die Firma Sägewerk und Holzhandlung Alois Pfitzer in Schwäbisch Hall-Hessental. Diese teilte am 8. Dezember dem Oberkirchenrat die Fertigstellung des Auftrags mit[57]. Inzwischen war jedoch am 4. Dezember 1944 Heilbronn – und auch die Kilianskirche – total zerstört worden. Das Holz ging deshalb, weil es nach dem »kürzlichen Brand von Heilbronn wohl nicht mehr gebraucht werden« könne, nach Oberboihingen (Dekanat Nürtingen), wo ebenfalls ein Kirchen-Notdach zu errichten war[58].

Am 16. März 1945 besuchte Dr. Schmidt die Kilianskirche. Tags darauf meldete er dem Oberkirchenrat, daß seit dem Angriff am 4. Dezember 1944 nichts zur Bergung der noch im Gotteshaus befindlichen Kunstgegenstände geschehen sei. So hingen noch Gemälde und Epitaphien an den Wänden, die

---

[51] LKA Stuttgart, Altregistratur Ortsakten Kirchengemeinde Schwieberdingen |186.
[52] LKA Stuttgart, Altregistratur Generalia 436 XIII |5a.
[53] LKA Stuttgart, Altregistratur Ortsakten Kirchengemeinde Heilbronn |79.
[54] Die Glasmalereien waren fast restlos zerstört worden.
[55] LKA Stuttgart, Altregistratur Ortsakten Kirchengemeinde Heilbronn |82.
[56] LKA Stuttgart, Altregistratur Ortsakten Kirchengemeinde Heilbronn |83.
[57] LKA Stuttgart, Altregistratur Ortsakten Kirchengemeinde Heilbronn |88.
[58] LKA Stuttgart, Altregistratur Ortsakten Kirchengemeinde Heilbronn |89.

Schlußsteine des Gewölbes lägen auf dem Boden, die schöne Kanzel sei ungeschützt, »Tür und Tor steht offen, wer will, kann forttragen, was er mag«, klagte der Landeskonservator[59]. Wahrscheinlich ist daraufhin jedoch keine Reaktion mehr erfolgt[60], denn zwei Wochen später begann bereits der heftige Bodenkampf um Heilbronn. Erst die Amerikaner sorgten später z. B. dafür, daß die Kanzel mit einer Holzverschalung geschützt wurde[61].

Der größere Teil der Original-Skulpturen vom Kiliansturm, die bereits im 19. Jahrhundert abgenommen worden waren, hat im Erdgeschoß des Historischen Museums die Luftangriffe des Zweiten Weltkriegs und auch den Kampf um Heilbronn überstanden. Sie wurden zum Teil jedoch in der ersten Zeit nach der Besetzung Heilbronns von Unbekannten mutwillig zerstört[62].

Im Dezember 1945 warf Kirchenrat Georg Kopp die Frage auf, wo die Figuren des Kiliansaltars angesichts der Zerstörung der Kirche hingebracht werden sollten[63]. Er bot dem Heilbronner Dekan Dr. Rauscher u. a. Schwäbisch Hall an. Der Dekan entschied sich im Februar 1946 aber für Öhringen, weil in der dortigen Stiftskirche eine »verschlossene Kapelle« zur Aufbewahrung bereitstand[64]. Gemeint war damit die Adelheid-Krypta[65]. Ebenfalls im Februar 1946 konnten bei der Heilbronner Ausstellung »Süddeutsche Kunst der Gotik« die drei Mittelfiguren des Schreins des Kiliansaltars bewundert werden[66].

Im Mai 1946 lagerte der amerikanische Kunstschutzstab die (restlichen) Figuren des Kiliansaltars aus Kochendorf aus. Sie wurden auf unbestimmte Zeit – solange die Kilianskirche zerstört sei – gemäß der Entscheidung des Dekans in die Stiftskirche nach Öhringen gebracht[67] und dort in den Kisten belassen[68]. Fast zwei Jahre später, am 4. März 1948, faßten Oberkirchenrat Kopp und Hauptkonservator Dr. Schmidt anläßlich eines Ortstermins in Öhringen[69] den Beschluß, daß die Kisten bald zu öffnen und die Figuren auf ihren Zustand zu untersuchen seien. Den beiden Männern schwebte vor, die Figuren in der Öhringer Stiftskirche aufzustellen. Dieser Gedanke stieß dort jedoch auf wenig Gegenliebe. Man befürchtete offenbar, daß die Wiederherstellung des ebenfalls schwer beschädigten eigenen Altars damit in die Ferne rücken würde. Deshalb brachte Dr. Schmidt im August 1948 den Gedanken ins Spiel, die

---

[59] LKA Stuttgart, Altregistratur Ortsakten Kirchengemeinde Heilbronn |90.
[60] Auf jeden Fall die Schlußsteine wurden erst nach dem Heilbronner Kriegsende geborgen (StadtA Heilbronn, Stadtarchiv Akten 51: Aufstellung vom 16. April 1948).
[61] FORD, Monuments, Abb. 24.
[62] StadtA Heilbronn, Stadtarchiv Akten 51: Aufstellung vom 16. April 1948.
[63] LKA Stuttgart, Altregistratur 437 |119/2.
[64] LKA Stuttgart, Altregistratur 437 |119.
[65] Freundliche telefonische Mitteilung von Pfarrer Hans Dieter Bechstein (Heilbronn) vom 2. August 1995.
[66] Vgl. Abschnitt 6 h.
[67] HStA Stuttgart, RG 260 OMGUS 3/438-1/11 (2 of 2): Monthly Consolidated MFA & A Field Report vom 31. Mai 1946, S. 3.
[68] Was mit den Glasfenstern geschah, ist in den verfügbaren Quellen nicht überliefert.
[69] LKA Stuttgart, Altregistratur Ortsakten Kirchengemeinde Öhringen |216.

Figuren des Kiliansaltars in die Chorkapelle der Weinsberger Stadtpfarrkirche zu bringen – dann wären sie näher bei Heilbronn[70]. Am 25. August 1948 wurden zwei der 18 Kisten geöffnet. Es zeigte sich, daß kein ernstlicher Schaden eingetreten war[71]. Außerdem wurde erneut überlegt, wo die Figuren wieder aufgestellt werden könnten. Dabei wurde die Seitenkapelle der Stiftskirche Öhringen, das Museum Schloß Neuenstein oder die Martin-Luther-Kirche in Heilbronn für möglich gehalten. Man zog es auch in Betracht, die Großfiguren an den Pfeilern der Martin-Luther-Kirche in Heilbronn anzubringen und alle übrigen ins Museum nach Neuenstein zu transportieren[72]. Letztlich ließ die beginnende Versporung es geboten erscheinen, alle Figuren auszupacken und sorgfältig zu reinigen. Deshalb entschloß sich der Heilbronner Dekan Theodor Gerhardt, die Figuren nach Heilbronn zurückzuholen und in der Martin-Luther-Kirche aufzustellen[73]. Am 23. September 1948 reiste Dr. Schmidt nach Heilbronn und untersuchte die Kiliansaltarfiguren, die zu diesem Zeitpunkt bereits in der Martin-Luther-Kirche gelagert, aber noch nicht ausgepackt waren. Als Ergebnis notierte er, daß die zu verzeichnenden Schäden nicht bei der Lagerung in Kochendorf, sondern in Öhringen entstanden seien, wo die Kisten teilweise im Wasser gestanden hatten[74]. Nun wurden die Figuren restauriert und von ihrem Bleiweißanstrich[75] befreit. Nach weiteren Diskussionen erfolgte deren Aufstellung in der Martin-Luther-Kirche im Jahre 1949. Sie waren zusammen mit den Altarflügeln erstmals bei der Konfirmation am 3. April offiziell wieder zu sehen[76].

An ihren angestammten Platz in der Kilianskirche kamen die Figuren erst Ende 1968 zurück. Am 1. Dezember, dem ersten Adventssonntag, wurde der 18 Meter hohe Lindenholzaltar nach siebenjähriger Restaurierungszeit in einem feierlichen Gottesdienst der Kiliansgemeinde wieder übergeben. Der Hüttlinger Holzschnitzer Josef Wolfsteiner hatte den Schrein und das Gesprenge nach Rekonstruktionszeichnungen des Ulmer Restaurators Walter Hammer nachgeschaffen[77].

d) Universität Tübingen (ab 21. Februar 1943)

Sofort nach Kriegsbeginn wurden die Handschriften und das Archiv der Universität Tübingen zunächst in einen Kellerraum gebracht, der bei Brandbombenangriffen als sicher galt. Mehr als drei Jahre später begannen die Verant-

---

[70] LKA Stuttgart, Altregistratur Ortsakten Kirchengemeinde Heilbronn |266.
[71] LKA Stuttgart, Altregistratur Ortsakten Kirchengemeinde Heilbronn |271 A 1.
[72] LKA Stuttgart, Altregistratur Ortsakten Kirchengemeinde Heilbronn |271 A 2.
[73] LKA Stuttgart, Altregistratur Ortsakten Kirchengemeinde Heilbronn |271 A 1.
[74] LKA Stuttgart, Altregistratur Ortsakten Kirchengemeinde Heilbronn |283.
[75] Die Heilbronner Stimme (1. Juni 1946, S. 5) berichtet von einem »häßlichen klassizistischen Bleiweißanstrich«.
[76] Heilbronner Abendpost, 4. April 1949, S. 4.
[77] Amtsblatt für den Stadt- und Landkreis Heilbronn, 28. November 1968, S. 1.

wortlichen mit einer Verlagerung nach auswärts. Am 21. Februar und am 10. April 1943 – jeweils an einem Sonntag – wurden 341 Kisten ins Salzbergwerk Kochendorf[78] (Abbaukammer 7 b)[79] verlagert. In den Kisten 1 bis 38 befand sich der gesamte Handschriftenbestand mit Ausnahme eines Teils der lateinischen Handschriften. In den Kisten 157 bis 197 waren die inhaltlich, drucktechnisch oder wegen ihrer besonderen Einbände seltenen Bücher (Rara) untergebracht. Die Inkunabeln (Wiegendrucke) wurden in die Kisten 220 bis 276 und 316 bis 325 gepackt. Die Kisten 295 bis 309 enthielten die maschinenschriftlichen Dissertationen, 292 bis 294 Bücher mit handschriftlichen Notizen und 39 ff. sowie 107 ff. die etwa 500000 Zettel umfassende Abschrift des wissenschaftlichen Sachkatalogs. In die übrigen Kisten waren verpackt die Urkunden und Akten der Universität (Personalakten der Studierenden bis 1905, Untersuchungsakten der Disziplinarkommission, Examensakten, Dekrete und Protokolle des Senats, Akten der Fakultäten, Lagerbücher der Universität, Rechtsgutachten, Universitätsmatrikel), Akten der Bibliothek, Akten der Familienstiftungen, Gelehrtennachlässe, das arabische Wörterbuch von Georg Wilhelm Freytag mit Eintragungen von Theodor Nöldeke und die gesamte Literatur über die Universität und die Stadt Tübingen sowie die von der Universität Tübingen herausgegebenen Werke[80]. Jede Kiste war etwa 80 x 60 x 40 cm groß, wog rund 80 Kilogramm[81] und war mit einem großen schwarzen Stempel »UB Tübingen« sowie einer laufenden Nummer gekennzeichnet[82]. Im Januar 1944 wurde die in Tübingen verbliebene Bibliothek von den beiden oberen Geschossen nach unten verlagert, wo sie glücklicherweise den Krieg mit nur geringen Schäden überstanden hat[83].

Nach dem Ende des Zweiten Weltkrieges, seit Mai 1945[84], versuchte die Universität Tübingen wiederholt, das Einlagerungsgut von Kochendorf zurückzubekommen. Dabei traten jedoch große Schwierigkeiten auf, weil Tübingen in der französischen und Kochendorf in der amerikanischen Besatzungszone lag. Die Rückführung der Materialien wäre ein Interzonen-Transfer gewesen, dafür bestanden aber noch im September 1946 keine Regelungen bzw. Vereinbarungen zwischen den Besatzungsmächten[85]. Daraufhin wurden die Landesdirektion für Kultus, Erziehung und Kunst in Tübingen, die örtliche Militärregierung und schließlich sogar höchste Stellen in Berlin eingeschaltet, um eine Rückführungsgenehmigung zu erlangen[86]. Aber erst mit dem Übergang der Zuständigkeit für die Kulturgüter in Heilbronn und Kochendorf vom amerikanischen Kunstschutzstab auf die Verlagerungs-Verwal-

---

[78] LEYH, Bibliotheken, S. 189.
[79] UniA Tübingen, 167/26 fol. 13.
[80] UniA Tübingen, 167/26 fol. 61 a; LEYH, Bibliotheken, S. 189.
[81] UniA Tübingen, 167/26 fol. 7.
[82] UniA Tübingen, 167/26 fol. 40.
[83] LEYH, Bibliotheken, S. 187; KOWARK, Universitätsbibliothek Tübingen, S. 83.
[84] UniA Tübingen, 167/26 fol. 28.
[85] UniA Tübingen, 167/26 fol. 17.
[86] UniA Tübingen, 167/26 fol. 18.

tung kam Bewegung in die Angelegenheit. Tübingen erhielt durch ein Schreiben vom 30. September 1946 eine Mitteilung von Treuhänder Dr. Wolf-Dietrich Prey über die weitere Vorgehensweise[87] und mit Schreiben vom 14. November 1946 eine Rechnung für die Deckung der seit der Besetzung für die Verwaltung der eingelagerten Güter entstandenen Kosten in Höhe von insgesamt RM 630,–[88]. Bis zum Februar 1947 war es der Universität – konkret insbesondere Bibliotheksdirektor Dr. Georg Leyh – dann gelungen, alle von der Verlagerungs-Verwaltung geforderten Papiere beizubringen. Dann stellte sich heraus, daß die Freigabe von Objekten mit künstlerischem oder wissenschaftlichem Wert über die Zonengrenzen hinweg zusätzlich durch die Militärregierungen der Zonen genehmigt werden mußte. Es war also erforderlich, daß die französische Militärregierung offiziell an die amerikanische (OMGUS, MFA & A Section in Berlin) herantrat[89]. Die Amerikaner lehnten den Tübinger Rückgabeantrag jedoch Ende Juli/Anfang August 1947 ab und empfahlen, das Material zum Offenbacher Collecting-Point zu bringen, falls die Lagerbedingungen im Salzbergwerk konservatorisch unbefriedigend seien[90]. Da die Verlagerungs-Verwaltung darauf drängte, daß das »Salzwerk Kochendorf auf dem schnellsten Wege von seinen Einlagerungen befreit wird«[91], bestand nun eine große Gefahr für das Tübinger Material. Im letzten Moment gelang es, Hauptmann Edith A. Standen von einer Verlagerung nach Offenbach abzubringen. Der Nachfolgerin von Dale V. Ford als Stuttgarter Kunstschutzoffizier konnte einsichtig gemacht werden, daß eine Deponierung der Tübinger Bestände in Stuttgart oder Ludwigsburg weit besser wäre als in Offenbach[92]. Ein entsprechender Antrag wurde dann auch sofort genehmigt[93], weil ein Transport von Kochendorf bzw. Heilbronn nach Stuttgart bzw. Ludwigsburg keinen Interzonen-Transfer darstellte[94]. Es wurde bestimmt, daß das Tübinger Material im Depot der Württembergischen Landesbibliothek im Zeughaus Ludwigsburg vorläufig aufzubewahren sei. Dort wurde die Benutzung des Inhalts zugelassen, eine leihweise oder anderweitige Entfernung aus dem Gebäude aber untersagt[95].

Nachdem im Juni die Tübinger Bestände – ohne Rücksprache – von Kochendorf nach Heilbronn und dort auf Sohle 2 umgelagert worden waren[96],

---

[87] UniA Tübingen, 167/26 fol. 19.
[88] UniA Tübingen, 167/26 fol. 21.
[89] UniA Tübingen, 167/26 fol. 43.
[90] HStA Stuttgart, RG 260 OMGUS 3/438-1/11 (2 of 2): Monthly Consolidated MFA & A Field Report, 11. August 1947.
[91] UniA Tübingen, 167/26 fol. 36.
[92] UniA Tübingen, 167/26 fol. 48.
[93] UniA Tübingen, 167/26 fol. 51.
[94] UniA Tübingen, 167/26 fol. 48.
[95] Trotz aller Schwierigkeiten gelang es aber, einige besonders wichtige Handschriften aus dem Bereich der Orientalistik direkt von Heilbronn nach Tübingen zurückzuführen (UniA Tübingen, 167/26 fol. 61; vgl. dazu auch fol. 52–57).
[96] UniA Tübingen, 167/26 fol. 57 und 60.

begann im November 1947 der Abtransport nach Ludwigsburg. Am 10. d. M. brachte die erste von acht Lieferungen mit zwei Lastkraftwagen 90 Kisten ins Zeughaus[97], am 21. Januar 1948 meldete die Württembergische Landesbibliothek, daß die Verlagerung nunmehr abgeschlossen sei[98]. Den Transporten waren auch einige Kisten aus Privatbesitz beigegeben, deren Eigentümer in der französischen Zone wohnten.

Die endgültige Rückführung der Bestände von Ludwigsburg nach Tübingen wurde von den amerikanischen Behörden am 16. November 1948 genehmigt und Anfang 1949 durchgeführt[99].

e) Kirchengemeinden Esslingen, Schwäbisch Hall, Schwieberdingen und Winnenden (ab 29. Juni 1943)

Die Verantwortlichen der Stadtkirche Esslingen haben bereits im Jahre 1939 erste Luftschutzmaßnahmen ergriffen und die künstlerisch hervorragenden mittelalterlichen Glasfenster des Chors der Stadtkirche herausnehmen, durch Mattglasfenster ersetzen und im Turm der Kirche unterbringen lassen. In diesem Zusammenhang ordnete das Landesamt für Denkmalpflege an, eine bestimmte Glocke abzunehmen, die im Brandfall auf die Glasgemälde herabgestürzt wäre. Außerdem wurden die Altarflügel ausgebaut. Die Chorfenster wurden später auf Anregung von Landeskonservator Dr. Richard Schmidt nach Kochendorf verbracht und dort am 29. Juni 1943[100] eingelagert. Der Transport der Kisten, die zusammen etwa 40 bis 50 Zentner wogen, erfolgte mit einem Lieferwagen des bahnamtlichen Expreßgutbeförderers Artur Hunk in Esslingen. Daß sich diese Aktion gelohnt hatte, zeigte sich am 22. April 1945, als die Ersatzscheiben des Chors der Stadtkirche insbesondere auf der Nordseite fast völlig zertrümmert worden sind[101]. Bezüglich ihrer Kirchenbücher meldete die Evangelische Gesamtkirchengemeinde am 1. März 1943 dem Oberbürgermeister von Esslingen als der »Aufsichtsbehörde in Personenstandsangelegenheiten«, daß sich diejenigen von 1565 bis 1805 im Tresor der Deutschen Bank in Stuttgart (Gymnasiumstraße) befänden, während die Jahrgänge 1806 bis 1876 im örtlichen Kirchenregisteramt aufbewahrt und täglich nach Dienstschluß in den Keller verbracht würden[102]. Nach den schweren Angriffen auf Stuttgart wurden die Kirchenbücher von 1565 bis 1805 durch Ver-

---

[97] UniA Tübingen, 167/26 fol. 66, 67.
[98] UniA Tübingen, 167/26 fol. 67.
[99] KOWARK, Universitätsbibliothek Tübingen, S. 87.
[100] StA Ludwigsburg, EL 402 Heilbronn lfd. Nr. 238, Einlagerungsverzeichnisse für Kochendorf: Aufstellung über Bergungsgüter im Steinsalzbergwerk Kochendorf.
[101] LKA Stuttgart, Altregistratur Ortsakten Kirchengemeinde Esslingen |39 und |263.
[102] StadtA Esslingen, Hauptregistratur 9320 g: Schreiben der Evangelischen Gesamtkirchengemeinde Esslingen vom 1. März 1943 an den Oberbürgermeister der Stadt Esslingen.

mittlung des Esslinger Oberbürgermeisters am 11. Oktober 1944 nach Kochendorf gebracht[103] und dort vor dem 21. November 1944 eingelagert[104].

Das Evangelische Dekanat in Schwäbisch Hall wurde am 19. Mai 1942 von Oberkirchenrat Dr. Gerhard Schauffler angewiesen, die Ausstattung der Michaelskirche zu bergen und zu verlagern[105]. Zu diesem Zeitpunkt waren bereits die Figuren des Hochaltars und des Wolfgangaltars herausgenommen und zusammen mit einigen anderen Altären in Seitenkapellen verbracht worden, nachdem eine anderweitige luftschutzsichere Unterbringung nicht gefunden werden konnte. Außerdem waren die farbigen Mittelfenster im Chor herausgenommen worden, und das Kirchendach hatte bereits einen feuersicheren Imprägnierungsanstrich erhalten. In St. Katharina waren ebenfalls der Hochaltar und die wertvolle Marienfigur von der Chorwand abgenommen und die farbigen Chorfenster ausgeglast worden[106]. Schließlich wurden im August 1943 Altäre, Gemälde, Figuren, Bildhauerarbeiten und Glasfenster aus den Kirchen St. Michael, St. Urban und St. Katharina nach Kochendorf gebracht und dort eingelagert[107].

Die Kirchengemeinde Schwieberdingen (Dekanat Ludwigsburg) beschloß Mitte 1942, ihre Kreuzigungsgruppe aus der Zeit um 1480 in einer Nische des Turmgewölbes mit Backsteinen einzumauern[108]. Immerhin handelte es sich um eine der wertvollsten Holzplastiken der Spätgotik in kirchlichem Eigentum im Bereich der Landeskirche. Der Oberkirchenrat lehnte jedoch eine Einmauerung als schädlich für die Plastik ab[109]. Nach langen Verhandlungen wurde die Kreuzigungsgruppe schließlich am 17. November 1943 in Kochendorf eingelagert. Pfarrer Martin Müller hatte den Transport begleitet und überwacht. In Ermangelung eines Ersatzes wurde ein schlichtes Holzkreuz hinter dem Altar aufgestellt[110]. Bereits im April 1943 hatte der Kirchengemeinderat im Turmgelaß der Kirche aus der über zwei Meter starken Quaderstein-Mauer eine etwa 1,40 m hohe und 0,80 m breite Vertiefung heraushauen und mit einer feuersicheren Türe abschließen lassen. Dort wurden die Kirchen-Archivalien geborgen[111].

Der evangelische Stadtpfarrer Heinrich Pfeiffer in Winnenden erhielt mit Schreiben vom 19. Mai 1942 von Oberkirchenrat Dr. Schauffler die Anwei-

---

[103] StadtA Esslingen, Hauptregistratur 9320 g: Schreiben der Evangelischen Gesamtkirchengemeinde Esslingen vom 11. Oktober 1944 an den Oberbürgermeister der Stadt Esslingen.
[104] StadtA Esslingen, Hauptregistratur 9320 g: Schreiben der Staatlichen Saline Friedrichshall vom 21. November 1944 an den Oberbürgermeister der Stadt Esslingen.
[105] LKA Stuttgart, Altregistratur Ortsakten Kirchengemeinde Schwäbisch Hall |321.
[106] LKA Stuttgart, Altregistratur Ortsakten Kirchengemeinde Schwäbisch Hall |325.
[107] StA Ludwigsburg, EL 402 Heilbronn lfd. Nr. 309: Report of Property Transactions vom 18. März 1947.
[108] LKA Stuttgart, Altregistratur Ortsakten Kirchengemeinde Schwieberdingen |174.
[109] LKA Stuttgart, Altregistratur Ortsakten Kirchengemeinde Schwieberdingen |176.
[110] LKA Stuttgart, Altregistratur Ortsakten Kirchengemeinde Schwieberdingen |190.
[111] LKA Stuttgart, Altregistratur Ortsakten Kirchengemeinde Schwieberdingen |185.

sung, den St.-Jakobs-Altar in der Schloßkirche zu bergen[112]. Im Juli/August 1943 wurde der Schloßkirchenaltar nach Kochendorf verbracht, die beiden Flügeltüren kamen in die Sakristei der Kirche in Oppelsbohm[113].

Nach dem Zweiten Weltkrieg griff offenbar als erster Kirchenrat Georg Kopp am 4. Juni 1945 bei einer Besprechung beim Oberkirchenrat die Frage der möglichen Rückführung der kirchlichen Kunstwerke aus Kochendorf auf[114]. Am 13. August wandte sich der Oberkirchenrat an die amerikanische Militärregierung in Stuttgart und beantragte die Freigabe der kirchlichen Kunstwerke, die in Kochendorf eingelagert worden waren[115]. Am 2. Oktober 1945 antwortete Leutnant Robert A. Koch aufgrund weiterer Nachfragen, daß die Rückführung von Kirchengut zu den vorrangigen Aktivitäten gehöre. Koch erbat zu diesem Zweck die Benennung eines Sachverständigen zur Abwicklung der Angelegenheit[116]. Dazu bestellte der Oberkirchenrat den Stuttgarter Landeskonservator Dr. Schmidt für die Kunstwerke und den Dozenten für Kunstgeschichte an der Technischen Hochschule Stuttgart Dr. Hans Wentzel für die Glasmalereien[117].

Im März 1946 kam die Rückführung der kirchlichen Güter dann in Gang. Zuerst wurden vier Teile des Wiblinger Altars ausgelagert[118]. Im April folgten die Mühlhausener Altäre[119], im Mai die Figuren des Heilbronner Kiliansaltars[120]. Dann geriet alles wieder ins Stocken. Im September wurden die Esslinger Güter ans Tageslicht geholt[121]. Die Fenster wurden anschließend von der Firma Saile in Stuttgart restauriert[122], 1950 im Evangelischen Gemeindehaus und in der Hinteren Kirche ausgestellt[123] und schließlich 1952 wieder eingesetzt[124]. Die Auslagerung der Figuren aus Winnenden erfolgte am 20. Februar

---

[112] LKA Stuttgart, Altregistratur Ortsakten Kirchengemeinde Winnenden |163.
[113] LKA Stuttgart, A 126/298 – Winnenden: Chronik der Ereignisse der Kirchengemeinde Winnenden in den Kriegsjahren 1939–1945, S. 3–4.
[114] LKA Stuttgart, Altregistratur 437 |92.
[115] LKA Stuttgart, Altregistratur 437 |100.
[116] LKA Stuttgart, Altregistratur 437 |110/1.
[117] LKA Stuttgart, Altregistratur 437 |110/2.
[118] Dabei handelte es sich um Gemälde aus Schweizer Privatbesitz. HStA Stuttgart, RG 260 OMGUS 3/438-1/11 (2 of 2): MFA & A Collecting Point Report for the Month of March vom 28. März 1946.
[119] LKA Stuttgart, Altregistratur 437 |151.
[120] Vgl. Abschnitt 8 c.
[121] StA Ludwigsburg, EL 402 Heilbronn lfd. Nr. 238, Einlagerungsverzeichnisse für Kochendorf: Aufstellung über Bergungsgüter im Steinsalzbergwerk Kochendorf.
[122] LKA Stuttgart, Altregistratur Ortsakten Kirchengemeinde Esslingen |272.
[123] Glasfenster, S. 3.
[124] Beilage zum Schreiben der Evangelischen Gesamtkirchenpflege Esslingen vom 8. Juni 1995 an den Verfasser.

1947[125], diejenige der Schwäbisch Haller Gegenstände am 24. Februar[126]. Die Schwieberdinger Kreuzigungsgruppe schließlich wurde am 17. Mai 1947 mit einem 6-Tonner-Lkw zurückgebracht[127].

f) Museum der Stadt Ulm (11. September 1943)

Am 30. Juli 1943 stattete Hausverwalter Hehl vom Ulmer Museum der Saline Friedrichshall-Kochendorf einen Besuch ab. Nachdem er die dortigen Einlagerungsmöglichkeiten als absolut sicher befunden hatte, wurden sofort Vorarbeiten für einen Transport von Ulmer Museumsgut nach Kochendorf in Angriff genommen. Insbesondere mußten geeignete Kisten und Lagerhölzer als Unterlage unter diese Kisten sowie Packmaterial beschafft werden. Außerdem waren Verschläge für die größeren Gegenstände anzufertigen. Danach wurden die Kisten sorgfältig gepackt und mit gedruckten Kennzetteln mit der Aufschrift »Museum Ulm« versehen. Zusätzlich wurden unterhalb dieser Kennzettel direkt auf den Behältern die Kennbuchstaben »ULM« sowie das Ulmer Wappen aufschabloniert. Darüber hinaus erstellte man eine genaue Liste aller verlagerten Gegenstände[128]. In 32 Kisten wurden etwa 120 Gemälde und 75 Plastiken untergebracht[129]. Deren Gesamtwert belief sich auf RM 1 500 000,–[130]. Zu erwähnen ist z. B. das Evangelienpult von Jörg Syrlin d. Ä. (1458)[131].

Die Kisten wurden am 9. September von der Ulmer Transportgesellschaft »Südkraft GmbH« vom Museum mit Lastwagen in zwei Fuhren zum Ulmer Güterbahnhof gebracht und in einen Eisenbahnwagen verladen. Am gleichen Tag ging das Material als Eilgut nach Heilbronn. Von dort wurde es auf Lastwagen ebenfalls in zwei Fuhren nach Kochendorf transportiert. Erst am Samstag, dem 11. September, konnte es nach unter Tage verbracht werden. Bis dahin wurde im Förderhaus zwischengelagert. Fachleute begleiteten die gesamte Aktion und überwachten das Einlagern. Alles verlief reibungslos.

---

[125] StA Ludwigsburg, EL 402 Heilbronn lfd. Nr. 309: Report of Property Transactions vom 18. März 1947.

[126] StA Ludwigsburg, EL 402 Heilbronn lfd. Nr. 309: Report of Property Transactions vom 18. März 1947. Dort befindet sich auch eine vollständige Einlagerungsliste; vgl. Abschnitt 11. II e.

[127] LKA Stuttgart, Altregistratur 437 |161.

[128] StadtA Ulm, B 322/20 Nr. 16: Bericht des Museums der Stadt Ulm vom 11. September 1943 über die Bergung von Museumsgut in die Saline Friedrichshall-Kochendorf.

[129] Eine präzise Aufstellung findet sich im StadtA Ulm, B 322/20 Nr. 16, Anlage zum Bericht des Museums der Stadt Ulm über die Bergung von Museumsgut in die Saline Friedrichshall-Kochendorf vom 11. September 1943.

[130] StadtA Ulm, B 322/20 Nr. 16: Bericht des Museums der Stadt Ulm vom 11. September 1943 über die Bergung von Museumsgut in die Saline Friedrichshall-Kochendorf.

[131] WEIG, Luftschutz, S. 387.

Gegenstände, die wegen ihrer Größe nicht in Kochendorf untergebracht werden konnten, wurden an andere Bergungsorte gebracht[132].

In Kochendorf haben die Ulmer Museumsgüter den Zweiten Weltkrieg völlig unbeschadet überstanden. Eine Rückführung kam jedoch zunächst nicht in Gang, obwohl man sich auf Ulmer Seite mehrfach darum bemüht hatte. Im März 1946 gab der Heilbronner Kunstschutzstab zwei der 32 Ulmer Kisten an einen Schweizer Bürger. Darin befanden sich Leihgaben dieses Mannes an das Ulmer Museum, die auf diese Weise direkt zurückgegeben worden sind.

Erst mit dem Arbeitsbeginn von Dr. Wolf-Dietrich Prey als Treuhänder der Verlagerungs-Verwaltung und damit quasi als Nachfolger des amerikanischen Kunstschutzoffiziers kam eine Rückgabe in greifbare Nähe[133]. Nach Erledigung der üblichen Formalitäten kehrten die verbliebenen 30 Kisten am 10. Dezember 1946 per Lkw nach Ulm zurück. Der Lastzug startete am Vorabend um 23 Uhr, von 6 Uhr bis 10.30 Uhr wurde er im Beisein des Museumsleiters beladen. Um 16 Uhr kam der Transport mit dem wichtigsten und wertvollsten Kunstbesitz der Stadt Ulm wieder wohlbehalten an seinem Bestimmungsort an[134].

g) Mannheim (ab 30. September 1943)[135]

Veranlaßt durch verschiedene gravierende Luftkriegsschadensfälle, z. B. in Mainz, fand Anfang September 1942 eine Besprechung beim Mannheimer Oberbürgermeister, Carl Renninger, statt. Ziel war es, eine Grundsatzentscheidung des Stadtoberhauptes zur auswärtigen Lagerung von Mannheimer Kunstgütern herbeizuführen. Mit der Begründung, daß Luftschutzmaßnahmen, die »für Menschen als ausreichend angesehen werden, auch für Kunstbesitz ausreichend« seien, lehnte der Oberbürgermeister dieses Ansinnen »in schroffer Form« ab, zumal eine solche Verlagerung »in der Bevölkerung

---

[132] StadtA Ulm, B 322/20 Nr. 16: Bericht des Museums der Stadt Ulm vom 11. September 1943 über die Bergung von Museumsgut in die Saline Friedrichshall-Kochendorf; KAPP, Museum Ulm, S. 170.
[133] StadtA Ulm, B 322/20 Nr. 16: Bericht des Museums der Stadt Ulm vom 28. Oktober 1946 über eine Dienstreise nach Heilbronn-Kochendorf.
[134] StadtA Ulm, B 322/20 Nr. 16: Schreiben des Museums der Stadt Ulm vom 10. Dezember 1946 an den Oberbürgermeister der Stadt Ulm.
[135] Vgl. dazu Schreiben des Stadtarchivs Mannheim vom 21. Juni 1995 an den Verfasser.

Mannheims nur eine Beunruhigung hervorrufen« könne[136]. In den folgenden Monaten wurden aber immerhin die Schutzmaßnahmen für die Bestände der Schloßbibliothek und des Schloßmuseums vor Ort verbessert, z. B. durch Verlagerung in Kellerräume und Zumauern von Fenstern[137].

Etwa ab Mitte 1943 bemühte sich die Stadt Mannheim dann doch offiziell um geeignete Bergungsräume für Kunst- und Bibliotheksgut. Dr. Kurt Martin vermittelte als Generaldirektor der Oberrheinischen Museen den Kontakt zum Salzwerk Heilbronn[138]. Am 9. August ordnete Oberbürgermeister Carl Renninger die »Verbringung des wertvollsten Bibliotheksgutes nach einem auswärtigen Bergungsort« an[139]. Daraufhin richtete das Mannheimer Hochbauamt einen Stollen in Heilbronn her. Diese Arbeiten waren am 1. Oktober abgeschlossen[140]. Der Ausbau des Stollens und der Abtransport der Kulturgüter war durch den schweren Luftangriff auf Mannheim am 5./6. September jedoch verzögert worden. So bereitete z. B. die Beschaffung der notwendigen Kisten große Probleme[141].

Über die Abwicklung des Transports von Mannheim nach Heilbronn wurden zwischen der Stadtverwaltung und dem Salzwerk genaue Vereinbarungen getroffen. Danach konnten pro Tag maximal zwei Lastwagen abgefertigt werden, der Förderschacht stand täglich (außer Samstag und Sonntag) ab 16 Uhr zur Verfügung. Bereits ab 14 Uhr hielten sich jeweils acht Angehörige der Heilbronner Luftschutzpolizei zum Abladen bereit. Als Rückfracht diente Speisesalz[142].

---

[136] StadtA Mannheim, Wissenschaftliche Stadtbibliothek, Archivalien-Zugang 21/1968, Nr. 40: Aktennotiz vom 5. September 1942 von Dr. Böhm über eine Besprechung mit dem Oberbürgermeister. Dr. Ludwig Werner Böhm (1909–1962) war seit 1939 in Mannheim stellvertretender Leiter des Schloßmuseums und des Städtischen Archivs sowie der Schloß- und Volksbücherei. Nach dem Ende des Zweiten Weltkriegs war Böhm vor allem mit Aufgaben aus dem Bereich des ehemaligen Schloßmuseums befaßt. 1949 wurde er zum Direktor der Städtischen Museen ernannt (Schreiben des Stadtarchivs Mannheim vom 28. Februar 1996 an den Verfasser).

[137] Schreiben des Stadtarchivs Mannheim vom 21. Juni 1995 an den Verfasser.

[138] StadtA Mannheim, Wissenschaftliche Stadtbibliothek, Archivalien-Zugang 21/1968, Nr. 40: Schreiben von Dr. Böhm vom 22. Januar 1944 an die Universitätsbibliothek Heidelberg.

[139] StadtA Mannheim, Wissenschaftliche Stadtbibliothek, Archivalien-Zugang 21/1968, Nr. 40: Schreiben von Dr. Böhm vom 14. August 1943 an den Oberbürgermeister von Mannheim.

[140] StadtA Mannheim, Hauptregistratur, Archivalien-Zugang 1955–1964, Nr. 983: Bericht des Mannheimer Hochbauamts vom 15. Oktober 1943.

[141] StadtA Mannheim, Wissenschaftliche Stadtbibliothek, Archivalienzugang 21/1968, Nr. 40: Schreiben von Dr. Böhm vom 22. Januar 1944 an die Universitätsbibliothek Heidelberg.

[142] StadtA Mannheim, Hauptregistratur, Archivalien-Zugang 1955–1964, Nr. 983: Bericht des Mannheimer Hochbauamts vom 15. Oktober 1943; vgl. Abschnitte 2 e und f.

Der erste Transport von Mannheim nach Heilbronn überhaupt brachte am 30. September Besitz der Städtischen Kunsthalle zum Bergwerk[143]. Am 23. Februar 1944 hatte die Kunsthalle insgesamt 23 000 Kupferstiche, die kunsthandwerkliche Sammlung und 12 000 Bücher, Mappenwerke, Zeitschriften in Heilbronn deponiert[144].

Bis Anfang Februar 1944 waren 194 Kisten mit Sammlungsgegenständen des Mannheimer Schloßmuseums in Heilbronn eingelagert worden. Dazu gehörte auch die Fayencensammlung Hans Hermannsdörfer[145]. Es wurde nach diesem Zeitpunkt weiteres Material nach Heilbronn gebracht, denn nach dem Zweiten Weltkrieg wurden 315 Kisten zurückgegeben[146]. Sie enthielten insbesondere Porzellan, Fayencen, Gläser, Gemälde (vor allem kleine und mittlere Formate), Graphik, z. T. auch Plastiken. Unter dem Namen des Schloßmuseums wurden außerdem 31 Kisten des Mannheimer Altertumsvereins deponiert. Dabei handelte es sich um zwei Drittel desjenigen Bestandes der Abteilung Pfalz und Mannheim von dessen Bibliothek[147], welcher den Luftangriff vom September 1943 überstanden hatte.

Direkt nach dem großen Angriff auf Mannheim wurden die geretteten Bestände der Schloßbücherei per Lastwagen mit Holzvergasern[148] nach Schwetzingen gefahren und in der dortigen Schloßkapelle vorläufig gelagert, weil die für das Salzbergwerk notwendigen Kisten fehlten[149]. Besonders wertvolle Bestände, wie etwa die Sammlungen Desbillons und Weickum, waren bereits bei Kriegsbeginn im September 1939 großenteils in Kisten verpackt und in den Keller des Mannheimer Schlosses verbracht worden. Dieses Material gelangte

---

[143] StadtA Mannheim, Hauptregistratur, Archivalien-Zugang 1955–1964, Nr. 983: Schreiben des Oberbürgermeisters von Mannheim vom 29. September 1943 an den Oberbürgermeister und an den Kreisleiter in Heilbronn; HStA Stuttgart, RG 260 OMGWB 12/89-3/13 (5 of 6 und 6 of 6): Aufstellung der Transporte der Kunsthalle Mannheim nach Heilbronn.

[144] StadtA Mannheim, Hauptregistratur, Archivalien-Zugang 1955–1964, Nr. 983: Bericht von Dr. Passarge und Dr. Böhm vom 23. Februar 1944.

[145] StadtA Mannheim, Wissenschaftliche Stadtbibliothek, Archivalien-Zugang 21/1968, Nr. 40: Schreiben des Städtischen Schloßmuseums und der Städtischen Schloßbücherei Mannheim vom 2. Februar 1944 an den Generaldirektor der Oberrheinischen Museen.

[146] StadtA Mannheim, Hauptregistratur, Archivalien-Zugang 1955–1964, Nr. 983: Schreiben des Städtischen Schloßmuseums Mannheim vom 15. Januar 1946 an die Militärregierung Heilbronn und der Stadtverwaltung Mannheim vom 3. Februar 1947 an die Verlagerungsverwaltung Heilbronn.

[147] StadtA Mannheim, Wissenschaftliche Stadtbibliothek, Archivalien-Zugang 21/1968, Nr. 40: Schreiben des Städtischen Schloßmuseums und der Städtischen Schloßbücherei Mannheim vom 2. Februar 1944 an den Generaldirektor der Oberrheinischen Museen.

[148] StadtA Mannheim, Wissenschaftliche Stadtbibliothek, Archivalien-Zugang 21/1968, Nr. 40: Schreiben von Dr. Böhm vom 30. Juni 1944 an den Minister des Innern (Karlsruhe).

[149] Es handelte sich um 36 große Lastwagentransporte. StadtA Mannheim, Hauptregistratur, Archivalien-Zugang 1955–1964, Nr. 983: Bericht von Dr. Passarge und Dr. Böhm vom 23. Februar 1944.

von November 1943 bis Januar 1944 direkt nach Heilbronn[150]. Dazu gehörten auch die Handbibliothek der Lesesäle, die Theaterbibliothek und die Sammlung Mammelsdorf.

Ab dem 24. Februar kamen die vorübergehend nach Schwetzingen gebrachten geretteten Bestände der Schloßbücherei in Heilbronn an. Den Transport übernahm die Hockenheimer Firma Anton Müller Fernverkehr mit 18-Tonner-Lastzügen[151]. Zum Ausladen der Lkw standen zwei Helfer der Heilbronner Firma Koch & Mayer zur Verfügung, das Verbringen in den Schacht besorgten Kräfte vom Sicherheits- und Hilfsdienst Heilbronn[152]. Die Lieferungen aus Schwetzingen waren am 25. Juli abgeschlossen, bis zum 26. Oktober trafen weitere drei Fuhren direkt aus Mannheim ein[153]. In insgesamt 25 Transporten wurden 1776 Kisten von 80 x 45 x 40 cm Größe[154] mit über 130000 Bänden[155] aus dem Besitz der Schloßbücherei nach Heilbronn geschafft. Zusätzlich in Sicherheit gebracht wurden auf diese Weise auch Besitztümer des Nationaltheaters, der Städtischen Musikhochschule[156], des Stadtarchivs sowie von Privatpersonen[157]. Zum Kriegsende befanden sich in Heilbronn außerdem 110 Pakete der Feststellungsbehörde Mannheim[158], 59 Bücherkisten einer weiteren Privatperson[159] und zusätzliche 38 Kisten der Hochschule für Musik und Theater mit Instrumenten.

---

[150] StadtA Mannheim, Wissenschaftliche Stadtbibliothek, Archivalien-Zugang 21/1968, Nr. 40: Schreiben von Dr. Böhm vom 22. Januar 1944 an die Universitätsbibliothek Heidelberg.

[151] StadtA Mannheim, Wissenschaftliche Stadtbibliothek, Archivalien-Zugang 21/1968, Nr. 40: Schreiben von Dr. Böhm vom 8. Mai 1944 an Anton Müller (Hockenheim); Aufstellung der Städtischen Schloßbücherei Mannheim über Transporte nach Heilbronn.

[152] StadtA Mannheim, Wissenschaftliche Stadtbibliothek, Archivalien-Zugang 21/1968, Nr. 40: Schreiben von Dr. Böhm vom 8. Mai 1944 an die Direktion des Heilbronner Salzwerks.

[153] StadtA Mannheim, Wissenschaftliche Stadtbibliothek, Archivalien-Zugang 21/1968, Nr. 40: Aufstellung der Städtischen Schloßbücherei über Transporte nach Heilbronn.

[154] StadtA Mannheim, Hauptregistratur, Archivalien-Zugang 1955–1964, Nr. 983: Schreiben des Städtischen Schloßmuseums vom 15. Januar 1946 an die Militärregierung Heilbronn.

[155] LEYH, Bibliotheken, S. 153.

[156] Zur Städtischen Musikhochschule gehörte mit dem »Konservatorium« auch eine der allgemeinen Nutzung dienende Abteilung. Aus dieser entwickelte sich nach der Verstaatlichung der Musikhochschule (1970) die heutige Städtische Musikschule (Schreiben des Stadtarchivs Mannheim vom 28. Februar 1996 an den Verfasser).

[157] StadtA Mannheim, Wissenschaftliche Stadtbibliothek, Archivalien-Zugang 21/1968, Nr. 40: Aufstellung der Städtischen Schloßbücherei Mannheim über Transporte nach Heilbronn; Aufstellung des Städtischen Schloßmuseums Mannheim vom 24. April 1945; StadtA Mannheim, Hauptregistratur, Archivalien-Zugang 1955–1964, Nr. 983: Schreiben des Städtischen Schloßmuseums Mannheim vom 15. Januar 1946 an die Militärregierung Heilbronn.

[158] StA Ludwigsburg, EL 402 Heilbronn lfd. Nr. 309: Rückgabequittung vom 9. Juni 1947.

[159] StA Ludwigsburg, EL 402 Heilbronn lfd. Nr. 238, Einlagerungsverzeichnisse für Kochendorf: Aufstellung über Bergungsgüter im Steinsalzbergwerk Kochendorf.

Unmittelbar nach Kriegsende bemühten sich die Vertreter der Mannheimer Kulturinstitute in Heilbronn um die Rückgabe ihrer Einlagerungsgüter. Die Verhandlungen kamen aber erst im Februar 1946 voran, als die Direktoren Dr. Walter Passarge (Kunsthalle), Dr. Herbert Stubenrauch (Schloßbücherei) und Dr. Ludwig Werner Böhm (Schloßmuseum) in Heilbronn die Ausstellung »Südwestdeutsche Kunst des 15. Jahrhunderts – Malerei und Skulptur aus dem schwäbisch-oberrheinischen Raum« besuchten. Dort wurden Werke gezeigt, die in Heilbronn eingelagert waren. Die Herren aus Mannheim nutzten die Gelegenheit zum Gedankenaustausch mit dem Heilbronner Kunstschutzstab und erreichten die Zusage, daß die Rückführung der Mannheimer Kulturgüter bis März oder April genehmigt sein könnte. Außerdem durften sie ihr Verlagerungsgut in Augenschein nehmen – es befand sich in ausgezeichnetem Zustand[160].

Tatsächlich wurde die Rückfuhrgenehmigung im Frühjahr erteilt[161]. Am 18. April gingen zehn Kisten des Nationaltheaters nach Mannheim zurück[162]. In der Zeit vom 11. bis zum 29. Juni[163] wurden 1875 Kisten, insbesondere der Schloßbücherei, ausgelagert, dazu kamen noch 154 Kisten des Schloßmuseums. Der Erhaltungszustand war durchweg gut[164]. Der Versand erfolgte per Bahn und wurde von der Heilbronner Speditionsfirma Andreas Christ auf den Weg gebracht[165]. Dann wurde die Rückführung ausgesetzt, da in Mannheim keine geeigneten Räume zur Unterbringung mehr zur Verfügung standen[166].

Dieser Umstand sollte nicht ohne Folgen bleiben. Nach dem Abzug des amerikanischen Kunstschutzstabes im August 1946 aus Heilbronn wurde unter dem Dach des neu geschaffenen Amts für Vermögenskontrolle mit der

---

[160] StadtA Mannheim, Hauptregistratur, Archivalien-Zugang 13/1977, Nr. 830: Bericht von Dr. Passarge, Dr. Stubenrauch und Dr. Böhm an den Mannheimer Oberbürgermeister.
[161] StadtA Mannheim, Hauptregistratur, Archivalien-Zugang 1955–1964, Nr. 983: Aktennotiz des Städtischen Schloßmuseums Mannheim vom 11. Dezember 1946 über Bergungen im Salzbergwerk Heilbronn.
[162] StA Ludwigsburg, EL 402 Heilbronn lfd. Nr. 238, Berichte an MFA & A: Weekly MFA & A Collecting Point Report vom 23. April 1946.
[163] StadtA Mannheim, Hauptregistratur, Archivalien-Zugang 1955–1964, Nr. 976: Schreiben der Städtischen Schloßbücherei Mannheim vom 25. Juni 1946 an die Stadtverwaltung Mannheim.
[164] StadtA Mannheim, Hauptregistratur, Archivalien-Zugang 1955–1964, Nr. 976: Schreiben der Städtischen Schloßbücherei Mannheim vom 25. Juli 1946 an die Stadtverwaltung Mannheim.
[165] HStA Stuttgart, E 61 Bü 494: Schreiben der Speditionsfirma Andreas Christ vom 25. Juni 1946 an das Landes-Archiv (Hauptstaatsarchiv) Stuttgart.
[166] StadtA Mannheim, Hauptregistratur, Archivalien-Zugang 1955–1964, Nr. 983: Schreiben der Stadtverwaltung Mannheim vom 3. Februar 1947 an die Verlagerungsverwaltung Heilbronn; StA Ludwigsburg, EL 402 Heilbronn lfd. Nr. 309: Schreiben des Oberbürgermeisters der Stadt Mannheim vom 12. Februar 1947 an die Verlagerungsverwaltung bei der Militärregierung Heilbronn.

Verlagerungs-Verwaltung für die Auslagerung eine neue Dienststelle errichtet, die – rückwirkend ab 1. April 1945 – Kosten für die Einlagerung berechnete. Die Stadtverwaltung Mannheim wurde mit immerhin RM 223,– pro Monat veranlagt[167]. Die Rückführung des noch in Heilbronn verbliebenen Materials des Schloßmuseums wurde schließlich am 28. Februar 1947 genehmigt, die Transporte erfolgten am 25. und 27. März sowie am 9. und 22. April per Möbelwagen[168]. Dabei dürften auch die 37 Kisten des Stadtarchivs nach Mannheim zurückgelangt sein[169]. Die Auslagerung war am 2. Mai 1947 beendet[170]. Die Rückführung der 315 Kisten der Städtischen Kunsthalle wurde am 4. März 1947 beantragt[171] und vom 22. April bis zum 9. Mai durchgeführt. Gleichzeitig sind die 110 Kisten der Feststellungsbehörde[172] und auch 74 der 75 Kisten der Mannheimer Musikhochschule zurückgelangt; 1 Kiste fehlte bei der Auslagerung[173].

h) Staatsarchiv Wiesbaden (ab 14. Dezember 1943)

Das heutige Hessische Hauptstaatsarchiv und damalige Staatsarchiv Wiesbaden wurde mit Schreiben vom 30. Oktober 1943 von Dr. Ernst Zipfel als dem Generaldirektor der Staatsarchive angewiesen, die noch im Archiv befindlichen Urkunden, Handschriften, Kopiare, Findbücher und sonstigen wichtigen Bestände an Ausweichstellen zu verbringen, weil im Katastrophenfall nicht mit der Rettung von Beständen aus dem Magazin zu rechnen sei. Dr. Zipfel ersuchte das Staatsarchiv Wiesbaden außerdem, nicht alles auf dem Ehrenbreitstein[174] zu konzentrieren, sondern möglichst ein Bergwerk ausfindig zu machen. Er empfahl dasjenige, welches das Hauptstaatsarchiv Stuttgart benutzte. Diese Aufforderung ging am 1. November 1943 in Wiesbaden

---

[167] StadtA Mannheim, Hauptregistratur, Archivalien-Zugang 1955–1964, Nr. 983: Schreiben der Verlagerungs-Verwaltung in den Salzbergwerken Heilbronn und Kochendorf vom 19. November 1946 an die Stadtverwaltung Mannheim.
[168] StadtA Mannheim, Hauptregistratur, Archivalien-Zugang 13/1977, Nr. 830: Schreiben des Städtischen Schloßmuseums Mannheim vom 25. April 1947 an die Stadtverwaltung Mannheim.
[169] Schreiben des Stadtarchivs Mannheim vom 28. Februar 1996 an den Verfasser.
[170] StA Ludwigsburg, EL 402 Heilbronn lfd. Nr. 309: Report of Property Transactions vom 16. Juni 1947.
[171] StadtA Mannheim, Hauptregistratur, Archivalien-Zugang 1955–1964, Nr. 983: Antrag vom 4. März 1947; Schreiben der Städtischen Kunsthalle Mannheim vom 10. März 1947 an die Stadtverwaltung Mannheim.
[172] StA Ludwigsburg, EL 402 Heilbronn lfd. Nr. 309: Rückgabequittung vom 9. Juni 1947.
[173] StA Ludwigsburg, EL 402 Heilbronn lfd. Nr. 309: Report of Property Transactions vom 16. Juni 1947.
[174] Nach einer Aufstellung vom Oktober 1945 hatte das Staatsarchiv Wiesbaden Materialien an neun verschiedene Auslagerungsstellen versandt, der weitaus größte Teil davon befand sich auf dem Ehrenbreitstein (HHStA Wiesbaden, Abt. 404 Nr. 1521: Übersicht über die Ausweichstellen des Staatsarchivs).

ein[175]. Am gleichen Tag fragten die Hessen in Stuttgart in einem mit dem Vermerk »eilt sehr« versehenen Schreiben an, ob Findbücher und Archivalien aus Wiesbaden in dem von dort benutzten Bergwerk noch Platz finden könnten[176]. Die Antwort aus Stuttgart[177] wurde am 3. November formuliert und traf am 6. d. M. in Wiesbaden ein. Die Württembergische Archivdirektion signalisierte darin die Möglichkeit, daß in beschränktem Maße Findbücher und Archivalien im Salzbergwerk Kochendorf untergebracht werden könnten. Sie empfahl jedoch, direkt mit der Salinenleitung in Kontakt zu treten, weil diese die alleinige Verfügung habe[178]. Noch am gleichen Tage, ebenfalls mit dem Vermerk »eilt sehr« und unter Beifügung eines Freiumschlages für die Rückantwort, bat Wiesbaden die Direktion des Kochendorfer Salzbergwerkes um Einlagerung eines Eisenbahnwagens Archivalien[179]. Auch Dr. Baur reagierte sehr rasch und teilte mit, daß die Saline die Unterbringung sämtlicher Kulturgüter in der Steinsalzgrube dem Direktor des Landesamtes für Denkmalpflege in Stuttgart, Dr. Richard Schmidt, übertragen habe. Dieses Schreiben mit Datum vom 10. November ging zwei Tage später in Wiesbaden ein[180]. Wiederum am gleichen Tag, mit »eilt sehr«-Vermerk und mit Freiumschlag für die Antwort, bat das Staatsarchiv Dr. Schmidt um die Zustimmung zur Einlagerung[181]. Der Landeskonservator antwortete bereits am 15. November positiv. Er verlangte allerdings, daß die Archivalien in Kisten verpackt sein müßten und daß die Verschickung einige Tage zuvor ihm bzw. der Salinendirektion Kochendorf angezeigt werde[182]. Nach diesem positiven Fortgang der Verhandlungen dauerte es mehrere Wochen, bis das Staatsarchiv Wiesbaden von der Reichsbahn einen Güterwagen zum Aktentransport bekommen konnte. Zwischendurch schickte das Archiv am 14. und am 20. Dezember per Stückgut je drei Kisten nach Kochendorf[183]. Am 23. Dezember stand dann der Güterwagen zur Verfügung. Drei Archivmitarbeiter wuchteten weitere 60 schwere Kisten im Archiv zunächst auf Rollwagen und dann im Güterbahn-

---

[175] HHStA Wiesbaden, Abt. 404 Nr. 1253: Schreiben des Generaldirektors der Staatsarchive (Berlin) vom 30. Oktober 1943 an das Staatsarchiv Wiesbaden.
[176] HHStA Wiesbaden, Abt. 404 Nr. 1253: Schreiben des Staatsarchivs Wiesbaden vom 1. November 1943 an das Hauptstaatsarchiv Stuttgart.
[177] Der Schriftverkehr findet sich auch im HStA Stuttgart, E 61 Bü 495 /107 und /108.
[178] HHStA Wiesbaden, Abt. 404 Nr. 1253: Schreiben der Württembergischen Archivdirektion vom 3. November 1945 an das Staatsarchiv Wiesbaden.
[179] HHStA Wiesbaden, Abt. 404 Nr. 1253: Schreiben des Staatsarchivs Wiesbaden vom 6. November 1943 an die Direktion des Salzbergwerks Friedrichshall-Kochendorf.
[180] HHStA Wiesbaden, Abt. 404 Nr. 1253: Schreiben der Staatlichen Saline Friedrichshall vom 10. November 1943 an das Staatsarchiv Wiesbaden.
[181] HHStA Wiesbaden, Abt. 404 Nr. 1253: Schreiben des Staatsarchivs Wiesbaden vom 12. November 1943 an den Direktor des Landesamts für Denkmalpflege (Stuttgart).
[182] HHStA Wiesbaden, Abt. 404 Nr. 1253: Schreiben des Württembergischen Landesamts für Denkmalpflege (Stuttgart) vom 15. November 1943 an das Staatsarchiv Wiesbaden.
[183] HHStA Wiesbaden, Abt. 404 Nr. 1253: Schreiben des Staatsarchivs Wiesbaden vom 13. Dezember 1943 an das Württembergische Landesamt für Denkmalpflege (Stuttgart).

hof in den Eisenbahnwagen[184]. Der Transport wurde mit RM 75 000,– versichert[185], die Kisten hatten die Maße 80 x 70 x 40 cm[186]. Sie enthielten Urkunden, Akten, Copialbücher und Zettelrepertorien[187].

Im Februar 1944 wollte Wiesbaden einen weiteren Transport nach Kochendorf auf den Weg bringen, nachdem zwischenzeitlich Staatsarchivdirektor Dr. Hirschfeld vom Staatsarchiv Koblenz die besondere Eignung dieses Bergwerkes für Kulturguteinlagerungen nochmals bestätigt hatte[188]. Dr. Schmidt und die Saline Friedrichshall sagten die Aufnahme weiterer Materialien aus Wiesbaden zu[189]. Doch der Transport kam nicht mehr zustande. Denn trotz intensiver Bemühungen gelang es nicht, die notwendigen Transportkisten zu beschaffen[190]. Im April/Mai 1944 kam ein anderes Problem hinzu. Die Saline Kochendorf konnte keine Kulturgüter mehr aufnehmen, weil die Förderkörbe für die Rüstungsindustrie benötigt wurden[191]. Wiesbaden fragte zwar immer wieder nach, erhielt aber zuletzt mit Schreiben vom 4. Dezember 1944 – dem Tag, an dessen Abend Heilbronn zerstört wurde – aus Kochendorf die Antwort, daß die Aufnahme von Kulturgütern zur Zeit nicht möglich sei und daß man in einigen Monaten nochmals nachfragen könne. Das Staatsarchiv Wiesbaden legte diese Antwort auf Wiedervorlage am 1. April 1945[192].

Im Dezember 1945 erfuhr das Staatsarchiv Wiesbaden vom württembergischen Landeskonservator Dr. Schmidt, daß die in Kochendorf lagernden Archivbestände unversehrt geblieben sind[193]. Am 18. April 1946 stellte Wiesbaden über das Military Government for Greater Hesse, Section for Monuments, Fine Arts & Archives, bei Leutnant Koch als dem in Stuttgart für Württemberg zuständigen Kunst- und Archivoffizier einen Antrag auf Rück-

---

[184] HHStA Wiesbaden, Abt. 404 Nr. 1253: Schreiben des Staatsarchivs Wiesbaden vom 31. Dezember 1943 an den Generaldirektor der Staatsarchive (Berlin).
[185] HHStA Wiesbaden, Abt. 404 Nr. 1253: Schreiben der Spedition J. & G. Adrian (Wiesbaden) vom 23. Dezember 1943 an das Staatsarchiv Wiesbaden.
[186] HHStA Wiesbaden, Abt. 404 Nr. 1521: Übersicht über Ausweichstellen des Staatsarchivs vom Oktober 1945.
[187] HHStA Wiesbaden, Abt. 404 Nr. 1253: Schreiben des Staatsarchivs Wiesbaden vom 31. Dezember 1943 an den Generaldirektor der Staatsarchive (Berlin).
[188] HHStA Wiesbaden, Abt. 404 Nr. 1253: Schreiben des Staatsarchivs Koblenz vom 5. Februar 1944 an den Oberpräsidenten der Rheinprovinz (Düsseldorf); vgl. Abschnitt 11. I c.
[189] HHStA Wiesbaden, Abt. 404 Nr. 1253: Schreiben des Württembergischen Landesamts für Denkmalpflege vom 24. Februar 1944 an das Staatsarchiv Wiesbaden.
[190] HHStA Wiesbaden, Abt. 404 Nr. 1243: Schreiben des Staatsarchivs Wiesbaden vom 7. Juni 1944 an den Generaldirektor der Staatsarchive (Berlin).
[191] StadtA Mannheim, Wissenschaftliche Stadtbibliothek, Archivalien-Zugang 21/1968, Nr. 40: Schreiben der Universitätsbibliothek Heidelberg vom 1. Mai 1944.
[192] HHStA Wiesbaden, Abt. 404 Nr. 1253: Schreiben der Staatlichen Saline Friedrichshall vom 4. Dezember 1944 an das Staatsarchiv Wiesbaden.
[193] HHStA Wiesbaden, Abt. 404 Nr. 1253: Schreiben des Württembergischen Landesamts für Denkmalpflege vom 15. Dezember 1945 an das Staatsarchiv Wiesbaden.

führung der Archivalien aus Kochendorf[194]. Ein Aktenvermerk vom 17. August 1946 besagt, daß die Genehmigung am Vortag erteilt worden sei[195]. Um die teure und komplizierte Dienstreise eines Angehörigen des Wiesbadener Staatsarchivs vermeiden zu können, bat dessen Direktor seine Stuttgarter Kollegen diesbezüglich um Amtshilfe. Ein Stuttgarter Archivar solle auf Kosten Wiesbadens nach Kochendorf fahren, die Auslagerung der 66 Kisten beobachten, diese auf Mängel hin überprüfen und schließlich den Versand nach Wiesbaden überwachen[196]. Die Württembergische Archivdirektion sagte die gewünschte Hilfe zu[197]. Inzwischen hatte aber die Zuständigkeit für die Auslagerung der Materialien gewechselt. Sie war von der amerikanischen Militärregierung auf das deutsche Amt für Vermögenskontrolle übergegangen. Die bereits erteilte Rückführungsgenehmigung war damit hinfällig geworden[198]. Nach weiteren Verhandlungen und nach Zahlung vom RM 200,60 durch Wiesbaden[199] teilte die Verlagerungs-Verwaltung dem Staatsarchiv Wiesbaden am 28. Februar 1947 mit, daß der Auslagerungsantrag genehmigt sei[200]. Am Samstag, dem 15. März 1947[201], wurden die 66 Kisten unter Aufsicht eines Vertreters der Württembergischen Archivdirektion aus dem Salzbergwerk ans Tageslicht befördert und am 17. März durch die Heilbronner Spedition Andreas Christ in einen Waggon verladen. Der Rücktransport, der mit RM 50000,- versichert wurde, erfolgte am 18. März an das Rollkontor Wiesbaden (Station Wiesbaden, Hauptbahnhof)[202].

---

[194] HHStA Wiesbaden, Abt. 404 Nr. 1253: Schreiben des Staatsarchivs Wiesbaden vom 18. April 1946 an das Military Government for Greater Hesse.
[195] HHStA Wiesbaden, Abt. 404 Nr. 1253: Aktenvermerk des Staatsarchivs Wiesbaden vom 17. August 1946.
[196] HHStA Wiesbaden, Abt. 404 Nr. 1253: Schreiben des Staatsarchivs Wiesbaden vom 7. September 1946 an das Staatsarchiv Würzburg.
[197] HHStA Wiesbaden, Abt. 404 Nr. 1253: Schreiben der Württembergischen Archivdirektion vom 10. September 1946 an das Staatsarchiv Wiesbaden.
[198] HHStA Wiesbaden, Abt. 404 Nr. 1253: Schreiben der Verlagerungs-Verwaltung in den Salzbergwerken Heilbronn und Kochendorf vom 28. November 1946 an das Staatsarchiv Wiesbaden.
[199] HHStA Wiesbaden, Abt. 404 Nr. 1253: Schreiben des Staatsarchivs Wiesbaden vom 19. November 1946 an die Verlagerungs-Verwaltung in den Salzbergwerken Heilbronn und Kochendorf.
[200] HHStA Wiesbaden, Abt. 404 Nr. 1253: Schreiben der Verlagerungs-Verwaltung in den Salzbergwerken Heilbronn und Kochendorf vom 28. Februar 1947 an das Staatsarchiv Wiesbaden.
[201] HStA Stuttgart, E 61 Bü 494: Quittung vom 22. März 1947.
[202] HHStA Wiesbaden, Abt. 404 Nr. 1253: Schreiben der Spedition Andreas Christ (Heilbronn) vom 17. März 1947 an das Staatsarchiv Wiesbaden.

i) Hessisches Staatsarchiv Darmstadt (ab 19. Februar 1944)

Das Hessische Staatsarchiv Darmstadt hatte ab August 1942 mit Auslagerungen nach Goddelau und Heppenheim begonnen. Nachdem sich die Suche nach geeigneten Auslagerungsorten als immer schwieriger erwies, griff Darmstadt einen Hinweis von Generaldirektor Dr. Zipfel bezüglich Kochendorf auf. Zunächst erkundigte man sich im November 1943 beim Hauptstaatsarchiv Stuttgart nach Eignung und Verwendungsmöglichkeiten des Kochendorfer Salzbergwerks[203] und erhielt im Dezember 1943 von Landeskonservator Dr. Schmidt die Zusage, Bestände dort einlagern zu dürfen[204]. Die Transporte erfolgten am 19. und 26. Februar sowie am 11. März 1944. Per Möbelwagen wurden dabei etwa 1000 lfd. Meter Akten und Urkunden verlagert[205].

Über den Ablauf der beiden ersten Transporte existieren sehr genaue Berichte. Am Samstag, dem 19. Februar 1944, wurde um 6.15 Uhr mit dem Aufstapeln der Urkundenkisten in den Arkaden im Schloßhof, dem langjährigen Dienstsitz des Staatsarchivs, begonnen. Während die ersten Kisten bereits in den Möbelwagen eingeladen wurden, fuhr man ständig Nachschub zu. Bis 10 Uhr fanden auf diese Weise 946 Urkundenkästen (u. a. die allgemeine Urkundensammlung und die Staatsverträge sowie die Siegel- und Wappenkollektion) sowie 325 Konvolute von Hausarchivakten im Möbelwagen Platz. Nach einer halbstündigen Frühstückspause begann die Fahrt nach Kochendorf, wo der Transport um 14.15 Uhr eintraf. Nach der Mittagspause wurde ab 15.30 Uhr ausgeladen und das Archivgut nach unter Tage verbracht. Diese Arbeit war um 17.45 Uhr beendet[206]. Mitglieder der Belegschaft des Salzwerkes wirkten als Hilfskräfte mit[207]. Nach einer Abendpause fuhr der Möbelwagen von 19 Uhr bis 22.15 Uhr zurück.

Eine Woche später, am Samstag, dem 26. Februar 1944, erfolgte der nächste Transport nach Kochendorf. Diesmal waren 1124 Konvolute aus dem Hausarchiv und kleinere andere Bestände zu befördern. Ab 6 Uhr wurden die Archivalien wie gehabt unter den Arkaden aufgeschichtet. Das Einladen begann kurz nach 7 Uhr und dauerte zwei Stunden. Die Fahrt begann um 9.15 Uhr, der Möbelwagen erreichte Kochendorf – nach einer Mittagspause in Jagstfeld – um 13.45 Uhr. Das Abladen verlief programmgemäß, nicht jedoch das Verbringen nach unter Tage. Denn es waren inzwischen aus Florenz mehrere Eisenbahngüterwagen mit den Sammlungen und der Bibliothek des dortigen

---

[203] HStA Stuttgart, E 61 Bü 495 |122.
[204] HStA Stuttgart, E 61 Bü 495: Schreiben des Hessischen Staatsarchivs Darmstadt vom 8. Dezember 1943 an das Staatsarchiv Stuttgart.
[205] Schreiben des Hessischen Staatsarchivs Darmstadt vom 13. Juni 1995 an den Verfasser.
[206] Beilage zum Schreiben des Hessischen Staatsarchivs Darmstadt vom 13. Juni 1995 an den Verfassser.
[207] HessStA Darmstadt, Dienstregistratur I T 3: Schreiben des Hessischen Staatsarchivs Darmstadt vom 22. März 1947 an die Verlagerungs-Verwaltung in den Salzbergwerken Heilbronn und Kochendorf.

Deutschen Kunsthistorischen Instituts eingetroffen. Aufgrund einer »Verfügung aus der Führerkanzlei« waren diese »bald möglichst nach Eintreffen« nach unter Tage zu bringen. Trotz heftiger Proteste des Staatsarchivs Darmstadt entschied man sich in Kochendorf dafür, zuerst die Sendung aus Florenz einzulagern. Das Archivgut aus Hessen wurde deshalb in der Förderhalle zwischengestapelt und erst am nächsten Tag in die Grube verbracht[208]. Über den dritten Transport am 11. März 1944 liegt kein genauer Bericht vor.

Die Rückführung der Archivalien nach dem Zweiten Weltkrieg bedurfte nicht nur langer formaler Verhandlungen, sondern sie war auch zunächst deshalb nicht möglich, weil das Dienstgebäude des Staatsarchivs bei einem Luftangriff am 11. September 1944 völlig ausgebrannt war und infolgedessen bis in das Jahr 1947 kein Platz zur Wiederaufnahme der ausgelagerten Materialien zur Verfügung stand[209]. Ende Mai 1947 forderte dann der für die Auslagerung zuständige Treuhänder das Staatsarchiv ultimativ zur baldigen Rückführung der Archivalien auf[210].

Im Zusammenhang mit der Auslagerung umschrieb Darmstadt die nach Kochendorf verbrachten Archivalien mit folgenden Stichworten: »Sammlungen von Originalurkunden, Staatsverträgen, Grenzprotokollen, Besitznachweisen des hessischen Staates etc. vom 9. bis 19. Jahrhundert; Sammlungen der Grundbücher seit dem 14. Jahrhundert; die Handschriftenabteilung, im 13. Jahrhundert beginnend; Akten der Landgrafschaft bzw. des Großherzogtums Hessen vom 16. bis 19. Jahrhundert«[211]; außerdem das »Hausarchiv der Landgrafschaften Hessen-Darmstadt und Hessen-Homburg (Urkunden, Akten und persönliche Papiere aus dem 16. bis 19. Jahrhundert), ferner das Großherzogliche Hessische Familienarchiv, enthaltend hanauische Urkunden und Akten des Großherzoglichen Hauses aus dem 19. Jahrhundert«.[212]

Vom 23. bis 28. Juni 1947 erfolgte der Rücktransport[213] aus Stollen 7 b. Dafür waren 30 Meter Möbelwagen notwendig[214]. Dabei stellte sich heraus, daß

---

[208] Beilage zum Schreiben des Hessischen Staatsarchivs Darmstadt vom 13. Juni 1995 an den Verfassser.

[209] HessStA Darmstadt, Dienstregistratur I T 3: Schreiben des Staatsarchivs Darmstadt vom 3. Juni 1947 an den Finanzminister des Landes Nordbaden-Nordwürttemberg.

[210] HessStA Darmstadt, Dienstregistratur I T 3: Schreiben der Verlagerungs-Verwaltung in den Salzbergwerken Heilbronn und Kochendorf vom 29. Mai 1947 an das Staatsarchiv Darmstadt.

[211] HessStA Darmstadt, Dienstregistratur I T 3: Entwurf eines Schreibens des Hessischen Staatsarchivs Darmstadt vom 28. Februar 1947 an das Amt für Vermögenskontrolle (Darmstadt).

[212] StA Ludwigsburg, EL 402 Heilbronn lfd. Nr. 309: Schreiben des Amts für Vermögenskontrolle (Darmstadt) vom 10. März 1947 an das Hessische Staatsarchiv Darmstadt.

[213] Beilage zum Schreiben des Hessischen Staatsarchivs Darmstadt vom 13. Juni 1995 an den Verfassser.

[214] HessStA Darmstadt, Dienstregistratur I T 3: Schreiben des Hessischen Staatsarchivs Darmstadt vom 7. Juli 1947 an den Minister für Kultus und Unterricht in Wiesbaden.

vier von den fünf Blechkisten mit dem Nachlaß des Prinzen Alexander von Hessen gewaltsam aufgebrochen worden waren[215]. Die zurückgeführten Archivbestände befanden sich aber alle in einem sehr guten Zustand[216].

j) Köln (ab 24. März 1944)[217]

Nach dem sogenannten »Tausendbomberangriff« am 31. Mai 1942 auf die Stadt Köln begannen dort Auslagerungen im großen Stil[218]. Zielort war in erster Linie die Festung Ehrenbreitstein bei Koblenz. In diese verlagerte z. B. das Stadtarchiv Kirchenbücher, die Akten der Vororte Deutz und Mülheim, die sogenannten Eisenbahnakten (Rheinische Eisenbahn und verwandte Gesellschaften) sowie die Registraturen des 19. Jahrhunderts. Der Umfang betrug – ohne Kirchenbücher – ca. 1200 lfd. Meter[219]. Entsprechendes galt für die neun städtischen Museen von Köln. Die enorme Konzentration von Kulturgütern in der Festung Ehrenbreitstein veranlaßte Generaldirektor Dr. Ernst Zipfel als K.f.d.A., die Einlagerer auf eine dezentrale Verwahrung zu drängen. Er empfahl in diesem Zusammenhang auch das Salzbergwerk Kochendorf[220]. Am 4. Februar 1944 traf sich deshalb der Kölner Beigeordnete Dr. Julius Ludwig u. a. mit dem Koblenzer Staatsarchivdirektor Dr. Hirschfeld und dem Stuttgarter Landeskonservator Dr. Schmidt in Kochendorf, um das dortige Bergwerk im Hinblick auf Einlagerungsmöglichkeiten kennenzulernen[221]. Offenbar als Ergebnis dieser Unterredung erhielt das Kölner Kulturamt (Amt 72) den Auftrag, einen Depotraum in Kochendorf herrichten zu lassen. Dorthin wurden erstmals am 24. März Kulturgüter aus Köln überführt: 51 Kisten der Römisch-Germanischen Abteilung des Wallraf-Richartz-Museums und 35 Kisten des Rautenstrauch-Joest-Museums sowie Privatgut, das sich in der Obhut der Römisch-Germanischen Abteilung befand, und 142 Kisten der Universitätsbibliothek. Begleitet wurde dieser Transport vom damaligen Museumszeichner Ernst Franke.

Im April erfolgte ein weiterer Transport von Köln nach Kochendorf, der z. B. den sogenannten Agrippakopf der Römisch-Germanischen Abteilung des Wallraf-Richartz-Museums sowie weiteres Privatgut enthielt. Im Juni ka-

---

[215] HessStA Darmstadt, Dienstregistratur I T 3: Schreiben des Hessischen Staatsarchivs Darmstadt vom 28. Juni 1947 an die Großherzogliche Vermögensverwaltung Darmstadt.
[216] Schreiben des Hessischen Staatsarchivs Darmstadt vom 13. Juni 1995 an den Verfasser.
[217] Die Informationen entstammen – soweit nicht anders angegeben – einem Schreiben (mit Beilagen) des Römisch-Germanischen Museums Köln vom 4. August 1995 an den Verfasser.
[218] HELLENKEMPER, Gedächtnisverlust, S. 11.
[219] Schreiben des Historischen Archivs der Stadt Köln vom 26. Mai 1995 an den Verfasser.
[220] Vgl. Abschnitt 2 a.
[221] HHStA Wiesbaden, Abt. 404 Nr. 1253: Schreiben des Staatsarchivs Koblenz vom 5. Februar 1944 an den Oberpräsidenten der Rheinprovinz (Düsseldorf).

men schließlich 49 Kisten des Museums für Naturkunde u. a. mit Knochen, Steinen, Salzen, Mineralien und Erzen von Köln nach Kochendorf. Zum Teil schon im April, insbesondere aber im Mai 1944 wurden unabhängig davon umfangreiche Umlagerungen vom Ehrenbreitstein nach Kochendorf vorgenommen, organisiert vom Kulturamt der Stadt Köln und zumindest teilweise gegen den Widerspruch der Museumsleiter. Da Kochendorf ab April/Mai 1944 für die Aufnahme von Kulturgut gesperrt war, mußte z. T. in Bronnbach zwischengelagert werden. Am Ende des Zweiten Weltkrieges hatten nach einer Aufstellung aus dem Jahr 1945 folgende Kölner Institutionen in Kochendorf eingelagert: Haus der Rheinischen Heimat (10 Kisten, heute Kölnisches Stadtmuseum), Historisches Archiv (693 Kästen und 11 Lattenverschläge), Kunstgewerbemuseum (141 Kisten), Naturkundemuseum (12 Kisten[222]), Ostasiatisches Museum (32 Kisten), Rathaus (15 Kisten), Rautenstrauch-Joest-Museum (143 Kisten), Schnütgen-Museum (5 Kisten), Standesämter, Universitätsbibliothek (142 Kisten), Wallraf-Richartz-Museum/Römisch-Germanische Abteilung (128 Kisten), Privatpersonen (24 Kisten).

Die Auslagerung und Rückführung der Kölner Kulturgüter begann im April 1946 mit den Standesamtsunterlagen, die zunächst in das Hotel Bräuninger in Jagstfeld gebracht wurden, damit die sogenannte »Vatican-Mission« dort Todesfälle nachprüfen konnte[223]. Zwischendurch kamen am 20. und am 26. Juli 1946 zehn bzw. zwei Lkw mit Archivmaterial in Köln an[224]. Die Rückführungsaktion der Kölner Kulturgüter aus Kochendorf endete im Juli 1947, als drei Lastwagen mit britischem Militärpersonal den Rest der Güter zurückbrachten[225].

k) Staatsarchiv Düsseldorf (ab 26. März 1944)

Das heutige Nordrhein-Westfälische Hauptstaatsarchiv und damalige Staatsarchiv Düsseldorf wurde mit Schreiben vom 18. Februar 1944 von Dr. Zipfel als Generaldirektor der Staatsarchive ersucht, von einer weiteren Belegung des Schachts in Borth (Niederrhein) Abstand zu nehmen und die Findbücher von dort nach Oberhausen oder Kochendorf zu bringen. Gleichzeitig wies Dr. Zipfel darauf hin, daß noch weitere Flüchtungstransporte nach Kochendorf gesandt werden könnten[226]. Am 19. März fuhr deshalb Staatsarchivrat

---

[222] Diese Angabe ist mit ziemlicher Sicherheit zu niedrig.
[223] HStA Stuttgart, RG 260 OMGUS 3/438-1/11 (2 of 2): MFA & A Collecting Point Report for the Month of March vom 28. März 1946; MFA & A Collecting Point Report for the Month of April vom 30. April 1946.
[224] Mitteilung des Historischen Archivs der Stadt Köln vom 26. Mai 1995 an den Verfasser.
[225] HStA Stuttgart, RG 260 OMGUS 3/438-1/11 (2 of 2): Monthly Consolidated MFA & A Field Report vom 11. August 1947; RG 260 OMGUS 3/407-3/1 (1 of 1): One Year History (1 July 1946–30 June 1947) Monuments, Fine Arts & Archives.
[226] NHStA Düsseldorf, Altregistratur BR 2094/301 Bl. 43.

Dr. Otto Korn als Leiter der Düsseldorfer Institution nach Kochendorf[227]. Zuvor hatte Reichsoberarchivrat Dr. Wilhelm Kisky von der Archivberatungsstelle der Rheinprovinz die Reisekosten in Höhe von RM 88,– bewilligt[228], weil es sich bei der geplanten Bergung hauptsächlich um nicht-staatliche, lediglich im Staatsarchiv deponierte Archivalien handelte und weil die Archivberatungsstelle selbst einige von ihr zu bergende Archivalien dem geplanten Transport mitgeben wollte[229]. In Kochendorf verhandelte Dr. Korn mit Dr. Baur und erhielt die Zusage, in Abbaukammer 12 b den Inhalt von zehn Eisenbahnwaggons von je 20 Tonnen Gewicht lagern zu dürfen. Allerdings stellte die Salinenleitung einige Bedingungen. Insbesondere wurde die Aufbewahrung der Düsseldorfer Archivalien in einem abgeschlossenen Raum von Kochendorf abgelehnt. Begründung: Eine Abbaukammer könne etwa 60 Eisenbahnwaggons voll Material fassen. Wegen des enormen Ansturms von Interessenten zur Bergung von Kultur- und Wirtschaftsgütern müsse der zur Verfügung stehende Raum voll ausgenützt werden. Wegen der großen Nachfrage durfte auch nicht mehr als eine Wagenladung pro Woche geschickt, und jeder Transport mußte der Saline telegrafisch oder fernmündlich angekündigt werden. Außerdem mußte ein Holzrost gefertigt werden, um die Archivalien nicht direkt auf dem Boden zu lagern[230]. Zusätzlich mußten Arbeitskräfte für das Ausladen und Einlagern der Archivalien über und unter Tage gestellt werden[231]. Bei der Erfüllung der letztgenannten Forderung kam dem Düsseldorfer Staatsarchivleiter der Umstand zu Hilfe, daß sein Magazinverwalter, Artur Werner, zu diesem Zeitpunkt als Feldwebel bei der Kraftfahrpark-Ersatz-Abteilung 5 in Neckarsulm, also in unmittelbarer Nähe von Kochendorf, Dienst tat. Dr. Korn vereinbarte mit Hauptfeldwebel Rothfuß, daß Werner immer dann Urlaub erhalten solle, wenn ein Transport aus Düsseldorf eintreffe, um ein Kommando von zehn Mann beim Auslagern und Verbringen nach unter Tage zu führen[232]. Für das Einladen der Waggons in Düsseldorf wurden zwölf Mann und ein Wachtmeister aus dem Gefängnis Düsseldorf-Derendorf eingesetzt. Am Sonntag, dem 26. März 1944, wurde ein erster Transport nach Kochendorf zusammengestellt und per Bahn auf die Reise geschickt. Er bestand aus 3200 Paketen und enthielt Akten der Bezirksregierungen Düsseldorf, Köln und Aachen (19. Jahrhundert)[233]. Das Material wurde am 1. April nach unter

---

[227] NHStA Düsseldorf, Altregistratur BR 2094/301 Bl. 46/1.
[228] NHStA Düsseldorf, Altregistratur BR 2094/301 Bll. 45–46.
[229] NHStA Düsseldorf, Altregistratur BR 2094/301 Bl. 46.
[230] Die Beschaffung des dazu notwendigen Holzes (3 cbm) bereitete große Schwierigkeiten: NHStA Düsseldorf, Altregistratur BR 2094/301 Bll. 49, 59, 60 f.
[231] NHStA Düsseldorf, Altregistratur BR 2094/301 Bll. 46/1, 47.
[232] NHStA Düsseldorf, Altregistratur BR 2094/301 Bll. 51–53.
[233] NHStA Düsseldorf, Altregistratur BR 2094/301 Bll. 55–57.

Tage verbracht[234]. Für die Bergung in der Saline wurden RM 487,34 berechnet[235].

Ein zweiter Transport von 87 Kisten mit Büchern und Akten erfolgte am 18. Juni. Er konnte aber wegen Inanspruchnahme des Schachts durch die Rüstungsindustrie zunächst nicht nach unter Tage gebracht werden und wurde deshalb in Packräumen des Siedehauses III in Jagstfeld zwischengelagert[236]. Damit war auch die Kochendorfer Zusage zur Aufnahme von acht weiteren Waggons hinfällig. Eine Mitteilung der Saline vom 22. Februar 1945 besagt dann, daß die in Jagstfeld abgestellten Kisten »seit längerer Zeit« in der Grube eingelagert worden seien[237].

Vor dem Rücktransport der Materialien nach dem Zweiten Weltkrieg fanden Verhandlungen zwischen dem Staatsarchiv Düsseldorf und der Saline Kochendorf statt, die zwischen der britischen (für Düsseldorf) und der amerikanischen (für Kochendorf) Militärregierung vermittelt wurden. Seitens der Engländer war der Kunstschutzoffizier Major Lionel Perry, in Kochendorf Hans-Joachim Meisenburg beteiligt. Perry bestätigte, daß sich die Materialien in Kochendorf »in bester Verfassung« befanden[238]. Schließlich wurden die Bestände des Staatsarchivs Düsseldorf und der Landes- und Stadtbibliothek Düsseldorf am 22./26. Juli 1946[239] unter Leitung von Dr. Rudolf Brandts aus der Grube herausgeholt und am 27. Juli zusammen in drei Eisenbahnwaggons auf die Heimreise geschickt. Die Saline berechnete für beide Institutionen zusammen RM 324,– Lagermiete, RM 464,10 Arbeitslohn für das Herausholen aus der Grube und RM 240,– für die Benützung der Förderanlage[240]. Für die drei Waggons waren an Fracht, Standgeld usw. weitere RM 1648,70 aufzuwenden. Diese Beträge teilten sich das Staatsarchiv und die Bibliothek im Verhältnis 2 zu 1[241].

l) Nicht-staatliche Archive aus Schleswig-Holstein (ab Ende April 1944)

Die zunehmende Luftkriegsgefahr veranlaßte die Kieler Archivberatungsstelle der Provinz Schleswig-Holstein, nach Auslagerungsmöglichkeiten für nichtstaatliches Archivgut zu suchen. Nach langen Verhandlungen gelang es, im

---

[234] StA Ludwigsburg, EL 402 Heilbronn lfd. Nr. 238, Einlagerungsverzeichnisse für Kochendorf: Aufstellung über Bergungsgüter im Steinsalzbergwerk Kochendorf.
[235] NHStA Düsseldorf, Altregistratur BR 2094/301 Bl. 68.
[236] NHStA Düsseldorf, Altregistratur BR 2094/301 vor allem Bll. 69, 81, 82.
[237] NHStA Düsseldorf, Altregistratur BR 2094/301 Bl. 83.
[238] NHStA Düsseldorf, Altregistratur BR 2094/301 Bl. 89.
[239] StA Ludwigsburg, EL 402 Heilbronn lfd. Nr. 238, Einlagerungsverzeichnisse für Kochendorf: Aufstellung über Bergungsgüter im Steinsalzbergwerk Kochendorf.
[240] NHStA Düsseldorf, Altregistratur BR 2094/301 Bl. 90.
[241] NHStA Düsseldorf, Altregistratur BR 2094/301 Bl. 88.

Salzbergwerk Heilbronn 1000 qm Lagerfläche zu bekommen[242]. Dieser relativ weit entfernte Platz wurde ausgewählt, weil Heilbronn als einziges für Archivgut geeignetes Bergwerk noch genügend Platz bot und man davon ausging, daß es als Produktionsstätte für die zu bevorzugende Rüstungsindustrie nicht in Frage kam[243]. Möglicherweise spielten auch Verbindungen des Generaldirektors der Oberrheinischen Museen, Dr. Kurt Martin, nach Kiel eine Rolle[244].

Formal wurde so vorgegangen, daß der Reichsminister für Rüstung und Kriegsproduktion am 2. März 1944 zunächst Einlagerungsraum für Archivalien und Kunstschätze in Heilbronn zu Gunsten des Oberpräsidenten (Verwaltung des Provinzialverbandes) – Archivberatungsstelle – in Kiel beschlagnahmte und diese Entscheidung der Stuttgarter Rüstungsinspektion V mitteilte[245]. Der Landeshauptmann der Provinz Schleswig-Holstein verfügte einige Tage später, daß Archivalien von Städten und Gemeinden Schleswig-Holsteins in Heilbronn einzulagern seien[246]. Der Geschäftsführer der Archivberatungsstelle, Friedrich Fister, besuchte am 4. und am 24. März das Heilbronner Bergwerk[247]. Er besichtigte dort die vorgesehenen Lagerräume und handelte wohl auch die Bedingungen aus.

Bereits mit Schreiben vom 15. März wurden die Oberbürgermeister von Flensburg, Neumünster, Lübeck und Kiel sowie die Bürgermeister von Heide, Husum, Glückstadt, Itzehoe, Tönning, Wilster, Rendsburg, Schleswig und Eckernförde über die geplante Sicherungsaktion informiert. Es war daran gedacht, die für die »Stadtgeschichte, die Sippenforschung und die Landesgeschichte« wichtigsten Urkunden und Akten in die Aktion einzubeziehen, ebenso die wertvollsten Bücher (insbesondere Unikate und Frühdrucke), Materialsammlungen für wissenschaftliche Arbeiten sowie wichtige Karten und Pläne. Alle rekonstruierbaren bzw. gedruckten Archivstücke, wie z. B. Plakate oder Zeitungsbände, waren im allgemeinen von der Versendung ausgeschlossen, dagegen wurde es ausdrücklich als möglich bezeichnet, unersetzliches Kulturgut aus Privatbesitz mitzuschicken. Die Kosten der Aktion übernahm zu einem Drittel die Provinz, zwei Drittel hatten die Archiveigner zu

---

[242] LAS Schleswig, Abt. 304 Nr. 859: Schreiben des Reichsministers für Rüstung und Kriegsproduktion (Berlin) vom 2. März 1944 an die Rüstungsinspektion V (Stuttgart) und Schreiben des Landesarchivs Schleswig-Holstein vom 28. März 1996 an den Verfasser.

[243] Schreiben des Landesarchivs Schleswig-Holstein vom 28. März 1996 an den Verfasser.

[244] Vgl. Abschnitt 2 d.

[245] LAS Schleswig, Abt. 304 Nr. 859: Schreiben des Reichsministers für Rüstung und Kriegsproduktion (Berlin) vom 2. März 1944 an die Rüstungsinspektion V (Stuttgart).

[246] BA Potsdam, R 7/1185 fol. 22.

[247] StadtA Heilbronn, Salzwerk Heilbronn 319: Besuche wegen Einlagerung.

bezahlen[248]. Wohl gegen Ende April ging die Sendung nach Heilbronn ab[249]. Sie umfaßte acht Eisenbahnwaggons[250].

Die weiter verschärfte Lage im Luftkrieg brachte auch das Evangelisch-Lutherische Landeskirchenamt Kiel dazu, die bisher ergriffenen Sicherungsmaßnahmen für kirchliche Archive neu zu überdenken. Es setzte sich die Erkenntnis durch, daß die Unterbringung in Tresoren oder auch Kellern insbesondere wegen der Bomben- und Brandgefahr keinen ausreichenden Schutz mehr bot. Es wurde deshalb dem Synodalausschuß und den Kirchenvorständen mit Schreiben vom 31. Mai 1944 dringend empfohlen, die wertvollen und unersetzlichen Archivalien durch die Archivberatungsstelle bergen zu lassen[251]. Dieser Aufruf erfolgte in verschärfter Form nochmals am 17. Juli[252].

Am 9. Juni 1944 ergriff die Archivberatungsstelle erneut selbst die Initiative. Sie wandte sich an alle Landräte, Oberbürgermeister und Bürgermeister in Schleswig-Holstein. Dabei berichtete sie, daß inzwischen eine größere Anzahl von Kreis- und Stadtarchiven aus Schleswig-Holstein ohne Zwischenfall in ein Salzbergwerk gesichert worden seien. Schließlich ging wohl am 12. September ein zweiter Transport nach Heilbronn ab, der am 17. dort angekommen ist[253].

Am Ende des Zweiten Weltkriegs lagerten im Heilbronner Salzbergwerk etwa 500 Kisten und 3000 Pakete aus Schleswig-Holstein[254]. Diese enthielten Materialien, insbesondere aus 25 Stadt-, fünf Kreis-, vier Propstei-, drei Kirchen- und drei Klosterarchiven[255]. Die einzelnen Institutionen beteiligten sich in sehr unterschiedlichem Maße an der Aktion. Die größte Lieferung kam vom Kreisarchiv Norderdithmarschen (Heide). Der dortige Kreisarchivpfleger, Hermann Matzen, hatte sich besonders stark für die Sicherungsaktion en-

---

[248] LAS Schleswig, Abt. 320.10 Nr. 4877: Schreiben des Oberpräsidenten der Verwaltung des Provinzialverbandes Schleswig-Holstein vom 15. März 1944 an verschiedene Oberbürgermeister und Bürgermeister.

[249] LAS Schleswig, Abt. 320.10 Nr. 4877: Schreiben der Archivberatungsstelle Kiel vom 1. April 1944 an den Landrat in Heide. Die Wegführung z. B. aus Flensburg erfolgte am 22. April (Schreiben des Stadtarchivs Flensburg vom 7. August 1996 an den Verfasser).

[250] Schreiben des Landesarchivs Schleswig-Holstein (Schleswig) vom 28. März 1996 an den Verfasser.

[251] KKrA Ratzeburg, 163 – Pfarrarchive – Sicherungsmaßnahmen, 1938–1950: Schreiben des Evangelisch-Lutherischen Kirchenamts Kiel vom 31. Mai 1944 an die Synodalausschüsse.

[252] KKrA Ratzeburg, 163 – Pfarrarchive – Sicherungsmaßnahmen, 1938–1950: Schreiben des Evangelisch-Lutherischen Kirchenamts (Timmendorfer Strand) vom 17. Juli 1944 an alle Synodalausschüsse.

[253] StadtA Kiel, Registratur (Sicherung von Archivgut gegen Luftangriffe – Auslagerung): Verzeichnis der am 12. September 1944 nach Heilbronn (Salzbergwerk) verschickten Akten (undatiert).

[254] FORD, Monuments, S. 29.

[255] LAS Schleswig, Abt. 371 Nr. 674: Verzeichnis der von der Archivberatungsstelle ausgelagerten Archivalien (undatiert).

gagiert und 19 Einrichtungen innerhalb seines Einflußgebietes – insbesondere Kirchspielarchive – zum Mitmachen bewegt[256].

Das Material wurde in der Zeit vom 16. bis 18. Juli 1946 aus dem Salzbergwerk Heilbronn ausgelagert[257]. Die Rückführung nach Kiel erfolgte wohl noch im August 1946[258]. Die Archivalien wurden in den folgenden Wochen und Monaten von dort aus weiterverteilt[259]. Dies wickelte das Staatsarchiv Kiel ab, das die Aufgaben der aufgelösten Archivberatungsstelle bei der Landesverwaltung Schleswig-Holstein übernommen hatte[260].

m) Die Straßburger Münsterfenster (ab 16. November 1944)

Zu den spektakulärsten Einlagerungsgütern im Heilbronner Salzbergwerk gehörten die Buntglasfenster des Straßburger Münsters. Diese stammen aus der Zeit um 1200 und hatten während des Zweiten Weltkriegs eine bewegte Geschichte. Am 1. September 1939 begann der deutsche Angriff auf Polen, am 3. September befand sich Deutschland auch mit England und Frankreich im Krieg. Bereits in den Tagen vor dem 1. September wurden in Straßburg Archivalien und Kunstschätze vorsorglich in Sicherheit gebracht und die wertvollen Buntglasfenster des Münsters abgenommen. Wegen der Grenznähe der Stadt wurde Straßburg vom 1. bis zum 3. September von der Zivilbevölkerung geräumt. Die Fenster wurden in etwa 120 Kisten gepackt und vom französischen Militär zunächst in die Stadt Périgueux in der Dordogne gebracht. Dort befand sich das Straßburger Evakuierungszentrum. Schließlich wurden sie im nahegelegenen Schloß Hautefort deponiert. Am 22. Juni 1940 kam es zum Waffenstillstand zwischen Frankreich und Deutschland. Im Anschluß daran verlangte die für das Elsaß zuständige deutsche Zivilverwaltung, die Straßburger Münsterfenster von der französischen Vichy-Regierung übergeben zu bekommen. Die Forderung wurde erfüllt, und die Fenster kamen nach Straßburg zurück. Sie wurden jedoch nicht wieder an ihrem angestammten Platz eingesetzt, sondern in der Krypta und in nahegelegenen Kellern gelagert. Dort blieben sie bis zum Jahre 1944. Als dann im August 1944 Straßburg von alliierten Luftstreitkräften angegriffen worden war, wurde entschieden,

---

[256] LAS Schleswig, Abt. 320.10 Nr. 4877: Aufstellung des Kreisarchivs Norderdithmarschen (Heide) vom 15. August 1944.

[257] KKrA Neumünster, Schriftgut des Kirchenkreises: Schreiben der Landesregierung Schleswig-Holstein (Ministerium für Volksbildung Abt. Allgemeine Kulturpflege) vom 12. Juni 1947.

[258] LAS Schleswig, Abt. 320.10 Nr. 4877: Schreiben des Stadtdirektors der Stadt Heide in Holstein vom 31. August 1946 an Herrn Matzen (Heide).

[259] Z. B. LAS Schleswig, Abt. 320.10 Nr. 4877: Schreiben vom 20. April 1946 an den Kirchspielvorsteher in Wesselburen-Land.

[260] StadtA Burg auf Fehmarn, Abt. A XXV. 10: Schreiben der Landesverwaltung Schleswig-Holstein (Amt für Volksbildung Abteilung Wissenschaft) vom 14. August 1946 an die Stadtverwaltung Burg auf Fehmarn.

die Fenster an einen sicheren Ort zu bringen. Die Wahl fiel nach längeren Verhandlungen auf das Heilbronner Salzbergwerk. Am 15. November gelang es der NSKK, zwei zivile Lastkraftwagen zu bekommen und unter der Leitung von Münsterbaumeister Anselme Schimpf[261] am nächsten Tag insgesamt 53 Kisten via Karlsruhe und Eppingen nach Heilbronn zu bringen. In der Nacht vom 21. auf den 22. November erfolgte ein zweiter Transport; diesmal stand aber nur noch ein Wagen zur Verfügung, auf den 20 Kisten gepackt wurden. Bereits am nächsten Tag, dem 23. November, nahm eine amerikanisch-französische Panzerdivision Straßburg ein, was das Ende der Verlagerungsaktion bedeutete. Etwa 80 Kisten standen in Straßburg, 73 in Heilbronn[262].

Nach dem Ende des Zweiten Weltkrieges gab General Dwight D. Eisenhower den Befehl, daß als erste Maßnahme der Rückführung von Kunstgegenständen die Straßburger Münsterfenster zurückzugeben seien. Am 1. September 1945 wurden Vorbereitungen zum Abtransport getroffen, am 4. September waren die 73 Kisten ausgelagert und in einem speziellen Raum unter Bewachung gestellt worden[263]. Am 17. September[264] traf in Heilbronn um 14 Uhr ein Lastwagenkonvoi aus Straßburg ein. Dieser wurde von 19 Polizisten bewacht und von zwei Autos mit französischen Fotografen und Reportern begleitet[265]. Auf der Fahrt nach Heilbronn blieb einer dieser Wagen allerdings in Karlsruhe liegen. Am 4. November 1945 übergaben die Amerikaner die Glasfenster in einer feierlichen Zeremonie den Franzosen[266]. James J. Rorimer, der als Kunstschutzoffizier die Kulturgüter in Heilbronn und Kochendorf direkt nach dem Zweiten Weltkrieg der amerikanischen Kontrolle unterstellt hatte, wurde gleichzeitig und unter Anwesenheit des kommandierenden Generals Geoffrey Keyes von der 7. Armee und von Oberst William W. Dawson als Direktor der amerikanischen Militärregierung in Württemberg[267] in die französische Ehrenlegion aufgenommen[268]. Auch Oberstleutnant Harry M. Montgomery aus Heilbronn nahm daran teil[269]. Die Wochenschau »Welt im Film« berichtete am 8. März 1946 darüber[270].

---

[261] StadtA Heilbronn, Salzwerk Heilbronn 319: Besuche wegen Einlagerung.
[262] STEINHILBER, Straßburger Münsterfenster, S. 2; RORIMER; RABIN, Survival, S. 136.
[263] FORD, Monuments, S. 19.
[264] STEINHILBER, Straßburger Münsterfenster, S. 3, spricht 1958 davon, daß der Konvoi am 19. September in Straßburg zusammengestellt worden sei.
[265] StA Ludwigsburg, EL 402 Heilbronn lfd. Nr. 238, Berichte an MFA & A: MFA & A Collecting Point Report for the Month of September 1945 (undatiert).
[266] STEINHILBER, Straßburger Münsterfenster, S. 3.
[267] HStA Stuttgart, RG 260 OMGUS 3/408-3/1 (1 of 1): History of OMGWB, B. Monuments, Fine Arts & Archives, as to 30 June 1946, written by OMGUS, Hist. Br.; Section III. 3.
[268] NICHOLAS, Raub, S. 537. Vgl. AAA Washington, James Rorimer Papers, reel 2800, p. 778 und 783.
[269] StA Ludwigsburg, EL 402 Heilbronn lfd. Nr. 238, Berichte an MFA & A: Monthly Consolidated MFA & A Field Report, November 1945 vom 30. November 1945.
[270] Welt im Film Nr. 42 Punkt 6. Schreiben des Bundesarchivs Filmarchiv Berlin vom 21. Dezember 1995 an den Verfasser.

n) O. S.

Zu den zahlreichen privaten Einlagerern gehörte auch O. S., der seinen Besitz in 29 Kisten, 4 Koffern und 2 Truhen teils in Heilbronn, teils in Kochendorf in Sicherheit gebracht hatte. Es handelte sich dabei um verschiedenste Gegenstände, wie z. B. Briefmarkensammlungen, Münzen, Socken und Strümpfe, Handschuhe, Taschentücher, Nachthemden, Scheren, Silberbesteck, Frisierhaube, Bügeleisen, Kristall, Porzellan, Kleider, Mäntel, Unterwäsche, Hand- und Badetücher, Bettwäsche, Schuhe, Fotoapparate usw.[271] S. hatte sich nach dem Zweiten Weltkrieg in Westfalen niedergelassen. Von dort betrieb er die Rückgabe seines ausgelagerten Besitzes. Weder 1945 noch 1946 ging in dieser Sache irgend etwas voran. Nachdem zunächst von seiten des amerikanischen Kunstschutzstabes die Auffassung vertreten worden war, daß das Eigentum von S. noch im Bergwerk verbleiben solle, betrieb Dr. Wolf-Dietrich Prey als Treuhänder der Verlagerungs-Verwaltung in den Salzbergwerken Heilbronn und Kochendorf die Rückführung[272]. Am 30. Dezember 1946 erhielt Dr. Prey Besuch von Dr. Joachim Seeger, welcher zum Kunststab von Dale V. Ford gehört hatte und zu diesem Zeitpunkt noch in Heilbronn wohnte[273]. Dr. Seeger teilte Dr. Prey mit, daß er im Mai 1946 mit Einverständnis von Ford in Heilbronn aus dem Besitz von S. und auch aus weiterem Privatbesitz in Kochendorf leihweise Gegenstände des täglichen Gebrauchs entnommen habe. Dr. Seeger hatte nämlich seinerseits den Haushalt im Krieg vollständig verloren und bat nun Dr. Prey, die Gegenstände noch länger behalten zu dürfen[274]. Dr. Prey zog Erkundigungen ein und erfuhr sehr rasch, daß die Eigentümer der von Dr. Seeger entliehenen Gegenstände keine Einwilligung zur Ausleihe gegeben hatten bzw. überhaupt nicht gefragt worden waren und daß mit einer Einwilligung auch nicht zu rechnen sei. Deshalb forderte Dr. Prey Herrn Dr. Seeger ultimativ zur sofortigen Herausgabe aller entliehenen Gegenstände auf[275]. Im Falle von Herrn S. handelte es sich um Messer, Gabeln, Löffel, Tassen, Teller, Blumenvasen und ähnliche Dinge. Dr. Seeger gab sie dem Treuhänder am 17. Februar 1947 zurück[276]. Bereits am 23. Januar 1947 hatte S. bei der Verlagerungs-Verwaltung einen Antrag auf die Freigabe seines Eigentums

---

[271] StadtA Heilbronn, Salzwerk Heilbronn 94: Verlagerungsübersicht (undatiert); vgl. Abschnitt 11. II f.
[272] StadtA Heilbronn, Salzwerk Heilbronn 135: Schreiben von Dr. Bauer vom 11. Januar 1947 an O. S.
[273] StadtA Heilbronn, Salzwerk Heilbronn 94: Schreiben (mit Anlage) von Dr. Prey vom 7. Januar 1947 an Dr. Seeger.
[274] StadtA Heilbronn, Salzwerk Heilbronn 135: Schreiben von Dr. Bauer vom 11. Januar 1947 an O. S.
[275] StadtA Heilbronn, Salzwerk Heilbronn 94: Schreiben (mit Anlage) von Dr. Prey vom 7. Januar 1947 an Dr. Seeger.
[276] StadtA Heilbronn, Salzwerk Heilbronn 94: Anlage zum Schreiben von Dr. Prey vom 7. Januar 1947 an Dr. Seeger.

gestellt[277], dieser wurde am 3. Mai 1947 positiv beschieden[278]. Am 22. Mai 1947 wurden die Güter, die zusammen etwa 1000 kg Gewicht aufwiesen, aus der Grube herausgeholt und einige Tage später durch die Heilbronner Spedition Pfefferkorn & Kaiser nach Westfalen gebracht[279].

---

[277] StadtA Heilbronn, Salzwerk Heilbronn 94: Schreiben von O. S. vom 27. Januar 1947 an die Verlagerungs-Verwaltung in den Salzbergwerken Heilbronn und Kochendorf.
[278] StadtA Heilbronn, Salzwerk Heilbronn 94: Schreiben von O. S. vom 8. Mai 1947 an Dr. Bauer.
[279] StadtA Heilbronn, Salzwerk Heilbronn 94: Empfangsbestätigung vom 22. Mai 1947 und Schreiben von Dr. Bauer vom 22. Mai 1945 an O. S.

9. Weitere Aspekte

a) Was geschah mit dem Heilbronner Kulturgut?

Heilbronner Kulturgut wurde von Heilbronn aus offiziell nicht im örtlichen Salzbergwerk eingelagert. Entsprechendes gilt für Kochendorf, allerdings mit einer wichtigen Ausnahme. Dort überdauerten die Figuren des kunsthistorisch bedeutsamen Hauptaltars der Heilbronner Kilianskirche von Hans Seyfer und z. B. einige Buntglasfenster aus dem 15. Jahrhundert[1] die für die Stadt so verheerende letzte Phase des Zweiten Weltkriegs[2].

Aber was geschah mit den zahlreichen anderen Kunst- und Kulturgütern aus privatem, öffentlichem und kirchlichem Besitz? Über den privaten Bereich sind wir kaum unterrichtet. Was hier über den Krieg gerettet wurde, ist entweder dem persönlichen Engagement einzelner Besitzer oder zum Teil auch dem Zufall bzw. Glück zu verdanken. Entsprechendes gilt – abgesehen von der Heilbronner Kiliansgemeinde – im allgemeinen auch für die Kunstschätze der Kirchen. Wie durch ein Wunder überstand eine Marienstatue aus dem 15. Jahrhundert den Feuersturm am 4. Dezember 1944, der Heilbronn in Schutt und Asche sinken ließ. Sie wurde in der Nähe der St.-Peter-und-Paul-Kirche im Trümmerschutt gefunden. Nachdem der Eigentümer nicht ermittelt werden konnte, ging sie in den Besitz der Stadt Heilbronn über, welche sie wiederum der dortigen Kirchengemeinde leihweise übergab[3].

Bei der Frage nach dem Schicksal des öffentlichen Kulturguts sei zunächst an die Museen erinnert[4] und als erstes auf das Alfred-Schliz-Museum verwiesen. Der Heilbronner Stadtarzt Hofrat Dr. Alfred Schliz hatte sich große Verdienste um die Erforschung der Vor- und Frühgeschichte des Neckargebietes und insbesondere des Heilbronner Raumes erworben und eine sehr umfangreiche Privatsammlung aufgebaut. Im Jahre 1905 wanderten die Stücke in das ehemalige Fleischhaus (Kramstraße; heute: Naturhistorisches Museum), welches die Stadt dem Historischen Verein Heilbronn zu Ausstellungszwecken überlassen hatte. Die Sammlung wuchs immer weiter an. Deshalb wurde sie 1935 in die zu Museumszwecken umgestaltete ehemalige Leichenhalle des alten Friedhofs verlegt. Dort ging sie 1944 unter – nur wenige Stücke konnten aus dem Trümmerschutt geborgen werden. Ein ähnliches Schicksal erlitt das Historische Museum, das ebenfalls in der Kramstraße untergebracht war und über zahlreiche wertvolle Exponate aus der Geschichte Heilbronns im Mittelalter und der Neuzeit verfügte. Auch hier haben die meisten Objekte den Zweiten Weltkrieg nicht überstanden. Entsprechendes gilt für das zeitweise

---

[1] FORD, Monuments, S. 32.
[2] Vgl. Abschnitt 8 c.
[3] Marienverehrung, S. 5, 26.
[4] Vgl. STEINHILBER, Museen.

ebenso in den Räumen des Historischen Museums eingerichtete Robert-Mayer-Zimmer, das dem Entdecker des Energieerhaltungssatzes gewidmet war, und für das Weinbaumuseum, in welchem viele Zeugnisse für die große Tradition des Heilbronner Weingärtnerstandes gezeigt wurden. Ebenso untergegangen ist das Bienenzuchtmuseum (Karlstraße 44). Dort waren – für Deutschland einmalig – die in der Bienenzucht verwendeten Geräte seit dem Beginn der Domestizierung zusammengetragen worden.

Ausgelagert und damit vor einer drohenden Zerstörung in Sicherheit gebracht wurden nur ganz wenige dieser Museumsstücke. Eine erste Übersicht über die Auslagerungen der Stadt Heilbronn wurde am 13. August 1945 von Ratschreiber Stadtamtmann Georg Kielwein erstellt[5]. Danach befanden sich in

Schloß Waldenburg:
Wichtigere Akten und Vordrucke, Schreibmaterialien und Schreibmaschinen der städtischen Ämter;
Pläne, Büromaschinen, Instrumente der technischen Ämter;
Melderegister aus den Jahren 1846 bis 1904;
Wasserrechtsakten, Pacht- und Hofgutsakten, Salzwerksakten, Eisenbahnakten;
Zweitfertigung der Personenstandsbücher des Standesamtes von 1938 bis 1942;
Medikamente, Bett- und Waschzeug vom städtischen Krankenhaus.

Kloster Schöntal:
Handbücherei und Nachlaßgegenstände von Robert Mayer;
Incunabeln-Bibliothek des Archivs, Archivalien, Briefe in Schaurahmen;
Bilder aus dem Archiv und aus dem Historischen Museum;
33 Bilder aus dem Rathaus.

Schloß Domeneck und Gut Seehof:
Ratsprotokolle von 1504 bis 1932;
Steuerbücher, Bürgerrechtsurkunden;
332 Pläne und Risse der Stadt von 1567–1939;
Bibliothek des Karlsgymnasiums;
Gegenstände aus dem Historischen Museum;
Aquarelle und Ölgemälde.

Gut Seehof:
Porzellan, Teppiche und Bilder; aus dem Eigentum der beiden Fräulein Becker;
4 Bilder aus dem Historischen Museum.

---

[5] StA Ludwigsburg, EL 402 Heilbronn lfd. Nr. 238, Heilbronn Büro und Verschiedenes: Kurze Übersicht über die Auslagerungen der Stadt Heilbronn vom 13. August 1945.

Schloßkirche in Neuhaus bei Babstadt:
Kauf-, Güter-, Lager- und Kapitalbriefe, Inventuren,
Bürgerrollen;
Möbelstücke und sonstige Gegenstände; 16 Bilder und 10 leere Bilderrahmen aus dem Eigentum der beiden Fräulein Becker;
Bücher aus der Bibliothek des Karlsgymnasiums.

Schloß Bonfeld:
Das große Füger-Gemälde »David« aus dem Robert-Mayer-Zimmer des Historischen Museums.

Im Jahre 1948 hat Alexander Renz, der damalige Heilbronner Stadtarchivar, eine Aufstellung dessen gefertigt, was der seinerzeitige ehrenamtliche Museumsleiter, Hellmut Braun, und er durch Auslagerung vor der Vernichtung bewahrt haben. Diese Aufstellung unterscheidet sich in einigen Details von derjenigen vom August 1945[6]. Aus dem Bestand des Historischen Museums waren nach Renz ausgelagert u. a. verschiedene Ölbilder (z. B. von Friedrich Heinrich Füger und von Friedrich Salzer), Arbeiten von Carl Dörr und den Gebrüdern Wolff, Skulpturen von Hans Seyfer und anderen Künstlern sowie verschiedene Gegenstände (z. B. Zunfttruhe der Schmiede, Wirtshausschilder, Zinn- und Silbergegenstände). Ebenfalls in Sicherheit gebracht wurde der Robert-Mayer-Nachlaß, z. B. das Original seines ostindischen Tagebuches, medizinische und naturwissenschaftliche Manuskripte, Versuchsapparate, Briefwechsel, Auszeichnungen, die wissenschaftliche Bibiliothek und die Totenmaske des großen Naturforschers. Aus dem Rathaus wurden zahlreiche Portraits von Heilbronner Bürgermeistern, Ratsherren usw. gerettet, außerdem Ölgemälde, Aquarelle, Zeichnungen und Wandteppiche. Die Küferinnung schaffte ihren Innungsschatz (Silberbecher usw.) in Sicherheit[7].

Unabhängig von den großen Verlusten im musealen Bereich fiel auch der größte Teil des städtischen Archivs den Flammen zum Opfer. Denn nur weniger als ein Drittel des Bestandes war ausgelagert worden. In die Gefängniszelle im Torturm des Klosters Schöntal wurden u. a. 285 Urkunden und Aktenbündel, der Heilbronner Musikschatz, Altfotos und Radierungen gebracht. Das Schloß Domeneck (bei Züttlingen) wurde z. B. zum Zufluchtsort für die Ratsprotokolle von 1504 bis 1928, in der dortigen Ökonomieverwaltung überdauerten die Gemälde aus dem Rathaus den Krieg. In das Schloß Neuhaus (bei Babstadt) wurden insbesondere Beet- und Steuerbücher, Contract-Protokolle und Kaufbücher, Inventuren sowie die Inkunabeln aus der Gymnasialbibliothek gerettet. Im Schloß Waldenburg verbrannten am Kriegsende

---

[6] Welche Liste der Realität näherkommt, läßt sich nicht klären.
[7] StadtA Heilbronn, Stadtarchiv Akten 51: Aufstellung »Aus dem Kriegsgeschehen 1939/45 gerettetes Museums- und Kulturgut« vom 16. April 1948.

u. a. die dorthin ausgelagerten Stammrollen und Einwohnerlisten[8] sowie die Heilbronner Ratsprotokolle von 1933 bis 1938. Die Protokolle von 1939 bis 1944 sind am 4. Dezember 1944 im städtischen Archivgebäude zugrunde gegangen[9]. Was insgesamt alles verlorenging, läßt sich überhaupt nicht mehr genau feststellen, weil auch die alten Repertorien verbrannt sind. Dieser Umstand schmerzt um so mehr, als diese Findbücher »ausführliche Regesten mit wertvollen Angaben«[10] enthalten hatten.

Angesichts dieser Situation drängt sich die Frage auf, wieso Heilbronn die Möglichkeit der Salzwerke am Ort bzw. in Kochendorf nicht genutzt hat. Eine abschließende Antwort darauf läßt sich nicht finden, verschiedene Erklärungsansätze sind denkbar und wurden in den vergangenen fünf Jahrzehnten formuliert. Erstens könnte es sein, daß man sich in Heilbronn zu sicher gefühlt hat – im Gegensatz z. B. zur Situation in großen Städten – und daß man die Bevölkerung durch Auslagerungsaktionen nicht beunruhigen wollte. Das wäre – insbesondere auch vor dem Hintergrund des extrem linientreuen Kreisleiters – durchaus denkbar. Im Herbst 1942 hatte sich nämlich der Stuttgarter Staatsarchivdirektor Dr. Hermann Haering mit verschiedenen Schreiben in dieser Sache an den Heilbronner Oberbürgermeister Heinrich Gültig gewandt. Am 21. September 1942 wies Dr. Haering auf die Vorschriften des Reichsinnenministers für den Luftschutz im allgemeinen und auf sein Engagement im Auftrag des Kommissars für den Archivschutz im besonderen hin[11]. Am 28. d. M. antwortete Gültig, daß die wichtigsten Urkunden »aufs Beste« in Schöntal verwahrt seien, daß das Archivgebäude einen weiteren Splitterschutz erhalten habe und wichtigere Bestände ins Erdgeschoß gebracht worden seien[12]. Am 7. Oktober betonte Dr. Haering in einem vertraulichen Schreiben an die württembergischen Archivpfleger die hervorragende Eignung der Saline Friedrichshall-Kochendorf für die Einlagerung von Archivalien; im Verteiler stand auch der Stadtkreis Heilbronn[13]. Am 29. Oktober besuchte Archivrat Dr. Max Miller im Auftrag von Dr. Haering das Heilbronner Archiv, um in Luftschutzfragen zu beraten[14]. Ergebnis war die Empfehlung von Dr. Haering an Oberbürgermeister Gültig am 2. November, weitere Auslagerungen vorzunehmen und z. B. die Ratsprotokolle oder die Steuer- und Kaufbücher in Sicherheit zu bringen[15]. Dies ist dann auch geschehen. Am 8. Juni 1944 hat die Stadtverwaltung wegen Einlagerungsfragen beim Heilbronner Salzwerk vorgesprochen. Dies geschah im Auftrag des Oberbürger-

---

[8] StadtA Heilbronn, Stadtarchiv Akten 51: Auslagerung von Archivbeständen im Jahre 1944 vom 21. April 1969.
[9] WECKBACH, Stadtarchiv, S. 96–97.
[10] StadtA Heilbronn, Stadtarchiv Akten 59: Schreiben von Georg Albrecht vom 14. Februar 1955 an Dr. Gerhard Heß. Vgl. dazu auch WECKBACH, Stadtarchiv, S. 92–93.
[11] HStA Stuttgart, E 61 Bü 493 |184.
[12] HStA Stuttgart, E 61 Bü 493 |190.
[13] HStA Stuttgart, E 61 Bü 493 |199a.
[14] HStA Stuttgart, E 61 Bü 493 |198.
[15] HStA Stuttgart, E 61 Bü 493 |205.

meisters in Person des Oberrechnungsrates Gustav Schempf[16]. Dieser war als Leiter des Liegenschaftsamtes ein ranghoher Rathausbediensteter. Leider ist weder über Inhalt noch über Ergebnis dieses Gespräches etwas bekannt.

Auf jeden Fall erwies es sich auch im Zusammenhang mit der Auslagerung von Archivgut als besonders nachteilig, daß das Heilbronner Stadtarchiv sofort nach dem Kriegsbeginn, am 12. September 1939[17], offiziell geschlossen wurde. Stadtarchivar Dr. Götz Krusemarck wurde zusammen mit seinem Mitarbeiter Alexander Renz in das am 1. September 1939 eingerichtete Ernährungsamt versetzt. 1940 wurde Dr. Krusemarck eingezogen. Von der Front aus versuchte er, die Archivalienauslagerung brieflich zu steuern. Der Archivar, der für sein Stadtarchiv immer das Beste zu erreichen versucht hatte, konnte sich aber gegen den Kreisleiter nicht durchsetzen. Dieser wiederum war dem Archiv nicht gut gesonnen. Mit dem Argument, daß es nicht kriegswichtig sei, behinderte er die Bemühungen des Stadtarchivars[18]. Dabei scheint es nichts ausgemacht zu haben, daß die Auslagerung von Kulturgütern aus Luftschutzgründen seit 1942 sogar direkt von Hitler bzw. Bormann über die Gauleiter angeordnet worden war[19].

Es sind aber noch weitere Gründe denkbar, warum in Sachen Luftschutz nicht auf die nahegelegenen Bergwerke zurückgegriffen wurde. Vielleicht wollte man sich seitens des Archivs bzw. für dessen Benutzer vor dem Hintergrund einer erhofften relativ großen Sicherheit nicht durch eine breitangelegte Auslagerung am eigenen Weiterarbeiten hindern. Diese Möglichkeit ergibt sich jedenfalls aus einer zehn Jahre nach dem Zweiten Weltkrieg zu Papier gebrachten Formulierung von Georg Albrecht, dem Vorgänger von Dr. Götz Krusemarck[20]. Wenn dem so gewesen wäre, dann hätte man jedoch gegen den vom Kommissar für den Archivschutz im Jahre 1942 formulierten Leitgedanken verstoßen, daß die Erhaltung der Archivalien in jedem Fall Vorrang vor der Möglichkeit der augenblicklichen Benutzbarkeit haben sollte[21]. Ein solcher Verstoß ist leider vielerorts vorgekommen, oft mußte er bitter bereut werden.

Drittens war – angeblich – Angst vor einem Wassereinbruch in den Salzbergwerken vorhanden[22]. Die voranstehenden Untersuchungen haben gezeigt, daß diese Furcht zwar für das Heilbronner Werk begründet war, für das Kochendorfer jedoch nicht – und beide Fakten waren schon damals bekannt. Immerhin zählten auch verschiedene Heilbronner Betriebe zu den Einlagerern in den beiden Bergwerken. In Heilbronn brachte etwa die örtliche Firma Baier

---

[16] StadtA Heilbronn, Salzwerk Heilbronn 319: Besuche wegen Einlagerung.
[17] WECKBACH, Stadtarchiv, S. 91.
[18] Aussage von Frau Angela Krusemarck (Heilbronn), der Witwe von Dr. Götz Krusemarck, am 29. Juni 1995 gegenüber dem Verfasser.
[19] Vgl. Abschnitt 2 a.
[20] StadtA Heilbronn, Stadtarchiv Akten 59: Schreiben von Georg Albrecht vom 14. Februar 1955 an Dr. Gerhard Heß.
[21] Vgl. Abschnitt 2 a.
[22] WECKBACH, Stadtarchiv, S. 93; SCHMOLZ, Stadtarchive, Anm. 16.

& Schneider Bücherpapier in Sicherheit, die Heilbronner Treuhand-Gesellschaft Zweitschriften von Revisionsberichten, Bruckmann Silber und Tengelmann Lebensmittel. In Kochendorf deponierten z.B. die Karosseriewerke Drauz und die Firma Koch & Mayer Maschinen, Werkzeuge und Geräte oder die Reederei Schwaben Akten. Auch die Evangelische Kilianskirchengemeinde nahm dort Einlagerungen vor[23], ebenso in beiden Gruben Hunderte von Privatleuten aus der engeren und weiteren Umgebung. Im August 1944 hat der ehemalige Heilbronner Stadtarchivar Georg Albrecht sogar persönlich mitgeholfen, zahlreiche Archivalien aus Schleswig-Holstein im Heilbronner Salzbergwerk einzulagern. Sein Kommentar dazu im Jahre 1955: »Es wäre für Heilbronn leicht und naheliegend gewesen, dasselbe zu tun.«[24]

Viertens wurde gemutmaßt, daß die Bergwerke schon belegt gewesen sein könnten, als die Heilbronner mit dem Auslagern begannen. Faktum ist jedoch, daß in den Bergwerken sogar noch Platz frei war, und daß – zumindest im Salzwerk Heilbronn – auch noch in den letzten Kriegsmonaten Einlagerungen vorgenommen worden sind.

Der fünfte mögliche Grund ist die fehlende Transportkapazität. Es sei immer wieder nur unter größten Schwierigkeiten ein Lastkraftwagen für Auslagerungszwecke aufzutreiben gewesen[25]. Dies betonte u.a. Hellmut Braun, der ehemalige Betreuer des Historischen Museums, 1953 in einem Schreiben an den Heilbronner Oberbürgermeister Paul Meyle[26]. Auch Benzinmangel habe vieles behindert[27]. Dies stimmte mit Sicherheit. Allerdings wäre es dann um so sinnvoller gewesen, die nahegelegenen Bergwerke und nicht die weiter entfernten Schlösser Domeneck, Neuhaus und Waldenburg bzw. das Kloster Schöntal anzufahren. Mit häufigen kürzeren Fahrten hätte viel mehr Material gerettet werden können als mit wenigen längeren. Jedoch berichtet Braun ebenso, daß die zur Einlagerung in Kochendorf notwendigen Kisten von der Stadtverwaltung nicht zu bekommen gewesen seien und deshalb andere Auslagerungsorte gesucht werden mußten[28]. Dies ist ein schwerwiegendes Argument, das zeigt, daß das Archiv und die anderen Kulturinstitutionen von der Heilbronner Parteispitze tatsächlich massiv behindert wurden, zumal bekannt ist, daß die Heilbronner Luftschutzpolizei offiziell zum Beispiel beim Einlagern der Kulturgüter aus Mannheim und der Universität Heidelberg mitgeholfen hat – wenn auch gegen Bezahlung[29]. Auch daran wird wieder deutlich,

---

[23] Vgl. Abschnitt 8 c.
[24] StadtA Heilbronn, Stadtarchiv Akten 59: Schreiben von Georg Albrecht vom 14. Februar 1955 an Dr. Gerhard Heß.
[25] WECKBACH, Stadtarchiv, S. 93.
[26] StadtA Heilbronn, Stadtarchiv Akten 56: Schreiben von Hellmut Braun vom 29. Oktober 1953 an Oberbürgermeister Meyle.
[27] Die gleiche Aussage machte auch Angela Krusemarck am 29. Juni 1995 gegenüber dem Verfasser.
[28] StadtA Heilbronn, Stadtarchiv Akten 56: Schreiben von Hellmut Braun vom 29. Oktober 1953 an Oberbürgermeister Meyle.
[29] Vgl. Abschnitt 2 f.

wie sehr die Luftschutzmaßnahmen der Heilbronner Kultureinrichtungen dadurch erschwert wurden, daß man ihnen dafür keine Gelder bewilligte. Dies gilt insbesondere, wenn man bedenkt, daß im Oktober/November 1944 der Reichsinnenminister die Gauleiter in ihrer Eigenschaft als Reichsverteidigungskommissare ausdrücklich angewiesen hatte, die Archive bei den Auslagerungen durch Bereitstellung von Bergungsräumen, Transportmitteln und Arbeitskräften zu unterstützen[30].

Eine effektive Rettungsaktion der Kulturgüter scheiterte also an der massiven Behinderung durch die Stadt- bzw. Parteispitze, konkret insbesondere am Verweigern von Geld- und Transportmitteln. Eine positive Ausnahme in der Verwaltung bildete Stadtamtmann und Stadtrat Karl Kübler. Er war der Ansprechpartner von Archivrat Dr. Miller bei dessen Archivbesuch in Heilbronn am 29. Oktober 1942[31]. Hellmut Braun berichtete 1953, bei der Auslagerung von Heilbronner Kulturgut tatkräftig von Kübler unterstützt worden zu sein[32]. Kübler, der nicht gerade zu den Freunden des Kreisleiters zählte, wurde auf dessen Befehl am 6. April 1945 wegen »Wehrkraftzersetzung« erschossen. Der Kreisleiter war gerade dabei, Heilbronn zu verlassen. Er befand sich auf der Flucht vor den herannahenden amerikanischen Bodentruppen. Eher zufällig passierte er das Haus von Kübler, aus welchem weiße Fahnen als Zeichen der Übergabebereitschaft heraushingen. Der Kreisleiter unterbrach seine Flucht. Kübler, der zu diesem Zeitpunkt die Amtsgeschäfte des Oberbürgermeisters führte, und drei andere Personen wurden erschossen.

Wir werden nie endgültig erfahren, warum die Heilbronner Kulturgüter nicht in das Heilbronner oder auch in das Kochendorfer Salzbergwerk geborgen wurden. Waren die im Herbst 1942 vorgenommenen Auslagerungen und Sicherungsmaßnahmen, gemessen am damaligen Standard, durchaus als vorbildlich zu bezeichnen, so wirken die späteren Aktionen auf den ersten Blick eher konzeptionslos. Grund für diesen Eindruck ist aber nicht die Unfähigkeit der im Kulturbereich Verantwortlichen, sondern deren massive Behinderung durch die Stadt- und insbesondere durch die Parteispitze. Auf jeden Fall wird es die Heilbronner Stadtgeschichtsforschung immer belasten, daß nicht in die Bergwerke eingelagert wurde. Treffend formulierte der Heilbronner Stadtarchivar der Jahre 1929–1933, Georg Albrecht, an den späteren Amtsinhaber Dr. Gerhard Heß (von 1954 bis 1957 Heilbronner Stadtarchivar): »Wenn nur die Stadt am Schluß in der Auslagerungsfrage nicht so sehr versagt hätte«.[33]

---

[30] Vgl. Abschnitt 2 a.
[31] HStA Stuttgart, E 61 Bü 493 /205.
[32] StadtA Heilbronn, Stadtarchiv Akten 56: Schreiben von Hellmut Braun vom 29. Oktober 1953 an Oberbürgermeister Meyle.
[33] StadtA Heilbronn, Stadtarchiv Akten 59: Brief von Georg Albrecht vom 14. Februar 1955 an Dr. Gerhard Heß.

b) Industrie unter Tage

1. Zur Vorgeschichte

In den Salzbergwerken Heilbronn und Kochendorf waren aus Luftschutzgründen Kultur-, Industrie- und Privatgüter eingelagert worden. Außerdem tauchen aber auch gelegentlich Informationen darüber auf, daß kriegswichtige Industriegüter unter Tage produziert worden seien bzw. werden sollten. Dr. Hanns Bauer sprach im April 1945 davon, daß sich im Heilbronner Salzbergwerk eine Fabrik für synthetisches Öl im Bau befunden habe[34]. Wesentlich weiter geht Cay Friemuth, der berichtet, daß im »ausgedehnten Tunnelsystem des Bergwerks Heilbronn-Weinsberg(!)« eine »Flugzeug- und eine Giftgasfabrik«[35] gewesen seien. Auch Hans-Joachim Meisenburg spricht in einem am 7. August 1946 in englischer Sprache abgefaßten Bericht von einer »J. G.-plant for poisoned gas in Heilbronn«[36]. Er bezieht sich dabei wohl auf einen amerikanischen Bericht von Mitte 1946, in dem ebenfalls von einer »IG Farben poison gas manufactory« die Rede ist[37]. Heinz Risel zitiert drei verschiedene Meinungen. Danach könnte es sich entweder um die Herstellung von Panzern bzw. Flugzeugen (oder Teilen davon) gehandelt haben oder um eine Produktionsstätte der I. G. Farben oder um den Bau von Teilen für die »V 2-Vergeltungswaffe«[38]. Außerdem gibt Risel die Schilderung eines Lagerältesten wieder. Dieser Mann hatte berichtet, daß eine chemische Fabrik – vermutlich die Knoll AG – im Heilbronner Salzwerk Medikamente gelagert habe. Insbesondere eines dieser Arzneimittel, das nach Aussehen und Geschmack dem Likör ähnlich gewesen sei, hätten dort eingesetzte Häftlinge zum Teil entwendet und seien durch übermäßigen Genuß zu Tode gekommen[39].

Hans Riexinger berichtet, daß in der Saline Kochendorf Flugzeugteile hergestellt werden sollten, und zwar für die Ernst-Heinkel-Flugzeugwerke und für die Hirth-Motoren-Werke[40]. Anfang 1996 publizierte Riexinger die neuesten Forschungsergebnisse einer Arbeitsgruppe zum Konzentrationslager Kochendorf[41]. Sie war unter Tage auf einen Plan der Zahnradfabrik Friedrichshafen und auf Panzerteile gestoßen, die »mit ziemlicher Sicherheit von dem ... Heilbronner Metallunternehmen Eugen Weisser hergstellt worden sind«.

---

[34] RORIMER; RABIN, Survival, S. 142.
[35] FRIEMUTH, Geraubte Kunst, S. 38.
[36] StA Ludwigsburg, EL 402 Heilbronn lfd. Nr. 309: Brief Report on the Heilbronn and Kochendorf Salt Mines vom 7. August 1946.
[37] HStA Stuttgart, RG 260 OMGUS 3/408-3/1: History of OMGWB, B. Monuments, Fine Arts and Archives, as to 30 June 1946, written by OMGUS, Hist. Br.; Section III, 2.
[38] RISEL, KZ, S. 58; vgl. auch BAUM, KZ Kochendorf, S. 13, S. 18 und 57.
[39] RISEL, KZ, S. 54.
[40] RIEXINGER, Zweiter Weltkrieg, S. 465.
[41] RIEXINGER, Exkursion; vgl. auch BAUM; ERNST; RIEXINGER, Konzentrationslager »Eisbär«. Nach Abschluß des Manuskripts zur vorliegenden Publikation erschien die sehr umfassende Veröffentlichung ERNST; RIEXINGER, Vernichtung.

Überprüft man diese Informationen anhand der Akten des Reichswirtschaftsministeriums, welches die Industrieverlagerungen gesteuert hat, so ergibt sich folgendes Bild:

Am 28. Juni 1943 teilte Adolf Hitler per Erlaß mit, daß die wichtigsten Rüstungsfertigungen aus besonders luftgefährdeten Gebieten zu verlagern seien[42]. Am 21. Juli verlangte der Reichswirtschaftsminister von den zehn Bergämtern Bericht über für diesen Zweck geeignete Gruben oder Bergwerke[43]. Das Oberbergamt Karlsruhe wies in seiner Antwort vom 14. August u. a. auf die Salzbergwerke Heilbronn und Kochendorf hin und merkte an, daß beide bereits im September 1938 (!) dem Reichswirtschaftsministerium zur Unterbringung von Munition und Munitionsteilen benannt worden seien. Da Kochendorf inzwischen weitgehend zur Lagerung von Kunstgegenständen und Archivalien benutzt worden sei, komme für die Unterbringung von Fertigungen somit nur noch das Salzbergwerk Heilbronn in Frage[44]. In seiner zusammenfassenden Stellungnahme an den Minister nahm der Berliner Oberberghauptmann Oskar Gabel[45] im September 1943 folglich aus dem Oberbergamtsbereich Karlsruhe nur Heilbronn in seine für das Reichswirtschaftsministerium zusammengestellte Liste auf[46]. Trotzdem wurde auch Kochendorf in die weiteren Planungen einbezogen, nachdem am 26. August 1943 der Reichsminister für Bewaffnung und Munition in einem Erlaß über die Verlegung kriegswichtiger Betriebe und Betriebsteile die grundsätzliche Vorgehensweise festgelegt hatte[47].

Am 21. Januar 1944 besuchte ein Vertreter des Luftfahrtministeriums mit zwei Herren der Rüstungsindustrie das Salzwerk Heilbronn, einen Tag später die Saline Bad Friedrichshall. Es wurde die Möglichkeit diskutiert, in den Gruben Wehrmachtsfertigungen unterzubringen. Die Leiter der beiden Bergwerke sprachen sich deutlich gegen ein solches Vorhaben aus, weil sie mit einer »empfindlichen Störung des Steinsalzbetriebes« rechneten[48]. Das Oberbergamt Karlsruhe unterstützte diese ablehnende Haltung und teilte am 27. Januar dem Berliner Reichswirtschaftsminister mit, daß die beiden Bergwerke für die Aufnahme von Rüstungsindustrie deshalb nicht in Frage kämen[49]. Auch die für die Industrieverlagerung in Württemberg zuständige Rüstungsinspektion V (Stuttgart) hielt es noch Anfang 1944 für ausgeschlossen, daß die ausgedehnten Stollen der württembergischen Salzbergwerke für die Verlage-

---

[42] BA Potsdam, R 7/1170 fol. 109.
[43] BA Potsdam, R 7/1170 fol. 110–111.
[44] BA Potsdam, R 7/1170 fol. 68.
[45] Gabel war nach dem Geschäftsverteilungsplan vom 15. Dezember 1943 Leiter der Hauptabteilung »Der Oberberghauptmann« des Reichswirtschaftsministeriums (LENZ; SINGER, R 7, S. XXI–XXII).
[46] BA Potsdam, R 7/1173 fol. 22.
[47] StadtA Heilbronn, Salzwerk Heilbronn 319: Auszug aus dem Deutschen Reichsanzeiger und dem Preußischen Staatsanzeiger Nr. 203 vom 1. September 1943.
[48] BA Potsdam, R 7/1208 fol. 59.
[49] BA Potsdam, R 7/1185 fol. 20.

rung von Rüstungsindustrie herangezogen werden könnten, weil die Förderanlagen für das gleichzeitige Ein- und Ausfahren von Tausenden Arbeitskräften nicht eingerichtet seien und die Lösung der Bewetterungsproblematik und die Schaffung von Rettungswegen »in erträglicher Zeit« nicht erreicht werden könne[50]. Außerdem sprach die extrem starke Rostbildung durch den hohen Salzgehalt der Luft gegen eine dauerhafte Verbringung von Metallteilen nach unter Tage. Um Maschinen nicht innerhalb weniger Monate unbrauchbar werden zu lassen, wäre eine fortlaufende sorgfältige Behandlung mit Öl an allen Metallteilen unabdingbar. Auch Gummi werde in der Grube in kürzester Zeit spröde und unbrauchbar[51].

Am 8. Februar 1944 reisten die Bergwerksleiter Otto Schlafke (Heilbronn) – zugleich auch für den Deutschen Salzverband – und Dr. Ernst Baur (Bad Friedrichshall) in das Reichswirtschaftsministerium nach Berlin. Sie betonten dort, daß eine Stillegung von Salzgruben die Versorgung von Industrie und Bevölkerung gefährde. Süddeutsche Gruben seien darüber hinaus wegen ihres Einschacht-Systems für die Aufnahme von Industrie besonders ungeeignet, abgesehen von der Rostgefahr und den Bewetterungsschwierigkeiten[52].

Am 1. März 1944 wurde eine als »Geheime Kommandosache« gekennzeichnete Aufstellung über den Stand der Verlagerung von Fertigungsstätten der Luftwaffen-Rüstungsindustrie in »bombensichere Räume« gefertigt. Unterschieden wurden dabei Projekte, deren Ausbau bereits begonnen war, und Räume, deren Ausbau sich in Planung befand. Dabei stand in Kochendorf, das zur zweiten Kategorie zählte, mit 115 000 qm die weitaus größte Einzelfläche im »Großdeutschen Reich einschließlich Protektorat« zur Verfügung, gefolgt vom Steinsalzwerk Bartensleben mit 70 000 qm[53].

Am 4. März 1944 setzte Göring per Erlaß den sogenannten »Jägerstab«[54] ein, der die Jägerfertigung als vordringlichste Aufgabe voranzutreiben[55] und dabei u. a. auch KZ-Häftlinge zu beschäftigen hatte[56]. Eine wesentliche Rolle spielte in diesem Zusammenhang die »Organisation Todt« (OT). Die OT war direkt Hitler unterstellt und einerseits für Großbauten wie Autobahnen zuständig, andererseits mußte sie für die Beseitigung von Luftkriegsschäden sorgen und bautechnische Vorbereitungen dafür treffen, daß luftkriegsgefährdete, wichtige Industriebetriebe in sichere Unterkünfte verlegt werden konnten.

Das Amt Bau (OT) des Reichsministers für Rüstung und Kriegsproduktion setzte Deck- bzw. Tarnnamen für die unterirdischen Verlagerungsbauten

---

[50] BA Freiburg, RW 20-5/1 und 20-5/3, S. 11–12.
[51] StadtA Heilbronn, Salzwerk Heilbronn 319: Schreiben von Dr. Bauer vom 8. Februar 1945 an das Luftgaukommando V in Stuttgart.
[52] StadtA Heilbronn, Salzwerk Heilbronn 319: Aktennotiz über eine Besprechung im Reichswirtschaftsministerium am 8. Februar 1944.
[53] BA Potsdam, R 7/1192 fol. 3–5.
[54] Bald in »Rüstungsstab« umbenannt; BA Potsdam, R 7/1192 fol. 257.
[55] BA Potsdam, R 7/1173 fol. 223–224.
[56] BA Potsdam, R 7/1173 fol. 218.

fest[57]. Dabei wurden verschiedene Gruppen gebildet. In Gruppe I (Bergbau) wurden für Schachtanlagen Tiernamen und für Stollenanlagen Fischnamen verwendet, in Gruppe II (Eisenbahn- und Straßentunnel) Vogelnamen, in Gruppe III (Festungswerke) Namen aus dem Pflanzenreich, in Gruppe IV (natürliche Höhlen) Bezeichnungen aus dem Münzwesen, in Gruppe V a (Neubau von Stollen und Tunnelanlagen) Namen aus der Gesteinskunde und in Gruppe V b (Neubau von Stahlbetonbunkern) männliche Vornamen[58]. Das Salzbergwerk Heilbronn erhielt den Decknamen »Steinbock«, Kochendorf wurde als »Eisbär« bezeichnet[59]. Diese Decknamen waren – zumindest anfänglich – so geheim, daß sie noch im Juli 1944 z. B. dem Oberbergamt Karlsruhe in dessen eigenem Zuständigkeitsbereich nicht bekannt waren[60].

2. Kochendorf

Bereits am 3. März 1944 war ein Vorbelegungsbescheid an Kochendorf ergangen mit der Information, daß 30 000 qm Fläche für die Ernst Heinkel AG (Werk Hirth-Motoren in Stuttgart-Zuffenhausen) gesperrt würden[61]. Dagegen meldete Salinenchef Dr. Baur in einem Schreiben an das Reichswirtschaftsministerium vom 29. März erhebliche Bedenken an, weil er eine Beeinträchtigung der Steinsalzgewinnung befürchtete[62]. Der Protest nützte jedoch nichts. Am 3. April wies das Reichsministerium für Rüstung und Kriegsproduktion per Erlaß die Saline an, die Firma Hirth-Motoren aufzunehmen[63]. Am gleichen Tag wurde dem Berliner Professor Dr. Herbert Rimpl die Bauleitung in Kochendorf übertragen[64] (Rangfolge-Nr. des Verlagerungsbauvorhabens: Va 44 SO j 3[65], Kurzbezeichnung D 11[66]). Am Vormittag des 12. April erfolgte in Kochendorf eine Besprechung, an welcher u. a. Vertreter der Saline, des Büros Professor Rimpl, der Hochtief AG (Essen) und der Hirth-Motoren GmbH teilnahmen. Diskutiert wurde das Abteufen eines weiteren Senkrechtschachtes und eines Schrägstollens[67].

---

[57] BA Potsdam, R 7/1192 fol. 289.
[58] BA Potsdam, R 7/1192 fol. 25.
[59] BA Potsdam, R 7/1192 fol. 279–283.
[60] BA Potsdam, R 7/1208 fol. 6.
[61] BA Potsdam, R 7/1185 fol. 56.
[62] BA Potsdam, R 7/1185 fol. 55; bemerkenswerterweise hat es Dr. Baur gewagt, diesen Brief ohne die Floskel »Heil Hitler« und auch ohne jede andere Grußformel zu unterzeichnen.
[63] BA Potsdam, R 7/1185 fol. 80 b.
[64] BA Potsdam, R 7/1185 fol. 35.
[65] BA Potsdam, R 7/1185 fol. 35.
[66] BA Potsdam, R 7/1192 fol. 74–75.
[67] BA Potsdam, R 7/1208 fol. 57–58.

Die Baukosten wurden auf 6,1 Millionen Reichsmark veranschlagt, allein im Jahre 1944 sollten 5,2 Millionen davon verbraucht werden[68]. Für die Ausführung des Bauvorhabens wurden insgesamt 1300 Arbeitskräfte eingeplant[69]. Die Maßnahmen unter Tage oblagen der Heilbronner Bauunternehmung Koch & Mayer[70].

Am 3. Juni wurde über den Stand der Verlagerungsaktion in Kochendorf berichtet, daß etwa 16 Abbaukammern von je 120 bis 150 m Länge, 10 bis 15 m Breite und durchschnittlich 10 bis 12 m Höhe zur Verfügung stünden. Das gesamte Feld könne vollständig vom Förderungsbereich der Saline abgetrennt werden. Dazu sei aber das Niederbringen eines senkrechten Schachtes und eines schrägen Stollens notwendig. Mit dem Abteufen des ersteren (6,75 m Durchmesser) sei begonnen, der letztere sei angesetzt, außerdem sei die Aufstellung von Arbeiterbaracken in die Wege geleitet worden. Um wenigstens einen Teil der Hirth-Werke beschleunigt unterbringen zu können, seien bereits zwei in der Nähe des bestehenden Schachtes liegende Abbaukammern[71] ausgeräumt und eingeebnet worden. In beiden seien die elektrischen Anschlüsse und die Wasserleitungen für die Betonierungsarbeiten fertiggestellt. In einem der beiden sei schon mit dem Betonieren des Fußbodens begonnen worden[72].

Die ersten Arbeiten schritten rasch voran. Schon in der zweiten Junihälfte konnten 24 Fertigungsmaschinen der Firma Hirth nach unter Tage gebracht und aufgestellt werden. Die Beleuchtung war inzwischen ebenfalls eingerichtet worden. Beim Senkrechtschacht, der etwa 1,2 km nordnordöstlich des Hauptschachtes lag[73], waren am 5. Juli 6,5 m ausgemauert. Der Schrägstollen, dessen Ansatzpunkt sich unmittelbar westlich der Hasenmühle befand[74], sollte von einem Stollen aus abgeteuft werden, der zu diesem Zeitpunkt 32 m weit vorangetrieben war[75].

Bereits Ende Juni ist von einer »grundsätzlichen Gegnerschaft in fachlichen Fragen« zwischen dem Kochendorfer Baubüro von Professor Rimpl und Dr. Baur als Salinenleiter die Rede[76]. Offenbar waren wesentliche Differenzen bezüglich der Frage aufgetreten, ob die Industrieverlagerung oder die Salzförderung Vorrang haben solle. Auch »klärende Gespräche« zwischen allen Beteiligten konnten die Situation nicht nachhaltig entspannen[77]. Die Auseinander-

---

[68] BA Potsdam, R 7/1192 fol. 74–76.
[69] BA Potsdam, R 7/1192 fol. 334, Zahlenangabe vom September 1944.
[70] StadtA Heilbronn, Zeitgeschichtliche Sammlung W 2572 (Hh 2 Koch): Schreiben der Firma Koch & Mayer vom 16. April 1947 an das Stuttgarter Arbeitsministerium.
[71] Abbaukammern Nr. 3 und 4 (StadtA Heilbronn, Salzwerk Heilbronn 319: Bericht vom 9. Mai 1944).
[72] BA Potsdam, R 7/1185 fol. 67 b.
[73] SIMON, Salz, S. 325.
[74] SIMON, Salz, S. 325.
[75] BA Potsdam, R 7/1208 fol. 7.
[76] BA Potsdam, R 7/1208 fol. 4–5, vgl. dazu z. B. auch fol. 265–267.
[77] BA Potsdam, R 7/1208 fol. 46.

setzung gipfelte Ende August in dem Vorschlag des »Generalbevollmächtigten für Sonderfragen der chemischen Erzeugung«, die Salzproduktion in Kochendorf gänzlich einzustellen. Begründung: Dann könnten leichtere Apparaturen sofort ins dortige Bergwerk gebracht und zur Produktion eingesetzt werden[78]. Dieser Gedanke wurde aber bereits am 19. September wieder fallengelassen[79]. Die Spannungen zwischen den beiden Bergwerksleitungen und den Baufirmen rissen jedoch nicht ab. Anfang November warf die OT den Salzproduzenten z. B. vor, beim Festlegen der Schachtansatzpunkte in erster Linie an die späteren Interessen der Bergwerke, also an die Salzförderung nach dem Krieg, gedacht zu haben und nicht an die aktuellen Bedürfnissse der Rüstungsindustrie[80].

Mitte November griff die OT den Gedanken erneut auf, die Salzförderung in Kochendorf stillzulegen[81], drang damit jedoch nicht durch[82]. Im Januar 1945 verlangte das Reichswirtschaftsministerium von Dr. Baur eine Stellungnahme zu den Vorwürfen der OT[83], welche dieser auch prompt abgab, indem er die Unsinnigkeit der Anschuldigungen darlegte[84].

Anfang August plante das Büro Rimpl für Kochendorf den Einsatz von »1000 Juden als Hilfsarbeiter«. Da nur für 500 Personen Unterbringungsmöglichkeiten bestanden, sollten weitere 500 Juden unter Tage einquartiert werden. Gegen diese Absicht bezog Oberberghauptmann Oskar Gabel Stellung. Er hielt es »nicht für zweckmäßig, Arbeitskräfte unter Tage für mehrere Monate unterzubringen«, und empfahl, über Tage schnell weitere Baracken zu errichten[85].

Im August/September 1944 wurde in Kochendorf als Außenstelle des KZ Natzweiler (Vogesen) ein Konzentrationslager errichtet. Darüber hat eine Arbeitsgruppe in Bad Friedrichshall viele Details zusammengetragen[86]. Die KZ-Häftlinge mußten unter der Aufsicht der OT[87] den geplanten weiteren Senkrechtschacht und den Schrägstollen vorantreiben. Außerdem wurden sie unter Tage beim Ausbau der Fabrikationsstätten eingesetzt. Über den jammervollen Zustand der KZ-Häftlinge notiert die OT am 6. November 1944: »Der Gesundheitszustand der KZ-Häftlinge geht, Verpflegung ist ausreichend, die

---

[78] BA Potsdam, R 7/1208 fol. 139.
[79] BA Potsdam, R 7/1208 fol. 142 b.
[80] BA Potsdam, R 7/1180 fol. 33 b.
[81] BA Potsdam, R 7/1208 fol. 253.
[82] BA Potsdam, R 7/1208 fol. 254.
[83] BA Potsdam, R 7/1180 fol. 35.
[84] BA Potsdam, R 7/1208 fol. 265. Dr. Baur unterzeichnete mit dem Gruß »Glückauf!« und nicht mit »Heil Hitler!«.
[85] BA Potsdam, R 7/1220 fol. 190–191.
[86] BAUM, KZ Kochendorf; vgl. auch RISEL, KZ; RIEXINGER, Exkursion und BAUM; ERNST; RIEXINGER, Konzentrationslager »Eisbär« sowie insbesondere die nach Abschluß des Manuskripts der vorliegenden Publikation erschienene Arbeit ERNST; RIEXINGER, Vernichtung.
[87] Die Oberbauleitung der OT für den Raum Heilbronn hatte ihren Sitz in Weinsberg und trug die Bezeichnung »Kiebitz«. (BAUM, KZ Kochendorf, S. 18).

Baracken in Ordnung. Winterkleidung schlecht. Für 200 Mann fehlt das Schuhwerk.«[88]

Am 8. Oktober ereignete sich ein Zwischenfall. Beim Einhängen in die Förderanlage stürzte eine 4,5 Tonnen schwere Maschine in den Schacht. Dabei entstanden starke Zerstörungen im Schachtausbau, das die Grube versorgende Schachtkabel wurde schwer beschädigt. In den Hauptfördertrummen[89] konnte die Förderung nach acht Tagen wieder aufgenommen werden, während sich die Instandsetzung der Nebenförderung länger hinzog[90].

Der Schrägstollen mit einem Halbkreisprofil von 6 m Breite und 6 m Höhe wurde Anfang November jeden Tag ca. 2 m abgeteuft und innen mit einem 50 cm starken Betonmantel ausgekleidet. Er sollte insgesamt 550 m lang werden. Die Fertigstellung war für den 1. Juni 1945 geplant. Die Arbeiten wurden von der Hochtief AG (Essen) ausgeführt. Gewisse Schwierigkeiten erwarteten die Baufachleute wegen der wasserführenden Schichten in etwa 100 m Tiefe. Entgegen der Ansicht des Bergamtes vertrat die Bauleitung jedoch die Meinung, diese einfach lösen zu können. Mittels vorauseilender Zement-Injektionen sollte der Wasserandrang so stark herabgedrosselt werden, daß der weitere Vorbau ohne Behinderung durchführbar sei.

Der Senkrechtschacht war Anfang November 54 m vorangetrieben, er sollte am 15. Juni 1945 endgültig fertiggestellt sein. Die Arbeiten waren der Veruschacht übertragen, 150 Mann wurden eingesetzt. Die wasserführenden Schichten sollten mit eisernen Tübbings[91] durchteuft werden. Anfang November waren insgesamt im Stollenbetrieb 80 Mann, im Untertagebau 600 Mann und im Außendienst 100 Mann beschäftigt[92].

Am 22. November war der Schrägstollen mit einem vorläufigen, kleineren Querschnitt 164 m vorangetrieben. Allerdings stieg nun der Wasserzufluß täglich erheblich an. Es bestand die Gefahr des Absaufens, weil Pumpen mit der erforderlichen Größe wegen baulicher Fehlplanungen nicht hinuntergebracht werden konnten. Als Folge war bereits ein größerer Deckeneinbruch aufgetreten. Dies bedeutete eine große Gefahr für die Bauarbeiter. Wegen dieser Mängel wurde der Vortrieb des Schrägstollens gestoppt und der endgültige Ausbau des bislang errichteten Teiles angeordnet. Außerdem wurde die Verantwortung der Hochtief entzogen und ebenfalls der Veruschacht übertragen. Der Senkrechtschacht war zu diesem Zeitpunkt 62 m abgeteuft, davon waren aber erst 40 m ausgemauert[93].

Am 1. Dezember wurde die ursprünglich für die Firma Hirth vorgesehene Halle A 10 für die Firma Motorenwerke Mannheim (U-Bootmotoren vom

---

[88] BA Potsdam, R 7/1180 fol. 33.
[89] Die Fördertrummen sind die für den Förderkorb (nicht z. B. für die Falleitungen) bestimmten Teile eines Schachtes.
[90] BA Potsdam, R 7/1180 fol. 4 b.
[91] Teil eines Ringes zum Ausbau von Schächten oder Tunnels.
[92] BA Potsdam, R 7/1180 fol. 32–33 b.
[93] BA Potsdam, R 7/1180 fol. 28–31.

Typ XXIII) gesperrt[94], die offizielle Genehmigung der Verlagerung erfolgte am 29. Januar 1945[95].

Da die Aktenüberlieferung im Februar 1945 abbricht, stellt sich die Frage, inwieweit die Rüstungsproduktion bis zum Kriegsende überhaupt angelaufen ist.

Aus der Feder des amerikanischen Offiziers James J. Rorimer, der ab Mitte April 1945 für die Salzbergwerke in Heilbronn und Kochendorf zuständig war, wissen wir, daß in Kochendorf eine Fabrikanlage für Düsentriebwerke kurz vor ihrer Fertigstellung gewesen ist. Wohl Ende April, also etwa zwei Wochen nach der Einnahme durch die Amerikaner, bauten einige ausgewählte Arbeiter unter der Aufsicht durch die Alliierten sechs dieser Düsentriebwerke zusammen[96].

Man kann also für Kochendorf sicher davon ausgehen, daß hier am Kriegsende eine Produktionsstätte der Ernst-Heinkel-Flugzeugwerke (Hirth-Motorenwerke) so gut wie fertiggestellt war und zumindest teilweise schon produzierte.

Quellen aus dem Jahr 1946 weisen eine belegte Fläche für die Ernst Heinkel AG (Werk Hirth-Motoren) von 8300 qm nach, für die Motorenwerke Mannheim 1800 qm und für die »Getriebebau« 5600 qm[97]. Diese »Getriebebau« wurde von den Heilbronner Firmen Eugen Weisser & Co. KG., Ferdinand C. Weipert und Bernhard Pfeifer & Söhne GmbH gebildet und montierte in den letzten Kriegstagen im Kochendorfer Stollen im Auftrag der Zahnradfabrik Friedrichshafen Panzergetriebe[98]. Die Motorenwerke Mannheim und die Getriebebau waren ab Januar 1945 in das Bergwerk gegangen. Größeren Platz hatten ab Februar auch die Firmen Karosseriewerke Drauz (Heilbronn) mit 1800 qm und Bosch Metallwerke (Stuttgart-Feuerbach) mit 800 qm beansprucht. Die Firma Karl Schmidt GmbH (Neckarsulm) belegte zum Kriegsende 2250 qm[99]. Bei allen diesen Firmen ist wegen des relativ großen Platzbedarfs anzunehmen, daß eine Produktion unter Tage zumindest geplant war. Sicher ist, daß außer den Hirth-Motorenwerken sich auch die »Getriebebau« bereits in der Produktionsphase befand.

Trotz wohl mehr als 20 000 qm Produktionsfläche scheint das Industrieverlagerungsprojekt in Kochendorf im Ergebnis eher ein Fehlschlag gewesen zu sein. Zwar sind Produktionen unter Tage angelaufen. Gemessen an den hoch-

---

[94] BA Potsdam, R 7/1208 fol. 241.
[95] BA Potsdam, R 7/1208 fol. 271.
[96] RORIMER; RABIN, Survival, S. 147.
[97] StA Ludwigsburg, EL 402 Heilbronn lfd. Nr. 238, Einlagerungsverzeichnisse für Kochendorf: Aufstellung über Bergungsgüter im Steinsalzbergwerk Kochendorf.
[98] StA Ludwigsburg, EL 402 Heilbronn lfd. Nr. 309: Schreiben der Bernhard Pfeifer & Söhne GmbH vom 6. Mai 1946 an die Militärregierung Heilbronn; Aussage von Margarete und Kurt Blind (Heilbronn) vom 28. August 1995 gegenüber dem Verfasser; vgl. auch RIEXINGER, Exkursion, und PFEIFER, Erinnerungen, S. 56–61.
[99] StA Ludwigsburg, EL 402 Heilbronn lfd. Nr. 238, Einlagerungsverzeichnisse für Kochendorf: Aufstellung über Bergungsgüter im Steinsalzbergwerk Kochendorf.

fliegenden Plänen und auch am Umfang der geleisteten vorbereitenden Arbeiten war der Erfolg aber doch bescheiden. Die Niederbringung des Schrägstollens ist mißlungen, der Senkrechtschacht hatte bei Kriegsende eine Tiefe von 90 m erreicht[100]. Insgesamt mußten die Planungen drastisch reduziert werden, auch weil offenbar die Bewetterungsprobleme nicht gelöst werden konnten. Wieviele Menschen – insbesondere KZ-Häftlinge – dafür ihr Leben lassen mußten, weiß niemand präzise zu sagen[101].

3. Heilbronn

Am Nachmittag des 12. April 1944 trafen sich Vertreter des Büros Professor Rimpl, der Reichswerke Hermann Göring, der Hochtief AG (Essen) und des Salzwerks Heilbronn zu einer Besprechung. Man entschied sich für das Abteufen eines Senkrechtschachtes und eines Schrägstollens. Das Salzwerk hatte inzwischen 15 Abbaukammern in einem durch den östlichen Sicherheitspfeiler begrenzten Feld für die Industrieverlagerungen zur Verfügung gestellt. Für diese Kammern wurden etwa 100 sowjetische Kriegsgefangene als Hilfskräfte angefordert, um den Boden von den Steinsalzabraummassen zu befreien und für die Industrieproduktion vorzubereiten. Diese Arbeiten waren hauptsächlich in Nachtschicht auszuführen, weil die Schachtanlage tagsüber durch den Salzbetrieb vollkommen ausgelastet war[102]. Am 15. April legte das Reichsministerium für Rüstung und Kriegsproduktion per Erlaß den Einzug der Erla-Flugzeugwerke (Leipzig) in das Heilbronner Bergwerk (Rangfolgenummer des Verlagerungsbauvorhabens: Va SO j 107[103], Kurzbezeichnung D 18[104]) fest[105]. Am gleichen Tag bekam das Büro Rimpl auch für Heilbronn die Bauleitung übertragen[106]. Am 21. April 1944 wurden die freien Grubenräume in Heilbronn für die Firma Erla gesperrt[107]. Die kurz zuvor fixierten Planungen gingen von gewaltigen Ausmaßen für das zu verlagernde Flugzeugwerk aus. Der Platzbedarf wurde mit zunächst 45000 qm, in einer mittleren Phase mit 80000 qm und nach Aufnahme sämtlicher Unterlieferanten mit 100000 qm beziffert. Die notwendige elektrische Anschlußleistung wurde auf 8000 bis 10000 kW geschätzt. Dafür sollte eine 10000-Volt-Leitung direkt in den Untertagebetrieb gelegt werden. Die Belegschaft sollte bei Vollausbau 10000 bis 12000 Mann betragen, dabei war an einen Zweischichtbetrieb mit jeweils

---

[100] SIMON, Salz, S. 326.
[101] BAUM (KZ Kochendorf, S. 6 und 38) gibt für Oktober 1944 bis März 1945 insgesamt 92 Tote an, im April 1944 sterben bei der Evakuierung nach Dachau mindestens weitere 347 Häftlinge.
[102] BA Potsdam, R 7/1208 fol. 54–56, vgl. auch R 7/1185 fol. 90–91.
[103] BA Potsdam, R 7/1185 fol. 31.
[104] BA Potsdam, R 7/1192 fol. 76–77.
[105] BA Potsdam, R 7/1185 fol. 80 b.
[106] BA Potsdam, R 7/1185 fol. 31.
[107] BA Potsdam, R 7/1173 fol. 264.

5000–6000 Arbeitern gedacht. Täglich 35 Eisenbahnwagen sollten vollbeladen ankommen und abfahren.

Zum Transport sollte ein Schrägstollen in Richtung Wart- und Stiftsberg mit direktem Gleisanschluß niedergebracht werden. Wegen der Schwierigkeiten bei der Bewetterung, insbesondere die Abführung der bei der Fertigung entstehenden Wärme und der verbrauchten Luft, war ein zweiter Schrägstollen vorgesehen[108]. Bald kam auch der Bau eines zusätzlichen Senkrechtschachtes in die Diskussion. Schlafke erklärte sich damit unter der Voraussetzung einverstanden, daß es vom sonstigen Grubenbetrieb vollständig getrennt würde und insbesondere mit eigener Wetterführung und eigener Förderung arbeite[109].

Die Gesamtkosten des unterirdischen Bauvorhabens wurden auf 12,0 Millionen Reichsmark veranschlagt. Davon sollten im Jahr 1944 8,0 Millionen verbraucht werden[110]. Als erforderlich wurden 4000 Arbeitskräfte angesehen[111].

Wann genau die Bauarbeiten begonnen wurden, ist nicht feststellbar. Anfang Juni waren die Vermessungsarbeiten für den Senkrechtschacht und den Schrägstollen über und unter Tage abgeschlossen und die Schachtansatzpunkte festgestellt. Mit dem Aufstellen der Arbeiterbaracken war begonnen worden[112]. Mitte Juni nahm Professor Rimpl persönlich die offenbar erste Ortsbesichtigung in Heilbronn vor[113]. Die voraussichtliche Bauzeit wurde auf etwa 9 bis 12 Monate geschätzt[114].

Immer wieder kam es zu Auseinandersetzungen zwischen den Verantwortlichen des Salzwerks und der Bauleitung. Die Industrieverlagerung war den Bergleuten keineswegs willkommen. Ende Juni reiste Oberberghauptmann Gabel sogar persönlich nach Heilbronn, um Probleme in der Zusammenarbeit zu bereinigen[115].

Am 5. Juli war der Schrägstollen begonnen und der Baggeraushub bis zum Grundwasserspiegel durchgeführt worden[116].

Im August 1944 wurde an der Böllinger Straße beim Sportplatz damit begonnen, das Konzentrationslager Neckargartach als Außenstelle des KZ Natzweiler (in den Vogesen) einzurichten[117]. Ab Anfang September 1944 wurde es mit etwa 600 Häftlingen belegt. Es trug die offizielle Bezeichnung

---

[108] StadtA Heilbronn, Salzwerk Heilbronn 319: Niederschrift vom 3. April 1944.
[109] StadtA Heilbronn, Salzwerk Heilbronn 319: Schreiben von Salzwerkleiter Schlafke vom 5. April 1944 an Ministerialrat Otto Klewitz im Berliner Reichswirtschaftsministerium.
[110] BA Potsdam, R 7/1192 fol. 74–76.
[111] BA Potsdam, R 7/1192 fol. 334, Zahlenangabe vom September 1944.
[112] BA Potsdam, R 7/1185 fol. 67.
[113] BA Potsdam, R 7/1208 fol. 36.
[114] BA Potsdam, R 7/1208 fol. 38.
[115] BA Potsdam, R 7/1208 fol. 35.
[116] BA Potsdam, R 7/1208 fol. 7.
[117] RISEL, KZ, S. 12.

»SS-Arbeitslager ›Steinbock‹ Heilbronn-Neckargartach«[118]. Dieses Lager war zunächst von der SS aufgebaut und wohl im November von der OT übernommen worden[119]. Zwischendurch hatte sich – ebenso wie in Kochendorf – auch der »Sonderstab Kammler«[120] um eine Übernahme des Vorhabens bemüht[121].

Ein Teil der Neckargartacher Häftlinge wurde von der OT dafür eingesetzt, das Salzwerk für die Aufnahme von Industrie vorzubereiten. Der für das KZ Neckargartach zuständige SS-Oberscharführer Gillberg besuchte das Salzbergwerk Heilbronn am 19. Oktober 1944[122]. Noch am 21. Januar 1945 informierte die Kommandantur des KZ Natzweiler alle Außenlager über den Umgang mit den Häftlingen. Niemand, der mit diesen in Berührung kam, durfte sich mit ihnen privat unterhalten. Das Weiterbefördern von Briefen oder Zetteln galt als Hochverrat. Über die Arbeit der Häftlinge war »strengstes Stillschweigen zu bewahren«. Verstöße dagegen wurden mit »Schutzhaft« bestraft[123]. Da die Salzwerkmitarbeiter aber keinen direkten Kontakt mit den KZ-Häftlingen hatten, hängte die Salzwerkleitung diese Bekanntgabe nur am »Schwarzen Brett« aus und verzichtete darauf, sie von jedem Mitarbeiter einzeln unterschreiben zu lassen, wie es die Kommandantur des KZ Natzweiler gefordert hatte[124].

In der zweiten Augusthälfte waren die geplanten zusätzlichen Bewetterungsmaßnahmen beinahe abgeschlossen[125], das Problem insbesondere der Industrieabgase war damit aber nicht gelöst[126].

Mitte September eskalierte der Streit zwischen dem Heilbronner Salzwerk und dem Baubüro Professor Rimpl[127]. Anlaß bot der amerikanische Luftangriff auf Heilbronn am 10. September. Während des Fliegeralarms hatten die vom Büro Rimpl über Tage eingesetzten Arbeitskräfte weitergearbeitet. Dagegen meldete Salzwerk-Chef Schlafke Bedenken an, weil er dadurch seinen Betrieb für gefährdet hielt. Die Werkluftschutz-Ortsstelle Heilbronn (Wei-

---

[118] RISEL, KZ, S. 15.
[119] RISEL, KZ, S. 18 und 67.
[120] Der »Sonderstab Kammler« war für den Ausbau der Untertageverlagerungen zuständig. Er wurde von SS-Gruppenführer Dr.-Ing. Hans Kammler geleitet (HOPMANN, Zwangsarbeit, S. 353).
[121] BA Potsdam, R 7/1208 fol. 163; Gleiches gilt auch für Kochendorf.
[122] StadtA Heilbronn, Salzwerk Heilbronn 319: Besuche wegen Einlagerung; vgl. auch StadtA Heilbronn, Salzwerk Heilbronn 319: Schreiben von SS-Oberscharführer Gillberg vom 3. Februar 1945 an das Salzwerk Heilbronn.
[123] StadtA Heilbronn, Salzwerk Heilbronn 319: Bekanntgabe vom 21. Januar 1945.
[124] StadtA Heilbronn, Salzwerk Heilbronn 319: Schreiben des Salzwerkes Heilbronn vom 7. Februar 1945.
[125] BA Potsdam, R 7/1192 fol. 273.
[126] Vgl. z. B. BA Potsdam, R 7/1208 fol. 141.
[127] Das Planungsbüro Prof. Dr.-Ing. Herbert Rimpl hatte seit Juli 1944 eine Zweigstelle in Heilbronn (Fleiner Straße 52/Kiliansplatz) eingerichtet (StadtA Heilbronn, Salzwerk Heilbronn 319: Schreiben des Planungsbüros Prof. Rimpl vom 26. Juli 1944 an das Salzwerk Heilbronn).

pertstraße 40) stellte sich auf die Seite des Salzwerkes und untersagte künftig eine Weiterarbeit bei Fliegeralarm. Schlafke ging daraufhin noch einen Schritt weiter. Er hatte davon erfahren, daß das Büro Rimpl die Durchführung verschiedener Arbeiten über Tage während der Dunkelheit mit künstlicher Beleuchtung plante. Er fragte deshalb bei der o. g. Ortsstelle nach und bekam zur Antwort, daß dies wegen der unumgänglichen Verdunklungsvorschriften ebenfalls unzulässig sei.

Beide Fakten teilte Schlafke dem Baubüro Rimpl am 15. September schriftlich mit[128]. Das Büro reagierte schnell. Es legte bereits am 11. Oktober Pläne für die Errichtung einer großen Lichtschleusenanlage vor dem Eingang zum Schacht des Salzwerkes vor. Diese umfaßte auch das Transportgleis und ein Silo, so daß die beabsichtigte Kiesförderung entsprechend den Verdunklungsvorschriften durchgeführt werden konnte[129].

Anfang Oktober war in Heilbronn der senkrechte Schacht bei einem Durchmesser von 8,5 m etwa 55 m abgeteuft, der schräge Stollen auf 110 m[130]. Er sollte bei einem Gefälle von 20°[131] 602 m lang werden und einen halbkreisförmigen Querschnitt von 6 m Breite und 6 m Höhe aufweisen[132]. Die in etwa 90 m bis 110 m Tiefe liegenden, etwa 10 m mächtigen Dolomitschichten bereiteten jedoch große Schwierigkeiten, weil sie stark wasserfördernd waren[133].

Anfang November waren die Arbeiten am Schrägstollen wegen starken Grundwasserzuflusses zum Erliegen gekommen. Mitte Januar 1945 wurden sie offiziell eingestellt. Man wollte an anderer Stelle erneut beginnen[134]. Ob dies realisiert wurde, bleibt unklar.

Der Senkrechtschacht befand sich am Fuße des Stiftsbergs im Gewann »Auhang«, Luftlinie etwa 200 m nordöstlich von der Einmündung der Karl-Wüst-Straße in die Neckarsulmer Straße. Der Schrägstollen setzte im Bereich zwischen (heutiger) Diesel- und Karl-Wüst-Straße an und verlief ungefähr in südöstlicher Richtung – parallel zum Salzhafen. Der untere Knickpunkt war östlich Ecke Salzgrundstraße/Imlinstraße geplant. Der ebenfalls projektierte, aber wohl nie begonnene zweite Schrägstollen war fast parallel zur Neckarsulmer Straße vorgesehen[135].

---

[128] StadtA Heilbronn, Salzwerk Heilbronn 319: Schreiben des Salzwerks Heilbronn vom 15. September 1944 an das Baubüro Prof. Rimpl.
[129] StadtA Heilbronn, Salzwerk Heilbronn 319: Schreiben des Baubüros Prof. Rimpl vom 11. Oktober 1944 an das Salzwerk Heilbronn.
[130] BA Potsdam, R 7/1208 fol. 160. Dabei kann es sich – wie im folgenden deutlich wird – aber nur um kleinere »Vorausbohrungen« gehandelt haben.
[131] BA Potsdam, R 7/1208 fol. 55.
[132] BA Potsdam, R 7/1180 fol. 34.
[133] BA Potsdam, R 7/1208 fol. 164.
[134] StadtA Heilbronn, Salzwerk Heilbronn 319: Niederschrift vom 18. Januar 1945.
[135] StadtA Heilbronn, Salzwerk Heilbronn 319: Geheime Karte des Büros Prof. Rimpl vom September 1944.

Anfang November wurde davon ausgegangen, daß der erste Teil der Heilbronner Grubenräume bis Mitte Januar 1945 der Fertigung übergeben werden könnte. Die Arbeiten wurden von der Firma Julius Berger Tiefbau-Aktiengesellschaft[136] ausgeführt.

Spätestens Mitte September 1944 wurde überlegt, daß im Heilbronner Salzbergwerk – anstatt der Erla – die I. G. Farbenindustrie einen Fertigungsbetrieb mit 60 000 qm Fläche errichten sollte[137]. Wegen der geringen Kapazität des Schachtes beantragte die I. G. Farbenindustrie in diesem Zusammenhang die Einstellung der Heilbronner Salzförderung[138]. Das Reichswirtschaftsministerium lehnte dieses Ansinnen in einem Schreiben vom 26. September an das Reichsministerium für Rüstung und Kriegsproduktion ab, weil in Heilbronn ein erheblicher Anteil der gesamten deutschen Salzproduktion gefördert werde, dessen Ausfall nicht verkraftbar sei[139]. Statt dessen wurde die Verlagerungsfläche der I. G. Farben auf etwa 10 000 qm reduziert. Mitte November stand eine offizielle Genehmigung dieser Verlagerung kurz bevor[140], bei der etwa 2000 Menschen unter Tage beschäftigt werden sollten[141].

Am 1. Dezember sprach die I. G. Farben von ihrer »Aufgabe, Werkstätten in das Salzwerk Heilbronn einzulagern«[142], während das Reichsministerium für Rüstung und Kriegsproduktion von dieser Belegung noch am 20. Dezember ausdrücklich betonte, keine Kenntnis zu haben[143].

Bei einer Besprechung im Salzwerk Heilbronn trafen die Herren Obering. Raichle, Dr. Rotter und Dr. Lanzendörfer von der I. G. Farbenindustrie Aktiengesellschaft sowie Regierungsrat Schlafke und Dr. Bauer vom Heilbronner Salzwerk verschiedene Vereinbarungen über die Verlagerung des Industriebetriebes. Die per Bahn ankommenden Maschinen sollten mittels eines noch aufzustellenden Gerüsts ausgeladen und auf einem Schlitten bis zum Schacht gezogen werden. Dort sei eine Baracke zur Zwischenlagerung aufzustellen. Zwei weitere Baracken als Wasch- und Umkleideräume für die »IG-Gefolgschaft« seien ebenfalls beim Haupteingang zu errichten. Unter Tage werde ein Ausladegerüst erstellt und eine betonierte Grube oder ein entsprechender Behälter zur Sammlung des I. G.-Betriebswassers eingerichtet. Etwa

---

[136] StadtA Heilbronn, Salzwerk Heilbronn 319: Schreiben der Julius Berger Tiefbau-Aktiengesellschaft vom 13. November 1944 an das Salzwerk Heilbronn.
[137] BA Potsdam, R 7/1208 fol. 163.
[138] BA Potsdam, R 7/1208 fol. 213.
[139] BA Potsdam, R 7/1208 fol. 167. Offensichtlich gab es Kompetenzstreitigkeiten zwischen den beiden Ministerien. Deren Verhältnis untereinander war durch den Führererlaß vom 2. September 1943 zur Konzentrierung der Kriegswirtschaft neu geregelt worden. Das Reichswirtschaftsministerium blieb danach zwar für die grundsätzlichen Wirtschaftsfragen zuständig. Die Kompetenzen auf dem Gebiet der Rohstoffe und der Produktion in Industrie und Handwerk gingen jedoch auf den Reichsminister für Rüstung und Kriegsproduktion (Albert Speer) über (LENZ; SINGER, R 7, XXI).
[140] BA Potsdam, R 7/1208 fol. 213.
[141] StadtA Heilbronn, Salzwerk Heilbronn 319: Aktennotiz vom 20. Oktober 1944.
[142] BA Potsdam, R 7/1180 fol. 51.
[143] BA Potsdam, R 7/1208 fol. 258.

15 cbm Wasser müßten pro Tag in einer zweiten Steigleitung aus dem Schacht gepumpt werden[144].

Im November 1944 hatte »Der Leiter des Sonderausschusses F 5 im Hauptausschuß ›Zellen‹ beim Reichsminister für Bewaffnung und Munition« bei Salzwerkdirektor Schlafke darauf gedrungen, eine Produktionsstätte der Karosseriewerke Weinsberg als Hauptlieferant der Dornier-Werke im Bergwerk aufzunehmen[145]. Es ging dabei um die Fertigung des Messerschmitt-Strahlflugzeugs Me 262[146].

Auch für Heilbronn stellt sich die Frage, inwieweit die eigentliche Rüstungsproduktion bis zum Kriegsende überhaupt noch in großem Umfang angelaufen ist. Risel vertritt die Auffassung, daß die Anlage zum 1. oder 15. Januar 1945 fertiggestellt sein sollte, daß dies aber wegen der Zerstörung Heilbronns am 4. Dezember 1944 nicht möglich gewesen und die Produktion bis Kriegsende nicht mehr in Gang gekommen sei. Man habe lediglich Gleise verlegt und eine Diesellok ins Bergwerk gebracht[147].

Fest steht, daß sich die I. G. Farben in Heilbronn engagiert hat. Die Frage ist, ob tatsächlich Giftgas produziert wurde oder zumindest werden sollte. Das Engagement der I. G. Farben in jenem Bereich während der Zeit des Nationalsozialismus ist hinlänglich erforscht und bekannt. Allerdings findet sich in der einschlägigen Literatur[148] und z. B. auch bei der BASF[149] als einem ehemaligen Bestandteil der I. G. Farben kein ausdrücklicher Hinweis auf Heilbronn.

Nach dem derzeitigen Stand der Erkenntnis befand sich im Salzwerk Heilbronn eine Fabrikationsstätte der I. G. Farben erst im Bau. In einer sehr detailliert angelegten Übersicht über die Vermögenswerte der I. G. Farben vom September 1945 taucht keine Fabrik in Heilbronn auf[150]. Die Produktion war bei Kriegsende noch nicht angelaufen; es sollte jedoch kein Giftgas, sondern Kybol[151] und Paraflow[152], also synthetisches Benzin und synthetisches Öl,

---

[144] StadtA Heilbronn, Salzwerk Heilbronn 319: Aktennotiz über eine Besprechung am 28. November 1944.

[145] StadtA Heilbronn, Salzwerk Heilbronn 319: Schreiben des Leiters des Sonderausschusses F 5 im Hauptausschuß »Zellen« beim Reichsminister für Bewaffnung und Munition vom 24. Oktober 1944 an das Salzwerk Heilbronn.

[146] MEIDINGER, Heilbronner Industrie, S. 175; EBERT; KAISER; PETERS, Messerschmitt, S. 232–246.

[147] RISEL, KZ, S. 58.

[148] z. B. OMGUS, I. G. Farben; HAYES, Industrie und Ideologie; HAYES, Industrie and ideology; BORKIN, Unheilige Allianz; PREUSS; HAAS, Standorte.

[149] Schreiben der BASF Aktiengesellschaft Ludwigshafen vom 23. Juni 1995 an den Verfasser.

[150] Schreiben der BASF Aktiengesellschaft Ludwigshafen vom 22. Februar 1996 an den Verfasser.

[151] Äthyl- und Propylbenzol (Schreiben der BASF Aktiengesellschaft Ludwigshafen vom 22. Februar 1996 an den Verfasser).

[152] Fluxan (Schreiben der BASF Aktiengesellschaft Ludwigshafen vom 22. Februar 1996 an den Verfasser).

hergestellt werden[153]. Außerdem war ein Kontaktlager[154] eingerichtet. In diesem befanden sich nach Kriegsende ca. 850 Tonnen verschiedene Katalysatoren im Wert von rund 12 Millionen RM[155]. Zusätzlich war auch eine Kontaktfertigung vorgesehen [156]. Insgesamt hatte die I. G. Farben im Heilbronner Salzbergwerk am Kriegsende etwa 14000 qm Fläche belegt[157]. Bei den Karosseriewerken Weinsberg kam über die Einlagerung von Material hinaus eine Produktion im Heilbronner Salzwerk nicht mehr in Gang[158].

Betrachtet man das frühzeitige Scheitern des Schrägstollenprojekts, die Unlösbarkeit des Bewetterungsproblems und die ständige Reduzierung der projektierten Industrieflächen unter Tage, so kann man die Heilbronner »Kelleraktion« wohl nicht als ausgesprochen erfolgreich einstufen, zumal, wenn man das Ergebnis an den Planungen und am dafür betriebenen Aufwand mißt. Trauriges Faktum ist dagegen, daß – nach offiziellen Sterbelisten – fast 200 KZ-Häftlinge dabei zu Tode gekommen sind[159].

Mehr als ein halbes Jahrhundert nach dem Ende des Zweiten Weltkrieges erinnern noch steinerne Zeugnisse an das Vorhaben des Baus eines zweiten Schachtes am Fuße des großen Stiftsberges. Im Gewann Auhang, östlich der Neckarsulmer Straße und nördlich der Karl-Wüst-Brücke, stehen – umgeben von Weinbergen – eine Handvoll Häuser. Sie ruhen fast alle auf Fundamenten, die 1944 im Zusammenhang mit der Schachtanlage entstanden sind. Damals handelte es sich um fünf Gebäude[160]. Das alte Transformatorenhaus beispielsweise ist großenteils noch vorhanden. Die Fundamente und die Mauern weisen eine ungewöhnliche Stärke auf, oft bis 80 cm. Der Grund liegt darin, daß der Reichswirtschaftsminister im September 1944 befohlen hatte, die neu abzuteufenden Schächte zu verbunkern, also bombensicher auszuführen.

Direkt nach dem Zweiten Weltkrieg sind innerhalb weniger Tage alle Maschinen, Einrichtungsgegenstände usw. aus den Gebäuden des abzuteufenden Schachtes »verschwunden«. Nur die Mauern und der angefangene Schacht blieben zurück. Bald – spätestens ab 1947[161] – nutzten Menschen aus der total

---

[153] BA Potsdam, R 7/1208 fol. 163.
[154] Kontakte sind Katalysatoren (Schreiben der BASF Aktiengesellschaft Ludwigshafen vom 22. Februar 1996 an den Verfasser).
[155] Schreiben der BASF Aktiengesellschaft Ludwigshafen vom 22. Februar 1996 an den Verfasser.
[156] StadtA Heilbronn, Salzwerk Heilbronn 319: Aktennotiz vom 20. Oktober 1944.
[157] StA Ludwigsburg, EL 402 Heilbronn lfd. Nr. 238, Einlagerungsverzeichnisse für Heilbronn: Verlagerte Vermögenswerte im Salzwerk Heilbronn.
[158] MEIDINGER, Heilbronner Industrie, S. 175.
[159] RISEL, KZ, S. 51.
[160] Schreiben vom 8. Juni 1947 im Besitz der Familie Heinz Schmitz (Heilbronn).
[161] Schreiben vom 8. Juni 1947 im Besitz der Familie Heinz Schmitz (Heilbronn).

zerstörten Stadt Heilbronn die (bombensicheren) Mauern als neue Wohnstätte. Etwa 1951 wurde der alte Schacht mit Trümmerschutt bis auf die obersten etwa 6 m zugeschüttet. Der Rest ist heute noch begehbar[162].

c) Kunst für die Jahrtausende: das Kochendorfer Salzrelief[163]

Während die im Zweiten Weltkrieg eingelagerten Kulturgüter die Salzbergwerke Heilbronn und Kochendorf längst wieder verlassen haben, ist ein anderes Kunstwerk extra für dort geplant und im Jahre 1934 180 Meter unter der Erdoberfläche geschaffen worden. Es handelt sich um ein großflächiges Salzrelief, das auch heute noch eine Attraktion bei den Kochendorfer Besuchereinfahrten darstellt.

Dieses Werk stammt von Hellmuth Uhrig. Der Künstler war 1906 in Heidenheim an der Brenz geboren; er starb 1979 in Arnoldsheim im Taunus. Nach dem Zweiten Weltkrieg war er der Evangelischen Akademie Arnoldsheim (Taunus) eng verbunden und trat vor allem durch Holzschnitte zur Bibel hervor[164].

Der Künstler hat 1934 einen umfangreichen Bericht über Vorgeschichte und Entstehung des Kochendorfer Salzreliefs abgefaßt, der sich bei der Südwestdeutschen Salzwerk AG erhalten hat. Uhrig beginnt seinen Text mit einer eindrucksvollen Schilderung der Örtlichkeiten. Lassen wir ihn selbst zu Wort kommen:

»Kochendorf. Man ist abseits vom Großstadtgetriebe, eine flache, wasserreiche Ebene. Neckar, Neckarkanal, Jagst und Kocher, alle diese Gewässer tummeln sich teils in landschaftlich schöner, teils in weniger angenehmer Form und geben Kochendorf sein Gepräge. Dicht beim Bahnhof steht der Förderturm, und wie ein Dorf sich um eine Kirche schart, so gruppieren sich die Werkzeughallen, Ankleideräume, Maschinenhäuser, Kontore, kurz alles, was zum Schacht gehört, um den Förderturm. Nicht wie im Industriegebiet, nicht in rußiger Kohlenluft steht der Turm, sondern in einer stillen, lieblichen Landschaft. Im Schachthof. Deutlich hören wir ein Klingelsignal, und wie auf einem Throne sitzt der Maschinist, hat den Seilhebel in der Hand und reguliert mit prüfendem Auge und sicherem Vertrauen die riesige Seiltrommel. An einem fettig schwarzen Förderseile hängt der Korb und in regelmäßigen Abständen saust er in die Tiefe. Die Landschaft ist ruhig und ausgeglichen, und man ahnt nicht, daß in 180 m Tiefe sich ein riesiger Bergbaubetrieb von 36 km Länge ausdehnt. Links der Hofein-

---

[162] Gespräch mit Heinz Schmitz und Fritz Schickle am 29. Januar 1996. Dabei wurde auch bekannt, daß der Aushub aus dem Schacht mit Kipploren wegtransportiert und in der näheren Umgebung verteilt wurde. Die Loren fuhren auf Schienen und wurden per Seilwinde gezogen. Der Schacht befindet sich auf dem heutigen Grundstück Auhang 2 von Ralph Munz.
[163] Erstabdruck: SCHRENK, Salzrelief.
[164] FINCK, Die Betroffenen, ohne Seitenzählung.

fahrt steht ein Gebäude hinter Bäumen und Buschwerk versteckt. Hier wohnt der Leiter des Werkes.

Eine schnurgerade, mit Bäumen bepflanzte Straße führt zur eigentlichen Ortschaft Kochendorf. Alte Gebäude, ein kleines Schlößchen und eine alte Steinbrücke deuten auf seine Vergangenheit; sie lassen die Nähe der nur wenige Kilometer entfernten alten Reichsstadt Heilbronn mit ihrer selten schönen Kilianskirche ahnen. Hier ist altes Kulturland, in dem sich der Schacht König Wilhelm II. befindet, der seinen Namen auch 1918 nicht änderte.«

An diesem Ort sollte also ein in Salz gehauenes Kunstwerk entstehen. Dieses mußte nach der Aufgabenstellung durch Oberbergrat Dr. Ernst Baur als Leiter des Bergwerkes »eine Deutung des Jahres 1933«, also der sogenannten »Machtergreifung« durch Adolf Hitler, enthalten. Uhrig beschrieb 1934 folgendermaßen, wie er diese Aufgabe löste:

»Michael war herniedergestiegen, hat mit seiner sieghaften Lanze zugestoßen, die Bestie der Unterwelt vernichtet und mit hartem Griff leibhaftige Menschen aus ihren Klauen befreit. Hinter ihm dankbar und geschlossen das Volk und dahinter die Familie unter grünendem Baum. Ich ließ mir die nötigen Maße geben, bat um einige Tage Entwurfszeit, und sandte im Dezember des Jahres 1933 einen Entwurf mit folgendem Begleitschreiben an Herrn Oberbergrat Dr. Baur. ... Das ganze Relief wird von einer Figur beherrscht, die im germanisch-deutschen Denken immer und immer wieder auftaucht: Der Kampf eines Helden mit dem Drachen. Ich erinnere an Siegfried, Michael, und an die Worte Hitler's, wo er von der Bestie des Kommunismus spricht. Immer wieder taucht in der deutschen Geschichte im entscheidenden Augenblick ein Held auf, der den Kampf mit dem Drachen (den Bestien der Unterwelt, der Zwietracht im Volke usw.) aufnimmt und wie durch übermenschliche Kraft zu Ende führt. Hinter dieser Figur, die ich mit Engelsflügeln ausgestattet habe, um die übermenschliche Kraft anzudeuten, die unter dem Hakenkreuze durchgebrochen ist, steht das deutsche Volk (Bauer, Bergmann usw.) freudig und geschlossen, und dahinter unter belaubtem Baum die Familie. Der Drachen ist getötet und der Bannerträger entreißt die Arbeiter den Klauen der Bestie. Der dürre Baum unterstreicht symbolisch die vernichtende Wirkung der Bestie. – Rein kompositionell ist das Relief klar gegliedert. Links vom Bannerträger herrscht Ordnung, Disziplin, was durch die strenge und klare Komposition ausgedrückt ist. Rechts des Bannerträgers ist mit vollem Überlegen die Komposition chaotisch gehalten, um die chaotische Wirkung der Bestie noch zu unterstreichen. Einen klaren Trennungsstrich zwischen diesen beiden Tatsachen vollzieht die Fangenstange (Turnierlanze) des Bannerträgers.«

Am 10. Mai 1934 begann Uhrig seine Arbeit. Er fuhr um 6 Uhr morgens in den Berg ein. Ihn faszinierte besonders der Gedanke, daß er hier ein Kunstwerk schaffen könne, das nicht irgendwo abseits und abgeschirmt vom realen Leben in einem Museum stehen würde, sondern inmitten des harten Lebens der Arbeit, des Bergbaus. Begeisterung erwachte im Künstler aber auch bei dem Gedanken, daß er in einer märchenhaft schönen Kuppel von 28 Metern Höhe und 24 Metern Durchmesser die wohl einmalige Chance hatte, seine Sicht der politischen Ereignisse von 1933 180 Meter unter der Erdoberfläche in Millionen Jahre altes Material hauen zu dürfen.

Zunächst projizierte Uhrig seine in einem Dia festgehaltene Zeichnung auf die vorgeglättete und mit Gips geweißte Wand. Mit diesem technischen Trick gelang es ihm und einem Gehilfen, innerhalb von 5 Stunden seinen 12 Meter langen und 4 Meter hohen Entwurf auf die Wand zu skizzieren. Von unten nach oben arbeitete Uhrig danach diesen Entwurf mit klaren Linien aus. Für den nächsten Arbeitsschritt nahm er eine Bohrmaschine zu Hilfe, mit welcher sonst Löcher für Sprengkapseln gebohrt werden. Mit dicht aneinanderliegenden, 30 cm tiefen Löchern wurden diejenigen Salzflächen entfernt, welche beim fertigen Kunstwerk nicht erhaben sein durften.

Während dieser Arbeit machte sich Uhrig Gedanken über das Verhältnis von Wirtschaft und Kunst. Nach seiner Überzeugung kann man die beiden Bereiche nicht voneinander trennen – wer das versucht, werde beides zerstören. Kunst müsse aus dem Volke kommen und für das Volk gemacht sein – so wie sein Relief im Salzbergwerk.

Einige Wochen nahm es in Anspruch, bis das unnötige Material von der Wand weggeschlagen, weggebohrt oder ausgebrochen war. Auch die Reste der Bohrlöcher, »die dem ganzen Relief das Aussehen einer Lochstickerei« gegeben hatten, mußten vorsichtig entfernt werden.

Die gesamte Arbeit gestaltete sich nicht einfach, weil das Material in 180 Meter Tiefe unter 36 Atmosphären Druck stand und deshalb eine große Spannung aufwies. Außerdem stieß der Künstler immer wieder auf stahlharte Anhydriteinlagerungen im Salz, die sein Werkzeug beschädigten und jeden Hammerschlag unberechenbar werden ließen.

Doch das Werk schritt voran. In diesem Stadium verwendete Uhrig besondere Sorgfalt auf die Frage der Be- bzw. Ausleuchtung. Diese ist bei einem Relief von großer Bedeutung, weil dieses von Licht- und Schatteneffekten lebt. Nach vielen Versuchen entschied er sich für ein »gelbes, weiches, sonniges Licht«. Es leuchtete diffus von unten und unterstützte so die Formen seines Werkes plastisch, aber sanft.

Gleichzeitig ging er an die Ausarbeitung der Feinheiten. Zuerst mußten die Umrisse der Figuren ganz exakt herausgehoben werden. Schwierigkeiten ergaben sich insbesondere bei der Überschneidung verschiedener Elemente. »Jeder Figur muß in der Relief-Tiefe und in ihrem Umriß ihr ganz genauer Platz zugewiesen werden.«. Zur Ausgestaltung der Kleidung und der Gesichter seiner Figuren orientierte sich Uhrig an den Bergleuten. Wichtig war ihm dabei, daß er das Relief nicht zunächst an einer Stelle fertigstellte und danach an einer anderen weiterarbeitete, sondern daß die Arbeit überall gleichmäßig vorangetrieben und schließlich vollendet wurde.

Von Mai bis Oktober 1934 war zweimal im Monat »Einfahrsonntag«, dabei sollen vor dem Zweiten Weltkrieg Besucherzahlen von 5000 keine Seltenheit gewesen sein. Als Führer wirkten die Bergleute selbst, die ihren Arbeitsplatz und als Krönung den Kuppelsaal mit dem Relief zeigten, während dort Orgelmusik von Johann Sebastian Bach erklang.

10. Zusammenfassung

Bei der Erarbeitung der vorliegenden Studie wurde Neuland beschritten und offenbar erstmals der Versuch unternommen, an einem konkreten Beispiel umfassend zu erforschen, wie einerseits die luftschutzbedingte Einlagerung von Kulturgütern im Zweiten Weltkrieg in Salzbergwerken und andererseits deren Rückführung ab 1945 organisiert war bzw. abgelaufen ist. Dabei wurden zahllose Details recherchiert und mosaiksteinhaft zu einem möglichst vollständigen Bild zusammengefügt. Es liegt in der Natur der Sache, daß dabei nicht jede Einzelheit in allen Verästelungen umfassend dargestellt werden konnte[1].

Die Quellenlage zum Thema »Schatzkammer Salzbergwerk« schien zu Beginn der Arbeiten sehr dünn zu sein. Im Laufe der Recherchen zeigte sich jedoch, daß an vielen Stellen in der ganzen Bundesrepublik und auch darüber hinaus Akten zu den Kulturguteinlagerungen in den Salzbergwerken Heilbronn und Kochendorf vorhanden sind. Nach Abschluß der Quellenarbeit stand ein großer Fundus insbesondere an Akten, aber auch an Plänen, Fotos und sogar Filmen zur Verfügung. Durch Addition und vielfache Vernetzung aller Informationen entstand das aufgezeigte Bild.

Die Untersuchung bezieht sich zeitlich im wesentlichen auf 1942 bis 1947 und somit auf die sechs Jahre vor und nach dem Ende des Zweiten Weltkriegs. Die Erkenntnis, daß für Kulturgüter Luftschutzmaßnahmen zu ergreifen seien, war jedoch schon zu Beginn des Krieges, also 1939, gereift. Der anfängliche militärische Erfolg der deutschen Truppen drängte diese Sicherungsfragen allerdings bald in den Hintergrund. Erst die immer massiveren Luftangriffe auf deutsche Städte ab dem Frühjahr 1942 (z. B. Lübeck, Rostock, Köln) schreckten die Verantwortlichen aus ihrem trügerischen Sicherheitsgefühl auf. Im Mai 1942 ließ Hitler aufgrund dieser Erfahrungen die Gauleiter anweisen, unersetzliche Kulturgüter bombensicher unterzubringen. Offenbar als erster setzte dabei der Stuttgarter Archivdirektor Dr. Hermann Haering die Idee in die Tat um, dafür den riesigen Stauraum von Salzbergwerken zu nutzen. Zuvor hatte man in erster Linie an abgelegene Gebäude oder stabile Kellerräume als Bergungsort gedacht. Dr. Haering begann im Juli 1942 mit der Einlagerung von Archivgut im staatlichen Salzbergwerk in Bad Friedrichshall-Kochendorf. Dessen Leiter, Dr. Ernst Baur, stand diesem Vorhaben positiv gegenüber. Sofort erkannte auch der württembergische Landeskonservator, Dr. Richard Schmidt, die hervorragende Eignung des Bergwerkes Kochendorf für die Sicherung von Kunst- und Kulturgütern. Bald sollte dieser zum entscheidungsbefugten und unermüdlichen Koordinator für die Kulturguteinlagerungen in Kochendorf werden. Schmidt vergab den Lagerungsraum und überwachte die Materialien ständig.

---
[1] Der Verfasser ist für Ergänzungen und Korrekturen dankbar.

Das Heilbronner Salzbergwerk unter der Leitung von Regierungsrat Otto Schlafke und Dr. Hanns Bauer begann erst mehr als ein Jahr später, ab Oktober 1943, mit der Aufnahme von Kulturgütern. Hier war es Dr. Kurt Martin, der Generaldirektor der Oberrheinischen Museen, der die Initiative ergriff.

Sowohl in Heilbronn als auch in Kochendorf kamen also die Einlagerungen vor dem Hintergrund der zunehmenden Luftkriegsgefahr aufgrund des Engagements weniger Einzelpersonen zustande. Dabei spielte ein Geflecht von persönlichen Beziehungen und Kontakten eine wichtige Rolle.

Im Prinzip erfolgten die Einlagerungen kostenfrei, da es sich um Kulturgüter handelte. Das Verbringen nach unter Tage mußte aber bezahlt werden. Außerdem waren üblicherweise für das Verladen Hilfskräfte zu stellen. Eingelagert wurde nach Schichtschluß und an Wochenenden, um die Salzproduktion nicht zu stören. Die Güter mußten in stabilen Holzkisten mit unverwüstlicher Kennzeichnung des Eigentümers angeliefert werden.

Die Sicherungsaktionen endeten in Kochendorf relativ unvermittelt Ende April bzw. Anfang Mai 1944. Denn der dortige Schacht war zugunsten der Unter-Tage-Verlagerung von Rüstungsindustrie gesperrt worden. In Heilbronn lief die Deponierung von Kulturgütern ab diesem Zeitpunkt zunächst verstärkt, ab Juni dann in geringerem Umfang weiter. Sie endete im Dezember 1944, denn auch das Heilbronner Bergwerk hatte inzwischen Rüstungsindustrie aufnehmen müssen.

Gegen den Willen der beiden Werksleitungen waren sehr ehrgeizige Rüstungsverlagerungsprojekte geplant worden. In Kochendorf (Deckname Eisbär) sollte auf 30 000 qm die Stuttgarter Firma Hirth-Motoren (Ernst Heinkel AG) produzieren. In Heilbronn (Deckname Steinbock) war ein unterirdisches Werk der Flugzeugfirma Erla mit sogar 100 000 qm Fläche geplant, in welchem im Zweischichtbetrieb jeweils 5000 bis 6000 Arbeiter beschäftigt werden sollten. Um das zu erreichen, wurden sowohl in Kochendorf als auch in Heilbronn zusätzlich je ein Senkrechtschacht und ein Schrägstollen sowie umfangreiche Bewetterungsmaßnahmen in Angriff genommen. Die dazu notwendigen Arbeiten führte im wesentlichen die OT aus. Diese bediente sich sowohl verschiedener Baufirmen als auch zahlreicher KZ-Häftlinge. In diesem Zusammenhang wurden in der Nähe beider Bergwerke eigens je eine KZ-Außenstelle von Natzweiler errichtet.

Bis zum Kriegsende waren in Kochendorf insbesondere die Hirth-Motorenwerke, die »Getriebebau« der Heilbronner Firmen Weisser, Weipert und Pfeifer sowie die Motorenwerke Mannheim eingezogen. In Heilbronn ließ sich nach einigen Verhandlungen die I. G. Farbenindustrie statt der Erla nieder – auf einer im Vergleich zu der Ursprungsplanung deutlich verringerten Fläche.

Die Niederbringung der zusätzlichen Senkrechtschächte und Schrägstollen ist in allen Fällen mißlungen. Auch ist die Produktion bis zum Kriegsende nur in Teilbereichen angelaufen. Mißt man dieses Ergebnis der Industrieverlagerungsaktion an den hochfliegenden Plänen und am enormen Umfang der vorbereitenden Arbeiten, so war der Erfolg bescheiden. Darüber hinaus dürfen die vielen menschlichen Todesopfer nicht vergessen werden.

Der Zweite Weltkrieg endete für Heilbronn mit der Eroberung der Stadt durch die Amerikaner am 12. April 1945. Als militärische Schlüsselstellung war diese in den Tagen zuvor besonders hart umkämpft gewesen. Bereits vier Tage später traf James J. Rorimer ein. Als zuständiger Kunstschutzoffizier der hier operierenden 7. Armee hatte er sich auf abenteuerliche Weise an den Nekkar durchgeschlagen. Er fand eine total zerstörte Stadt und ein schwer beschädigtes Salzwerk vor.

Unabhängig von den Kriegseinwirkungen war schon in den letzten Kriegsmonaten als unangenehme Folge der Industrieverlagerung zunehmend Wasser in das Heilbronner Bergwerk eingedrungen. Dieses war seit den Tagen des Kampfes um Heilbronn nicht mehr abgepumpt worden und bedrohte nun die eingelagerten Kulturgüter. Deshalb setzten Rorimer und der kommissarische Salzwerkleiter, Dr. Hanns Bauer, als erstes alles daran, das Wasser abzupumpen. Dies gelang innerhalb weniger Wochen. Auch das Kochendorfer Salzwerk war durch heftige Bodenkämpfe bis zum 13. April schwer beschädigt worden. Hier bestand jedoch keine unmittelbare Gefahr für das Einlagerungsgut. Beide Bergwerke kamen unter amerikanische Aufsicht. Dann folgte Rorimer der 7. Armee nach Bayern, wo er in den Schlössern Neuschwanstein und Herrenchiemsee sowie im Kloster Buxheim bei Memmingen große Depots von geraubten Kunstschätzen sicherstellte.

Ende Mai kehrte der Kunstschutzoffizier nach Heilbronn zurück und fuhr zusammen mit dem amerikanischen Stadtkommandanten, Harry M. Montgomery, in das Heilbronner Bergwerk ein. In der Zwischenzeit war es möglich geworden, sich einen ersten Überblick über die eingelagerten Schätze zu verschaffen. Kurz darauf wurden beide Bergwerke der amerikanischen Vermögenskontrolle unterstellt. Der Heilbronner Stadtkommandant übernahm – zunächst – das Amt des Treuhänders. Als solcher veranlaßte er erste Auslagerungen, z. B. von Medikamenten.

Zum 1. September 1945 setzten die Amerikaner einen speziellen Kunstschutzstab unter der Leitung des jungen Offiziers Dale V. Ford für die Bergwerke Heilbronn und Kochendorf ein. Zu dieser Arbeitsgruppe zählten zwei Amerikaner und drei Deutsche. Diese fünf Männer, die von verschiedenen Salzwerkmitarbeitern tatkräftig unterstützt wurden, sahen sich bei sehr schwierigen äußeren Bedingungen vor eine ungeheure Aufgabe gestellt. Sie mußten zuerst das gesamte Einlagerungsgut daraufhin untersuchen, ob es unrechtmäßig erworben worden war. Als Ergebnis der Nachforschungen wurden etwa 2% der Güter als illegal eingestuft und an die ursprünglichen Eigentümer zurückgegeben. Praktisch abgewickelt wurde diese Aktion über den Collecting Point Wiesbaden. Dieser war als zentraler Sammelpunkt für die Rückführung von Kunstwerken an die rechtmäßigen Eigentümer auch für Heilbronn und Kochendorf zuständig. Die erste und wohl auch spektakulärste Rückgabe überhaupt betraf die Straßburger Münsterfenster. General Dwight D. Eisenhower persönlich hatte – als vertrauensbildende Maßnahme zwischen Amerikanern und Franzosen – deren Rücktransport noch für September 1945 veranlaßt. In kleinerem Umfang führte der Kunstschutzstab auch Auslagerungen von deutschen Gütern durch. In erster Linie handelte es sich dabei z. B. um wichtige Industriematerialien oder um Privatbesitz, der für das praktische Leben der ausgebombten deutschen Bevölkerung große Bedeutung hatte. Auch Kulturgüter fanden auf diese Weise ihren Weg zurück an ihren angestammten Platz. Die Tätigkeit der Kunstschutzoffiziere ist somit nicht nur den Alteigentümern entfremdeter Kunstwerke, sondern auch den rechtmäßigen deutschen Besitzern in vollem Umfange zugute gekommen. Dabei ist zu betonen, daß die Amerikaner die Kulturgüter in den beiden Bergwerken nicht als Beutekunst betrachtet haben.

Der Kunstschutzstab widmete sich jedoch nicht nur seiner eigentlichen Aufgabe mit sehr großem Engagement. Dessen Mitglieder bemühten sich auch um den Schutz der wenigen in Heilbronn übriggebliebenen Kulturdenkmale sowie um die Wiedergründung der Volkshochschule und der Künstlergilde bzw. des Künstlerbundes.

Sobald die Suche nach illegalen Gütern im Juni 1946 abgeschlossen war und diese die Bergwerke verlassen hatten, wurde der Kunstschutzstab abgezogen. Bereits begonnene weitere Auslagerungsaktionen wurden jedoch in den folgenden Wochen noch abgewickelt. Als eine seiner letzten Amtshandlungen übertrug Ford das in den Bergwerken verbliebene Vermögen auf die Property Control Branch der amerikanischen Militärregierung in Stuttgart. Die Property Control war Mitte 1946 in deutsche Verwaltung übergegangen – konkret auf das Finanzministerium Württemberg-Baden. Dabei waren die Ämter für Vermögenskontrolle entstanden. Diese wiederum setzten Treuhänder als Verbindungsleute zu den unter Vermögenskontrolle stehenden Betrieben ein. Unter dem Namen »Verlagerungs-Verwaltung in den Salzbergwerken Heilbronn und Kochendorf« wurde eine fiktive Firma mit den noch dort lagernden Kulturgütern als Vermögen geschaffen. Das Geschäftsziel dieser Firma bestand in der möglichst raschen Auslagerung und Rückführung der Kulturgüter. Zum Treuhänder wurde Dr. Wolf-Dietrich Prey bestimmt. Dieser sorgte sehr effektiv für die schnelle Erfüllung seines Auftrages. Allerdings erhob er rückwirkend ab 1. April 1945 Einlagerungsgebühren, weil sich die Verlagerungs-Verwaltung finanziell selbst tragen mußte. Bereits Mitte 1947 waren fast alle Kulturgüter zurückgegeben. Probleme ergaben sich lediglich mit Material, das in die französische Zone transportiert werden mußte.

Der Erhaltungszustand der Einlagerungsgüter war fast durchweg optimal: Beinahe alles kam in praktisch perfektem Zustand wieder ans Tageslicht. Beschädigungen und Verluste sind so gut wie nicht bekannt – abgesehen von Medikamentendiebstählen und anderen Einbrüchen in die Heilbronner Lagerhallen, die bereits vor Ende des Zweiten Weltkriegs stattgefunden hatten. Außerdem entstanden in Heilbronn in wenigen Fällen Schäden durch Salzwasser. Unabhängig davon brachte die Einlagerung in den Bergwerken jedoch auch einen Nachteil mit sich. Die Rückführung gestaltete sich nämlich wesentlich bürokratischer und langsamer als beispielsweise bei kleinen Depots in abgelegenen Schlössern. Dafür waren die Kulturgüter in den Salz-Abbaukammern aber weder von Kampfhandlungen noch von Mäusefraß oder Schimmelbefall bedroht.

Beim Einlagerungsgut lassen sich bei einer Klassifizierung nach inhaltlichen Gesichtspunkten sechs Kategorien unterscheiden. Als erste Gruppe ist das Archiv- und Bibliotheksmaterial zu nennen, also z. B. Akten, Urkunden, Bücher und Kirchenregister. Die zweite Kategorie bildeten Skulpturen, Gemälde und sonstige Kunstgegenstände – wegen der begrenzten Größe des Schachtaufzugs – kleineren Formats. Zu ihr zählten z. B. Altäre verschiedenster Kirchen. Zum dritten Bereich gehörten technische Unterlagen von Industriebetrieben, also etwa Patentschriften und Blaupausen von Plänen. Als viertes sind Maschinen sowie Industrierohstoffe und -produkte zu erwähnen, beispielsweise Drehbänke und Fräsmaschinen, aber auch Rohsilber oder Feuerwerkskörper. Der fünften Kategorie sind Privatgüter wie Teppiche, Briefmarkensammlungen und Bettwäsche zuzuordnen. Als sechstes wurden außerdem Lebensmittel und Medikamente eingelagert. Quantitativ betrachtet handelt es sich dabei um etwa 85 lfd. km Material pro Bergwerk auf jeweils etwa 6400 qm Lagerfläche. Aber nicht nur die Menge ist imponierend, sondern auch die Qualität der Einlagerungsgüter. Zu ihnen zählten neben herausragendem Archiv- und Bibliotheksgut u. a. auch die badischen Kroninsignien, Gemälde von Jan Bruegel und Rembrandt, Handschriften von Goethe und Schiller, Originalnoten von Mozart und Beethoven, die Straßburger Münsterfenster, der sogenannte Kölner Agrippakopf, die Stuppacher Madonna, der Steinheimer Urmenschenschädel, der Homo Heidelbergensis und vieles andere mehr. Natürlich kann man nicht behaupten, daß all dieses Material wirklich im Zweiten Weltkrieg untergegangen wäre, wenn man es nicht in Heilbronn oder Kochendorf eingelagert hätte. Fest steht aber, daß es in den beiden Bergwerken die Wirren des Krieges sicher überstanden hat.

Zusammenfassend betrachtet wurden also unermeßliche und unersetzliche Kunst- und Kulturgüter gerettet, was für die Kulturgeschichte auf Dauer eine wichtige Rolle spielt. Für die unmittelbare Nachkriegszeit besaßen angesichts der zerstörten Städte und Häuser aber zunächst die eingelagerten Güter des täglichen Privatbedarfs, wie Betten, Bestecke usw., eine große praktische Bedeutung. Für den anschließenden industriellen Wiederaufbau Deutschlands haben mit Sicherheit die in den Bergwerken geretteten Maschinen und insbesondere die technischen Zeichnungen und Patentschriften einen hohen Stellenwert gehabt. Und nicht zuletzt wurde das Salzwerk Heilbronn seinerseits durch die Kulturguteinlagerungen vor dem Untergang bewahrt. Denn sehr wahrscheinlich wäre das Bergwerk abgesoffen, wenn man nicht wegen der dort deponierten Schätze das bei Kriegsende immer schneller eindringende Wasser bereits nach einigen Tagen wieder abgepumpt hätte.

Bezüglich der geographischen Herkunft des Materials lassen sich verschiedene Schwerpunkte erkennen. Dabei ist zunächst Württemberg zu nennen. Besonders stark war Stuttgart vertreten mit Ministerien, Archiven, Bibliotheken, Museen und Privatpersonen. Große Sendungen waren aber auch von den Universitäten Tübingen und Heidelberg gekommen. Beteiligt waren ebenso u. a. die Städte Ulm, Schwäbisch Hall, Schwäbisch Gmünd, Nürtingen, Ludwigsburg, Marbach, Weinsberg und Neckarsulm. Auch Baden mit den

Schwerpunkten Mannheim und Karlsruhe besaß unter den Einlagerern großes Gewicht. Aus dem Elsaß waren die Straßburger Münsterfenster gekommen. Eine weitere räumliche Konzentration der Einlagererherkunftsorte fand sich im Rheinland. Fast alle großen Kölner Museen sowie wichtige Institutionen aus Krefeld waren vertreten. Außerdem transportierten Dutzende von Städten, Gemeinden und kirchlichen Archiven aus Schleswig-Holstein ihr wertvollstes Material nach Heilbronn. Schließlich sind die Deutschen Institute in Venedig und Florenz zu erwähnen. In der Tendenz läßt sich bei einer Zuordnung der Orte auf die Bergwerke erkennen, daß die staatliche Saline Kochendorf insbesondere von staatlichen Institutionen Württembergs und bald auch weit darüber hinaus genutzt wurde. Im Heilbronner Salzbergwerk, dessen Aktienmehrheit die Stadt hielt, deponierten dagegen vorzugsweise badische Institutionen und nicht-staatliche Einrichtungen aus den verschiedensten Gebieten.

Angesichts der enormen Bandbreite sowohl der räumlichen Herkunft als auch der inhaltlichen Vielfalt der Einlagerungsgüter drängt sich die Frage auf, warum ausgerechnet die Stadt Heilbronn nicht selbst von dieser naheliegenden Möglichkeit im Heilbronner Salzbergwerk Gebrauch gemacht hat. Die plausibelste Erklärung liegt wohl darin, daß die Verantwortlichen im Heilbronner Archiv- und Museenbereich von der Stadt- bzw. Parteispitze massiv bei ihren entsprechenden Bemühungen behindert wurden.

Versucht man eine zusammenfassende Einschätzung, so kommt man zu der Erkenntnis, daß die Kulturguteinlagerungen in den Salzbergwerken Heilbronn und Kochendorf, insgesamt betrachtet, zu den größten und inhaltlich vielgestaltigsten dieser Art zählen, die jemals in der Menschheitsgeschichte zusammengetragen wurden. Es handelte sich dabei also nicht um ein lokales oder regionales Geschehen, sondern um einen kulturgeschichtlichen Vorgang mit internationaler Dimension.

Ohne das enorme Engagement von Persönlichkeiten wie Landeskonservator Dr. Schmidt und Generaldirektor Dr. Martin einerseits und das wohlwollende Entgegenkommen der Bergwerksleiter Dr. Baur bzw. Regierungsrat Schlafke und Dr. Bauer andererseits hätten wohl viele der in den Bergwerken gelagerten Kulturgüter dort überhaupt nicht deponiert werden können. Aber auch die an der Auslagerung beteiligten Personen haben weit Überdurchschnittliches geleistet. So wurden die Kunstschutzoffiziere als Menschen geschildert, die offenbar lieber Bilder angeschaut als Essen zu sich genommen haben[2]. Jedenfalls sahen sie sich einer Aufgabe von ungeheurer Dimension gegenüber, die sie mit höchstem Engagement, enormer Hingabe und auch mit einem großen Quantum Detailbesessenheit angepackt und gelöst haben. Ihnen allen sei nach einem halben Jahrhundert mit der vorliegenden Studie ein Denkmal des Dankes gesetzt.

---

[2] HStA Stuttgart, RG 260 OMGUS 3/408-3/1 (1 of 1): History of OMGWB, B. Monuments, Fine Arts and Archives, as to 30 June 1946, written by OMGUS, Hist. Br., Section III, 1.

11. Anhang

I. Gutachten

a) Professor Dr. Bräuhäuser, Direktor des Geologisch-Mineralogischen Instituts der Technischen Hochschule Stuttgart, über Kochendorf[1]

Geologisch-Mineralogisches Institut
der Technischen Hochschule Stuttgart

Stuttgart, den 18. September 1942

Nr. 388/9/42.

Stellungnahme
zur Frage der Unterbringung von Sammlungen in den
unterirdischen Stollen des Salzbergwerks in Bad
Friedrichshall-Kochendorf

Die gefl. geäusserten Bedenken bezogen sich auf die Frage einer möglichen Gefährdung durch Feuchtigkeit der Luft, durch Einwirkung unterirdisch angesammelter Gase, insbesondere durch Chlor, und durch Wassereinbruch.

I. Gefährdung durch Nässe und Luftfeuchtigkeit?
Sie ist vollkommen ausgeschlossen: Im Bergwerk sind alle Stollen, auch das Salz der Stollenwände vollkommen trocken. Gelegentlich ist in kleinen Mengen trockener, fester Ton oder ebenso trockener Anhydrit ($CaSO_4$) im Gestein zu finden. Nennenswerte Beimischung der hygroskopischen Magnesiumsalze fehlt. Nässe oder dampfige, nasse Luft sind ausgeschlossen. Die Luft ist im Bergwerk, etwa 180 m unter Tag, vollkommen gleichwarm, etwa 17° im Sommer und Winter. Ebensowenig wie Wärme und Kälte kann der Wechsel nasser oder trockener Wetterlage von der Oberfläche her irgendwie durchwirken. Papier oder Holz können keinen Schaden nehmen.

II. Gefährdung durch Gase, bes. durch Chlor?
Freies Chlorgas oder andere schädliche Gase treten nicht oder nur in unmerklichen, allerkleinsten, auch für Metall niemals nachteiligen Mengen auf. Austritt von Clor aus dem anstehenden Steinsalz oder Angriffe von freien Mineralsäuren aus Sulfaten oder Carbonaten sind nicht möglich.

---

[1] HStA Stuttgart, E 61 Bü 495 |157.

III. Gefahr durch Wassereinbruch?
Seit dem Unglück in dem damaligen Kgl. württemb. Salzbergwerk vor 1/2 Jahrhundert ist gerade in diesen Bergwerken stets die alleräusserste Sorgfalt auf Sicherung und Erhaltung des unterirdischen Abbaugebietes verwendet worden. Ein Anfahren einer wasserführenden Verwerfung oder Kluft ist bei der überaus sachkundigen und vorsichtigen Leitung des auch als Geologe und Mineraloge sehr erfahrenen Herrn Oberbergrats Dr. Ing. B a u r einfach ausgeschlossen. Ebenso ein unvorhergesehener Wassereinbruch aus dem Gestein in die bestehenden Abbauhallen. Deren vollkommen sicher tragende und für Wasser undurchdringliche Deckschichten sind mächtige Anhydritlager.

IV. Zusammenfassung
Die Stollen des Salzbergwerks sind als Bergungsraum wegen der hier stets gleichmässig warmen, guten, trockenen Luft und wegen des Fehlens schädlicher Gase ebenso einzigartig und vorzüglich geeignet, wie sie durch ihre Lage, tief unter Tag, ganz sicher sind vor Gefährdung durch Luftangriffe.
                    Prof. Dr. M. Bräuhäuser.
                    Ord. Professor der Geologie und der Mineralogie
                    an der Technischen Hochschule in Stuttgart.
                    Direktor des Geologisch-Mineralogischen Instituts
                    der Technischen Hochschule.

b) Dr. Richard Schmidt, Direktor des Landesamtes für Denkmalpflege, Stuttgart, über Kochendorf[2]

Württ. Landesamt für Denkmalpflege Stuttgart, den 1. August 1942
Der Landeskonservator

An den
Herrn Kultminister
h i e r

Betr.: Luftschutzmaßnahmen für Kunstwerke
Auf Grund einer Besichtigung der Saline Kochendorf gebe ich über die Eignung von Salinestollen zur Unterbringung von Kunstwerken folgende Äußerung ab:
   Der Stollen, der zur Unterbringung von Kunstwerken besonders geeignet ist, liegt 180 m unter der Erdoberfläche. Er ist absolut bombensicher, vollständig trocken, liegt außerhalb des derzeitigen Abbaugebietes und ist jetzt schon mit soliden abschließbaren Türen versehen, sodaß auch die Sicherheit

---

[2] Württembergische Landesbibliothek Stuttgart, Beilage zum Schreiben an das Stadtarchiv Heilbronn vom 30. Juni 1995.

gegen Diebstahl für die darin aufbewahrten Gegenstände in gleichem Maße gewährleistet ist, wie in anderen Bergungsorten. Zudem ließen sich die Sicherungs-Maßnahmen ohne besondere Kosten verstärken.

Es mag merkwürdig scheinen, daß ein Salzbergwerk so trocken ist, daß ich es zur Unterbringung empfindlicher Kunstgegenstände empfehle. Es ist jedoch Tatsache, die auch von Oberbergrat Baur bestätigt wurde, daß sich z. B. Holz in der Grube überhaupt nicht verändert, daß auch Papier sich immer gleich bleibt. Der Trockenheitsgrad der Luft ist ungewöhnlich groß.

Ich möchte daher die Saline in erster Linie zur Unterbringung wichtiger Akten, anderer Gegenstände aus Papier (z. B. Bücher, Bestände der Kupferstichsammlung, Zeitungen, Pläne etc.) und aus Edelmetall (z. B. Bestände der Kunstkammer, des Münzkabinetts – Zinnsammlung, Porzellane u. ä.) besonders empfehlen. Wahrscheinlich würde sich der Stollen auch zur Bergung von Gegenständen der Naturaliensammlung eignen.

Wie er sich zur Unterbringung etwa von auf Holz gemalten Bildern oder farbig gefaßten Holz-Figuren eignet, müßte erst durch Versuch geklärt werden; die ungewöhnlich große Trockenheit der Grubenluft könnte bei diesen Gegenständen vielleicht zu Veränderungen des Bestandes beitragen.

Raum zur Unterbringung von Kunstgut steht in fast unbeschränktem Umfang zur Verfügung. Größere Gegenstände, wie z. B. Möbel, große Bilder oder Figuren können jedoch nicht in das Bergwerk verbracht werden, da der Aufzug, der als einzige Beförderungs- und Zugangsmöglichkeit vorhanden ist, nur eine lichte Breite von 75 cm, eine Höhe und Tiefe von 2 m besitzt.

Die Bergwerksleitung wünscht, daß die in den Stollen verbrachten Gegenstände kleineren Formats in verschlossenen Kisten untergebracht werden. Das Staats-Archiv hat auf diese Art bereits eine größere Zahl Aktenkisten in dem Stollen geborgen.

Als einziger Nachteil einer Bergung von Kunstgut in dem Bergwerk ist mir aufgefallen, daß nur ein einziger Zugang (der Aufzugsschacht) vorhanden ist. Dessen Zerstörung würde, mindestens auf einige Zeit, den Zugang zu den geborgenen Gegenständen sperren, ohne diese jedoch weiter zu beschädigen.

gez. Schmidt

Nr. III 3092

den Herrn Direktoren des Schloßmuseums und
    der Altertümersammlung
dem Herrn Direktor der Naturaliensammlung
dem Herrn Direktor der Landesbibliothek
zur Kenntnis und mit dem Anheimgeben, bei weiteren Flüchtungen die Saline Kochendorf zu benützen. Es ist auch zu prüfen, ob nicht gefährdete Bergungsorte mit dem Salinestollen zu vertauschen sind. Ich ersuche um Bericht.

Stuttgart, den 4. August 1942
Der Kultminister
i. A. gez. Unterschrift

c) Dr. Hirschfeld, Staatsarchiv Koblenz, über Kochendorf[3]

STAATSARCHIV Koblenz, den 5. Februar 1944
St. A. Nr. I/208 Kastorhof 35

An den
Herrn Oberpräsidenten
der Rheinprovinz
– Verwaltung des
Provinzialverbandes –

D ü s s e l d o r f

Betrifft: Bergungsraum Steinsalzbergwerk Kochendorf

Da gegen das Steinsalzbergwerk B o r t h als Bergungsraum leider verschiedene Bedenken zu erheben waren, indessen noch beträchtlicher Bedarf an Bergungsraum weiterhin vorhanden ist, begab ich mich auf die Suche nach solchem am 4. Februar nach Kochendorf am Neckar. Hier betreibt die staatliche Saline Friedrichshall das Steinsalzbergwerk Kochendorf, dessen ausgebeutete Stollen und Gänge bereits von verschiedenen Ämtern und Verbänden zum Bergen von Kulturgütern aus Museen, Archiven, Bibliotheken usw. benutzt werden.

In dem Dienstzimmer des Betriebsführers des Bergwerks, Herrn Obersteigers Hütter[4], traf ich Herrn Bürgermeister Dr. Ludwig von Köln, den Landeskonservator von Württemberg Herrn Dr. Schmidt aus Stuttgart und den Direktor des Folkwangmuseums, Herrn Dr. Köhn aus Essen. Herr Konservator Dr. Schmidt hat schon seit 3 Jahren Bilder, Statuen, Ausgrabungsfunde usw. in Kochendorf gesichert und betreut auch fortlaufend die dort geborgenen Gegenstände, während die beiden anderen Herren die Räume im Bergwerk auch erst kennen zu lernen wünschten, weil sie ebenfalls Kunstgegenstände usw. dort zu bergen gedachten.

Das Bergwerk liegt wenige Minuten vom Bahnhof Friedrichshall-Kochendorf entfernt. Die ausgebeuteten Gänge befinden sich 140 m unter der Erdoberfläche, die Luftfeuchtigkeit beläuft sich auf 50 bis 60 v. H., die Wärme beträgt ziemlich gleichmäßig 16 bis 17 Grad. Die Aufbewahrungsräume sind etwa 15 zu 150 m groß und 12 m hoch, die z. T. auch belegten Stollen etwa 4 m breit[5]. Bilder, Bücher, Kisten usw. sind auf Holzbalken gelegt, erstere viel-

---

[3] HHStA Wiesbaden, Abt. 404 Nr. 1253: Schreiben des Staatsarchivs Koblenz vom 5. Februar 1944 an den Oberpräsidenten der Rheinprovinz (Düsseldorf).

[4] Walter Hütter, Grubenbetriebsleiter (StadtA Heilbronn, Salzwerk Heilbronn 101: Liste der anders als in gewöhnlicher Arbeit beschäftigten Belegschaftsmitglieder vom Oktober 1945).

[5] Die Zahlenangaben stimmen nicht genau.

fach unverpackt, nur mit Papierbogen abgedeckt. Auf diesen fand ich nur einige wenige Salzkörner, die von den glatten Deckengewölben abgebröckelt waren.

Herr Landeskonservator Dr. S c h m i d t machte darauf aufmerksam, daß die Nägelköpfe an den Kisten, die bereits mehr als 2 Jahre eingelagert waren, noch vollkommen blank sind. Die Kisten fühlten sich ganz trocken an. Auch sonst hätte er keine Schädigungen an den eingelagerten Gegenständen bemerkt. Es wären demnach in dieser Hinsicht keine Bedenken gegen die Einlagerung zu erheben.

Es ist noch reichlich Raum vorhanden, um Kulturgüter aller Art zu sichern. Wenn sie in Kisten angeliefert werden, was der Sicherheit halber zu empfehlen ist, dürfen diese nicht breiter als 60 cm sein, damit sie ohne Hemmungen in den Förderkorb verbracht werden können. Eine Gebühr wird für das Einlagern nicht erhoben. Arbeitskräfte kann das Werk nach Schichtschluß, das ist 14 Uhr, stellen, denen dann der Lohn für Überstunden zu zahlen wäre. Eisenbahnwagen können auf dem Anschlußgleis bis in das Werk hineingerollt werden. Wenn die Eisenbahn zur Anfuhr benutzt wird, muß jedoch bei deren Verwaltung eine etwas längere Ladefrist als jetzt vorgeschrieben ist, erreicht werden, da nur in den Stunden nach 14 Uhr die herangebrachten Güter in die Tiefe gebracht werden können, ohne den Betrieb des Werkes zu stören. Dies dürfe aber auf keinen Fall geschehen, weil der Betrieb kriegswichtig sei. Wenn Lastkraftwagen verwandt werden, entfallen die Vorschriften wegen der Ladefrist. Doch können Lastkraftwagen weniger stark beladen werden als Eisenbahnwagen, sind demnach mehr für das Verfrachten leichterer sperriger Güter wie von Bildern, Statuen als von Büchern und Archivalien geeignet. Auch macht bei Lastkraftwagen die Beschaffung geeigneten Treibstoffs mehr Schwierigkeit.

Da demnach Kulturgüter in großem Umfange noch trocken, sicher und sehr geeignet in dem Bergwerke Kochendorf geborgen werden können, auch selbst eine Beschädigung der Förder- und Schachtanlage nur vorübergehend den Zugang sperren, jedoch keinen dauernden Schaden verursachen würde, vermag ich dieses Bergwerk als Bergungsort nur sehr zu empfehlen.

Falls es für diesen Zweck in Anspruch genommen werden soll, bittet Herr Landeskonservator Dr. S c h m i d t, der auch mit dem Oberbergamt Stuttgart deswegen in Verbindung steht, ihn von solchen Wünschen zu verständigen, die im übrigen an die Staatliche Saline Friedrichshall Steinsalzbergwerk Kochendorf am Neckar heranzutragen sind.

Hirschfeld

II. Einlagerungslisten von Institutionen oder Privatpersonen

Für viele – aber bei weitem nicht für alle – Einlagerer haben sich Listen der nach Heilbronn oder Kochendorf in Sicherheit gebrachten Güter erhalten. Eine kleine, wegen der lückenhaften Überlieferung nicht repräsentative Auswahl wird im folgenden abgedruckt.

Seite	Dokument
195	a) Maschinen der Karl Schmidt GmbH, Neckarsulm[6]
197	b) Gemälde der Städtischen Kunsthalle Mannheim[7]
201	c) Bücher und Handschriften des Scheffelbundes Karlsruhe[8]
204	d) Akten des Kirchspielarchivs Büsum[9]
206	e) Kirchliche Kunstgegenstände aus Schwäbisch Hall[10]
208	f) Privatgüter von O. S.[11]

---

[6] StA Ludwigsburg, EL 402 Heilbronn lfd. Nr. 309: Liste vom 9. April 1947 über die im Salzwerk in Kochendorf eingelagerten Maschinen.

[7] Nationalarchiv Washington RG 260 OMGWB 12/90-1/3 (4 of 5): Verzeichnis der in Heilbronn a.N. untergebrachten Kunstwerke aus dem Besitz der Städtischen Kunsthalle Mannheim, Mikrofiches vom Hauptstaatsarchiv Stuttgart: J 384, Kopien im Stadtarchiv Heilbronn. Das Verzeichnis wird nur ausschnittweise abgedruckt.

[8] StA Ludwigsburg, EL 402 Heilbronn lfd. Nr. 309: Verzeichnis des Inhalts der in die Saline Kochendorf und Heilbronn durch die Direktion der Kunsthalle verbrachten Kisten des Scheffelbundes Karlsruhe.

[9] LAS Schleswig, Abt. 320.10 Nr. 4877: Aufstellung der an das Museum in Heide abgegebenen Akten aus dem Archiv des Kirchspiels Büsum.

[10] StA Ludwigsburg, EL 402 Heilbronn lfd. Nr. 309: Liste der Kunstgegenstände aus den Evgl. Kirchen zu Schwäb. Hall, die Eigentum der Evgl. Kirchengemeinde Schwäb. Hall sind und ins Salzbergwerk Kochendorf verlagert wurden.

[11] StadtA Heilbronn, Salzwerk Heilbronn 94: Verlagerungsübersicht (undatiert).

<u>Abschrift</u>

L i s t e

über die im Salzwerk in Kochendorf eingelagerten Maschinen

Eigentümer: Karl Schmidt G.m.b.H., Neckarsulm, Fabrikstr. 10

Inv.-Nr.	Bezeichnung:	Type:	Hersteller:	Lieferer:
1013	Universal-Schnelldrehbank	UN 275	Schaerer-Werke Karlsruhe	Schaerer-Werke Karlsruhe
1018	VDF-Einheitsdrehbank	V 5 K	Gebr.Böhringer Göppingen	Gebr.Böhringer Göppingen
1023	Leit- und Zugspindel-Schnelldrehbank	ARL Gr.1 Roller		F.G.Kretschmer Frankfurt
3991	Universal-Hinterdrehbank	UHd 1	J.E.Reinecker Chemnitz	J.E.Reinecker Chemnitz
6071	VDF-Einheitsdrehbank	V 3 K	Heidenreich & Harbeck,Hambg.	Heidenreich & Harbeck,Hambg.
6103	" " "	V 5 K	Gebr.Böhringer Göppingen	Gebr.Böhringer Göppingen
1007	WEBO-Ständer-Bohrmaschine	SV 3	Carl Schwemann Erkrath/Rhld.	Hahn & Kolb Stuttgart
1015	Säulen-Schnellbohrmaschine	B 50 V	L.Burkhardt & Weber,Reutling.	L.Burkhardt & Weber,Reutlingen
1026	WEBO-Schnellbohrmaschine	SV 2	Carl Schwemann Erkrath,Rhld.	Hahn & Kolb Stuttgart
1004	Senkrecht-Fräsmaschine	V 120/II	Biernatzki Chemnitz	Biernatzki, Chemnitz
1011	" "	OFV	Wanderer-Werke Schönau	Wanderer-Werke Schönau
3779	Waagerecht-Fräsmaschine	H 1	Biernatzki Chemnitz	Biernatzki Chemnitz
3891	Senkrecht-Fräsmaschine	OFV	Wanderer-Werke Schönau	Wanderer-Werke Schönau
3940	" "	OFV	"	"
1030	Flächenschleifmaschine	G 40	Karl Jung Berlin	Karl Jung Berlin
3760	" "	G 40	"	"
3796	Rundschleifmaschine	AR	Karl Ungerer Stugt.-Hedelfingen	Karl Ungerer Stgt.-Hedelfingen
6127	Innenschleifmaschine	B 18	Karl Jung Berlin	Berlin Karl Jung
6767	Schleifbock		Meier &Weichelt Leipzig	Meier & Weichelt,Leip.
3388	Waagerecht-Bohr- und Fräsmaschine	BFK 85	Colett & Engelhard,Offenbach	Colett & Engelhard,Offenbach

Inv.-Nr.	Bezeichnung	Type:	Hersteller	Lieferer:
3838	Universal-Werkzeug-Schärfmaschine	HSS 1	Hispano-Suize	Hahn & Kolb Stuttgart
3872	Schnellhobler	500	Klopp-Werke GmbH. Solingen	Klopp-Werke GmbH. Solingen
6147	Wotan-Schnellhobelmaschine	Standard 750	Wotan & Zimmermann, Glauchau	Wotan & Zimmermann Glauchau
3992	Zug- und Leitspindeldrehbank	3 TXE	W. Pruskowe	W. Pruskowe

(Vermerk des LWA Stuttgart:)

Gegen die Rückverlagerung der genannten Maschinen ist seitens des LWA nichts einzuwenden.

Stuttgart, den 9.4.47

   (Stempel)   Unterschrift

März 1947

Verzeichnis
der
in Heilbronn a.N. untergebrachten Kunstwerke aus dem Besitz der Städtischen Kunsthalle Mannheim.

— Gemälde —

No.	Jahr	Ankaufspreis	Künstler	Bezeichnung des Kunstwerkes
1.	1926	800.—	Baby, Iwan	Rechenstilleben
2.	1936	350.—	Bähr, Heinrich	Jesuitenkirche
3.	1883	60,—	Bamberger, Friedrich	Italienischer Seestrand
4.	1939	350.—	Barchfeld, Hanns M.	Morgenstimmung
5.	1940	500.—	Barchfeld, Hanns M.	Das weiße Haus
6.	1936	350.—	Baerwind, Rudi	Abendlandschaft
7.	1883	100.—	Bayer, von, August	Ein Mönch in weißer Tracht, steh
8.	1937	600.—	Bode, Adolf	Winterlandschaft
9.	1917	25.—	Braun, Louis	Chevauleger (Stiftung)
10.	1883	100.—	Defregger, von, Frz.	Alter Mann mit langem Bart (Stiftung)
11.	1901	1.200.—	Defregger, von, Frz.	Frauenkopf (Stiftung)
12.	1886	800.—	Deurer, Peter Ferd.	Neapolitanischer Fischer (Stift
13.	1917	40.—	Dieffenbacher, Aug. W.	Alter Mann (Stiftung)
14.	1931	700.—	Dressler, Aug. Wilh.	Kinderbildnis
15.	1926	350.—	Eimer, Walter	Südliche Landschaft
16.	1939	400.—	Friedrich, Walter	Mutter mit Kindern
17.	1922	500.—	Fuhr, Xaver	Dorfstrasse
18.	1922	500.—	Fuhr, Xaver	Dorfbild
19.	1924	120.—	Fuhr, Xaver	Waldlandschaft
20.	1927	500.—	Fuhr, Xaver	Rheinbrücke
21.	1942	1.500.—	Geigenberger, Otto	Neu-Leiningen
22.	1942	1.500.—	Geigenberger, Otto	Blick vom Neckar a.d. Dilsberg
23.	1934	150.—	Goebel, Hermann	Burgruine
24.	1940	250.—	Gramm, Tilla	Bildnis des Malers Dochow
25.	1883	20.—	Grück, B.	Baumlandschaft mit Wasser (Stiftung)
26.	1883	100.—	Grützner, Eduard	Richard Löwenherz und der Einsiedler (Stiftung)
27.	1901	1.200.—	Grützner, Eduard	Mönch als Kellermeister I (Stift
28.	1901	1.200.—	Grützner, Eduard	Mönch als Kellermeister II. "
29.	1883	100.—	Gudin, J.A.	Seestrand (Stiftung)
30.	1883	100.—	Gudin, J.A.	Seestrand (Stiftung)
31.	1933	100.—	Gutjahr, Heinrich	Wolkenstimmung
32.	1928	500.—	Heckrott, Wilhelm	Fohlenstall

No.	Jahr	Ankaufspreis	Künstler	Bezeichnung des Kunstwerkes
33.	1883	100.--	Hermannstörfer, Joseph	Schiffsreiter (Stiftung)
34.	1919	1.400.--	Hildenbrand, Adolf	Bodensee
35.	1940	350.--	Hodapp, Otto	Landschaft mit Regenbogen
36.	1931	350.--	Knaus, Eugen	Rheinbrücke
37.	1932	200.--	Knaus, Eugen	Feuerlilien
38.	1933	250.--	Knaus, Eugen	Gummibaum
39.	1883	150,--	Koekkoek, J.H.	Seestück (Stiftung)
40.	1883	150.--	Koekkoek, J.H.	Seestück (Stiftung)
41.	1883	40.--	Kosakiewicz, Anton	Ein kleines Mädchen in gelbem Kleid (Stiftung)
42.	1939	150.--	Lange, Richard	Schiffe im Winterhafen
43.	1941	1.200.--	Leidl, Anton	Jesuitenkirche in Mannheim
44.	1941	1.200.--	Leidl, Anton	Die Sternwarte zu Mannheim
45.	1941	1.200.--	Leidl, Anton	Ladenburg
46.	1873	300.--	Kuntz, Karl	Hagar und Ismael (Kupferstich)
47.	1873	300.--	Kuntz, Karl	Das Innere der Löwenburg zu Wilhelmshöhe bei Kassel (Kupferstich) Stiftung
48.	1873	300.--	Kuntz, Karl	Die große Fontaine bei Wilhelmshöhe (Kupferstich) Stif
49.	1873	300.--	Kuntz, Karl	Das Innere der Löwenburg zu Wilhelmshöhe b. Kassel (Kupferstich (Stiftung)
50.	1873	300.--	Kuntz, Karl	Ansicht v. Wilhelmshöhe (Kupferstich (Stiftung)
51.	1873	300.--	Kuntz, Karl	Ansicht des Klosters Lichtental bei Baden-Baden (Kupferstich (Stiftung)
52.	1873	300.--	Kuntz, Karl	Minervatempel zu Schwetzing. (Kupferstich) Stiftung
53.	1873	300.--	Kuntz, Karl	Weidende Herde mit Hirtenknabe unter einer Brücke (Kupferstich (Stiftung)
54.	1873	300.--	Kuntz, Karl	Moschee zu Schwetzingen (Kupferstich) Stiftung
55.	1873	300.--	Kuntz, Karl	Motiv aus Italien (Rastende Familie (Kupferstich (Stiftg)
56.	1873	300.--	Kuntz, Karl	Minervatempel zu Schwetzingen (Kupferstich) Stiftung
57.	1873	300.--	Kuntz, Karl	Kurprinz Karl Friedrich Ludwig von Baden (Kupferstich) (Stiftung)
58.	1873	300.--	nach Schneider	Ansicht der Liebfrauenkirche zu Mainz nach d. Belagerung v. Jahre 1793 (Kupferst.) Stift
59.		150.--	Huber, Franz	Landschaft (gerahmt) Aquarell

O.	Jahr	Ankaufspreis	Künstler	Bezeichnung des Kunstwerkes
0	1883	50.—	Lindenschmitt, Wilh.	Historische Szene (Stiftung)
1	1933	300.—	Linder, Josef	Damenbildnis
2	1940	300.—	Ludwig, Albert	Komposition
3	1942	600.—	Ludwig, Albert	Leuchtende Landschaft
4	1943	1.000.—	Ludwig, Albert	Hafenpartie (Stadt Mannheim-Eig.
5	1928	300.—	Merkel, Heinrich	Landschaft
6	1932	150.—	Merkel, Heinrich	Winterlandschaft
7	1933	300.—	Merkel, Heinrich	Knabenbildnis
8	1935	120.—	Merkel, Heinrich	Pfälzer Landschaft
9	1916	4.000.—	Meyerheim, Paul	Löwenpaar (Stiftung)
0	1886	500.—	Meyerheim, W.	Winterlandschaft mit Schlitten (Stiftung)
1	1883	100.—	Mosin	Marine (Stiftung)
2	1915	300.—	Oertel, Wilhelm	Segelboote
3	1919	600.—	Oertel, Wilhelm	Gefangenenlager
4	1926	500.—	Otto, Wilfried	Minenlandschaft
5	1928	300.—	Papsdorf, Richard	Stilleben
6	1929	225.—	Papsdorf, Richard	Stilleben 1927
7	1935	350.—	Papsdorf, Richard	Tulpen
8	1942	500.—	Papsdorf, Richard	Blumenstilleben
9	1935	200.—	Rosner, Cläre	Dame in Grün
0	1883	100.—	Rybkowsky, von	Kosaken (Stiftung)
81	1934	100.—	Schäfer, Robert	Krüge
82	1932	250.—	Scheffels, Otto	Am Drahtzaun
83	1933	200.—	Scheffels, Otto	Löwenzahn mit Eidechse
84	1934	300.—	Scheffels, Otto	Motiv aus den Spelzengärten
85	1928	1.400.—	Schlichter, Rudolf	Bildnis E.Kisch
86	1935	200.—	Schmitt, Otto Eugen	Landschaft mit Drahtzaun
87	1873	300.—	Schmitt, W.	Viehmarkt bei Weinheim(Stiftung)
88	1883	80.—	Seidel, August	Landschaft aus der Ramsau in Oberbayern(Stiftung)
89	1942	900.—	Seasig, Robert	Russische Landschaft
90	1883	50.—	Simonsen, Niels	Araber (Stiftung)
91	1933	200.—	Sohl, Will	Waldlandschaft mit Steg
92	1883	500.—	Sohn, Carl	Der Frühling (Stiftung)
93	1883	c 500.—	Sohn, Carl	Der Herbst (Stiftung)
94	1883	50.—	Steinharter	Tiroler Mädchen (Stiftung)
95	1924	100.—	Stekker	Hafenpartie
96	1929	245.—	Sterling, Marc	Fischstilleben
97	1932	250.—	Stohner, Karl	Südliche Landschaft

No	Jahr	Ankaufspreis	Künstler	Bezeichnung des Kunstwerkes
98	1935	250.—	Stohner, Karl	Winkel in Handschuhsheim
99	1941	400.—	Straub, Ludwig	Herbstliche Landschaft
100	1942	600.—	Straub, Ludwig	Blumenstilleben
101	1883	200.—	Unbekannter Meister	Spinnerin am Herde sitzend (Stiftung)
102	1883	25.—	Unbekannter Meister	Pastellbildnis aus der Familie Emden (Stiftung)
103	1883	25.—	Unbekannter Meister	Pastellbildnis aus der Familie Emden (Stiftung)
104	1886	150.—	Unbekannter Meister	Männliches Porträt (Stiftung)
105	1901	800.—	Unbekannter Meister	Studienkopf (Stiftung)
106	1917	100.—	Unbekannter Meister	Katharina Emmerich (Schenkung)
107	1917	80.—	Unbekannter Meister	Madonna (Canigiani) Stiftung
108	1915	800.—	Waentig, Walter	Bildnis Major Seubert
109	1897	500.—	Weller, Theodor	Savoyarder Knabe (Schenkung)
110	1883	100.—	Wiesemann	Eichenwald am Wasser (Stiftung)
111	1929	200.—	Wilhelm, J.F.	Sommernachtsfest
112	1928	600.—	Wolf, Lulu	Knabenbildnis
113	1926	600.—	Zabotin, W.	Schneelandschaft

C O P Y !

Verzeichnis des Inhalts der in die Saline Kochendorf und Heilbronn durch die Direktion der Kunsthalle verbrachten Kisten.

Kiste I.

Anton von Werner, Handzeichnungen, 1 Paket
Scheffel, Handzeichnungen, Klose, Feuerbach, Laves, Gagg, einige Radierungen und Stiche
Mappe O. Lieder und Briefe aus dem Engeren, Wasichenstein,
Mettnau, Gästebuch
Mappe V 1, V2, V3
1 Paket mit 2 juristischen Arbeiten
Mappe Z 64, Brautwillkomm
Bsa (Briefe Scheffels an Arnswaldt)
Mappe J 1
1 Paket Handschriften und Zeichnungen zum Wartburgroman (Viola Graecor)
1 Paket mit Doktorpromotion (NB)
Mappen Irene und Irene-Vorstudien.(B)
1 Paket Rockertweibchen (R) Phophos und Regenbogenschale (Mu 4)
Mappe NC, C (Juniperus, Konzept) D (Bergpsalmen und Thüringer vor Akken)
E (Ekkehard Anmerkungen)
1 Mappe Scheffel an Schwanitz
Mappe Bkr (Scheffels Krnakheit); Reinschrift Lied Favorite, Landkarte
   mit Handaufschrift: Ekkehard im Eismeer)
Mappe Hs (Heyse an Scheffel) , Ban (Arnswaldt an Scheffels Mutter),
Brf,(Briefe, Fürstenbergiana), NC (Briefe von Berühmten an Scheffel und sie)

Mappe Ma (Mutter an Arnswaldt)
Skizzenbücher mit Ausnahme von X/XII S X 1, XI, XII (Zentner) und XVI
1 Paket Kolleghefte , Z XVIII
Notizbücher N mit Ausnahme von N VII, 1 - 3, N VIII, 1 - 5, Nk 57 (Zentner)
   und N IX 4 und X 1 (Paneer)
Notizbücher mit Ausnahme NZ 10 (Jllmer)

Kiste II

Gaudeamus-Reinschrift
Ekkehard-Urschrift
Frau Aventiure Reinschrift
Juniperus Reinschrift
Scheffelbriefe an Steub
S. Brant, Klagspiegel (1542)
S. Münster, Kosmographia (1628)
Grimmelshausen Gesamtausgabe, 1. Bd. 1713, 2. 1635, 3. 1684
Erasmus Rotterodamis, modus orandi deum (1525)
Uli Braeker, der arme Mann im Toggenburg (1789)
Abraham a Santa Clara, Mercks Wienn (1630)
Gessner, Daphnis (1759)
Grimmelshausen , verkehrte Welt (1672)
Melanchthon, declamaticnum, Tomus I, Philosophicus XXXXX 15?
Creutzer, Das Akademische Studien des Altertums (1807)
Dalberg, der Mönsh von Karmel (1787)
Des Knaben Wunderhorn, I. 1806, II. 1808, 3. 1808

C O P Y !

Ekkehard, 1855
Tauler, Predigten, hsg. von Spener (1691)
Trompeter Urschrift (Mappe 6)
Album (Marie Scheffel) Li
A II, 2, Waltharilied in Kunstschrift
Ekkehard mit handschriftlichen Eintragungen Scheffels betr. Prozess
    Janke
Briefwechsel Scheffel-Koch-Heim (2 Kästen)
Scheffel-Briefe an Gräfin Irene von Fries (1 Kasten)
1 Mappe Stücke aus Museum (Handschriften und Bilder)
2 vollständige Sätze Jahresgaben und dazugehörige Verlagsausgaben
20 Bände gebunden in 10, Brüder Stoelberg, ges. Werke
I.G. Schlosser, kleine Schriften, 1. Teil 1737, 2. Teil 1780 (1. Band)
    3. 1787, 4. 1785 (2. Band) 5. 1787, 6. 1793, 3. Band.
F. von Mathisson, 8 Bände, 1825 - 29
E. Gött, 3 Bände Werke, 1917 - 18, 3 Bände Tagebücher und Briefe 1914
Konrad Widerhold von Kessler, 1782
Revolutionsalmanach 1801

K i s t e III

1 Waldeinsamkeit   Prachtausgabe 1878
Frau Aventiure Bildermappe (V.v. Werner)
Heini von Steiner mit Bildern von Fröschel, 1884
Juniperus Prachtausgabe 1867 (A. v. Werner)
Gaudeamus Prachtausgabe 1869 (von A.v. Werner)
Ekkehard mit Illustrationen von Jenny 1882
Trompeter Prachtausgabe 1890 (A.v. Werner)
Bergpsalmen (Prachtausgabe) 1870 (A.v.Werner)
Waltharilied Prachtausgabe (Baur)
Pfeffel, G.K. poetische Versuche, 1802-10
Zinkgräf, Apophiegmata, 1628
Martin Opitz, 2 Bde. 1690
Scheffel, Frau Abentiure, 1863
Haller, Versuch schweizerischer Gedichte, 1778
Heinrich Stillings Leben, 5 Teile in 3 Bdn. 1,2, u. 3: 1806, 4: 1789,
    5: 1804
Lavaters vermische gereinigte Gedichte, 1785 und Lavaters 200 christ-
    liche Lieder 1817
Scheffel, Ekkehard, 1855
Scheffel, Ekkehard, 1924 , in Pergament, m.B. von Gradl.
Scheffel, Trompeter, 1854, imprimatur
A+ W. Ifflands dram. Werke, 16 Bde., 1789-1802
Auffenberg, die Verbannten, 1821
Auffenberg, sämtl. Werke, 1-22 in 11 Bden. 1843 - 47
Wessenberg, Dichtungen 1 - 7, 1835 - 54
F.M. Klinters Werke, 1 - 12, 1842
Alcuni Ritratti die Donne illustri delle Prov. Veneziane da Bartolomo-
    neo Gamba publicati MDCCCXXVI
Häusser, Sage vom Tell, 1840
Luzian Reich, Wanderblüthen, 1855
Theobald Chauber, Friedrich der Grosse, 1834
Wackernagel und Reber, Zeitgedichte, 1834
Wackernage, neuere Gedichte, 1842

C O P Y !

Straicher, Schillers Flucht von Stuttgart und Aufenhalt in Mannheim 1836
Nadler, fröhlich Palz, Gott erhalt's, 1847
Hebel, alemannische Gedichte, 1851
Rheinblüthen, 1819
Hebel, Werke, 1 Bd. 1872
Hebel, Gedichte 1827
Stöber, Gedichte, 1845
Salis, Gedichte, 1803
Jakobi, Werke 8 - 4, 1807/10
Lenz, ges. Schriften, hsg. von Tieck, 1828, 1-3
Devrient, Schriften, hs 1-4, 1846
Devrient, Deutsche Schauspielkunst, 1-5, 1848-74
Fotos aus Abteilung Lebende Dichter am Oberrhein
Württenberger, Bildnis Heinrich Kromer
Württenberger, Ausziehender Krieger.

K i s t e IV.

Photos aus Abt. Lebende Dichter um den Oberrhein
2 Kästen Dichterhandschriften
2 Kästen Bilder
1 Kasten Briefe Scheffels an Eggers und A.v.Werner
1 Kasten Eggers, A.v.Werner, Familie Schröfer, Elise Stolz an Scheffel
           und Scheffel and den Sohn Victor
1 Kasten Z 46a Briefe von Scheffels Freunden und Scheffelbriefe an versch.
1 Kasten Z 45 Varia von Scheffels Hand und Handschriften von Vater, Mutter
           und Marie Scheffel.
1 Paket Briefe von Bonz, Eichrodt, Eisenhart, K. u. W. Klose, Kirsner,
           J maier, Schwanitz und Scheffel an Klose, Kirsner, I.
           Maier, Scheffels Mutter an Kirsner.
1 Paket aus Kasten Bre II (Künstlerbriefe Göthe und Schillerhandschrift , Briefe
   ins Elternhaus, Zugänge-Briefe an Steub.)

Aufstellung der, an das Museum in Heide, abgegeben Akten aus dem Archiv
des Kirchspiels Büsum.

Akte I. Kirchspielsangelegenheiten.

Nr 26. Viehstand und Kornproduktion im Kirchspiel Büsum 1817.
" 27. Viehzählung 1862- 1911.
" 28. Statistische Nachrichten über verschiedene Gegenstände und Zeitungsberichte 1827- 1914.
" 29. Grenzen und Grundbesitz der 5 Ortschaften des Kirchspiels Büsum 1818- 1909.
" 30. Kirchspielsländereien und Kirchspielshöfe 1779- 1872.
" 31. Schlechter Zustand des Kirchspiels Büsum 1783- 1816.
" 32. Lose Blätter u. Auszüge aus den Kirchspielsschlußprotokollen 1801- 1832.
" 33. Berufungen zu Kirchspielsversammlungen 1818- 1893.
" 38. Die Hafenanlagen in Warwerort 1771- 1856.
" 39. Den Hafen betreffend 1857- 1889.
" 40. Betonnung des Hafens und Fahrwassers vor Büsum 1815- 1869.
" 68. Verwaltungsbeamte betreffend 1847- 1879.
" 69. Kirchspielsvögte 1845- 1868.
" 70. Kirchspielschreiber 1857- 1889.
" 71. Kirchspielseinnahmen und Kirchspielstaxtator 1816- 1851.
" 72. Dem Kirchspielsmusikus betreffend 1832- 1852.
" 73. Amts-u. Polizeidiener 1817- 1892.
" 74. Kirchspielsbote 1839- 1864.
" 75. Nachtwächter 1875- 1889.
" 76. Anstellung eines Bettelvogtes u. Gründung eines Vereins gegen Bettelei 1879- 1880.

Akte III. Steuerwesen.

Nr. 107. Protokoll von der geschehenen Landesvermessung des ganzen Kirchspiels Büsum in der Landschaft Norderdithmarschen wie solche Vermessung und Chastirung in Anno 1770 bewerkstelligt und das Vermessungs- Protokoll unterm 4. Februar 1771 eschibirt worden ist, welches Protokoll sowohl als die Charte in dreien Abschnitten und Abteilungen zunbringen am fuglichsten zu bewerkstelligen gewesen, indem
    a, der erste Abschnitt aus dem Westlichen Teil bestehet, welche Vermessung von dem Landmesser Hans Mommsen in dem Amt Tondern
    b, der zweite Abschnitt als den Süd-Oestlichen Teil ausmachend von dem Landmesser Niss Danklefsen im Amt Tondern
    c, der dritte Abschnitt, so den Nord-Oestlichen Teil ausmacht von dem Landmesser Christian Süncksen in der Landschaft Eiderstedt bewerkstelligt worden ist, wie intus das Protokoll an sich selbst ein solches breitern Inhalts ergiebet. Copiert von Adolph Schladetsch in Büsum 1849 nebst Karte.
Nr. 108. Erdbuch des Kirchspiels Büsum 1808- 1819.
" 109. Erdbuch und Katasterprotokolle 1839- 1869.
" 110. Desgleichen 1874.
" 111. Umschreibungsprotokoll 1830- 1859.
" 112. Desgleichen 1860- 1874.
" 116. Desgleichen 1835- 1891.
" 117. Auszüge aus den Umschreibungsprotokollen 1859- 1869.
" 118. Verordnungen in Steuersachen 1781- 1875.
" 119. Pflug- u. Kätnergelder 1780- 1866.
" 120. Kolloteral-u. Erbschaftssteuer 1811- 1867.
" 121. Die gezwungene Anleihe 1813.
" 122. Landschatz-Register 1843- 1868.

Akte V. Polizeiwesen.

Nr. 233. Deichsachen 1767- 1856.
" 236. Die Nord-u. Südgrovener Außendeichs-Interessentschaft 1712-1879
" 237. Desgleichen 1880- 1890.
" 238. Die Büsumer Westerschleuse 1727- 1900.
" 239. Protocollum Separatioriset Repartitionis der 9 Hufen und 14 Bauerschaften oder Warwerorter Wasserleitung 1761- 1810.
" 240. Desgleichen 1810- 1845.
" 241. Protocollum Sparatioriset Repartitionis der 9 Hufen und 14 Bauerschaften oder Warwerorter Wasserleitung 1848- 1890.
" 242. Lädereien der Warwerorter Wasserleitung 1817- 1873.
" 243. Die 9 Hufen und 14 Bauerschaften oder Warwerorter Wasserleitung 1774- 1869.
" 244. Desgleichen 1870- 1885.
" 258. Strandfälle 1728- 1875.

Akte VI. Justizwesen.

Nr. 327. Kontraktenprotokoll 1735- 1749.
" 328. Desgleichen 1784- 1828.
" 329. Desgleichen 1810- 1827.
" 330. Desgleichen 1850- 1858.
" 335. Erbteilungen und Verkäufe (Alphabetisch geordnet)A-B 1813-1914.
" 336. Desgleichen B-D 1816- 1914.
" 337. Desgleichen E-G 1812- 1911.
" 338. Desgleichen G-H 1808- 1912.
" 339. Desgleichen H-J 1811- 1914.
" 340. Desgleichen J-K 1811-1914.
" 341. Desgleichen K-M 1749- 1914.
" 342. Desgleichen M 1801- 1914.
" 343. Desgleichen M-R 1819- 1914.
" 344. Desgleichen R-S 1807-.1914.
" 345. Desgleichen S-T 1801- 1912.
" 346. Desgleichen T-Z 1815- 1914.
" 347. Der Standesbeamte 1890.
" 349. Lageregister 1786- 1818.
" 350. Desgleichen 1819- 1836.

L i s t e

der Kunstgegenstände, aus den Evgl.Kirchen zu Schwäb.Hall, die Eigentum der
ev.Kirchengemeinde Schwäb.Hall sind und ins Salzbergwerk Kochendorf verlagert wu
wurden.

Aus der Kirchen zu St.Michael:

Hochaltar: Kreuztragung   Kreuzigung (Gruppe von Reitern)
           3 Gestalten(schmal)   Kreuzigung (Maria mit Frauen)
           Kruzifixus   Schächer zur Rechten
           Kreuzabnahme   Schächer zur Linken

Heiliges Grab: Johannes   Maria Jakobi
               Magdelana   Maria Mutter Maria

Michaelsaltar: Mittelschrein mit St.Michael u. 2 Seitenflügeln
              Aufsatz   2 Seitenstücke mit Gesprenge
              Predella (Hlg.Abendmahl)   Ölgemälde"der auferstandene Christus"
              Ölbild (Heilige Familie)

Ölbilder:an der Sakristeiwand im Schiff:
            1.) Johann Friedr.Bonhöfer,Prediger an St.Michael, as Capitus
               Decanus geb.anno 1718,15.Okt.   1772 gemalt
            2.) Gg.Bernh.Wibel,Decanus,Atatis 85,Ministerii 61 J.
               Joh.Nicolaus Daniel Herbe, Decopit 1753
            3.) M.Joh.Gg.Wibel, Decanus, Atatis 51 J. Joh.Nicolaus Danial
               Herbe, Decopit 1793
            4.) Friedrich Peter Wibel, Prediger und Decanus(geb.1691,gest.1754)

Dreikönigsaltar: Mittelschrein   Aufsatz mit Inschrift:Röm.4,Ei,qui non operatu
              rechter Seitenflügel mit Petrus   linker Seitenflügel mit Andreas

Wolfgangsaltar: Schrein mit Verkündigung   3 Figuren:Hlg.Wolfgang,Kosmas,Damian
            Epitaph: Gg.Seiferheld, Schöntalscher Keller allhier
                     Ehefrau Katharine geb.Stadtmännin
                     Bild der Dreieinigkeit:Christus im Schoß v.Gott-Vater
            Epitaph: Nicolaus Glock, Decanus

Marienaltar: (mit 2 Flügeln)   Aufsatz:Hlg.Abendmahl
           Epitaph: Bernhard Romig , 1589 gest.
           Epitaph: Michael Schmidt,Metzger; Frau Magdalene geb.Speltacherin.
           Bild: Abraham und Lot

Sippenaltar: 1 Seitenstück: Heiligenfigur mit 2 Teufeln

           Epitaph: Heinr.Kern,Prediger u.Decanus geb.1639
           Epitaph: Joh.Michael Gräter, Studiosus

           Epitaph: Affra Firnhaberin,Herrn Lacorns,Stättmeister
                     allhier Herzgeliebte Ehefrau,Eugenbildnis
           Epitaph: Peter Firnhaber,gest.1620, Stammbaum
           Epitaph: Michael Stiegler,Metzger allhier, Hausfrau
                     Apollonia, geb.Gräterin (Jakobsgeschichte)
           Epitaph: David Schmalkalder, Kruzifixus mit Stifterfamilie

Bischofsaltar   mit 2 Flügeln.   1 Aufsatz
             Im Altarschrein 3 Bischofsfiguren   Erasmus, Bonifatius

             Ölgemälde: Einzug in Jerusalem

             Epitaph: Ezechiel Wenger, gest.1651 und seine Ehefrau

             Bild: Kreuzigung

             Epitaph: Jakob Reitz,Prediger und seine Gattin
                     Bild des Ehepaares unter dem Kreuz
             Epitaph: Gg.Bernh.Wibel,geb.1623
                     Bildnis des Knieenden unter dem Kreuz mit Michaelskirche

Fortsetzung der Kunstgegenstände aus der Kirche zu St.Michael:

Epitaph: Joh.Mich.Bonhöfer(Ehepaar u.d.Kreuz)
Epitaph: Gg.Phil.Bonhöfer (Mann u.2 Frauen u.d.Kreuz)
~~Epitaph: David-Zweiffel-mit-2-Frauen~~
Epitaph: Hyeronymus Holl, Prediger
Ölbild: Frau Maria Magdalena v.Jemgumer Kloster, geb.Bonhöferin geb.1794
G l a s m a l e r e i e n (aus den Fenstern des Chores).

        Aus der Kirche zu St.Urban:

Hochaltar: Geburtsgeschichte   Anbetung der Könige
          Beschneidung   Kleine Figur:Gott Vater mit der
                                        Erdkugel

        Aus der Kirche zu St.Katharina:

Hochaltar: Altarschrein   Aufsatz zum Altarschrein
          2 große Altarflügel   Rankenwerk zum Altarschrein
          2 kleine Altarflügel   Rankenwerk
          5 holzgeschnitzte Gruppen. Dornkrönung   Kreuztragung
                            Kreuzigung   Grablegung   Auferstehung
          (in einem Karten): Christus am Kreuz   2 Schächer
                            2 Engel   1 Teufel mit den Schächerseelen
          Einzelne Bruchstücke v.Rankenwerk des Schreins
          u.der Holzmalerei der Rückseite

Heiliges Grab (Holzgeschnitzt):Johannes   3 Marien

Ölberg: Christus   3 Jünger   1 Engel mit dem Kelch

G l a s m a l e r e i e n :
        2 Fenster mit Dorothea und Margaretha
        2   "   " Katharina vor den Philosophen und Fegfeuer
        6   "   Tugenden und Laster
        2   "   Kreuzigung und Auferstehung

Einzelstücke: 1 Katharina in Stein (bemalt)
               1 Katharina in Stein (roh)
               1 Maria mit dem Kind, holzgeschnitzt, bemalt
               1 Christusfigur(von der alten Kanzel)

2 Epitaphien: Phil.Theophil. Dötschmann
               Joh.Friedr. Dötschmann

2 Ölbilder: Aufforderung z.Almosen .

                -.-.-.-.-.-.-

Verlagerungsübersicht.

Kiste 1: (bereits ausgelagert)

Kiste 2: gez. O.S. Ki. 2 (vernagelt)
enth.:
1. (bereits ausgelagert)
2. 1 Etui mit 6 Aschenbechern aus Halbedelstein
Eigentum von O— S————.
3. 1 Säckchen Münzen. Eigentum von Frau S————.
4. 1 kl. Kiste, gez. A. Eigentum von O— S————,
enth.:
1 Zigarren-Etui, gez.O.S.
1 led. Bilder-Etui mit Bildern von Lihki,
1 kl. Bilder-Etui mit 3 Affen (Chemnitz)
1 blaues led. Etui, Familienbilder aus Schwarzwald,
verschiedene eingerahmte Bilder.

Kiste 3: (bereits ausgelagert)

Kiste 4: gez. Hptm. S————
enth.:
3 Soennecken-Hefter mit ungestempelten Marken
1 Briefmarken-Album aus dem Nachlass von R————
1 Paar beige Gamaschen
1 Kasten mit 6 neuen weissen Oberhemden (Merz Stuttgart)
1 Kasten mit 10 neuen Batist-Taschentüchern
1 Karton mit 7 Dornbusch-Kragen
1 Kombination ohne Ärmel und Beine
1 Marken-Album, Eigentum von E— und C———— Z——
1 kl. Kiste B, enth.:
Reissbrett-Nägel, Pincette, Taschenkamm, Petschaft,
Siegellack, Taschenspiegel, Couponschere, Zigarren-
spitze, Tube mit Leim.

Kiste 4a: gez. O.S., Kiste 4a. Enthält Silber, Eigentum Frau S————
14 grosse Esslöffel
14 " Gabel
14 kleine Gabel
14 grosse Messer
10 kleine Messer
21 Teelöffel

12 Eislöffel
20 Mokkalöffel
12 kl. Kuchengabel
8 kl. Bouillonlöffel
12 "   Kuchengabel
10 Kuchenmesser
12 Hummergabel
2 Soßelöffel
2 Buttermesser
1 Fleischgabel
1 Schere
8 Fischmesser
8 Fischgabel
2 Zuckerstreuer aus Glas
7 Zitronenzangen (Silber)
2 Mangen
7 Beleglöffel
12 Beleggabel
1 Käsemesser
1 Buttermesser
2 Salatbestecke
3 Salatlöffel
1 Pastetenlöffel
1 Zuckerdose
1 Tablett (Silber durchbrochen)

Kiste 5: gez. O.S., Ki. 5; Enthält Silber, Eigentum Frau S▇▇▇
12 Kuchengabel
8 Kuchenmesser
10 versch. Tabletts
1 rd. Gebäckschale
6 Rahmtöpfe
6 Zuckerschalen
1 Bügeleisen (Andenkenstück a/Wildbald enth.Metermass)
1 Kaffeekanne
1 Gebäckkorb
2 Butterdosen
1 grosse Gebäckschale
5 kleinere Gebäckschalen

4 Vasen
6 Tee-Einsätze
1 Becher
1 Serviettenring
2 Eierbecher
4 Salzstreuer
1 Auffüll-Löffel.

Kiste 6: gez. O.S., Ki. 6. Enthält:
Bergmanns-Kapelle.
(Flöte, Geigen- und Cello-Bogen befinden sich in einem Löffel-Etui in Kiste 5)

Kiste 7: gez. O.S., Ki. 7. Enthält:
1 Tänzerin, Bajazzo, versch.kl.Porzellangegenstände.

Kiste 8: Porz.-Enten, Porz.-Eule, Porz.Vogel m.Kind, versch. Gläser.

Kiste 9: gez. O.S., Ki.9. Enthält:
Ballspielerin.

Kiste 10: gez. O.S., Ki. 10. Enthält:
Marmor-Uhr.

Kiste 11: bereits ausgelagert.

Kiste 12: gez. O.S., Ki. 12. Enthält:
Notgeldsammlung und Bücherei-Schatulle.

Kiste 13: Nach Mitteilung von Herrn Dietz in Kochendorf eingelagert.

Kiste 14: gez. O.S. Ki. 14. Eigentum Frau M████ O████, Detm.
1 Ölgemälde: Susanna im Bade.

Kiste 15: gez. O.S. Eigentum Frau L. S████. Enthält:
blaues Porzellan (Zwiebelmuster Meissen)
(In dieser Kiste fehlen die in der Liste d.H.Dr.Seeger aufgeführten Porzellan- und Glasgegenstände).

Kiste 16: 2 jap. Vasen, Kristall-Vasen, (a/Kiste 17 neu verpackt)
1 gr. Glaskrug, versch. Gläser.

Kiste 17: Reigentänzerin, 2 Bergmanns-Fig., 1 Bergm.m.Schubkarren,
1 silb. Suppenschüssel, Likörgläser, Weingläser.

Kiste 18: gez. O.S. Ki. 18. Eigentum Frau L. S████. Enthält:
Goldporzellan.

Kiste 19a: gez. O.S. Ki. 19a. (a/Kiste 16 neu verpackt) Enthält:
blaues Porzellan (holl. Muster),
Gläser.

Kiste 19b: gez. O.S. Ki. 19b. (a/Kiste 19 neu verpackt) Enthält:
Rest Gold Porzellan, grünes, blaues Porzellan, Glasplatten
Gläser.

Kiste 20: gez. O.S. Ki. 20. Eigentum Frau L. S████. Enthält:
Nickelgeschirre, Silberporzellan, Kristall.

Kiste 21: Eigentum Frau L. S████. gez. O.S. Ki. 20. Enthält:
Kristall, Rauchverzehrer.

Kiste 22: gez. O.S. Ki. 22. Eigentum Frau L. S████. Enthält:
schwere Kristall-Teile.

Kiste 23: gez. O.S. Ki. 23. Eigentum Frau L. S████. Enthält:
Kristalle, Delfter-Porzellan, Kaffee-Maschine, Rauchverzehrer.

Kiste 24: gez. O.S. Ki. 24. Eigentum O. S████. Enthält:
1 Gemälde: Blumenmarkt von Rotterdam. Prof. Herrmann.

Kiste 25: gez. Eigentum Familie S████. Enthält:
Porzellan mit Goldrand.

Kiste 26: gez. Eigentum Familie S████. Enthält:
Porzellan mit Goldrand,
einzelne, hellblaue Porz.Gegenstände,
Gläser, 1 Vase.

Koffer 27: gez. Eigentum Familie S████. Enthält:
    12 weisse Gerstenkorn
    10 Damasthandtücher
    11 Gerstenkorn, rote Streifen,
    11 weissgestreifte Handtücher
    11 rotgestreifte Handtücher
     6 Gläsertücher
     3 kl. Tücher
    12 weisse Küchentücher
    11 Damastservietten

        6 grosse Tischtücher
17 Bett-Tücher
  6 Gerstenkornhandtücher
  8 Bett-Tücher
  1 Tischtuch
  2 Kopfkissen
  9 Küchentücher
12 Damastservietten
    Roulleaus
    Automantel
  1 Vorlage.

Koffer 28: gez. Eigentum Familie S████. Enthält: Gardinen, Portieren, Spitzdecken, gestickte Tischdecken.

Koffer 29: versch. Haushaltungsgegenstände (Putzmittel, Bürsten, Kochlöffel, Toilette-Artikel, ältere Decken).

Kiste 30: grosser Glaskrug, Likörgläser, versch. kleines Porzellan und Kristall

weisse Truhe 31: Milchtöpfe, Jenaer Glas, grosser Gläser, Weingläser, Likörgläser.

Kiste 32: Spitzentänzerin, Gläser.

Kiste 33: Eisbär, versch. Gläser.

Kiste 34: Kristall, Gläser, Schalen.

Kiste 35: Pferde, Elefanten.

  1 spanische Wand

  1 grosser Bodenteppich.

Heilbronn, 4. Februar 1947.
H/H.

III. Weitere Materialien

Seite	Dokument
214	a) Werke bei der ersten Ausstellung »Geretteter deutscher Kunstbesitz« vom 2. bis 4. Februar 1946 in Heilbronn[12]
218	b) Werke bei der zweiten Ausstellung »Geretteter deutscher Kunstbesitz« vom 16. bis 24. März 1946 in Heilbronn[13]
222	c) Bericht über die dritte Ausstellung »Geretteter deutscher Kunstbesitz« vom 26. April bis 2. Mai 1946[14]

---

[12] StadtA Heilbronn, ZS Sch 1501: Verzeichnis der ausgestellten Werke bei der ersten Ausstellung »Geretteter deutscher Kunstbesitz« (2. bis 4. Februar 1946) in Heilbronn.
[13] StadtA Heilbronn, ZS Sch 1501: Verzeichnis der ausgestellten Werke bei der zweiten Ausstellung »Geretteter deutscher Kunstbesitz« vom 16. bis 24. März 1946 in Heilbronn.
[14] FISCHER, Meisterwerke, S. 4.

GERETTETER DEUTSCHER KUNSTBESITZ

Ausstellungsreihe für die Volkshochschule Heilbronn veranstaltet vom Kunst- und Denkmalsstab der Militärregierung G-28 Heilbronn

I.
Südwestdeutsche Kunst des 15. Jahrhunderts

Malerei und Skulptur
aus dem schwäbisch-oberrheinischen Raum

HEILBRONN AM NECKAR

2. bis 4. Februar 1946

Verzeichnis der ausgestellten Werke

Ulmer Schule, um 1450

1 Enthauptung und Beerdigung Johannes des Täufers.

Straßburger Meister der „Karlsruher Passion", um 1455

2 Dornenkrönung Christi.

3 Entkleidung Christi.

4 Kreuzaufnagelung Christi.

2, 3 und 4 sind Teile eines ehemaligen Altars, von dem sich 2 weitere Tafeln im Wallraf-Richartz-Museum Köln und in englischem Privatbesitz befinden.

Meister des Hausbuchs, um 1480

Benannt nach den Zeichnungen des Hausbuchs in der Sammlung des Fürsten von Waldburg-Wolfegg. Oft auch nach seinen Kupferstichen Meister des Amsterdamer Kabinetts genannt.

5 Christus vor Kaiphas.

6 Darstellung Christi im Tempel.

5 und 6 sind Teile eines ehemaligen Altars, dessen Mitteltafel, eine „Kreuzigung", sich in Freiburg befindet.

Meister der Tafeln des Sterzinger Altars

Benannt nach dem Altar im Rathaus von Sterzing in Tirol, dessen Tafeln er als Werkstattgenosse des Hans Multscher aus Ulm 1457 malte.

7 Die Heiligen Paulus, Lukas und Markus.

8 Die Heiligen Dorothea, Johannes der Evangelist und Margaretha.

7 und 8 sind Flügel eines Altars aus Almendingen, O. A. Ehingen, der nach 1460 entstanden ist.

Züricher Meister mit der Nelke, wahrscheinlich Hans Leu d. Ä.

9 Heimsuchung der Maria.

10 Vermählung der Maria.

11 Die Heiligen Johannes der Täufer und Onofrius.

9, 10 und 11 sind Tafeln eines ehemaligen Marienaltars aus der Dreikönigskapelle in Baden im Aargau, entstanden um 1480.

Bodensee-Schule, um 1480

12 Kreuztragung Christi.

13 Kreuzigung Christi.

12 und 13 sind Außentafeln eines ehemaligen Altars aus dem Kloster Salem.

Schwäbischer Meister von 1477

Augsburger Meister, der seine Schulung wahrscheinlich im niederrheinisch-westfälischen Kunstkreis erhielt.

14 Vorbereitung zur Kreuzigung.

Zeitblom, Bartholomaeus

Geboren wahrscheinlich zu Memmingen nach 1450, erwähnt und tätig in Ulm von 1483 bis 1520. Schwiegersohn des H. Schüchlin.

15 Der Heilige Georg.

16 Der Heilige Johannes der Täufer.

15 und 16 sind die Innenseiten eines Altars mit geschnitztem Schrein aus Kilchberg, der zwischen 1480 und 1490 entstanden sein mag.

Zeitblom - Werkstatt

17 Auferstehung.

Strigel, Bernhard

Geboren zu Memmingen um 1460, gestorben dort 1528 als Hofmaler Kaiser Maximilians. Ausgebildet unter dem Einfluß des Bartholomaeus Zeitblom.

18 Beweinung Christi. Im Vordergrund rechts der Stifter, Jodokus Necker, Abt des Klosters Salem.

Meister von Meßkirch

Oberschwäbischer Meister, der zwischen 1520 und 1540 im Donautal und dem benachbarten Bodenseegebiet nachweisbar ist und besonders für den Grafen von Zimmern in Meßkirch gearbeitet hat.

19 Der Heilige Benedikt vor seiner Höhle, vor einem Kruzifix betend.

Burgkmair, Hans

Geboren 1472 zu Augsburg, gestorben dort 1531. Schüler seines Vaters Thoman Burgkmair und weitergebildet unter dem Einfluß der venezianischen Malerei.

20 Beweinung Christi. Bezeichnet auf einem Stein am unteren Bildrand: ... Burgkmair pingebat. Wappen der Herren von Welden.

Oberrheinisch, um 1490

21 Madonna aus Egisheim im Elsaß.

Seyfer, Hans

Geboren wahrscheinlich in Heidelberg, wo sein Bruder Lienhart nachweisbar ist, gestorben in Heilbronn 1509.

22 Madonna.
23 Der Heilige Petrus.
24 Der Heilige Kilian.

21, 22 und 23 stammen aus dem 1498 vollendeten Schrein des Hochaltars der Kilianskirche in Heilbronn.

Die II. Ausstellung findet voraussichtlich vom 2. bis 4. März 1946 wieder in diesen Räumen statt.

Gg. Kohl, Breckenheim-Stuttgart

GERETTETER DEUTSCHER KUNSTBESITZ

Ausstellungsreihe für die Volkshochschule Heilbronn veranstaltet
vom Kunst- und Denkmalsstab der Militärregierung G-28 Heilbronn

Meisterbildnisse
aus 4 Jahrhunderten

HEILBRONN AM NECKAR

16. bis 24. März 1946

Verzeichnis der ausgestellten Werke

Memling, Hans (Schule des Meisters)
geb. in Mömlingen (?) b. Aschaffenburg um 1433; tätig in Brüssel, Brügge; dort gestorben 1494.
1 Männliches Bildnis.

Meister von 1502
2 Mann mit roter Kappe.

Baldung, Hans gen. Grien
geb. zwischen 1476 und 1480 in Schwäb. Gmünd; tätig in Freiburg, Straßburg; dort gestorben 1545.
3 Bildnis des Freiherrn Jakob zu Morsperg und Belfort. Gemalt 1525.

Burgkmair, Hans
geb. 1473 in Augsburg; tätig in Kolmar, Augsburg; dort gestorben 1531.
4 Sebastian Brandt, der Straßburger Dichter des „Narrenschiffs".

Mülich, Hans
geb. 1516 in München, tätig und gestorben dortselbst 1573.
5 Bildnis Herzog Ludwig IV. von Bayern.

Meister Hans von Ulm
6 Bildnis Anton Fugger.

Amberger, Christoph
von 1530 bis zu seinem Tode (1562) in Augsburg tätig.
7 Ratsherr mit Brief.

Brosamer, Hans
geb. um 1500 wahrscheinlich zu Fulda, tätig in Fulda und Erfurt; dort gestorben 1554.
8 Bildnis Wolfgang Eisen. Gemalt 1523.

Pencz, Georg
geb. um 1500 zu Nürnberg, tätig dort und in Leipzig; gest. ebenda 1550.
9 Bildnis des Nürnberger Münzmeisters Jörg Herz.

Bronzino, Agnolo
geb. in Florenz 1503; tätig in Florenz und Rom. Schüler von Pontormo; gest. 1572.
10 Florentiner Edelmann.

Cranach, Lukas d. Ält.
geb. 1472 in Kronach, tätig in Wittenberg und Weimar; gest. dortselbst 1553.
11 Bildnis eines vornehmen Herrn.
12 Bildnis einer vornehmen Frau.

Rembrandt, Harmensz van Rijn
geb. 1606 zu Leiden, tätig in Leiden und Amsterdam; gest. dortselbst 1669.
13 Selbstbildnis um 1645.

Roos, Johann Heinrich
geb. 1631 in Otterberg, Rheinpfalz; tätig in Amsterdam, Rom und Frankfurt am Main; gest. dortselbst 1685.
14 Selbstbildnis von 1684.

Bourdon, Sebastien
geb. 1616 in Montpellier, tätig in Rom, Stockholm, Paris; gest. dortselbst 1671.
15 Selbstbildnis.

Champaigne, Philippe de
geb. 1602 in Brüssel, tätig in Paris; gest. dortselbst 1674.
16 Herrenbildnis.

Le Brun, Charles
geb. 1619 zu Paris, tätig und gest. dortselbst 1690.
17 Bildnis eines Geistlichen.

Mieris, Frans d. Alt.
geb. 1635 zu Leiden, tätig und gest. dortselbt 1681.
18 Bildnis eines jungen Mannes in violettem Mantel.
19 Junger Mann mit Landkarte.

Rigaud, Hyacinthe
geb. 1659 in Perpignan, tätig in Paris; gest. dortselbst 1743.
20 Edelmann mit Malteser Kreuz.

Grimou, Alexis
geb. 1678 in Argenteuil, tätig und gest. 1733 in Paris.
21 „Espagnolette"; gemalt 1731.

Carriera, Rosalba Giovanna
geb. 1675 in Venedig, tätig in Paris, Wien, Venedig; gest. dortselbst in völliger Erblindung 1757.
22 Pastellbildnis eines älteren Herrn mit weißer Perücke.

Kupetzki, Johann
geb. 1667 bei Preßburg, tätig in Wien und Nürnberg; gest. dortselbst 1740.
23 Bildnis eines jungen Mannes.

Nattier, Jean-Marc
geb. 1685 zu Paris, tätig und gest. dortselbst 1766.
24 Bildnis einer Unbekannten; gemalt 1742.

Schick, Gottlieb
geb. zu Stuttgart 1776, Schüler von J. L. David in Paris, tätig in Stuttgart und gest. dortselbst 1812.
25 Bildnis Frau Henrike Dannecker.
(Studie zu dem 1802 gemalten Bilde in der Berliner Nationalgalerie.)
26 Der Bildhauer Joh. H. Dannecker; gemalt 1798.

Dörr, Christoph Friedrich
geb. 1782 zu Tübingen, tätig in Dresden, Rom und als Universitätszeichenlehrer in Tübingen; gestorben dortselbst 1841.
27 Damenbildnis; im Hintergrunde das Dorf Schwärzloch bei Tübingen.

Winterhalter, Franz Xaver
geb. 1806 in Menzenschwand, tätig in München, Paris und als Bad. Hofmaler in Karlsruhe; gest. in Frankfurt 1873.
28 Selbstbildnis.

Des Coudres, Ludwig
geb. 1820 in Kassel, tätig in Karlsruhe; gest. dortselbst 1878.
29 Bildnis der Tochter des Künstlers; gemalt 1878.

Feuerbach, Anselm
geb. 1829 in Speyer, tätig in Paris, Italien, Karlsruhe; gest. 1880 in Venedig.
30 Bildnis der Nanna Risi.
31 Selbstbildnis von 1852.
32 Bildnis des Archäologen Fr. Gottlob Welcker.

Courbet, Gustave
geb. 1819 in Ornans, tätig in Paris und in der Schweiz;
gest. 1877 in La Tour de Peilz.
33 Bildnis Henri Dupont, 1868.

Trübner, Wilhelm
geb. 1851 in Heidelberg, tätig in München, Frankfurt und Karlsruhe;
gest. dortselbst 1917.
34 Bildnis seines Bruders Karl.

Thoma, Hans
geb. 1839 in Bernau, Schwarzwald; Schüler von Des Coudres und beeinflußt von Courbet. Tätig in München, Frankfurt und Karlsruhe;
gest. dortselbst 1924.
35 Selbstbildnis mit Tod und Amor, 1875.
36 Mutter und Schwester des Künstlers, 1866.

Hodler, Ferdinand
geb. 1855 in Bern, tätig in Genf; gestorben dortselbst 1918.
37 Selbstbildnis von 1900.

Die Ausstellung wird in der Hauptsache von Dürer, Rubens und Rembrandt bestritten. In bunter Reihenfolge, unter Verzicht auf starre Ordnung und im Wechsel des Vertrauten mit dem weniger Bekannten, begegnen wir allen im 16. und 17. Jahrhundert geübten graphischen Techniken. Neben Holzschnitten und Kupferstichen aus Dürers Passionszyklen und dem Marienleben, neben kleinen Kostbarkeiten wie dem getönten Hirschkäfer, dem Feldhasen und dem Rasenstück sehen wir Beispiele seiner hohen Zeichenkunst, etwa in dem Apostelbild auf braunem Grund oder dem Profilbild des Humanisten Willibald Pirckheimer. Zu den Blättern auf dunklem Grund, die ihre Wirkung durch die weiß aufgesetzten Lichter erhalten, treten Dürers Zeitgenossen Hans Baldung Grien mit einigen Werken und Hans Leu mit einem hervorragenden Blatt „Der Tod und das Mädchen". Interessant ist die Gegenüberstellung der aquarellierten fränkischen Landschaft Dürers, die bis ins kleinste ausgemalt ist und dem großzügig mit dem Pinsel hingesetzten Bauernhof von P. P. Rubens oder der Vergleich mit der zarten aquarellierten Federzeichnung einer Landschaft von Augustin Hirschvogel, aufschlußreich auch das Nebeneinander derselben Themen in Dürers und Rembrandts Auffassung. Von Rembrandt sieht man einige seiner großen Radierungen wie „Faust", der das Monogramm Christi erblickt, die „Landschaft mit den drei Bäumen", den „Tod Mariae" und den „Barmherzigen Samariter", außerdem weniger bekannte Radierungen, Zeichnungen und locker mit dem Pinsel gestaltete Landschaften und Studien. Von den übrigen Werken der Ausstellung seien noch die einfachen Zeichnungen und die mit Kohle und Rötel getönten Porträtstudien von Matthias Grünewald, Lukas Granach, Hans Holbein d. J. und P. P. Rubens, vor allem dessen in Schwarz und Rot gehaltener Gelehrter vor aufgeschlagenem Buch erwähnt.

Eine vielseitige und reichhaltige Schau, die nach den Gruppendarstellungen kirchlicher Motive der „Süddeutschen Gotik" und den „Meisterbildnissen aus vier Jahrhunderten" wieder Einblick in eine besondere Gattung künstlerischen Schaffens gibt. Es ist erstaunlich, was die Ausstellungsleitung trotz äußerer Schwierigkeiten, wie sie die Beschaffung von Pappe, Glas und Rahmen bereitete, in der kurzen Vorbereitungszeit bieten konnte.

Die Schau wird, wie uns der Leiter der Volkshochschule, Herr Leichtle, mitteilte, überleiten in die Kunst der Gegenwart. So ist als nächstes eine Ausstellung „Graphik und Aquarelle", Zeichenkunst in Württemberg aus dem Besitz der Württ. Landeskunstsammlungen, in Aussicht genommen, der eine Ausstellung „Heilbronner Künstler" folgen wird. Dr. I. F.

IV. Kartei der institutionellen Einlagerer[1]

---

[1] Die institutionellen Einlagerer und Firmen wurden möglichst vollständig rekonstruiert. Privatpersonen wurden aus Datenschutzgründen weggelassen, obwohl dem Verfasser Hunderte von Namen und Anschriften bzw. Einlagerungslisten vorliegen.

Ahrensburg[1]
Stadtarchiv[1]

Einlagerungsort:	Heilbronn[1]
Einlagerungsdatum:	1944[1]
Einlagerungsgut:	2 Kartons[1]
Auslagerung:	16.–18. Juli 1946[2]
Flächenbedarf:	
Bemerkungen:	Die Ein- und Auslagerung wurde von der Archivberatungsstelle Kiel durchgeführt[1].
Quellennachweis:	[1] LAS Schleswig, Abt. 371 Nr. 674: Verzeichnis der von der Archivberatungsstelle ausgelagerten Archivalien (undatiert).
	[2] KKrA Neumünster, Schriftgut des Kirchenkreises: Schreiben der Landesregierung Schleswig-Holstein (Ministerium für Volksbildung Abt. Allgemeine Kulturpflege) vom 12. Juni 1947.

Bad Friedrichshall[1]
Bezirksnotariat[1]

Einlagerungsort:	Kochendorf[1]
Einlagerungsdatum:	
Einlagerungsgut:	Dokumente[1]
Auslagerung:	
Flächenbedarf:	
Bemerkungen:	
Quellennachweis:	[1] StA Ludwigsburg, EL 402 Heilbronn lfd. Nr. 238, Einlagerungsverzeichnisse für Heilbronn: List of Articles in Kochendorf Mine According to Correspondence and Lists (undatiert).

Bad Friedrichshall[1]
Gemeinde[1]

Einlagerungsort:	Kochendorf[1]
Einlagerungsdatum:	
Einlagerungsgut:	2 Schränke und 3 Regale Grundbuchakten[1]
Auslagerung:	Mai 1946[1]
Flächenbedarf:	
Bemerkungen:	

| Quellennachweis: | [1] StA Ludwigsburg, EL 402 Heilbronn lfd. Nr. 238, Einlagerungsverzeichnisse für Kochendorf: Aufstellung über Bergungsgüter im Steinsalzbergwerk Kochendorf. |

Bad Friedrichshall[1]
Staatliche Saline[1]

Einlagerungsort:	Kochendorf[1]
Einlagerungsdatum:	
Einlagerungsgut:	19 Kisten, Körbe, Töpfe, Kantinengeschirr[1], Musikinstrumente[2], größere Menge von Leinen- und Jutesäcken, größerer Packen Geschäftspapiere[2]
Auslagerung:	Musikinstrumente 15. Oktober 1945; Jutesäcke Dezember 1945 und Mai 1946; Geschäftspapiere Mai 1946[2]
Flächenbedarf:	10 qm (Geschirr)[3]
Bemerkungen:	Die Musikinstrumente wurden durch die Heilbronner Militärregierung ausgelagert[2].
Quellennachweis:	[1] StA Ludwigsburg, EL 402 Heilbronn lfd. Nr. 309: Einlagerungsverzeichnis vom 1. Oktober 1946. [2] StA Ludwigsburg, EL 402 Heilbronn lfd. Nr. 238, Einlagerungsverzeichnisse für Kochendorf: Aufstellung über Bergungsgüter im Steinsalzbergwerk Kochendorf. [3] StA Ludwigsburg, EL 402 Heilbronn lfd. Nr. 309: Einlagerungsverzeichnis vom 10. September 1946.

Bad Friedrichshall-Kochendorf[1]
Häcker (Gebrüder Häcker, Inh. Karl Schwarz)[1]

Einlagerungsort:	Kochendorf[1]
Einlagerungsdatum:	
Einlagerungsgut:	Industriegüter[1]
Auslagerung:	zumindest teilweise nach dem 15. August 1946[1]
Flächenbedarf:	
Bemerkungen:	
Quellennachweis:	[1] StA Ludwigsburg, EL 402 Heilbronn lfd. Nr. 238, Verschiedenes: Bericht über Firmeneinlagerungen im Kochendorfer Salzbergwerk an die Property Control vom 15. August 1946.

Bad Friedrichshall-Kochendorf
Hochtief AG

Vgl. Essen, Hochtief AG

Bad Friedrichshall-Kochendorf[1]
Schreinermeister Kleiber[1]

Einlagerungsort:	Kochendorf[1]
Einlagerungsdatum:	
Einlagerungsgut:	Firmengüter[1]
Auslagerung:	zumindest teilweise nach dem 15. August 1946[1]
Flächenbedarf:	
Bemerkungen:	
Quellennachweis:	[1] StA Ludwigsburg, EL 402 Heilbronn lfd. Nr. 238, Verschiedenes: Bericht über Firmeneinlagerungen im Kochendorfer Salzbergwerk an die Property Control vom 15. August 1946.

Bad Friedrichshall-Kochendorf[1]
Werksangehörige der Saline[1]

Einlagerungsort:	Kochendorf[1]
Einlagerungsdatum:	
Einlagerungsgut:	Schränke, Kisten, Körbe mit Kleidern, Wäsche, Hausrat usw.[1]
Auslagerung:	April 1946[1]
Flächenbedarf:	
Bemerkungen:	
Quellennachweis:	[1] StA Ludwigsburg, EL 402 Heilbronn lfd. Nr. 238, Einlagerungsverzeichnisse für Kochendorf: Aufstellung über Bergungsgüter im Steinsalzbergwerk Kochendorf.

Bad Oldesloe[1]
Stadtarchiv[1]

Einlagerungsort:	Heilbronn[1]
Einlagerungsdatum:	1944[1]
Einlagerungsgut:	3 Kisten[1]
Auslagerung:	16.–18. Juli 1946[2]
Flächenbedarf:	
Bemerkungen:	Die Ein- und Auslagerung wurde von der Archivberatungsstelle Kiel durchgeführt[1].
Quellennachweis:	[1] LAS Schleswig, Abt. 371 Nr. 674: Verzeichnis der von der Archivberatungsstelle ausgelagerten Archivalien (undatiert).
	[2] KKrA Neumünster, Schriftgut des Kirchenkreises: Schreiben der Landesregierung Schleswig-Holstein (Ministerium für Volksbildung Abt. Allgemeine Kulturpflege) vom 12. Juni 1947.

Bad Segeberg[1]
Propsteiarchiv[1]

Einlagerungsort:	Heilbronn[1]
Einlagerungsdatum:	1944[1]
Einlagerungsgut:	2 Kisten[1]
Auslagerung:	16.–18. Juli 1946[2]
Flächenbedarf:	
Bemerkungen:	Die Ein- und Auslagerung wurde von der Archivberatungsstelle Kiel durchgeführt[1].
Quellennachweis:	[1] LAS Schleswig, Abt. 371 Nr. 674: Verzeichnis der von der Archivberatungsstelle ausgelagerten Archivalien (undatiert).
	[2] KKrA Neumünster, Schriftgut des Kirchenkreises: Schreiben der Landesregierung Schleswig-Holstein (Ministerium für Volksbildung Abt. Allgemeine Kulturpflege) vom 12. Juni 1947.

Bad Segeberg[1]
Stadtarchiv[1]

Einlagerungsort:	Heilbronn[1]
Einlagerungsdatum:	1944[1]
Einlagerungsgut:	5 Kisten[1]
Auslagerung:	16.–18. Juli 1946[2]

Flächenbedarf:
Bemerkungen: Die Ein- und Auslagerung wurde von der Archivberatungsstelle Kiel durchgeführt[1].

Quellennachweis: [1] LAS Schleswig, Abt. 371 Nr. 674: Verzeichnis der von der Archivberatungsstelle ausgelagerten Archivalien (undatiert).
[2] KKrA Neumünster, Schriftgut des Kirchenkreises: Schreiben der Landesregierung Schleswig-Holstein (Ministerium für Volksbildung Abt. Allgemeine Kulturpflege) vom 12. Juni 1947.

Bargteheide[1]
Stadtarchiv[1]

Einlagerungsort: Heilbronn[1]
Einlagerungsdatum: 1944[1]
Einlagerungsgut: 350 Faszikel des Amtes Tremsbüttel[1]
Auslagerung: 16.–18. Juli 1946[2]
Flächenbedarf:
Bemerkungen: Die Ein- und Auslagerung wurde von der Archivberatungsstelle Kiel durchgeführt[1].

Quellennachweis: [1] LAS Schleswig, Abt. 371 Nr. 674: Verzeichnis der von der Archivberatungsstelle ausgelagerten Archivalien (undatiert).
[2] KKrA Neumünster, Schriftgut des Kirchenkreises: Schreiben der Landesregierung Schleswig-Holstein (Ministerium für Volksbildung Abt. Allgemeine Kulturpflege) vom 12. Juni 1947.

Berlin[1]
Deutsche Pyrotechnische Fabriken[1]

Einlagerungsort: Kochendorf[1]
Einlagerungsdatum:
Einlagerungsgut: 15 Kisten mit Porzellan und Glas[2]
Auslagerung: nach dem 1. Dezember 1945[2]
Flächenbedarf: 10 qm[1]
Bemerkungen:

Quellennachweis: [1] StA Ludwigsburg, EL 402 Heilbronn lfd. Nr. 238, Einlagerungsverzeichnisse für Kochendorf: Aufstellung über Bergungsgüter im Steinsalzbergwerk Kochendorf.
[2] StA Ludwigsburg, EL 402 Heilbronn lfd. Nr. 238, Verschiedenes: Bericht von Leutnant Ford vom 1. Dezember 1945.

Biberach an der Riß[1]
Braith-Mali-Museum[2]

Einlagerungsort:	Kochendorf[1]
Einlagerungsdatum:	
Transport:	22. Juli 1943[3]
Einlagerungsgut:	11 Kisten[5] mit Gemälden und Skulpturen (insgesamt 61 Werke, insbesondere von Braith und von Mali, 1 Werk von Tiepolo)[3]
Auslagerung:	Abtransport am 26. Juni 1947[4]
Flächenbedarf:	10 qm[5]
Bemerkungen:	Da Biberach in der französischen Zone lag und eine Überführung dorthin große organisatorische Probleme aufwarf, wurden die 11 Kisten zunächst der Staatsgalerie Stuttgart übergeben[1]. Von dort gingen sie am 11. Januar 1949 per LKW nach Biberach zurück. Eine vollständige Einlagerungsliste ist vorhanden (Handaktenbestand der Städtischen Sammlungen Biberach an der Riß)[3].
Quellennachweis:	[1] StA Ludwigsburg, EL 402 Heilbronn lfd. Nr. 309: Report of Property Transactions vom 16. Oktober 1947. [2] BA Potsdam, R 7/1208 fol. 61. [3] Schreiben des Braith-Mali-Museums vom 20. September 1995 an den Verfasser. [4] StA Ludwigsburg, EL 402 Heilbronn lfd. Nr. 238, Heilbronn Büro und Verschiedenes: Aufstellung von Dr. Prey vom 19. Juni 1947 über die Auslagerung aus dem Heilbronner und dem Kochendorfer Salzbergwerk. [5] StA Ludwigsburg, EL 402 Heilbronn lfd. Nr. 309: Einlagerungsverzeichnis vom 10. September 1946.

Blekendorf[1]
Kirchenarchiv[1]

Einlagerungsort:	Heilbronn[1]
Einlagerungsdatum:	1944[1]
Einlagerungsgut:	1 Paket[1]
Auslagerung:	16.–18. Juli 1946[2]
Flächenbedarf:	
Bemerkungen:	Die Ein- und Auslagerung wurde von der Archivberatungsstelle Kiel durchgeführt[1].
Quellennachweis:	[1] LAS Schleswig, Abt. 371 Nr. 674: Verzeichnis der von der Archivberatungsstelle ausgelagerten Archivalien (undatiert). [2] KKrA Neumünster, Schriftgut des Kirchenkreises: Schreiben der Landesregierung Schleswig-Holstein (Ministerium für Volksbildung Abt. Allgemeine Kulturpflege) vom 12. Juni 1947.

Blomberg[1]
Historisches Institut[1]

Einlagerungsort:	Kochendorf[1]
Einlagerungsdatum:	
Einlagerungsgut:	1 Kiste[1]
Auslagerung:	
Flächenbedarf:	
Bemerkungen:	Ein Historisches Institut Blomberg hat es nicht gegeben, wohl aber einen Heimatverein. Daß dieser jedoch im Zweiten Weltkrieg eine Auslagerung vorgenommen hat, läßt sich von Blomberg aus nicht nachweisen[2].
Quellennachweis:	[1] StA Ludwigsburg, EL 402 Heilbronn lfd. Nr. 238, Einlagerungsverzeichnisse für Heilbronn: List of Articles in Kochendorf Mine According to Correspondence and Lists (undatiert). [2] Schreiben des Stadtarchivs Blomberg vom 28. Februar 1996 an den Verfasser.

Büsum[1]
Kirchspielarchiv[1]

Einlagerungsort:	Heilbronn[1]
Einlagerungsdatum:	wohl Ende April 1944[2]
Einlagerungsgut:	19 Pakete mit Akten (Kirchspielangelegenheiten, Steuerwesen, Polizeiwesen, Justizwesen)[1]
Auslagerung:	16.–18. Juli 1946[3]
Flächenbedarf:	
Bemerkungen:	Die Ein- und Auslagerung wurde von der Archivberatungsstelle Kiel durchgeführt und erfolgte über das Kreisarchiv Norderdithmarschen (Heide). Ein Einlagerungsverzeichnis ist vorhanden[1].
Quellennachweis:	[1] LAS Schleswig, Abt. 320.10 Nr. 4877: Schreiben des Archivpflegers für Norderdithmarschen vom 18. April 1944 an die Archivberatungsstelle Kiel. [2] LAS Schleswig, Abt. 320.10 Nr. 4877: Schreiben der Archivberatungsstelle Kiel vom 1. April 1944 an den Landrat in Heide. [3] KKrA Neumünster, Schriftgut des Kirchenkreises: Schreiben der Landesregierung Schleswig-Holstein (Ministerium für Volksbildung Abt. Allgemeine Kulturpflege) vom 12. Juni 1947.

Burg auf Fehmarn[1]
Stadtarchiv

Einlagerungsort:	Heilbronn[1]
Einlagerungsdatum:	wohl Ende September 1944[2]
Einlagerungsgut:	207 Pakete[1]
Auslagerung:	16.–18. Juli 1946[3]
Flächenbedarf:	
Bemerkungen:	Die Ein- und Auslagerung wurde von der Archivberatungsstelle Kiel durchgeführt[1].

Quellennachweis:
[1] LAS Schleswig, Abt. 371 Nr. 674: Verzeichnis der von der Archivberatungsstelle ausgelagerten Archivalien (undatiert).
[2] StadtA Burg auf Fehmarn Abt. A XXV.10: Schreiben der Stadt Burg auf Fehmarn vom 10. Oktober 1943 an die Archivberatungsstelle Kiel.
[3] KKrA Neumünster, Schriftgut des Kirchenkreises: Schreiben der Landesregierung Schleswig-Holstein (Ministerium für Volksbildung Abt. Allgemeine Kulturpflege) vom 12. Juni 1947.

Cleebronn[2, 4]
Deutsche Pyrotechnische Fabriken[2]

Einlagerungsort:	Kochendorf[2]
Einlagerungsdatum:	
Einlagerungsgut:	ca. 75 000 kg Feuerwerkskörper, in Kisten verpackt[2]
Auslagerung:	laufend[2], bis nach dem 1. Oktober 1946[5], wohl 17. Juni 1947[1]
Flächenbedarf:	450 qm[2]
Bemerkungen:	vgl. Heidelberg, Wilhelm Beisel (und auch Hamburg, Genschow)[1]. Der Heidelberger Offiziersclub der US-Army hat 85 Kisten Feuerwerkskörper für sich requiriert[3].

Quellennachweis:
[1] StA Ludwigsburg, EL 402 Heilbronn lfd. Nr. 309: Report of Property Transactions vom 24. November 1947.
[2] StA Ludwigsburg, EL 402 Heilbronn lfd. Nr. 238, Einlagerungsverzeichnisse für Kochendorf: Aufstellung über Bergungsgüter im Steinsalzbergwerk Kochendorf.
[3] StA Ludwigsburg, EL 402 Heilbronn lfd. Nr. 238, Verschiedenes: Status of industrial firms, Heilbronn and Kochendorf Salt Mines vom 15. Juni 1946.
[4] StA Ludwigsburg, EL 402 Heilbronn lfd. Nr. 238, Verschiedenes: Bericht über Firmeneinlagerungen im Kochendorfer Salzbergwerk an die Property Control vom 15. August 1946.
[5] StA Ludwigsburg, EL 402 Heilbronn lfd. Nr. 309: Einlagerungsverzeichnis vom 1. Oktober 1946.

Darmstadt[1]
Hessische Landesbibliothek[1]

Einlagerungsort:	Kochendorf[1]
Einlagerungsdatum:	29. Februar, 9. März und 22. April 1944[2]
Einlagerungsgut:	60 Kisten und 22 Förderwagen mit Büchern[1] (60 000 bis 65 000 ältere wertvolle Bücher und Gebrauchsliteratur)[3]
Auslagerung:	6. bis 7. Juni 1947[1]
Flächenbedarf:	35 qm[2]
Bemerkungen:	Die Einlagerung erfolgte zusammen mit der (damals noch selbständigen) Bibliothek der Technischen Hochschule[3]. Außerdem wurden gleichzeitig Materialien des Schloßmuseums Darmstadt verlagert[1].
Quellennachweis:	[1] StA Ludwigsburg, EL 402 Heilbronn lfd. Nr. 309: Report of Property Transactions vom 13. Oktober 1947. [2] StA Ludwigsburg, EL 402 Heilbronn lfd. Nr. 238, Einlagerungsverzeichnisse für Kochendorf: Aufstellung über Bergungsgüter im Steinsalzbergwerk Kochendorf. [3] Schreiben der Hessischen Landes- und Hochschulbibliothek vom 28. Juni 1995 an den Verfasser.

Darmstadt[1]
Hessisches Staatsarchiv[1]

Einlagerungsort:	Kochendorf[1]
Einlagerungsdatum:	19., 26. Februar, 11. März 1944[2]
Einlagerungsgut:	40 Kisten, 5 Blechkästen und eine große Anzahl von Paketen mit Archivalien[4] (u. a. Urkunden, Verträge, Protokolle, Besitznachweise, Hausarchiv der Landgrafschaften Hessen-Darmstadt und Hessen-Homburg, Großherzoglich-Hessisches Familienarchiv)[1], insgesamt ca. 1000 lfd. Meter[2]
Auslagerung:	23. bis 28. Juni 1947[1]
Flächenbedarf:	75 qm[3]
Bemerkungen:	Im Hessischen Staatsarchiv Darmstadt ist die Verlagerungsliste erhalten geblieben[2].
Quellennachweis:	[1] StA Ludwigsburg, EL 402 Heilbronn lfd. Nr. 309: Report of Property Transactions vom 13. Oktober 1947. [2] Schreiben des Hessischen Staatsarchivs Darmstadt vom 13. Juni 1995 an den Verfasser; HessStA Darmstadt, Dienstregistratur I T 3. [3] StA Ludwigsburg, EL 402 Heilbronn lfd. Nr. 309: Einlagerungsverzeichnis vom 10. September 1946. [4] StA Ludwigsburg, EL 402 Heilbronn lfd. Nr. 309: Einlagerungsverzeichnis vom 1. Oktober 1946.

Darmstadt[1]
Schloßmuseum[1]

Einlagerungsort:	Kochendorf[1]
Einlagerungsdatum:	Spätjahr 1943 (?)[1] bzw. Februar/März/April 1944[2]
Einlagerungsgut:	Orden und Schmuckgegenstände aus Bernstein und Elfenbein, Familienarchiv des vormals Großherzoglich-Hessischen Hauses[1]
Auslagerung:	6. bis 7. und 23. bis 25. Juni 1947[1]
Flächenbedarf:	
Bemerkungen:	Die Einlagerung erfolgte gleichzeitig mit den Beständen der Hessischen Landesbibliothek Darmstadt. Nach dem Zweiten Weltkrieg waren die Orden und Schmuckgegenstände nicht mehr vollständig vorhanden. Die Auslagerung der Archivalien erfolgte zusammen mit dem Hessischen Staatsarchiv Darmstadt am 23. bis 25. Juni, die Auslagerung der Orden und Schmuckgegenstände zusammen mit der Hessischen Landesbibliothek am 6. bis 7. Juni 1947[1].
Quellennachweis:	[1] StA Ludwigsburg, EL 402 Heilbronn lfd. Nr. 309: Report of Property Transactions vom 2. Dezember 1947. [2] Vgl. Hessische Landesbibliothek Darmstadt.

Darmstadt[1]
Technische Hochschule[1]

Einlagerungsort:	Kochendorf[1]
Einlagerungsdatum:	18. März, Mai, Juni 1944[2]
Einlagerungsgut:	18 000 unverpackte Bücher und Zeitschriftenbände[1] (6 Möbelwagen)[4]
Auslagerung:	3. bis 18. Juni 1947[1]
Flächenbedarf:	20 qm[3]
Bemerkungen:	
Quellennachweis:	[1] StA Ludwigsburg, EL 402 Heilbronn lfd. Nr. 309: Report of Property Transactions vom 13. Oktober 1947. [2] StA Ludwigsburg, EL 402 Heilbronn lfd. Nr. 238, Einlagerungsverzeichnisse für Kochendorf: Aufstellung über Bergungsgüter im Steinsalzbergwerk Kochendorf. [3] StA Ludwigsburg, EL 402 Heilbronn lfd. Nr. 309: Einlagerungsverzeichnis vom 10. September 1946. [4] BA Potsdam, R 7/1208 fol. 61.

Delve[1]
Kirchspielarchiv[1]

Einlagerungsort:	Heilbronn[1]
Einlagerungsdatum:	wohl Ende April 1944[2]
Einlagerungsgut:	ca. 11 Pakete mit Akten und Karten (Kirchspielprotokolle)[3]
Auslagerung:	16.–18. Juli 1946[3]
Flächenbedarf:	
Bemerkungen:	Die Ein- und Auslagerung wurde von der Archivberatungsstelle Kiel durchgeführt und erfolgte über das Kreisarchiv Norderdithmarschen (Heide). Eine Einlagerungsliste ist vorhanden[1].
Quellennachweis:	[1] LAS Schleswig, Abt. 320.10 Nr. 4877: Schreiben des Archivpflegers für Norderdithmarschen vom 18. April 1944 an die Archivberatungsstelle Kiel. [2] LAS Schleswig, Abt. 320.10 Nr. 4877: Schreiben der Archivberatungsstelle Kiel vom 1. April 1944 an den Landrat in Heide. [3] KKrA Neumünster, Schriftgut des Kirchenkreises: Schreiben der Landesregierung Schleswig-Holstein (Ministerium für Volksbildung Abt. Allgemeine Kulturpflege) vom 12. Juni 1947.

Düsseldorf[1]
Landes- und Stadtbibliothek[1]

Einlagerungsort:	Kochendorf[1]
Einlagerungsdatum:	6. April 1944[1]
Einlagerungsgut:	115 Kisten Bücher[1] (1 Waggon)[2]
Auslagerung:	22./26. Juli 1946[1]
Flächenbedarf:	120 qm (zusammen mit dem Staatsarchiv Düsseldorf)[1]
Bemerkungen:	
Quellennachweis:	[1] StA Ludwigsburg, EL 402 Heilbronn lfd. Nr. 238, Einlagerungsverzeichnisse für Kochendorf: Aufstellung über Bergungsgüter im Steinsalzbergwerk Kochendorf. [2] BA Potsdam, R 7/1208 fol. 61.

Düsseldorf[1]
Staatsarchiv[1]

Einlagerungsort:	Kochendorf[1]
Einlagerungsdatum:	1. April 1944[1], nach 20. Juni 1944[2]

Einlagerungsgut:	85 Kisten und eine große Anzahl Akten[1] (1 Waggon)[3]
Auslagerung:	22./26. Juli 1946[1]
Flächenbedarf:	120 qm (zusammen mit der Landes- und Stadtbibliothek Düsseldorf)[1]
Bemerkungen:	
Quellennachweis:	[1] StA Ludwigsburg, EL 402 Heilbronn lfd. Nr. 238, Einlagerungsverzeichnisse für Kochendorf: Aufstellung über Bergungsgüter im Steinsalzbergwerk Kochendorf. [2] NHStA Düsseldorf, Altregistratur BR 2094/301 (Bll. 70, 81, 82). [3] BA Potsdam, R 7/1208 fol. 61.

Elmshorn[1]
Stadtarchiv[1]

Einlagerungsort:	Heilbronn[1]
Einlagerungsdatum:	1944[1]
Einlagerungsgut:	66 Pakete Bücher (1040 Bände) der Lehrerbibliothek des Realgymnasiums[1]
Auslagerung:	16.–18. Juli 1946[2]
Flächenbedarf:	
Bemerkungen:	Die Ein- und Auslagerung wurde von der Archivberatungsstelle Kiel durchgeführt[1].
Quellennachweis:	[1] LAS Schleswig, Abt. 371 Nr. 674: Verzeichnis der von der Archivberatungsstelle ausgelagerten Archivalien (undatiert). [2] KKrA Neumünster, Schriftgut des Kirchenkreises: Schreiben der Landesregierung Schleswig-Holstein (Ministerium für Volksbildung Abt. Allgemeine Kulturpflege) vom 12. Juni 1947.

Essen[1]
Hochtief AG, Geschäftsstelle Kochendorf[1]

Einlagerungsort:	Heilbronn und Kochendorf[5]
Einlagerungsdatum:	
Einlagerungsgut:	Heilbronn: Schienen, Schwellen usw.[3] Kochendorf: Baugeräte etc.[1] (u. a. 2 Kompressoren, Diesellokomotiven, Werkzeuge usw.)[2]
Auslagerung:	nach dem 15. August[5] bis zum September 1946[4]
Flächenbedarf:	
Bemerkungen:	Eine Liste der im Schacht Kochendorf befindlichen Geräte und Maschinen ist vorhanden[1], ebenso der Schienen (nach unter Tage verlegter Industriebetrieb)[3].

Quellennachweis:
[1] StA Ludwigsburg, EL 402 Heilbronn lfd. Nr. 309: Report of Property Transactions vom März 1946.
[2] StA Ludwigsburg, EL 402 Heilbronn lfd. Nr. 238, Verschiedenes: Status of industrial firms, Heilbronn and Kochendorf Salt Mines vom 15. Juni 1946.
[3] StA Ludwigsburg, EL 402 Heilbronn lfd. Nr. 238, Korrespondenz mit Verlagerungsbetrieb der IG Farben: Eingebaute Schienen der Firma Hochtief, Essen, im Salzwerk Heilbronn.
[4] StA Ludwigsburg, EL 402 Heilbronn lfd. Nr. 238, Einlagerungsverzeichnisse für Kochendorf: Aufstellung über Bergungsgüter im Steinsalzbergwerk Kochendorf.
[5] StA Ludwigsburg, EL 402 Heilbronn lfd. Nr. 238, Verschiedenes: Bericht über Firmeneinlagerungen im Kochendorfer Salzbergwerk an die Property Control vom 15. August 1946 und Bericht über Firmeneinlagerungen im Heilbronner Salzwerk an die Property Control vom 15. August 1946.

Essen[1]
Vereinigte Untertag- u. Schachtbau GmbH[1] (Veru)

Einlagerungsort: Kochendorf[1]
Einlagerungsdatum: Januar 1945[1]
Einlagerungsgut: Gleise, 1 Ventilator[1]
Auslagerung: März 1946[1]
Flächenbedarf:
Bemerkungen:

Quellennachweis: [1] StA Ludwigsburg, EL 402 Heilbronn lfd. Nr. 238, Einlagerungsverzeichnisse für Kochendorf: Aufstellung über Bergungsgüter im Steinsalzbergwerk Kochendorf.

Esslingen a. N.[1]
Stadtkirche[1]

Einlagerungsort: Kochendorf[1]
Einlagerungsdatum: 29. Juni 1943 (Kirchenfenster)[2], zwischen 11. Oktober und 21. November 1944 (Kirchenbücher)[3]
Einlagerungsgut: 14 Kisten Glasfenster[1], 1 Kiste[1] (Kirchenbücher, 1565–1805)[3]
Auslagerung: 4. September 1946[2]
Flächenbedarf: 10 qm[2]
Bemerkungen:

Quellennachweis:	[1] StA Ludwigsburg, EL 402 Heilbronn lfd. Nr. 309: Einlagerungsverzeichnis vom 1. Oktober 1946. [2] StA Ludwigsburg, EL 402 Heilbronn lfd. Nr. 238, Einlagerungsverzeichnisse für Kochendorf: Aufstellung über Bergungsgüter im Steinsalzbergwerk Kochendorf. [3] StadtA Esslingen, Hauptregistratur 9320 g: Schreiben der Evangelischen Gesamtkirchengemeinde Esslingen vom 11. Oktober 1944 und der Staatlichen Saline Friedrichshall vom 21. November 1944 je an den Oberbürgermeister von Esslingen.

Eutin[1]
Kreisarchiv[1]

Einlagerungsort:	Heilbronn[1]
Einlagerungsdatum:	1944[1]
Einlagerungsgut:	149 Pakete[1]
Auslagerung:	16.–18. Juli 1946[2]
Flächenbedarf:	
Bemerkungen:	Die Ein- und Auslagerung wurde von der Archivberatungsstelle Kiel durchgeführt[1].
Quellennachweis:	[1] LAS Schleswig, Abt. 371 Nr. 674: Verzeichnis der von der Archivberatungsstelle ausgelagerten Archivalien (undatiert). [2] KKrA Neumünster, Schriftgut des Kirchenkreises: Schreiben der Landesregierung Schleswig-Holstein (Ministerium für Volksbildung Abt. Allgemeine Kulturpflege) vom 12. Juni 1947.

Eutin[1]
Stadtarchiv[1]

Einlagerungsort:	Heilbronn[1]
Einlagerungsdatum:	1944[1]
Einlagerungsgut:	11 Pakete[1]
Auslagerung:	16.–18. Juli 1946[2]
Flächenbedarf:	
Bemerkungen:	Die Ein- und Auslagerung wurde von der Archivberatungsstelle Kiel durchgeführt[1].
Quellennachweis:	[1] LAS Schleswig, Abt. 371 Nr. 674: Verzeichnis der von der Archivberatungsstelle ausgelagerten Archivalien (undatiert). [2] KKrA Neumünster, Schriftgut des Kirchenkreises: Schreiben der Landesregierung Schleswig-Holstein (Ministerium für Volksbildung Abt. Allgemeine Kulturpflege) vom 12. Juni 1947.

Flensburg[1]
Stadtarchiv[1]

Einlagerungsort:	Heilbronn[1]
Einlagerungsdatum:	wohl Ende April und wohl Ende September 1944[1,3]
Einlagerungsgut:	Beim Abtransport am 22. April 29 Kisten (Urkunden, Stadtrechtsbücher, Amtsbücher, Flensburgensien, wertvolle Literatur und Kartenwerke) und 201 Schnürpakete (Alte Abteilung bis 1867) beim Abtransport am 27. Juni 3 Kisten (Abstimmungsarchiv 1920, Bürgerbuch 1558)[3] beigeschlossen waren auch 11 Kisten mit Büchern der Stadtbücherei[1]
Auslagerung:	16.–18. Juli 1946[2]
Flächenbedarf:	
Bemerkungen:	Die Ein- und Auslagerung wurde von der Archivberatungsstelle Kiel durchgeführt[1]. Der Flensburger Archivleiter, Dr. Otto Schütt, erhob gegen die beiden Transporte nach Heilbronn Protest, weil die bedeutendsten Flensburger Archivbestände zu diesem Zeitpunkt bereits in das Umland bzw. in Stahlsafes der örtlichen Sparkasse verlagert worden waren. Er hätte das Material lieber in die Stollenanlagen der nahegelegenen Fördehänge verbracht[3].
Quellennachweis:	[1] LAS Schleswig, Abt. 371 Nr. 674: Verzeichnis der von der Archivberatungsstelle ausgelagerten Archivalien (undatiert). [2] KrA Neumünster, Schriftgut des Kirchenkreises: Schreiben der Landesregierung Schleswig-Holstein (Ministerium für Volksbildung Abt. Allgemeine Kulturpflege) vom 12. Juni 1947. [3] Schreiben des Stadtarchivs Flensburg vom 7. August 1996 an den Verfasser.

Florenz[1]
Kunsthistorisches Institut[1]

Einlagerungsort:	Kochendorf[1]
Einlagerungsdatum:	26./27. Februar 1944[1]
Einlagerungsgut:	590 Kisten und mehrere Regale[1] (d. h. 3 Waggon)[2] Bücher[1], (u. a. kostbare Frühdrucke)[1], Akten, Lichtbilder[1]
Auslagerung:	3. und 4. Juli 1946[1]
Flächenbedarf:	150 qm[1]
Bemerkungen:	Aufgrund der militärischen Lage wurde am 19. Januar 1944 der Abtransport des Institutsbesitzes in die Salzbergwerke Heilbronn bzw. Kochendorf sowie nach Miltenberg am Main angeordnet[4] („Führerauftrag")[2]. Nach dem Zweiten Weltkrieg wurde das gesamte Material durch die Militärregierung zuerst nach Offenbach ausgelagert[1] und im November 1946 nach Florenz zurückgebracht[3].
Quellennachweis:	[1] StA Ludwigsburg, EL 402 Heilbronn lfd. Nr. 238, Einlagerungsverzeichnisse für Kochendorf: Aufstellung über Bergungsgüter im Steinsalzbergwerk Kochendorf. [2] BA Potsdam, R 7/1208 fol. 61. [3] Schreiben von Dr. Hans W. Hubert (Florenz) vom 9. September 1995 an den Verfasser. [4] TUTAEV, Florenz, S. 144.

Frankfurt a.M.[1]
Stadtarchiv[1]

Einlagerungsort:	Kochendorf[1]
Einlagerungsdatum:	2. August bis 25. September, 17. Dezember 1943[2], Juli 1944[3]
Einlagerungsgut:	262 Kisten Archivmaterial[1] (15 Lastwagen)[4]
Auslagerung:	Mai 1946[5]
Flächenbedarf:	100 qm[3]
Bemerkungen:	Insgesamt wurden 10% der Frankfurter Stadtarchivbestände nach Kochendorf verlagert (Urkunden und Amtsbücher des Bartholomäusstiftes (Dom) und anderer geistlicher Institute in Frankfurt bzw. diese betreffende städtische Archivalien, Privilegien, auch des Senats aus dem 19. Jahrhundert, Reichsangelegenheiten, Justizangelegenheiten usw.). Da seitens der Saline keine Lagerkosten berechnet wurden, bezahlte die Stadt Frankfurt[2] als freiwillige Spende für die Unterstützungskasse[3] der Bergwerksbelegschaft 1000,– RM[2].
Quellennachweis:	[1] StA Ludwigsburg, EL 402 Heilbronn lfd. Nr. 309: Einlagerungsverzeichnis vom 1. Oktober 1946.

[2] Schreiben des Instituts für Stadtgeschichte Frankfurt am Main vom 30. Mai und vom 26. Juni 1995 an den Verfasser.
[3] StA Ludwigsburg, EL 402 Heilbronn lfd. Nr. 238, Einlagerungsverzeichnisse für Kochendorf: Aufstellung über Bergungsgüter im Steinsalzbergwerk Kochendorf.
[4] BA Potsdam, R 7/1208 fol. 61.
[5] HStA Stuttgart, RG 260 OMGUS 3/438-1/11 (2 of 2): Monthly Consolidated MFA & A Field Report vom 31. Mai 1946.

Freiburg[1]
Augustinermuseum[1]

Einlagerungsort:	Heilbronn[1]
Einlagerungsdatum:	
Einlagerungsgut:	Bilder[2], Plastiken[1]
Auslagerung:	
Flächenbedarf:	
Bemerkungen:	
Quellennachweis:	[1] FORD, Monuments, S. 18 sowie Abb. 8 und 14.
	[2] DURIAN-RESS, Augustinermuseum, S. 72.

Friederichsgabekoog[1]
Koogsarchiv[1]

Einlagerungsort:	Heilbronn[1]
Einlagerungsdatum:	wohl Ende April 1944[2]
Einlagerungsgut:	14 Pakete mit Akten[1]
Auslagerung:	16.–18. Juli 1946[3]
Flächenbedarf:	
Bemerkungen:	Die Ein- und Auslagerung wurde von der Archivberatungsstelle Kiel durchgeführt und erfolgte über das Kreisarchiv Norderdithmarschen (Heide)[1].
Quellennachweis:	[1] LAS Schleswig, Abt. 320.10 Nr. 4877: Schreiben des Archivpflegers für Norderdithmarschen vom 18. April 1944 an die Archivberatungsstelle Kiel.
	[2] LAS Schleswig, Abt. 320.10 Nr. 4877: Schreiben der Archivberatungsstelle Kiel vom 1. April 1944 an den Landrat in Heide.
	[3] KKrA Neumünster, Schriftgut des Kirchenkreises: Schreiben der Landesregierung Schleswig-Holstein (Ministerium für Volksbildung Abt. Allgemeine Kulturpflege) vom 12. Juni 1947.

Friedrichstadt[1]
Kirchenarchiv[1]

Einlagerungsort:	Heilbronn[1]
Einlagerungsdatum:	1944[1]
Einlagerungsgut:	
Auslagerung:	16.–18. Juli 1946[2]
Flächenbedarf:	
Bemerkungen:	Die Ein- und Auslagerung wurde von der Archivberatungsstelle Kiel durchgeführt und erfolgte über das Stadtarchiv Friedrichstadt[1].
Quellennachweis:	[1] LAS Schleswig, Abt. 371 Nr. 674: Verzeichnis der von der Archivberatungsstelle ausgelagerten Archivalien (undatiert). [2] KKrA Neumünster, Schriftgut des Kirchenkreises: Schreiben der Landesregierung Schleswig-Holstein (Ministerium für Volksbildung Abt. Allgemeine Kulturpflege) vom 12. Juni 1947.

Friedrichstadt[1]
Stadtarchiv[1]

Einlagerungsort:	Heilbronn[1]
Einlagerungsdatum:	1944[1]
Einlagerungsgut:	20 Pakete (enthaltend auch Materialien des Kirchenarchivs Friedrichstadt)[1]
Auslagerung:	16.–18. Juli 1946[2]
Flächenbedarf:	
Bemerkungen:	Die Ein- und Auslagerung wurde von der Archivberatungsstelle Kiel durchgeführt[1].
Quellennachweis:	[1] LAS Schleswig, Abt. 371 Nr. 674: Verzeichnis der von der Archivberatungsstelle ausgelagerten Archivalien (undatiert). [2] KKrA Neumünster, Schriftgut des Kirchenkreises: Schreiben der Landesregierung Schleswig-Holstein (Ministerium für Volksbildung Abt. Allgemeine Kulturpflege) vom 12. Juni 1947.

Garding[1]
Stadtarchiv[1]

Einlagerungsort:	Heilbronn[1]
Einlagerungsdatum:	wohl Ende September 1944[2]
Einlagerungsgut:	3 Kisten[1]

Auslagerung:	16.–18. Juli 1946[3]
Flächenbedarf:	
Bemerkungen:	Die Ein- und Auslagerung wurde von der Archivberatungsstelle Kiel durchgeführt[1].
Quellennachweis:	[1] LAS Schleswig, Abt. 371 Nr. 674: Verzeichnis der von der Archivberatungsstelle ausgelagerten Archivalien (undatiert). [2] Schreiben des Kreisarchivs Nordfriesland (Husum) vom 26. Januar 1996 an den Verfasser. [3] KKrA Neumünster, Schriftgut des Kirchenkreises: Schreiben der Landesregierung Schleswig-Holstein (Ministerium für Volksbildung Abt. Allgemeine Kulturpflege) vom 12. Juni 1947.

Glückstadt[1]
Stadtarchiv[1]

Einlagerungsort:	Heilbronn[1]
Einlagerungsdatum:	wohl Ende April[2], zweiter Transport wohl Ende September 1944[3]
Einlagerungsgut:	237 Pakete und 6 Kisten, weitere 7 Ballen und 11 Pakete der Detlefsenschule[1], davon 167 Pakete und 4 Kisten beim zweiten Transport[3]
Auslagerung:	16.–18. Juli 1946[4]
Flächenbedarf:	
Bemerkungen:	Die Ein- und Auslagerung wurde von der Archivberatungsstelle Kiel durchgeführt[1]. Einlagerungslisten sind vorhanden[5].
Quellennachweis:	[1] LAS Schleswig, Abt. 371 Nr. 674: Verzeichnis der von der Archivberatungsstelle ausgelagerten Archivalien (undatiert). [2] StadtA Glückstadt X 6 Az. A I 14/10 Bd. II: Schreiben der Archivberatungsstelle Kiel vom 19. April 1944 an den Bürgermeister in Glückstadt. [3] StadtA Glückstadt X 6 Az. A I 14/10 Bd. II: Schreiben der Archivberatungsstelle Kiel vom 14. Juni 1944 an den Bürgermeister in Glückstadt. [4] KKrA Neumünster, Schriftgut des Kirchenkreises: Schreiben der Landesregierung Schleswig-Holstein (Ministerium für Volksbildung Abt. Allgemeine Kulturpflege) vom 12. Juni 1947. [5] StadtA Glückstadt X 6 Az. A I 14/10 Bd. II: Verzeichnis der luftschutzmäßig gesicherten Archivalien des Stadtarchivs Glückstadt.

Groß Grönau[1]
Archiv der Kirchengemeinde[1]

Einlagerungsort:	Heilbronn[1]
Einlagerungsdatum:	wohl Ende September 1944[1]
Einlagerungsgut:	10 Kirchenbücher (1640 bis 1898)[1]
Auslagerung:	16.–18. Juli 1946[2]
Flächenbedarf:	
Bemerkungen:	Die Ein- und Auslagerung wurde von der Archivberatungsstelle Kiel durchgeführt und erfolgte über den Lauenburgischen Synodalausschuß in Ratzeburg[1].
Quellennachweis:	[1] KKrA Ratzeburg, 163 – Pfarrarchive – Sicherungsmaßnahmen, 1938–1950: Schreiben des Kirchenvorstandes von Groß Grönau vom 10. Juni 1944 an den Lauenburgischen Synodalausschuß in Ratzeburg. [2] KKrA Neumünster, Schriftgut des Kirchenkreises: Schreiben der Landesregierung Schleswig-Holstein (Ministerium für Volksbildung Abt. Allgemeine Kulturpflege) vom 12. Juni 1947.

Hamburg[1]
Genschow (G. Genschow & Co. AG)[1]

Einlagerungsort:	Kochendorf[1]
Einlagerungsdatum:	
Einlagerungsgut:	25 Kisten mit Geschäftsakten[1]
Auslagerung:	22. Mai 1945[1]
Flächenbedarf:	
Bemerkungen:	Die Einlagerung wurde durch die Deutschen Pyrotechnischen Fabriken (Werk Cleebronn), die Auslagerung durch die Firma Wilhelm Beisel (Heidelberg) durchgeführt[1].
Quellennachweis:	[1] StA Ludwigsburg, EL 402 Heilbronn lfd. Nr. 309: Report of Property Transactions vom 2. Juli 1947.

Hamburg-Altona[1]
Norddeutsche Leichtmetall- und Kolbenwerke GmbH (Noleiko)[1]

Einlagerungsort:	Heilbronn[1]
Einlagerungsdatum:	1944[1]

Einlagerungsgut:	80 Kisten mit Geschäftspapieren (Korrespondenz, Rechnungen, Versandpapiere,) 9 Kisten mit Werkzeugen (Gußmodelle, Formen)[1]
Auslagerung:	6. Februar 1947[1]
Flächenbedarf:	
Bemerkungen:	Die Einlagerung und die Auslagerung wurden abgewickelt über die Schwester-Firma Karl Schmidt GmbH, Neckarsulm. Da es sich weder um Maschinen noch um Produkte gehandelt hat, war eine Überführung in die britische Zone relativ leicht möglich[1].
Quellennachweis:	[1] StA Ludwigsburg, EL 402 Heilbronn lfd. Nr. 309: Report of Property Transactions vom 20. Februar 1947.

Hedwigenkoog[1]
Kirchspielarchiv[1]

Einlagerungsort:	Heilbronn[1]
Einlagerungsdatum:	wohl Ende April 1944[2]
Einlagerungsgut:	4 Pakete mit Akten[1]
Auslagerung:	16.–18. Juli 1946[3]
Flächenbedarf:	
Bemerkungen:	Die Ein- und Auslagerung wurde von der Archivberatungsstelle Kiel durchgeführt und erfolgte über das Kreisarchiv Norderdithmarschen (Heide). Eine Einlagerungsliste ist vorhanden[1].
Quellennachweis:	[1] LAS Schleswig, Abt. 320.10 Nr. 4877: Schreiben des Archivpflegers für Norderdithmarschen vom 18. April 1944 an die Archivberatungsstelle Kiel. [2] LAS Schleswig, Abt. 320.10 Nr. 4877: Schreiben der Archivberatungsstelle Kiel vom 1. April 1944 an den Landrat in Heide. [3] KKrA Neumünster, Schriftgut des Kirchenkreises: Schreiben der Landesregierung Schleswig-Holstein (Ministerium für Volksbildung Abt. Allgemeine Kulturpflege) vom 12. Juni 1947.

Heide[1]
Kreisarchiv Norderdithmarschen

Einlagerungsort:	Heilbronn[1]
Einlagerungsdatum:	1944[1]
Einlagerungsgut:	Sammelauslagerung für zahlreiche kleinere Archive im Kreis Norderdithmarschen (Heide)[1]

Auslagerung:	16.–18. Juli 1946[2]
Flächenbedarf:	
Bemerkungen:	Die Ein- und Auslagerung wurde von der Archivberatungsstelle Kiel durchgeführt[1].
Quellennachweis:	[1] LAS Schleswig, Abt. 320.10 Nr. 4877: Schreiben des Archivpflegers für Norderdithmarschen vom 18. April 1944 an die Archivberatungsstelle Kiel. [2] Archiv des Kirchenkreises Neumünster in der Evangelisch-Lutherischen Nordelbischen Kirche, Schriftgut des Kirchenkreises: Schreiben der Landesregierung Schleswig-Holstein (Ministerium für Volksbildung Abt. Allgemeine Kulturpflege) vom 12. Juni 1947.

Heide in Holstein[1]
Heider Heimatmuseum[1]

Einlagerungsort:	Heilbronn[1]
Einlagerungsdatum:	wohl Ende April 1944[2]
Einlagerungsgut:	8 Pakete mit Akten u. a. zur Stadtgeschichte (Chronik, Familiengeschichte usw.)[1]
Auslagerung:	16.–18. Juli 1946[3]
Flächenbedarf:	
Bemerkungen:	Die Ein- und Auslagerung wurde von der Archivberatungsstelle Kiel durchgeführt und erfolgte über das Kreisarchiv Norderdithmarschen (Heide)[1].
Quellennachweis:	[1] LAS Schleswig, Abt. 320.10 Nr. 4877: Schreiben des Archivpflegers für Norderdithmarschen vom 18. April 1944 an die Archivberatungsstelle Kiel. [2] LAS Schleswig, Abt. 320.10 Nr. 4877: Schreiben der Archivberatungsstelle Kiel vom 1. April 1944 an den Ladrat in Heide. [3] KKrA Neumünster, Schriftgut des Kirchenkreises: Schreiben der Landesregierung Schleswig-Holstein (Ministerium für Volksbildung Abt. Allgemeine Kulturpflege) vom 12. Juni 1947.

Heide in Holstein[1]
Kirchspielarchiv[1]

Einlagerungsort:	Heilbronn[1]
Einlagerungsdatum:	wohl Ende April 1944[2]
Einlagerungsgut:	ca. 254 Pakete[1]
Auslagerung:	16.–18. Juli 1946[3]
Flächenbedarf:	

Bemerkungen: Die Ein- und Auslagerung wurde von der Archivberatungsstelle Kiel durchgeführt und erfolgte über das Kreisarchiv Norderdithmarschen (Heide). Eine Einlagerungsliste ist vorhanden[1].

Quellennachweis:
[1] LAS Schleswig, Abt. 320.10 Nr. 4877: Schreiben des Archivpflegers für Noderdithmarschen vom 18. April 1944 an die Archivberatungsstelle Kiel.
[2] LAS Schleswig, Abt. 320.10 Nr. 4877: Schreiben der Archivberagungsstelle Kiel vom 1. April 1944 an den Landrat in Heide.
[3] Archiv des Kirchenkreises Neumünster in der Evangelisch- Lutherischen Nordelbischen Kirche, Schriftgut des Kirchenkreises: Schreiben der Landesregierung Schleswig-Holstein (Ministerium für Volksbildung Abt. Allgemeine Kulturpflege) vom 12. Juni 1947.

Heide in Holstein[1]
Klaus-Groth-Museum[1]

Einlagerungsort: Heilbronn[1]
Einlagerungsdatum: wohl Ende April 1944[2]
Einlagerungsgut: 1 Handkoffer mit Sammlungsstücken[1]
Auslagerung: 16.–18. Juli 1946[3]
Flächenbedarf:
Bemerkungen: Die Ein- und Auslagerung wurde von der Archivberatungsstelle Kiel durchgeführt und erfolgte über das Kreisarchiv Norderdithmarschen (Heide)[1].

Quellennachweis:
[1] LAS Schleswig, Abt. 320.10 Nr. 4877: Schreiben des Archivpflegers für Norderdithmarschen vom 18. April 1944 an die Archivberatungsstelle Kiel.
[2] LAS Schleswig, Abt. 320.10 Nr. 4877: Schreiben der Archivberatungsstelle Kiel vom 1. April 1944 an den Landrat in Heide.
[3] KKrA Neumünster, Schriftgut des Kirchenkreises: Schreiben der Landesregierung Schleswig-Holstein (Ministerium für Volksbildung Abt. Allgemeine Kulturpflege) vom 12. Juni 1947.

Heide in Holstein[1]
Landratsamt[1]

Einlagerungsort: Heilbronn[1]
Einlagerungsdatum: wohl Ende September 1944[1]
Einlagerungsgut: 1 Paket u. a. mit Personalakten der Beamten[1]
Auslagerung: 16.–18. Juli 1946[2]

Flächenbedarf:	
Bemerkungen:	Die Ein- und Auslagerung wurde von der Archivberatungsstelle Kiel durchgeführt und erfolgte über das Kreisarchiv Norderdithmarschen (Heide)[1].
Quellennachweis:	[1] LAS Schleswig, Abt. 320.10 Nr. 4877: Aufstellung des Kreisarchivs Norderdithmarschen (Heide) vom 15. August 1944. [2] KKrA Neumünster, Schriftgut des Kirchenkreises: Schreiben der Landesregierung Schleswig-Holstein (Ministerium für Volksbildung Abt. Allgemeine Kulturpflege) vom 12. Juni 1947.

Heide in Holstein[1]
Landschaftliches Archiv Norderdithmarschen[1]

Einlagerungsort:	Heilbronn[1]
Einlagerungsdatum:	wohl Ende April 1944[2], weiterer Transport wohl Ende September 1944[3]
Einlagerungsgut:	1. Transport[3]: ca. 200 Pakete mit Akten, Urkunden, Karten (u. a. Bauernbuch der Stadt Heide 1597), Landesprotokollen, Landespfennigmeisterprotokollen, Constitutionen, Eidesleistungsprotokollen usw[1]. 2. Transport: 121 Pakete[3]
Auslagerung:	16.–18. Juli 1946[4]
Flächenbedarf:	
Bemerkungen:	Die Ein- und Auslagerung wurde von der Archivberatungsstelle Kiel durchgeführt und erfolgte über das Kreisarchiv Norderdithmarschen (Heide). Eine Einlagerungliste für beide Transporte ist vorhanden[1,3].
Quellennachweis:	[1] LAS Schleswig, Abt. 320.10 Nr. 4877: Schreiben des Archivpflegers für Norderdithmarschen vom 18. April 1944 an die Archivberatungsstelle Kiel. [2] LAS Schleswig, Abt. 320.10 Nr. 4877: Schreiben der Archivberatungsstelle Kiel vom 1. April 1944 an den Landrat in Heide. [3] LAS Schleswig, Abt. 320.10 Nr. 4877: Aufstellung des Kreisarchivs Norderdithmarschen (Heide) vom 15. August 1944. [4] KKrA Neumünster, Schriftgut des Kirchenkreises: Schreiben der Landesregierung Schleswig-Holstein (Ministerium für Volksbildung Abt. Allgemeine Kulturpflege) vom 12. Juni 1947.

Heide in Holstein[1]
Stadtarchiv[1]

Einlagerungsort:	Heilbronn[1]
Einlagerungsdatum:	wohl Ende April 1944[2]
Einlagerungsgut:	ca. 16 Pakete mit Protokollen, Meldebüchern, Akten usw.[3]
Auslagerung:	16.–18. Juli 1946[3]
Flächenbedarf:	
Bemerkungen:	Die Ein- und Auslagerung wurde von der Archivberatungsstelle Kiel durchgeführt und erfolgte über das Kreisarchiv Norderdithmarschen (Heide). Eine Einlagerungsliste ist vorhanden[1].
Quellennachweis:	[1] LAS Schleswig, Abt. 320.10 Nr. 4877: Schreiben der Archivberatungsstelle Kiel vom 1. April 1944 an den Landrat in Heide. [2] LAS Schleswig, Abt. 320.10 Nr. 4877: Schreiben des Archivpflegers für Norderdithmarschen vom 18. April 1944 an die Archivberatungsstelle Kiel. [3] KKrA Neumünster, Schriftgut des Kirchenkreises: Schreiben der Landesregierung Schleswig-Holstein (Ministerium für Volksbildung Abt. Allgemeine Kulturpflege) vom 12. Juni 1947.

Heidelberg[1]
Beisel (Wilhelm Beisel, Kunstfeuerwerkerei)[1]

Einlagerungsort:	Kochendorf[1]
Einlagerungsdatum:	
Einlagerungsgut:	75000 kg Feuerwerkskörper in Kisten[1]
Auslagerung:	wohl 17. Juni 1947, z.B. auch am 8. Juli 1947[1]
Flächenbedarf:	450 qm[2]
Bemerkungen:	Die Firma Wilhelm Beisel ist Besitzerin der Deutschen Pyrotechnischen Fabriken, Werk Clcebronn[3].
Quellennachweis:	[1] StA Ludwigsburg, EL 402 Heilbronn lfd. Nr. 309: Report of Property Transactions vom 24. November 1947. [2] StA Ludwigsburg, EL 402 Heilbronn lfd. Nr. 309: Einlagerungsverzeichnis vom 10. September 1946. [3] StA Ludwigsburg, EL 402 Heilbronn lfd. Nr. 238, Einlagerungsverzeichnisse für Kochendorf: Aufstellung über Bergungsgüter im Steinsalzbergwerk Kochendorf.

Heidelberg[1]
Universitätsbibliothek[1]

Einlagerungsort:	Heilbronn[1] und Kochendorf[3]
Einlagerungsdatum:	Heilbronn: vor dem 13. Mai 1944[1]
	Kochendorf: 12.[2] Januar bis Februar, 4. März, März bis April, 15. und 24. April 1944[3]
Einlagerungsgut:	Heilbronn: 910 Kisten Bücher und Manuskripte
	Kochendorf: ca. 25 Waggons Bücher (Bibliothek), 1 Lastwagen geologische Sammlung[4] mit Homo Heidelbergensis[5]
	In Heilbronn und Kochendorf zusammen über 800 000 Bände[6]
Auslagerung:	März[2], April und Mai 1946[7]
Flächenbedarf:	Heilbronn: 152 qm in Raum F, 30 qm in Raum V[8]
	Kochendorf: 350 qm[3]
Bemerkungen:	
Quellennachweis:	[1] StadtA Mannheim, Wissenschaftliche Stadtbibliothek, Archivalienzugang 21/1968 Nr. 40: Schreiben der Universitätsbibliothek Heidelberg vom 13. Mai 1944 an die Schloßbücherei Mannheim.
	[2] GRAMLICH, Auslagerung, S. 6, 12.
	[3] StA Ludwigsburg, EL 402 Heilbronn lfd. Nr. 238, Einlagerungsverzeichnisse für Kochendorf: Aufstellung über Bergungsgüter im Steinsalzbergwerk Kochendorf.
	[4] BA Potsdam, R 7/1208 fol. 61.
	[5] StadtA Mannheim, Wissenschaftliche Stadtbibliothek, Archivalienzugang 21/1968 Nr. 40: Schreiben der Universitätsbibliothek Heidelberg vom 25. Mai 1944.
	[6] StA Ludwigsburg, EL 402 Heilbronn lfd. Nr. 238, Reports: Special Report of the Collecting Point-Repository at the Heilbronn and Kochendorf Salt-Mines vom 15. Februar 1946.
	[7] HStA Stuttgart, RG 260 OMGUS 3/438-1/11 (2 of 2): Monthly Consolidated MFA & A Field Report vom 31. Mai 1946.
	[8] StA Ludwigsburg, EL 402 Heilbronn lfd. Nr. 238, Einlagerungsverzeichnisse für Heilbronn: Verlagerte Vermögenswerte im Salzwerk Heilbronn.

Heilbronn[1]
AEG[1] (Firma)

Einlagerungsort:	Heilbronn[1]
Einlagerungsdatum:	
Einlagerungsgut:	Kabel, Stahlrohre, Elektromaterial[1]
Auslagerung:	vor dem 15. Juni 1946[1]

Flächenbedarf:
Bemerkungen:

Quellennachweis: [1] StA Ludwigsburg, EL 402 Heilbronn lfd. Nr. 238, Verschiedenes: Status of industrial firms, Heilbronn and Kochendorf Salt Mines vom 15. Juni 1946.

Heilbronn[1]
Bälz & Co. (Rohrleitungsbau)[1]

Einlagerungsort: Heilbronn und Kochendorf[1]
Einlagerungsdatum:
Einlagerungsgut: Rohrleitungszubehör[2]
Auslagerung: nach dem 15. August 1946[1]
Flächenbedarf:
Bemerkungen:

Quellennachweis: [1] StA Ludwigsburg, EL 402 Heilbronn lfd. Nr. 238, Verschiedenes: Bericht über Firmeneinlagerungen im Kochendorfer Salzbergwerk an die Property Control vom 15. August 1946 und Bericht über Firmeneinlagerungen im Heilbronner Salzwerk an die Property Control vom 15. August 1946.
[2] StA Ludwigsburg, EL 402 Heilbronn lfd. Nr. 238, Verschiedenes: Status of industrial firms, Heilbronn and Kochendorf Salt Mines vom 15. Juni 1946.

Heilbronn[1]
Baier & Schneider[1] (Firma)

Einlagerungsort: Heilbronn[1]
Einlagerungsdatum: wohl im oder nach dem März 1944[2]
Einlagerungsgut: 5 Tonnen Bücherpapier[1]
Auslagerung: 6. Februar 1947[1]
Flächenbedarf: 12 qm in Raum D[3]
Bemerkungen:

Quellennachweis: [1] StA Ludwigsburg, EL 402 Heilbronn lfd. Nr. 309: Report of Property Transactions vom 3. Februar 1947.
[2] StadtA Heilbronn, Salzwerk Heilbronn 319: Besuche wegen Einlagerung.
[3] StA Ludwigsburg, EL 402 Heilbronn lfd. Nr. 309: Einlagerungsverzeichnis vom 1. Oktober 1946.

Heilbronn[1]
Berger (Julius Berger, Zweigstelle des Werks Berlin)[1]

Einlagerungsort:	Heilbronn[1]
Einlagerungsdatum:	
Einlagerungsgut:	u. a. 2 Diesellokomotiven, Konstruktionsmaterial, 400 m Schienen[1]
Auslagerung:	nach dem 20. Februar 1946, 14. Juni 1946[2]
Flächenbedarf:	
Bemerkungen:	Das Material war im Zusammenhang mit dem nach unter Tage verlegten Industriebetrieb der I. G. Farben in das Bergwerk verbracht worden[2].
Quellennachweis:	[1] StA Ludwigsburg, EL 402 Heilbronn lfd. Nr. 238, Verschiedenes: Status of industrial firms, Heilbronn and Kochendorf Salt Mines vom 15. Juni 1946. [2] StA Ludwigsburg, EL 402 Heilbronn lfd. Nr. 238, Korrespondenz mit Verlagerungsbetrieb der I. G. Farben: Schreiben der Julius Berger Tiefbau-Aktiengesellschaft, Baubüro Heilbronn, vom 14. Juni 1946 an das Salzwerk Heilbronn.

Heilbronn[1]
Bruckmann (P. Bruckmann & Söhne)[1]

Einlagerungsort:	Heilbronn[1]
Einlagerungsdatum:	wohl im oder nach dem Januar 1944[3]
Einlagerungsgut:	Geräte, Modelle, Bilder[1], Silber[2]
Auslagerung:	vor dem 7. September 1946[1]
Flächenbedarf:	80 qm in Raum W[1]
Bemerkungen:	
Quellennachweis:	[1] StA Ludwigsburg, EL 402 Heilbronn lfd. Nr. 238, Einlagerungsverzeichnisse für Heilbronn: Verlagerte Vermögenswerte im Salzwerk Heilbronn. [2] StadtA Heilbronn, Salzwerk Heilbronn 95: Schreiben des Salzwerks Heilbronn vom 25. Januar 1945 an die Bauleitung der OT. [3] StadtA Heilbronn, Salzwerk Heilbronn 319: Besuche wegen Einlagerung.

Heilbronn[1]
Drauz (Karosseriewerke Drauz)[1]

Einlagerungsort:	Kochendorf[1]
Einlagerungsdatum:	nach der schweren Beschädigung der Fabrik am 4. Dezember 1944[1], Februar/März 1945[2]
Einlagerungsgut:	Maschinen, Werkzeuge, Geräte[2] (Hobelbänke, Werkbänke, Exzenterstanzen, Schraubstöcke, Kompressoren usw.)[1]
Auslagerung:	3. bis 11. März 1947[1]
Flächenbedarf:	1800 qm[3] in Reihe A I, Abbaukammer 15[1]
Bemerkungen:	Eine vollständige Einlagerungsliste ist vorhanden[1].
Quellennachweis:	[1] StA Ludwigsburg, EL 402 Heilbronn lfd. Nr. 309: Report of Property Transactions vom 16. April 1947. [2] StA Ludwigsburg, EL 402 Heilbronn lfd. Nr. 238, Einlagerungsverzeichnisse für Kochendorf: Aufstellung über Bergungsgüter im Steinsalzbergwerk Kochendorf. [3] StA Ludwigsburg, EL 402 Heilbronn lfd. Nr. 309: Einlagerungsverzeichnis vom 10. September 1946.

Heilbronn[1]
Evangelische Kilianskirchengemeinde[1]

Einlagerungsort:	Kochendorf[1]
Einlagerungsdatum:	wohl Anfang 1943[1]
Einlagerungsgut:	sämtliche Figuren des Hauptaltars der Kilianskirche (in 5 großen, 5 mittleren und 8 kleinen Kisten)[1], Glasfenster des 15. Jahrhunderts[2]
Auslagerung:	Mai 1946[3]
Flächenbedarf:	
Bemerkungen:	Die Figuren wurden nach der Auslagerung zunächst in Öhringen (Krypta der Stiftskirche) aufbewahrt, 1949 in die Heilbronner Martin-Luther-Kirche verbracht und schließlich 1968 wieder in die Kilianskirche gebracht[4].
Quellennachweis:	[1] LKA Stuttgart, Altregistratur Ortsakten Kirchengemeinde Heilbronn |73 und |271 A/2. [2] StA Ludwigsburg, EL 402 Heilbronn lfd. Nr. 238, Reports: Special Report of the Collecting Point-Repository at the Heilbronn and Kochendorf Salt-Mines vom 15. Februar 1946. [3] HStA Stuttgart, RG 260 OMGUS 3/438-1/11 (2 of 2): Monthly Consolidated MFA & A Field Report vom 31. Mai 1946, S. 3. [4] Vgl. Abschnitt 8 c.

Heilbronn[1]
Fiat-NSU-Werke[1]

Einlagerungsort:	Heilbronn[1]
Einlagerungsdatum:	
Einlagerungsgut:	14 000 lbs Farben und Lacke[2]
Auslagerung:	ganz oder teilweise nach dem 15. August 1946[1]
Flächenbedarf:	
Bemerkungen:	
Quellennachweis:	[1] StA Ludwigsburg, EL 402 Heilbronn lfd. Nr. 238, Verschiedenes: Bericht über Firmeneinlagerungen im Heilbronner Salzwerk an die Property Control vom 15. August 1946.
	[2] StA Ludwigsburg, EL 402 Heilbronn lfd. Nr. 238, Verschiedenes: Status of industrial firms, Heilbronn and Kochendorf Salt Mines vom 15. Juni 1946.

Heilbronn[1]
Heilbronner Treuhand-Gesellschaft[1]

Einlagerungsort:	Heilbronn[1]
Einlagerungsdatum:	
Einlagerungsgut:	Zweitschriften von Revisionsberichten[1]
Auslagerung:	
Flächenbedarf:	
Bemerkungen:	Diese Berichte wurden zunächst beschlagnahmt, dann vor dem 8. Juni 1948 aber größtenteils an die Treuhand zurückgegeben[1].
Quellennachweis:	[1] StA Ludwigsburg, EL 402 Heilbronn lfd. Nr. 309: Schreiben des Heilbronner Landrats vom 8. Juni 1948 an das Heilbronner Amt für Vermögenskontrolle.

Heilbronn[1]
Koch & Mayer[1] (Firma)

Einlagerungsort:	Kochendorf[1]
Einlagerungsdatum:	
Einlagerungsgut:	Geräte und Maschinen[1]
Auslagerung:	Beginn vor dem 15. Juni 1946[2], Ende nach dem 15. August 1946[3]
Flächenbedarf:	

Bemerkungen:	Eine Liste der Geräte und Maschinen ist vorhanden[1]. Die Firma hat die unterirdische Verlagerung der Heinkel-Werke (Stuttgart-Zuffenhausen) baulich vorbereitet[4].
Quellennachweis:	[1] StA Ludwigsburg, EL 402 Heilbronn lfd. Nr. 309: Report of Property Transactions vom März 1946. [2] StA Ludwigsburg, EL 402 Heilbronn lfd. Nr. 238, Verschiedenes: Status of industrial firms, Heilbronn and Kochendorf Salt Mines vom 15. Juni 1946. [3] StA Ludwigsburg, EL 402 Heilbronn lfd. Nr. 238, Verschiedenes: Bericht über Firmeneinlagerungen im Kochendorfer Salzbergwerk an die Property Control vom 15. August 1946. [4] StA Ludwigsburg, EL 402 Heilbronn lfd. Nr. 238, Einlagerungsverzeichnisse für Kochendorf: Aufstellung über Bergungsgüter im Steinsalzbergwerk Kochendorf.

Heilbronn[1]
Mehne (Erwin Mehne Stahlbau)[1]

Einlagerungsort:	Kochendorf[1]
Einlagerungsdatum:	
Einlagerungsgut:	Stahlkonstruktionen[2]
Auslagerung:	nach dem 15. August 1946[1]
Flächenbedarf:	
Bemerkungen:	
Quellennachweis:	[1] StA Ludwigsburg, EL 402 Heilbronn lfd. Nr. 238, Verschiedenes: Bericht über Firmeneinlagerungen im Kochendorfer Salzbergwerk an die Property Control vom 15. August 1946. [2] StA Ludwigsburg, EL 402 Heilbronn lfd. Nr. 238, Verschiedenes: Status of industrial firms, Heilbronn and Kochendorf Salt Mines vom 15. Juni 1946.

Heilbronn[1]
Reederei Schwaben[1]

Einlagerungsort:	Kochendorf[1]
Einlagerungsdatum:	
Einlagerungsgut:	6 Kisten Akten[1]
Auslagerung:	April 1946[1]
Flächenbedarf:	
Bemerkungen:	Das Salzwerk Heilbronn hielt ein Drittel der Aktien der Reederei Schwaben[2].

Quellennachweis: [1] StA Ludwigsburg, EL 402 Heilbronn lfd. Nr. 238, Einlagerungsverzeichnisse für Kochendorf: Aufstellung über Bergungsgüter im Steinsalzbergwerk Kochendorf.
[2] StA Ludwigsburg, EL 402 Heilbronn lfd. Nr. 322: Initial Property Control Report Business Enterprise vom 15. Mai 1946.

Heilbronn[1]
Salzwerk[1]

Einlagerungsort:	Heilbronn[1]
Einlagerungsdatum:	
Einlagerungsgut:	Industriematerial[1]
Auslagerung:	teilweise oder ganz nach dem 15. August 1946[1]
Flächenbedarf:	
Bemerkungen:	

Quellennachweis: [1] StA Ludwigsburg, EL 402 Heilbronn lfd. Nr. 238, Verschiedenes: Bericht über Firmeneinlagerungen im Heilbronner Salzwerk an die Property Control vom 15. August 1946.

Heilbronn[1]
Tengelmann[1] (Firma)

Einlagerungsort:	Heilbronn[1]
Einlagerungsdatum:	wohl im oder nach dem April 1944[2]
Einlagerungsgut:	Lebensmittel[3]
Auslagerung:	
Flächenbedarf:	
Bemerkungen:	

Quellennachweis: [1] StA Ludwigsburg, EL 402 Heilbronn lfd. Nr. 322: Liste der Einlagererfirmen vom 24. Mai 1945.
[2] StadtA Heilbronn, Salzwerk Heilbronn 319: Besuche wegen Einlagerung.
[3] RISEL, KZ, S. 58.

Heilbronn[1]
Weipert (F. C. Weipert, Firma)[1]

Einlagerungsort:	Kochendorf[1]
Einlagerungsdatum:	Januar bis März 1945[2]

Einlagerungsgut:	Bohrmaschinen, Schleifmaschinen, Drehbänke, Fräsmaschinen, Werkzeuge usw.[1]
Auslagerung:	17. März bis 1. April 1947[1]
Flächenbedarf:	5600 qm für die „Getriebebau" insgesamt[3]
Bemerkungen:	Die Firma F. C. Weipert hat zusammen mit den Firmen Bernhard Pfeifer & Söhne GmbH und Weisser & Co. KG. ab 1944 im Schacht der Saline Kochendorf im Auftrag der Zahnradfabrik Friedrichshafen Panzergetriebe montiert[5] („Getriebebau" der Firmen Weipert, Weisser und Pfeifer[4]). Eine vollständige Liste, gegliedert nach Auslagerungsdatum, ist vorhanden[1].
Quellennachweis:	[1] StA Ludwigsburg, EL 402 Heilbronn lfd. Nr. 309: Report of Property Transactions vom 11. Mai 1947. [2] StA Ludwigsburg, EL 402 Heilbronn lfd. Nr. 238, Einlagerungsverzeichnisse für Kochendorf: Aufstellung über Bergungsgüter im Steinsalzbergwerk Kochendorf. [3] StA Ludwigsburg, EL 402 Heilbronn lfd. Nr. 309: Einlagerungsverzeichnis vom 10. September 1946. [4] StA Ludwigsburg, EL 402 Heilbronn lfd. Nr. 309: Einlagerungsverzeichnis vom 1. Oktober 1946. [5] Auskunft von Margarete und Kurt Blind am 28. August 1995.

Heilbronn[1]
Weisser (Eugen Weisser & Co. KG.)[1]

Einlagerungsort:	Kochendorf[1]
Einlagerungsdatum:	Januar bis März 1945[2]
Einlagerungsgut:	Maschinen und Werkzeuge[1]
Auslagerung:	27. Februar bis 16. April 1947[1]
Flächenbedarf:	5600 qm für die „Getriebebau" insgesamt[3]
Bemerkungen:	Die Firma Eugen Weisser & Co. KG. hat zusammen mit den Firmen F. C. Weipert und Bernhard Pfeifer & Söhne GmbH gegen Ende des Zweiten Weltkriegs im Schacht der Saline Kochendorf im Auftrag der Zahnradfabrik Friedrichshafen Panzergetriebe montiert[5] („Getriebebau" der Firmen Weipert, Weisser und Pfeifer)[4].
Quellennachweis:	[1] StA Ludwigsburg, EL 402 Heilbronn lfd. Nr. 309: Report of Property Transactions vom 21. Mai 1947. [2] StA Ludwigsburg, EL 402 Heilbronn lfd. Nr. 238, Einlagerungsverzeichnisse für Kochendorf: Aufstellung über Bergungsgüter im Steinsalzbergwerk Kochendorf. [3] StA Ludwigsburg, EL 402 Heilbronn lfd. Nr. 309: Einlagerungsverzeichnis vom 10. September 1946. [4] StA Ludwigsburg, EL 402 Heilbronn lfd. Nr. 309: Einlagerungsverzeichnis vom 1. Oktober 1946. [5] Auskunft von Margarete und Kurt Blind am 28. August 1995.

Heilbronn-Böckingen[1]
Pfeifer (Bernhard Pfeifer & Söhne GmbH)[1]

Einlagerungsort:	Kochendorf[1]
Einlagerungsdatum:	Januar bis März 1945[2]
Einlagerungsgut:	Gegenstände[1], Maschinen[3]
Auslagerung:	18., 19., 20., 25. und 26. Februar 1947[1]
Flächenbedarf:	5600 qm für die „Getriebebau" insgesamt[4]
Bemerkungen:	Die Firma Bernhard Pfeifer hat zusammen mit den Firmen F. C. Weipert und Weisser & Co. KG. ab 1944 im Schacht der Saline Kochendorf im Auftrag der Zahnradfabrik Friedrichshafen Panzergetriebeteile montiert[6] („Getriebebau" der Firmen Weipert, Weisser und Pfeifer)[5].
Quellennachweis:	[1] StA Ludwigsburg, EL 402 Heilbronn lfd. Nr. 309: Report of Property Transactions vom 27. März 1947. [2] StA Ludwigsburg, EL 402 Heilbronn lfd. Nr. 238, Einlagerungsverzeichnisse für Kochendorf: Aufstellung über Bergungsgüter im Steinsalzbergwerk Kochendorf. [3] StA Ludwigsburg, EL 402 Heilbronn lfd. Nr. 309: Schreiben der Bernhard Pfeifer & Söhne GmbH vom 6. Mai 1946 an die Heilbronner Militärregierung. [4] StA Ludwigsburg, EL 402 Heilbronn lfd. Nr. 309: Einlagerungsverzeichnis vom 10. September 1946. [5] StA Ludwigsburg, EL 402 Heilbronn lfd. Nr. 309: Einlagerungsverzeichnis vom 1. Oktober 1946. [6] Auskunft von Margarete und Kurt Blind am 28. August 1995.

Heilbronn/Kochendorf
Hochtief AG (Zweigniederlassung)

vgl. Essen, Hochtief AG

Hemme[1]
Kirchspielarchiv[1]

Einlagerungsort:	Heilbronn[1]
Einlagerungsdatum:	wohl Ende April 1944[2]
Einlagerungsgut:	10 Pakete mit Akten[1]
Auslagerung:	16.–18. Juli 1946[3]
Flächenbedarf:	

Bemerkungen:	Die Ein- und Auslagerung wurde von der Archivberatungsstelle Kiel durchgeführt und erfolgte über das Kreisarchiv Norderdithmarschen (Heide). Eine Einlagerungsliste ist vorhanden[1].
Quellennachweis:	[1] LAS Schleswig, Abt. 320.10 Nr. 4877: Schreiben des Archivpflegers für Norderdithmarschen vom 18. April 1944 an die Archivberatungsstelle Kiel. [2] LAS Schleswig, Abt. 320.10 Nr. 4877: Schreiben der Archivberatungsstelle Kiel vom 1. April 1944 an den Landrat in Heide. [3] KKrA Neumünster, Schriftgut des Kirchenkreises: Schreiben der Landesregierung Schleswig-Holstein (Ministerium für Volksbildung Abt. Allgemeine Kulturpflege) vom 12. Juni 1947.

Hennstedt[1]
Kirchspielarchiv[1]

Einlagerungsort:	Heilbronn[1]
Einlagerungsdatum:	wohl Ende April 1944[2], weiterer Transport wohl Ende September 1944[3]
Einlagerungsgut:	1. Transport: 37 Pakete mit Akten[1] 2. Transport: 10 Pakete[3]
Auslagerung:	16.–18. Juli 1946[4]
Flächenbedarf:	
Bemerkungen:	Die Ein- und Auslagerung wurde von der Archivberatungsstelle Kiel durchgeführt und erfolgte über das Kreisarchiv Norderdithmarschen (Heide)[1]. Eine Einlagerungsliste beider Transporte[3] ist teilweise vorhanden[1,3].
Quellennachweis:	[1] LAS Schleswig, Abt. 320.10 Nr. 4877: Schreiben des Archivpflegers für Norderdithmarschen vom 18. April 1944 an die Archivberatungsstelle Kiel. [2] LAS Schleswig, Abt. 320.10 Nr. 4877: Schreiben der Archivberatungsstelle Kiel vom 1. April 1944 an den Landrat in Heide. [3] LAS Schleswig, Abt. 320.10 Nr. 4877: Aufstellung des Kreisarchivs Norderdithmarschen (Heide) vom 15. August 1944. [4] KKrA Neumünster, Schriftgut des Kirchenkreises: Schreiben der Landesregierung Schleswig-Holstein (Ministerium für Volksbildung Abt. Allgemeine Kulturpflege) vom 12. Juni 1947.

Herrenberg[1]
Evangelische Kirchengemeinde[1]

Einlagerungsort:	Kochendorf[1]
Einlagerungsdatum:	

Einlagerungsgut:	Hochaltar (Jörg Rathgeb)[1]
Auslagerung:	
Flächenbedarf:	
Bemerkungen:	
Quellennachweis:	[1] LKA Stuttgart, Altregistratur 437 |102, |109.

Husum[1]
Stadtarchiv[1]

Einlagerungsort:	Heilbronn[1]
Einlagerungsdatum:	wohl Ende April 1944[2]
Einlagerungsgut:	93 Kisten[1]
Auslagerung:	16.–18. Juli 1946[3]
Flächenbedarf:	
Bemerkungen:	Die Ein- und Auslagerung wurde von der Archivberatungsstelle Kiel durchgeführt[1]. Eine Auslagerungsliste ist vorhanden[2].
Quellennachweis:	[1] LAS Schleswig, Abt. 371 Nr. 674: Verzeichnis der von der Archivberatungsstelle ausgelagerten Archivalien (undatiert). [2] Schreiben des Kreisarchivs Nordfriesland (Husum) vom 26. Januar 1996 an den Verfasser. [3] KKrA Neumünster, Schriftgut des Kirchenkreises: Schreiben der Landesregierung Schleswig-Holstein (Ministerium für Volksbildung Abt. Allgemeine Kulturpflege) vom 12. Juni 1947.

Itzehoe[1]
Stadtarchiv[1]

Einlagerungsort:	Heilbronn[1]
Einlagerungsdatum:	1944[1]
Einlagerungsgut:	26 Kisten[1]
Auslagerung:	16.–18. Juli 1946[2]
Flächenbedarf:	
Bemerkungen:	Die Ein- und Auslagerung wurde von der Archivberatungsstelle Kiel durchgeführt[1].
Quellennachweis:	[1] LAS Schleswig, Abt. 371 Nr. 674: Verzeichnis der von der Archivberatungsstelle ausgelagerten Archivalien (undatiert). [2] KKrA Neumünster, Schriftgut des Kirchenkreises: Schreiben der Landesregierung Schleswig-Holstein (Ministerium für Volksbildung Abt. Allgemeine Kulturpflege) vom 12. Juni 1947.

Karlsruhe[1]
Badisches Generallandesarchiv[1]

Einlagerungsort:	Heilbronn[1]
Einlagerungsdatum:	u. a. September/Oktober 1944[2]
Einlagerungsgut:	1349 Kisten und 2733 Kartonschachteln mit Archivalien[1]
Auslagerung:	12., 20., 22. Februar, 6., 14., 21., 24. März, 1., 10., 24., 28. April 1947[1]
Rücktransport:	12., 18., 21. Februar, 6., 13., 14., 20., 24. März, 1., 29. April 1947[2]
Flächenbedarf:	389 qm[3]
Bemerkungen:	Die Einlagerung in Heilbronn steht im Zusammenhang mit der Räumung des Straßburger Depots[2].
Quellennachweis:	[1] StA Ludwigsburg, EL 402 Heilbronn lfd. Nr. 309: Report of Property Transactions vom 19. Juni 1947. [2] Schreiben des Generallandesarchivs Karlsruhe vom 26. Mai 1995 an den Verfasser. [3] StA Ludwigsburg, EL 402 Heilbronn lfd. Nr. 309: Einlagerungsverzeichnis vom 10. September 1946.

Karlsruhe[1]
Badische Landesbibliothek[1]

Einlagerungsort:	Heilbronn, Kochendorf[1] und Siedehaus Jagstfeld[2]
Einlagerungsdatum:	Heilbronn:[3] wohl am 19. Juli 1944[4] Kochendorf: März 1944[5] Jagstfeld: April 1944[2]
Einlagerungsgut:	Heilbronn: Bücher (58 Kisten) Kochendorf: Bücher (58 Kisten, d. h. 1 Waggon[3] oder rund 12000 Bände)[5]
Auslagerung:	Heilbronn: 13./14. Februar 1947 Kochendorf: 17. Februar bis 22. April 1947[1]
Rücktransport:	Heilbronn: 15. und 16. Februar 1947 Kochendorf: wohl 20. Februar, 15. und 17. März, Ende April 1947[7]
Flächenbedarf:	Heilbronn[1]: 6 qm in Raum F[8]; weitere Fläche in Raum K[8] Kochendorf[6]: 10 qm
Bemerkungen:	In Heilbronn waren die Bücher der Badischen Landesbibliothek im Raum F untergebracht[1]. Auslagerung und Rücktransport erfolgten zusammen mit den Beständen der Technischen Hochschule Karlsruhe[7].
Quellennachweis:	[1] StA Ludwigsburg, EL 402 Heilbronn lfd. Nr. 309: Report of Property Transactions vom 13. Mai 1947.

[2] WERNER, Karlsruhe 1945, S. 257 (Abb.).
[3] BA Potsdam, R 7/1208 fol. 60/61.
[4] GLA Karlsruhe 235/40320: Schreiben der Badischen Landesbibliothek Karlsruhe vom 6. Juli 1944 an das Ministerium des Kultus und Unterrichts.
[5] GLA Karlsruhe 235/6761: Schreiben der Badischen Landesbibliothek Karlsruhe vom 29. März 1944 an den Minister des Kultus und Unterrichts.
[6] StA Ludwigsburg, EL 402 Heilbronn lfd. Nr. 309: Einlagerungsverzeichnis vom 10. September 1946.
[7] Jahresberichte der Bibliothek der Technischen Hochschule Fridericiana Karlsruhe über die Rechnungsjahre 1944/45 (S. 3), 1946/47 (S. 2) und 1947/48 (S. 2).
[8] StA Ludwigsburg, EL 402 Heilbronn lfd. Nr. 238, Einlagerungsverzeichnisse für Heilbronn: Verlagerte Vermögenswerte im Salzwerk Heilbronn.
StA Ludwigsburg, EL 402 Heilbronn lfd. Nr. 309: Einlagerungsverzeichnis vom 1. Oktober 1946.

Karlsruhe[1]
Badisches Landesmuseum[1]

Einlagerungsort:	Heilbronn[1]
Einlagerungsdatum:	Zwischen dem 30. Juni und dem 6. Juli 1944[2], 6. Dezember 1944 (3 Kisten Inventare)[3]
Einlagerungsgut:	Badische Kroninsignien, Museumsgegenstände[1], Terrakotten[7], Inventare[5] in 55 Kisten[4]
Auslagerung:	14. und 24. Februar 1947[1]
Flächenbedarf:	30 qm[7] in Raum K[6]
Bemerkungen:	Die Kisten wurden im Raum des Badischen Landesmuseums, teilweise auch im Raum Straßburg der Generaldirektion der Oberrheinischen Museen eingelagert[1]; verantwortlich für die Sicherung und Bergung der Sammlungen des Badischen Landesmuseums war dessen kommissarischer Leiter, Dr. Ludwig Moser[5].
Quellennachweis:	[1] StA Ludwigsburg, EL 402 Heilbronn lfd. Nr. 309: Report of Property Transactions vom 6. März 1947.
	[2] GLA Karlsruhe 235/40320: Schreiben des Badischen Landesmuseums vom 6. Juli 1944 an das Ministerium des Kultus und Unterrichts.
	[3] GLA Karlsruhe 235/40304: Schreiben des Badischen Landesmuseums vom 9. August 1945 an das Badische Ministerium des Kultus und Unterrichts.
	[4] StA Ludwigsburg, EL 402 Heilbronn lfd. Nr. 238, Reports: Special Report of the Collecting Point-Repository at the Heilbronn and Kochendorf Salt-Mines vom 15. Februar 1946.
	[5] GRIMM, Landesmuseum, S. 172.

[6] StA Ludwigsburg, EL 402 Heilbronn lfd. Nr. 238, Einlagerungsverzeichnisse für Heilbronn: Verlagerte Vermögenswerte im Salzwerk Heilbronn.
[7] StA Ludwigsburg, EL 402 Heilbronn lfd. Nr. 309: Einlagerungsverzeichnis vom 1. Oktober 1946.

Karlsruhe[1]
Deutscher Scheffelbund[1]

Einlagerungsort:	Kochendorf[1]
Einlagerungsdatum:	zwischen April 1943 und Mai 1944[2]
Einlagerungsgut:	4 Kisten mit Handschriften, Erstausgaben und Bildern[1]
Auslagerung:	24. April 1947[1]
Flächenbedarf:	2 qm[3]
Bemerkungen:	Eine vollständige Aufzählung des Inhalts der 4 Kisten ist vorhanden[1].
Quellennachweis:	[1] StA Ludwigsburg, EL 402 Heilbronn lfd. Nr. 309: Report of Property Transactions vom 7. Juni 1946. [2] Geschäftsberichte des Scheffelbundes vom 27. März 1943 und vom 7. Mai 1944. [3] StA Ludwigsburg, EL 402 Heilbronn lfd. Nr. 309: Einlagerungsverzeichnis vom 10. September 1946.

Karlsruhe[1]
Flußbaulaboratorium[1]

Einlagerungsort:	Kochendorf[1]
Einlagerungsdatum:	
Einlagerungsgut:	2 Kisten (Inhalt unbekannt)[1]
Auslagerung:	nach dem 1. Oktober 1946[1]
Flächenbedarf:	1 qm[2]
Bemerkungen:	
Quellennachweis:	[1] StA Ludwigsburg, EL 402 Heilbronn lfd. Nr. 309: Einlagerungsverzeichnis vom 1. Oktober 1946. [2] StA Ludwigsburg, EL 402 Heilbronn lfd. Nr. 309: Einlagerungsverzeichnis vom 10. September 1946.

Karlsruhe[1]
Landesdenkmalpflege[1]

Einlagerungsort:	Heilbronn[1]
Einlagerungsdatum:	
Einlagerungsgut:	60 Kisten Diapositive über Denkmäler in Baden[1]
Auslagerung:	nach dem 15. Februar 1946[1]
Flächenbedarf:	
Bemerkungen:	
Quellennachweis:	[1] StA Ludwigsburg, EL 402 Heilbronn lfd. Nr. 238, Reports: Special Report of the Collecting Point-Repository at the Heilbronn and Kochendorf Salt-Mines vom 15. Februar 1946.

Karlsruhe[1]
Staatliche Kunsthalle[1]

Einlagerungsort:	Heilbronn[1] und Kochendorf[1]
Einlagerungsdatum:	Heilbronn: unbekannt Kochendorf: vor Ende April 1944[2]
Einlagerungsgut:	Heilbronn: 554 Kisten mit Gemälden, Büchern, außerdem Plastiken[1] Kochendorf: 126 Kisten[1] (3 Waggon)[2] mit Kunstgegenständen und Büchern[1]
Auslagerung:	Heilbronn: 25. November 1946 bis 26. Februar 1947[1] Kochendorf: 24. April 1947[1]
Flächenbedarf:	Heilbronn: 810 qm[1,3] in den Räumen U und UI[4] Kochendorf: 70 qm[4]
Bemerkungen:	
Quellennachweis:	[1] StA Ludwigsburg, EL 402 Heilbronn lfd. Nr. 309: Report of Property Transactions vom 11. Juni 1947. [2] BA Potsdam, R 7/1208 fol. 61. [3] StA Ludwigsburg, EL 402 Heilbronn lfd. Nr. 309: Einlagerungsverzeichnis vom 10. September 1946. [4] StA Ludwigsburg, EL 402 Heilbronn lfd. Nr. 309: Einlagerungsverzeichnis vom 1. Oktober 1946.

Karlsruhe[1]
Technische Hochschule[1]

Einlagerungsort:	Heilbronn[1], Kochendorf[2] und Jagstfeld[2]
Einlagerungsdatum:	Heilbronn: vor Ende April 1944[2]
	Kochendorf: im Frühjahr 1943[2]
	Jagstfeld (Siedehaus): April 1944[2]
Einlagerungsgut:	Heilbronn: 130 Kisten
	Kochendorf: 190 Kisten
	Jagstfeld (Siedehaus): 180 Kisten[2]
Auslagerung:	Heilbronn: 13./14. Februar 1947[4]
	Kochendorf: 17. Februar bis 12. April 1947[6]
Rücktransport:	Heilbronn: 15. und 16. Februar 1947
	Kochendorf: 20. Februar, 15. und 17. März, Ende April 1947[2]
Flächenbedarf:	Heilbronn: mind. 35 qm[1] in den Räumen F und V[3]
	Kochendorf: 80 qm[5]
Bemerkungen:	Auslagerung und Rückführung erfolgten zusammen mit den Beständen der Badischen Landesbibliothek Karlsruhe[4].
Quellennachweis:	[1] StA Ludwigsburg, EL 402 Heilbronn lfd. Nr. 309: Einlagerungsverzeichnis vom 1. Oktober 1946.
	[2] Jahresberichte der Bibliothek der Technischen Hochschule Fridericiana Karlsruhe über die Rechnungsjahre 1944/45 (S. 3), 1946/47 (S. 2) und 1947/48 (S. 2).
	[3] StA Ludwigsburg, EL 402 Heilbronn lfd. Nr. 238, Einlagerungsverzeichnisse für Heilbronn: Verlagerte Vermögenswerte im Salzwerk Heilbronn.
	[4] Vgl. Karlsruhe, Badische Landesbibliothek.
	[5] StA Ludwigsburg, EL 402 Heilbronn lfd. Nr. 309: Einlagerungsverzeichnis vom 10. September 1946.
	[6] StA Ludwigsburg, EL 402 Heilbronn lfd. Nr. 238, Einlagerungsverzeichnisse für Kochendorf: Aufstellung über Bergungsgüter im Steinsalzbergwerk Kochendorf.

Keitum (Sylt)[1]
Inselarchiv[1]

Einlagerungsort:	Heilbronn[1]
Einlagerungsdatum:	1944[1]
Einlagerungsgut:	8 Kisten[1]
Auslagerung:	16.–18. Juli 1946[2]
Flächenbedarf:	
Bemerkungen:	Die Ein- und Auslagerung wurde von der Archivberatungsstelle Kiel durchgeführt[1].

Quellennachweis:	[1] LAS Schleswig, Abt. 371 Nr. 674: Verzeichnis der von der Archivberatungsstelle ausgelagerten Archivalien (undatiert). [2] KKrA Neumünster, Schriftgut des Kirchenkreises: Schreiben der Landesregierung Schleswig-Holstein (Ministerium für Volksbildung Abt. Allgemeine Kulturpflege) vom 12. Juni 1947.

Kiel[1]
Archivberatungsstelle[1]

Einlagerungsort:	Heilbronn[1]
Einlagerungsdatum:	1944[1]
Einlagerungsgut:	ca. 3200 Päckchen und 550 Kisten[3] mit Akten, Karteien, Fotokopien und Manuskripten geplanter Veröffentlichungen[1]
Auslagerung:	16.–18. Juli 1946[4]
Flächenbedarf:	170 qm in Raum E[2]
Bemerkungen:	Die Archivberatungsstelle organisierte die Auslagerung nach Heilbronn für zahlreiche nicht-staatliche Archive in Schleswig-Holstein[1].
Quellennachweis:	[1] LAS Schleswig, Abt. 371 Nr. 674: Verzeichnis der von der Archivberatungsstelle ausgelagerten Archivalien (undatiert). [2] StA Ludwigsburg, EL 402 Heilbronn lfd. Nr. 238, Einlagerungsverzeichnisse für Heilbronn: Verlagerte Vermögenswerte im Salzwerk Heilbronn. [3] StA Ludwigsburg, EL 402 Heilbronn lfd. Nr. 238, Berichte an MFA & A: MFA & A Collecting Point Report for the Month of October vom 30. Oktober 1945. [4] KKrA Neumünster, Schriftgut des Kirchenkreises: Schreiben der Landesregierung Schleswig-Holstein (Ministerium für Volksbildung Abt. Allgemeine Kulturpflege) vom 12. Juni 1947.

Kiel[1]
Kirchenarchiv[1]

Einlagerungsort:	Heilbronn[1]
Einlagerungsdatum:	1944[1]
Einlagerungsgut:	
Auslagerung:	16.–18. Juli 1946[2]
Flächenbedarf:	
Bemerkungen:	Die Ein- und Auslagerung wurde von der Archivberatungsstelle Kiel durchgeführt und erfolgte über das Stadtarchiv Kiel[1].

Quellennachweis: [1] LAS Schleswig, Abt. 371 Nr. 674: Verzeichnis der von der Archivberatungsstelle ausgelagerten Archivalien (undatiert).
[2] KKrA Neumünster, Schriftgut des Kirchenkreises: Schreiben der Landesregierung Schleswig-Holstein (Ministerium für Volksbildung Abt. Allgemeine Kulturpflege) vom 12. Juni 1947.

Kiel[1]
Stadtarchiv[1]

Einlagerungsort: Heilbronn[1]
Einlagerungsdatum: wohl Ende April, zweiter Transport Ende September 1944[2]
Einlagerungsgut: 3 Ballen, 5 Kisten und ca. 900 Pakete (enthaltend auch Materialien des Kirchenarchivs Kiel)[1]
Auslagerung: 16.–18. Juli 1946[3]
Flächenbedarf:
Bemerkungen: Die Ein- und Auslagerung wurde von der Archivberatungsstelle Kiel durchgeführt[1].

Quellennachweis: [1] LAS Schleswig, Abt. 371 Nr. 674: Verzeichnis der von der Archivberatungsstelle ausgelagerten Archivalien (undatiert).
[2] StadtA Kiel, Registratur (Sicherung von Archivgut gegen Luftangriffe – Auslagerung): Aufstellung über die Transporte des Stadtarchivs zur Sicherung von Archivgut (1944).
[3] KKrA Neumünster, Schriftgut des Kirchenkreises: Schreiben der Landesregierung Schleswig-Holstein (Ministerium für Volksbildung Abt. Allgemeine Kulturpflege) vom 12. Juni 1947.

Köln[1]
Haus der Rheinischen Heimat[1]

Einlagerungsort: Kochendorf[1]
Einlagerungsdatum: Mai 1944[1]
Einlagerungsgut: 10 Kisten Museumsgut[1] (kunstgewerbliche Gegenstände, insbesondere 18. Jahrhundert)[2]
Auslagerung: 2. bis 6. August 1946[1]
Flächenbedarf:
Bemerkungen:

Quellennachweis: [1] StA Ludwigsburg, EL 402 Heilbronn lfd. Nr. 238, Einlagerungsverzeichnisse für Kochendorf: Aufstellung über Bergungsgüter im Steinsalzbergwerk Kochendorf.
[2] StA Ludwigsburg, EL 402 Heilbronn lfd. Nr. 238, Reports: Special Report of the Collecting Point-Repository at the Heilbronn and Kochendorf Salt-Mines vom 15. Februar 1946.

Köln[1]
Kunstgewerbemuseum[1]

Einlagerungsort:	Kochendorf[1]
Einlagerungsdatum:	Mai 1944[1]
Einlagerungsgut:	140 oder 141[3] Kisten Museumsgut[1] (Objekte aus der Kölner Region)[2]
Auslagerung:	2. bis 6. August 1946[1]
Flächenbedarf:	
Bemerkungen:	
Quellennachweis:	[1] StA Ludwigsburg, EL 402 Heilbronn lfd. Nr. 238, Einlagerungsverzeichnisse für Kochendorf: Aufstellung über Bergungsgüter im Steinsalzbergwerk Kochendorf. [2] StA Ludwigsburg, EL 402 Heilbronn lfd. Nr. 238, Reports: Special Report of the Collecting Point-Repository at the Heilbronn and Kochendorf Salt-Mines vom 15. Februar 1946. [3] Beilage zum Schreiben des Römisch-Germanischen Museums Köln vom 4. August 1995 an den Verfasser.

Köln[1]
Museum für Naturkunde[1]

Einlagerungsort:	Kochendorf[1]
Einlagerungsdatum:	Mai 1944[1]
Einlagerungsgut:	60 oder 61[3] Kisten Museumsgut[1] (u. a. entomologische Sammlung)[2]
Auslagerung:	2. bis 6. August 1946[1]
Flächenbedarf:	
Bemerkungen:	
Quellennachweis:	[1] StA Ludwigsburg, EL 402 Heilbronn lfd. Nr. 238, Einlagerungsverzeichnisse für Kochendorf: Aufstellung über Bergungsgüter im Steinsalzbergwerk Kochendorf. [2] StA Ludwigsburg, EL 402 Heilbronn lfd. Nr. 238, Reports: Special Report of the Collecting Point-Repository at the Heilbronn and Kochendorf Salt-Mines vom 15. Februar 1946. [3] Beilage zum Schreiben des Römisch-Germanischen Museums Köln vom 4. August 1995 an den Verfasser.

Köln[1]
Museum für Ostasiatische Kunst[1]

Einlagerungsort:	Kochendorf[1]
Einlagerungsdatum:	Mai 1944[1]
Einlagerungsgut:	19 Kisten mit Büchern über chinesische und japanische Kunst, 12 Kisten mit chinesischen und japanischen Drucken[2]
Auslagerung:	2. bis 8. August 1946[1]
Flächenbedarf:	
Bemerkungen:	
Quellennachweis:	[1] StA Ludwigsburg, EL 402 Heilbronn lfd. Nr. 238, Einlagerungsverzeichnisse für Kochendorf: Aufstellung über Bergungsgüter im Steinsalzbergwerk Kochendorf. [2] StA Ludwigsburg, EL 402 Heilbronn lfd. Nr. 238, Verschiedenes: Bericht von Leutnant Ford vom 1. Dezember 1945.

Köln[1]
Rautenstrauch-Joest-Museum[1]

Einlagerungsort:	Kochendorf[1]
Einlagerungsdatum:	Mai 1944[1]
Einlagerungsgut:	140[1], 141[3] oder 143[2] Kisten Museumsgut[1] (ethnographisches Material des Südpazifiks)[2]
Auslagerung:	2. bis 6. August 1946[1]
Flächenbedarf:	
Bemerkungen:	
Quellennachweis:	[1] StA Ludwigsburg, EL 402 Heilbronn lfd. Nr. 238, Einlagerungsverzeichnisse für Kochendorf: Aufstellung über Bergungsgüter im Steinsalzbergwerk Kochendorf. [2] StA Ludwigsburg, EL 402 Heilbronn lfd. Nr. 238, Reports: Special Report of the Collecting Point-Repository at the Heilbronn and Kochendorf Salt-Mines vom 15. Februar 1946. [3] Beilage zum Schreiben des Römisch-Germanischen Museums Köln vom 4. August 1995 an den Verfasser.

Köln[1]
Schnütgen-Museum[1]

Einlagerungsort:	Kochendorf[1]
Einlagerungsdatum:	Mai 1944[1]

Einlagerungsgut:	4 Kisten Museumsgut[1] (religiöse Skulpturen)[2]
Auslagerung:	2. bis 6. August 1946[1]
Flächenbedarf:	
Bemerkungen:	

Quellennachweis:	[1] StA Ludwigsburg, EL 402 Heilbronn lfd. Nr. 238, Einlagerungsverzeichnisse für Kochendorf: Aufstellung über Bergungsgüter im Steinsalzbergwerk Kochendorf. [2] StA Ludwigsburg, EL 402 Heilbronn lfd. Nr. 238, Reports: Special Report of the Collecting Point-Repository at the Heilbronn and Kochendorf Salt-Mines vom 15. Februar 1946.

Köln[1]
Stadt[1]/Oberbürgermeister[2]

Einlagerungsort:	Kochendorf[1]
Einlagerungsdatum:	vor Ende April 1944[2], 1. Juni 1944[1]
Einlagerungsgut:	1 Waggon Akten[2]
Auslagerung:	24. Juli und 1. August 1946[1]
Flächenbedarf:	170 qm[1]
Bemerkungen:	Aus den Quellen geht nicht genau hervor, ob sich das Einlagerungsgut des Oberbürgermeisters der Stadt Köln mit demjenigen des Historischen Archivs bzw. des Standesamts Köln deckt[3].

Quellennachweis:	[1] StA Ludwigsburg, EL 402 Heilbronn lfd. Nr. 238, Einlagerungsverzeichnisse für Kochendorf: Aufstellung über Bergungsgüter im Steinsalzbergwerk Kochendorf. [2] BA Potsdam, R 7/1208 fol. 61. [3] Schreiben des Historischen Archivs der Stadt Köln vom 6. August 1996 an den Verfasser.

Köln[1]
Stadtarchiv[4]

Einlagerungsort:	Kochendorf[1]
Einlagerungsdatum:	Mai/August 1944[2]
Einlagerungsgut:	Eine große Anzahl Pakete und Kartons mit Akten[1] (Eisenbahnakten und Registraturen des 19. Jahrhunderts)[2], 693 Kästen und 11 Lattenverschläge[4]
Auslagerung:	wohl im Juli 1946[2]
Flächenbedarf:	

Bemerkungen:	Aus den Quellen geht nicht genau hervor, ob sich das Einlagerungsgut des Stadtarchivs Köln mit demjenigen des Oberbürgermeisters der Stadt Köln deckt[3].
Quellennachweis:	[1] StadtA Heilbronn, Salzwerk Heilbronn 100: Liste vom 19. Juni 1945. [2] Schreiben des Historischen Archivs der Stadt Köln vom 26. Mai 1995 an den Verfasser. [3] Schreiben des Historischen Archivs der Stadt Köln vom 6. August 1996 an den Verfasser. [4] Beilage zum Schreiben des Römisch-Germanischen Museums Köln vom 4. August 1995 an den Verfasser.

Köln[1]
Standesamt[1]

Einlagerungsort:	Kochendorf[1]
Einlagerungsdatum:	28. März, Dezember 1944[1]
Einlagerungsgut:	eine große Anzahl Akten[1] (Geburts- und Sterberegister)[2], in Regalen sortiert[1]
Auslagerung:	März 1946[1]
Flächenbedarf:	200 qm[1]
Bemerkungen:	Aus den Quellen geht nicht genau hervor, ob sich das Einlagerungsgut des Standesamts Köln mit demjenigen des Oberbürgermeisters der Stadt Köln deckt[3].
Quellennachweis:	[1] StA Ludwigsburg, EL 402 Heilbronn lfd. Nr. 238, Einlagerungsverzeichnisse für Kochendorf: Aufstellung über Bergungsgüter im Steinsalzbergwerk Kochendorf. [2] StA Ludwigsburg, EL 402 Heilbronn lfd. Nr. 238, Reports: Special Report of the Collecting Point-Repository at the Heilbronn and Kochendorf Salt-Mines vom 15. Februar 1946. [3] Schreiben des Historischen Archivs der Stadt Köln vom 6. August 1996 an den Verfasser.

Köln[1]
Universitätsbibliothek[1]

Einlagerungsort:	Kochendorf[1]
Einlagerungsdatum:	März, Mai/Juni 1944[1]
Einlagerungsgut:	1 Waggon Bücher[3] (280 Kisten)[1]
Auslagerung:	29. Juli bis 1. August 1946[1]
Flächenbedarf:	

Bemerkungen:	Es handelte sich insbesondere um wirtschaftswissenschaftliche Literatur[2].
Quellennachweis:	[1] StA Ludwigsburg, EL 402 Heilbronn lfd. Nr. 238, Einlagerungsverzeichnisse für Kochendorf: Aufstellung über Bergungsgüter im Steinsalzbergwerk Kochendorf. [2] StA Ludwigsburg, EL 402 Heilbronn lfd. Nr. 238, Verschiedenes: Bericht von Leutnant Ford vom 15. Januar 1946. [3] BA Potsdam, R 7/1208 fol. 61.

Köln[1]
Wallraf-Richartz-Museum[1] (Römisch-Germanische Abteilung)[2]

Einlagerungsort:	Kochendorf[1]
Einlagerungsdatum:	Mai 1944[1]
Einlagerungsgut:	110 Kisten Museumsgut[1] (ethnographisches Material, meist Terrakotta)[3]
Auslagerung:	2. bis 8. August 1946[1]
Flächenbedarf:	
Bemerkungen:	
Quellennachweis:	[1] StA Ludwigsburg, EL 402 Heilbronn lfd. Nr. 238, Einlagerungsverzeichnisse für Kochendorf: Aufstellung über Bergungsgüter im Steinsalzbergwerk Kochendorf. [2] Einlagerungsbericht von Museumszeichner Franke (Beilage zum Schreiben des Römisch-Germanischen Museums Köln vom 4. August 1995 an den Verfasser). [3] StA Ludwigsburg, EL 402 Heilbronn lfd. Nr. 238, Reports: Special Report of the Collecting Point-Repository at the Heilbronn and Kochendorf Salt-Mines vom 15. Februar 1946.

Krefeld[1]
Heimathaus des Niederrheins[1]

Einlagerungsort:	Kochendorf[1]
Einlagerungsdatum:	Mai 1944[2]
Einlagerungsgut:	10 Kisten Gemälde[2]
Auslagerung:	vor dem 11. Oktober 1945[1], 20. März 1946[2]
Flächenbedarf:	30 qm[2] (zusammen mit dem Kaiser Wilhelm Museum, Krefeld)
Bemerkungen:	vgl. Krefeld, Kaiser Wilhelm Museum

Quellennachweis: [1] StA Ludwigsburg, EL 402 Heilbronn lfd. Nr. 238, Reports: Special Report of the Collecting Point-Repository at the Heilbronn and Kochendorf Salt-Mines vom 15. Februar 1946.
[2] StA Ludwigsburg, EL 402 Heilbronn lfd. Nr. 238, Einlagerungsverzeichnisse für Kochendorf: Aufstellung über Bergungsgüter im Steinsalzbergwerk Kochendorf.

Krefeld[2]
Kaiser Wilhelm Museum[2]

Einlagerungsort:	Kochendorf[2]
Einlagerungsdatum:	
Einlagerungsgut:	60 Kisten (Gemälde und Plastiken)[2]
Auslagerung:	vor dem 11. Oktober 1945[1]
Flächenbedarf:	30 qm[1] (zusammen mit dem Heimathaus des Niederrheins, Krefeld)[4]
Bemerkungen:	Die Krefelder Materialien wurden am 11. Oktober 1945[1] zur Sammelstelle Wiesbaden gebracht[3]. Von dort kamen sie am 5. Juni 1946 nach Düsseldorf und schließlich am 7. Juni 1946 zurück nach Krefeld. Es sind drei auf Kochendorf bezogene Einlagerungslisten vorhanden, die aber nicht übereinstimmen[2].
Quellennachweis:	[1] StA Ludwigsburg, EL 402 Heilbronn lfd. Nr. 238, Berichte an MFA & A: Weekly MFA & A Report vom 18. Oktober 1945.
[2] Schreiben des Kaiser Wilhelm Museums Krefeld vom 6. September 1995 an den Verfasser.
[3] FORD, Monuments, S. 20.
[4] StA Ludwigsburg, EL 402 Heilbronn lfd. Nr. 238, Einlagerungsverzeichnisse für Kochendorf: Aufstellung über Bergungsgüter im Steinsalzbergwerk Kochendorf.

Lauenburg a. d. Elbe[1]
Propsteiarchiv[1]

Einlagerungsort:	Heilbronn[1]
Einlagerungsdatum:	1944[1]
Einlagerungsgut:	4 Pakete[1]
Auslagerung:	16.–18. Juli 1946[2]
Flächenbedarf:	
Bemerkungen:	Die Ein- und Auslagerung wurde von der Archivberatungsstelle Kiel durchgeführt[1].

Quellennachweis:	[1] LAS Schleswig, Abt. 371 Nr. 674: Verzeichnis der von der Archivberatungsstelle ausgelagerten Archivalien (undatiert). [2] KKrA Neumünster, Schriftgut des Kirchenkreises: Schreiben der Landesregierung Schleswig-Holstein (Ministerium für Volksbildung Abt. Allgemeine Kulturpflege) vom 12. Juni 1947.

Lauenburg a. d. Elbe[1]
Stadtarchiv[1]

Einlagerungsort:	Heilbronn[1]
Einlagerungsdatum:	1944[1]
Einlagerungsgut:	8 Pakete[1]
Auslagerung:	16.–18. Juli 1946[2]
Flächenbedarf:	
Bemerkungen:	Die Ein- und Auslagerung wurde von der Archivberatungsstelle Kiel durchgeführt[1].
Quellennachweis:	[1] LAS Schleswig, Abt. 371 Nr. 674: Verzeichnis der von der Archivberatungsstelle ausgelagerten Archivalien (undatiert). [2] KKrA Neumünster, Schriftgut des Kirchenkreises: Schreiben der Landesregierung Schleswig-Holstein (Ministerium für Volksbildung Abt. Allgemeine Kulturpflege) vom 12. Juni 1947.

Leck[1]
Propsteiarchiv Südtondern[1]

Einlagerungsort:	Heilbronn[1]
Einlagerungsdatum:	wohl Ende September 1944[2]
Einlagerungsgut:	7 Pakete[1] mit Kirchenbüchern und Akten[2]
Auslagerung:	16.–18. Juli 1946[3]
Flächenbedarf:	
Bemerkungen:	Die Ein- und Auslagerung wurde von der Archivberatungsstelle Kiel durchgeführt[1]. Ein Einlagerungsverzeichnis ist vorhanden[2].
Quellennachweis:	[1] LAS Schleswig, Abt. 371 Nr. 674: Verzeichnis der von der Archivberatungsstelle ausgelagerten Archivalien (undatiert). [2] KKrA Leck, Archiv der Propstei: Aufstellung der Kirchenpropstei Südtondern vom 14. August 1944. [3] KKrA Neumünster, Schriftgut des Kirchenkreises: Schreiben der Landesregierung Schleswig-Holstein (Ministerium für Volksbildung Abt. Allgemeine Kulturpflege) vom 12. Juni 1947.

Ludwigsburg[1]
Heimatmuseum[1]

Einlagerungsort:	Kochendorf[1]
Einlagerungsdatum:	Juli 1943, Februar 1944[2]
Einlagerungsgut:	Juli 1943: 5 Schließkörbe und 1 Kiste mit Porzellan, Akten und Altertümern, 27 große Mappen mit Plänen, Stichen und Drucksachen (Wintersche Württembergica-Sammlung)[2] Februar 1944: 1 Kiste mit 2 Porzellanfiguren[2]
Auslagerung:	Mai 1946: Einlagerungsgut vom Juli 1943[1] Juni/Juli: Einlagerungsgut vom Februar 1944[1]
Flächenbedarf:	
Bemerkungen:	
Quellennachweis:	[1] StA Ludwigsburg, EL 402 Heilbronn lfd. Nr. 238, Einlagerungsverzeichnisse für Kochendorf: Aufstellung über Bergungsgüter im Steinsalzbergwerk Kochendorf. [2] Beilage zum Schreiben des Städtischen Museums Ludwigsburg vom 4. Juli 1996 an den Verfasser.

Ludwigsburg[1]
Schloß[1]

Einlagerungsort:	Kochendorf[1]
Einlagerungsdatum:	
Einlagerungsgut:	15 Kisten mit Möbeln und Porzellan, verschiedene unverpackte Möbelstücke und Bilder[1]
Auslagerung:	April/Mai 1946[1]
Flächenbedarf:	20 qm[1]
Bemerkungen:	Die Auslagerung erfolgte durch die Stadt Stuttgart[1].
Quellennachweis:	[1] StA Ludwigsburg, EL 402 Heilbronn lfd. Nr. 238, Einlagerungsverzeichnisse für Kochendorf: Aufstellung über Bergungsgüter im Steinsalzbergwerk Kochendorf.

Ludwigsburg[1]
Staatsarchiv (Württembergische Archivdirektion Stuttgart)[1]

Einlagerungsort:	Kochendorf[1]
Einlagerungsdatum:	24. Juli, 24. Oktober 1942, 15. Mai 1943[2]

Einlagerungsgut:	217 Kisten (Akten des Schwäbischen Kreises, der Grafschaft Hohenberg, des Kantons Kocher und über auswärtige Beziehungen der württembergischen Herzöge, außerdem ältere Rechnungen der württembergischen Amtsbezirke)[1]
Auslagerung:	14./15. März 1947[1]
Flächenbedarf:	150 qm (zusammen mit dem Hauptstaaatsarchiv Stuttgart)[3]
Bemerkungen:	Die Einlagerung wurde gemeinsam mit Archivalien des Hauptstaatsarchivs Stuttgart durchgeführt[2]. Die Auslagerung erfolgte zusammen mit den Archivalien des Hauptstaatsarchivs Stuttgart, des Staatsarchivs Wiesbaden[1] und Materialien des Stuttgarter Staatsministeriums[2]. Eine vollständige Einlagerungsliste ist vorhanden[4]. Vgl. Abschnitt 8 a.
Quellennachweis:	[1] StA Ludwigsburg, EL 402 Heilbronn lfd. Nr. 309: Report of Property Transacitons vom 16. April 1947. [2] HStA Stuttgart, E 61 Bü 493 bis 495. [3] StA Ludwigsburg, EL 402 Heilbronn lfd. Nr. 238, Einlagerungsverzeichnisse für Kochendorf: Aufstellung über Bergungsgüter im Steinsalzbergwerk Kochendorf. [4] HStA Stuttgart, E 61 Bü 497 und 498.

Ludwigshafen[1]
I. G. Farbenindustrie AG[1]

Einlagerungsort:	Heilbronn[1]
Einlagerungsdatum:	ab Dezember 1944[3]
Einlagerungsgut:	Chemikalien, Maschinen, Geräte, Apparate und Materialien[1]
Auslagerung:	ab 1946[2]
Flächenbedarf:	ca. 14000 qm[2]
Bemerkungen:	Das Material war im Rahmen der Verlegung von „kriegswichtiger Industrie" nach unter Tage verbracht worden. Die Auslagerung erfolgte über den „Verlagerungsbetrieb Salzwerk Heilbronn" der „I. G. Farbenindustrie AG in Auflösung"[2].
Quellennachweis:	[1] StA Ludwigsburg, EL 402 Heilbronn lfd. Nr. 238, Einlagerungsverzeichnisse für Heilbronn: Verlagerte Vermögenswerte im Salzwerk Heilbronn. [2] StA Ludwigsburg, EL 402 Heilbronn lfd. Nr. 238, Korrespondenz mit Verlagerungsbetrieb der I.G. Farben. [3] BA Potsdam, R 7/1180 fol. 51.

Ludwigshafen[1]
Knoll AG[1]

Einlagerungsort:	Heilbronn[1]
Einlagerungsdatum:	vor dem 27. Oktober 1944[2]
Einlagerungsgut:	pharmazeutische Artikel[1] (Paracodin-Sirup, Paracodin-Tabletten, Tannalbin, Bromural, Granugenol, Digipuratum solution, Cardiazol)[3]
Auslagerung:	vor dem 7. September 1946[1]
Flächenbedarf:	62 qm in Raum L[1]
Bemerkungen:	

Quellennachweis:
[1] StA Ludwigsburg, EL 402 Heilbronn lfd. Nr. 238, Einlagerungsverzeichnisse für Heilbronn: Verlagerte Vermögenswerte im Salzwerk Heilbronn.
[2] StadtA Heilbronn, Salzwerk Heilbronn 319: Besuche wegen Einlagerung.
[3] StA Ludwigsburg, EL 402 Heilbronn lfd. Nr. 238, Einlagerungsverzeichnisse für Heilbronn: List of Storers Heilbronn Salt Mines vom 30. Mai 1945.

Ludwigshafen[1]
Röchling (Gebrüder Röchling)[1]

Einlagerungsort:	Heilbronn[1]
Einlagerungsdatum:	
Einlagerungsgut:	Akten, Bücher usw.[1]
Auslagerung:	vor dem 7. September 1946[1]
Flächenbedarf:	8 qm in Raum L[1]
Bemerkungen:	

Quellennachweis:
[1] StA Ludwigsburg, EL 402 Heilbronn lfd. Nr. 238, Einlagerungsverzeichnisse für Heilbronn: Verlagerte Vermögenswerte im Salzwerk Heilbronn.

Ludwigshafen[1]
Stadtverwaltung[1]

Einlagerungsort:	Heilbronn[1]
Einlagerungsdatum:	28. September und 26. Oktober 1944[2]

Einlagerungsgut:	116 Kisten mit Archivalien des Staatsarchiv Ludwigshafen (Urkunden, Ratsprotokolle, Personalakten), Akten, Bücher und Gegenstände des Stadtmuseums Ludwigshafen, Pläne der Stadtwerke Ludwigshafen, Bücher der Amtsbücherei und der Volksbücherei Ludwigshafen, Baupläne der Gemeinnützigen Aktiengesellschaft für Wohnungsbau der Stadt Ludwigshafen[1], Akten der eingemeindeten Orte Edigheim, Friesenheim, Maudach, Mundenheim, Oggersheim, Oppau und Rheingönheim[2], Akten aus der Registratur und des Oberbürgermeisters der Stadt Ludwigshafen, Gemälde von Jan Bruegel „Der Zehentgroschen"[1]
Auslagerung:	Am 18./21. April 1947 wurden 73 Kisten zurückgegeben[1]. Am 19. Juni 1947 waren noch 39 Kisten mit Museumsgut eingelagert[3].
Flächenbedarf:	20 qm[4] in Raum L[5]
Bemerkungen:	Die Verwahrung erfolgte zusammen mit dem Sicherungsgut der Knoll AG Ludwigshafen[1], 39 Kisten mit Archivmaterial waren in Mitleidenschaft gezogen worden, weil sie teilweise im sog. Festsaal gelagert worden waren. Dieser wurde bei Kriegsende überflutet[6], so daß die Materialien im Salzwasser gestanden hatten[2]. Das Werk von Bruegel wurde zum Collecting Point Wiesbaden gebracht[1].
Quellennachweis:	[1] StA Ludwigsburg, EL 402 Heilbronn lfd. Nr. 309: Report of Property Transactions vom 18. Juni 1946. [2] Mitteilungen des Stadtarchivs Ludwigshafen vom 8. und 21. Juni 1995. [3] StA Ludwigsburg, EL 402 Heilbronn lfd. Nr. 238, Heilbronn Büro und Verschiedenes: Bericht von Dr. Prey vom 19. Juni 1947 an Hauptmann Standen. [4] StA Ludwigsburg, EL 402 Heilbronn lfd. Nr. 309: Einlagerungsverzeichnis vom 10. September 1946. [5] StA Ludwigsburg, EL 402 Heilbronn lfd. Nr. 238, Einlagerungsverzeichnisse für Heilbronn: Verlagerte Vermögenswerte im Salzwerk Heilbronn. [6] StA Ludwigsburg, EL 402 Heilbronn lfd. Nr. 238, Heilbronn Büro und Verschiedenes: Brief Report on the Heilbronn and Kochendorf Salt Mines vom 7. August 1946.

Lunden[1]
Kirchspielarchiv[1]

Einlagerungsort:	Heilbronn[1]
Einlagerungsdatum:	wohl Ende April 1944[2]
Einlagerungsgut:	9 Pakete mit Akten[1]
Auslagerung:	16.–18. Juli 1946[3]
Flächenbedarf:	

Bemerkungen:	Die Ein- und Auslagerung wurde von der Archivberatungsstelle Kiel durchgeführt und erfolgte über das Kreisarchiv Norderdithmarschen (Heide). Eine Einlagerungsliste ist vorhanden[1].
Quellennachweis:	[1] LAS Schleswig, Abt. 320.10 Nr. 4877: Schreiben des Archivpflegers für Norderdithmarschen vom 18. April 1944 an die Archivberatungsstelle Kiel. [2] LAS Schleswig, Abt. 320.10 Nr. 4877: Schreiben der Archivberatungsstelle Kiel vom 1. April 1944 an den Landrat in Heide. [3] KKrA Neumünster, Schriftgut des Kirchenkreises: Schreiben der Landesregierung Schleswig-Holstein (Ministerium für Volksbildung Abt. Allgemeine Kulturpflege) vom 12. Juni 1947.

Mannheim[1]
Feststellungsbehörde[1]

Einlagerungsort:	Heilbronn[1]
Einlagerungsdatum:	
Transport:	5. Oktober 1944[2]
Einlagerungsgut:	110 Pakete[1]
Auslagerung:	22. April bis 9. Mai 1947[1]
Flächenbedarf:	
Bemerkungen:	Die Einlagerung wurde von der Städtischen Schloßbücherei Mannheim[2], die Auslagerung von der Kunsthalle Mannheim durchgeführt[1].
Quellennachweis:	[1] StA Ludwigsburg, EL 402 Heilbronn lfd. Nr. 309: Report of Property Transactions vom 18. Juni 1947. [2] StadtA Mannheim, Wissenschaftliche Stadtbibliothek, Archivalien-Zugang 21/1968, Nr. 40: Aufstellung der Städtischen Schloßbücherei Mannheim über Transporte nach Heilbronn.

Mannheim[1]
Mannheimer Altertumsverein[1]

Einlagerungsort:	Heilbronn[1]
Einlagerungsdatum:	nach September 1943 und vor Anfang Februar 1944[2]
Einlagerungsgut:	31 Kisten mit den geretteten Büchern (Abteilung Pfalz und Mannheim)[2] aus der Bibliothek des Vereins.
Auslagerung:	
Flächenbedarf:	
Bemerkungen:	Die Einlagerung erfolgte zusammen mit dem Städtischen Schloßmuseum Mannheim[1].

Quellennachweis: [1] StadtA Mannheim, Hauptregistratur, Archivalien-Zugang 1955–1964, Nr. 983: Schreiben des Städtischen Schloßmuseums Mannheim vom 15. Januar 1946 an die Militärregierung Heilbronn.
[2] StadtA Mannheim, Wissenschaftliche Stadtbibliothek, Archivalien-Zugang 21/1968, Nr. 40: Schreiben des Städtischen Schloßmuseums und der Städtischen Schloßbücherei Mannheim vom 2. Februar 1944 an den Generaldirektor der Oberrheinischen Museen.

Mannheim[1]
Motorenwerke Mannheim AG (vorm. Benz Abt. stat. Motorenbau)[1]

Einlagerungsort: Kochendorf[1]
Einlagerungsdatum: Januar bis März 1945[2]
Einlagerungsgut: 65 Kisten[3] mit Korrespondenz, Akten, Zeichnungen1, 95 Maschinen (Drehbänke, Fräs- und Bohrmaschinen usw.), 1 Eisenbahnwagen mit halbfertigen Produkten, 2 Eisenbahnwagen mit Werkzeugen, Kisten usw.[3]
Auslagerung: Februar/März 1946[2]
Flächenbedarf: 1800 qm² in Halle A10[4]
Bemerkungen: Eine Liste der bereits im Januar 1946 rückgeführten Materialien liegt vor[1].

Quellennachweis: [1] StA Ludwigsburg, EL 402 Heilbronn lfd. Nr. 309: Report of Property Transactions vom Februar 1946.
[2] StA Ludwigsburg, EL 402 Heilbronn lfd. Nr. 238, Einlagerungsverzeichnisse für Kochendorf: Aufstellung über Bergungsgüter im Steinsalzbergwerk Kochendorf.
[3] StA Ludwigsburg, EL 402 Heilbronn lfd. Nr. 238, Verschiedenes: Status of industrial firms, Heilbronn and Kochendorf Salt Mines vom 15. Juni 1946.
[4] BA Potsdam, R 7/1208 fol. 241.

Mannheim[1]
Nationaltheater[1]

Einlagerungsort: Heilbronn[1]
Einlagerungsdatum: 7. Oktober 1943, 24. Februar, 23. März 1944[1]
Einlagerungsgut: 23 Kisten[1] Bücher und Manuskripte[2] Kostüme, Requisiten, Instrumente[3], darunter eine Stradivari-Geige[4]
Auslagerung: 10 Kisten am 18. April 1946[5]
Flächenbedarf:

Bemerkungen:	Die Einlagerung erfolgte zusammen mit der Städtischen Schloßbücherei Mannheim[1].
Quellennachweis:	[1] StadtA Mannheim, Wissenschaftliche Stadtbibliothek, Archivalien-Zugang 21/1968, Nr. 40: Aufstellung der Städtischen Schloßbücherei Mannheim über Transporte nach Heilbronn. [2] StadtA Mannheim, Hauptregistratur, Archivalien-Zugang 1955–1964, Nr. 983: Schreiben des Städtischen Schloßmuseums Mannheim vom 15. Januar 1946 an die Militärregierung Heilbronn. [3] StadtA Mannheim, Hauptregistratur, Archivalien-Zugang 1955–1964, Nr. 983: Schreiben des Nationaltheaters Mannheim vom 25. Februar 1947 an die Stadtverwaltung Mannheim. [4] StadtA Mannheim, Kulturamt, Archivalien-Zugang 9/1978, Nr. 320: Schreiben von Konzertmeister Berthold Cassedanne vom 14. Dezember 1947. [5] StA Ludwigsburg, EL 402 Heilbronn lfd. Nr. 238, Berichte an MFA & A: Weekly MFA & A Collecting Point Report vom 23. April 1946.

Mannheim[1]
Stadtarchiv[1]

Einlagerungsort:	Heilbronn[1]
Einlagerungsdatum:	27. September 1944[1]
Einlagerungsgut:	37 Kisten[1] mit Akten und Stadtratsprotokollen aus dem 17. bis 19. Jahrhundert, Ehrenbürgerbriefen, Urkunden der Vororte, Häuserbüchern usw.[2]
Auslagerung:	wohl im März/April 1947[3]
Flächenbedarf:	
Bemerkungen:	Die Einlagerung erfolgte zusammen mit dem Städtischen Schloßmuseum, Mannheim[1].
Quellennachweis:	[1] StadtA Mannheim, Wissenschaftliche Stadtbibliothek, Archivalien-Zugang 21/1968, Nr. 40: Aufstellung der Städtischen Schloßbücherei Mannheim über Transporte nach Heilbronn. [2] StadtA Mannheim, Hauptregistratur, Archivalien-Zugang 1955–1964, Nr. 983: Schreiben des Städtischen Schloßmuseums Mannheim vom 15. Januar 1946 an die Militärregierung Heilbronn. [3] Schreiben des Stadtarchivs Mannheim vom 28. Februar 1996 an den Verfasser.

Mannheim[1]
Städtische Kunsthalle[1]

Einlagerungsort:	Heilbronn[1]
Einlagerungsdatum:	30. September, 1., 8., 20., 22., 26. Oktober, 8. November, 21. Dezember 1943, 17., 28. Januar, 14. Februar, 4. April, 25. Oktober 1944[2]
Einlagerungsgut:	315 Kisten mit Bibliothek, Mappenwerken, Staatlicher Kupferstichsammlung, Sammlung moderner Werkkunst und einigen Gemälden zweiten Ranges[3]
Auslagerung:	22. April bis 9. Mai 1947[1]
Flächenbedarf:	
Bemerkungen:	Teilweise sind Einlagerungslisten vorhanden[2]; weitere Listen für verschiedene andere Auslagerungsorte (z. B. Heidelberg) sind ebenfalls überliefert[4].
Quellennachweis:	[1] StA Ludwigsburg, EL 402 Heilbronn lfd. Nr. 309. [2] HStA Stuttgart, RG 260 OMGWB 12/89–3/13 (5 of 6; 6 of 6): Aufstellung der Transporte der Kunsthalle Mannheim nach Heilbronn. [3] StadtA Mannheim, Hauptregistratur, Archivalien-Zugang 1955–1964, Nr. 983. [4] HStA Stuttgart, RG 260 OMGWB 12/90-1/3 (4 of 5; 5 of 5).

Mannheim[1]
Städtische Musikhochschule[1]

Einlagerungsort:	Heilbronn[1]
Einlagerungsdatum:	vor Ende April 1944[2], u. a. 26. Oktober 1944[3]
Einlagerungsgut:	38 Kisten mit Instrumenten, 28 Kisten mit Orchesternoten, 9 Kisten mit verschiedenen Drucksachen[4]
Auslagerung:	25. März bis 9. Mai 1947[1]
Flächenbedarf:	22 qm in Raum L[5]
Bemerkungen:	Bei der Auslagerung fehlte Kiste Nr. 29[6].
Quellennachweis:	[1] StA Ludwigsburg, EL 402 Heilbronn lfd. Nr. 309: Report of Property Transactions vom 16. Juni 1947. [2] BA Potsdam, R 7/1208 fol. 61. [3] StadtA Mannheim, Wissenschaftliche Stadtbibliothek, Archivalien-Zugang 21/1968, Nr. 40: Aufstellung der Städtischen Schloßbücherei Mannheim über Transporte nach Heilbronn. [4] StadtA Mannheim, Musikhochschule, Archivalien-Zugang 34/1969, Nr. 48: Schreiben der Hochschule für Musik und Theater Mannheim vom 25. Mai 1945 an den Mannheimer Oberbürgermeister.

⁵ StA Ludwigsburg, EL 402 Heilbronn lfd. Nr. 238, Einlagerungsverzeichnisse für Heilbronn: Verlagerte Vermögenswerte im Salzwerk Heilbronn.
⁶ StA Ludwigsburg, EL 402 Heilbronn lfd. Nr. 309.

Mannheim[1]
Städtische Schloßbücherei[1]

Einlagerungsort:	Heilbronn[1]
Einlagerungsdatum:	
Transporte:	4., 5., 6., 7., 12., 14., 19., 28. Oktober, 1., 2. November, 21. Dezember 1943, 17. Januar, 24. Februar, 23. März, 15., 24. Mai, 7. Juni, 6., 21., 24. Juli, 27. September, 5., 26. Oktober 1944[2]
Einlagerungsgut:	1776 Kisten Bücher[3], darunter die Sammlungen Desbillons[1], Mammelsdorf[3] und Weickum[1] sowie Kataloge und Mappenwerke[3]
Auslagerung:	11. bis 21. Juni 1946[4]
Flächenbedarf:	870 qm in Raum S (Stadt Mannheim insgesamt)[5]
Bemerkungen:	Die Städtische Schloßbücherei wurde nach dem schweren Luftangriff auf Mannheim am 5./6. September 1943 großenteils erst nach Schwetzingen und von dort ab Februar 1944 nach Heilbronn verbracht. Andere Bestände kamen nach dem Angriff direkt nach Heilbronn[1].
Quellennachweis:	[1] StadtA Mannheim, Wissenschaftliche Stadtbibliothek, Archivalien-Zugang 21/1968, Nr. 40: Schreiben von Dr. Böhm vom 22. Januar 1944 an die Universitätsbibliothek Heidelberg. [2] StadtA Mannheim, Wissenschaftliche Stadtbibliothek, Archivalien-Zugang 21/1968, Nr. 40: Aufstellung der Städtischen Schloßbücherei Mannheim über Transporte nach Heilbronn. [3] StadtA Mannheim, Hauptregistratur, Archivalien-Zugang 1955–1964, Nr. 983: Aufstellung der Städtischen Schloßbücherei Mannheim vom 9. Oktober 1944. [4] StadtA Mannheim, Hauptregistratur, Archivalien-Zugang 1955–1964, Nr. 976: Schreiben der Städtischen Schloßbücherei Mannheim vom 25. Juni 1946 an die Stadtverwaltung Mannheim. [5] StA Ludwigsburg, EL 402 Heilbronn lfd. Nr. 238, Einlagerungsverzeichnisse für Heilbronn: Verlagerte Vermögenswerte im Salzwerk Heilbronn.

Mannheim[1]
Städtisches Schloßmuseum[1]

Einlagerungsort:	Heilbronn[1]
Einlagerungsdatum:	Nach September 1943[2] und vor dem 2. Februar 1944[3], u. a. am 29. Oktober und am 5. November 1943[4]
Einlagerungsgut:	1943 oder 195 Kisten, davon 118 Kisten mit Porzellan, Fayencen, Glas, Silber usw., 52 Kisten mit Kupferstichen, Handzeichnungen, Aquarellen, Lithographien, Fotos, Katalogen und Inventaren, 18 Kisten mit Ölgemälden, Aquarellen, Stichen und Handzeichnungen[4], 7 Kisten Sammlung Hans Hermannsdorfer (Fayencen)[5]
Auslagerung:	Juni 1946, 25. März bis 2. Mai 1947 (155 Kisten)[1]
Flächenbedarf:	870 qm in Raum S (Gesamtplatzbedarf der Stadt Mannheim)[6]
Bemerkungen:	Die Auslagerung begann bereits im Juni 1946 unter Leutnant Ford, mußte aber unterbrochen werden, weil in Mannheim nicht ausreichend geeignete Räume für die Unterbringung der Sammlungsgegenstände zur Verfügung standen[1].
Quellennachweis:	[1] StA Ludwigsburg, EL 402 Heilbronn lfd. Nr. 309: Report of Property Transactions vom 16. Juni 1947. [2] StadtA Mannheim, Hauptregistratur, Archivalien-Zugang 1955–1964, Nr. 983: Bericht des Mannheimer Hochbauamts vom 15. Oktober 1943. [3] StadtA Mannheim, Wissenschaftliche Stadtbibliothek, Archivalien-Zugang 21/1968, Nr. 40: Schreiben des Städtischen Schloßmuseums und der Städtischen Schloßbücherei Mannheim vom 2. Februar 1944 an den Generaldirektor der Oberrheinischen Museen. [4] StadtA Mannheim, Hauptregistratur, Archivalien-Zugang 1955–1964, Nr. 983: Schreiben des Städtischen Schloßmuseums Mannheim vom 15. Januar 1946 an die Militärregierung Heilbronn. [5] StadtA Mannheim, Hauptregistratur, Archivalien-Zugang 1955–1964, Nr. 983: Schreiben der Stadtverwaltung Mannheim vom 3. Februar 1947 an die Verlagerungsverwaltung Heilbronn. [6] StA Ludwigsburg, EL 402 Heilbronn lfd. Nr. 238, Einlagerungsverzeichnisse für Heilbronn: Verlagerte Vermögenswerte im Salzwerk Heilbronn.

Mannheim-Waldhof[1]
Boehringer (C. F. Boehringer & Söhne GmbH)[1]

Einlagerungsort:	Heilbronn[1] und Kochendorf[2]
Einlagerungsdatum:	Heilbronn: unbekannt[1] Kochendorf: Januar, Februar, März, April 1944 (Chinin, Chinarinde)[2], Anfang bzw. Frühjahr 1945 (Codein)[1]

Einlagerungsgut:	Heilbronn: 380 Kisten mit medizinischen Büchern[3] Kochendorf: 3 Kisten Codein mit einem Bruttogesamtgewicht von 123 kg (enthaltend: 1850 Beutel je 5 g Codein purum T.K. 1940, 925 Beutel je 10 g Codein purum T.K. 1940, 460 Beutel je 25 g Codein purum T.K. 1940, 450 Gläser je 10 g Codein phosphoricum T.K. 1940, 280 Gläser je 25 g Codein phosphoricum T.K. 1940[1]), 600 Säcke Chinarinde, 150 Kisten Chinin, 160 Fässer Chinin, 320 Blechbüchsen Chininum Sulfuricum[2]
Auslagerung:	12., 13., 14. Juli 1945 (Chinin, Chinarinde)[2], vor dem 23. April 1946 (Bücher)[3], bis zum 12. Februar 1947 (Codein)[1]
Flächenbedarf:	Heilbronn: 110 qm in Raum N[4] Kochendorf: 200 qm[2]
Bemerkungen:	Auslagerung von Chinin und Chinarinde durch die Heilbronner Militärregierung[2].
Quellennachweis:	[1] StA Ludwigsburg, EL 402 Heilbronn lfd. Nr. 309: Report of Property Transactions vom 17. April 1947. [2] StA Ludwigsburg, EL 402 Heilbronn lfd. Nr. 238, Einlagerungsverzeichnisse für Kochendorf: Aufstellung über Bergungsgüter im Steinsalzbergwerk Kochendorf. [3] StA Ludwigsburg, EL 402 Heilbronn lfd. Nr. 238, Berichte an MFA & A: Weekly MFA & A Collecting Point Report vom 23. April 1946. [4] StA Ludwigsburg, EL 402 Heilbronn lfd. Nr. 238, Einlagerungsverzeichnisse für Heilbronn: Verlagerte Vermögenswerte im Salzwerk Heilbronn.

Marbach a. N.[1]
Schiller-Nationalmuseum[1]

Einlagerungsort:	Kochendorf[1]
Einlagerungsdatum:	bis zum August 1943[1], u. a. Mai 1943[2]
Einlagerungsgut:	66 Kisten mit fast 100000 Handschriften (alle Dichternachlässe und Einzelautographen), 20000 Druckschriften und über 7000 Bildnisse und kleinere Plastiken[3]
Auslagerung:	5. und 6. März 1947[1]
Flächenbedarf:	20 qm[4]
Bemerkungen:	
Quellennachweis:	[1] StA Ludwigsburg, EL 402 Heilbronn lfd. Nr. 309: Report of Property Transactions vom 25. März 1947. [2] StA Ludwigsburg, EL 402 Heilbronn lfd. Nr. 238, Negativ verlaufene Anfragen: Schreiben von Dr. Schmidt vom 13. Mai 1943 an die Saline Kochendorf-Friedrichshall. [3] KOSCHLIG-WIEM, Schiller-Nationalmuseum, S. 158; Mitteilung von Walter Scheffler (Marbach a. N.) am 20. Juli 1995. [4] StA Ludwigsburg, EL 402 Heilbronn lfd. Nr. 309: Einlagerungsverzeichnis vom 10. September 1946.

Meldorf[1]
Kreisarchiv Süderdithmarschen[1]

Einlagerungsort:	Heilbronn[1]
Einlagerungsdatum:	1944[1]
Einlagerungsgut:	6 Kisten[1]
Auslagerung:	16.–18. Juli 1946[2]
Flächenbedarf:	
Bemerkungen:	Die Ein- und Auslagerung wurde von der Archivberatungsstelle Kiel durchgeführt[1].
Quellennachweis:	[1] LAS Schleswig, Abt. 371 Nr. 674: Verzeichnis der von der Archivberatungsstelle ausgelagerten Archivalien (undatiert).
	[2] KKrA Neumünster, Schriftgut des Kirchenkreises: Schreiben der Landesregierung Schleswig-Holstein (Ministerium für Volksbildung Abt. Allgemeine Kulturpflege) vom 12. Juni 1947.

Mölln i. Lbg.[1]
Stadtarchiv[2]

Einlagerungsort:	Heilbronn[1]
Einlagerungsdatum:	1944[1]
Einlagerungsgut:	7 Kisten[1]
Auslagerung:	16.–18. Juli 1946[2]
Flächenbedarf:	
Bemerkungen:	Die Ein- und Auslagerung wurde von der Archivberatungsstelle Kiel durchgeführt[1].
Quellennachweis:	[1] LAS Schleswig, Abt. 371 Nr. 674: Verzeichnis der von der Archivberatungsstelle ausgelagerten Archivalien (undatiert).
	[2] KKrA Neumünster, Schriftgut des Kirchenkreises: Schreiben der Landesregierung Schleswig-Holstein (Ministerium für Volksbildung Abt. Allgemeine Kulturpflege) vom 12. Juni 1947.

Murrhardt[1]
Bürgermeister[1]

Einlagerungsort:	Kochendorf[1]
Einlagerungsdatum:	
Einlagerungsgut:	1 Ölgemälde[1]
Auslagerung:	

Flächenbedarf:
Bemerkungen:

Quellennachweis: [1] StA Ludwigsburg, EL 402 Heilbronn lfd. Nr. 238, Einlagerungsverzeichnisse für Heilbronn: List of Articles in Kochendorf Mine According to Correspondence and Lists.

Neckarsulm[1]
Gericht[1]

Einlagerungsort: Kochendorf[1]
Einlagerungsdatum:
Einlagerungsgut: 3 Schachteln (Geburtsregister)[1]
Auslagerung:
Flächenbedarf:
Bemerkungen:

Quellennachweis: [1] StA Ludwigsburg, EL 402 Heilbronn lfd. Nr. 238, Einlagerungsverzeichnisse für Heilbronn: List of Articles in Kochendorf Mine According to Correspondence and Lists.

Neckarsulm[1]
Schmidt (Karl Schmidt GmbH)[1]

Einlagerungsort: Heilbronn[2] und Kochendorf[3]
Einlagerungsdatum:
Einlagerungsgut: Heilbronn: Maschinen[1], Aluminium-Kolben[4] für Verbrennungsmotoren[5]
Kochendorf: Drehbänke, Schleif-, Fräs- und Bohrmaschinen[3]
Auslagerung: Heilbronn: Der größte Teil wurde bis August 1946 ausgelagert, ein kleinerer Teil war noch am 7. September 1946 unter Tage[2]; bereits vor dem 15. Juni 1946 wurden etwa 45 000 Aluminium-Kolben ausgelagert[4].
Kochendorf: 6. bis 20. Juni 1947[3]
Flächenbedarf: Heilbronn: 188 qm in Raum E[2]
Kochendorf: 2250 qm[1]
Bemerkungen: Für Kochendorf ist eine vollständige Einlagerungsliste vorhanden[3].

Quellennachweis: [1] StA Ludwigsburg, EL 402 Heilbronn lfd. Nr. 309: Einlagerungsverzeichnis vom 10. September 1946.

² StA Ludwigsburg, EL 402 Heilbronn lfd. Nr. 238, Einlagerungsverzeichnisse für Heilbronn: Verlagerte Vermögenswerte im Salzwerk Heilbronn.
³ StA Ludwigsburg, EL 402 Heilbronn lfd. Nr. 309: Report of Property Transactions vom 6. Oktober 1947.
⁴ StA Ludwigsburg, EL 402 Heilbronn lfd. Nr. 238: Verschiedenes: Status of industrial firms, Heilbronn and Kochendorf Salt Mines vom 15. Juni 1946.
⁵ StA Ludwigsburg, EL 402 Heilbronn lfd. Nr. 309: Einlagerungsverzeichnis vom 1. Oktober 1946.

Neckarsulm[1]
Spohn (Gebrüder Spohn GmbH)[1]

Einlagerungsort:	Heilbronn[1]
Einlagerungsdatum:	
Einlagerungsgut:	350 Rollen Spinnmaterial für Jutesäcke[1], Maschinen zur Verarbeitung von Jutefasern[2]
Auslagerung:	Beginn vor dem 15. Juni 1946 (Spinnmaterial)[1], wohl nach Juni 1947 (Maschinen)[2]
Flächenbedarf:	320 qm in Raum L[3]
Bemerkungen:	
Quellennachweis:	[1] StA Ludwigsburg, EL 402 Heilbronn lfd. Nr. 238, Verschiedenes: Status of industrial firms, Heilbronn and Kochendorf Salt Mines vom 15. Juni 1946.
	[2] Auskunft von Herrn Albert Hollstein (Offenau) vom 16. Juni 1995 gegenüber dem Verfasser.
	[3] StA Ludwigsburg, EL 402 Heilbronn lfd. Nr. 238, Einlagerungsverzeichnisse für Heilbronn: Verlagerte Vermögenswerte im Salzwerk Heilbronn.

Neuenkirchen[1]
Kirchspielarchiv[1]

Einlagerungsort:	Heilbronn[1]
Einlagerungsdatum:	wohl Ende April 1944[2], weiterer Transport wohl Ende September 1944[3]
Einlagerungsgut:	1. Transport:[3] 18 Pakete mit Akten[1]
	2. Transport: 5 Pakete mit Kirchspielsachen und auch Akten der Gemeindeverwaltung (z. B. Wasser-, Wege-, Steuer-, Rechnungs- und Justizsachen)[3]
Auslagerung:	16.–18. Juli 1946[4]
Flächenbedarf:	

Bemerkungen:	Die Ein- und Auslagerung wurde von der Archivberatungsstelle Kiel durchgeführt und erfolgte über das Kreisarchiv Norderdithmarschen (Heide)[1]. Eine Einlagerungsliste für beide Transporte ist vorhanden[1,3].
Quellennachweis:	[1] LAS Schleswig, Abt. 320.10 Nr. 4877: Schreiben des Archivpflegers für Norderdithmarschen vom 18. April 1944 an die Archivberatungsstelle Kiel. [2] LAS Schleswig, Abt. 320.10 Nr. 4877: Schreiben der Archivberatungsstelle Kiel vom 1. April 1944 an den Landrat in Heide. [3] LAS Schleswig, Abt. 320.10 Nr. 4877: Aufstellung des Kreisarchivs Norderdithmarschen (Heide) vom 15. August 1944. [4] KKrA Neumünster, Schriftgut des Kirchenkreises: Schreiben der Landesregierung Schleswig-Holstein (Ministerium für Volksbildung Abt. Allgemeine Kulturpflege) vom 12. Juni 1947.

Neumünster[1]
Propsteiarchiv[1]

Einlagerungsort:	Heilbronn[1]
Einlagerungsdatum:	wohl Ende September 1944[1]
Einlagerungsgut:	8 Kisten[3]
Auslagerung:	16.–18. Juli 1946[2]
Flächenbedarf:	
Bemerkungen:	Die Ein- und Auslagerung wurde von der Archivberatungsstelle Kiel durchgeführt[1]. Eine Einlagerungsliste ist vorhanden[3].
Quellennachweis:	[1] LAS Schleswig, Abt. 371 Nr. 674: Verzeichnis der von der Archivberatungsstelle ausgelagerten Archivalien (undatiert). [2] KKrA Neumünster, Schriftgut des Kirchenkreises: Schreiben der Landesregierung Schleswig-Holstein (Ministerium für Volksbildung Abt. Allgemeine Kulturpflege) vom 12. Juni 1947. [3] KKrA Neumünster, Schriftgut des Kirchenkreises: Gesamtverzeichnis der Kirchenbücher und Archivalien, zum Schutz gegen Flieger- und Brandgefahr in Kisten verpackt und in Sicherheit gebracht, vom 6. Mai 1944.

Neumünster[1]
Stadtarchiv[1]

Einlagerungsort:	Heilbronn[1]
Einlagerungsdatum:	wohl Ende April 1944[3]
Einlagerungsgut:	6 Kisten[1]

Auslagerung:	16.–18. Juli 1946[2]
Flächenbedarf:	
Bemerkungen:	Die Ein- und Auslagerung wurde von der Archivberatungsstelle Kiel durchgeführt[1]. Eine Einlagerungsliste ist vorhanden[3].
Quellennachweis:	[1] LAS Schleswig, Abt. 371 Nr. 674: Verzeichnis der von der Archivberatungsstelle ausgelagerten Archivalien (undatiert). [2] KKrA Neumünster, Schriftgut des Kirchenkreises: Schreiben der Landesregierung Schleswig-Holstein (Ministerium für Volksbildung Abt. Allgemeine Kulturpflege) vom 12. Juni 1947. [3] StadtA Neumünster MA 4938/6: Verzeichnis der auf Veranlassung der Archivberatungsstelle des Oberpräsidenten verschickten Archivalien vom April 1944.

Norderwöhrden[1]
Kirchspielarchiv – Gemeinde[1]

Einlagerungsort:	Heilbronn[1]
Einlagerungsdatum:	wohl Ende April 1944[2]
Einlagerungsgut:	10 Pakete mit Akten[1]
Auslagerung:	16.–18. Juli 1946[3]
Flächenbedarf:	
Bemerkungen:	Die Ein- und Auslagerung wurde von der Archivberatungsstelle Kiel durchgeführt und erfolgte über das Kreisarchiv Norderdithmarschen (Heide). Eine Einlagerungsliste ist vorhanden[1].
Quellennachweis:	[1] LAS Schleswig, Abt. 320.10 Nr. 4877: Schreiben des Archivpflegers für Norderdithmarschen vom 18. April 1944 an die Archivberatungsstelle Kiel. [2] LAS Schleswig, Abt. 320.10 Nr. 4877: Schreiben der Archivberatungsstelle Kiel vom 1. April 1944 an den Landrat in Heide. [3] KKrA Neumünster, Schriftgut des Kirchenkreises: Schreiben der Landesregierung Schleswig-Holstein (Ministerium für Volksbildung Abt. Allgemeine Kulturpflege) vom 12. Juni 1947.

Nürtingen[1]
Landratsamt[1]

Einlagerungsort:	Kochendorf[1]
Einlagerungsdatum:	12. April 1944[1]
Einlagerungsgut:	1 Karton Akten, Wertgegenstände der Bildenden Kunst und der Literatur[1]

Auslagerung:	22. April 1947[1]
Flächenbedarf:	3 qm[2]
Bemerkungen:	
Quellennachweis:	[1] StA Ludwigsburg, EL 402 Heilbronn lfd. Nr. 309: Report of Property Transactions vom 21. Mai 1945. [2] StA Ludwigsburg, EL 402 Heilbronn lfd. Nr. 309: Einlagerungsverzeichnis vom 10. September 1946.

Preetz[1]
Klosterarchiv[1]

Einlagerungsort:	Heilbronn[1]
Einlagerungsdatum:	1944[1]
Einlagerungsgut:	2 Kisten und 10 Kartons[1]
Auslagerung:	16.–18. Juli 1946[2]
Flächenbedarf:	
Bemerkungen:	Die Ein- und Auslagerung wurde von der Archivberatungsstelle Kiel durchgeführt[1].
Quellennachweis:	[1] LAS Schleswig, Abt. 371 Nr. 674: Verzeichnis der von der Archivberatungsstelle ausgelagerten Archivalien (undatiert). [2] KKrA Neumünster, Schriftgut des Kirchenkreises: Schreiben der Landesregierung Schleswig-Holstein (Ministerium für Volksbildung Abt. Allgemeine Kulturpflege) vom 12. Juni 1947.

Rendsburg[1]
Stadtarchiv[1]

Einlagerungsort:	Heilbronn[1]
Einlagerungsdatum:	1944[1]
Einlagerungsgut:	ca. 120 Pakete[1]
Auslagerung:	16.–18. Juli 1946[2]
Flächenbedarf:	
Bemerkungen:	Die Ein- und Auslagerung wurde von der Archivberatungsstelle Kiel durchgeführt[1].
Quellennachweis:	[1] LAS Schleswig, Abt. 371 Nr. 674: Verzeichnis der von der Archivberatungsstelle ausgelagerten Archivalien (undatiert). [2] KKrA Neumünster, Schriftgut des Kirchenkreises: Schreiben der Landesregierung Schleswig-Holstein (Ministerium für Volksbildung Abt. Allgemeine Kulturpflege) vom 12. Juni 1947.

Saarbrücken[1]
Altertumsmuseum[1] (Konservatoramt)[1]

Einlagerungsort:	Kochendorf[1]
Einlagerungsdatum:	vor Ende April 1944[1]
Einlagerungsgut:	40 Schachteln[2] Museumsgut[3] (1 Waggon)[2]
Auslagerung:	nach dem 19. Juni 1947. Zu diesem Zeitpunkt befanden sich die Materialien im Heilbronner Salzwerk[2].
Flächenbedarf:	10 qm[3]
Bemerkungen:	

Quellennachweis:
[1] BA Potsdam, R 7/1208 fol. 61.
[2] StA Ludwigsburg, EL 402 Heilbronn lfd. Nr. 238, Heilbronn Büro und Verschiedenes: Aufstellung von Dr. Prey vom 19. Juni 1947 über die Auslagerung aus dem Heilbronner und dem Kochendorfer Salzbergwerk.
[3] StA Ludwigsburg, EL 402 Heilbronn lfd. Nr. 309: Einlagerungsverzeichnis vom 10. September 1946.

Schleswig[1]
Klosterarchiv St. Johannis vor Schleswig[1]

Einlagerungsort:	Heilbronn[1]
Einlagerungsdatum:	1944[1]
Einlagerungsgut:	1 Kiste und 1 Paket[1]
Auslagerung:	16.–18. Juli 1946[2]
Flächenbedarf:	
Bemerkungen:	Die Ein- und Auslagerung wurde von der Archivberatungsstelle Kiel durchgeführt[1].

Quellennachweis:
[1] LAS Schleswig, Abt. 371 Nr. 674: Verzeichnis der von der Archivberatungsstelle ausgelagerten Archivalien (undatiert).
[2] KKrA Neumünster, Schriftgut des Kirchenkreises: Schreiben der Landesregierung Schleswig-Holstein (Ministerium für Volksbildung Abt. Allgemeine Kulturpflege) vom 12. Juni 1947.

Schleswig[1]
Stadtarchiv[1]

Einlagerungsort:	Heilbronn[1]
Einlagerungsdatum:	1944[1]
Einlagerungsgut:	15 Kisten[1]

Auslagerung:	16.–18. Juli 1946[2]
Flächenbedarf:	
Bemerkungen:	Die Ein- und Auslagerung wurde von der Archivberatungsstelle Kiel durchgeführt[1].
Quellennachweis:	[1] LAS Schleswig, Abt. 371 Nr. 674: Verzeichnis der von der Archivberatungsstelle ausgelagerten Archivalien (undatiert). [2] KKrA Neumünster, Schriftgut des Kirchenkreises: Schreiben der Landesregierung Schleswig-Holstein (Ministerium für Volksbildung Abt. Allgemeine Kulturpflege) vom 12. Juni 1947.

Schnait
Vgl. Weinstadt-Schnait

Schwäbisch Gmünd[1]
Museum[1]

Einlagerungsort:	Kochendorf[1]
Einlagerungsdatum:	
Einlagerungsgut:	30 Kisten (insbesondere Silberwaren)[1]
Auslagerung:	nach dem 15. Februar 1946[1]
Flächenbedarf:	
Bemerkungen:	
Quellennachweis:	[1] StA Ludwigsburg, EL 402 Heilbronn lfd. Nr. 238, Reports: Special Report of the Collecting Point-Repository at the Heilbronn and Kochendorf Salt-Mines vom 15. Februar 1946; vgl. auch 238, Einlagerungsverzeichnisse für Kochendorf: Aufstellung über Bergungsgüter im Steinsalzbergwerk Kochendorf.

Schwäbisch Gmünd[1]
Stadtarchiv[1]

Einlagerungsort:	Kochendorf[1]
Einlagerungsdatum:	14. August, 5. September, Oktober[1] 1943[2]
Einlagerungsgut:	93 Kisten mit Archivalien (reichsstädtisches Archiv und Spitalarchiv bis 1802[1]/03[2], Zeitungsarchiv[1] ab 1825[2], die wichtigsten Akten, Protokolle, Veröffentlichungen, Gemeinderatsprotokolle der Stadtverwaltung einschließlich Hospital und Stadtwerke bis 1933)[1].

Auslagerung:	6.²/7. Februar 1947¹
Flächenbedarf:	20 qm³
Bemerkungen:	Die Verbringung nach Kochendorf wurde auf Empfehlung der Württembergischen Archivdirektion vorgenommen, da „es keinen sichereren Ort in Württemberg als das Bergwerk Kochendorf" gebe².
Quellennachweis:	¹ StA Ludwigsburg, EL 402 Heilbronn lfd. Nr. 309: Report of Property Transactions vom 26. Februar 1947. ² Schreiben des Stadtarchivs Schwäbisch Gmünd vom 29. Mai 1995 an den Verfasser. ³ StA Ludwigsburg, EL 402 Heilbronn lfd. Nr. 309: Einlagerungsverzeichnis vom 10. September 1946.

Schwäbisch Hall¹
Evangelische Gesamtkirchengemeinde¹

Einlagerungsort:	Kochendorf¹
Einlagerungsdatum:	August 1943¹
Einlagerungsgut:	Altäre, Gemälde, Figuren, Bildhauerarbeiten, Glasfenster aus den Kirchen St. Michael, St. Urban und St. Katharina¹
Auslagerung:	24. Februar 1947¹
Flächenbedarf:	30 qm²
Bemerkungen:	Eine vollständige Einlagerungsliste ist vorhanden¹; vgl. Anhang III e.
Quellennachweis:	¹ StA Ludwigsburg, EL 402 Heilbronn lfd. Nr. 309: Report of Property Transactions vom 18. März 1947. ² StA Ludwigsburg, EL 402 Heilbronn lfd. Nr. 309: Einlagerungsverzeichnis vom 10. September 1946, S. 3.

Schwäbisch Hall¹
Gerhards Marionetten-Theater¹

Einlagerungsort:	Heilbronn¹
Einlagerungsdatum:	
Einlagerungsgut:	ca. 40 Koffer, Kisten und Pakete mit mechanischen Puppen und Theater-Requisiten²
Auslagerung:	vor dem 7. September 1946¹
Flächenbedarf:	11 qm in Raum M¹
Bemerkungen:	Gerhards Marionetten-Theater wurde im Zweiten Weltkrieg in Wuppertal ausgebombt und kam dann nach Schwäbisch Hall³.

Quellennachweis: [1] StA Ludwigsburg, EL 402 Heilbronn lfd. Nr. 238, Einlagerungsverzeichnisse für Heilbronn: Verlagerte Vermögenswerte im Salzwerk Heilbronn.
[2] StadtA Heilbronn, VR Abgabe 28/89, Ord 1 |4.
[3] Telefonische Auskunft von Wolfgang Gerhards am 26. Mai 1995 an den Verfasser.

Schwäbisch Hall[1]
Stadtwerke[2]

Einlagerungsort:	Kochendorf[1]
Einlagerungsdatum:	
Einlagerungsgut:	1 Kiste Zeichnungen und Pläne[2] (städt. Rohrleitungen)[1]
Auslagerung:	
Flächenbedarf:	
Bemerkungen:	
Quellennachweis:	[1] StA Ludwigsburg, EL 402 Heilbronn lfd. Nr. 238, Einlagerungsverzeichnisse für Heilbronn: List of Articles in Kochendorf Mine According to Correspondence and Lists (undatiert). [2] BA Potsdam, R 7/1208 fol. 60.

Schwieberdingen[1]
Evangelische Kirchengemeinde[1]

Einlagerungsort:	Kochendorf[1]
Einlagerungsdatum:	17. November 1943[1]
Einlagerungsgut:	Kreuzigungsgruppe (3 geschnitzte Holzfiguren, Kruzifixus, Maria und Johannes)[1]
Auslagerung:	17. Mai 1947 (Rückgabe)[1]
Flächenbedarf:	5 qm[2]
Bemerkungen:	
Quellennachweis:	[1] StA Ludwigsburg, EL 402 Heilbronn lfd. Nr. 309: Report of Property Transactions vom 11. Juni 1947. [2] StA Ludwigsburg, EL 402 Heilbronn lfd. Nr. 309: Einlagerungsverzeichnis vom 10. September 1946, S. 3.

Steinburg[1]
Kreisarchiv[1]

Einlagerungsort:	Heilbronn[1]
Einlagerungsdatum:	1944[1]
Einlagerungsgut:	77 Pakete[1]
Auslagerung:	16.–18. Juli 1946[2]
Flächenbedarf:	
Bemerkungen:	Die Ein- und Auslagerung wurde von der Archivberatungsstelle Kiel durchgeführt[1].
Quellennachweis:	[1] LAS Schleswig, Abt. 371 Nr. 674: Verzeichnis der von der Archivberatungsstelle ausgelagerten Archivalien (undatiert). [2] KKrA Neumünster, Schriftgut des Kirchenkreises: Schreiben der Landesregierung Schleswig-Holstein (Ministerium für Volksbildung Abt. Allgemeine Kulturpflege) vom 12. Juni 1947.

Straßburg[1]
Generaldirektion der Oberrheinischen Museen[1]

Einlagerungsort:	Kochendorf[1]
Einlagerungsdatum:	vor Ende April 1944[1]
Einlagerungsgut:	1 Waggon Kisten[1]
Auslagerung:	
Flächenbedarf:	
Bemerkungen:	
Quellennachweis:	[1] BA Potsdam, R 7/1208 fol. 61.

Straßburg[1]
Münsterkirchengemeinde[1]

Einlagerungsort:	Heilbronn[1]
Einlagerungsdatum:	16. und 22.[2] November 1944[1]
Einlagerungsgut:	Kirchenfenster[1]
Auslagerung:	4. September 1945[1]
Flächenbedarf:	75 qm in Raum U I (Gesamtplatzbedarf zusammen mit der Straßburger Universität)[3]
Bemerkungen:	

Quellennachweis:	[1] Vgl. Abschnitt 8 m. [2] STEINHILBER, Straßburger Münsterfenster, S. 2. [3] StA Ludwigsburg, EL 402 Heilbronn lfd. Nr. 238, Einlagerungsverzeichnisse für Heilbronn: Verlagerte Vermögenswerte im Salzwerk Heilbronn.

Straßburg[1]
Universität[1]

Einlagerungsort:	wohl Heilbronn[1]
Einlagerungsdatum:	
Einlagerungsgut:	5 Kisten mit Archivalien aus dem 12. Jahrhundert[1]
Auslagerung:	1945[1]
Flächenbedarf:	75 qm in Raum U I (Gesamtplatzbedarf zusammen mit der Straßburger Münsterkirchengemeinde)[2]
Bemerkungen:	
Quellennachweis:	[1] StA Ludwigsburg, EL 402 Heilbronn lfd. Nr. 238, Verschiedenes: Section III Monthly Historical Report vom 30. November 1945. [2] StA Ludwigsburg, EL 402 Heilbronn lfd. Nr. 238, Einlagerungsverzeichnisse für Heilbronn: Verlagerte Vermögenswerte im Salzwerk Heilbronn.

Stuppach[1]
Katholische Kirchengemeinde[1]

Einlagerungsort:	Kochendorf[1]
Einlagerungsdatum:	wohl 1944 („im letzten Kriegsjahr")[2]
Einlagerungsgut:	Madonna von Grünewald[1] (1 Kiste)[3]
Auslagerung:	23. März 1946[1]
Flächenbedarf:	
Bemerkungen:	
Quellennachweis:	[1] HStA Stuttgart, RG 260 OMGUS 3/438-1/11 (1 of 2): MFA & A Collecting Point Report for the Month of March vom 28. März 1946. [2] StA Ludwigsburg, EL 402 Heilbronn lfd. Nr. 238, Berichte an MFA & A: Monthly Consolidated MFA & A Field Report vom 31. Oktober 1945. [3] StA Ludwigsburg, EL 402 Heilbronn lfd. Nr. 238, Einlagerungsverzeichnisse für Kochendorf: Aufstellung über Bergungsgüter im Steinsalzbergwerk Kochendorf.

Stuttgart[1]
Altertumsmuseum[1]

Einlagerungsort:	Kochendorf[1]
Einlagerungsdatum:	
Einlagerungsgut:	38 Gestelle, 13 Körbe, 45 Kisten Museumsgut[1]
Auslagerung:	nach dem 1. Oktober 1946[1]
Flächenbedarf:	50 qm[2]
Bemerkungen:	
Quellennachweis:	[1] StA Ludwigsburg, EL 402 Heilbronn lfd. Nr. 309: Einlagerungsverzeichnis vom 1. Oktober 1946.
	[2] StA Ludwigsburg, EL 402 Heilbronn lfd. Nr. 309: Einlagerungsverzeichnis vom 10. September 1946.

Stuttgart[1]
Amtsgericht[1]

Einlagerungsort:	Kochendorf[1]
Einlagerungsdatum:	vor Ende April 1944[1]
Einlagerungsgut:	Personenstandsregister[1]
Auslagerung:	
Flächenbedarf:	
Bemerkungen:	
Quellennachweis:	[1] BA Potsdam, R 7/1208 fol. 60.

Stuttgart[1]
Bergamt[1]

Einlagerungsort:	Kochendorf[1]
Einlagerungsdatum:	vor Ende April 1944[1]
Einlagerungsgut:	10 Rollen und 1 Paket[2] Pläne[1]
Auslagerung:	Juli 1946[2]
Flächenbedarf:	
Bemerkungen:	Auslagerung durch Oberbergrat Carp[2]
Quellennachweis:	[1] BA Potsdam, R 7/1208 fol. 60.
	[2] StA Ludwigsburg, EL 402 Heilbronn lfd. Nr. 238, Einlagerungsverzeichnisse für Kochendorf: Aufstellung über Bergungsgüter im Steinsalzbergwerk Kochendorf.

Stuttgart[1]
Borst, Hugo[1] (Künstlerhaus Sonnenhalde)

Einlagerungsort:	Heilbronn[1]
Einlagerungsdatum:	ab/nach Juli 1944[2]
Einlagerungsgut:	Gemälde, Bücher[1]
Auslagerung:	nach dem 7. September 1946[3]
Flächenbedarf:	8 qm in Raum E[3]
Bemerkungen:	Das „Künstlerhaus Sonnenhalde" des Stuttgarter Kunstsammlers und Mäzens Hugo Borst wurde im Juli[2] 1944 vollständig zerstört. Einige Kunstwerke, z. B. des Malers Reinhold Nägele, konnten geborgen und dann in Heilbronn eingelagert werden. Außerdem überstand Borsts bedeutende Büchersammlung (Erstausgaben und Rara) im Salzwerk Heilbronn den Krieg[1]. 1951 stiftete Borst als Freund der Stadt Heilbronn dem Heilbronner Stadtarchiv über 450 Bücher und Zeitschriften von Friedrich Naumann, Ernst Jäckh und Theodor Heuss.
Quellennachweis:	[1] ADOLPH, Borst, S. 21, 24, 25, 123. [2] Schreiben des Stadtarchivs Stuttgart vom 16. November 1995 an den Verfasser. [3] StA Ludwigsburg, EL 402 Heilbronn lfd. Nr. 238, Einlagerungsverzeichnisse für Heilbronn: Verlagerte Vermögenswerte im Salzwerk Heilbronn.

Stuttgart[1]
Bosch (Robert Bosch GmbH)[1]

Einlagerungsort:	Heilbronn[1] und Kochendorf[2]
Einlagerungsdatum:	Heilbronn: Mitte 1944[3]
Einlagerungsgut:	in Heilbronn: ca. 20 Ölgemälde, Kisten und Schränke mit Akten, Patentschriften, Karteien, Patent- und Warenzeichenblättern, Zeitschriften, Bücher[3] in Kochendorf: Ofenteile, Rohre, Elektromaterial[2]
Auslagerung:	Heilbronn: 17., 23., 30. Januar, 4., 11., 18., 25., 28. Februar, 4., 11., 18. März 1947[2] Kochendorf: 24., 29. März, 1., 26. April 1947[2]
Flächenbedarf:	932 qm (Heilbronn)[1]
Bemerkungen:	Eine summarische englischsprachige Einlagerungsliste für Heilbronn und Kochendorf ist erhalten geblieben[2]. Vgl. auch Stuttgart, Verein zur Förderung der Volksbildung.

Quellennachweis:	[1] StA Ludwigsburg, EL 402 Heilbronn lfd. Nr. 309: Einlagerungsverzeichnis vom 1. Oktober 1946. [2] StA Ludwigsburg, EL 402 Heilbronn lfd. Nr. 309: Report of Property Transactions vom 13. Oktober 1947. [3] Schreiben der Robert Bosch GmbH Stuttgart vom 14. Juni 1995 an den Verfasser.

Stuttgart[1]
Cotta-Verlags-Archiv[1]

Einlagerungsort:	Kochendorf[1]
Einlagerungsdatum:	24. Oktober 1942[2], 22. Mai 1943[1]
Einlagerungsgut:	10 Kisten (Autographen, wertvolle Korrespondenzen usw.)[2]
Auslagerung:	11./16. April 1946[3]
Flächenbedarf:	
Bemerkungen:	Vgl. Abschnitt 8b. Die Einlagerung erfolgte zusammen mit Archivalientransporten des Hauptstaatsarchivs Stuttgart[2]. Der Rücktransport wurde zusammen mit dem Einlagerungsgut von 240 Stuttgarter Privatpersonen durchgeführt[1]. Genaue Auslagerungslisten sind vorhanden[4].
Quellennachweis:	[1] Schreiben des Schiller-Nationalmuseums Deutsches Literaturarchiv Marbach vom 4. August 1995 an den Verfasser. [2] HStA Stuttgart, E 61 Bü 493 |197 und ohne Quadrangulierung. [3] Schreiben des Schiller-Nationalmuseums vom 31. August 1995 an den Verfasser in Verbindung mit StA Ludwigsburg, EL 402 Heilbronn lfd. Nr. 238, Berichte an MFA & A: Weekly MFA & A Collecting Point Report vom 9. April 1946 und vom 16. April 1946. [4] Für 7 Kisten: HStA Stuttgart, E 61 Bü 493; für 3 Kisten: Cotta-Archiv im Deutschen Literaturarchiv Marbach.

Stuttgart[1]
Daimler-Benz AG[1]

Einlagerungsort:	Kochendorf[1]
Einlagerungsdatum:	Oktober und November 1943[1]
Einlagerungsgut:	140 Blechkästen, 85 Kisten und 2 Papprollen mit Zeichnungen[1]
Auslagerung:	21. September und 13. November 1945[1]
Flächenbedarf:	80 qm[1]
Bemerkungen:	
Quellennachweis:	[1] StA Ludwigsburg, EL 402 Heilbronn lfd. Nr. 238, Einlagerungsverzeichnisse für Kochendorf: Aufstellung über Bergungsgüter im Steinsalzbergwerk Kochendorf.

Stuttgart[1]
Evangelische Gedächtniskirchengemeinde[1]

Einlagerungsort:	Heilbronn[1]
Einlagerungsdatum:	
Einlagerungsgut:	4 Pakete mit Altar-, Taufstein- und Kanzeldecken[1]
Auslagerung:	5. April 1947[1]
Flächenbedarf:	
Bemerkungen:	Die Kirchengemeinde übergab der Robert Bosch GmbH im Zweiten Weltkrieg die 4 Pakete mit der Bitte, sie zum Schutz vor Luftangriffen im Salzwerk Heilbronn zu bergen. Die Robert Bosch GmbH deponierte sie daraufhin im Heilbronner Salzbergwerk im Raum T 6[1].
Quellennachweis:	[1] StA Ludwigsburg, EL 402 Heilbronn lfd. Nr. 309: Report of Property Transactions vom 13. Oktober 1947.

Stuttgart[1]
Evangelische Matthäuskirchengemeinde[1]

Einlagerungsort:	Kochendorf[1]
Einlagerungsdatum:	
Einlagerungsgut:	alter Kruzifixus[1]
Auslagerung:	
Flächenbedarf:	
Bemerkungen:	
Quellennachweis:	[1] LKA Stuttgart, Altregistratur 437 |101.

Stuttgart[1]
Hauptstaatsarchiv (Württembergische Archivdirektion Stuttgart)[1]

Einlagerungsort:	Kochendorf[1]
Einlagerungsdatum:	24. Juli, 24. Oktober 1942, 15. und 22. Mai 1943, 12. April 1944[2]
Einlagerungsgut:	118 Kisten (Akten betr. württembergische Grafen und Herzöge, den württembergischen Geheimen Rat im 18. Jahrhundert, die Reichsstädte Gmünd und Ulm, württembergi-

Auslagerung:	sche Klöster, Beziehungen zu Österreich und Schweiz, außerdem Kanzleiakten betr. Ortswappen, Lottersche Petschaftensammlungen usw.)[1]
	14./15. März 1947[1]
Flächenbedarf:	150 qm³ zusammen mit dem Staatsarchiv Ludwigsburg[4]
Bemerkungen:	Vgl. Abschnitt 8a. Die Einlagerung erfolgte zusammen mit Archivalien des Staatsarchivs Ludwigsburg. Dem Transport vom 24. Oktober 1942 waren 7 Kisten des Cotta-Verlags-Archivs, dem vom 22. Mai 1943 5 Kisten des Stuttgarter Staatsministeriums, 3 Kisten des Cotta-Archivs und 13 Kisten sowie 4 Pakete einer Privatperson angeschlossen[2]. Die Auslagerung erfolgte zusammen mit den Archivalien des Staatsarchivs Ludwigsburg, des Staatsarchivs Wiesbaden[1] und Materialien des Stuttgarter Staatsministeriums[2]. Eine vollständige Einlagerungsliste ist vorhanden.
Quellennachweis:	[1] StA Ludwigsburg, EL 402 Heilbronn lfd. Nr. 309: Report of Property Transactions vom 16. April 1947. [2] HStA Stuttgart, E 61 Bü 493 bis 495; vgl. Abschnitt 8a. [3] StA Ludwigsburg, EL 402 Heilbronn lfd. Nr. 309: Einlagerungsverzeichnis vom 10. September 1946. [4] StA Ludwigsburg, EL 402 Heilbronn lfd. Nr. 238, Einlagerungsverzeichnisse für Kochendorf: Aufstellung über Bergungsgüter im Steinsalzbergwerk Kochendorf. [5] HStA Stuttgart, E 61 Bü 497 und 498.

Stuttgart[1]
Landesamt (?)[1]

Einlagerungsort:	Kochendorf[1]
Einlagerungsdatum:	
Einlagerungsgut:	9 Kisten Urkunden[1]
Auslagerung:	April/Mai 1946[1]
Flächenbedarf:	
Bemerkungen:	ausgelagert durch die Stadt Stuttgart[1]
Quellennachweis:	[1] StA Ludwigsburg, EL 402 Heilbronn lfd. Nr. 238, Einlagerungsverzeichnisse für Kochendorf: Aufstellung über Bergungsgüter im Steinsalzbergwerk Kochendorf.

Stuttgart[1]
Landesgewerbemuseum[1]

Einlagerungsort:	Kochendorf[1]
Einlagerungsdatum:	vor Ende April 1944[2]
Einlagerungsgut:	61 Kisten[1] (5 Waggon)[2] Museumsgut[1]
Auslagerung:	27. März 1947[1]
Flächenbedarf:	25 qm[3]
Bemerkungen:	

Quellennachweis:
[1] StA Ludwigsburg, EL 402 Heilbronn lfd. Nr. 309: Report of Property Transactions vom 17. April 1947.
[2] BA Potsdam, R 7/1208 fol. 60.
[3] StA Ludwigsburg, EL 402 Heilbronn lfd. Nr. 309: Einlagerungsverzeichnis vom 10. September 1946.

Stuttgart[1]
Linden-Museum[1]

Einlagerungsort:	Kochendorf[1]
Einlagerungsdatum:	24. Januar, 4. März, 4. April, Oktober, Dezember 1943, 29. Januar 1944[2]
Einlagerungsgut:	753 Kisten mit Museumsgut[1] (ethnographisches Material)[3]
Auslagerung:	12., 13., 14., 16., 21., 22., 23., 27., 29. Mai 1947[1]
Flächenbedarf:	290 qm[4]
Bemerkungen:	

Quellennachweis:
[1] StA Ludwigsburg, EL 402 Heilbronn lfd. Nr. 309: Report of Property Transactions vom 19. Juni 1947.
[2] StA Ludwigsburg, EL 402 Heilbronn lfd. Nr. 238, Einlagerungsverzeichnisse für Kochendorf: Aufstellung über Bergungsgüter im Steinsalzbergwerk Kochendorf.
[3] StA Ludwigsburg, EL 402 Heilbronn lfd. Nr. 238, Reports: Special Report of the Collecting Point-Repository at the Heilbronn and Kochendorf Salt-Mines vom 15. Februar 1946.
[4] StA Ludwigsburg, EL 402 Heilbronn lfd. Nr. 309: Einlagerungsverzeichnis vom 10. September 1946.

Stuttgart[1]
Mädchen-Berufsschule[1]

Einlagerungsort:	Kochendorf[1]
Einlagerungsdatum:	
Einlagerungsgut:	4 Pakete (Inhalt unbekannt)[1]
Auslagerung:	April/Mai 1946[1]
Flächenbedarf:	
Bemerkungen:	ausgelagert durch die Stadt Stuttgart[1]
Quellennachweis:	[1] StA Ludwigsburg, EL 402 Heilbronn lfd. Nr. 238, Einlagerungsverzeichnisse für Kochendorf: Aufstellung über Bergungsgüter im Steinsalzbergwerk Kochendorf.

Stuttgart[1]
Oberlandesgericht[1]

Einlagerungsort:	Kochendorf[1]
Einlagerungsdatum:	vor Ende April 1944[1], wohl 8. November 1944[2]
Einlagerungsgut:	1 Kiste und 10 Pakete[3] Grundbücher[1]
Auslagerung:	April/Mai 1946[3]
Flächenbedarf:	
Bemerkungen:	ausgelagert durch die Stadt Stuttgart[3]
Quellennachweis:	[1] BA Potsdam, R 7/1208 fol. 60. [2] StadtA Heilbronn, Salzwerk Heilbronn 319: Besuche wegen Einlagerung. [3] StA Ludwigsburg, EL 402 Heilbronn lfd. Nr. 238, Einlagerungsverzeichnisse für Kochendorf: Aufstellung über Bergungsgüter im Steinsalzbergwerk Kochendorf.

Stuttgart[1]
ca. 240 Privatpersonen[1]

Einlagerungsort:	Heilbronn[2] und Kochendorf[5]
Einlagerungsdatum:	Kochendorf: März 1943[5]
Einlagerungsgut:	Kochendorf: ca. 2000 Ölgemälde und 30 Lastwagen Wertgegenstände[3]
Auslagerung:	11. bis 16. April 1946[4]
Flächenbedarf:	Heilbronn: 68 qm (zusammen mit der Stadt Stuttgart und der Württembergischen Staatsgalerie Stuttgart) in Raum C[2]

Bemerkungen:	Zentral eingelagert von der Stadt Stuttgart; eine Liste der Einlagerer mit kurzer Beschreibung des Einlagerungsgutes ist vorhanden[1]. Seitens der Stadt Stuttgart waren die Herren Keuerleber und Rösch zuständig[6].
Quellennachweis:	[1] HStA Stuttgart, RG 260 OMGWB 12/90-1/6 (2 of 3; 3 of 3): Receipts for Personal Property stored in Heilbronn-Kochendorf. [2] StA Ludwigsburg, EL 402 Heilbronn lfd. Nr. 238, Einlagerungsverzeichnisse für Heilbronn: Verlagerte Vermögenswerte im Salzwerk Heilbronn. [3] BA Potsdam, R 7/1208 fol. 60. [4] StA Ludwigsburg, EL 402 Heilbronn lfd. Nr. 238, Berichte an MFA & A: Weekly MFA & A Collecting Point Report vom 9. April 1946 und vom 16. April 1946. [5] StA Ludwigsburg, EL 402 Heilbronn lfd. Nr. 238, Einlagerungsverzeichnisse für Kochendorf: Aufstellung über Bergungsgüter im Steinsalzbergwerk Kochendorf. [6] HStA Stuttgart, RG 260 OMGUS 3/438-1/11 (2 of 2): MFA & A Collecting Point Report for the Month of April vom 30. April 1946.

Stuttgart[1]
Reichsamt für Bodenforschung[1]

Einlagerungsort:	Kochendorf[1]
Einlagerungsdatum:	vor Ende April 1944[2], wohl am 29. Mai 1943[3]
Einlagerungsgut:	1 Waggon geologischer Karten[2] Maßstab 1:25000: jeweils etwa 200 Exemplare von 38 verschiedenen Karten (incl. Erläuterungen) Maßstab 1:200000: 4 Blatt (zusammen 1600 Exemplare) Maßstab 1:600000: geolog. Spezialkarte von Südwestdeutschland (600 Exemplare, incl. Erläuterungen)[1]
Auslagerung:	
Flächenbedarf:	
Bemerkungen:	Eine genaue Aufstellung der Karten ist vorhanden[1].
Quellennachweis:	[1] StA Ludwigsburg, EL 402 Heilbronn lfd. Nr. 238, Einlagerungsverzeichnisse für Kochendorf: Aufstellung über Karten und Erläuterungen im Bergwerk in Kochendorf (undatiert). [2] BA Potsdam, R 7/1208 fol. 60. [3] StA Ludwigsburg, EL 402 Heilbronn lfd. Nr. 238, Negativ verlaufene Anfragen: Schreiben von Dr. Schmidt vom 13. Mai 1943 an die Saline Kochendorf-Friedrichshall.

Stuttgart[1]
Reichsbahndirektion[1]

Einlagerungsort:	Heilbronn[4]
Einlagerungsdatum:	2. Oktober 1944[2]
Einlagerungsgut:	Blaupausen von Lokomotiven und Wagen[1]
Auslagerung:	bis Mitte April 1946[3]
Flächenbedarf:	360 qm in Raum L[4]
Bemerkungen:	Eine Liste der Blaupausen ist vorhanden[1].
Quellennachweis:	[1] StA Ludwigsburg, EL 402 Heilbronn lfd. Nr. 309: Report of Property Transactions vom 22. April 1946. [2] StadtA Heilbronn, Salzwerk Heilbronn 319: Besuche wegen Einlagerung. [3] StA Ludwigsburg, EL 402 Heilbronn lfd. Nr. 238, Berichte an MFA & A: Weekly MFA & A Collecting Point Report vom 16. April 1946. [4] StA Ludwigsburg, EL 402 Heilbronn lfd. Nr. 238, Einlagerungsverzeichnisse für Heilbronn: Verlagerte Vermögenswerte im Salzwerk Heilbronn.

Stuttgart[1]
Reichsstatthalterei[1]

Einlagerungsort:	Kochendorf[1]
Einlagerungsdatum:	vor Ende April 1944[2], 15. Dezember 1944 (Gemälde)[3]
Einlagerungsgut:	8 unverpackte Bilder, mehrere Teppiche[1]
Auslagerung:	größtenteils am 20. März 1946[1]
Flächenbedarf:	20 qm[1]
Bemerkungen:	35 Kisten Gläser und Porzellan[1], welche ursprünglich der Reichsstatthalterei zugeschrieben wurden, erwiesen sich später als Eigentum des Württembergischen Staatsministeriums[4]. Zwei der Bilder gehörten der Württembergischen Staatsgalerie Stuttgart[1].
Quellennachweis:	[1] StA Ludwigsburg, EL 402 Heilbronn lfd. Nr. 238, Einlagerungsverzeichnisse für Kochendorf: Aufstellung über Bergungsgüter im Steinsalzbergwerk Kochendorf. [2] BA Potsdam, R 7/1208 fol. 61. [3] HStA Stuttgart, RG 260 OMGUS 3/438-1/11 (2 of 2): MFA & A Collecting Point Report for the Month of April vom 30. April 1946. [4] StA Ludwigsburg, EL 402 Heilbronn lfd. Nr. 309: Schreiben des Staatsministeriums vom 10. Juli 1947 an das Finanzministerium.

Stuttgart[1]
Schloßmuseum[1]

Einlagerungsort:	Kochendorf[1]
Einlagerungsdatum:	
Einlagerungsgut:	21 Körbe Porzellan etc., 47 Kisten Museumsgut[1]
Auslagerung:	nach 1. Oktober 1946[1]
Flächenbedarf:	35 qm[2]
Bemerkungen:	
Quellennachweis:	[1] StA Ludwigsburg, EL 402 Heilbronn lfd. Nr. 309: Einlagerungsverzeichnis vom 1. Oktober 1946. [2] StA Ludwigsburg, EL 402 Heilbronn lfd. Nr. 309: Einlagerungsverzeichnis vom 10. September 1946.

Stuttgart[1]
Siegle (G. Siegle & Co. GmbH[1], Lackfabrik[2])

Einlagerungsort:	Heilbronn[1]
Einlagerungsdatum:	September 1944[1]
Einlagerungsgut:	60 barrels (12000 Liter) Rizinusöl in 46 Fässern, 56 barrels (11200 Liter) Wollfett in 56 Fässern, 56 leere Fässer[1]
Auslagerung:	29. und 31. Januar 1947[1]
Flächenbedarf:	68 qm in Raum K[2]
Bemerkungen:	zusammen mit der Kast & Ehinger GmbH (Stuttgart-Feuerbach), Raum K[2]
Quellennachweis:	[1] StA Ludwigsburg, EL 402 Heilbronn lfd. Nr. 309: Report of Property Transactions vom 6. März 1947. [2] StA Ludwigsburg, EL 402 Heilbronn lfd. Nr. 309: Einlagerungsverzeichnis vom 1. Oktober 1946.

Stuttgart[1]
Siemens-Schuckertwerke AG, Technisches Büro Stuttgart[1]

Einlagerungsort:	Kochendorf[1]
Einlagerungsdatum:	
Einlagerungsgut:	Elektromaterial (Motoren, Kabel usw.)[1], Werkzeuge usw.[3]
Auslagerung:	25. April bis 9. Mai 1947[1]
Flächenbedarf:	150 qm[2]

Bemerkungen:	Das Material wurde auf Anweisung der OT in den Schacht gebracht, 2 Drehstrommotoren 450 kW wurden im Dezember 1944 geliefert, aber nie bezahlt[4].
Quellennachweis:	[1] StA Ludwigsburg, EL 402 Heilbronn lfd. Nr. 309: Report of Property Transactions vom 7. Juni 1947 [2] StA Ludwigsburg, EL 402 Heilbronn lfd. Nr. 309: Einlagerungsverzeichnis vom 10. September 1946. [3] StA Ludwigsburg, EL 402 Heilbronn lfd. Nr. 309: Einlagerungsverzeichnis vom 1. Oktober 1946. [4] StA Ludwigsburg, EL 402 Heilbronn lfd. Nr. 309: Schreiben der Siemens-Schuckertwerke AG (Technisches Büro Stuttgart) vom 4. Juli 1947 an den Service Unit Operation Control Office in Heidelberg.

Stuttgart[1]
Stadtmessungsamt[1]

Einlagerungsort:	Kochendorf[1]
Einlagerungsdatum:	31. Dezember 1942[1]
Einlagerungsgut:	1 Kiste und 2 Rollen Pläne[1]
Auslagerung:	29. September 1945[1]
Flächenbedarf:	
Bemerkungen:	
Quellennachweis:	[1] StA Ludwigsburg, EL 402 Heilbronn lfd. Nr. 238, Einlagerungsverzeichnisse für Kochendorf: Aufstellung über Bergungsgüter im Steinsalzbergwerk Kochendorf.

Stuttgart[1]
Stadtverwaltung[1]

Einlagerungsort:	Heilbronn[2]
Einlagerungsdatum:	
Einlagerungsgut:	verschiedene Kisten mit Musiknotenblättern[1]
Auslagerung:	November 1945[1]
Flächenbedarf:	68 qm (zusammen mit der Württembergischen Staatsgalerie und den Stuttgarter Privateinlagerern) in Raum C[2]
Bemerkungen:	
Quellennachweis:	[1] StA Ludwigsburg, EL 402 Heilbronn lfd. Nr. 238, Verschiedenes: Section III Monthly Historical Report vom 30. November 1945. [2] StA Ludwigsburg, EL 402 Heilbronn lfd. Nr. 238, Einlagerungsverzeichnisse für Heilbronn: Verlagerte Vermögenswerte im Salzwerk Heilbronn.

Stuttgart[1]
Standesamt[1]

Einlagerungsort:	Kochendorf[1]
Einlagerungsdatum:	vor Ende April 1944[2]
Einlagerungsgut:	15 Kisten und viele unverpackte[3] Familienregister[2]
Auslagerung:	u. a. Dezember 1945[4], 16. und 22. Januar[1], April/Mai 1946[5]
Flächenbedarf:	
Bemerkungen:	

Quellennachweis:
[1] StA Ludwigsburg, EL 402 Heilbronn lfd. Nr. 238, Verschiedenes: Bericht von Leutnant Ford vom 22. Januar 1945 über Monuments, Fine Arts & Archives.
[2] BA Koblenz, R 7/1208 fol. 60.
[3] StA Ludwigsburg, EL 402 Heilbronn lfd. Nr. 238, Reports: Special Report of the Collecting Point-Repository at the Heilbronn and Kochendorf Salt-Mines vom 15. Februar 1946.
[4] StA Ludwigsburg, EL 402 Heilbronn lfd. Nr. 238, Verschiedenes: Bericht von Leutnant Ford vom 4. Januar 1946 über Monuments, Fine Arts & Archives.
[5] StA Ludwigsburg, EL 402 Heilbronn lfd. Nr. 238, Einlagerungsverzeichnisse für Kochendorf: Aufstellung über Bergungsgüter im Steinsalzbergwerk Kochendorf.

Stuttgart[1]
Stellvertretendes Generalkommando V A III[1] bzw. V AK[2]

Einlagerungsort:	Kochendorf[1]
Einlagerungsdatum:	
Einlagerungsgut:	1 Kiste mit unbekanntem Inhalt[1]
Auslagerung:	August 1945[1]
Flächenbedarf:	
Bemerkungen:	ausgelagert durch die Militärregierung Heilbronn[1]

Quellennachweis:
[1] StA Ludwigsburg, EL 402 Heilbronn lfd. Nr. 238, Einlagerungsverzeichnisse für Kochendorf: Aufstellung über Bergungsgüter im Steinsalzbergwerk Kochendorf.
[2] StA Ludwigsburg, EL 402 Heilbronn lfd. Nr. 238, Einlagerungsverzeichnisse für Kochendorf: List of storers and contents of the various rooms.

Stuttgart[1]
Technische Hochschule[1]

Einlagerungsort:	Kochendorf[1]
Einlagerungsdatum:	22. Dezember 1943[2], wohl auch 12. April 1944[5]
Einlagerungsgut:	78 Kisten sowie 627 Pakete und Pappkapseln mit Büchern und Schriften (Bibliothek[1], Forschungsinstitut für Kraftfahrwesen, Institut für Bauforschung und Materialprüfung), Mmineralogische und Geologische Sammlung[3]
Auslagerung:	30./31. Mai 1947[1]
Flächenbedarf:	45 qm[4]
Bemerkungen:	
Quellennachweis:	[1] StA Ludwigsburg, EL 402 Heilbronn lfd. Nr. 309: Report of Property Transactions vom 18. Juni 1947. [2] StA Ludwigsburg, EL 402 Heilbronn lfd. Nr. 238, Einlagerungsverzeichnisse für Kochendorf: Aufstellung über Bergungsgüter im Steinsalzbergwerk Kochendorf. [3] BA Potsdam, R 7/1208 fol. 60. [4] StA Ludwigsburg, EL 402 Heilbronn lfd. Nr. 309: Einlagerungsverzeichnis vom 10. September 1946. [5] StA Ludwigsburg, EL 402 Heilbronn lfd. Nr. 309: Report of Property Transactions vom 6. Oktober 1947.

Stuttgart[1]
Verein zur Förderung der Volksbildung[1]

Einlagerungsort:	Heilbronn[2]
Einlagerungsdatum:	wohl Mitte 1944[3]
Einlagerungsgut:	163 Kisten mit Büchern und Dokumenten[1]
Auslagerung:	Anfang (vor dem 8.) Februar 1946[1]
Flächenbedarf:	
Bemerkungen:	Die Bibliothek des Vereins wurde 1919 gegründet und bis 1933 kontinuierlich ausgebaut. Sie wurde finanziell von der Robert Bosch GmbH und dem Württembergischen Staat getragen und enthielt u. a. Titel aus den Bereichen Geschichte, Soziologie, Rechtswissenschaften, Politik, Wirtschaft, Religion, Philosophie, Kunst, Musik, Literatur, Naturwissenschaften und Württembergica. Zahlreiche dieser Bücher waren in der Zeit des Nationalsozialismus verboten. Wegen drohender Beschlagnahme stellte sie ihren Leihbetrieb 1935 ein. Die Bibliothek wurde geschlossen und 1936 von der Robert Bosch GmbH übernommen[2].

Quellennachweis: [1] StA Ludwigsburg, EL 402 Heilbronn lfd. Nr. 238, Verschiedenes: Bericht von Leutnant Ford vom 8. Januar 1946 über Monuments, Fine Arts & Archives.
[2] StA Ludwigsburg, EL 402 Heilbronn lfd. Nr. 238, Einlagerungsverzeichnisse für Heilbronn: List of the objects sheltered by Robert Bosch GmbH in the salt mines of Salzwerk AG Heilbronn.
[3] Schreiben der Robert Bosch GmbH vom 14. Juni 1995 an den Verfasser.

Stuttgart[1]
Weltkriegsbücherei[1]

Einlagerungsort:	Kochendorf[1]
Einlagerungsdatum:	23. Dezember 1942, 12. und 17. Mai[4], November 1943, April/Mai 1944[2]
Einlagerungsgut:	3 Waggon[3] (176 Kisten und zahlreiche Pappschachteln)[2] Bücher, Zeitschriften, Zeitungsbände (ca. 66000)[4]
Auslagerung:	20. März 1946, 12. Oktober 1946[2]
Flächenbedarf:	125 qm[1]
Bemerkungen:	Wegen des militärisch klingenden Namens wurden die in Kochendorf lagernden Bestände der Weltkriegsbücherei im April 1946 in die USA abtransportiert und der Library of Congress einverleibt. Das Mißverständnis konnte aufgeklärt werden; die Bestände kehrten im März 1949 nach Stuttgart zurück[4].

Quellennachweis: [1] StA Ludwigsburg, EL 402 Heilbronn lfd. Nr. 309: Einlagerungsverzeichnis vom 10. September 1946.
[2] StA Ludwigsburg, EL 402 Heilbronn lfd. Nr. 238, Einlagerungsverzeichnisse für Kochendorf: Aufstellung über Bergungsgüter im Steinsalzbergwerk Kochendorf.
[3] BA Potsdam, R 7/1208 fol. 60.
[4] ROHWER, Weltkriegsbücherei, S. 19–20, 23, 25.

Stuttgart
Württembergische Archivdirektion

Vgl. Stuttgart, Hauptstaatsarchiv bzw. Ludwigsburg, Staatsarchiv

Stuttgart[1]
Württembergische Geologische Landesanstalt[1]

Einlagerungsort:	Kochendorf[1]
Einlagerungsdatum:	
Einlagerungsgut:	ca. 5000 geologische Übersichtskarten mit Beschreibung von Württemberg[1]
Auslagerung:	August 1945[1]
Flächenbedarf:	10 qm[1]
Bemerkungen:	ausgelagert durch die Militärregierung Heilbronn[1]
Quellennachweis:	[1] StA Ludwigsburg, EL 402 Heilbronn lfd. Nr. 238, Einlagerungsverzeichnisse für Kochendorf: Aufstellung über Bergungsgüter im Steinsalzbergwerk Kochendorf.

Stuttgart[1]
Württembergisches Innenministerium (Hauptmessungsabteilung)[1]

Einlagerungsort:	Kochendorf[1]
Einlagerungsdatum:	August bis Dezember 1943[1]
Einlagerungsgut:	280 Körbe und Kisten mit Meßinstrumenten, Kartenmaterial etc., Stative, 127 Papplagen und mehrere Kisten mit Kupferplatten[1]
Auslagerung:	Meßinstrumente, Karten und Stative: August 1945, Kupferplatten: 10. Juni 1946[1]
Flächenbedarf:	150 qm[1]
Bemerkungen:	Die Auslagerung im August 1945 erfolgte durch die Heilbronner Militärregierung[1].
Quellennachweis:	[1] StA Ludwigsburg, EL 402 Heilbronn lfd. Nr. 238, Einlagerungsverzeichnisse für Kochendorf: Aufstellung über Bergungsgüter im Steinsalzbergwerk Kochendorf.

Stuttgart[1]
Württembergisches Kultministerium[1]

Einlagerungsort:	Kochendorf[1]
Einlagerungsdatum:	
Einlagerungsgut:	2 Kisten Akten[1]

Auslagerung:	Februar/März 1946[2]
Flächenbedarf:	2 qm[3]
Bemerkungen:	1 Kiste wurde durch die Heilbronner Militärregierung ausgelagert[2].
Quellennachweis:	[1] StA Ludwigsburg, EL 402 Heilbronn lfd. Nr. 309: Einlagerungsverzeichnis vom 1. Oktober 1946. [2] StA Ludwigsburg, EL 402 Heilbronn lfd. Nr. 238, Einlagerungsverzeichnisse für Kochendorf: Aufstellung über Bergungsgüter im Steinsalzbergwerk Kochendorf. [3] StA Ludwigsburg, EL 402 Heilbronn lfd. Nr. 309: Einlagerungsverzeichnis vom 10. September 1946.

Stuttgart[1]
Württembergische Landesbibliothek[1]

Einlagerungsort:	Kochendorf[1]
Einlagerungsdatum:	Herbst 1942[2]
Einlagerungsgut:	große Anzahl großer und kleiner Kartons und Pakete mit Zeitungen und Zeitschriften[4] (30 Tonnen)[2], 12 Kisten Bücher[4]
Auslagerung:	5. bis 7. Mai 1947[1]
Flächenbedarf:	80 qm[3]
Bemerkungen:	Die Rückführung erfolgte per Lkw (mit Anhänger) in das Zeughaus nach Ludwigsburg[2].
Quellennachweis:	[1] StA Ludwigsburg, EL 402 Heilbronn lfd. Nr. 309: Report of Property Transactions vom 21. Mai 1947. [2] Mitteilung der Württembergischen Landesbibliothek Stuttgart vom 30. Juni 1995 an den Verfasser. [3] StA Ludwigsburg, EL 402 Heilbronn lfd. Nr. 309: Einlagerungsverzeichnis vom 10. September 1946. [4] StA Ludwigsburg, EL 402 Heilbronn lfd. Nr. 309: Einlagerungsverzeichnis vom 1. Oktober 1946.

Stuttgart[1]
Württembergisches Landesmuseum[1]

Einlagerungsort:	Kochendorf[1]
Einlagerungsdatum:	34 Schließkörbe, 97 Kisten und 38 Schrankeinsätze mit Museumsgut[1]
Einlagerungsgut:	2. und 4. Juni 1947[1]
Auslagerung:	

Flächenbedarf:
Bemerkungen:

Quellennachweis: [1] StA Ludwigsburg, EL 402 Heilbronn lfd. Nr. 309: Report of Property Transactions vom 18. Juni 1947.

Stuttgart[1]
Württembergischer Malerinnen-Verein[1]

Einlagerungsort: Kochendorf[1]
Einlagerungsdatum:
Einlagerungsgut: 1 Paket (Inhalt unbekannt)[1]
Auslagerung: April/Mai 1946[1]
Flächenbedarf:
Bemerkungen: ausgelagert durch die Stadt Stuttgart[1]

Quellennachweis: [1] StA Ludwigsburg, EL 402 Heilbronn lfd. Nr. 238, Einlagerungsverzeichnisse für Kochendorf: Aufstellung über Bergungsgüter im Steinsalzbergwerk Kochendorf.

Stuttgart[1]
Württembergische Naturaliensammlung[1]

Einlagerungsort: Kochendorf[1]
Einlagerungsdatum: 18. September 1942, Februar, Juni, September, Oktober, November, Dezember 1943[2], 11. Februar, 15. April[3], 26. April 1944; 1 Transport ohne Angabe[2]
Einlagerungsgut: 294 Kisten mit zoologischen, entomologischen und geologischen Sammlungen[1] (z. B. Steinheimer Urmenschenschädel und Affenkiefer aus dem Fayum)[2] sowie Fachschrifttum
Auslagerung: 15. Juli 1946 ca. 10 Kisten[3], 9., 19., 20. und 29. Mai 1947[1]
Flächenbedarf: 100 qm[4]
Bemerkungen:

Quellennachweis: [1] StA Ludwigsburg, EL 402 Heilbronn lfd. Nr. 309: Report of Property Transactions vom 18. Juni 1947.
[2] ADAM, Württembergische Naturaliensammlung, S. 82, 85, 96.
[3] StA Ludwigsburg, EL 402 Heilbronn lfd. Nr. 238, Einlagerungsverzeichnisse für Kochendorf: Aufstellung über Bergungsgüter im Steinsalzbergwerk Kochendorf.
[4] StA Ludwigsburg, EL 402 Heilbronn lfd. Nr. 309: Einlagerungsverzeichnis vom 10. September 1946.

Stuttgart[1]
Württembergische Staatsgalerie[1]

Einlagerungsort:	Heilbronn und Kochendorf[1]
Einlagerungsdatum:	Kochendorf: 5. Juni, 23. Juli[1] und 27. August 1943[2]
Einlagerungsgut:	Heilbronn: 80 Gemälde und 1 graphische Mappe[2]
	Kochendorf: 179 Gemälde und 296 graphische Mappen („grüne Mappen")[1]
Auslagerung:	Heilbronn: vor dem 7. September 1946[3]
	Kochendorf: 30. März bis 30. Juni 1947[1]
Flächenbedarf:	Heilbronn: 68 qm (zusammen mit der Stadt Stuttgart und den Stuttgarter Privateinlagerern) in Raum C[3]
	Kochendorf: 60 qm[4]
Bemerkungen:	Teilweise sind Einlagerungslisten vorhanden[2]. Am 27. August 1943 wurde ebenso einiger Kunstbesitz von Privatpersonen in Kochendorf mit deponiert, welcher sich zu diesem Zeitpunkt in der Württembergischen Staatsgalerie befunden hatte[5]. Gleiches gilt für den Nachlaß des Kunstmalers Theodor Bohnenberger (1868 Stuttgart–1941 Bad Tölz). Am 5. Juni 1943 lagerte die Staatsgalerie – eingestreut zwischen zahlreiche alte Meister – z. B. auch zwei Werke zweier als „entartet" verbotener Künstler (Willi Baumeister und Oskar Schlemmer) ein[2].
Quellennachweis:	[1] StA Ludwigsburg, EL 402 Heilbronn lfd. Nr. 309: Report of Property Transactions vom 16. Oktober 1947.
	[2] Schreiben der Staatsgalerie Stuttgart vom 31. Juli und vom 25. August 1995 an den Verfasser.
	[3] StA Ludwigsburg, EL 402 Heilbronn lfd. Nr. 238, Einlagerungsverzeichnisse für Heilbronn: Verlagerte Vermögenswerte im Salzwerk Heilbronn.
	[4] StA Ludwigsburg, EL 402 Heilbronn lfd. Nr. 309: Einlagerungsverzeichnis vom 10. September 1946.
	[5] StA Ludwigsburg, EL 402 Heilbronn lfd. Nr. 238, Unterlagen für Privat-Einlagerungen der Staatsgalerie Stuttgart: Korrespondenz zwischen der Staatsgalerie Stuttgart und der Verlagerungs-Verwaltung in den Salzbergwerken Heilbronn und Kochendorf vom 19. Juni bis zum 4. August 1947.

Stuttgart[1]
Württembergisches Staatsministerium[1]

Einlagerungsort:	Kochendorf[1]
Einlagerungsdatum:	22. Mai 1943[4], [15.][6] Dezember 1944[5]

Einlagerungsgut:	5 Kisten[2], 35 Kisten mit Tafelgeschirr, Gläsern und Vorhängen[5]
Auslagerung:	14./15. März 1947[2,3]
Flächenbedarf:	
Bemerkungen:	Die Auslagerung der am 22. Mai 1943 eingelagerten 5 Kisten erfolgte zusammen mit Archivalien des Hauptstaatsarchivs Stuttgart und der Staatsarchive Ludwigsburg und Wiesbaden[3]. Die Rückgabe der im Dezember 1944 nach Kochendorf gebrachten 35 Kisten verzögerte sich. Die Saline hatte in ihren Verzeichnissen als Absender nicht das Staatsministerium, sondern die Reichsstatthalterei angegeben. Deshalb wurden diese Kisten am 20. März 1946 zum Collecting Point Wiesbaden verbracht[1].
Quellennachweis:	[1] StA Ludwigsburg, EL 402 Heilbronn lfd. Nr. 309: Schreiben des Amts für Vermögenskontrolle Heilbronn vom 7. August 1947 an das Finanzministerium Stuttgart. [2] HStA Stuttgart, E 61 Bü 494: Quittung vom 22. März 1947. [3] StA Ludwigsburg, EL 402 Heilbronn lfd. Nr. 309: Report of Property Transactions vom 16. April 1947. [4] HStA Stuttgart, E 61 Bü 495 /31. [5] StA Ludwigsburg, EL 402 Heilbronn lfd. Nr. 309: Schreiben des Staatsministeriums vom 10. Juli 1947 an das Finanzministerium. [6] HStA Stuttgart, RG 260 OMGUS 3/438-1/11 (2 of 2): MFA & A Collecting Point Report for the Month of April vom 30. April 1946.

Stuttgart[1]
Württembergisches Staatstheater[1]

Einlagerungsort:	Kochendorf[1]
Einlagerungsdatum:	ab Januar 1944[2]
Einlagerungsgut:	24500 Kostüme (70 Kleiderständer mit je ca. 350 Kostümen), ca. 300 Kartons und 20 Schließkörbe mit Perücken, Masken, Bändern, Schals, Kopfputz, Ballettschuhe, sonstigem Schuhwerk, Strümpfen, Trikots, Stoffen (Meterware)[1]; Privatgut[2]
Auslagerung:	laufend[2] von November 1945 bis zum 30. Juni 1947[1] (z.B. Anfang Februar 1946 eine Lastwagenladung Kostüme[4] und am 26. März 1946 15 Kisten Kostüme)[3]. Das Privatgut war bis zum Mai 1946 ausgelagert[2].
Flächenbedarf:	2250 qm[5]
Bemerkungen:	
Quellennachweis:	[1] StA Ludwigsburg, EL 402 Heilbronn lfd. Nr. 309: Report of Property Transactions vom 17. November 1947.

[2] StA Ludwigsburg, EL 402 Heilbronn lfd. Nr. 238, Einlagerungsverzeichnisse für Kochendorf: Aufstellung über Bergungsgüter im Steinsalzbergwerk Kochendorf.
[3] HStA Stuttgart, RG 260 OMGUS 3/438-1/11 (2 of 2): MFA & A Collecting Point Report for the Month of March vom 28. März 1946.
[4] StA Ludwigsburg, EL 402 Heilbronn lfd. Nr. 238, Verschiedenes: Bericht von Leutnant Ford vom 5. Februar 1946 über Monuments, Fine Arts & Archives.
[5] StA Ludwigsburg, EL 402 Heilbronn lfd. Nr. 309: Einlagerungsverzeichnis vom 10. September 1946.

Stuttgart-Feuerbach[1]
Bosch Metallwerke[1]

Einlagerungsort:	Kochendorf[1]
Einlagerungsdatum:	Februar/März 1945[1]
Einlagerungsgut:	Rohre, Kessel, elektr. Material[1]
Auslagerung:	nach dem 1. Oktober 1946[1]
Flächenbedarf:	800 qm[2]
Bemerkungen:	

Quellennachweis:
[1] StA Ludwigsburg, EL 402 Heilbronn lfd. Nr. 238, Einlagerungsverzeichnisse für Kochendorf: Aufstellung über Bergungsgüter im Steinsalzbergwerk Kochendorf.
[2] StA Ludwigsburg, EL 402 Heilbronn lfd. Nr. 309: Einlagerungsverzeichnis vom 10. September 1946.

Stuttgart-Feuerbach
Kast & Ehinger GmbH

Vgl. Stuttgart, Siegle (G. Siegle & Co. GmbH)

Stuttgart-Mühlhausen[1]
Evangelische Kirchengemeinde Mühlhausen[1]

Einlagerungsort:	Kochendorf[1]
Einlagerungsdatum:	
Einlagerungsgut:	religiöse Bilder und Figuren[2] der Veitskapelle[1] (6 Gemälde und 15 Skulpturen)[3]

Auslagerung:	Die Altäre sind am 17. April 1946 im Büro des Stuttgarter Landeskonservators Dr. Schmidt eingetroffen[1].
Flächenbedarf:	10 qm[2]
Bemerkungen:	Die Einlagerung nahm Landeskonservator Dr. Schmidt persönlich vor. Der Transport erfolgte zusammen mit dem Einlagerungsgut von ca. 240 Stuttgarter Privatpersonen und sonstigem Material der Stadt Stuttgart[2].
Quellennachweis:	[1] LKA Stuttgart, Altregistratur 437 |20, |101 und |151. [2] StA Ludwigsburg, EL 402 Heilbronn lfd. Nr. 238, Einlagerungsverzeichnisse für Kochendorf: Aufstellung über Bergungsgüter im Steinsalzbergwerk Kochendorf. [3] StA Ludwigsburg, EL 402 Heilbronn lfd. Nr. 238, Reports: Special Report of the Collecting Point-Repository at the Heilbronn and Kochendorf Salt-Mines vom 15. Februar 1946.

Stuttgart-Zuffenhausen[1]
Heinkel (Ernst Heinkel AG, Werk Hirth Motoren)

Einlagerungsort:	Kochendorf[1]
Einlagerungsdatum:	März 1944 bis Februar 1945[2]
Einlagerungsgut:	zahlreiche Maschinen[1] (Drehbänke, Bohrmaschinen, Fräsmaschinen, Schleifmaschinen, Motoren)[3], Werkzeuge, Behälter, Altmetall usw.[1], 1 Lastwagen Zeichnungen[4]
Auslagerung:	21. November 1946 bis 25. Februar 1947[1], teilweise schon im November 1945[2]
Flächenbedarf:	8300 qm[5]
Bemerkungen:	Eine vollständige Liste, gegliedert nach Auslagerungsdatum, ist vorhanden[1].
Quellennachweis:	[1] StA Ludwigsburg, EL 402 Heilbronn lfd. Nr. 309: Report of Property Transactions vom 21. April 1947. [2] StA Ludwigsburg, EL 402 Heilbronn lfd. Nr. 238, Einlagerungsverzeichnisse für Kochendorf: Aufstellung über Bergungsgüter im Steinsalzbergwerk Kochendorf. [3] StA Ludwigsburg, EL 402 Heilbronn lfd. Nr. 238, Verschiedenes: Status of industrial firms, Heilbronn and Kochendorf Salt Mines vom 15. Juni 1946. [4] BA Potsdam, R 7/1208 fol. 60. [5] StA Ludwigsburg, EL 402 Heilbronn lfd. Nr. 309: Einlagerungsverzeichnis vom 10. September 1946.

Süderholm[1]
Kirchspielarchiv[1]

Einlagerungsort:	Heilbronn[1]
Einlagerungsdatum:	wohl Ende April 1944[2]
Einlagerungsgut:	3 Pakete mit Akten[1]
Auslagerung:	16.–18. Juli 1946[3]
Flächenbedarf:	
Bemerkungen:	Die Ein- und Auslagerung wurde von der Archivberatungsstelle Kiel durchgeführt und erfolgte über das Kreisarchiv Norderdithmarschen (Heide). Eine Einlagerungsliste ist vorhanden[1].
Quellennachweis:	[1] LAS Schleswig, Abt. 320.10 Nr. 4877: Schreiben des Archivpflegers für Norderdithmarschen vom 18. April 1944 an die Archivberatungsstelle Kiel. [2] LAS Schleswig, Abt. 320.10 Nr. 4877: Schreiben der Archivberatungsstelle Kiel vom 1. April 1944 an den Landrat in Heide. [3] KKrA Neumünster, Schriftgut des Kirchenkreises: Schreiben der Landesregierung Schleswig-Holstein (Ministerium für Volksbildung Abt. Allgemeine Kulturpflege) vom 12. Juni 1947.

Tellingstedt[1]
Kirchspielarchiv[1]

Einlagerungsort:	Heilbronn[1]
Einlagerungsdatum:	wohl Ende April 1944[2]
Einlagerungsgut:	36 Pakete mit Akten[1]
Auslagerung:	16.–18. Juli 1946[3]
Flächenbedarf:	
Bemerkungen:	Die Ein- und Auslagerung wurde von der Archivberatungsstelle Kiel durchgeführt und erfolgte über das Kreisarchiv Norderdithmarschen (Heide). Eine Einlagerungsliste ist vorhanden[1].
Quellennachweis:	[1] LAS Schleswig, Abt. 320.10 Nr. 4877: Schreiben des Archivpflegers für Norderdithmarschen vom 18. April 1944 an die Archivberatungsstelle Kiel. [2] LAS Schleswig, Abt. 320.10 Nr. 4877: Schreiben der Archivberatungsstelle Kiel vom 1. April 1944 an den Landrat in Heide. [3] KKrA Neumünster, Schriftgut des Kirchenkreises: Schreiben der Landesregierung Schleswig-Holstein (Ministerium für Volksbildung Abt. Allgemeine Kulturpflege) vom 12. Juni 1947.

Tönning[1]
Landschaftsarchiv Eiderstedt[1]

Einlagerungsort:	Heilbronn[1]
Einlagerungsdatum:	Versand vor dem 24. April 1944[3]
Einlagerungsgut:	181 Pakete[3]
Auslagerung:	16.–18. Juli 1946[3]
Flächenbedarf:	
Bemerkungen:	Die Ein- und Auslagerung wurde von der Archivberatungsstelle Kiel durchgeführt[1]. Einlagerungsliste ist vorhanden. Es handelte sich dabei insbesondere um Materialien verschiedener Gemeinde- bzw. Kirchspiel- und Wasserlösungsarchive, die bereits 1932 zusammengezogen worden waren[2]. Dabei handelte es sich um Archivalien aus Garding, Grothusenkoog, Katharinenheerd, Kating, Koldenbüttel, Kotzenbüll, Landschaftsarchiv Eiderstedt, Norderfriedrichskoog, Oldenswort, Ording, Osterhever, Poppenbüll, St. Peter, Tating, Tetenbüll, Tetenbüll-Spieker, Tönning, Ülvesbüll, Welt-Katharinenheerd, Westerhever, Witzwort sowie der Holländischen Mobilien-Brand-Gilde[4].
Quellennachweis:	[1] LAS Schleswig, Abt. 371 Nr. 674: Verzeichnis der von der Archivberatungsstelle ausgelagerten Archivalien (undatiert). [2] Schreiben des Kreisarchivs Nordfriesland (Husum) vom 30. Mai 1996 an den Verfasser. [3] KKrA Neumünster, Schriftgut des Kirchenkreises: Schreiben der Landesregierung Schleswig-Holstein (Ministerium für Volksbildung Abt. Allgemeine Kulturpflege) vom 12. Juni 1947. [4] KreisA Nordfriesland, A 2/Landschaft Akten 595: Aufstellung des Landrats des Kreises Eiderstedt in Tönning vom 24. April 1944.

Tönning[1]
Stadtarchiv[1]

Einlagerungsort:	Heilbronn[1]
Einlagerungsdatum:	1944[1]
Einlagerungsgut:	13 Kisten und 134 Pakete[1]
Auslagerung:	16.–18. Juli 1946[2]
Flächenbedarf:	
Bemerkungen:	Die Ein- und Auslagerung wurde von der Archivberatungsstelle Kiel durchgeführt[1].
Quellennachweis:	[1] LAS Schleswig, Abt. 371 Nr. 674: Verzeichnis der von der Archivberatungsstelle ausgelagerten Archivalien (undatiert).

[2] KKrA Neumünster, Schriftgut des Kirchenkreises: Schreiben der Landesregierung Schleswig-Holstein (Ministerium für Volksbildung Abt. Allgemeine Kulturpflege) vom 12. Juni 1947.

Trittau[1]
Stadtarchiv[1]

Einlagerungsort:	Heilbronn[1]
Einlagerungsdatum:	1944[1]
Einlagerungsgut:	1 Kiste[1]
Auslagerung:	16.–18. Juli 1946[2]
Flächenbedarf:	
Bemerkungen:	Die Ein- und Auslagerung wurde von der Archivberatungsstelle Kiel durchgeführt[1].
Quellennachweis:	[1] LAS Schleswig, Abt. 371 Nr. 674: Verzeichnis der von der Archivberatungsstelle ausgelagerten Archivalien (undatiert).
	[2] KKrA Neumünster, Schriftgut des Kirchenkreises: Schreiben der Landesregierung Schleswig-Holstein (Ministerium für Volksbildung Abt. Allgemeine Kulturpflege) vom 12. Juni 1947.

Tübingen[1]
Universität[1]

Einlagerungsort:	Kochendorf[1]
Einlagerungsdatum:	21. Februar, 10. April 1943[2]
Einlagerungsgut:	341 Kisten[2] (2 Waggon)[3] Bücher (Bibliothek, Archiv)[2]
Auslagerung:	ab dem 10. November 1947 zunächst nach Ludwigsburg[4], von dort Anfang 1949 nach Tübingen[5]
Flächenbedarf:	100 qm[6]
Bemerkungen:	
Quellennachweis:	[1] StA Ludwigsburg, EL 402 Heilbronn lfd. Nr. 309: Einlagerungsverzeichnis vom 1. Oktober 1946.
	[2] LEYH, Bibliotheken, S. 189.
	[3] BA Potsdam, R 7/1208 fol. 60.
	[4] UniA Tübingen, 167/26 fol. 66.
	[5] KOWARK, Universitätsbibliothek Tübingen, S. 87.
	[6] StA Ludwigsburg, EL 402 Heilbronn lfd. Nr. 309: Einlagerungsverzeichnis vom 10. September 1946.

Uetersen[1]
Klosterarchiv[1]

Einlagerungsort:	Heilbronn[1]
Einlagerungsdatum:	1944[1]
Einlagerungsgut:	1 Kiste[1]
Auslagerung:	16.–18. Juli 1946[2]
Flächenbedarf:	
Bemerkungen:	Die Ein- und Auslagerung wurde von der Archivberatungsstelle Kiel durchgeführt[1].
Quellennachweis:	[1] LAS Schleswig, Abt. 371 Nr. 674: Verzeichnis der von der Archivberatungsstelle ausgelagerten Archivalien (undatiert). [2] KKrA Neumünster, Schriftgut des Kirchenkreises: Schreiben der Landesregierung Schleswig-Holstein (Ministerium für Volksbildung Abt. Allgemeine Kulturpflege) vom 12. Juni 1947.

Ulm[1]
Museum der Stadt Ulm[1]

Einlagerungsort:	Kochendorf[1]
Einlagerungsdatum:	11. September 1943[2]
Einlagerungsgut:	32[2] oder 33[4] Kisten Gemälde und Kunstgegenstände[1] (etwa 120 Gemälde und 75 Plastiken)[2]
Auslagerung:	am 10. Dezember 1946. Die Auslagerung erfolgte in Gegenwart des Museumsleiters, Studienrat Kneer[1], die Rückführung wurde per Lkw abgewickelt[6].
Flächenbedarf:	35 qm[3]
Bemerkungen:	Zwei der 32 bzw. 33 Kisten enthielten Leihgaben des Schweizer Bürgers La Roche an das Ulmer Museum[4]. Sie wurden schon am 25. März 1946 ausgelagert[3] und im Mai 1946 von der amerikanischen Militärregierung über das Schweizer Konsulat direkt zurückgegeben[5]. Zum Ulmer Museum vgl. Abschnitt 8f. Es ist eine vollständige Einlagerungsliste vorhanden[2].
Quellennachweis:	[1] StA Ludwigsburg, EL 402 Heilbronn lfd. Nr. 309: Report of Property Transactions vom 21. Januar 1947. [2] StadtA Ulm, B 322/20 Nr. 16: Bericht des Museums der Stadt Ulm über die Bergung von Museumsgut in der Saline Friedrichshall-Kochendorf vom 11. September 1943. [3] StA Ludwigsburg, EL 402 Heilbronn lfd. Nr. 238, Einlagerungsverzeichnisse für Kochendorf: Aufstellung über Bergungsgüter im Steinsalzbergwerk Kochendorf.

⁴ StA Ludwigsburg, EL 402 Heilbronn lfd. Nr. 238, Reports: Special Report of the Collecting Point-Repository at the Heilbronn and Kochendorf Salt-Mines vom 15. Februar 1946.
⁵ StadtA Ulm, B 322/20 Nr. 16: Schreiben des Museums der Stadt Ulm vom 28. Oktober 1946 an den Oberbürgermeister der Stadt Ulm.
⁶ StadtA Ulm, B 322/20 Nr. 16: Schreiben des Museums der Stadt Ulm vom 10. Dezember 1946 an den Oberbürgermeister der Stadt Ulm.

Ulm-Wiblingen[1]
Evangelische Kirchengemeinde[1]

Einlagerungsort:	Heilbronn oder Kochendorf[1]
Einlagerungsdatum:	
Einlagerungsgut:	Teile des Altars (Gemälde)[1]
Auslagerung:	März 1946[1]
Flächenbedarf:	
Bemerkungen:	
Quellennachweis:	[1] HStA Stuttgart, RG 260 OMGUS 3/438-1/11 (2 of 2): MFA & A Collecting Point Report for the Month of March 1946 vom 28. März 1946.

Venedig[1]
Deutsche Botschaft[1]

Einlagerungsort:	Saline Jagstfeld[1]
Einlagerungsdatum:	August 1944[2]
Einlagerungsgut:	
Auslagerung:	
Flächenbedarf:	
Bemerkungen:	Die Anlieferung erfolgte zusammen mit Materialien des „Deutschen Instituts" in Venedig[3].
Quellennachweis:	[1] StA Ludwigsburg, EL 402 Heilbronn lfd. Nr. 238, Verschiedenes: Bericht von Leutnant Ford vom 11. Dezember 1945 über Monuments, Fine Arts and Archives. [2] StA Ludwigsburg, EL 402 Heilbronn lfd. Nr. 238, Heilbronn Büro und Verschiedenes: Brief Report on the Heilbronn and Kochendorf Salt Mines vom 7. August 1946. [3] StA Ludwigsburg, EL 402 Heilbronn lfd. Nr. 238, Reports: Special Report of the Collecting Point-Repository at the Heilbronn and Kochendorf Salt-Mines vom 15. Februar 1946.

Venedig[6]
Deutsches Institut[6]

Einlagerungsort:	Saline Jagstfeld[3]
Einlagerungsdatum:	August 1944[2]
Einlagerungsgut:	Etwa 50 Schachteln mit Büchern und Dokumenten[3]
Auslagerung:	März/April 1946[4]; das Material wurde zunächst nach Kochendorf geholt[5] und anschließend der Library of Congress-Mission zur weiteren Untersuchung übergeben[4].
Flächenbedarf:	
Bemerkungen:	Nach dem Wegfall der deutschen Institute in Rom, Florenz und Neapel in der 2. Jahreshälfte 1943 wurde am 17. Februar 1944 in Venedig unter der Leitung von Dr. Ernst-Eduard Berger ein „Deutsches Institut" gegründet[1]. Das Material konnte bei Anlieferung nicht eingelagert werden, weil aufgrund der Industrieverlagerungen im Schacht keine Transportkapazität zur Verfügung stand. Deshalb wurde es in ein Salinengebäude in Jagstfeld verbracht[2]. Das Material befand sich nach dem Zweiten Weltkrieg z. T. in schlechtem Zustand. Etwa 20 Kisten waren beraubt, die Bücher lagen auf dem Fußboden verstreut[3].
Quellennachweis:	[1] Schreiben des Historischen Archivs der Stadt Köln (NS-Dokumentationszentrum) vom 22. Dezember 1995 an den Verfasser. [2] StA Ludwigsburg, EL 402 Heilbronn lfd. Nr. 238, Heilbronn Büro und Verschiedenes: Brief Report on the Heilbronn and Kochendorf Salt Mines vom 7. August 1946. [3] StA Ludwigsburg, EL 402 Heilbronn lfd. Nr. 238, Berichte an MFA & A: MFA & A Collecting Point Report for the Month of November vom 30. November 1945. [4] HStA Stuttgart, RG 260 OMGUS 3/438-1/11 (2 of 2): MFA & A Collecting Point Report for the Month of March vom 28. März 1946. [5] StA Ludwigsburg, EL 402 Heilbronn lfd. Nr. 238, Reports: Special Report of the Collecting Point-Repository at the Heilbronn and Kochendorf Salt-Mines vom 15. Februar 1946. [6] StA Ludwigsburg, EL 402 Heilbronn lfd. Nr. 238, Einlagerungsverzeichnisse für Heilbronn: List of Articles in Kochendorf Mine According to Correspondence and Lists (undatiert).

Weddingstedt[1]
Kirchspielarchiv[1]

Einlagerungsort:	Heilbronn[1]
Einlagerungsdatum:	wohl Ende April 1944[2], weiterer Transport wohl Ende September 1944[3]

Einlagerungsgut:	1. Transport:[3] 10 Pakete mit Akten[1]
	2. Transport: 7 Pakete mit Akten[3]
Auslagerung:	16.–18. Juli 1946[4]
Flächenbedarf:	
Bemerkungen:	Die Ein- und Auslagerung wurde von der Archivberatungsstelle Kiel durchgeführt und erfolgte über das Kreisarchiv Norderdithmarschen (Heide). Eine Einlagerungsliste für beide Lieferungen ist vorhanden[1,3].
Quellennachweis:	[1] LAS Schleswig, Abt. 320.10 Nr. 4877: Schreiben des Archivpflegers für Norderdithmarschen vom 18. April 1944 an die Archivberatungsstelle Kiel.
	[2] LAS Schleswig, Abt. 320.10 Nr. 4877: Schreiben der Archivberatungsstelle Kiel vom 1. April 1944 an den Landrat in Heide.
	[3] LAS Schleswig, Abt. 320.10 Nr. 4877: Aufstellung des Kreisarchivs Norderdithmarschen (Heide) vom 15. August 1944.
	[4] KKrA Neumünster, Schriftgut des Kirchenkreises: Schreiben der Landesregierung Schleswig-Holstein (Ministerium für Volksbildung Abt. Allgemeine Kulturpflege) vom 12. Juni 1947.

Weinsberg[1]
Karosseriewerke Weinsberg GmbH[1]

Einlagerungsort:	Heilbronn[1]
Einlagerungsdatum:	im oder nach dem August 1944[2]
Einlagerungsgut:	insbesondere Staubsaug-Apparate, Lampenschirme für Fabrikbeleuchtung, Gummiprofile für Autokarosserie-Fenster, Fensterglas für Automobile, Kleinmaterial[1], Geräte und Maschinen[3]
Auslagerung:	14. März 1947[1]
Flächenbedarf:	40 qm in Raum G[3]
Bemerkungen:	
Quellennachweis:	[1] StA Ludwigsburg, EL 402 Heilbronn lfd. Nr. 309: Report of Property Transactions vom 3. April 1947.
	[2] StadtA Heilbronn, Salzwerk Heilbronn 319: Besuche wegen Einlagerung.
	[3] StA Ludwigsburg, EL 402 Heilbronn lfd. Nr. 309: Einlagerungsverzeichnis vom 1. Oktober 1946.

Weinstadt-Schnait[1]
Silchermuseum[1]

Einlagerungsort:	Kochendorf[1]
Einlagerungsdatum:	

Einlagerungsgut:	1² oder 2 Koffer mit Silcherhandschriften und Noten¹
Auslagerung:	Juli 1946¹
Flächenbedarf:	
Bemerkungen:	Die Einlagerung erfolgte in der Wetterstrecke B².
Quellennachweis:	¹ StA Ludwigsburg, EL 402 Heilbronn lfd. Nr. 238, Einlagerungsverzeichnisse für Kochendorf: Aufstellung über Bergungsgüter im Steinsalzbergwerk Kochendorf. ² StadtA Heilbronn, Salzwerk Heilbronn 100: Liste vom 19. Juni 1945.

Wesselburen-Land[1]
Kirchspielarchiv[1]

Einlagerungsort:	Heilbronn[1]
Einlagerungsdatum:	wohl Ende April 1944[2]
Einlagerungsgut:	64 Pakete mit Akten[1]
Auslagerung:	16.–18. Juli 1946[3]
Flächenbedarf:	
Bemerkungen:	Die Ein- und Auslagerung wurde von der Archivberatungsstelle Kiel durchgeführt und erfolgte über das Kreisarchiv Norderdithmarschen (Heide). Eine Einlagerungsliste ist vorhanden[1].
Quellennachweis:	[1] LAS Schleswig, Abt. 320.10 Nr. 4877: Schreiben des Archivpflegers für Norderdithmarschen vom 18. April 1944 an die Archivberatungsstelle Kiel. [2] LAS Schleswig, Abt. 320.10 Nr. 4877: Schreiben der Archivberatungsstelle Kiel vom 1. April 1944 an den Landrat in Heide. [3] KKrA Neumünster, Schriftgut des Kirchenkreises: Schreiben der Landesregierung Schleswig-Holstein (Ministerium für Volksbildung Abt. Allgemeine Kulturpflege) vom 12. Juni 1947.

Westerland auf Sylt[1]
Stadtarchiv[1]

Einlagerungsort:	Heilbronn[1]
Einlagerungsdatum:	1944[1]
Einlagerungsgut:	ca. 25 Kisten[1]
Auslagerung:	16.–18. Juli 1946[2]
Flächenbedarf:	
Bemerkungen:	Die Ein- und Auslagerung wurde von der Archivberatungsstelle Kiel durchgeführt[1].

Quellennachweis: [1] LAS Schleswig, Abt. 371 Nr. 674: Verzeichnis der von der Archivberatungsstelle ausgelagerten Archivalien (undatiert).
[2] KKrA Neumünster, Schriftgut des Kirchenkreises: Schreiben der Landesregierung Schleswig-Holstein (Ministerium für Volksbildung Abt. Allgemeine Kulturpflege) vom 12. Juni 1947.

Wiesbaden[1]
Staatsarchiv[1]

Einlagerungsort:	Kochendorf[1]
Einlagerungsdatum:	14., 20.[5] und 23. Dezember 1943[2] (Anlieferung), 31. Dezember 1943 (Verbringung unter Tage)[3]
Einlagerungsgut:	66 Kisten[1] (Urkunden, Akten, Kopialbücher, Repertorien)[2]
Auslagerung:	14./15. März 1947[1]
Flächenbedarf:	20 qm[4]
Bemerkungen:	Die Rückführung erfolgte zusammen mit den Archivalien des Hauptstaatsarchivs Stuttgart und des Staatsarchivs Ludwigsburg[1].
Quellennachweis:	[1] StA Ludwigsburg, EL 402 Heilbronn lfd. Nr. 309: Report of Property Transactions vom 16. April 1947. [2] HHStA Wiesbaden, Abt. 404 Nr. 1253: Schreiben des Staatsarchivs Wiesbaden vom 31. Dezember 1943 an den Generaldirektor der Staatsarchive (Berlin). [3] StA Ludwigsburg, EL 402 Heilbronn lfd. Nr. 238, Einlagerungsverzeichnisse für Kochendorf: Aufstellung über Bergungsgüter im Steinsalzbergwerk Kochendorf. [4] StA Ludwigsburg, EL 402 Heilbronn lfd. Nr. 309: Einlagerungsverzeichnis vom 10. September 1946. [5] HHStA Wiesbaden, Abt. 404 Nr. 1253: Schreiben des Staatsarchivs Wiesbaden vom 13. Dezember 1943 an das Württembergische Landesamt für Denkmalpflege (Stuttgart).

Wilster[1]
Stadtarchiv[1]

Einlagerungsort:	Heilbronn[1]
Einlagerungsdatum:	wohl Ende April 1944[2]
Einlagerungsgut:	65 Kisten, dazu (ebenfalls in Kisten) 1324 Bände der stadteigenen Doos'schen Bibliothek[1] (insgesamt 103 Kisten)[2]
Auslagerung:	16.–18. Juli 1946[3]
Flächenbedarf:	
Bemerkungen:	Die Ein- und Auslagerung wurde von der Archivberatungsstelle Kiel durchgeführt[1].

Quellennachweis:
[1] LAS Schleswig, Abt. 371 Nr. 674: Verzeichnis der von der Archivberatungsstelle ausgelagerten Archivalien (undatiert).
[2] StadtA Wilster, Aktenmaterial der Stadtverwaltung: Schreiben des Bürgermeisters von Wilster vom 2. Mai 1944 an die Archivberatungsstelle Kiel.
[3] KKrA Neumünster, Schriftgut des Kirchenkreises: Schreiben der Landesregierung Schleswig-Holstein (Ministerium für Volksbildung Abt. Allgemeine Kulturpflege) vom 12. Juni 1947.

Winnenden[1]
Evangelische Kirchengemeinde[1]

Einlagerungsort:	Kochendorf[1]
Einlagerungsdatum:	Juli / August 1943[2]
Einlagerungsgut:	Figuren des Hochaltars[1] (St. Jakob)[2] der Schloßkirche Winnenden[1] (25 Holzfiguren und 2 Kisten Schnitzereien)[4]
Auslagerung:	20. Februar 1947[1]
Flächenbedarf:	15 qm³
Bemerkungen:	

Quellennachweis:
[1] StA Ludwigsburg, EL 402 Heilbronn lfd. Nr. 309: Report of Property Transactions vom 18. März 1947.
[2] LKA Stuttgart, A 126/298 – Winnenden: Chronik der Ereignisse der Kirchengemeinde Winnenden in den Kriegsjahren 1939–1945, S. 3–4.
[3] StA Ludwigsburg, EL 402 Heilbronn lfd. Nr. 309: Einlagerungsverzeichnis vom 10. September 1946.
[4] StA Ludwigsburg, EL 402 Heilbronn lfd. Nr. 309: Einlagerungsverzeichnis vom 1. Oktober 1946.

Wyk auf Föhr[1]
Inselarchiv[1]

Einlagerungsort:	Heilbronn[1]
Einlagerungsdatum:	wohl Ende September 1944[2]
Einlagerungsgut:	17 Kisten[1]
Auslagerung:	16.–18. Juli 1946[3]
Flächenbedarf:	
Bemerkungen:	Die Ein- und Auslagerung wurde von der Archivberatungsstelle Kiel durchgeführt[1]. Eine Auslagerungsliste ist vorhanden[2].

Quellennachweis:
[1] LAS Schleswig, Abt. 371 Nr. 674: Verzeichnis der von der Archivberatungsstelle ausgelagerten Archivalien (undatiert).

[2] KreisA Nordfriesland, A 3/8818: Schreiben des Kreisarchivs Nordfriesland (Husum) vom 26. Januar 1996 an den Verfasser.
[3] KKrA Neumünster, Schriftgut des Kirchenkreises: Schreiben der Landesregierung Schleswig-Holstein (Ministerium für Volksbildung Abt. Allgemeine Kulturpflege) vom 12. Juni 1947.

Wyk auf Föhr[1]
Kirchengemeinde St. Nicolai[1]

Einlagerungsort:	Heilbronn[1]
Einlagerungsdatum:	1944[1]
Einlagerungsgut:	1 Kiste[1]
Auslagerung:	16.–18. Juli 1946[2]
Flächenbedarf:	
Bemerkungen:	Die Ein- und Auslagerung wurde von der Archivberatungsstelle Kiel durchgeführt und erfolgte über das Stadtarchiv Wyk auf Föhr[1].
Quellennachweis:	[1] LAS Schleswig, Abt. 371 Nr. 674: Verzeichnis der von der Archivberatungsstelle ausgelagerten Archivalien (undatiert). [2] KKrA Neumünster, Schriftgut des Kirchenkreises: Schreiben der Landesregierung Schleswig-Holstein (Ministerium für Volksbildung Abt. Allgemeine Kulturpflege) vom 12. Juni 1947.

Verzeichnis der verwendeten Abkürzungen

AAA Washington	= Archives of American Art Washington
BA Berlin-Zehlendorf	= Bundesarchiv Außenstelle Berlin-Zehlendorf
BA Freiburg	= Bundesarchiv Militärarchiv Freiburg
BA Koblenz	= Bundesarchiv Koblenz
BA Potsdam	= Bundesarchiv Abteilungen Potsdam
Bd.	= Band
Bde.	= Bände
Bl.	= Blatt
Bll.	= Blätter
bzw.	= beziehungsweise
cbm	= Kubikmeter
cm	= Zentimeter
d. M.	= des Monats
DAAD	= Deutscher Akademischer Austauschdienst
desgl.	= desgleichen
dgl.	= dergleichen
d. M.	= dieses Monats
ERR	= Einsatzstab Reichsleiter Rosenberg
f.	= folgende
ff.	= fortfolgende
fol.	= folio
GLA Karlsruhe	= Generallandesarchiv Karlsruhe
HessStA Darmstadt	= Hessisches Staatsarchiv Darmstadt
Hg.	= Herausgeber
HHStA Wiesbaden	= Hessisches Hauptstaatsarchiv Wiesbaden
HStA Stuttgart	= Hauptstaatsarchiv Stuttgart
K.f.d.A.	= Kommissar für den Archivschutz
KKrA Leck	= Archiv des Kirchenkreises Südtondern in der Nordelbischen Evangelisch-Lutherischen Kirche, Leck
KKrA Neumünster	= Archiv des Kirchenkreises Neumünster in der Nordelbischen Evangelisch-Lutherischen Kirche, Neumünster
KKrA Ratzeburg	= Archiv des Kirchenkreises Herzogtum Lauenburg in der Nordelbischen Evangelisch-Lutherischen Kirche, Ratzeburg
KreisA Nordfriesland	= Kreisarchiv Nordfriesland, Husum
kW	= Kilowatt
KZ	= Konzentrationslager
LAS Schleswig	= Landesarchiv Schleswig-Holstein, Schleswig
lbs.	= pounds

lfd.	= laufend, laufende
LKA Stuttgart	= Landeskirchliches Archiv Stuttgart
LKB	= Landeskommissarbezirk
Lkw	= Lastkraftwagen
LSP	= Luftschutzpolizei
m	= Meter
MFA & A	= Monuments, Fine Arts and Archives
MGO	= Military Government Office
NA Washington	= National Archives Washington
NaCl	= Natriumchlorid (»Kochsalz«)
NHStA Düsseldorf	= Nordrhein-Westfälisches Hauptstaatsarchiv Düsseldorf
NSKK	= Nationalsozialistisches Kraftfahrerkorps
OMGUS	= Office of Military Government for Germany, United States
OMGWB	= Office of Military Government for Wuerttemberg-Baden
OT	= Organisation Todt
Pkw	= Personenkraftwagen
qkm	= Quadratkilometer
qm	= Quadratmeter
RM	= Reichsmark
SHAEF	= Supreme Headquarters Allied Expeditionary Forces
SHD	= Sicherheits- und Hilfsdienst
SS	= Schutzstaffel
StA Ludwigsburg	= Staatsarchiv Ludwigsburg
StadtA Burg auf Fehmarn	= Stadtarchiv Burg auf Fehmarn
StadtA Esslingen	= Stadtarchiv Esslingen
StadtA Frankfurt am Main	= Institut für Stadtgeschichte (ehemals Stadtarchiv) Frankfurt am Main
StadtA Glückstadt	= Stadtarchiv Glückstadt
StadtA Heilbronn	= Stadtarchiv Heilbronn
StadtA Karlsruhe	= Stadtarchiv Karlsruhe
StadtA Kiel	= Stadtarchiv Kiel
StadtA Mannheim	= Stadtarchiv Mannheim
StadtA Neumünster	= Stadtarchiv Neumünster
StadtA Ulm	= Stadtarchiv Ulm
StadtA Wilster	= Stadtarchiv Wilster
t	= Tonne
u. a.	= und anderes, unter anderem, unter anderen
UniA Tübingen	= Universitäts-Archiv Tübingen
USA	= United States of America
usw.	= und so weiter
vgl.	= vergleiche

vh.	=	verheiratete
v. l.	=	von links
z. B.	=	zum Beispiel
z. T.	=	zum Teil
ZS	=	Zeitgeschichtliche Sammlung

Verzeichnis der zitierten Quellen[1]

Berlin
1. Bundesarchiv, Außenstelle Berlin-Zehlendorf (BA Berlin-Zehlendorf)
   a) NS 6/337 (Partei-Kanzlei der NSDAP)
   b) NS 8/260 (Kanzlei Rosenberg)

Burg auf Fehmarn
1. Stadtarchiv (StadtA Burg auf Fehmarn)
   a) Abt. A XXV. 10

Darmstadt
1. Hessisches Staatsarchiv Darmstadt (HessStA Darmstadt)
   a) Dienstregistratur I T 3

Düsseldorf
1. Nordrhein-Westfälisches Hauptstaatsarchiv Düsseldorf (NHStA Düsseldorf)
   a) Altregistratur BR 2094/301 (Bll. 43–91)

Esslingen
1. Stadtarchiv (StadtA Esslingen)
   a) Hauptregistratur 9320 g

Frankfurt am Main
1. Institut für Stadtgeschichte (StadtA Frankfurt am Main)
   a) Kulturamt, 360, 448

Freiburg
1. Bundesarchiv Militärarchiv (BA Freiburg)
   a) RW 46/424
   b) RW 20-5/1 und 20-5/3

Glückstadt
1. Stadtarchiv (StadtA Glückstadt)
   a) X 6 (Archiv) AZ. A I 14/10 Bd. II

---

[1] Für die Archive wurde ein Abkürzungssystem eingeführt, das möglichst einheitlich und selbsterklärend gestaltet ist. Es kann z. T. von den sonst gebräuchlichen Abkürzungen abweichen.

Heilbronn
1. Stadtarchiv Heilbronn (StadtA Heilbronn)
    a) VR Abgabe 28/89, Ord 1 (Salzwerk Heilbronn AG)
    b) Stadtarchiv Akten 51 (gerettetes Kulturgut)
       Stadtarchiv Akten 56 (Hellmut Braun)
       Stadtarchiv Akten 59 (Schriftwechsel Georg Albrecht)
    c) Salzwerk Heilbronn
       90 (Vermögenskontrolle, 1945–1946)
       94 (Auslagerung O. S.)
       95 (Einbrüche in die Einlagerungsräumlichkeiten, Beschwerden gegen die Baufirmen, 1944)
       97 (Berichte und Aktennotizen, 1945–1946)
       100 (Staatliche Saline Friedrichshall, 1945–1946)
       101 (Entnazifizierung Friedrichshall)
       102 (Entnazifizierung Dr. Bauer, 1945–1948)
       135 (Korrespondenz Dr. Bauer 1945–1947)
       319 (Kelleraktion, 1943–1945)
    d) Stadtkasse: Gegenbuch 1945
    e) Zeitgeschichtliche Sammlung (ZS):
       K 1629 (Schutz von Kulturgütern)
       P 19 (Dr. Hanns Bauer)
       P 6929 (Wilhelm Wegener)
       Sch 1501 (Volkshochschule Heilbronn)
       W 927 (Salzwerk Heilbronn AG/Südwestdeutsche Salzwerke AG)
       W 2572 (Koch & Mayer)

Husum
1. Kreisarchiv Nordfriesland (KreisA Nordfriesland)
    a) D 2 Stadtarchiv Husum (D 2/3326)
    b) D 31 Stadtarchiv Garding (D 31/87)
    c) A 3 Inselarchiv Föhr (A 3/8818)
    d) A 2 Landschaftsarchiv Eiderstedt (A 2/Landschaft Akten 595)

Karlsruhe
1. Generallandesarchiv (GLA Karlsruhe)
    a) 235/6761, 40304, 40320, 40323, 40701, 40765 (Badisches Ministerium des Kultus und Unterrichts)
    b) 450/1271–1274, 1350–51 (Dienstakten des Generallandesarchivs)
2. Stadtarchiv (StadtA Karlsruhe)
    a) Bestand 8/StS Abt. 17 Nr. 106 (Luise Vernickel)

Kiel
1. Stadtarchiv (StadtA Kiel)
    a) Registratur (Sicherung von Archivgut gegen Luftangriffe – Auslagerung)

Koblenz
1. Bundesarchiv (BA Koblenz)
    a) R 3 (Reichsministerium für Rüstung und Kriegsproduktion)
    b) R 8 VIII (Reichsstelle Chemie)
    c) R 36 (Deutscher Gemeindetag) Bd. 2352

Leck
1. Archiv des Kirchenkreises Südtondern in der Nordelbischen Evangelisch-Lutherischen Kirche, Leck (KKrA Leck)
    a) Archiv der Propstei

Ludwigsburg
1. Staatsarchiv Ludwigsburg (StA Ludwigsburg)
    a) F 147 I Salinenamt Friedrichshall mit Clemenshall (1742–1967)
    b) EL 402 Oberfinanzdirektion Stuttgart, Amt für Vermögenskontrolle Heilbronn (unverzeichnet),
    lfd. Nr. 238: Akten des Stabes von Lt. Ford
    lfd. Nr. 309: Akten über das Salzwerk Heilbronn und die Staatliche Saline Friedrichshall-Kochendorf
    lfd. Nr. 322: Akten der Verlagerungs-Verwaltung in den Salzbergwerken Heilbronn und Kochendorf

Mannheim
1. Stadtarchiv (StadtA Mannheim)
    a) Wissenschaftliche Stadtbibliothek, Archivalien-Zugang 21/1968, Nr. 40
    b) Hauptregistratur, Archivalien-Zugang 1955–1964, Nr. 976, Nr. 983
    c) Hauptregistratur, Archivalien-Zugang 13/1977, Nr. 830
    d) Hauptregistratur, Archivalien-Zugang 29/1979, Nr. 90
    e) Kulturamt, Archivalien-Zugang 9/1978, Nr. 306, Nr. 320, Nr. 756
    f) Musikhochschule, Archivalien-Zugang 34/1969, Nr. 48

Marbach
1. Schiller-Nationalmuseum (Schiller-Nationalmuseum Marbach)
Deutsches Literaturarchiv
    a) Cotta-Archiv

Neumünster
1. Stadtarchiv (StadtA Neumünster)
    a) MA 4938/6
2. Archiv des Kirchenkreises Neumünster in der Nordelbischen Evangelisch-Lutherischen Kirche, Neumünster (KKrA Neumünster)
    a) Schriftgut des Kirchenkreises

Potsdam
1. Bundesarchiv Abteilungen Potsdam (BA Potsdam)
   a) R 7 (Reichswirtschaftsministerium) Bde. 1170, 1172–1173, 1176–1177, 1179–1182, 1185, 1189, 1192, 1196, 1208, 1216, 1218, 1220, 1237
   b) R 50 I und II Organisation Todt (Bde. 9–10)
   c) R 146 Reichsarchivverwaltung (Bde. 24, 27)
   d) R 1506 Reichsarchiv (Bde. 5–7, 285–286)
   e) R 1509 (alt: R 39) Reichssippenamt (Bde. 516, 518–521)

Ratzeburg
1. Archiv des Kirchenkreises Herzogtum Lauenburg in der Nordelbischen Evangelisch-Lutherischen Kirche, Ratzeburg (KKrA Ratzeburg)
   a) 163 – Pfarrarchive – Sicherungsmaßnahmen, 1938–1950.

Schleswig
1. Landesarchiv Schleswig-Holstein, Schleswig (LAS Schleswig)
   a) Abt. 320.10 Nr. 4877 (Sicherung der Archive durch Auslagerung, 1944–1947, Heide)
   b) Abt. 304 Nr. 859 (Sicherung der Archive von Städten, Klöstern und Gütern, 1944)
   c) Abt. 371 Nr. 674 (Archivberatungsstelle, 1945)

Stuttgart
1. Hauptstaatsarchiv Stuttgart (HStA Stuttgart)
   a) E 61 (Württembergische Archivdirektion) Bü 493, 494, 495, 496, 497, 498, 500
   b) OMGUS-Akten (ausgewählt in bezug auf Heilbronn bzw. Kochendorf; Nationalarchiv Washington RG 260 OMGUS, Mikrofiches vom Hauptstaatsarchiv Stuttgart: J 384, Kopien im Stadtarchiv Heilbronn)

   RG 260 OMGUS 3/407-3/1   (1 fiche, darin: Geschichte der MFA & A Section vom 1. Juli 1946 bis zum 30. Juni 1947)

   RG 260 OMGUS 3/408-1/9   (1 fiche, enthält u. a. Vierteljahresbericht der MFA & A Section vom 7. Juli bis 30. September 1947)

   RG 260 OMGUS 3/408-3/1   (1 fiche, darin: Geschichte der MFA & A Section (OMGWB) bis zum 30. Juni 1946)

   RG 260 OMGUS 3/438-1/11 (2 fiches, enthält u. a. Monatsberichte der MFA & A Section von Februar bis Juli 1946)

   RG 260 OMGUS 5/10-1/10   (5 fiches, enthält u. a. fünfseitigen Bericht »The Unique Problem of Fine Arts and Archives in Heilbronn«)

RG 260 OMGWB 12/50-2/2 (4 fiches, enthält u. a. Vierteljahresbericht der MFA & A Section vom 1. Juli bis zum 30. September 1947)
RG 260 OMGWB 12/88-3/3 (3 fiches, enthält u. a. Berichte der Volkshochschule Heilbronn an die Militärregierung in Stuttgart)
RG 260 OMGWB 12/89-1/13 (2 fiches, enthält u. a. Berichte der Volkshochschule Heilbronn an die Militärregierung in Stuttgart)
RG 260 OMGWB 12/89-1/15 (5 fiches, enthält u. a. Berichte der Volkshochschule Heilbronn an die Militärregierung in Stuttgart)
RG 260 OMGWB 12/89-3/13 (6 fiches, enthält u. a. Einlagerungsliste der Kunsthalle Karlsruhe)
RG 260 OMGWB 12/90-1/3 (5 fiches, enthält u. a. Einlagerungsliste der Kunsthalle Mannheim)
RG 260 OMGWB 12/90-1/5 (2 fiches, enthält u. a. Einlagerungsliste des Wallraf-Richartz-Museums und Hinweise auf andere Kölner Museen)
RG 260 OMGWB 12/90-1/6 (3 fiches, enthält u. a. Liste von ca. 240 Stuttgarter Einlagerern)

2. Landeskirchliches Archiv (LKA Stuttgart)
   a) Altregistratur Ortsakten Kirchengemeinde Esslingen (1929–1951)
      Altregistratur Ortsakten Kirchengemeinde Heilbronn (1938–1951)
      Altregistratur Ortsakten Kirchengemeinde Öhringen (ab 1926)
      Altregistratur Ortsakten Kirchengemeinde Schwäbisch Hall (1928–1951)
      Altregistratur Ortsakten Kirchengemeinde Schwieberdingen (1928–1967)
      Altregistratur Ortsakten Kirchengemeinde Winnenden (1925–1965)
   b) Altregistratur 437 – Christliche Kunstwerke, Christlicher Kunstverein (1942–1948)
   c) Altregistratur Generalia 436 XII (1940–1942), XIII (1943–1944)
   d) A 126/298 – Winnenden

Tübingen
1. Universitätsarchiv Tübingen (UniA Tübingen)
   a) 167/26 Depot der Universitätsbibliothek Tübingen in der Saline Kochendorf (1946–1948)

Ulm
1. Stadtarchiv (StadtA Ulm)
   a) B 322/20 Nr. 16

Washington
1. National Archives, Washington, D. C. (NA Washington)
   a) Record Group 216, box 328: Berichte der MFA & A-Offiziere aus den Jahren 1944 und 1945
   b) Record Group 260: U.S. Occupation Headquarters, WW II.
   c) Record Group 407: Records of the Office of the Adjutant General, 1917–
2. Archives of American Art, Washington, D. C. (AAA Washington)
   a) James Rorimer Papers (Reels 2800, 2801 and 2802)

Wiesbaden
1. Hessisches Hauptstaatsarchiv (HHStA Wiesbaden)
   a) Abt. 404 Nr. 1242–1243, 1253, 1521
   b) Abt. 649, 5/7-2/3

Wilster
1. Stadtarchiv (StadtA Wilster)
   a) Aktenmaterial der Stadtverwaltung

Verzeichnis der zitierten Literatur

ADAM, Karl Dietrich: Die Württembergische Naturaliensammlung zu Stuttgart im Zweiten Weltkrieg. In: Aus der Geschichte des Stuttgarter Naturkundemuseums. Hg. vom Staatlichen Museum für Naturkunde Stuttgart. Stuttgart 1991 (Stuttgarter Beiträge zur Naturkunde: Reihe C 30), S. 81–104.

ADOLPH, Rudolf: Hugo Borst. Aschaffenburg 1963.

AKINSCHA, Konstantin; KOSLOW, Grigori; TOUSSAINT, Clemens: Operation Beutekunst. Die Verlagerung deutscher Kulturgüter in die Sowjetunion nach 1945. Zusammengestellt nach bisher unveröffentlichten Dokumenten aus Archiven der russischen Föderation. Nürnberg 1995 (Wissenschaftliche Beibände zum Anzeiger des Germanischen Nationalmuseums 12).

AKINSCHA, Konstantin; KOSLOW, Grigori: Beutekunst. Auf Schatzsuche in russischen Geheimdepots. München 1995.

Ausstellung Süddeutscher Gotik in Heilbronn. Über 2000 Besucher in drei Tagen. Wertvolle Originalwerke. Stuttgarter Zeitung (Heilbronner Ausgabe), 16. Februar 1946, S. 9.

BACKES, Klaus: Hitler und die bildenden Künste. Kulturverständnis und Kunstpolitik im Dritten Reich. Köln 1988.

BARRON, Stephanie (Hg.): »Entartete Kunst«. Das Schicksal der Avantgarde im Nazi-Deutschland. München 1992.

BAUM, Volker [u. a.]: KZ Kochendorf: Vernichtung durch Arbeit. Bad Friedrichshall 1993.

BAUM, Volker; ERNST, Detlev; RIEXINGER, Klaus: Das Konzentrationslager »Eisbär« in Kochendorf. In: RIEXINGER, Hans (Red.): Bad Friedrichshall Bd. 2. Bad Friedrichshall 1996, S. 339–358.

BECHSTEIN, Hans Dieter: Heilbronn. Die Kilianskirche: Mittelpunkt der Stadt. Heilbronn 1975.

BERDESINSKI, Waldemar: Victor Goldschmidt. 1853–1933. In: Semper Apertus. Sechshundert Jahre Ruprecht-Karls-Universität Heidelberg 1386–1986. Hg. von Wilhelm Doerr. Bd. II: Das neunzehnte Jahrhundert 1803–1918. Berlin; Heidelberg 1985, S. 506–515.

»Beutekunst« gehört nach Moskau. Russischer Parlamentsbeschluß. Heilbronner Stimme, 6. Juli 1996, S. 4.

BINDER, Gerhard; MAISAK, Walter; TRIPPS, Manfred: Dreißig Jahre Künstlerbund Heilbronn. Sommerausstellung 1979. Heilbronn 1979.

BLUMENTHAL, Ralph: Revelations and Agonizing On Soviet Seizure of Artwork. The New York Times, 23. Januar 1995, S. C 11 und C 14.

BÖHM, Elga: Der Central Collecting Point München. Kunstsammelstelle nach Kriegsende 1945. In: Kölner Museums-Bulletin 4/1987, S. 24–29.

BORKIN, Joseph: Die unheilige Allianz der I. G. Farben. Eine Interessengemeinschaft im Dritten Reich. Frankfurt am Main; New York 1990.

Bundesanzeiger. Hg. Bundesministerium der Justiz. Jg. 43 (1991), S. 4210.

CARLÉ, Walter: Beiträge zur Geschichte der württembergischen Salinen. Stuttgart 1968 (Veröffentlichungen der Kommission für geschichtliche Landeskunde in Baden-Württemberg: Reihe B 43).

DURIAN-RESS, Saskia: 70 Jahre Augustinermuseum Freiburg. Vom Kloster zum Museum. München 1993.

EBERT, Hans J.; KAISER, Johann B.; PETERS, Klaus: Willy Messerschmitt – Pionier der Luftfahrt und des Leichtbaues. Eine Biographie. Bonn 1992 (Die deutsche Luftfahrt 17).

ECKARDT, Hans Wilhelm: Stationen eines Stempels. Historische und archivarische Anmerkungen anläßlich des juristischen Streites um das IV. Hamburgischen Staatssiegel. Hamburg 1995 (Vorträge und Aufsätze, hg. vom Verein für Hamburgische Geschichte, 31).

EHMER, Hermann: Die Herrgottskapelle bei Creglingen. Vom Kulturort zur Kunstandacht. In: Jahrbuch für Volkskunde (1993), S. 137–155.

ERNST, Detlef; RIEXINGER, Klaus: Vernichtung durch Arbeit. Die Geschichte des KZ Kochendorf / Außenkommando des KZ Natzweiler-Struthof. Bad Friedrichshall 1996.

FINCKH, Renate: Die Betroffenen. Meditationen zu sechs Relieftafeln von Hellmuth Uhrig. Esslingen 1981.

FISCHER, Ilse: Ausstellung der Heilbronner Künstlergilde. Heilbronner Stimme, 13. Juni 1946, S. 2.

FISCHER, Ilse: Ein Gang durch zwei Heilbronner Ausstellungen. Heilbronner Stimme, 4. Januar 1947, S. 5.

FISCHER, Ilse: Unser altes Heilbronn. Ein Blick in die XI. Ausstellung der Volkshochschule. Heilbronner Stimme, 25. März 1948, S. 4.

FISCHER, Ilse: Christliche Kunst in Bildern. 9. Ausstellung der Volkshochschule. Heilbronner Stimme, 14. Januar 1947, S. 4.

FISCHER, Ilse: Aus Heilbronner Kunstbesitz. Die 6. Ausstellung der Volkshochschule. Heilbronner Stimme, 22. August 1946, S. 2.

FISCHER, Ilse: Ausstellung von Meisterwerken der Graphik. Heilbronner Stimme, 30. April 1946, S. 4.

Fliegerehrenzeichen Hellmuth Hirths aus den USA zurück. In: Der Adler. Monatszeitschrift für Luftfahrt, September 1965, S. 13.

FORD, Dale V. [u. a.]: Monuments, Fine Arts & Archives. Heilbronn–Kochendorf Salt-Mines. September 1945–June 1946 [mschr.].

FRIEMUTH, Cay: Die geraubte Kunst. Der dramatische Wettlauf um die Rettung der Kulturschätze nach dem Zweiten Weltkrieg. Braunschweig 1989.

V. Kunstausstellung. Heilbronner Stimme, 27. Juni 1946, S. 3.

Geretteter deutscher Kunstbesitz. Amtliche Bekanntmachungen für die Stadt und den Landkreis Heilbronn, 25. Januar 1946, S. 4.

Glasfenster durchleuchten fünf Jahrhunderte. Einzigartige Schau im ev. Gemeindehaus und in der Hinteren Kirche. Eßlinger Zeitung vom 3. Juni 1950, S. 3.

GOLDBRUNNER, Hermann: Von der Casa Tarpea zur Via Aurelia Antica. Zur Geschichte der Bibliothek. In: ELZE, Reinhard; ESCH, Arnold (Hg.): Das Deutsche Historische Institut in Rom 1888–1988. Tübingen 1990, S. 62–71.

GRAMLICH, Josef: Auslagerung und Rückführung der Bestände der Universitätsbibliothek Heidelberg 1942/1946. Heidelberg 1953 [mschr.].

GRIMM, Ulrike: Das Badische Landesmuseum in Karlsruhe. Zur Geschichte seiner Sammlungen. Karlsruhe 1993.

Größte Kunstsammlung der Welt in Bergwerksstollen. Unersetzliche Werte wurden in Heilbronn und Kochendorf über den Krieg hinweg gerettet. Stuttgarter Zeitung, 3. Dezember 1965, S. 12.

HAASE, Günther: Kunstraub und Kunstschutz. Hildesheim 1991.

Handbuch der historischen Buchbestände in Deutschland, hg. von Bernhard FABIAN, Bd. 7: Baden-Württemberg und Saarland A–H, hg. von Wolfgang KEHR, bearb. von Wilfried SÜHL-STROHMENGER. Hildesheim 1994.

HARTT, Frederick: Florentine Art under Fire. New Jersey 1949.

HAYES, Peter: Industrie and ideology. IG Farben in the Nazi era. Cambridge 1987.

HAYES, Peter: Industrie und Ideologie. Die IG Farben in der Zeit des Nationalsozialismus. In: Zeitschrift für Unternehmensgeschichte 32 (1987), S. 124–136.

HELLENKEMPER, Hansgerd: Gedächtnisverlust. Zur Erinnerung an die Peter-und-Paul-Nacht 1943 in Köln. In: Kölner Museums-Bulletin 3/1993, S. 9–17.

HENKE, Josef: Das Schicksal deutscher zeitgeschichtlicher Quellen in Kriegs- und Nachkriegszeit. Beschlagnahme – Rückführung – Verbleib. In: Vierteljahrshefte für Zeitgeschichte 30 (1982), S. 557–620.

HERBST, Arnulf: Zur Geschichte des Wiesbadener Collecting Point. Bernhard Hoffmann zum 65. Geburtstag. In: Kunst in Hessen und am Mittelrhein 25 (1985), S. 11–19.

HERRMANN, Matthias: Archiv(gut)schutz im Deutschen Reich in der ersten Hälfte des 20. Jahrhunderts. In: Archivmitteilungen. Zeitschrift für Archivwesen, archivalische Quellenkunde und historische Hilfswissenschaften 42 (1993), S. 169–182.

HOCHSTUHL, Kurt: »Die Bestände sind bisher sehr gnädig weggekommen«. Kriegsende 1945 und Archivalltag im Hauptstaatsarchiv Stuttgart. Ausstellung des Hauptstaatsarchivs Stuttgart. Ausstellungsverzeichnis. Stuttgart 1995.

HOMERING, Liselotte: Cäcilie Mohor und die Mannheimer Erstaufführung von Richard Wagners »Tristan und Isolde« (1888). In: Mannheimer Hefte (1990), S. 70–87.

HOPMANN, Barbara [u. a]: Zwangsarbeit bei Daimler-Benz. Stuttgart 1994 (Zeitschrift für Unternehmensgeschichte: Beiheft 78).

100 Jahre Salz aus Heilbronn. Hg.: Südwestdeutsche Salzwerke. Heilbronn 1983.

KAPP, Ernst: Museum der Stadt Ulm. In: Schwäbisches Heimatbuch 1949. [1949], S. 170–173.

KLINKHAMMER, Lutz: Die Abteilung »Kunstschätze« der deutschen Militärverwaltung in Italien 1943–1945. In: Quellen und Forschungen aus italienischen Archiven 72 (1992), S. 483–549.

KOSCHLIG-WIEM, Irene: Das Schiller-Nationalmuseum in Marbach a. N. in den Jahren 1939–1949. In: Schwäbisches Heimatbuch 1949. [1949], S. 158–160.

KOWARK, Hannsjörg: Georg Leyh und die Universitätsbibliothek Tübingen (1921–1947). Tübingen 1981.

KÜHNEL-KUNZE, Irene: Bergung – Evakuierung – Rückführung. Die Berliner Museen in den Jahren 1939–1959. Berlin 1984 (Jahrbuch Preußischer Kulturbesitz: Sonderband 2).

LENZ, Wilhelm; SINGER, Hedwig (Bearb.): Reichswirtschaftsministerium Bestand R 7. Koblenz 1991 (Findbücher zu den Beständen des Bundesarchivs).

LEYH, Georg: Die deutschen wissenschaftlichen Bibliotheken nach dem Krieg. Tübingen 1947.

LINDBERGH, Charles A.: Kriegstagebuch 1938–1945. Wien; München 1976.

Marienverehrung. Ein Stück Deutschordenstradition. Zur Feier im Deutschordensmünster Heilbronn an Allerheiligen 1978. Heilbronn 1978.

MEIDINGER, Götz: Die Entwicklung der Heilbronner Industrie. Vom Ersten Weltkrieg bis zum Beginn der Achtziger Jahre. St. Katharinen 1986 (Veröffentlichungen des Archivs der Stadt Heilbronn 30).

MÜLLER, Karl Otto: Bericht des Landespflegers für Schriftdenkmale über die Jahre 1939–1948. In: Schwäbisches Heimatbuch 1949. [1949], S. 160–162.

Neue Ausstellung. Heilbronner Stimme, 5. Oktober 1946, S. 5.

NICHOLAS, Lynn H.: Der Raub der Europa. Das Schicksal europäischer Kunstwerke im Dritten Reich. München 1995.

OMGUS: Ermittlungen gegen die I. G. Farben. Nördlingen 1986 (Die andere Bibliothek: Sonderband).

OMGUS-Handbuch. Die amerikanische Militärregierung in Deutschland 1945–1949. Christoph WEISZ (Hg.). München 1994.

PFEIFER, Hugo: Erinnerungen. 1981.

Pokale von Hellmuth Hirth aus Amerika zurück. Erinnerungsstücke an den Heilbronner Flugpionier an Frau Clara Hirth übergeben. Heilbronner Stimme, 29. Juli 1965, S. 9.

PREUSS, Johannes; HAAS, Rainer: Die Standorte der Pulver-, Sprengstoff-, Kampf- und Nebelstofferzeugung im ehemaligen Deutschen Reich. In: Geographische Rundschau. Zeitschrift für Schulgeographie 39 (1987), S. 578–584.

RENZ, Alexander: Chronik der Stadt Heilbronn Bd. VI: 1945–1951. Für den Druck bearbeitet und mit einer Einleitung von Susanne SCHLÖSSER. Heilbronn 1995 (Veröffentlichungen des Archivs der Stadt Heilbronn 34).

Riexinger, Hans: Die Zeit des Zweiten Weltkrieges. In: Hantsch, Lothar (Red.): Bad Friedrichshall 1933–1983. Bad Friedrichshall 1983, S. 465–476.
Riexinger, Klaus: Eine Exkursion in dunkle Zeiten. Spuren der Zwangsarbeit im Bergwerk Kochendorf. Heilbronner Stimme, 3. Januar 1996, S. 18.
Risel, Heinz: KZ in Heilbronn. Das »SS-Arbeitslager Steinbock« in Neckargartach. Augenzeugenberichte – Dokumente – Tatsachen mit Material über Kochendorf und Bad Rappenau. Nordheim 1987.
Rohr, Wilhelm: Die zentrale Lenkung deutscher Archivschutzmaßnahmen im Zweiten Weltkrieg. In: Der Archivar. Mitteilungsblatt für deutsches Archivwesen 3 (1950), Sp. 105–122.
Rohwer, Jürgen: 50 Jahre Weltkriegsbücherei. Bibliothek für Zeitgeschichte. In: 50 Jahre Bibliothek für Zeitgeschichte. Weltkriegsbücherei Stuttgart. 1915–1965. Frankfurt a. M. 1965, S. 1–38.
Rorimer, James J.; Rabin, Gilbert: Survival. The Salvage and Protection of Art in War. New York 1950.
Roth, Karl Heinz: Klios rabiate Hilfstruppen. Archivare und Archivpolitik im deutschen Faschismus. In: Archivmitteilungen. Zeitschrift für Archivwesen, archivalische Quellenkunde und historische Hilfswissenschaften 41 (1991), S. 1–10.
Roxan, David; Wanstall, Ken: Der Kunstraub. Ein Kapitel aus den Tagen des Dritten Reiches. Aus dem Englischen übertragen von Theodor Rocholl. München 1966.
Ruuskanen, Leena: Der Heidelberger Bergfriedhof. Kulturgeschichte und Grabkultur. Ausgewählte Grabstätten. Heidelberg 1992 (Buchreihe der Stadt Heidelberg Band III).
Die Schatzkammer im Salzbergwerk. Heilbronner Stimme, 27. Oktober 1951, S. 7.
Scheuffler, Helga: Auslagerung und Rückführung der Bestände der Universitätsbibliothek Heidelberg 1942/46. In: Theke. Informationsblatt der Mitarbeiter im Bibliothekssystem der Universität Heidelberg (1986), Heft 3, S. 1–11.
Schmidt, Aloys: Lageberichte der Staats-, Stadt-, Kreis- und Kirchenarchive in Rheinland-Pfalz. A. Rheinland. In: Der Archivar. Mitteilungsblatt für deutsches Archivwesen 1 (1948), Sp. 147–150.
Schmidt, Richard: Bericht des Landesamtes für Denkmalpflege in Stuttart 1939–1949. In: Schwäbisches Heimatbuch 1949. [1949], S. 130–134.
Schmolz, Helmut: Deutsche Stadtarchive im Zweiten Weltkrieg mit besonderer Berücksichtigung des Stadtarchivs Heilbronn. In: Schwaben und Franken. Heimatgeschichtliche Beilage der Heilbronner Stimme 16/8 (1970), S. 1–3.
Schrenk, Christhard; Weckbach, Hubert: Die Vergangenheit für die Zukunft bewahren. Das Stadtarchiv Heilbronn: Geschichte – Aufgaben – Bestände. Heilbronn 1993 (Veröffentlichungen des Archivs der Stadt Heilbronn 33).
Schrenk, Christhard: Das Kochendorfer Salzrelief. Kunst für die Jahrtausende. In: Schwaben und Franken. Heimatgeschichtliche Beilage der Heilbronner Stimme 39/11 (1993), S. 1–2.
Schrenk, Christhard: Die Zerstörung der Stadt vor 50 Jahren. In: Adressbuch der Stadt Heilbronn 1995. Gerlingen 1995, S. 13.
Schulze-Battmann, Elfriede: Kurt Herrmann Martin. In: Badische Biographien Neue Folge Bd. 1. Stuttgart 1982, S. 204–206.
Simon, Theo: Salz und Salzgewinnung im nördlichen Baden-Württemberg. Geologie – Technik – Geschichte. Sigmaringen 1995 (Forschungen aus Württembergisch Franken 42).
Slotta, Rainer: Technische Denkmäler in der Bundesrepublik Deutschland Bd. 3: Die Kali- und Salzindustrie. Bochum 1980 (Veröffentlichungen aus dem Deutschen Bergbau-Museum Bochum 17).
Steinhilber, Wilhelm: Als die Amerikaner in Heilbronn einmarschierten. In: Schwaben

und Franken. Heimatgeschichtliche Beilage der Heilbronner Stimme; Teil I: 5/6 (1959), S. 1–2; Teil II: 5/7 (1959), S. 3–4.
STEINHILBER, Wilhelm: Früher gab es in Heilbronn viele Museen. Unersetzliche Werke gingen im Krieg verloren. Rettungsmöglichkeit im Salzwerk wurde nicht ausgeübt. In: Heilbronner Stimme, 28. Mai 1965, S. 11.
STEINHILBER, Wilhelm: Unsere Salzbergwerke waren zwei große Luftschutzkeller für Kunstwerke. In: Heilbronner Stimme, 26. April 1965, S. 10.
STEINHILBER, Wilhelm: Die Straßburger Münsterfenster im Salzwerk Heilbronn. In: Schwaben und Franken. Heimatgeschichtliche Beilage der Heilbronner Stimme 4/7 (1958), S. 2–3.
Südwestsalz. Eine Zeitschrift für die Mitarbeiter und Freunde der Südwestdeutsche Salzwerke AG, zugleich Mitteilung an unsere Aktionäre. Jahrgang 3, Ausgabe 2 (1982).
TUTAEV, David: Der Konsul von Florenz. Die Rettung einer Stadt. Düsseldorf; Wien 1967.
UHLAND, Robert: Zerstörung und Wiederaufbau. Das Hauptstaatsarchiv Stuttgart 1942–1969. In: RICHTER, Gregor (Hg.): Aus der Arbeit des Archivars. Festschrift für Eberhard Gönner. Stuttgart 1986, S. 248–263.
Unsere Salzbergwerke waren zwei große Luftschutzkeller für Kunstwerke. Heibronner Stimme, 26. April 1965, S. 10.
Verlagerte Kunstwerke. Nachrichtenblatt der Militärregierung für den Stadtkreis Stuttgart Nr. 18, 4. Oktober 1945, S. 2.
Versammlungs-Kalender. Heilbronner Stimme, 29. Juni 1946, S. 5.
Volkshochschule. Heilbronner Stimme, 22. August 1946, S. 3.
WECKBACH, Hubert: Das Stadtarchiv – die »Seele unseres Staates«. Zur Geschichte des Stadtarchivs und der Schriftgutverwaltung in Heilbronn bis zur Zerstörung der Stadt 1944. In: SCHRENK; WECKBACH, Vergangenheit, S. 9–98.
WEIG, Gebhard: Luftschutz in Ulm 1939–1945. In: Ulm im Zweiten Weltkrieg. Hg. von Hans Eugen SPECKER. Ulm 1995 (Forschungen zur Geschichte der Stadt Ulm: Dokumentation 6), S. 363–468.
WERMUSCH, Günter: Tatumstände (un)bekannt. Kunstraub unter den Augen der Alliierten. Braunschweig 1991.
WERNER, Josef: Karlsruhe 1945. Unter Hakenkreuz, Trikolore und Sternenbanner. 2. Auflage Karlsruhe 1986.
WILKES, Carl: Zur Sicherung der nichtstaatlichen Archive der Rheinprovinz gegen Kriegseinwirkungen. In: Der Archivar. Mitteilungsblatt für deutsches Archivwesen 1 (1948), Sp. 177–182.
WISTRICH, Robert: Wer war wer im Dritten Reich. Anhänger, Mitläufer, Gegner aus Politik, Wirtschaft, Militär, Kunst und Wissenschaft. München 1993.
ZELLER, Bernhard: Einhundert Jahre Deutsche Schillergesellschaft. In: Museumsblatt. Mitteilungen aus dem Museumswesen Baden-Württemberg 17 (August 1995), S. 41–43.

Bildteil

1 Luftaufnahme in Richtung Süden. Rechts oben liegt der Heilbronner Stadtteil Neckargartach, links unten ist Neckarsulm angeschnitten. Gut zu erkennen sind das Salzwerk Heilbronn (a), die Baustellen für den Schrägstollen (b) und den Senkrechtschacht (c) sowie das KZ-Lager (d), 2. März 1945 (RAF Photo. The Archivist Air Photo Library Department of Geography, University of Keele, Staffordshire, ST5 5BG, England)

2   Luftaufnahme in Richtung Süden. Rechts liegt Neckargartach, links das Salzwerk Heilbronn mit dem Salzhafen, in der Bildmitte der Neckar, 19. März 1945 (RAF Photo. Bild vom Kampfmittelbeseitigungsdienst Böblingen, StadtA Heilbronn, N 2950/96)

3   Luftaufnahme in Richtung Süden vom Konzentrationslager Neckargartach (rechts unten). Links ist der Neckar zu erkennen, oben Neckargartach, 19. März 1945 (RAF Photo. Bild vom Kampfmittelbeseitigungsdienst Böblingen, StadtA Heilbronn, N 2949/96)

4   Luftaufnahme in Richtung Süden. In der Bildmitte liegt Untereisesheim, links unten Kochendorf. Bei der Staustufe des Neckarkanals ist das Kochendorfer Salzbergwerk zu erkennen, 2. März 1945 (RAF Photo. The Archivist Air Photo Library Department of Geography, University of Keele, Staffordshire, ST5 5BG, England)

5 Luftaufnahme in Richtung Süden vom KZ Kochendorf (links unten). Rechts ist das Areal „Hasenmühle" zu erkennen, oben Neckarsulm angeschnitten, 2. März 1945 (RAF Photo. The Archivist Air Photo Library Department of Geography, University of Keele, Staffordshire, ST5 5BG, England)

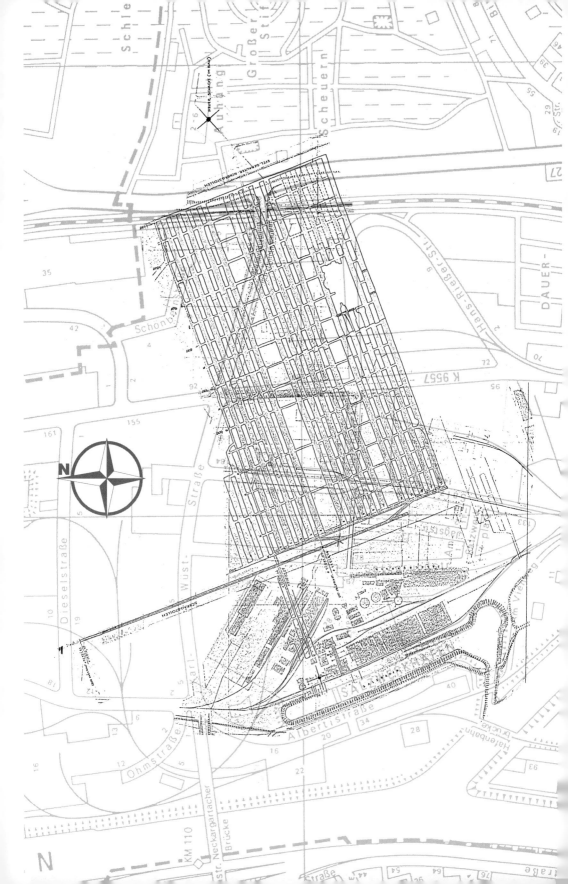

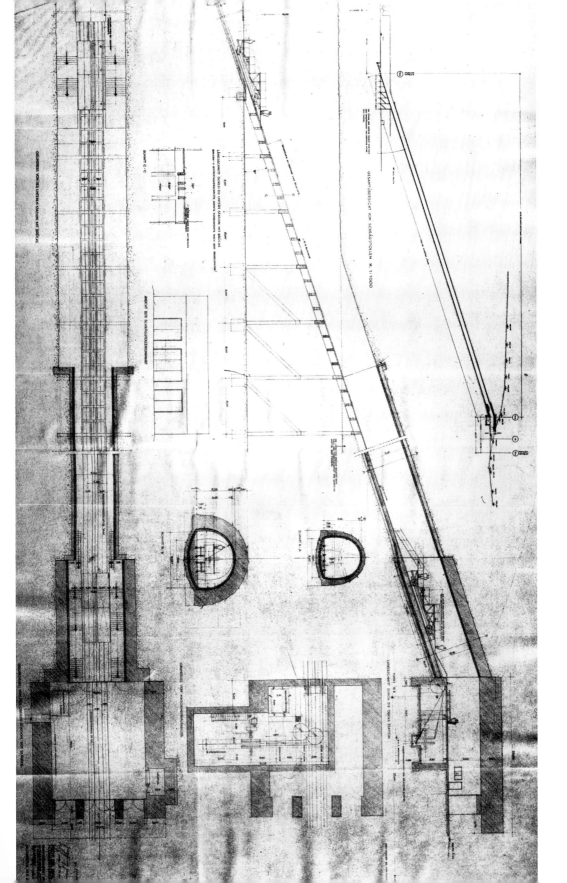

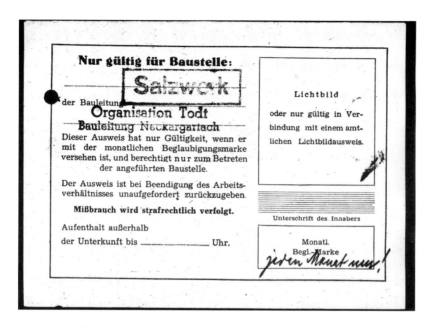

8   Ausweis der Organisation Todt für das Salzwerk Heilbronn, 1944 (StadtA Heilbronn, Salzwerk Heilbronn 319)

9   Beim Salzwerk Heilbronn wurde 1944 im Zusammenhang mit der Industrieverlagerung noch ein zweiter Senkrechtschacht begonnen. Reste davon sind bis heute erhalten geblieben, 1996 (StadtA Heilbronn (Jehle), N 1492/96)

◁   6   Lageplan des Salzwerks Heilbronn mit den Ansatzpunkten des Senkrechtschachtes (a) und des Schrägstollens (b). Zur Orientierung ist das Straßensystem des Jahres 1997 eingezeichnet, September 1944 (StadtA Heilbronn, Salzwerk Heilbronn 319)

◁   7   Geplanter Schrägstollen in Kochendorf mit oberer und unterer Station, 6. September 1944 (BA Potsdam, R7/1237 Karte 10)

10 Heilbronn von Nordwesten unter amerikanischem Artilleriebeschuß. Im Verlauf dieser Kämpfe wurde auch das Heilbronner Salzwerk schwer beschädigt, 6. April 1945 (NA Washington, 239-RC-21-11)

11 Amerikanische Infanterie beim Straßenkampf in Heilbronn, 11. April 1945 (NA Washington, 239-PA-5-118-6)

14 Das Salzwerk Heilbronn ▷
wird unter Vermögenskontrolle
gestellt, 27. Mai 1945
(StadtA Heilbronn, Salzwerk
Heilbronn 90)

12 Das zerstörte Salzwerk Heilbronn,
im Foto festgehalten von James J. Rorimer,
wohl April 1945 (NA Washington,
239-PA-118-11)

13 Das zerstörte Salzwerk Heilbronn,
wohl im November 1945 (Deutsche
Wochenschau GmbH Hamburg, Welt
im Film 42/6b vom 8. März 1946)

COPY
TRIPLICATE

Württemberg
Date
Datum 27. May 1945

MILITARY GOVERNMENT
MILITAERREGIERUNG
PROPERTY CONTROL BRANCH
HAUPTABTEILUNG FUER VERMOEGENS-
BEAUFSICHTIGUNG

NOTICE OF CUSTODY
BEKANNTMACHUNG BETR. VERMOEGENSBEAUFSICHTIGUNG

Notice is hereby given that effective as of this date, the property specified below, together with all appurtenances as well as the contents thereof, is hereby declared to be under the control of Military Government pursuant to the provisions of the Blocking and Control of Property Law (No. 52).

Auf Grund der Vorschriften des Gesetzes (Nr. 52) über die Sperre und Beaufsichtigung von Vermögen wird hiermit bekannt gemacht, dass mit sofortiger Wirkung das unten näher bezeichnete Vermögen, einschliesslich allen Zubehörs und aller Bestandteile, der Beaufsichtigung der Militärregierung unterliegt.

Any interference with said property or trespass thereon is strictly forbidden and will render the person responsible liable to punishment by a Military Government Court.

Störende Einwirkungen auf dieses Vermögen, sowie unbefugtes Betreten des Grundbesitzes, sind strengstens untersagt. Zuwiderhandelnde setzen sich strafrechtlicher Verfolgung durch ein Gericht der Militärregierung aus.

DESCRIPTION OF PROPERTY   **Salzwerk Heilbronn, known as the Heilbronn**
Beschreibung des Vermögens   **Salt Mine.**

By order of MILITARY GOVERNMENT
Im Auftrage der MILITAERREGIERUNG

By (durch):

Name   **HARRY M. MONTGOMERY**   Rank **Major**   Designation **MGO**
Name   Dienstgrad   Titel

Among the actions prohibited by Military Government, except when licensed or otherwise authorised or directed by Military Government, no person shall import, acquire or receive, deal in, sell, lease, transfer, export, hypothecate or otherwise dispose of, destroy or surrender possession, custody or control of such property.

All custodians, curators, officials or other persons having possession, custody or control of such property are required:—

A. 1. To hold the same, subject to the directions of the Military Government, and pending such direction not to transfer, deliver or otherwise dispose of the same;

2. to preserve, maintain and safeguard and not to cause or permit any action which will impair the value or utility of such property;

3. to maintain accurate records and accounts with respect thereof and the income thereof.

B. When and as directed by Military Government:

1. File reports furnishing such data as may be required with respect to such property and all receipts and expenditures received or made in connection therewith;

2. transfer and deliver custody, possession or control of such property and all books, records and accounts relating thereto, and

3. account for the property and all income and products thereof.

No person shall do, cause, or permit to be done any act of commission or omission which results in damage to or concealment of this property.

Falls die Militärregierung keine amtliche Genehmigung oder sonstige Ermächtigung oder keine anderweitige Anweisung erteilt, sind hinsichtlich obigen Vermögens unter anderem verboten:

Einfuhr, Erwerb, Empfangnahme, Handel, Verkauf, Verpachtung, Uebertragung, Ausfuhr, Verpfändung, anderweitige Verfügung, Zerstörung oder Aufgabe des Besitzes, Aufgabe der Verwaltung oder Beaufsichtigung.

Alle Verwalter, Pfleger, Amtspersonen oder andere Personen, die solches Vermögen in Besitz, Verwaltung oder unter ihrer Kontrolle haben unterliegen den folgenden Verpflichtungen:

A. 1. sie haben das Vermögen nach den Anweisungen der Militärregierung zu verwalten und dürfen ohne bestimmte Anweisung derartiges Vermögen weder übertragen noch aushändigen noch anderweitig darüber verfügen;

2. Sie müssen das Vermögen verwalten, erhalten und schützen und dürfen nichts unternehmen, das den Wert oder die Brauchbarkeit solches Vermögens beeinträchtigt, noch derartige Handlungen durch Dritte zulassen;

3. Sie müssen hinsichtlich des Vermögens und dessen Erträgen, genaue Bücher führen und Abrechnungen aufstellen.

B. Sie müssen nach Anweisung der Militärregierung:

1. Berichte einreichen und darin die hinsichtlich dieses Vermögens verlangten Angaben machen, sowie alle Einnahmen und Ausgaben aufführen, die im Zusammenhang mit dem Vermögen erzielt oder gemacht worden sind;

2. Den Besitz, die Verwaltung oder die Kontrolle solches Vermögens und sämtliche Bücher, Urkunden und Abrechnungen, die darauf Bezug nehmen, übertragen und aushändigen und

3. über das Vermögen, das gesamte Einkommen und die daraus erzielten Früchte Rechenschaft ablegen.

Die Begehung, Veranlassung oder Zulassung von Handlungen oder Unterlassungen, durch welche dieses Vermögen beschädigt oder verheimlicht wird, verboten.

Orig — to Property Owner/Holder
Dup — to PCO
Trip — File copy

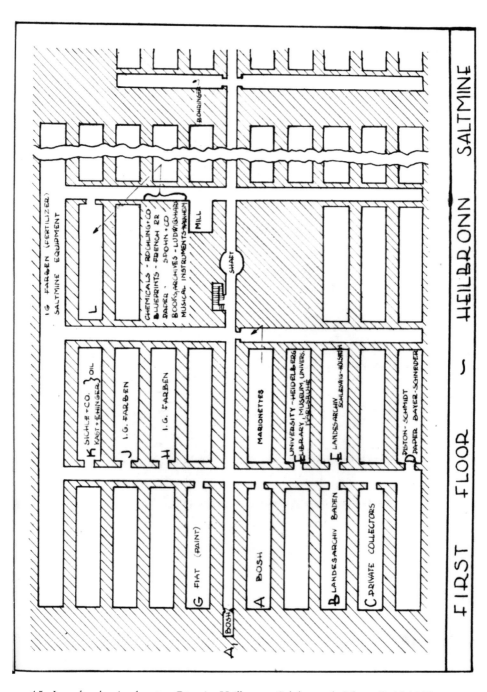

15 Lageplan der eingelagerten Güter im Heilbronner Salzbergwerk (Ebene 1), 1946 (Ford, Monuments, S. 34a)

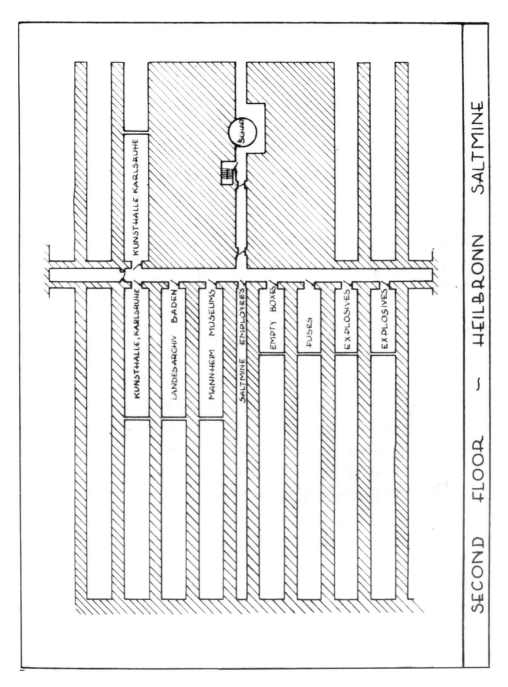

16 Lageplan der eingelagerten Güter im Heilbronner Salzbergwerk (Ebene 2), 1946 (Ford, Monuments, S. 34b)

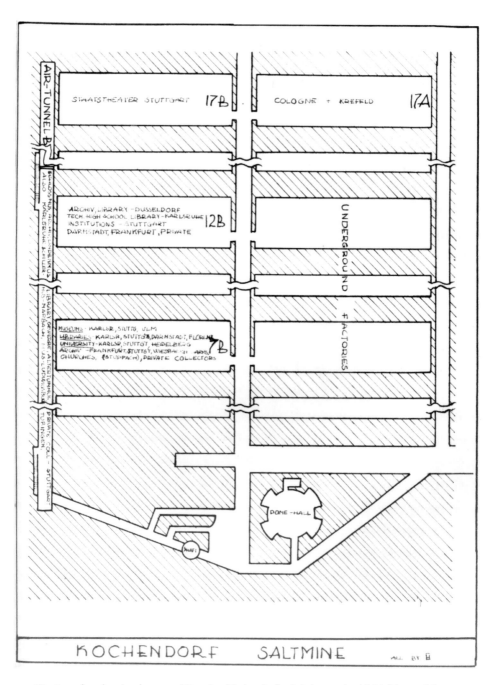

17 Lageplan der eingelagerten Güter im Kochendorfer Salzbergwerk, 1946 (Ford, Monuments, S. 34c)

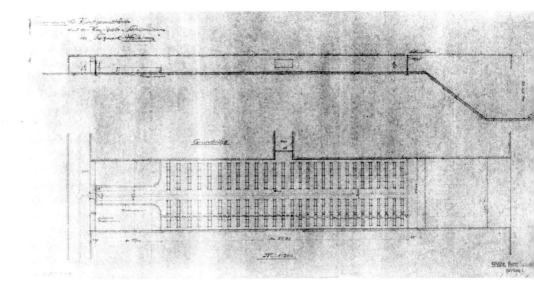

18 Lageplan bezüglich der Mannheimer Einlagerungen in Heilbronn, 27. August 1943
(StadtA Mannheim, Hauptregistratur, Archivalien-Zugang 1955-1964, Nr. 983)

19 Lageplan bezüglich der Kölner Einlagerungen in Kochendorf, 1944 (Archiv Römisch-Germanisches Museum Köln)

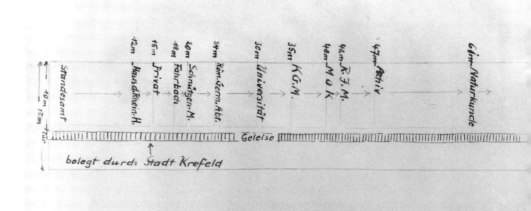

20 Die Holzkisten mit den Straßburger Münsterfenstern werden aus dem Salzbergwerk Heilbronn herausgeholt, 18. September 1945 (NA Washington, 239-PA-5-118-9)

21 Die wertvollen Glasfenster des Straßburger Münsters werden im Salzbergwerk Heilbronn auf ihren Zustand überprüft (NA Washington, 239-RC-21-2)

22 Die Straßburger Münsterfenster werden auf Lastwagen geladen, wohl November 1945 (Deutsche Wochenschau GmbH Hamburg, Welt im Film 42/6b vom 8. März 1946)

23 Die Kisten werden in Straßburg geöffnet, wohl November 1945 (Deutsche Wochenschau GmbH Hamburg, Welt im Film 42/6b vom 8. März 1946)

24 Die Münsterfenster sind unbeschädigt in Straßburg zurück, wohl November 1945 (Deutsche Wochenschau GmbH Hamburg, Welt im Film 42/6b vom 8. März 1946)

25 Die Stuppacher Madonna (liegend) von Matthias Grünewald war eines der wertvollsten Einzelobjekte, 1946 (FORD, Monuments, Abb. 7)

26 Auf Originalnoten von Wolfgang Amadeus Mozart und Ludwig van Beethoven liegt eine Viola d'amore, 1946 (FORD, Monuments, Abb. 13)

27 Originalbriefe von Friedrich von Schiller, im Hintergrund Bücher der Heidelberger Universitätsbibliothek, 1946 (FORD, Monuments, Abb. 12)

28 Der Heilige Kilian vom Hochaltar der Heilbronner Kilianskirche, 1946 (FORD, Monuments, Abb. 18)

29 Figuren der Evangelischen Kirchengemeinde Winnenden, 1946 (FORD, Monuments, Abb. 10)

30 Madonna aus dem Augustinermuseum Freiburg, 1946 (FORD, Monuments, Abb. 14)

31 Christusfigur als Teil einer Pieta aus dem 15. Jahrhundert des Augustinermuseums Freiburg, 1946 (FORD, Monuments, Abb. 8)

32 Drei Schätze der Staatlichen Kunsthalle Karlsruhe: eine sitzende Madonna (14. Jahrhundert), eine stehende Madonna (15. Jahrhundert) und ein Rembrandt-Selbstbildnis, 1946 (FORD, Monuments, Abb. 11)

33 Leutnant Dale V. Ford und Harry Ettlinger (v. r.) betrachten ein Rembrandt-Selbstportrait (vgl. Abb. 32) aus dem Eigentum der Kunsthalle Karlsruhe, 3. Mai 1946 (Louis Meyer; Staatliche Kunsthalle Karlsruhe)

34 *Madonna des 14. Jahrhunderts vor Kisten der Kunsthalle Karlsruhe (vgl. Abb. 32), 1946 (FORD, Monuments, Abb. 17)*

35 *Meisterwerke der bildenden Kunst vor Kisten aus Karlsruhe, 1946 (Helga Glassner; FORD, Monuments, Abb. 16)*

36 Damenbildnis (1749) von Jean-Marc Nattier aus der Staatsgalerie Stuttgart, 1946 (FORD, Monuments, Abb. 22)

37 Bildnis des kursächsischen Rates Jobst von Hayn (1543) von Lucas Cranach dem Jüngeren aus der Staatsgalerie Stuttgart, 1946 (FORD, Monuments, Abb. 21)

38 Bildnis des Dichters Pierre Dupont von Gustave Courbet aus der Staatlichen Kunsthalle Karlsruhe, 1946 (FORD, Monuments, Abb. 23)

39 Bücherkisten der Universitätsbibliothek Heidelberg, 1946 (FORD, Monuments, Abb. 6)

40 Goldener Kelch aus dem 16. Jahrhundert, 1946 (FORD, Monuments, Abb. 9)

41 Schwert und Szepter des Großherzogs von Baden aus dem Badischen Landesmuseum Karlsruhe, 1946 (FORD, Monuments, Abb. 15)

42 Dale V. Ford, Leiter des amerikanischen Kunstschutzstabes, 1946 (FORD, Monuments, Abb. 1)

43 Harry L. Ettlinger, Unteroffizier im amerikanischen Kunstschutzstab, 1946 (FORD, Monuments, Abb. 2)

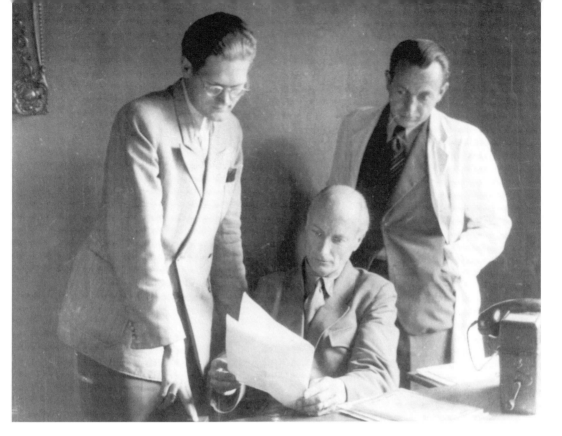

44 Hans Reitberger, Dr. Joachim Seeger und Hans-Joachim Meisenburg (von links), die deutschen Mitarbeiter des amerikanischen Kunstschutzstabes, 1946 (FORD, Monuments, Abb. 3)

45 Hermann Dietz, Otto-Heinz Peter und Adolph Wacker vom Salzwerk Heilbronn, Harry L. Ettlinger und Dr. Joachim Seeger vom amerikanischen Kunstschutzstab, Rudolph Rietmaier, Hubert Mühlbeyer und Heinz Martin von der Saline Kochendorf (von links), 1946 (FORD, Monuments, Abb. 4)

46 Oberst Eugene P. Walters und Leutnant Ford in Kochendorf 1945. (The Library of Congress, Washington, D. C., Szene aus dem Film „Military Government Picture in Colors of the Activities of Detachment G1E2 in Memmingen Bavaria Germany 1945")

47 Kulturgüter werden im Bahnhof Kochendorf zum Abtransport in einen Zug geladen, 1945 (The Library of Congress, Washington, D.C., Szene aus dem Film „Military Government Picture in Colors of the Activities of Detachment G1E2 in Memmingen Bavaria Germany 1945")

48 Ein Zug mit Kulturgütern verläßt den Bahnhof Kochendorf, 1945 (The Library of Congress, Washington, D.C., Szene aus dem Film „Military Government Picture in Colors of the Activities of Detachment G1E2 in Memmingen Bavaria Germany 1945")

49 Christian Leichtle (links vorne), der Leiter der Heilbronner Volkshochschule, in der Ausstellung „Geretteter deutscher Kunstbesitz" in der Gutenbergstraße 30. Mit dieser Ausstellung wurde die Volkshochschule Heilbronn nach dem Zweiten Weltkrieg wiedereröffnet, 2. Februar 1946 (StadtA Heilbronn, N 355/90)

50 Blick in die erste Ausstellung „Geretteter deutscher Kunstbesitz". Zu sehen ist links „Der Heilige Georg" von Bartholomaeus Zeitbloom, rechts „Kreuzigung Christi" aus der Bodensee-Schule um 1480, 2.–4. Februar 1946 (FORD, Monuments, Abb. 20)

51 Der amerikanische Kunstschutzstab setzte sich auch für die Sicherung von Kulturgut in der Region Heilbronn ein. Auf seine Veranlassung hin wurde die beschädigte Kanzel der Heilbronner Kilianskirche mit einem Holzgehäuse versehen, 1946 (FORD, Monuments, Abb. 24)

52 Figuren und Seitenflügel des Kiliansaltars in der Heilbronner Martin-Luther-Kirche, vor 1959 (Foto Mangold, Heilbronn)

Register*

* Nicht aufgenommen wurden folgende Begriffe:

Heilbronn, Salzwerk
Bad Friedrichshall-Kochendorf, Salzwerk
Bad Friedrichshall-Kochendorf, Saline

Verwendet wurden die um 1945 gebräuchlichen Bezeichnungen der betreffenden Institutionen, Firmen usw. Sie sind unter dem Namen der Stadt ihres Sitzes einsortiert. Zahlreiche Querverweise sollen deren Auffinden erleichtern.

Aachen, Bezirksregierung 150
Abbaukammer 26, 27
AEG → Heilbronn, AEG (Firma)
Ägypten → Fayum (Ägypten)
Äthylbenzol 178
Ahrensburg, Stadtarchiv 224
Akten 35, 42, 78, 79, 81, 82, 117, 144, 146, 152, 187, 191, 230, 234, 240, 243, 244, 245, 247, 248, 257, 258, 265, 269, 270, 273, 274, 276, 277, 280, 287, 289, 298, 311, 318, 326
Albrecht, Georg 162, 163, 164
Alexander, Prinz von Hessen 148
Allen, Julius 84
Alpirsbach, Klosterkirche 37
Altaussee, Salzbergwerk 24
Alte Pinakothek → München, Alte Pinakothek
Altertümer 274
Altertumsmuseum Stuttgart → Stuttgart, Altertumsmuseum
Altertumsverein Mannheim → Mannheim, Mannheimer Altertumsverein
Altmetall 317
Altona → Hamburg-Altona
Aluminium 286
Amt Bau (OT) 167; → OT
Amt für Vermögenskontrolle 110, 186; → auch Heilbronn, Amt für Vermögenskontrolle
Anhydrit 25, 182, 189
Antiquität 18, 75
Antiquitätenhandel 54
Apparat 76, 275
Aquarell 107, 108, 283
Archiv 20
Archivalien 32, 41, 49, 51, 75, 95, 96, 104, 143, 232, 260, 277, 292, 296

Archivar 32
Archivberatungsstelle der Rheinprovinz → Düsseldorf, Archivberatungsstelle der Rheinprovinz
Archivberatungsstelle Kiel → Kiel, Archivberatungsstelle
Archivdirektion Stuttgart → Stuttgart, Württembergische Archivdirektion
Archives of American Art → Washington, D.C. (USA), Archives of American Art
Archivgut 113
Archivmaterial 77, 78, 79, 80, 100, 187, 239
Archivpolitik 28
Archivschutz 28
Arnold, Dr. Volker 11
Arnoldsheim, Evangelische Akademie 180
Arzneimittel 51; → auch Medikament
Auftausalz 27; → auch Salz
Augsburg 58
Augustinermuseum Freiburg → Freiburg, Augustinermuseum
Ausstellung »Geretteter deutscher Kunstbesitz« 16, 105, 106, 107, 108, 213, Abb. 49, Abb. 50
Ausstellung »Süddeutsche Kunst der Gotik« 129
Ausstellung »Südwestdeusche Kunst des 15. Jahrhunderts« 141
Autobahnbau 167
Autograph 299
Automobil 51

Babstadt 159
Bach, Johann Sebastian 182
Backsteinummauerung 36
Bad Buchau 13

377

Bad Dürrheim, Saline 26
Bad Friedrichshall 12, 27
– Angehörige der Saline 82
– Bezirksnotariat 224
– Einwohner 82
– Gemeinde 80, 224
– Pfannensaline 24
– Staatliche Saline, Werkskapelle 81
– Salinenamt 21
– Südwestdeutsche Salz AG 24, 26
– Südwestsalz Vertriebs GmbH 26, 27
Bad Friedrichshall-Jagstfeld
– Bräuninger (Hotel) 99, 149
– Saline 26, 101, 322, 323
– Siedehaus 44, 91, 119
– – Packraum 151
Bad Friedrichshall-Kochendorf 46
– Bahnhof Abb. 47, Abb. 48
– Besucherbergwerk 27
– Häcker (Gebrüder Häcker) 225
– Hasenmühle 169, Abb. 5
– Hochtief AG → Essen, Hochtief AG
– Kleiber (Schreinerei) 226
– Konzentrationslager 165, 170, Abb. 5;
  → auch Konzentrationslager
– Kuppelsaal 182
– Salzraffinadewerk 24
– Schacht König Wilhelm II. 181
Bad Mergentheim 99
Bad Oldesloe, Stadtarchiv 227
Bad Rappenau, Saline 26
Bad Reichenhall, Saline → Saline Bad
  Reichenhall
Bad Reichenhaller Salz
  Vertriebsgesellschaft 27
Bad Segeberg, Propsteiarchiv 227
– Stadtarchiv 227
Bad Tölz 314
Baden 187, 188
– Denkmäler 263
– Großherzog von Abb. 41
Baden-Baden 74
– Neues Schloß 39
Baden-Württemberg, Land 27
Badetuch 156
Badische Landesbibliothek Karlsruhe →
  Karlsruhe, Badische Landesbibliothek
Badisches Gernerallandesarchiv Karlsruhe
  → Karlsruhe, Badisches
  Generallandesarchiv
Badisches Landesmuseum Karlsruhe →
  Karlsruhe, Badisches Landesmuseum

Badisches Ministerium des Kultus und des
  Unterrichts → Karlsruhe, Badisches
  Ministerium des Kultus und des
  Unterrichts
Bälz & Co. → Heilbronn, Bälz & Co.
Baier & Schneider, → Heilbronn, Baier &
  Schneider
Ballettschuh 315
Bankholzen 73
Bargteheide, Stadtarchiv 228
Barock 107
Barock-Sessel 100
Barock-Skulptur 94
BASF → Ludwigshafen, BASF
  Aktiengesellschaft
Bauer, Dr. Hanns 17, 38, 60, 64, 65, 66,
  67, 69, 71, 72, 88, 101, 102, 103, 124,
  165, 177, 184, 185, 188
Baugerät 235
Bauholz 122
Baumeister, Willi 314
Baur, Dr. Ernst 33, 34, 37, 38, 40, 69,
  101, 122, 143, 150, 167, 168, 169, 170,
  181, 183, 188, 190, 191
Bauschert, Gretel 100
Bayerische Berg-, Hütten- und Salzwerke
  AG → München, Bayerische Berg-,
  Hütten- und Salzwerke AG
Bayern 54, 67, 72, 185
Bayreuth 12
Bechstein, Hans Dieter 11
Becker, Dr. Rolf 11
Becker, Frl. 159, 160
Beethoven, Ludwig van 92, 187, Abb. 26
Behörden 30
Beisel → Heidelberg, Beisel (Wilhelm
  Beisel, Kunstfeuerwerkerei)
Beleuchtung 48, 49, 324
Bellinger, Otto 11
Benzin, synthetisches 178
Berchtesgaden, Salzbergwerk 27
Bergamt 166
Berger → Berlin, Berger (Julius Berger
  Tiefbau Aktiengesellschaft); →
  Heilbronn, Berger (Julius Berger
  Tiefbau Aktiengesellschaft)
Berger, Dr. Ernst-Eduard 95, 323
Berger-Fix, Dr. Andrea 11
Berlin 12, 13, 45, 111, 131
– Berger (Julius Berger Tiefbau
  Aktiengesellschaft) 177, 251; → auch
  Heilbronn, Berger

378

- Deutsche Evangelische Kirche 36
- Deutsche Pyrotechnische Fabriken 81, 228; → auch Cleebronn, Deutsche Pyrotechnische Fabriken
- Führerhauptquartier 23
- Geheimes Staatsarchiv Preußischer Kulturbesitz 31
- Luftfahrtministerium 166
- MFA & A-Section 132; → auch MFA & A
- Museen 32, 54, 105
- Reichsinnenministerium 28, 31
- Reichsminister für kirchliche Angelegenheiten 36
- Reichsminister(ium) für Bewaffnung und Munition 166, 178
- Reichsminister(ium) für Rüstung und Kriegsproduktion 49, 152, 167, 168, 173, 177; → auch Speer, Albert
- Reichsministerium für Wissenschaft, Erziehung und Volksbildung 34, 43
- Reichsstelle »Chemie« 51
- Reichswerke Hermann Göring 173
- Reichswirtschaftsminister(ium) 31, 166, 167, 170, 177, 179
- Siemens-Schuckertwerke AG 306; → auch Stuttgart, Siemens-Schuckertwerke AG

Bernburg-Wintershall, Salzbergwerk 31
Bernstein 233
Bertsch, Carl 104
Besatzungszone, amerikanische 131
- französische 114, 117, 131, 186
Besigheim 36
Besteck 187
Besucherbergwerk → Bad Friedrichshall-Kochendorf, Besucherbergwerk
Betriebsmaterial 76
Bett 187
Bettfedern 101
Bettwäsche 187
Beutinger, Prof. Emil 17, 20, 62, 63, 64, 71, 72, 98, 102, 103
Bewetterung 167, 172, 174, 175, 179
Biberach a. d. Riß 12, 229
- Braith-Mali-Museum 41, 119, 229
- Städtische Sammlungen 229; → auch Biberach a. d. Riß, Braith-Mali-Museum
Bibliothek für Zeitgeschichte → Stuttgart, Bibliothek für Zeitgeschichte
Bild/Bilder 18, 51, 76, 79, 81, 192, 240, 262, 274, 316

Billensbach 104
Bisang, Irene 17
Blaupause 96, 187, 305
Blechkasten 77, 81
Bleiweißanstrich 130
Blekendorf, Kirchenarchiv 229
Blind, Kurt 11
Blind, Margarete 11, 100
Blinzinger, Annemarie 112
Blocking and Control of Property 54
Blocking Control 102
Blomberg 13, 230
- Heimatverein 230
- Historisches Institut 230
Blumenvase 156
Bocksammer, Dr. Ulrich 124
Bodensee 73
Bodensee-Schule Abb. 50
Böckingen → Heilbronn-Böckingen
Bödigheim 50
Böhm, Dr. Ludwig Werner 62, 138, 141
Boehringer Mannheim GmbH → Mannheim-Waldhof, Boehringer (C. F. Boehringer & Söhne GmbH)
Bohle 48, 49, 118
Bohnenberger, Theodor 314
Bohrmaschine 256
Bombenangriff 33
Bonfeld, Schloß 160
Bonn 82
Bormann, Martin 28, 162
Borst, Hugo 76, 298
Borth, Schacht 149
- Steinsalzbergwerk 192
Bosch (Robert Bosch GmbH) → Stuttgart, Bosch (Robert Bosch GmbH)
Bosch Metallwerke → Stuttgart-Feuerbach, Bosch Metallwerke
Boucher, Oberst 95
Bräuhäuser, Prof. Dr. Manfred 34, 189, 190
Bräunche, Dr. Ernst Otto 11
Braith, Anton 229
Braith-Mali-Museum → Biberach a. d. Riß, Braith-Mali-Museum
Brand-Reserve 52, 120
Brandenburg → Mark Brandenburg
Brandts, Dr. Rudolf 151
Bratensleben, Steinsalzwerk 167
Braun, Hellmut 160, 163, 164
Braunn, Wilfried 11
Bremen, Stadtarchiv 31

379

Brenner, Willus 104, 105
Breugel/Breughel → Bruegel
Breuning, Dr. Willi 11
Briefmarkensammlung 156, 187
Bröning, Irmgard 11
Brönner, Dr. Josef 99
Bromural 52, 276
Bronnbach 44, 149
Brown, John Nicholas 69
Bruckmann → Heilbronn, Bruckmann (P. Bruckmann & Söhne)
Brücke 62
Bruegel, Jan 94, 187, 277
Brüning, Dr. Rainer 11
Buch/Bücher 18, 35, 42, 43, 75, 76, 77, 78, 79, 80, 81, 82, 93, 96, 139, 152, 187, 191, 192, 232, 233, 234, 235, 249, 260, 263, 270, 276, 277, 279, 284, 298, 309, 310, 312, 320, 323, Abb. 27, Abb. 39
Buchs, Maren 11
Bücherpapier 250
Bügeleisen 156
Bürger, Harald 11
Büromaterial 76
Büsum, Kirchspielarchiv 194, 230
Buhe, Herbert 105
Bundesarchiv → Koblenz, Bundesarchiv; → Potsdam, Bundesarchiv
Bundesrepublik Deutschland 183
Burg auf Fehmarn 12
– Stadtarchiv 231
Buxheim, Kloster 23, 58, 92, 185

C. H. Knorr → Heilbronn, Knorr (C. H. Knorr)
Cambridge (Massachusetts, USA), Harvard University 57, 64
– – Fogg Art Museum 55
Canby, Joseph L. 58
Carbonat 189
Cardiazol 52, 276
Caroli, Michael 11
Carp, Walter 297
Cassedanne, Berthold 119
Chadwick, Gordon 84, 85
Charles, Rollo 18
Chemie, Reichsstelle vgl. Berlin, Reichsstelle »Chemie«
Chemikalie 275
China → Kunst, chinesische
Chinarinde 42, 81, 284

Chinin 42, 81, 284
Chinin-Präparat 76
Chininum Sulfuricum 81
Chlor 34, 189
Chlornatrium 25, 26
Christ → Heilbronn, Christ (Andreas Christ, Spedition)
Christlicher Kunstverein → Stuttgart, Christlicher Kunstverein
Cincinnati (Ohio, USA) 12
Clay, Lucius D. 69, 99
Cleebronn, Deutsche Pyrotechnische Fabriken 81, 231, 243, 248; → auch Berlin, Deutsche Pyrotechnische Fabriken
Clemenshall 21; → auch Offenau, Saline Clemenshall
Cleveland (Ohio, USA) 57
Codein 44, 284
Collecting Point 90
Collecting Point Heilbronn → Heilbronn, Collecting Point
Collecting Point München → München, Collecting Point
Collecting Point Offenbach → Offenbach, Collecting Point
Collecting Point Wiesbaden → Wiesbaden, Collecting Point
Copialbuch 144
Cotta → Stuttgart, Cotta
Courbet, Gustave 93, Abb. 38
Cranach, Lukas d. Ä. 106
Cranach, Lukas d. J. 106, Abb. 37
Creglingen, Herrgottskapelle 37, 38, 128
– Kirchengemeinde 37
– Riemenschneider-Altar 37
Cromwell, Robert M. 109, 115
Czymmek, Dr. Götz 11

Dachau 173
Dahl, Tobias 11
Daimler-Benz AG Stuttgart → Stuttgart, Daimler-Benz AG
Dampfkessel 67
Dangel-Reese, Gerhard 11
Darmstadt 11, 13, 58, 59
– Hessische Landes- und Hochschulbibliothek → Darmstadt, Hessische Landesbibliothek; → Darmstadt, Technische Hochschule, Bibliothek

- Hessische Landesbibliothek 43, 77, 117, 121, 232, 233
- Hessisches Staatsarchiv 30, 43, 77, 146, 147, 232, 233
- Landesbibliothek → Darmstadt, Hessische Landesbibliothek
- Schloßhof 146
- Schloßmuseum 117, 232, 233
- Staatsarchiv → Darmstadt Hessisches Staatsarchiv
- Technische Hochschule 77, 117, 233
- – Bibliothek 43, 232

Dauer, Ernst 127
Dawson, William W. 84, 155
Deckname 167
Deeters, Dr. Joachim 11
Delve, Kirchspielarchiv 234
Denkmal 263
Deponiegut 27
Deportierte, polnische 19
- russische 19
Derendorf → Düsseldorf-Derendorf
Desbillons, Sammlung 139, 282
Detachment E1C3 84
Detachment F1E2 84
Detachment G1E2 92
Deutsche Bank → Stuttgart, Deutsche Bank
Deutsche Evangelische Kirche → Berlin, Deutsche Evangelische Kirche
Deutsche Pyrotechnische Fabriken → Berlin, Deutsche Pyrotechnische Fabriken; → Cleebronn, Deutsche Pyrotechnische Fabriken
Deutscher Salzverband 60, 167
Deutscher Scheffelbund Karlsruhe → Karlsruhe, Deutscher Scheffelbund
Deutsches Institut Venedig → Venedig (Italien), Deutsches Institut
Deutschland 17, 23, 54, 86, 99, 154
Deutz → Köln-Deutz
Dia/Diapositiv 93, 263; → auch Lichtbild
Diebstahl 91, 120, 121, 186, 191
Dietz, Egon 11
Dietz, Hermann 65, 66, 88, 112, Abb. 45
Digipuratum 52
Digipuratum solution 276
Displaced Persons 63; → auch DP
Ditton-Frey, Christa 62, 68, 72
Dörr, Carl 160
Dokument/Dokumente 224, 309, 323
Domeneck, Schloß 159, 160, 163

Donarit 76
Dordogne (Frankreich) 154
Dorfkirche 127
DP 99; → auch Displaced Persons
Drache 181
Drauz → Heilbronn, Drauz (Karosseriewerke)
Dresdner Bank → Heilbronn, Dresdner Bank
Drehbank 187, 279, 317
Drittes Reich 17, 59; → auch Nationalsozialismus
Dürer, Albrecht 106
Düsentriebwerk 69, 172
Düsseldorf 12, 151, 272
- Archivberatungsstelle der Rheinprovinz 150
- Bezirksregierung 150
- Landes- und Stadtbibliothek 43, 78, 109, 151, 234, 235
- Nordrhein-Westfälisches Hauptstaatsarchiv 149; → auch Düsseldorf, Staatsarchiv
- Staatsarchiv 30, 43, 78, 109, 149, 151, 234; → auch Düsseldorf, Nordrhein-Westfälisches Hauptstaatsarchiv
- Universitäts- und Landesbibliothek → Düsseldorf, Landes- und Stadtbibliothek

Düsseldorf-Derendorf, Gefängnis 150
Dupont, Pierre Abb. 38
Duus, Karl-Heinz 11

Eckernförde 152
Eckl, Liselotte 11
Edelmetall 35, 191
Edigheim → Ludwigshafen-Edigheim
Ehmer, Dr. Hermann 11
Ehrenbreitstein 30, 43, 142, 148, 149
Ehrenlegion, französische 155
Eiderstedt, Landschaftsarchiv 319
Eigentum, jüdisches 110
Eigentumsreserve 77
Einfahrsonntag 182
Einrichtungsgegenstand 79
Einsatzstab Reichsleiter Rosenberg 23; → auch Rosenberg, Alfred
Einschacht-System 167
Eisbär 168
Eisenbahn, Elsaß-Lothringen 77
- französische 96
- Rheinische 148
Eisenhower, Dwight D. 90, 155, 185

Elektrizität 71
Elektromaterial 249, 298, 306
Elfenbein 233
Elmshorn, Realgymnasium 235
– Stadtarchiv 235
Elsaß 19, 59, 90, 96, 154, 188
Elsaß-Lothringer Eisenbahn 77
Endrich, Dr. Erich 38
England 58, 154
Entomologie 267, 313
Eppingen 155
Erfurt, Heeresbeschaffungsamt 48
Erhaltungszustand 37, 121, 186
Erla-Flugzeugwerke → Leipzig, Erla-Flugzeugwerke
Erlangen, Universität, Bibliothek 49
Ermatinger, C. J. 84
Ernst Heinkel AG → Stuttgart-Zuffenhausen, Heinkel (Ernst Heinkel AG, Werk Hirth-Motoren)
Erz 149
Essen, Hochtief AG 168, 171, 173, 226, 235, 257
– Museum Folkwang 45, 192
– Vereinigte Untertag- und Schachtbau GmbH 236; → auch Essen, Veruschacht
– Veruschacht 171, 236; → auch Essen, Vereinigte Untertag- und Schachtbau GmbH
Eßgeschirr 98
Esslingen a. N. 13, 32, 135
– Dionysuskirche 37
– Evangelische Gesamtkirchengemeinde 133
– Evangelische Kirchengemeinde 41, 44, 78; → auch Esslingen a. N., Stadtkirche
– Evangelisches Gemeindehaus 135
– Frauenkirche 37
– Hintere Kirche 135
– Hunk (Arthur Hunk, Expreßgutbeförderer) 133
– Kirchenbücher 36
– Stadtkirche 36, 133, 236; → auch Esslingen a. N., Evangelische Kirchengemeinde
Ethnographie 268, 271, 302
Ettlinger, Harry L. 11, 84, 85, 89, 109, 111, Abb. 33, Abb. 43, Abb. 45
Eutin, Kreisarchiv 237
– Stadtarchiv 237
Evangelische Landeskirche in Württemberg → Stuttgart, Evangelische Landeskirche in Württemberg

Evangelischer Oberkirchenrat der Württembergischen Landeskirche Stuttgart → Stuttgart, Evangelische Landeskirche in Württemberg, Oberkirchenrat

Fahrbach, Georg 82, 93
Fahrer, Walter 12
Fahrpapiere 60
Faijum (Ägypten) → Fayum (Ägypten)
Falleitung 171
Familienregister 308
Farben 253
Farbwerke Hoechst AG → Frankfurt a. M., Farbwerke Hoechst AG
Farmer, Walter D. 12
Fay, Sigrid 100
Fayencen 139, 283
Fayum (Ägypten) 313
Feeser, Alfred 65
Fehmarn 231
Feil, Georg 100
Feld-Telefon 89
Felsenstollen 30
Fensterglas für Automobile 51
Feststellungsbehörde → Mannheim, Feststellungsbehörde
Fett 77
Feuchtigkeit 88, 121
Feuerbach → Stuttgart-Feuerbach
Feuerschutz 127
Feuerschutzanstrich 28
Feuerwerkskörper 81, 187, 231, 248
Fey, Renate 12
Fick, Georg 100
Film 92
Finanzministerium Württemberg → Stuttgart, Württembergisches Finanzministerium
Finanzministerium Württemberg-Baden → Stuttgart, Württemberg-Badisches Finanzministerium
Findbuch 30, 142, 143; → auch Repertorium
Fischer, Dr. Bernhard 12
Fischer, Martin 12
Fister, Friedrich 152; → auch Kiel, Landesarchivpfleger
Flensburg 13, 152
– Sparkasse 238
– Stadtarchiv 238
– Stadtbücherei 238

Fliegeralarm 176
Florenz (Italien) 12, 13, 96, 146, 147, 239, 323
– Kunsthistorisches Institut 19, 42, 78, 96, 109, 147, 188, 239
Flüchtung 28
Flugzeugfabrik 19
Flußbaulaboratorium Karlsruhe → Karlsruhe, Flußbaulaboratorium
Fluxan 178
FM 1 128
Föhr 327, 328
Föll, Werner 12
Förderkorb 50, 67, 71, 72, 171
Fördermaschine 50, 60
Fördertrumme 171
Förster, Otto H. 90
Fogg Art Museum → Cambridge (Massachusetts, USA), Harvard University, Fogg Art Museum
Folkwang Museum Essen → Essen, Museum Folkwang
Ford, Dale V. 20, 73, 84, 85, 89, 92, 94, 97, 98, 99, 106, 109, 111, 113, 132, 156, 185, 186, 283, Abb. 33, Abb. 42, Abb. 46
Ford, Dorothy M. 12
Foto 283
Fotoapparat 56, 156
Fotokopiertechnik 30
Fräsmaschine 187
France, Leys A. 62, 84
Franke, Ernst 148
Frankfurt a. M. 12, 13, 46, 100
– Farbwerke Hoechst AG 111
– Institut für Stadtgeschichte → Frankfurt a. M., Stadtarchiv
– Library of Congress-Mission 96
– Museum für Kunsthandwerk 28
– Stadt 239
– Stadtarchiv 41, 78, 115, 239
Frankreich 23, 38, 93, 96, 154 → auch Dordogne; → auch Hautefort, Schloß; → auch Périgueux; → auch Straßburg; → auch Paris
Franzose 185
Freiburg 11, 12
– Augustinermuseum 39, 93, 240, Abb. 30, Abb. 31
Freimaurer 23; → auch Loge
Fremersdorf, Dr. Fritz 83
Freudenberger, Walter 105

Freudenstadt, Stadtpfarrkirche 37
Frey, Achim 12
Freytag, Georg Wilhelm 131
Friederichsgabekoog, Koogsarchiv 240
Friedrich, Dr. Sven 12
Friedrichshafen, Dornier-Werke 178
– Zahnradfabrik 165, 172, 256, 257
Friedrichstadt, Kirchenarchiv 241
– Stadtarchiv 241
Friesenheim → Ludwigshafen-Friesenheim
Friemuth, Cay 18, 19, 165
Frisierhaube 156
Füger, Friedrich Heinrich 160
Führerauftrag 239
Führerbau → München, Führerbau
Führerhauptquartier → Berlin, Führerhauptquartier

Gabel 156
Gabel, Oskar 166, 170, 174
Gael, Maler 119
Garderobe 120
Garding 319
– Stadtarchiv 241
Garmisch-Partenkirchen 58
Gas 62
Gauleiter 28, 164, 183
Gauss, Werner 15
Gebühr 47, 115, 116
Geburtsregister 286
Gefolgschaftskasse 115
Geheimes Staatsarchiv Preußischer Kulturbesitz → Berlin, Geheimes Staatsarchiv Preußischer Kulturbesitz
Geheimes und Hauptarchiv Schwerin → Schwerin, Geheimes und Hauptarchiv
Geisler, Annette 12
Gemälde 39, 41, 75, 76, 79, 80, 92, 107, 139, 229, 263, 271, 272, 305, 314, 321; → auch Ölgemälde
Gemeindearchiv 319
Generaldirektion der Oberrheinischen Museen, Straßburg → Straßburg (Frankreich), Generaldirektion der Oberrheinischen Museen
Generallandesarchiv Karlsruhe → Karlsruhe, Badisches Generallandesarchiv
Genschow Hamburg → Hamburg, Genschow (G. Genschow & Co. AG)
Geologie 313

383

Geologische Landesanstalt Stuttgart →
   Stuttgart, Württembergische
   Geologische Landesanstalt
Georgien 55
Gerät/Geräte 51, 252, 253, 275, 324
Gerhards Marionetten-Theater Schwäbisch
   Hall → Schwäbisch Hall, Gerhards
   Marionetten-Theater
Gerhards, Wolfgang 12
Gerhardt, Theodor 130
Germanisches Nationalmuseum Nürnberg
   → Nürnberg, Germanisches
   Nationalmuseum
Geschäftspapiere 81, 225
Geschirr 81
Getriebebau → Heilbronn, Getriebebau
Gewerbesalz 27
Giegerich, Wilhelm 64, 67
Giftgas 178
Giftgasfabrik 19
Gillberg, Oberscharführer 175
Gips 182
Glas/Gläser 81, 139, 228, 283, 315
Glasfenster 41, 78, 236, 293; → auch
   Straßburg (Frankreich), Münster,
   Buntglasfenster
Glasmalerei 75
Glassner, Helga 92; → auch Schmidt-
   Glassner, Helga
Gleis 118, 236
Glückstadt 12, 152
– Detlefsenschule 242
– Stadtarchiv 242
Gmünd 123, 300; → auch Schwäbisch
   Gmünd
Goddelau 146
Goebbels, Dr. Joseph 18, 45
Göhner, Gisela 12
Göhres, Dr. Annette 12
Goer, Dr. Uli 12
Göring, Hermann 17, 18, 167; → auch
   Berlin, Reichswerke Hermann Göring
Göring, Prof. Dr. Helmut 82
Goethe, Johann Wolfgang von 187
Götz, Dr. W. 82
Gold 58, 93
Goldmünze 95
Goldschmidt, Victor 95
Goldschmidt-Sammlung 95
Gorbatschow, Michail 55
Gotik 107
Goyen, Jan van 96

Grafik 107, 139
Grand Rapids (Michigan, USA) 12, 85, 86
– John Widdicomb Company 86
– Kendall College of Art and Design 85
Grantschen 105
Granugenol 52, 276
Grasleben 30
– Salzbergwerk 54
Griesinger, Annemarie 12
Griesinger, Hans 12
Gröbenzell 12
Groß Grönau, Kirchengemeinde, Archiv
   243
Grosse, Benno 104
Grothusenkoog 319
Grube, Dr. Walter 124
Gründonnerstag 1945 60
Grünewald, Matthias 69, 79, 92, 99, 296,
   Abb. 25
Grundbuch 303
Grundbuchakten 80, 224
Grundwasser 176
Gültig, Heinrich 160; → auch Heilbronn,
   Oberbürgermeister
Gummi 167
Gut, illegales 185
Gutshaus 30
Gyodny, Otmar 84

Haarriß 61
Haase, Christa 12
Haase, Dr. Günther 12, 18
Härle, Dr. Paul 124
Haering, Dr. Hermann 32, 34, 35, 40,
   122, 123, 124, 126, 161, 183
Haftung 50
Hamburg 12, 54
– Genschow (G. Genschow & Co. AG)
   231, 243
– Staatsarchiv 30
– Staatssiegel 54
Hamburg-Altona, Noleiko 117; → auch
   Hamburg-Altona, Norddeutsche
   Leichtmetall- und Kolbenwerke GmbH
– Norddeutsche Leichtmetall- und
   Kolbenwerke GmbH 243; → auch
   Hamburg-Altona, Noleiko
Hammel, Albert 104
Hammer, Walter 130
Handschriften 40, 75, 79, 142, 262
Handschuh 156
Handtuch 156

Hannover 30
Hantsch, Lothar 12
Hanusch, Ute 12
Hardy, Karolee 12
Hartmann, Wilfried 12
Harvard → Cambridge (Massachusetts, USA), Harvard University
Hassinger, Heinrich 106
Hauptstaatsarchiv Stuttgart → Stuttgart, Hauptstaatsarchiv
Haus der Kunst München → München, Haus der Kunst
Haus der Rheinischen Heimat → Köln, Haus der Rheinischen Heimat
Hausgerät 82
Hausrat 82, 226
Hautefort (Frankreich), Schloß 154
Haymmond, Mason 69
Hedwig, Dr. Andreas 12
Hedwigenkoog, Kirchspielarchiv 244
Heeresbeschaffungsamt Erfurt → Erfurt, Heeresbeschaffungsamt
Heide in Holstein 11, 152
– Heider Heimatmuseum 245
– Kirchspielarchiv 245
– Klaus-Groth-Museum 246
– Kreisarchiv Norderdithmarschen 153, 230, 234, 240, 244, 245, 246, 247, 248, 258, 278, 288, 289, 318, 324, 325
– Landratsamt 246
– Landschaftliches Archiv Norderdithmarschen 247
– Stadtarchiv 248
Heidelberg 12, 13, 18, 19, 281
– Beisel (Wilhelm Beisel, Kunstfeuerwerkerei) 231, 243, 248
– I. G. Farbenindustrie AG in Liquidation 100, 101, 275; → auch Ludwigshafen, I. G. Farbenindustrie AG; → auch Heilbronn, Verlagerungsbetrieb Salzwerk Heilbronn
– Offiziersclub 231
– Universität 163, 187
– – Archiv 50
– – Bibliothek 42, 49, 74, 75, 78, 95, 99, 100, 249, Abb. 27, Abb. 39
– – Geologisches Institut 42
Heidenheim a. d. Brenz 180
Heil, Georg 100
Heilbronn 11, 12, 13, 32, 36, 46, 58, 67, 72, 87, 102, 105, 107, 111, 121, 127, 139, 141, 155, 185

– AEG (Firma) 249
– Alfred-Schliz-Museum 158
– Alter Friedhof, Leichenhalle 158
– Amt für Vermögenskontrolle 21, 112, 114, 115, 116, 141, 145
– Archivalien 104
– Auhang 176, 180
– Ausstellung »Geretteter deutscher Kunstbesitz« → Ausstellung »Geretteter deutscher Kunstbesitz«
– Ausstellung »Süddeutsche Kunst der Gotik« → Ausstellung »Süddeutsche Kunst der Gotik«
– Ausstellung »Südwestdeutsche Kunst des 15. Jahrhunderts« → Ausstellung »Südwestdeutsche Kunst des 15. Jahrhunderts«
– Bälz & Co. (Rohrleitungsbau) 250
– Baier & Schneider 74, 76, 117, 162, 163, 250
– Berger (Julius Berger Tiefbau Aktiengesellschaft, Zweigstelle des Werkes Berlin) 251; → auch Berlin, Berger
– Bienenzuchtmuseum 159
– Brückensprengung 60
– Bruckmann (P. Bruckmann & Söhne) 51, 74, 76, 120, 163, 251
– Christ (Andreas Christ, Spedition) 125, 141, 145
– Collecting Point 90, 91
– Dekanat → Heilbronn, Evangelisches Dekanat
– Dieselstraße 176
– Drauz (Karosseriewerke) 117, 172, 252
– Dresdner Bank 28
– Evangelische Gesamtkirchengemeinde 78, 126
– Evangelisches Dekanat 127
– Fiat-NSU-Werke 253
– Fleiner Straße 128, 175
– Fleischhaus 158
– Friedenskirche 127
– Gesamtkirchengemeinde → Heilbronn, Evangelische Gesamtkirchengemeinde
– Getriebebau 172, 184, 256, 257
– Gutenbergstraße 16, 104, 105, 106, 107
– Gymnasialbibliothek 160
– Hafen 71
– Heilbronner Treuhand-Gesellschaft 163, 253
– Historischer Verein 158

385

- Historisches Museum 104, 129, 159, 160, 163
- – Robert-Mayer-Zimmer 159
- Hochtief AG → Essen, Hochtief AG
- Imlinstraße 176
- Innenstadt 19
- Karl-Wüst-Brücke 179
- Karl-Wüst-Straße 176
- Karlstraße 159
- Karosseriewerke Drauz → Heilbronn, Drauz (Karosseriewerke)
- Kilianskirche 14, 37, 62, 65, 78, 100, 104, 126, 128, 180
- – Chor 128
- – Epitaphien 128
- – Hochaltar 36, 41, 106, 126, 127, 128, 129, 135, 158, 252, Abb. 28, Abb. 52
- – Kanzel 104, Abb. 51
- – Levitensitz 127
- – Netzgewölbe 128
- – Sakramentshäuschen 127
- – Sedilien-Nische 127
- – Turm 129
- Kilianskirchengemeinde 78, 163, 252
- Kiliansplatz 175
- Knorr (C. H. Knorr, Firma) 60
- Koch & Mayer 48, 140, 169, 253
- Kramstraße 158
- Krankenhaus → Heilbronn, Städtisches Krankenhaus
- Kreisleiter 162, 164
- Küferinnung 160
- Künstlerbund 104, 186
- Künstlergilde 106, 107, 186
- Kulturgut 158
- Landkreis 109
- Luftangriff (4. Dezember 1944) 62
- Luftschutz-Sanitätsdienst 48
- Luftschutzpolizei 48, 49, 138, 163
- Mädchen-Oberschule 107
- Marienstatue 158
- Martin-Luther-Kirche 130, 252, Abb. 52
- Mehne (Erwin Mehne Stahlbau) 254
- Militärregierung, amerikanische 71, 86, 87, 102, 105, 225, 284, 308, 312, 321
- Naturhistorisches Museum 158
- Neckarsulmer Straße 176, 179
- Oberbürgermeister 160; → auch Gültig, Heinrich
- Pfefferkorn & Kaiser (Spedition) 157
- Pfeifer → Heilbronn-Böckingen, Pfeifer (Bernhard Pfeifer & Söhne GmbH)
- Pontonbrücke 68
- Postamt 63
- Rathaus 65, 159
- Reederei Schwaben 81, 163, 254
- Reichsstadt 180
- Roth & Co. (Schuhfabrik) 111
- Roth (Gebrüder Roth, Schuhgroßhandlung) 111
- Salzgrundstraße 63, 176
- Salzhafen 176, Abb. 2
- Salzstraße 63
- Salzwerkplatz 63
- Schießhaus 16
- Sicherheits- und Hilfsdienst 50, 140
- St.-Peter-und-Paul-Kirche 104, 158
- Stadt 27, 298
- Stadt- und Landkreis 104; → auch Heilbronn, Stadtkreis
- Stadtarchiv 20, 76, 104, 160, 162, 298
- Stadtarchivar 160
- Stadtkasse 86
- Stadtkreis 109; → auch Heilbronn, Stadt- und Landkreis
- Städtisches Krankenhaus 159
- Stiftsberg 174, 176, 179
- Straßenkampf Abb. 11
- Südwestdeutsche Salzwerke AG 20, 26, 27
- Tengelmann (Firma) 74, 120, 163, 229, 255
- Verlagerungsbetrieb Salzwerk Heilbronn 275; → auch Heidelberg I. G. Farbenindustrie AG in Liquidation
- Volkshochschule 16, 104, 105, 106, 186, Abb. 49
- Wartberg 174
- Weinbaumuseum 159
- Weingärtnerstand 159
- Weipert (F. C. Weipert, Firma) 117, 172, 184, 229, 255, 256, 257
- Weipertstraße 175, 176
- Weisser (Eugen Weisser & Co. KG) 117, 165, 172, 184, 256, 257
- Werkluftschutz-Ortsstelle 175
- Wilhelmstraße 110

Heilbronn-Böckingen, Pfeifer (Bernhard Pfeifer & Söhne GmbH) 117, 172, 184, 256, 257

Heilbronn-Neckargartach 65, Abb. 1, Abb. 2; → auch Neckargartach
- Böckinger Straße 100
- Gasthaus »Zum Schiff« 100

- KZ 174, 175, Abb. 1, Abb. 3; → KZ Heilbronner Getriebebau → Heilbronn, Getriebebau
Heilbronner Musikschatz 160
Heilbronner Stimme 15
Heimathaus des Niederrheins → Krefeld, Heimathaus des Niederrheins
Heimatpfleger 32
Heinkel → Stuttgart-Zuffenhausen, Heinkel (Ernst Heinkel AG, Werk Hirth-Motoren)
Heinrich, Adolf 12
Hellenkemper, Prof. Dr. Hansgerd 12
Heller, Dr. Florian 42
Hemme, Kirchspielarchiv 257
Hennstedt, Kirchspielarchiv 258
Hepp, Ludwig 100
Heppenheim 146
Herda-Vogel, Richard 105
Hermannsdörfer, Hans (Fayencensammlung) 139, 283
Herrenberg, Evangelische Kirchengemeinde 258
- Stiftskirche 37
- - Hochaltar 259
Herrenchiemsee, Schloß 23, 54, 58, 67, 185
Herrmann, Dr. Klaus-Jürgen 12
Hess, Fritz 12
Hessen, Großherzogliche Familie 147
- Großherzogliches Familienarchiv 232
- Großherzogliches Haus 233
- Prinz Alexander von 148
Hessen-Darmstadt, Landgrafschaft 232
Hessen-Homburg, Landgrafschaft 232
Hessische Landesbibliothek Darmstadt → Darmstadt, Hessische Landesbibliothek
Hessisches Hauptstaatsarchiv Wiesbaden → Wiesbaden, Hessisches Hauptstaatsarchiv
Hessisches Staatsarchiv Darmstadt → Darmstadt, Hessisches Staatsarchiv
Heß, Dr. Gerhard 164
Heuss, Theodor 76, 298
Heyd, Alfred 65
Hiecke, D. Dr. Robert 34, 43
Hilger, Eduard 60, 102
Hirschfeld, Dr. Bruno 144, 148, 192, 193
Hirschmann, Walter 12
Hirth, Hellmuth 121
Hirth-Motoren → Stuttgart-Zuffenhausen, Heinkel (Ernst Heinkel AG, Werk Hirth-Motoren)

Historisches Archiv Köln → Köln, Historisches Archiv
Hitler, Adolf 18, 22, 23, 24, 45, 93, 162, 166, 181, 183
Hochtief AG → Essen, Hochtief AG
Hockenheim, Müller (Anton Müller Fernverkehr) 140
Hoechst AG → Frankfurt a. M., Farbwerke Hoechst AG
Hoepke, Dr. Klaus-Peter 12
Höser, Verena 12
Hohenberg, Grafschaft 123, 275
Holland 38
- Mobilien-Brand-Gilde 319
Hollstein, Albert 12
Holsten, Dr. Siegmar 12
Holz 35, 93, 150, 191
Holzfigur 35, 79, 80
Holzknappheit 122
Holzschnitt 107
Holzspindel 76
Homo Heidelbergensis 42, 187, 249
Hubbuch, Karl 108
Hubert, Dr. Hans W. 12
Hüttensalz 25, 26; → auch Salz
Hütter, Walter 33, 37, 192
Hüttlingen 130
Hunk → Esslingen a. N., Hunk (Artur Hunk, Expreßgutbeförderer)
Husum 13, 152
- Stadtarchiv 259
Hutfabrik 45

I. G. Farbenindustrie AG in Liquidation → Heidelberg, I. G. Farbenindustrie AG in Liquidation
I. G. Farbenindustrie AG → Ludwigshafen, I. G. Farbenindustrie AG
Imprägnierung 128
Industrieprodukt 187
Industrierohstoff 187
Industriesalz 24, 25, 26, 27, 102; → auch Salz
Industrieverlagerung 31, 44, 50, 52, 61, 166; → auch Rüstungsindustrie, unterirdische Verlagerung
Infanterie, amerikanische Abb. 11
Inkunabel 40, 131, 160
Innenministerium Württemberg → Stuttgart, Württembergisches Innenministerium Stuttgart

387

Innenministerium Württemberg-Baden → Stuttgart, Württemberg-Badisches Innenministerium
Innsbruck 58
Insektensammlung 82
Instrument 279, 281
Interzonen-Transfer 131
Inventar 261
Italien 11; → auch Florenz; → auch Neapel; → auch Rom; → auch Venedig
Itzehoe 152
– Stadtarchiv 259
Iwan, Karl 111

Jäckh, Ernst 76, 298
Jägerstab 167
Jagst 58, 180
Jagstfeld → Bad Friedrichshall-Jagstfeld
Janker, Dr. Stephan 12
Japan → Kunst, japanische
Jehle, Mathäus 12
Jensen, Dr. Jürgen 12
Johannes, Silke 12
John Widdicomb Company Grand Rapids → Grand Rapids (Michigan, USA), John Widdicomb Company
Jude 23, 170
Jüdisches Eigentum → Eigentum, jüdisches
Julius Berger Tiefbau Aktiengesellschaft → Berlin, Berger
Jung, Otto 100
Jutefaser 287
Jutesack 81, 225, 287

K.f.d.A. 28, 148; → auch Kommissar für den Archivschutz
Kabel 71, 249, 306
Kaiser Wilhelm Museum → Krefeld, Kaiser Wilhelm Museum
Kalibergwerk 24, 30, 31
– Staßfurt → Staßfurt, Kalibergwerk
– Merkers → Merkers, Kalibergwerk
Kammler, Dr. Hans 175
Kammler, Sonderstab 175
Kantinengeschirr 81, 225
Kanton Kocher 123, 275
Kanzeldecke 300
Karlsruhe 11, 12, 13, 18, 86, 96, 155, 188
– Badische Landesbibliothek 43, 44, 74, 75, 78, 117, 260, 264

– Badisches Generallandesarchiv 39, 48, 51, 74, 75, 99, 117, 118, 260
– Badisches Landesmuseum 39, 49, 52, 74, 75, 93, 95, 117, 261
– Badisches Ministerium des Kultus und des Unterrichts 38
– Deutscher Scheffelbund 40, 78, 117, 194, 262
– Flußbaulaboratorium 78, 262
– Generallandesarchiv → Karlsruhe, Badisches Generallandesarchiv
– Kunsthalle → Karlsruhe, Staatliche Kunsthalle
– Landes- und Hochschulbibliothek 49
– Landesbibliothek → Karlsruhe, Badische Landesbibliothek
– Landesdenkmalpflege 263
– Landesmuseum → Karlsruhe, Badisches Landesmuseum
– Literarische Gesellschaft → Karlsruhe, Deutscher Scheffelbund
– Oberbergamt 166, 168
– Scheffelbund → Karlsruhe, Deutscher Scheffelbund
– Staatliche Kunsthalle 19, 21, 38, 39, 74, 75, 78, 89, 90, 93, 95, 100, 117, 120, 263, Abb. 32, Abb. 34, Abb. 35, Abb. 38
– Technische Hochschule (Fridericiana) 78, 117, 260, 264
– – Bibliothek 74, 75
Karosseriewerke Drauz Heilbronn → Heilbronn, Drauz (Karosseriewerke)
Karosseriewerke Weinsberg GmbH → Weinsberg, Karosseriewerke Weinsberg GmbH
Karte/Karten 80, 81, 83, 100, 152, 234, 238, 247, 304, 311
Katalysator 179
Katharinenheerd 319
Kating 319
Kau 60
Keitum, Inselarchiv 264
Kendall College of Art and Design Grand Rapids → Grand Rapids (Michigan, USA), Kendall College of Art and Design
Keramik 107
Kessel 316
Kesselhaus 61
Keuerleber, Herr 304
Keyes, Geoffrey 155

388

Kiebitz 170
Kiel 11, 12, 39, 151, 152, 154
- Archivberatungsstelle 74, 75, 77, 110, 151, 152, 153, 154, 224, 227, 228, 229, 230, 231, 234, 235, 237, 240, 241, 242, 243, 244, 245, 246, 247, 248, 258, 259, 264, 265, 266, 272, 273, 278, 285, 288, 289, 290, 291, 292, 295, 318, 319, 320, 321, 324, 325, 327, 328
- Evangelisch-Luthersches Landeskirchenamt 153
- Kirchenarchiv 265, 266
- Landesarchivpfleger 39, → Fister, Friedrich
- Oberpräsident (Verwaltung des Provinzialverbandes) 152
- Stadtarchiv 265, 266
Kielwein, Georg 159
Kimmerle, Barbara 12
Kirchenbank 37
Kirchenbuch/Kirchenbücher 36, 44, 236, 243, 273
Kirchenfenster 75, 236
Kirchenregister 187
Kisky, Dr. Wilhelm 150
Kiste 46, 74, 75, 77, 78, 79, 80, 81, 82, 83, 96, 114, 118, 119, 120, 122, 124, 131, 133, 136, 140, 143, 184, 192
Klassizismus 107
Kleiber, Schreinermeister 226
Kleidung 77, 82, 156, 226
Klemm, Douglas 12
Kloster 23, 30
Kneer, Joseph 321
Knochen 149
Knoll AG Ludwigshafen → Ludwigshafen, Knoll AG
Knorr → Heilbronn, Knorr (C. H. Knorr, Firma)
Koblenz 13, 30, 148
- Bundesarchiv 22
- Staatsarchiv 30, 45, 144
Koch & Mayer Heilbronn → Heilbronn, Koch & Mayer
Koch, Peter 12
Koch, Robert A. 84, 85, 97, 135, 144
Kochendorf → Bad Friedrichshall-Kochendorf
Kochendorfer Salzrelief 180
Kocher 180
- Kanton → Kanton Kocher
Köhler, Dr. Heinrich 118

Köhn, Dr. Heinz 192
Köln 11, 12, 13, 18, 19, 21, 30, 32, 44, 82, 90, 93, 96, 110, 148, Abb. 19
- Agrippakopf 187
- Bezirksregierung 150
- Haus der Rheinischen Heimat 78, 149, 266
- Historisches Archiv 43, 149; → auch Köln, Stadtarchiv
- Kulturamt 148, 149
- Kunstgewerbemuseum 43, 78, 149, 267
- Kunsthandlung vom Neumarkt 82
- Luftangriff 183
- Museen 188
- Museum für Naturkunde 78, 149, 267
- - entomologische Sammlung 267
- Museum für Ostasiatische Kunst 78, 149, 268
- Museum für Völkerkunde → Köln, Rautenstrauch-Joest-Museum
- Neumarkt 82
- Oberbürgermeister 269, 270
- Ostasiatisches Museum → Köln, Museum für Ostasiatische Kunst
- Privatgut 148
- Privatpersonen 149
- Rathaus 149
- Rautenstrauch-Joest-Museum 43, 78, 148, 149, 268
- - ethnographisches Material 268
- Römisch-Germanisches Museum → Köln, Wallraf-Richartz-Museum, Römisch-Germanische Abteilung
- Schnütgen-Museum 78, 149, 268
- Stadt 269
- Stadtarchiv 30, 78, 148, 269, 270; → auch Köln, Historisches Archiv
- Stadtmuseum → Köln, Haus der Rheinischen Heimat
- Städtische Museen 148
- Standesamt 80, 99, 149, 269, 270
- Tausendbomberangriff 29, 148
- Universität, Bibliothek 43, 78, 148, 149, 270
- Wallraf-Richartz-Museum 21, 78
- - Gemäldegalerie 90
- - Römisch-Germanische Abteilung 43, 148, 149, 271,
Köln-Deutz 148
Köln-Mühlheim 148
König Wilhelm II., Schacht 24
Körner, Erika 12

389

Koffer 77, 81, 82
Kogel, Schloß 23, 54
Kohleofen 89
Kolben 76, 286
Koldenbüttel 319
Kommissar für den Archivschutz 28, 29, 32; → auch K.f.d.A.
Kompressor 235
Konfirmation 130
Kontakte 179
Konzentrationslager 69, 165, 170, Abb. 5; → auch KZ
Kopfputz 315
Kopiar 142
Kopp, Georg 35, 36, 129, 135
Korb 81
Korn, Dr. Otto 150
Kostüm 49, 279, 315
Kotzenbüll 319
Krack, Hermann 65, 66
Krämer, Hermann 100
Kraft, Otto 100
Krefeld 12, 90, 96, 188
- Heimathaus des Niederrheins 79, 271
- Kaiser Wilhelm Museum 39, 271, 272
Kreiselpumpe 71
Kreiskott, Prof. Dr. Horst 12
Kriegsbeorderung 60
Kriegsgefangene, sowjetische 173
Kristall 156
Kröner-Verlag → Stuttgart, Kröner-Verlag
Kroninsignien, badische 187, 261
Krusemarck, Angela 12
Krusemarck, Dr. Götz 162
Kübler, Karl 164
Kühn, Brigitte 12
Künstlerhaus Sonnenhalde Stuttgart → Stuttgart, Künstlerhaus Sonnenhalde 76
Kuhn, Leutnant 64, 66
Kulturgeschichte 187
Kulturgut 22, 39, 40, 77, 88, 180, 183, 186
- illegales 89, 93, 97
Kunst 309
- chinesische 268
- japanische 268
Kunstbesitz, geretteter deutscher → Ausstellung »Geretteter deutscher Kunstbesitz«
Kunstdiebstahl 55

Kunstgegenstand 41, 69, 75, 80, 96, 187, 263, 321
Kunstgewerbemuseum Köln → Köln, Kunstgewerbemuseum
Kunsthalle Karlsruhe → Karlsruhe, Staatliche Kunsthalle
Kunsthalle Mannheim → Mannheim, Städtische Kunsthalle
Kunsthandwerk 139
Kunsthistorisches Institut Florenz → Florenz (Italien), Kunsthistorisches Institut
Kunstkammer 35
Kunstraub 14, 17, 18, 19, 22
Kunstschätze 58
Kunstschutz 14, 18, 22, 186
Kunstschutzoffizier 16, 17, 13, 20, 21, 38, 54, 55, 56, 57, 58, 59, 62, 85, 97, 137, 155, 185
Kunstschutzstab 84, 86, 87, 97, 105, 106, 129, 131, 137, 141, 185 Abb. 42, Abb. 43, Abb. 44, Abb. 45, Abb. 51
Kunstverein der Diözese Rottenburg 38
Kupferplatte 81, 100, 311
Kupferstich 108, 139, 283
Kupferstichsammlung 35
Kurz, Heinz 12
Kybol 178
KZ 170, 174, 175, Abb. 1, Abb. 3; → auch Konzentrationslager; → auch Heilbronn-Neckargartach, KZ; → auch Bad Friedrichshall-Kochendorf, Konzentrationslager
KZ-Häftling 121, 167, 170, 172, 175, 184

La Roche, Dr. René 321
Lack 306, 253
Lackfabrik 51
Lähmungsbefehl 60
Lake Hiawatha (New Jersey, USA) 11
Lampe 93
Lampenschirm 324
Landauer, Marianne 101
Landes- und Hochschulbibliothek Karlsruhe → Karlsruhe, Landes- und Hochschulbibliothek
Landes- und Stadtbibliothek Düsseldorf → Düsseldorf, Landes- und Stadtbibliothek
Landesarchiv Schleswig-Holstein → Schleswig, Landesarchiv Schleswig-Holstein

Landesbibliothek Darmstadt →
  Darmstadt, Hessische Landesbibliothek
Landesbibliothek Karlsruhe → Karlsruhe,
  Badische Landesbibliothek
Landesbibliothek Stuttgart → Stuttgart,
  Württembergische Landesbibliothek
Landesbildstelle Württemberg →
  Stuttgart, Landesbildstelle Württemberg
Landesdenkmalamt Baden-Württemberg
  → Stuttgart, Württembergisches
  Landesamt für Denkmalpflege
Landesdenkmalpflege Karlsruhe → Karlsruhe, Landesdenkmalpflege
Landesdirektion für Kultus, Erziehung
  und Kunst Tübingen → Tübingen,
  Landesdirektion für Kultus, Erziehung
  und Kunst
Landesgeschichte 152
Landesgewerbemuseum Stuttgart →
  Stuttgart, Landesgewerbemuseum
Landeskirchliches Archiv Stuttgart →
  Stuttgart, Evangelische Landeskirche in
  Württemberg, Landeskirchliches Archiv
Landesmuseum Karlsruhe → Karlsruhe,
  Badisches Landesmuseum
Landesmuseum Stuttgart → Stuttgart,
  Württembergisches Landesmuseum
Landespfleger für Schriftdenkmale 34
Langenstein, Schloß 39
Lanzendörfer, Dr. 177
Lastwagen 86
Lauenburg a. d. Elbe, Propsteiarchiv 272
– Stadtarchiv 273
Lauenburgischer Synodalausschuß →
  Ratzeburg, Lauenburgischer
  Synodalausschuß
Lebensmittel 187, 255
Leck 12
– Propsteiarchiv Südtondern 273
Leichtle, Christian 87, 105, 106, 107,
  Abb. 49
Leinensack 81, 225
Leipzig 87
– Erla-Flugzeugwerke 173, 177, 184
Leiter 65
Lev, Inge 12
Leyh, Dr. Georg 132
Library of Congress → Washington, D.C.
  (USA), Library of Congress
Library of Congress-Mission → Frankfurt
  a. M., Library of Congress-Mission
Lichtbild 42, 78; → auch Dia

Lichtenberger, Theodor 25
Lichtschleuse 176
Liesenberg, Georg 12
Lindbergh, Charles 68
Linden-Museum Stuttgart → Stuttgart,
  Linden-Museum
Linz (Österreich), Museum 22
Literarische Gesellschaft → Karlsruhe,
  Deutscher Scheffelbund
Literatur 309
Lithographie 108, 283
LKB Mannheim → Mannheim, LKB
Löffel 156
Loge 23; → auch Freimaurer
Lokalpolitiker 32
Lokomotive 235, 305
Looz-Corswarem, Dr. Clemens Graf von
  12
Lottersche Petschaftensammlung 123, 301
Lowell (Michigan) 85
Ludwig, Dr. Julius 148, 192
Ludwigsburg 11, 13, 122, 132, 187
– Dekanat 134
– Heimatmuseum 79, 100, 274
– Schloß 69, 79, 100, 122, 274
– Staatsarchiv 20, 21, 32, 40, 117, 122,
  123, 124, 125, 126, 274, 301, 310, 315,
  326
– Zeughaus 132, 133
Ludwigsburger Porzellan 96
Ludwigshafen 11, 12
– Amtsbücherei 277
– BASF Aktiengesellschaft 178
– Gemeinnützige Aktiengesellschaft für
  Wohnungsbau 277
– I. G. Farbenindustrie AG 51, 71, 74, 76,
  98, 100, 127, 165, 177, 178, 179, 184,
  251, 275; → auch Heidelberg, I. G.
  Farbenindustrie AG in Liquidation
– Knoll AG 52, 74, 76, 120, 165, 276, 277
– Oberbürgermeister 51, 74, 75, 277
– Röchling (Gebrüder Röchling) 76, 276
– Stadt 277
– Stadtarchiv 119
– Stadtmuseum 277
– Stadtverwaltung 51, 117, 276
– Stadtwerke 277
– Volksbücherei 277
Ludwigshafen-Edigheim 277
Ludwigshafen-Friesenheim 277
Ludwigshafen-Maudach 277
Ludwigshafen-Mundenheim 277

Ludwigshafen-Oggersheim 277
Ludwigshafen-Oppau 277
Ludwigshafen-Rheingönheim 277
Lübeck 36, 127, 152
- Luftangriff 183
- Stadtarchiv 31
Lück, Dr. Dieter 12
Luftalarm 39
Luftangriff 29, 33, 183
Luftfeuchtigkeit 33
Luftschutz 183
Luftschutz-Sanitätsdienst Heilbronn →
  Heilbronn, Luftschutz-Sanitätsdienst
Luftschutzbeauftragter 32
Luftschutzmaßnahme 29, 32, 35, 36, 39
Luftschutzpolizei Heilbronn → Heilbronn,
  Luftschutzpolizei
Lunden, Kirchspielarchiv 277
Luther, Martin 64

Machniki, Monika 12
Madonna 92; → auch Stuppacher
  Madonna
Mäusefraß 121, 186
Maier-Leibnitz, Hermann 82
Main 58
Malaria 42
Mali, Christian 229
Mammelsdorf, Sammlung 140, 282
Manessesche Liederhandschrift 49
Mannheim 11, 18, 39, 46, 48, 62, 82, 90,
  96, 137, 138, 139, 140, 163, 188, 282,
  Abb. 18
- Altertumsverein → Mannheim,
  Mannheimer Altertumsverein
- Boehringer → Mannheim-Waldhof,
  Boehringer (C. F. Boehringer & Söhne
  GmbH)
- Feststellungsbehörde 117, 140, 142, 278
- Hochbauamt → Mannheim, Städtisches
  Hochbauamt
- Hochschule für Musik und Theater 140,
  141
- Konservatorium 140
- Kunsthalle → Mannheim, Städtische
  Kunsthalle
- Kunstsammlungen der Stadt 39
- LKB 84
- Luftangriff 138
- Mannheimer Altertumsverein 278
- - Bibliothek 278
- Militärregierung 62

- Motorenwerke Mannheim AG 171,
  172, 184, 279
- Nationaltheater 99, 140, 141, 279
- Oberbürgermeister 120, 137, 138; →
  auch Renninger, Carl
- Privatpersonen 140
- Schloß 139
- Schloßbücherei → Mannheim,
  Städtische Schloßbücherei
- Schloßmuseum → Mannheim,
  Städtisches Schloßmuseum
- Städtische Kunsthalle 19, 21, 117, 139,
  141, 142, 194, 278, 281
- Städtische Museeen 138
- Städtische Musikhochschule 117, 120,
  140, 142, 281
- Städtische Musikschule 140
- Städtische Schloß- und Volksbücherei
  138
- Städtische Schloßbücherei 47, 48, 62,
  75, 139, 140, 141, 278, 280, 282
- Städtisches Hochbauamt 48, 138
- Städtisches Schloßmuseum 48, 100, 121,
  138, 139, 142, 278, 283
- Stadt 75, 100, 120
- Stadtarchiv 51, 139, 140, 142, 280
- Stadtverwaltung 142
- Theater 75
- Theater, Bibliothek 140
- Vororte 280
Mannheim-Waldhof, Boehringer
  (C. F. Boehringer & Söhne GmbH) 42,
  44, 74, 76, 81, 83, 99, 120, 283
Mantel 156
Manuskript 93, 249, 265, 279
Mappe, graphische 314
Mappe, grüne 314
Mappenwerke 139
Marbach a. N. 12, 13, 187
- Alexanderkirche 37
- Deutsches Literaturarchiv 126
- - Cotta-Archiv → Stuttgart, Cotta-
  Archiv
- Schiller-Nationalmuseum 40, 79, 113,
  117, 284
Marburg a. d. L. 105
- Collecting Point 90, 91, 105
Marionette 100
Marionetten-Theater → Schwäbisch Hall,
  Gerhards Marionetten-Theater
Mariotte, Jean-Yves 12
Mark Brandenburg 87

Markgröningen, Stadtpfarrkirche 37
Marmor 93
Martin, Dr. Kurt 38, 73, 89, 90, 138, 152, 184, 188
Martin, Heinz 88, 112, Abb. 45
Maschine 187, 252, 253, 257, 275, 279, 286, 287, 317, 324
Maske 315
Matz, Madeline F. 12
Matzen, Hermann 153
Maudach → Ludwigshafen-Maudach
Maulbronn, Klosterkirche 37
Mayer, Robert 159, 160
Medikament 51, 66, 83, 185, 187; → auch Arzneimittel
Mehne → Heilbronn, Mehne (Erwin Mehne Stahlbau)
Meiningen 12
Meinzer, Dr. Lothar 12
Meisenburg, Hans-Joachim 12, 87, 109, 111, 125, 151, 165, Abb. 44
Meldebücher 248
Meldekopf 60
Meldorf, Kreisarchiv Süderdithmarschen 285
Memmingen 23, 92, 185
Meredith, Spencer B. 109
Merker, Barbara 12
Merkers, Kalibergwerk 58
Messer 156
Messerschmitt, Strahlflugzeug 178
Meßinstrument 66, 81, 311
Metropolitan Museum of Art, New York → New York (USA), Metropolitan Museum of Art
Metz 19
Meyer, Brün 12
Meyer, Louis F. 92
Meyle, Paul 163
Mezger, Renetta 12
Mezger, Willi 12
MFA & A 56, 84, 85, 86, 87; → auch Berlin, MFA & A-Section; → auch Stuttgart, MFA & A-Section
Michael 181
Michigan (USA) 85; → auch Grand Rapids; → auch Lowell;
Militärregierung Heilbronn → Heilbronn, Militärregierung, amerikanische
Militärregierung Mannheim → Mannheim, Militärregierung
Militärregierung, amerikanische 54, 151, 155

– britische 151
Miller, Dr. Max 124, 160, 164
Miltenberg am Main 239
Mineralien 149
Mobilien-Brand-Gilde 319
Modell 51, 251
Möbel 69, 79, 82, 191, 274,
Möller, Ruth 12
Mölln i. Lbg., Stadtarchiv 285
Mombert, Alfred 95
Monet, Claude 93
Montgomery, Harry M. 17, 62, 63, 64, 65, 69, 72, 73, 83, 105, 155, 185,
Moser, Dr. Ludwig 261
Motor 306, 307, 317
Motorenwerke Mannheim AG → Mannheim, Motorenwerke Mannheim AG
Mozart, Wolfgang Amadeus 92, 187, Abb. 26
Mühlbeyer, Hubert 88, 112, Abb. 45
Mühlhausen a. N. 36
Mühlheim → Köln-Mühlheim
Müller (Anton Müller Fernverkehr) → Hockenheim, Müller (Anton Müller Fernverkehr)
Müller, Dr. Karl Otto 124, 125
Müller, Herta 12
Müller, Marianne 101
Müller, Martin 134
München 17
– Alte Pinakothek 105
– Bayerische Berg-, Hütten- und Salzwerke AG 27
– Collecting Point 90, 96, 105
– Führerbau 23, 96
– Haus der Kunst 105
– Siemens-Schuckertwerke AG 306; → auch Stuttgart, Siemens-Schuckertwerke AG
Münze 58, 156
Münzkabinett 35, 191
Mützenfabrik 45
Mundenheim → Ludwigshafen-Mundenheim
Munition 166
Munz, Ralph 12, 180
Murr, Wilhelm 94
Murrhardt 67
Muschelkalk 25, 33
Musée du Jeu de Paume Paris → Paris (Frankreich), Musée du Jeu de Paume

Museum der Stadt Ulm → Ulm, Museum der Stadt Ulm
Museum Folkwang Essen → Essen, Museum Folkwang
Museum für Kunsthandwerk → Frankfurt a. M., Museum für Kunsthandwerk
Museum für Naturkunde Köln → Köln, Museum für Naturkunde
Museum für Naturkunde Stuttgart → Stuttgart, Württembergische Naturaliensammlung
Museum für Ostasiatische Kunst → Köln, Museum für Ostasiatische Kunst
Museum für Völkerkunde → Köln, Rautenstrauch-Joest-Museum
Museumsgut 78, 79, 80, 266, 267, 268, 297, 302, 306, 312
Musik 309
Musikinstrument 75, 81, 93, 98, 120, 141, 225
Musiknotenblätter 307

Naasner, Dr. Walter 12
Nachthemd 156
Nadelschnittholz 123
Nägele, Reinhold 76, 298
Nationalbibliothek Paris → Paris (Frankreich), Nationalbibliothek
Nationalsozialismus 14, 22, 23, 38, 309; → auch Drittes Reich
Nationalsozialisten 57, 67
Nationaltheater Mannheim → Mannheim, Nationaltheater
Nattier, Jean Marc Abb. 36
Naturaliensammlung Stuttgart → Stuttgart, Württembergische Naturaliensammlung
Naturkundemuseum Köln → Köln, Museum für Naturkunde
Naturkundemuseum Stuttgart → Stuttgart, Württembergische Naturaliensammlung
Naturwissenschaft 309
Natzweiler, KZ 170, 174, 175, 184
Naumann, Friedrich 76, 298
Neapel (Italien) 323
Neckar 64, 67, 180, Abb. 2
Neckargartach 25; → auch Heilbronn-Neckargartach
Neckargemünd 87
Neckarkanal 180, Abb. 4
Neckarregion 36

Neckarsulm 187, Abb. 1, Abb. 5
– Gericht 286
– Kolbenschmidt Aktiengesellschaft → Neckarsulm, Schmidt (Karl Schmidt GmbH)
– Kraftfahrpark-Ersatz-Abteilung 5 150
– Schmidt (Karl Schmidt GmbH) 74, 76, 172, 194, 244, 286
– Spohn (Gebrüder Spohn GmbH) 74, 76, 287
Nero (Lähmungsbefehl) 60
Neuenkirchen, Kirchspielarchiv 287
Neuenstein, Schloß 130
Neuhaus, Schloß 160, 163
– Schloßkirche 160
Neuhausen 74
Neumünster 12, 13, 152
– Propsteiarchiv 288
– Stadtarchiv 288
Neuschwanstein, Schloß 23, 54, 58, 67, 185
New Jersey (USA) 11, 86; → auch Lake Hiawatha; → auch Newark
New York (USA) 13, 16, 17, 55
– Metropolitan Museum of Art 57
New York Times (The New York Times) 11
Newark (New Jersey, USA) 86
Nicholas, Lynn H. 12, 17, 18, 19
Niederrhein 149
Nöldeke, Theodor 131
Noleiko → Hamburg-Altona, Norddeutsche Leichtmetall- und Kolbenwerke GmbH
Nordbaden 84
Norddeutsche Leichtmetall- und Kolbenwerke GmbH Hamburg-Altona → Hamburg-Altona, Norddeutsche Leichtmetall- und Kolbenwerke GmbH
Norderdithmarschen → Heide in Holstein, Kreisarchiv Norderdithmarschen
Norderfriedrichskoog 319
Norderwöhrden, Gemeinde 289
– Kirchspielarchiv 289
Nordheim, Schneider (Armaturenfabrik) 111
Nordwürttemberg 84
Normandie, Invasion 17
Northwick, William B. van 84
Noten 93, 281, 325

NSDAP 23, 54, 69, 103; → auch Drittes Reich
- Parteikanzlei 28
NSKK 155
Nürnberg 49
- Germanisches Nationalmuseum 55
Nürtingen 187
- Dekanat 128
- Landratsamt 289

Oberbergamt Karlsruhe → Karlsruhe, Oberbergamt
Oberbergamt Stuttgart → Stuttgart, Oberbergamt
Oberberghauptmann 166
Oberboihingen 128
Oberhausen 149
Oberkirchenrat Stuttgart → Stuttgart, Evangelische Landeskirche in Württemberg, Oberkirchenrat
Oberpräsident Kiel → Kiel, Oberpräsident
Oberrheinische Museen → Straßburg (Frankreich), Generaldirektion der Oberrheinischen Museen
Öhringen 100, 130
- Stiftskirche 37, 130
- - Adelheid-Krypta 129, 252
Öl 77
- synthetisches 165, 178
Ölgemälde/Ölbild 69, 107, 108, 298, 303; → auch Gemälde
Österreich 38, 67, 301; → auch Linz
Ofen 89, 298
Off-Limits-Schild 62
Offenau 12
- Saline Clemenshall 24
Offenbach 96, 239
- Collecting Point 132
Oggersheim → Ludwigshafen-Oggersheim
Ohio (USA) 12, 57
Oldenswort 319
OMGUS 132
OMGUS-Akten 21, 22
OMGWB 84, 109
Oppau → Ludwigshafen-Oppau
Oppelsbohm, Kirche 135
Orchester 75
Orden 233
Ording 319
Organisation Todt → OT
Orientalistik 132

Osterhever 319
Ostermontag (1945) 61
Ostersonntag (1945) 60
OT 167, 170, 175, 184, 307, Abb. 8; → Amt Bau (OT)
Ott, Dr. Ulrich 12

Paket 80, 82
Panzergetriebe 172, 256
Papier 76, 191, 250
Paracodin-Sirup 276
Paracodin-Tabletten 276
Paraflow 178
Paret, Dr. Rudi 82
Paris (Frankreich) 17, 57, 58, 89, 113
- Musée du Jeu de Paume 58
- Nationalbibliothek 95
Passarge, Dr. Walter 141
Patentschrift 187, 298
Pauten, Albert 12
Pazifik 268
Perestroika-Politik 55
Périgueux (Frankreich) 154
Perry, Lionel 151
Personalakten 246
Personenstandsregister 297
Perücke 315
Peter, Otto-Heinz 88, 112, Abb. 45
Petschaft 123, 301
Pfalz 139
Pfannensaline 24, 25
Pfefferkorn & Kaiser (Spedition) → Heilbronn, Pfefferkorn & Kaiser (Spedition) 157
Pfeifer → Heilbronn-Böckingen, Pfeifer (Bernhard Pfeifer & Söhne GmbH)
Pfeiffer, Heinrich 134
Pflüger, Dr. Franz 97
Pforzheim, Landkreis 74
Pharmazeutische Artikel 51, 76, 276
Pharmazeutische Industrie 66
Philosophie 309
Plakat 152
Plan/Pläne 35, 81, 152, 274, 297, 307
Plastiken 39, 107, 139, 240, 263, 272, 321
Polen 154
Politik 309
Pontonbrücke 68
Poppenbüll 319
Porzellan 35, 77, 79, 93, 96, 121, 139, 156, 191, 228, 274, 283, 305, 306

– Ludwigsburger 96
Potsdam 12, 45
– Bundesarchiv 22
– Reichsarchiv 28, 31
Preetz, Klosterarchiv 290
Pretli, Franz 12
Prey, Dr. Wolf-Dietrich 12, 111, 112, 113, 114, 116, 117, 118, 125, 132, 137, 156, 186
Property Control 109, 110, 186
Propylbenzol 178
Protokolle 248
Pützstück, Dr. Lothar 12
Puppe 75, 293

Quandt, Günther 45
Quedlinburg, Domschatz 18, 54

Rabin, Gilbert 16, 18, 21
Radierung 107
Radtke, Christian 12
Raichle, Oberingenieur 177
Rara 131
Rathgeb, Jörg 259
Ratzeburg 12
– Lauenburgischer Synodalausschuß 243
Rauscher, D. Dr. Julius 127, 128, 129
Rautenstrauch-Joest-Museum Köln → Köln, Rautenstrauch-Joest-Museum
Rebentisch, Prof. Dr. Dieter 12
Rechtswissenschaft 309
Reeger, Hanns 88, 104, 119
Reichsamt für Bodenforschung, Stuttgart → Stuttgart, Reichsamt für Bodenforschung
Reichsarchiv Potsdam → Potsdam, Reichsarchiv
Reichsbahndirektion → Stuttgart, Reichsbahndirektion
Reichseisenbahnwerkstätten Straßburg → Straßburg (Frankreich), Reichseisenbahnwerkstätten
Reichsgauarchive 31
Reichsinnenministerium → Berlin, Reichsinnenministerium
Reichsminister für die kirchlichen Angelegenheiten → Berlin, Reichsminister für kirchliche Angelegenheiten
Reichsminister für Rüstung und Kriegsproduktion Berlin → Berlin, Reichsminister(ium) für Rüstung und Kriegsproduktion
Reichsministerium für Wissenschaft, Erziehung und Volksbildung → Berlin, Reichsministerium für Wissenschaft, Erziehung und Volksbildung
Reichsstatthalterei Stuttgart → Stuttgart, Reichsstatthalterei
Reichsstelle »Chemie« → Berlin, Reichsstelle »Chemie«
Reichsverkehrsminister 29
Reichsverteidigungskommissar 31, 164
Reichswerke Hermann Göring → Berlin, Reichswerke Hermann Göring
Reichswirtschaftsminister(ium) → Berlin, Reichswirtschaftsminister(ium)
Reiss, Siegfried 93
Reitberger, Hans 87, 111, 104, Abb. 44
Religion 309
Rembrandt 92, 106, 187, Abb. 32
Renaissance 107
Rendsburg 152
– Stadtarchiv 290
Reni, Guido 94
Renninger, Carl 137, 138; → auch Mannheim, Oberbürgermeister
Renoir, Auguste 92, 93
Renz, Alexander 160, 162
Repertorium 42, 326; → auch Findbuch
Requisiten, Theater 279, 293
Restaurator 88, 106
Retzbach, Helene 12
Reutlingen 32
Rhein 58
Rheingönheim → Ludwigshafen-Rheingönheim
Rheinland 188
Riemenschneider, Tilman 37
Rietmaier, Rudolf 88, 112, Abb. 45
Rimpl, Prof. Dr. Herbert (Baubüro) 168, 169, 170, 173, 174, 175, 176
Risel, Heinz 178
Ritschel, Magda 45
Rittenauer, Hannelore 12
Rizinusöl 51, 117, 306
Robert Bosch GmbH → Stuttgart, Bosch (Robert Bosch GmbH)
Roberts Commission 56
Roberts, Owen J. 56
Rodin, Auguste 107
Röchling → Ludwigshafen, Röchling (Gebrüder Röchling) 276

Römisch-Germanisches Museum → Köln, Wallraf-Richartz-Museum, Römisch-Germanische Abteilung
Rösch, Herr 304
Rohr 298, 316
Rohrheimer, Familie 57
Rohrleitungszubehör 250
Rohsilber 187
Rohwer, Prof. Dr. Jürgen 13
Rokoko 107
Rom (Italien) 323
Romantik 107
Roosevelt, Franklin D. 55
Rorimer, James J. 15, 16, 18, 19, 21, 22, 38, 57, 58, 62, 65, 66, 67, 68, 72, 73, 89, 90, 155, 172, 185, Abb. 12
Rorimer, Katherine S. 13
Rosenberg, Alfred 17, 18, 23, 93; → auch Einsatzstab Reichsleiter Rosenberg
Rost 33, 167
Roste 48
Rostock 36, 127
– Luftangriff 183
– Stadtarchiv 31
Rotes Kreuz für die Kunst 55
Roth & Co. (Schuhfabrik) → Heilbronn, Roth & Co. (Schuhfabrik)
Roth (Gebrüder Roth, Schuhgroßhandlung) → Heilbronn, Roth (Gebrüder Roth, Schuhgroßhandlung)
Rothfuß, Hauptfeldwebel 150
Rothschild, Familie 23
Rothschild-Sammlung 92
Rottenburg 12
– Kunstverein der Diözese 38
Rotter, Dr. Erwin 100, 177
Rubens, Peter Paul 94, 95, 106
Rueß, Paul 99
Rüstungsindustrie 144, 151, 184
– unterirdische Verlagerung 31; → auch Industrieverlagerung
Rüstungsstab 167
Rußland 55

S., O. 156, 194
Saarbrücken, Altertumsmuseum 79, 118, 291
– Konservatoramt 291
Sachs, Paul J. 55, 56
Sachsenspiegel 49
Sack 81

Safe 89
Saile (Firma) → Stuttgart, Saile (Firma)
Saline Bad Reichenhall 27
Saline Clemenshall → Offenau
Saline → Bad Dürrheim, Saline; → Bad Friedrichshall-Jagstfeld, Staatliche Saline; → Bad Rappenau, Saline
Salinenamt Friedrichshall → Friedrichshall, Salinenamt
Salinengebäude 61
Salz 25, 101, 149, 182; → auch Auftausalz; → auch Hüttensalz; → auch Industriesalz; → auch Siedesalz; → auch Speisesalz; → auch Steinsalz
– Förderung 66, 101
– Herstellung 101
Salzbergwerk Berchtesgaden → Berchtesgaden, Salzbergwerk
Salzer, Friedrich 107, 160
Salzraffinadewerk → Bad Friedrichshall-Kochendorf, Salzraffinadewerk
Salzrelief 180
Salzton 25
Salzverband, Deutscher → Deutscher Salzverband
Salzwasser 119
Samuel-Evangeliar 54
Schacht König Wilhelm II. 24
Schachtfutter 33
Schachtrevisor 88
Schäfer, Prof. Dr. Volker 13
Schäffer, Wilhelm 104
Schal 315
Schalbrett 128
Schauffler, Dr. Gerhard 36, 127, 134
Scheffelbund → Karlsruhe, Deutscher Scheffelbund
Scheffler, Walter 13
Schempf, Gustav 162
Schenke, Kerstin 13
Schere 156
Schickle, Fritz 13
Schiene 235
Schiller, Dr. Herbert 125, 126
Schiller, Friedrich von 93, 126, 187, Abb. 27
Schiller-Nationalmuseum Marbach a. N. → Marbach a. N., Schiller-Nationalmuseum
Schimmel 88, 186
Schimpf, Anselme 155
Schlafke, Otto 38, 60, 167, 174, 175, 176, 177, 178, 184, 188

397

Schlafmohn 44
Schleipp, Dietrich 13
Schlemmer, Oskar 314
Schleswig 12, 13, 22, 152
- Landesarchiv Schleswig-Holstein 22
- St. Johannis vor Schleswig, Klosterarchiv 291
- Stadtarchiv 291
Schleswig-Holstein 11, 22, 39, 49, 75, 87, 110, 151, 153, 163, 188, 265
- Landeshauptmann der Provinz 152
Schliz, Dr. Alfred 158
Schlösser, Dr. Susanne 13
Schloßbücherei Mannheim → Mannheim, Städtische Schloßbücherei
Schloßmuseum Mannheim → Mannheim, Städtisches Schloßmuseum
Schloßmuseum Stuttgart → Stuttgart, Schloßmuseum
Schmelzhütte 25
Schmidt → Neckarsulm, Schmidt (Karl Schmidt GmbH)
Schmidt, Dr. Richard 34, 35, 36, 37, 38, 39, 46, 79, 126, 127, 128, 129, 130, 133, 135, 143, 144, 146, 148, 183, 188, 190, 192, 193, 317
Schmidt-Glassner, Helga 13; → auch Glassner, Helga
Schmitz, Heinz 13
Schmuck 233
Schmückle, Dr. Georg 94
Schnait → Weinstadt-Schnait
Schneider (Armaturenfabrik) → Nordheim, Schneider (Armaturenfabrik)
Schneider, Dr. Konrad 13
Schneider, Karl 100
Schneider, Wolfgang 13, 21
Schnitzerei 80
Schnütgen-Museum Köln → Köln, Schnütgen-Museum
Schober, Peter Jakob 104
Schoen, Sven 13
Schöntal, Kloster 159, 160, 163
Schrägstollen 168, 171, 172, 173, 174, 176, 179, 184, Abb. 6, Abb. 7
Schrank 77, 82
Schreibmaschine 56, 112
Schreiner, Thomas 13
Schrenk, Brigitte 13
Schriftdenkmal 34
Schuh 156

Schuhwerk 315
Schütt, Dr. Otto 238
Schule 62
Schwäbisch Gmünd 12, 187; → auch Gmünd
- Hospital 292
- Museum 292
- Stadtarchiv 41, 79, 117, 292
- Stadtwerke 292
Schwäbisch Hall 12, 36, 129, 136, 187
- Evangelische Gesamtkirchengemeinde 79, 293
- Evangelische Kirchengemeinde 41, 117, 294
- Evangelisches Dekanat 134
- Gerhards Marionetten-Theater 75, 100, 293
- Kirchen 194
- Michaelskirche 36, 37; → auch Schwäbisch Hall, St. Michael
- - Hochaltar 134
- - Wolfgangaltar 134
- St. Katharina 293
- - Hochaltar 134
- - Mariafigur 134
- St. Michael 293; → auch Schwäbisch Hall, Michaelskirche
- St. Urban 134, 293
- Stadtwerke 294
Schwäbisch Hall-Hessental, Alois Pfitzer (Sägewerk und Holzhandlung) 128
Schwäbischer Kreis 123, 275
Schwaigern 36
- Stadtpfarrkirche 37
Schwarz, Karl 225
Schwarzmaier, Prof. Dr. Hansmartin 13
Schweiz 137, 301, 321
Schwelle 235
Schwensen, Dr. Broder 13
Schwerin, Geheimes und Hauptarchiv 31
Schwetzingen 282
- Schloßkapelle 139, 140
Schwieberdingen 12
- Evangelische Kirche 36
- - Kreuzigungsgruppe 134, 136, 294
- Evangelische Kirchengemeinde 41, 79, 117, 294
Seare, Robert 66
Security Police 65
Seeger, Dr. Joachim 87, 99, 111, 156, Abb. 44, Abb. 45
Seehof, Gut 159

Seil 76
Senkrechtschacht 168, 169, 171, 172, 173, 174, 176, 184, Abb. 6, Abb. 9
Sessel 100
Seyfer, Hans 126, 158, 160
SHAEF 63
Sicherheits- und Hilfsdienst Heilbronn → Heilbronn, Sicherheits- und Hilfsdienst
Sicherheitsmaßnahme 91
Siedesalz 25, 27, 101; → auch Salz
Siedesalzanlage 27
Siegfried 181
Siegle (G. Siegle & Co. GmbH) → Stuttgart, Siegle (G. Siegle & Co. GmbH)
Siemens-Schuckertwerke AG → Stuttgart, Siemens-Schuckertwerke AG; → Berlin, Siemens-Schuckertwerke AG
Silber 51, 93, 187, 251, 283
Silberbesteck 156
Silberwaren 51, 292
Silcherhandschrift 325
Sindelfingen, Stadtpfarrkirche 37
Sippenforschung 152
Sizilien 56
Skulptur 18, 75, 76, 94, 229, 269, 316
Snyder, Clifford L. 13
Socken 156
Sohnemann, Hans 49
Sole 25
Sonnenstuhl-Fekete, Iris 13
Sowjetunion 11, 55
Soziologie 309
Specker, Prof. Dr. Hans Eugen 13
Speer, Albert 177; → auch Berlin, Reichsminister für Rüstung und Kriegsproduktion
Speisesalz 25, 26, 102, 138; → auch Salz
Sperrholz 127
Spiegel 93
Spitschan, Sigrid 13, 100
Splitterschutzwand 29
Spörer, Gustav 65
Spohn → Neckarsulm, Spohn (Gebrüder Spohn GmbH)
Sporbeck-Bölling, Gudrun 13
Sprengkapsel 76
Sprengmaterial 76
Sprengstoff 43
Sprengstoffkiste 76
Spruchkammer 113
St. Georgen 23

St. Peter 319
Staatliche Kunsthalle Karlsruhe → Karlsruhe, Staatliche Kunsthalle
Staatliches Museum für Naturkunde Stuttgart → Stuttgart, Württembergische Naturaliensammlung
Staatliches Naturkundemuseum Stuttgart → Stuttgart, Württembergische Naturaliensammlung
Staatsarchiv Darmstadt → Darmstadt, Hessisches Staatsarchiv
Staatsarchiv Düsseldorf → Düsseldorf, Staatsarchiv
Staatsarchiv Hamburg → Hamburg, Staatsarchiv
Staatsarchiv Koblenz → Koblenz, Staatsarchiv
Staatsarchiv Ludwigsburg → Ludwigsburg, Staatsarchiv
Staatsarchiv Wiesbaden → Wiesbaden, Staatsarchiv
Staatsgalerie Stuttgart → Stuttgart, Württembergische Staatsgalerie
Staatsministerium, Württembergisches → Stuttgart, Württembergisches Staatsministerium
Staatstheater Stuttgart → Stuttgart, Württembergisches Staatstheater
Stadelmaier, Hugo 104
Stadtgeschichte 152
Stadtmuseum Köln → Köln, Haus der Rheinischen Heimat
Städtische Kunsthalle Mannheim → Mannheim, Städtische Kunsthalle
Städtische Musikhochschule Mannheim → Mannheim, Städtische Musikhochschule
Städtische Schloßbücherei Mannheim → Mannheim, Städtische Schloßbücherei
Städtisches Schloßmuseum Mannheim → Mannheim, Städtisches Schloßmuseum
Stahl, Dr. Ernst Leopold 82
Stahlrohr 249
Stalinkas, Nicholas T. 69
Stamm, Dr. Gerhard 13
Standen, Edith A. 85, 132
Stangenholz 128
Staßfurt 30
– Kalibergwerk 31
Stativ 81
Staubsaug-Apparat 51, 324
Steigleitung 178
Steinbock 168, 175, 184

Steinburg, Kreisarchiv 295
Steine 149
Steinheimer Urmenschenschädel 187, 313
Steinhilber, Wilhelm 15
Steinke, Regine 13
Steinsalz 24, 25, 26, 189; → auch Salz
Steinsalzmühle 25, 61
Steuerwelle 60
Stich/Stiche 80, 274
Stoff 107, 315
Stone, Harlan F. 55, 56
Stout, George 55, 56
Stradivari-Geige 279
Straßburg (Frankreich) 12, 15, 51, 52, 94, 154, 155, 260
- Generaldirektion der Oberrheinischen Museen 38, 73, 74, 75, 93, 138, 184, 261, 295
- Münster 14, 16, 19, 52, 59
- - Buntglasfenster 15, 90, 93, 99, 154, 155, 185, 187, 188, 295, Abb. 20, Abb. 21, Abb. 22, Abb. 23, Abb. 24
- - Krypta 154
- Münsterkirchengemeinde 295, 296
- Reichseisenbahnwerkstätten 77
- Universität 295, 296
- - Archiv 95
Stratmann-Döhler, Dr. Rosemarie 13
Strauß, Christoph 13
Strom 62
Strophantin-Präparat 76
Strumpf/Strümpfe 156, 315
Stubenrauch, Dr. Herbert 141
Stuppach 12, 69, 99
- Katholische Kirchengemeinde 79, 296
Stuppacher Madonna 15, 69, 79, 99, 187, 296, Abb. 25
Stuttgart 11, 12, 13, 14, 18, 40, 69, 82, 90, 96, 97, 122, 127, 132, 187, 314
- Altertümersammlung 191
- Altertumsmuseum 35, 79, 90, 297
- Amtsgericht 297
- Archivdirektion → Stuttgart, Württembergische Archivdirektion
- Bergamt 80, 110, 297
- Bibliothek für Zeitgeschichte 14, 96; → auch Stuttgart, Weltkriegsbücherei
- Bosch (Robert Bosch GmbH) 51, 74, 77, 117, 298, 300, 309
- Christlicher Kunstverein 21, 35
- Cotta (J. G. Cotta'sche Verlagsbuchhandlung) 125

- Cotta-Archiv 123, 125, 301
- Cotta-Verlag 126
- Cotta-Verlags-Archiv 40, 47, 81, 299, 301
- Daimler-Benz AG 41, 81, 97, 299
- Deutsche Bank 133
- Evangelische Landeskirche in Württemberg 21, 128
- - Landeskirchliches Archiv 21
- - Oberkirchenrat 35, 36, 37, 128, 134, 135
- Evangelischer Oberkirchenrat → Stuttgart, Evangelische Landeskirche in Württemberg, Oberkirchenrat
- Finanzministerium → Stuttgart, Württembergisches Finanzministerium
- Finanzministerium Württemberg-Baden → Stuttgart, Württemberg-Badische Finanzministerium
- Gänsheidekirche 35
- Gedächtniskirchengemeinde 117, 300
- Geologische Landesanstalt → Stuttgart, Württembergische Geologische Landesanstalt
- Gymnasiumstraße 133
- Hauptstaatsarchiv 21, 32, 40, 46, 79, 117, 122, 123, 124, 125, 126, 142, 143, 146, 275, 299, 300, 310, 315, 326
- Innenministerium → Stuttgart, Württembergisches Innenministerium
- Innenministerium Württemberg-Baden → Stuttgart, Württemberg-Badisches Innenministerium
- Kröner-Verlag 125
- Künstlerhaus Sonnenhalde 76, 298
- Kultministerium → Stuttgart, Württembergisches Kultministerium
- Landesamt 301
- Landesamt für Denkmalpflege → Stuttgart, Württembergisches Landesamt für Denkmalpflege
- Landesarchivdirektion → Stuttgart, Württembergische Archivdirektion
- Landesbibliothek → Stuttgart, Württembergische Landesbibliothek
- Landesbildstelle Württemberg 44, 45
- Landesdenkmalamt Baden-Württemberg → Stuttgart, Württembergisches Landesamt für Denkmalpflege
- Landesgewerbemuseum 79, 117, 302
- Landeskirchliches Archiv → Stuttgart, Evangelische Landeskirche in Württemberg, Landeskirchliches Archiv

- Landesmuseum → Stuttgart, Württembergisches Landesmuseum
- Linden-Museum 40, 79, 117, 302
- Mädchen-Berufsschule 80, 303
- Malerinnen-Verein → Stuttgart, Württembergischer Malerinnen-Verein
- Matthäuskirche 36
- – Kruzifixus 300
- Matthäuskirchengemeinde 300
- MFA & A-Section 84, 85, 109, 110, 113; → auch MFA & A
- Militärregierung, amerikanische 135, 186
- Museum für Naturkunde → Stuttgart, Württembergische Naturaliensammlung
- Naturaliensammlung → Stuttgart, Württembergische Naturaliensammlung
- Naturkundemuseum → Stuttgart, Württembergische Naturaliensammlung
- Oberbergamt 193
- Oberbürgermeister 74, 98
- Oberfinanzdirektion 110
- Oberkirchenrat → Stuttgart, Evangelische Landeskirche in Württemberg, Oberkirchenrat
- Oberlandesgericht 80, 303
- Privatpersonen (240) 21, 40, 74, 77, 82, 98, 126, 299, 303, 307, 314, 317
- Property Control 110
- Reichsamt für Bodenforschung 40, 304
- Reichsbahndirektion 51, 74, 77, 96, 305
- Reichsstatthalterei 47, 53, 81, 94, 305, 315
- Robert Bosch GmbH → Stuttgart, Bosch (Robert Bosch GmbH)
- Rüstungsinspektion V 152, 166
- Saile (Firma) 135
- Schloßmuseum 35, 79, 191, 306
- Siegle (G. Siegle & Co. GmbH) 51, 74, 77, 117, 306, 316
- Siemens-Schuckertwerke AG, Technisches Büro Stuttgart 117, 306
- Staatliches Museum für Naturkunde → Stuttgart, Württembergische Naturaliensammlung
- Staatsgalerie → Stuttgart, Württembergische Staatsgalerie
- Staatsministerium → Stuttgart, Württembergisches Staatsministerium
- Staatstheater → Stuttgart, Württembergisches Staatstheater
- Stadt 76, 77, 81, 121, 274, 301, 303, 304, 313, 314, 317
- Stadtmessungsamt 81, 307
- Stadtverwaltung 307
- Standesamt 81, 308
- Stellvertretendes Generalkommando V AK 81, 308
- Stiftskirche 37
- Technische Hochschule 41, 80, 117, 135, 309
- – Forschungsinstitut für Kraftfahrwesen (und Flugzeugmotoren) 83, 309
- – Geologisch Mineralogisches Institut 34, 189, 190
- – Geologische Sammlung 309
- – Institut für Bauforschung und Materialprüfung 309
- – Mineralogische Sammlung 309
- Verein für Christliche Kunst in der Evangelischen Kirche Württembergs → Stuttgart, Christlicher Kunstverein
- Verein für Kirche und Kunst → Stuttgart, Christlicher Kunstverein
- Verein zur Förderung der Volksbildung 309
- Weltkriegsbücherei 14, 19, 40, 80, 96, 310; → auch Stuttgart, Bibliothek für Zeitgeschichte
- Württemberg-Badisches Finanzministerium 186
- Württemberg-Badisches Innenministerium 100
- Württembergische Archivdirektion 21, 32, 34, 35, 40, 123, 124, 126, 143, 145, 274, 293, 300, 310
- Württembergische Geologische Landesanstalt 80, 83, 311
- Württembergische Landesbibliothek 35, 40, 79, 117, 132, 133, 191, 312
- Württembergische Landesbildstelle → Stuttgart, Landesbildstelle Württemberg
- Württembergische Landeskirche → Stuttgart, Evangelische Landeskirche in Württemberg
- Württembergische Naturaliensammlung 35, 40, 80, 117, 191, 313
- Württembergische Staatsgalerie 19, 41, 74, 76, 80, 117, 303, 305, 307, 314, Abb. 36, Abb. 37
- Württembergischer Kultminister 35; → auch Württembergisches Kultministerium
- Württembergischer Malerinnen-Verein 80, 313

- Württembergisches Finanzministerium 110, 116
- - Bauabteilung 67
- Württembergisches Innenministerium 35, 311
- - Hauptmessungsabteilung 41, 81, 83
- Württembergisches Kultministerium 81, 311; → auch Württembergischer Kultminister
- Württembergisches Landesamt für Denkmalpflege 34, 36, 126, 127, 133, 143, 190
- Württembergisches Landesgewerbemuseum → Stuttgart, Landesgewerbemuseum
- Württembergisches Landesmuseum 117, 312
- Württembergisches Staatsministerium 94, 117, 123, 125, 126, 275, 301, 305, 314
- Württembergisches Staatstheater 42, 49, 80, 82, 315

Stuttgart-Bad Cannstatt, Valet (Alfred Valet, Firma) 45
Stuttgart-Feuerbach, Bosch Metallwerke 172, 316
- Kast & Ehinger GmbH 74, 306, 316
Stuttgart-Mühlhausen, Evangelische Kirche, Altäre 135
- Evangelische Kirchengemeinde 36, 316
- - Veitskapelle 316
Stuttgart-Zuffenhausen, Heinkel (Ernst Heinkel AG, Werk Hirth-Motoren) 100, 121, 165, 168, 169, 171, 172, 184, 254, 317
Stuttgarter Naturkundemuseum → Stuttgart, Württembergische Naturaliensammlung
Süddeutschland 38, 58
Süderdithmarschen → Meldorf, Kreisarchiv Süderdithmarschen 285
Süderholm, Kirchspielarchiv 318
Südpazifik 268
Südsalz GmbH 27
Südtondern → Leck, Propsteiarchiv Südtondern
Südwestdeutsche Salz AG → Bad Friedrichshall, Südwestdeutsche Salz AG
Südwestdeutsche Salzwerke AG → Heilbronn, Südwestdeutsche Salzwerke AG

Südwestdeutschland 304
Südwestsalz Vertriebs GmbH → Bad Friedrichshall, Südwestsalz Vertriebs GmbH
Südwürttemberg 38
Sulfat 189
Sylt 264, 325
Syrlin, Jörg d. Ä., Evangelienpult 136

Tafelgeschirr 315
Talheim 88, 104, 119
Talmon, Werner 13
Tannalbin 52, 276
Tarnname 167
Taschentuch 156
Tasse 156
Tating 319
Tauber 58
Taufsteindecke 300
Taunus 180
Tausendbomberangriff → Köln, Tausendbomberangriff
Technische Hochschule Darmstadt → Darmstadt, Technische Hochschule
Technische Hochschule Stuttgart → Stuttgart, Technische Hochschule
Telefon 62, 89
Teller 156
Tellingstedt, Kirchspielarchiv 318
Temperatur 33
Tengelmann → Heilbronn, Tengelmann (Firma)
Teppich 81, 187, 305
Terrakotta 121, 261, 271
Terry, Mack W. 105, 109
Tetenbüll 319
Tetenbüll-Spieker 319
Textilien 45, 48, 49
Theater, Garderobe 80
- Material 100
- Requisiten 75, 120
Thuir, Peter 103
Tidow, Klaus 13
Tiepolo, Giovanni Battista 229
Tönning 152, 319
- Landschaftsarchiv Eiderstedt 319
- Stadtarchiv 319
Topf 81
Trafostation 71
Tremsbüttel, Amt 228
Treuhänder 54, 73, 83, 111, 185, 186
Trikot 315

Tripps, Dr. Johannes 13
Tripps, Prof. Dr. Manfred 13
Trittau, Stadtarchiv 320
Truman, Harry S. 99
Tschumper, Karin 17
Tübbing 171
Tübingen 13, 132
- Landesdirektion für Kultus, Erziehung und Kunst 131
- Stadt 131
- Stiftskirche 37, 128
- Universität 40, 47, 118, 131, 187, 320
- - Archiv 40, 130, 320
- - Bibliothek 80, 131, 320
- - Handschriften 130, 131
Turm 30

Ueck, Almut 13
Ülvesbüll 319
Uetersen, Klosterarchiv 321
Uhrig, Hellmuth 180, 181, 182
Ulm 12, 13, 19, 32, 130, 137, 187, 300
- Dreifaligkeitskirche 37
- Güterbahnhof 136
- Münster 37
- Museum der Stadt Ulm 41, 80, 117, 136, 137, 321
- Südkraft → Ulm, Transportgesellschaft Südkraft GmbH
- Transportgesellschaft Südkraft GmbH 136
Ulm-Wiblingen, Evangelische Kirche, Altar 135, 322
Ulmer Museum → Ulm, Museum der Stadt Ulm
Universität Erlangen → Erlangen, Universität
Universität Heidelberg → Heidelberg, Universität
Universität Köln → Köln, Universität
Universität Straßburg → Straßburg (Frankreich), Universität
Universität Tübingen → Tübingen, Universität
Untereisesheim Abb. 4
Unterstützungskasse 239
Untertagebetrieb 88
Unterwäsche 156
Urkunde 41, 43, 142, 144, 146, 152, 187, 238, 239, 247, 277, 280, 301, 326
Urmensch → Steinheimer Urmenschenschädel

US-Armee, 7. 38, 58, 59, 84, 185
USA 11, 54, 84, 85, 86, 96, 99, 109, 310; → auch Cambridge (Massachusetts); → auch Cincinnati (Ohio); → auch Cleveland (Ohio); → auch Grand Rapids (Michigan); → auch Lake Hiawatha (New Jersey); → auch Lowell (Michigan); → auch New York; → auch Newark (New Jersey, USA); → auch Washington, D.C.
Utrillo, Maurice 93

V2-Vergeltungswaffe 165
Valet → Stuttgart-Bad Cannstatt, Valet (Alfred Valet, Firma)
Valland, Rose 58, 89
Vase 93
Vatican-Mission 99, 149
Venedig (Italien) 119
- Botschaft, Deutsche 322
- Deutsches Institut 44, 95, 188, 322, 323
Ventilator 236
Verdunkelung 176
Verein für Christliche Kunst in der Evangelischen Kirche Württembergs → Stuttgart, Christlicher Kunstverein
Verein für Kirche und Kunst → Stuttgart, Christlicher Kunstverein
Vereinigte Untertag- und Schachtbau GmbH → Essen, Vereinigte Untertag- und Schachtbau GmbH
Verlagerung von Industrieproduktion → Industrieverlagerung
Verlagerungs-Verwaltung in den Salzbergwerken Heilbronn und Kochendorf 21, 111, 112, 114, 115, 116, 131, 132, 137, 142, 145, 156
Verlagerungsbetrieb Salzwerk Heilbronn → Heilbronn, Verlagerungsbetrieb Salzwerk Heilbronn
Vermögenskontrolle 73, 83, 102, Abb. 12
Veruschacht → Essen, Veruschacht
Vichy-Regierung 154
Viola d'amore Abb. 26
Vogesen 174
Vorhang 315

Wachenheim 12
Wachposten 91
Wacker, Adolph 88, 112, Abb. 45
Wagen 305

403

Wagner, Richard, Totenmaske 96
Waldenburg, Schloß 159, 160, 163
Wallraf-Richartz-Museum → Köln,
  Wallraf-Richartz-Museum
Walters, Eugene P. 92, Abb. 46
Warth, Dr. Manfred 13
Wäsche 77, 82, 226
Washington, D.C. (USA) 12, 13, 22
- Archives of American Art 22
- Library of Congress 84, 96, 310, 323
- National Archives 92
Wasser 62
Wassereinbruch 34, 64
Wasserlösungsarchiv 319
Wasserzufluß 61, 171
Webb, Geoffrey 56
Weber, Traude 13
Weckbach, Hubert 13
Weddingstedt, Kirchspielarchiv 323
Wegener, Gertrud 13
Wegener, Wilhelm 16
Wehrkraftzersetzung 164
Weickum, Sammlung 139, 282
Weidelener, Franziska 13
Weig, Gebhard 13
Weikersheim, Stadtpfarrkirche 37
Weilheim/Teck, Stadtpfarrkirche 37
Weinsberg 19, 165, 170, 187
- Karosseriewerke Weinsberg GmbH 77, 117, 178, 179, 324
- Stadtpfarrkirche 37, 130
Weinstadt 13
Weinstadt-Schnait, Silchermuseum 79, 110, 324
Weinstock, Cornelia 13
Weipert → Heilbronn, Weipert (F. C. Weipert, Firma)
Weisenegg, Schloß 23
Weisser → Heilbronn, Weisser (Eugen Weisser & Co. KG.)
Welt-Katharinenheerd 319
Weltkrieg, Zweiter 21, 28, 31, 129, 137, 147, 151, 153, 154, 155, 156, 158, 179, 182, 183, 185, 186, 230, 233, 293, 300, 323
Weltkriegsbücherei Stuttgart, → Stuttgart, Weltkriegsbücherei
Wennberg, Otto 82
Wentzel, Dr. Hans 135
Wenzke, Richard 100
Werkskapelle 81, 98
Werkzeug 77, 235, 252, 256, 279, 306, 317

Werkzeugmaschine 77
Werner, Artur 150
Wertgegenstand 40, 303
Wesselburen-Land, Kirchspielarchiv 325
Westerhever 319
Westerland auf Sylt, Stadtarchiv 325
Westfalen 156, 157
Wiblingen → Ulm-Wiblingen
Wiederaufbau 101, 187
Wiederhold, Dr. Konrad 83
Wiemann, Dr. Elsbeth 13
Wiesbaden 12, 90, 91, 93, 105
- Collecting Point 90, 91, 98, 99, 105, 185, 272, 277, 315
- Hauptbahnhof 145
- Hessisches Hauptstaatsarchiv 142; → auch Wiesbaden Staatsarchiv
- Military Government for Geater Hesse 144
- Staatsarchiv 30, 41, 46, 80, 117, 142, 144, 145, 275, 301, 315, 326; → auch Wiesbaden, Hessisches Hauptstaatsarchiv
Wiesbadener Sendung, erste 90, 93
- zweite 90, 93, 94
Wilster 11, 152
- Doos'sche Bibliothek 326
- Stadtarchiv 326
Winnenden 36, 134, 135
- Evangelische Kirchengemeinde 41, 80, 117, 327, Abb. 29
- Schloßkirche, St.-Jakobs-Altar 36, 135, 327
Wintersche Württembergica-Sammlung 274
Wirtschaft 309
Witzmann, Regina 13
Witzwort 319
Wochenschau 155
Wolf, Dr. Jürgen Rainer 13
Wolff, Gebrüder 160
Wolff, Richard 100
Wolfsteiner, Josef 130
Wollfett 51, 117, 306
Worms 58
Württemberg 21, 80, 107, 166, 187, 188, 311
- Amtsbezirke 275
- Geheimer Rat 300
- Grafen von 123, 300
- Herzog/Herzöge von 123, 275, 300
- Staat 309

Württemberg-Baden 90
Württembergica 309
Württembergische Archivdirektion →
   Stuttgart, Württembergische
   Archivdirektion
Württembergische Geologische
   Landesanstalt Stuttgart → Stuttgart,
   Württembergische Geologische
   Landesanstalt
Württembergische Landesbibliothek
   Stuttgart → Stuttgart,
   Württembergische Landesbibliothek
Württembergische Landesbildstelle
   Stuttgart → Stuttgart, Landesbildstelle
   Württemberg
Württembergische Landeskirche →
   Stuttgart, Evangelische Landeskirche in
   Württemberg
Württembergische Naturaliensammlung
   Stuttgart → Stuttgart,
   Württembergische Naturaliensammlung
Württembergische Staatsgalerie Stuttgart
   → Stuttgart, Württembergische
   Staatsgalerie
Württembergischer Kultminister →
   Stuttgart, Württembergischer
   Kultminister
Württembergisches Finanzministerium →
   Stuttgart, Württembergisches
   Finanzministerium
Württembergisches Innenministerium →
   Stuttgart, Württembergisches
   Innenministerium
Württembergisches Landesamt für
   Denkmalpflege → Stuttgart,
   Württembergisches Landesamt für
   Denkmalpflege

Württembergisches Landesgewerbe-
   museum Stuttgart → Stuttgart,
   Landesgewerbemuseum
Württembergisches Landesmuseum →
   Stuttgart, Württembergisches
   Landesmuseum
Württembergisches Staatstheater Stuttgart
   → Stuttgart, Württembergisches
   Staatstheater
Wuppertal 293
Wyk auf Föhr, Inselarchiv 327
– Kirchengemeinde St. Nicolai 328
– Stadtarchiv 328

Zehentgroschen (Der Zehentgroschen) 277
Zeichnung 41, 77, 80, 81, 97, 107, 108,
   299, 317
Zeitblom, Bartholomäus Abb. 50
Zeitschrift 78, 79, 139, 233, 310, 312
Zeitung 35, 79, 152, 310, 312
Zellendolomit 33
Zettelrepertorium 144
Ziegelhausen 74
Zimmermann 88
Zimmermann, Wilhelm 65
Zinnkrug 121
Zinnsammlung 35, 191
Zipfel, Dr. Ernst 28, 29, 30, 31, 32, 123,
   142, 146, 148, 149
Zoologie 313
Zoremba, Dieter 13
Zuffenhausen → Stuttgart-Zuffenhausen
Züttlingen 160
Zwingenberg a. N., Schloß 50

405

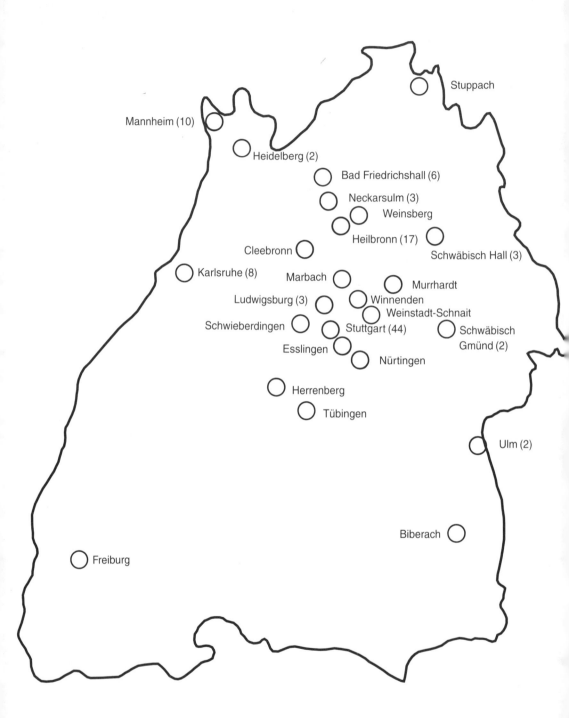

Baden-Württemberg

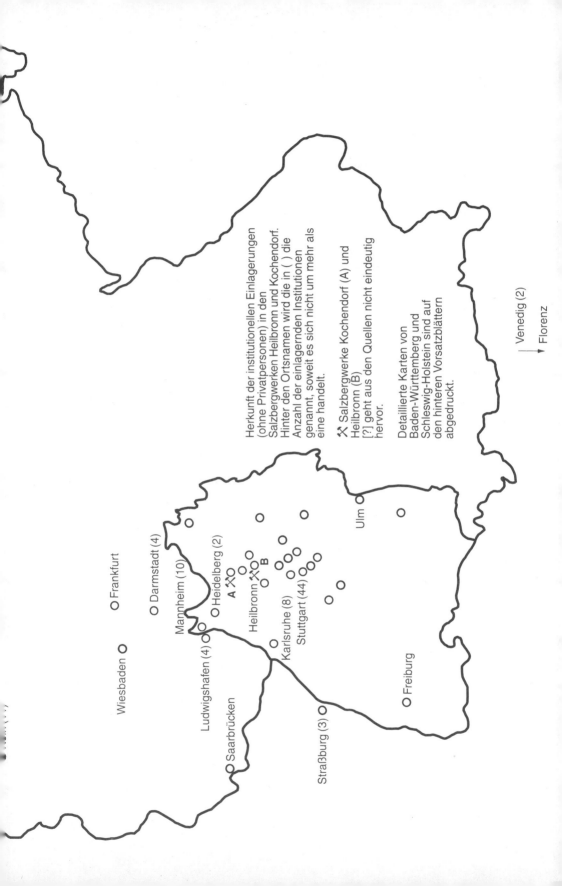